社会学·政治学·文化学·教育学·民族学·历史学

叶显恩 主编
王春煜 刘集林 副主编

陈序经全集

第七卷 文化论丛（二）：东方文化观 中国文化观 西洋文化观 美国文化观

中山大学出版社
·广州·

版权所有　翻印必究

图书在版编目（CIP）数据

陈序经全集 / 陈序经著；叶显恩主编；王春煜，刘集林副主编.
广州：中山大学出版社，2025.3. ISBN 978-7-306-08274-9
Ⅰ.Z427
中国国家版本馆 CIP 数据核字第 2024GE9169 号

CHEN XUJING QUANJI: DI-QI JUAN

出　版　人：王天琪
总　策　划：王天琪
项目统筹：嵇春霞　王延红
责任编辑：李昭莹　张陈卉子
封面设计：雅昌文化（集团）有限公司　曾　斌　周美玲
责任校对：卢思敏
责任技编：靳晓虹
出版发行：中山大学出版社
电　　话：编辑部 020-84111901，84110283，84111997，84110779
　　　　　发行部 020-84111998，84111981，84111160
地　　址：广州市新港西路 135 号
邮　　编：510275　传　真：020-84036565
网　　址：http://www.zsup.com.cn　E-mail：zdcbs@mail.sysu.edu.cn
印　　厂：恒美印务（广州）有限公司
规　　格：787mm×1092mm　1/16
总 印 张：433
总 字 数：8718 千字
版次印次：2025 年 3 月第 1 版　2025 年 3 月第 1 次印刷
定　　价：1980.00 元（全十四卷）

如发现本书因印装质量影响阅读，请与出版社发行部联系调换

凡　例

　　一、编排方式。《全集》总体上兼顾著述发表时间先后与研究领域的区别。第一卷以时间为序收录了陈序经的论文、时论、书评等，其中论文已收入其他卷者，原则上只存目；同题异文者，则均予以收录。第二卷至第十三卷收录了陈序经在不同研究领域的论文或专著。第十四卷收录了陈序经的遗稿《珠崖篇》，整理了其年谱、往来书信、照片等相关资料。底稿为直排繁体者，一律改横排简体，内容列举、引用位置指向用词，如"如左"径改为"如下"等。

　　二、底本来源。《全集》所收文献中有大量未曾整理的手稿、抄稿，其版本源流、底本选择等情况，皆写入"本卷说明"中。

　　三、引文说明。《全集》所引古籍或他人著述，有漏字、错字等现象者，一般参照现今中华书局、上海古籍出版社等相应版本径改，不另说明；引用古籍或他人著述时只取其大意，与原文不尽一致，凡此，照录，不予修改；手稿或抄稿中引用本人已发表文章，但内容与已发表的原文不尽一致，凡此，亦依手稿或抄稿。

　　四、校订符号。原稿中有漏字者，在〈　〉内补之。原稿中的错讹字，在其后〔　〕内补正。原稿中的衍字，用［　］标示。原稿中漫漶不清、难以识别或残缺的字，用□表示；字数难以确定者，用▨表示。原稿中的小字夹注，置于（　）内，字体、字号同正文。外文书名、刊名用斜体。

　　五、历史用语。《全集》保留作者文字风格及语言习惯，不按现行用法改动原文。历史时期若干字词表达与今有异，但不影响理解，为存当时之真，不改。如智识（知识）分子、澎涨（膨胀）、计画（计划）、瞭解（了解）、那（哪）、澈底（彻底）、那末（那么）、原故（缘故）等。凡行文中对少数民族的蔑称，根据国家相关民族政策一律改为规范称呼，如"猺"改为"瑶"、"獠"改为"僚"、"猓猡"改为"倮倮"等。

六、外文名词。译名不统一或与现今不一致，如拿破伦/拿破仑、哥仑布/哥伦布、菲洲/非洲等，均不改。外文人名、地名书写有误者，一般径改。外文专有名词在原稿中大小写掺杂，按现今规范格式统一。

七、内文标点。原稿正文无标点或仅有简单断句者，一律按照中华人民共和国国家标准《标点符号用法》（GB/T 15834—2011）予以修改。专名号从略。

八、文字规范。《全集》中的简体字以2013年6月国务院公布之《通用规范汉字表》为准。通假字，不改。繁体字、异体字，改为规范字；但专有名词中的繁体字、异体字等，依从其使用惯例，不改。作者笔误、排印舛误等明显错误，径改。

其余未规定事项，一般遵从作者原稿。

本卷说明

　　第六至九卷收录了陈序经先生"文化论丛"系列著作（一）至（四）的全部内容（共20册）。书稿从1940年秋至1945年间陆续完成。本卷收录了文化论丛（二）：《东方文化观》《中国文化观》《西洋文化观》《美国文化观》，由刘集林点校整理。《东方文化观》《中国文化观》用南开大学图书馆藏代抄稿录入，以陈云仙教授提供家藏陈序经手稿之复印件复校，代抄稿、手稿均无标点。《西洋文化观》前八章录自南开大学图书馆藏代抄稿，后八章录自陈云仙教授提供的完整的陈序经自抄稿，并分别校订，代抄稿、自抄稿均无标点。《美国文化观》录自陈云仙教授提供的陈序经自抄稿，自抄稿有标点，且多关于排版格式、字号的批点。在第三章"美国的教育"首页上，还写有"排时注意，不可污损，保留原稿"字样，可见《美国文化观》当时正处于编辑出版的过程中，但终因时局动荡而未能面世。手稿的结论部分因原稿稿纸脆碎，无法卒读。承韩召颖教授委托正在哈佛访学的友人从哈佛传来代抄稿照片（哈佛大学燕京学社亦藏有一部《文化论丛》代抄稿），使《美国文化观》终得完璧。

本卷目录

东方文化观 …………………………………………… 1

中国文化观 …………………………………………… 91

西洋文化观 …………………………………………… 183

美国文化观 …………………………………………… 343

东方文化观

2-1.

第一编 印度文化

第一章 印度文化传概略

目　　录

第一编　印度文化观……………………………………………5
　第一章　宗教文化的概略…………………………………… 5
　第二章　政治文化的发展…………………………………… 15
　第三章　经济文化的蠡测…………………………………… 25

第二编　暹罗文化观……………………………………………34
　第四章　宗教文化的概略…………………………………… 34
　第五章　政治文化的发展…………………………………… 43
　第六章　经济文化的建设…………………………………… 53

第三编　日本文化观……………………………………………62
　第七章　宗教文化的概略…………………………………… 62
　第八章　政治文化的发展…………………………………… 71
　第九章　经济文化的推动…………………………………… 80

第一编　印度文化观

第一章　宗教文化的概略

　　印度的文化是偏重于宗教方面，这是大家所共知的。其实不只是在历史上，印度的宗教是印度的文化的重心，就是现在，印度的宗教在印度的文化上，还是占了很重要的地位。

　　印度的历史究竟始于何时，这是一个尚未决定的问题。有些人以为，印度的历史是始于纪元前一千五百年；有些人又以为，印度的历史是始于纪元前二千年。好多年前，印度的考古学者在印度旁遮普省（Punjab）的蒙哥美利区域（Montgomery District）的哈拉巴（Harapppa），曾发见了好多神秘的印章（Seals），在这些印章上，有了为人们所不懂的图画文字。到了一九二〈二〉[①]年，在印度考古学的主管者马沙尔（Sir John Marshall）指导之下，印度的巴内尔宜（R. D. Banerji）在信地（Sind）省的拉汉那（Lārrhāna）二十五英里之南的摩亨佐-达罗（Mohenjo-Daro），又发现了一个史前的城市。这是一个很整齐的城市，其主要的街道长半英里以上，广三十三尺。在这座古城里，找出好多陶瓷、铜器以及好多的古物，同时且找出公共的沐浴房屋以及伟大的建筑物。

　　在这座古城中，虽然没有找出寺庙，但是，从发现的各种古物中，我们可以看出，印度流域（Indus Valley）的古代的宗教的概况。据考古专家的研究的结果，古代印度的宗教崇拜的对象，好像是母神（Mother Goddess）。这种母神是小亚细亚的很普遍的神明，这个母神可以从陶器、符箓及印章上找出来。此外，还有其他的女神，同时各种动物之见于印章的也很多。而最足以使人们注意的是雄牛，而与后来的著名的湿缚神（Siva），或摩诃提婆（Mahadeva），或大天有了关系。这些动物大概也是古代印度人所崇拜的对象，而与一般原始社会里的图腾制度好像也有了关系。

　　这种古代的印度文化的分布很广。我们知道，从哈拉巴（Harappa）到摩亨佐-达罗（Mohenjo-Daro），距离有了四百英里那么远，而在这两个地方的中间以及左近好多地方，都有了这种文化的遗迹。然而，这种文化在印度的历史上既没

[①]　编注：1922 年发现，1924 年马沙尔将其对外宣布。

有记载，在外国的典籍中也没有提及。这无疑的是印度的史前的文化。大概是因为了河流的变更，或是疾病的流行，或是强邻的破坏，使其埋没地下，而经过了好多千年都没有人发现。

据考古专家的推算，这种文化的时代是在纪元前二千五百年。而且，假使摩亨佐-达罗的发现的古城是建筑在纪元前二千五百年的话，那么，在这个古城尚未建筑之前，印度文化也必早已发展了。

古代的文化的重心都是偏于宗教方面。这个印度古城及印度流域（Indus Valley）的文化，大概也不能算作一个例外。而况，从人们所发现的印章、符箓以及各种器具来看，已经表现了很浓厚的宗教的色彩。

我们知道，宗教是精神的文化，在尚没有文字的时候，精神的文化最不容易遗传于后代。而况，马沙尔及巴内尔宜们所发现的古城湮没已久，除了残破的物质文化之外，所谓社会的文化，而尤其是精神的文化，早已随了时代的变更而消灭。然而，在四千余年以后的人们，在发现这些残破的物质文化的时候，尚能在这些残破的物质文化中找出很多的宗教的遗物，看出浓厚的宗教的色彩。那么，古代的印度流域的文化的重心，是偏于宗教方面，是无可疑的。

不但这样，这种宗教重心的文化，据考古专家的研究的结果，既非印度史前所独有的文化，也非印度流域所独有的文化。我们在上面已经指出，印章上所表现的雄牛是与印度后来的大天是有了关系。其实，牛在印度的势力最大而历史又最久的印度教中是神圣的动物，说不定这是纪元前二千五百年所传下的精神文化。至于母神（Mother Goddess），既不只是印度流域所独有的文化，而是小亚细亚的普遍的神明，那么，这种神明的势力的广大，与其在小亚细亚的古代文化上所占的地位的重要，也可以概见。

四千年前的印度文化的重心，固是偏于宗教方面，四千年来的印度文化的重心，也是偏于宗教方面。

正是因为印度文化的重心是偏于宗教方面，所以，一般研究印度历史或文化的人，往往以宗教的派别去划分印度的历史的时代或是文化的阶段。所谓吠陀教时代、婆罗门教时代、佛教时代、耆那教时代、印度教时代，以至回教时代，可以说是历史家常用以说明印度文化历史的发展的标准。达特（Romesh Chunder Dutt）在其所著的《古代印度文明史》（*A History of Civilization in Ancient India*, 1891）一书里，所分的文明发展的时代，以至多伊森（Paul Deussen）在其所著的《哲学通史》（*Allgemeine Geschichte der Philosophie*）一书里，关于印度的哲学的发展的时代，都是偏重于以宗教为划分时代的标准。又如日本武田丰四郎所著的《印度古代文化》一书，也是以宗教的派别去划分印度的文化发展的阶段。照武田丰四郎的意见，从纪元前一千五百年至纪元后一千一百九十三年的二千余年中，印度的文化可分为下面四个时期：

(一) 吠陀时代（从纪元前一千五百年至纪元前八百年）；
(二) 婆罗门教组成时代（从纪元前八百年至纪元前二百年）；
(三) 佛教隆盛时代（从纪元前二百年至纪元后五百年）；
(四) 婆罗门教复兴或印度教兴起时代（五〇〇 A. D. 至一一九三）。

印度的文化的重心，既是偏于宗教方面，印度在历史上所遗传下来的典籍，也是偏于宗教方面。我们可以说，这些宗教的典籍是印度的宗教文化的产品，同时也是印度文化的精华。所以，我们要想了解印度文化的实质就不能不以印度的宗教的典籍以为根据。

印度最古的经典要算《吠陀经》。《吠陀经》有了四种，这就是《梨俱吠陀》（*Rig-Veda*）、《娑摩吠陀》（*Sama-Veda*）、《耶柔吠陀》（*Yajur-Veda*）与《阿闼婆吠陀》（*Atharva-Veda*）。据说，《吠陀经》是由古代之创作者用口传授，因为这些经是神秘的东西，而不能随便的使一般俗人听晓。因此之故，《吠陀经》并不用文字记之于典籍。印度的婆罗门就是传授这些经的人物，大唐三藏法师义净撰《南海寄归内法传》第四卷三十四"西方学法"条下记载，四吠陀云：

> 五天之地，皆以婆罗门为贵胜。凡有座席，并不与余三姓同行。自外杂类故宜远矣。所尊典诰有四薜陀书，可十万颂。薜陀是明解义，先云围陀者，讹也。咸悉口相传授，而不书之于纸叶。每有聪明婆罗门，诵斯十万，即如西方相承有学聪明法，一谓覆审生智，二则字母安神，旬月之间思若泉涌。

"吠陀"（Veda）这个名词是包括知与学的意义，而同时也有圣智、圣教的意义，佛典中译为成明、明解、明论、智论。在四种《吠陀经》之中，以《梨俱吠陀》为最古。这种《吠陀》，有些人说是成于纪元前二千年，又有些人说是成于纪元前二千年至一千年之间。梵语"梨俱"的意义是赞诵，故《梨俱吠陀》也叫作《赞诵吠陀》。而这种所谓赞诵，就是宣扬神明的功德的赞诵。所以，《赞诵吠陀》就是宗教的一种经典，而尤其是在祭祀诸神的时候，用以赞诵的同时，又是一种有了韵律的颂词。

《娑摩吠陀》是集录歌咏的，它是古代印度人祭祀诸神的时候所吟唱的歌词，这也可以说是印度的古代的音乐的典籍。至于《耶柔吠陀》，是祭祀诸神的时候的祈祷的言词，里面所包括的诗词，有了不少是从《梨俱吠陀》中抄摘而来。然而，主要是一种散文的体裁。

《阿闼婆吠陀》在四种吠陀中形成较晚，所以具有了上面三种吠陀的好多特性，而其功用也较广。阿闼婆含有技能、禁咒、咒术、算数、医方各种意义，所以，凡是关于驱除疾病鬼神，祈祷健康长寿，破除恶行仇敌，企求和合权势与家庭、田野、家畜业务的繁荣，以至关于妇女、国王与婆罗族的利益，或各种神明的祭祀的咒文都包括在内。因此，它的功用是多方面的，而在古代印度的文化的各方面上，都有了特殊的意义。

四种吠陀是印度宗教的最古的经典，也是后来印度各种宗教的思想的渊源，同时也是印度整个文化的精神。

在吠陀时代，印度人所崇拜的神是很多的，这些神主要的是自然界的天、日、月、风、雨、云、雷、水、火等等。印度人最初对于天神或天父（Dyaus-Pitar）很为崇拜，但是后来，这个神的地位却为梵罗那（Varuna）所代取。梵罗那是一个广大无边的天与海之神，从某方面来看，这个神好像《旧约》中的耶和华（Jehovah），他是宇宙间的最高的统治者，而同时是道德宗教的保护者。此外，与梵罗那有了密切的关系的天神，还有很多。比方，日神及其美丽的配偶，曾天天坐在用七个马所拖的车中，而经过天上；乌沙斯（Ushas）是鼓起吠陀诗中之一些最可爱的，这个神是与人间各姓、族及其工作有了密切的关系。此外，又如阿耆尼（Agni）与沙摩（Soma），也是吠陀时代的有名的神。阿耆尼是圣火之神，他的职务是传达人间之真诚敬神的人们于天上，而沙摩是一个酒神，本来是一种植物的液汁，用以预备醉饮而供献与神的。

然而，吠陀时代的神之最著名，恐怕要算印度拉（Indra）。印度拉是理想的战士，坐在战车中，手中拿了雷电，而帮忙诚心崇拜他的人们以反抗其在打仗时的仇敌；印度拉又是降雨之神，据说他的主要功业是杀了禁闭母牛的龙夫利塔（Vrita）。印度拉是最喜欣饮崇拜他的人们所供献的大杯的沙摩汁。从印度拉的崇拜，我们可以推想吠陀时代的印度人，是一种勇敢好战的人民。

吠陀时代的神，虽有了人类的好多特性，而能饮、能吃、能坐车，然而这些神并不很明白的人类化。他们的声音虽可以听闻，然而他们的形状却不能看见，他们并没有偶像以为崇拜的对象，他们也没有庙宇以为祭祀的场所。上面曾说在信地省所发现的古城中找不出庙宇，也许吠陀时代的宗教是与这种史前的印度流域的宗教，有了密切的关系。这种宗教是与后来的印度教，以至古代希腊人的宗教，有了好多不同的地方。因为后来的印度教与古代希腊的宗教，不只是有了偶像，有了庙宇，而且各种神是与人类一样的，而没有什么的不同的地方，虽则神是一种超人的东西。

吠陀时代的神的崇拜，往往是在平坦的地上敷了一些圣草以为祭坛，点着火把，牛奶、谷类与饼食都可以用以祀神，有时还用公羊、牛与马去供祭，而沙摩汁的供献，也是必要的。祭祀时要有祭司去诵念《吠陀经》的诗句，但是祭司并不一定成为一种专门的职业，而且祭司在这个时候，并不占了社会上的最重要的地位。换句来说，祭祀神明是大众的职务。此外，妇女在这个时候也好像同男子一样的参加祭祀，而她们在社会上的地位，也相当的高。直到纪元后第七世纪，玄奘在印度向着哈沙（Harsha）王讲大乘佛教（Mahayana）时，据说，哈沙王的妹妹还坐在旁边听讲而参加讨论。

大致的说，在吠陀时代的宗教仪式，还相当的简单，后来才慢慢变为繁琐与固定。而且，除了宗教仪式的发展之外，宗教经典也慢慢的增加起来。《吠陀经》完成之后，其他的经典又发展起来。散文的著作，而特别是关于献祭的礼节与方法，尤为发展。所谓《婆罗摩挈经》（Brahmanas），就是这样的产生出来。

《婆罗摩挈经》的成书，据说是在纪元前一千年至八百年之间，经中所叙述的是偏重于宗教的仪式方面，而非一种泛论的著作。这种经中指出，献祭是人类得救的唯一方法，而献祭的人又必给与酬劳于祭司，始能得福。据经中记载，在祭祀的时候，所用牲畜约有六百口那么多。此外，经中又说到很多的禁忌的习俗，如禁止杀牛及夫妻不能共食等等。《婆罗摩挈经》所叙述的各种宗教的仪式，往往是用神话的故事以为表达。

与《婆罗摩挈》差不多同时而也许稍晚的重要经典，是《邬波尼萨昙经》（Upanishad）。邬波尼萨昙的意义是神秘，所以这本经里有了神秘的思想，也是印度古代的哲学书。在这本经里已趋于一神的趋向，以为人的灵魂可以与神合而为一，而对于轮回解脱的信仰已很发达。假使人们要想超脱的话，那么人们就要时时刻刻的去思念神。《吠陀经》好像是基督教的《旧约》，而《邬波尼萨昙经》好像是基督教的《新约》。这本经的完成是在纪元前八百年至六百年之间。

此外，又如《阿兰耶克经》（Alanyakas），这就是《山林经典》（Forest Books），以及苏特拉（sūtras）或附录，也差不多是在这个时代完成的，我们只好从略。

《邬波尼萨昙经》的时代，是印度宗教上表示出很不满意的时代。旧的信仰，而特别是婆罗门的专制行为，既为人们所不满意，新的宗教又正在蕴酿。其实，这是一个宗教的发展的过渡的时代。

是在这个时代里，耆那教（Jainism）的始祖麦哈佛拉（Mahavira），与佛教的始祖释迦牟尼或是乔达摩（Gautama），差不多同时而出生。麦哈佛拉是生于纪元前五九九年，而卒于纪元前五二七年。释迦牟尼是生于纪元前五六〇年，而卒于纪元前四八〇年。

这两位教祖，也许是因为生在同一的环境之下，所以有了好多地方是有了相同的点。两者都是属于武士的阶级（Kshatriya），而同样的反对婆罗门阶级的专制的行为。而且，两者都用了一般普通人民所常用的语言，这就是普克利（Praklit）语言，去宣传宗教以代替当时的祭司或婆罗门阶级所用的梵文（Sanskrit）。两者对于古代的《吠陀经》，都少有兴趣；两者对于阶级的制度，都不大理会，而以为超度是要从真正的忠诚与适当的行为始能达到。两者都是寺庙宗教的促成者，而两者的信徒都是道德的实行者，都是著名的苦行者。

这种宗教的运动，既都是反抗历史久长的婆罗门教，我们可以说是印度宗教上的改革运动。这种运动有点像西洋的宗教改革，所以有些人以为这两位宗教运动的领袖，而尤其是释迦牟尼，是印度的马丁·路得。因为婆罗门教的专制，而特别是其祭司的要求献祭的人们给予款项以为获福的方法，好像罗马教皇之出卖赎罪符券一样，至于麦哈佛拉与释迦牟尼之主张，由个人的真正的忠诚与适当的行为而寻求超度，也好像马丁·路得之主张，由个人的修养而与上帝直接交通一样。此外，又如他们用一般普通人民所说的语言，去代替梵文以宣传宗教，也好像马丁·路得之用本国文字，去代替拉丁文以翻译《圣经》与宣传谊理，没有什么的分别。

麦哈佛拉是印度东北佛西拉（Vesila）的一个酋长的第二个儿子，他在三十岁的时候父母俱亡，他乃分散家财，连了自己的头发也完全拔除，而去实行困苦的生活。后来，他还作裸体的游〈行〉，任人们的唾骂与殴打，以至待野兽的侵害或噬吃。他自己既这样的刻苦修行，抑制欲望，他也这样的去劝导他人。他以为，智识、信仰与正当的行为，就是达到超度的方法。到了他死之后，人们尊他为教主。而在他死后二百年，耆那教的经典也已完成。耆那教在印度虽尚流传至现在，但是始终不能兴盛，到了现在，这种宗教的教徒还不过一百万人。

释迦牟尼本姓为瞿昙或乔达摩（Gautama），"释迦"（Sakyas）是一个族的名称，"牟尼"的意义是静默的贤人，"佛"是后来人们简称的名字。他本来是印度一个酋长的独生子，他父亲所统治的部落是在印度的北部，与尼泊尔（Nepal）接近，而可以看见喜马拉雅山的雪景。后来，阿育王（Emperor Asoka）曾立了一条柱在他出生的地方，直到现在这条柱还保存着。

瞿昙十九岁的时候就结婚，十年后始生了一个儿子。他在二十九岁的时候，就决定出家求道。据说，他有一次出游，曾看见一个老人与一个病人，躯体很弱，痛苦万分；又曾经过一个有了死人的家庭，看见家人、儿女围尸痛苦，至为凄惨；后来，行出郊外，又看见一个修道的人坐在树下，很为快愉；因而，觉悟人生是痛苦的，只有修道始可脱离这种痛苦。所以，他才离开家庭，放弃妻子，剃了头发，着了黄衣，刻苦身心，以求超度。他虽然实行苦行，可是他并不像麦哈佛拉那么极端。耆那教在某种情形之下，容忍自杀，而佛教却觉得这是不应该的行为。

瞿昙出家修行，因为刻苦身心，有的时候几至于死，然而，修行了几年还没有什么成就。直到他出家后的第六年的一天，当他潜心静坐在菩提树下的时候，忽然心地光明，有所觉悟，这是他得道的开始。在这个地方，后来的人们曾建立了著名的摩哈婆提庙（Mahabodhi Temple）。

佛教始祖所觉悟的究竟是什么呢？第一就是凡有生命的，都在苦境里。第二就是凡有生命的，都有欲望的。第三，就是欲离苦境而得超度，必要除尽欲念。第四，就是要想除尽欲念，必行涅槃四乘。而所谓四乘就是：第一，必须觉悟有生命即有苦境；第二，必须除尽恶念，克守正道；第三，必须一心一意的去努力修行；第四，必须先使自身得大解脱，然后更须普度众生。人们如能修行到第四乘，那就是无上的上乘，这就是达到至上的涅槃的境界了。

这就是佛家的四大觉悟与涅槃四乘，而其主要的看法，就是生命是痛苦，而痛苦是由于人们欲生而成为世世生生，而成为痛苦无穷。总而言之，假使人人而都像佛一样的出家，一样的否认现在生活，一样的修行至上涅槃，那么，结果是世界的整个人类恐怕就要消灭。这是一种悲观的人生观，这是极端的消极的人生观。悲观的人生观本来是佛生的时代的一种流行的观念，佛的极端的消极的人生观，也不过是这种时代的思想的一种反应。

瞿昙虽感觉到生命是痛苦，然而，杀害生命以至自杀，都是他所不许的。因为，他主张以慈悲为心，他曾立了十戒，这就是：第一不杀生，第二不偷盗，第三不邪淫，第四不妄言，第五不饮酒，第六不非时食，第七不好娱乐观听，第八不用香料涂身、不装饰，第九不坐高广大床，第十不受财物。我们看了这种十戒，又使我们免不了要联想到基督教的十戒，而觉得这两者有了多少相同的地方。

佛自有了这种觉悟，他乃周游各处现身说法。他的修行方法，就是静坐潜思，以求内心的自觉。因而对于宗教上各种信条、仪式，以及好多迷信行为，都一概屏除。其实，他连了对于所谓上帝这个问题，也没有注意。他一生宣传其道，诲人不倦，直到八十岁而圆寂为止。他自己并没有著作经典，佛教的经典是在他死后，后人采集了他的遗训，而成为三藏（Three Baskets）。

佛教在印度，从纪元前三百年至纪元后五百年间最为繁盛，而且，又得了阿育王极力提倡，遣派几百教士到处宣传，使佛教不只在印度的文化占了很重要的地位，而且流至于中国、日本以及缅甸、暹罗各处。印度的后来佛教，既分为大乘、小乘两派，佛教之流传于印度以外的，也分为两派。中国、日本是偏于大乘，而缅甸、暹罗是采取小乘。自纪元后五百年以后，佛教在印度除了锡兰外，逐渐衰微，然而在中国、日本、缅甸、暹罗各处却慢慢的发展，而在这些地方的文化占了很重要的地位。

佛教与耆那教，两者都是不满意于古代的印度教或婆罗教，而成为改革的宗教。耆那教在印度以外既没有传播，在印度以内也始终没有势力；佛教在印度以外势力很大，在印度以内却只繁盛了七百余年。而此后的印度，又为印度教或婆罗门教的势力范围之下。

印度教或婆罗门教，本为印度古代的流行的宗教，在佛教繁盛的时期，虽现了衰微的现象，然自纪元后五百年后，却又复兴起来。直到现在，印度的三万万的人口中，信仰印度教的约占了二万万二千万，这可以说是占了印度人口的大半，故印度教在印度的势力可以概见。

但是，除了印度教之外，回教在印度的势力也不可轻视。回教本来是外来的宗教，回教在十二世纪的时候，已征服了印度西部不少的地方，在十二世纪的末年，又向东推动。到了一一九九年，很容易的占据俾荷尔（Bihār），破坏了印度最后的佛教的根据地，以及其有名的内兰达（Nālandā）大学与其著名的图书馆。不久，回教又征服孟加拉（Bangla），一二〇〇年之后，差不多整个印度的北部都在回教统治之下。回教在印度既有很大的势力，回教乃用武力与政治的地位去强迫印度人民信仰回教。直到现在，印度除了印度教教徒之外，回教的教徒约占印度人口四分之一。回教相信上帝，在上帝面前，所有的人们不论种族、地位，都是平等的，这与印度的固有的印度教的阶级制度，是不能相容的。此外，在宗教的仪式以及各种习惯，都有很多不同的地方。比方，印度教教徒以牛为神圣，而回教教徒的主要肉食却为牛肉，都是这两种宗教发生好多冲突的原因。而这种冲突，对于印度的政治、经济以至整个文化，都有莫大的影响。

印度除了印度教、耆那教、佛教、回教之外，尚有所谓锡克教（Sikhism）。锡克教的创立者是兰纳克（Nanak），生于十五世纪的下半叶。他自小就有了宗教的热情，后来潜心研究《吠陀经》，因而决志去创立宗教。锡克教虽可以说是印度教的支流，然而同时却受了回教的影响。兰纳克的父亲是回教中的一个小酋长，这种环境对他无疑的有了影响，而且他自己后来也曾穿起回教衣服，而到了回教的圣地麦加城。据说在他将死的时候，有了好多印度教教徒与回教教徒都来看他，他叫了印度教教徒把花放在他的右边，又叫回教教徒把花放在他的左边，然后再要他们去共同唱诗，而诗的意义就是：我的好朋友，快的为我祈祷，使我能够看见救主。其实，兰纳克是有意的去联合印度教与回教，然而历史告诉〈我们〉，这种梦想并不见得能够充分的实现。锡克教在印度至今还是存在，据说，信徒有了三百万人，而传布的区域只限于印度的一隅，故其影响也不算大。

又如基督教传入印度，据说历史很久。有人传说圣·汤马斯（Saint Thomas）曾到印度，而且据近代一般人的研究的结果，是证明这种传说。然而，是自近代东西海道沟通，而特别是欧人管理印度之后，基督教才在印度慢慢的发展起来，而在教育、医学各方面的影响尤为显明。不过，印度人既多深信了固有的宗教，基督教的教徒的数目始终是占了少数。

从印度的固有的宗教来看，无论是古代的印度教也好，复兴的印度教也好，无论是耆那教也好，佛教也好，大概上都可以说是轻视现世的生活，而重视未来的世界。简单的说，就是偏于出世的思想。因为他们注重于出世的思想，所以他们虽生在现世，却取了一种消极的态度，对于人间的文化并不想有所创造，同时，对于物质的生活更极力的去主张简单化，以至于极端的否定，其结果是使印度的文化在物质方面特别的贫乏。直到现代，印度人在物质生活上的困苦，凡是到过印度的人，都能容易的看出来。印度的宗教领袖，如麦哈佛拉，如释迦牟尼，以至兰纳克，都否定了物质上的享受，而印度的一般宗教信徒，也是以苦行为鹄的。而所谓极端的苦行，是像麦哈佛拉一样的，连了衣服也不要穿而裸体去讲道。从这方面来看，就以比较中庸的释迦牟尼，也要弄到差不多要饿死。他放弃了王子的生活而穿起黄衣，他的教义既是断绝欲望，而在其十戒里又很显明的劝教弟子屏除物质的引诱，结果是凡想超度的人们，决不会去发展物质的文化。到了最近，在政治上的有名的领袖，像甘地，以至学术上的名人，像太戈尔，之反对物质的文明而要人们复回印度的简单的生活，也可以说是受了印度这些宗教的领袖及其思想的影响。所以，今后的印度，若不欲在物质的文化上有所建树也算罢，否则，非积极的去打倒这些根深蒂固的宗教思想，在物质的文化上是不会有所成就的。

印度的物质文化之所以不能发展，固是受了宗教的教义的影响，印度的社会文化之所以有其特殊的地方，也是受了宗教的教义的影响。我们知道，印度的社会的特性是印度的阶级的制度，印度的整个社会可是分为四个阶级，这就是中国佛经上所常说的四姓。在《大方广佛华严经》卷十二（罽宾国三藏般若译），《入不可思议解脱境界普贤行愿品》中曾记，印度四种阶级的情形如下：

> 仁者当知，人有四姓：一婆罗门种（Brahmana），多修口业；二刹帝利种（Kshatriya），多修手业；三吠舍种（Vaishya），多修田业；四戍达罗种（Shūdra），修驰逐业。其余杂类旃陀罗等，皆修习恶律仪业。然此四姓及余杂类，业习不同，居处亦异。从少至老，所务虽殊，皆崇四事。云何为四？一修持艺业，二营办资财，三共受欲乐，四各求解脱。言艺业者，并从髫齿以至壮年，各于其伦，习学其事。若婆罗门修智慧，图书印记，纬侯阴阳，身相吉凶，围陀典籍；刹帝利种增修射御，政在养人，功在禁暴，弦歌悦众，征罚不庭；吠舍田业播种耕耘，粮聚食储，人天国本；戍达罗种通商有无，兴贩往来，务滋货殖。言营财者，业艺既成，咸务自事，各于其党，竞构资生。言受乐者，既丰财利，卜定厥居，婚乐宴游，恣娱声色。言解脱者，要言二类：一婆罗门刹利王种，发既斑白，年逾五十，力迈色衰，厌世求道，情深出要，咸谓真修，所习既殊，师承自异，九十六种各业本宗，或求生天，或计解脱；二者释种如来子弟，三乘学人，服甘露味，修习慈悲，利益群品，如是种种，邪宗正宗，在家出家，精心道检，皆依王国而得，住持并因我王演化流布。

印度社会之所以有了这四种阶级，是完全由于宗教的信仰。一个人生为婆罗门，则永远为婆罗门；生为刹帝利，永远为刹帝利；生为吠舍，永远为吠舍；生为戍达罗，则永远为戍达罗。因为，这是天生而是这样，这是神意之所分配，所以，不能有所改变。因为每一阶级与别的阶级，不但不能通婚，而且往往不能共食，甚至于不能相接近，世界上阶级制度的区别的严厉，没有像印度的那么厉害。世界上阶级制度之不易打破，也没有像印度的那么厉害。直至现在，印度的阶级制度，还可以说是印度社会的基础，也是印度文化的特点。

婆罗门是印度的最高的阶级，婆罗门的阶级就是祭士的阶级。唐朝的义净早已说过："五天之内，皆以婆罗门为贵胜。凡有座席，并不与余三姓同行，自外杂类，皆宜远矣。"婆罗门既就是祭士，那么宗教上的人物，在社会上的地位的重要，可以概见。婆罗门之所以贵胜，固是神所规定，其他阶级之所以低下，也是神所规定，故梵语"达磨"，我国人译为"艺业"，其真正意义就是神授法中所规定的各阶级的本务。

印度的文化的重心，既是在宗教方面，印度的人生的目的，可以说就是解脱。其实解脱不只是上等阶级的人们的目的，就是四种阶级中的低等阶级，也以解脱为目的。在佛教以前，像阇那伽大王（Janaka）的圣主，婆罗门的哲人（Yājnavalkya）、大仙（Maitregi）、大夫人（Gārgi）、大妇等女性，以至娼妇的私生儿（Satyakāma）的贱民，也讲求解脱。

其实，印度人除了第四阶级的戍达罗之外，其他三种阶级的人们的一生，都可以经过所谓四修养期。所谓四修养期就是：第一为梵志期，凡未婚的男子，去找教师诵习《吠陀经》，以及学习祭祀诸神的各种礼节；第二为居家期，在这个时期里，是梵志期完而回家结婚，完成对祖宗或社会的义务；第三为住林期，这就是隐息森林，矢志苦行，潜思冥想，以求真理的时期；第四为比丘期，这就是明晓真理而成就解脱的哲人。

从这里所说的四修养期来看，一个人除了第二期的居家时候是偏于世俗的事务之外，其余三期的生活，都是偏于宗教的行为。可见得，在印度，不只是社会组织以及其阶级，是以宗教为基础，就是个人生活以及其目的，也以解脱为目的。印度的文化既是偏于这种精神的生活，而这种精神的生活，又不外就是宗教的生活。

第二章　政治文化的发展

　　因为印度人太过重视精神的生活，太过重视宗教的解脱，所以印度人对于现世的事务，对于政治的工作，都持了消极的态度与冷淡的兴趣。为了这种的风习所影响，还有了很多在政治上本有地位的人，宁愿放弃了这种地位而去从事精神的生活与宗教的解脱。在印度的历史上，这些的例子可以说是多得很。比方，耆那教的始祖麦哈佛拉，本来是一个王子，他生长于王宫，后来又娶了一个邻国国王的女儿为妻，他的生活享用既是极其奢华，他的政治地位也是很为高贵，然而，他却愿意放弃了这种享用与这种地位而出家修行，弄到躯肤苦饿，裸体游行，这岂不是极端的否认而至于反对现世的生活与政治的活动吗？

　　又如释迦牟尼，本来也是一个王子，而且是一个独生儿子，他既是备受了父母、家人的宠爱，而将来的王冠又无疑的是要戴在他的头上。据说，他的父亲在他十六岁的时候，就建造了三座华丽的王宫为他的住处，然而自他结婚与生了儿子之后，他也愿意放弃了这种享用与这种地位而出家修行，弄到差不多因饿而死，这又岂不是极端的否认而至于反对现世的生活与政治的活动吗？

　　再如锡克教的创立者兰纳克，他的父亲也是一个酋长，也不能说是环境不好，没有政治上的地位，而且，据说后来政府还给他以高官厚禄。可是，他却反而因此而忧愁废食，而且施散了家中所有的财产，放弃了固有的地位，四出传道，形同乞丐，这又岂不是趋于极端的否认而至于反对现世的生活与政治的活动吗？

　　我们知道，翻译佛经最早而又最多的外国入华的佛教徒，是东汉桓帝时的安清。安清字世高，据说，他是安息王的嫡后的儿子，他放弃了他的王位而跑到中国来宣传佛教，翻译经典。这种看富贵与浮云、视王冠如敝屣的观念与其安贫乐道的精神，又岂不是趋于极端的否认而至于反对现世的生活与政治的活动吗？

　　我们不愿在这里多举这些类同的例子，我们只要指出，在印度，就是作了帝王或是有了政治地位的人，也往往深受了宗教的影响。印度历史上的著名的阿育王、哈沙王，不只是虔诚的宗教信徒，而其实也可以说是宗教上的传教师。直到现在在印度，曾在政治很为活动的人，以至身为内阁总理的人，在政治舞台上作了很多的事情之后，还有毅然放弃其政治生涯而去从事精神的生活与寻求宗教的解脱。

　　印度人对于现世的事务与对于政治的工作，既都持了消极的态度与冷淡的兴趣，而从印度的阶级的制度来看，参加政治工作的人的地位，又次于从事宗教工作的人的地位。婆罗门阶级是教士阶级，而又是社会阶级上的最高的阶级；专管政治与军事方面的王侯贵族与武士阶级，是属于社会阶级上的次等的阶级。可见得，在印度，宗教是首要的，而政治是次要的。

因为印度人对于政治缺乏浓厚的兴趣，对于政治当为次要的地位，所以印度人在历史上不但在政治的组织上与政治的设施上，没有什么的成就，就是在政治的统一上与政治的团结上，也很少能够实现。

我们知道，在吠陀时代的印度，所谓教士在社会上虽非占了最高的地位，然而，所谓政治上的首领也不像后代的专制君主的权力那么大。其实，在这个时代，所谓政治上的首领大概都是部落的酋长，每个部落各自为政。直到麦哈佛拉与释迦牟尼的时候，印度还是受治于好多的酋长，这两位新教的教祖的父亲，都是部落的酋长。而在当时正在发展的摩笈多国（Magadha），也是一个部落。据说，摩笈多国是建立于纪元前六〇〇年，传了四代而到频毗娑罗（Bimbisara）王，这位酋长虽然逐渐的扩张其势力，然而他的势力范围并不出了恒河的下游。就是在第四世纪的时候，在旃陀罗笈多（Chandragupta）大王的统治之下的疆域，也不过是印度的北部。月护所建立的孔雀王朝，在印度史上是所谓疆土广大、政治修明的王朝，到了他的孙阿育王（Asoka, 273 B. C.—223 B. C.），又再开辟地域，讲求武功。在纪元前二六一年，他曾南征羯陵伽（Kalinga），据说，这次南征，他杀戮了十万人，俘虏了十五万人，然而，在印度的东南，他的疆土也不过只在马哈那的（Mahanadi）与哥达发利（Godavari）两条河流之间；至于在印度西南方面，至多也不过在那巴达河流域；在南印度半岛，这个时候还是蛮荒、少有人烟的地方。晋朝的法显，在纪元后四〇五年至四一一年在印度，到了印度的南方，曾看见这个地方的荒野危险，非有熟识者作引导，则行旅是很不容易的。

阿育王逝世之后，印度的南半岛的安度罗王朝虽逐渐兴盛，有一个时候差不多整个半岛曾在安度罗的君主统治之下。但是在印度的北部，希腊种人曾在兴都库什山及妫水流域之间，建立大夏国（Bactria），安息人亦侵入高附（Kahul）。到了后来的大月氏（Indo-Scyhians）的贵霜王朝（Kushan Dynasty）的丘就却王（Kujula-Kara-Kadphises）崛起，西破安息，南并高附，到了其子阎膏珍（Wema-Kadphises），又灭罽宾，而统治印度的西北，而成为一个大国。然而，从整个印度来看，并没有一个势力能够整个的去统治。

在纪元后第三世纪的末叶与第四世纪的初年，在恒河流域，有了一个部落的酋长，曾用上面所说的旃陀罗笈多（Chandragupta）的名义，而建立了笈多王朝（Gupta）。而在陀罗笈多第二的时候，正是晋朝法显在印度的时候。法显在《佛国记》里，曾赞美陀罗笈多第二的时代的政治的修明与宗教的热诚。不过，在这个时候，笈多王朝所统治的疆域也并不很大。

差不多二百年后，在戒日王（Harsha Vardhana）就位之后，他东征西伐，经过六年不断的战争，征服了好多国家，扩充了不少领土，他且自称为五印度的皇帝（The Emperor of "Five Indies"），这就是包括旁遮普（Panjab）、伽诺间（Kanauj）、孟加拉（Bangla）、达班加 Darbhanga 与奥利萨 Orissa。在戒日王的时候，我国著名的僧徒玄奘曾在印度，他在《大唐西域记》里告诉我们，在戒日王统治之下，"垂三十年，兵戈不起，政教和平，务修节俭"。

戒日王所统治的地方虽大，然而，印度的南部的得康（Deccan）并不为他所征服。当他征伐这个地方的时候，沙路伽（Chalukya）王巴利吉（Pulikesi）曾出兵抵抗，戒日王的笨重的车象，既不容易通过这个荒野的山地，而戒日王的军队，看了这个荒野山地也没有了前进的勇气。所以，在纪元后的第七世纪的雄才大略的戒日王的征服之下，印度也并不成为一个统一的国家。

总而言之，在历史上，印度人统治之下的印度，从没有像我们中国那么的统一过。印度是一个部落的社会，每个部落各自为政，部落与部落之间常常有了纠纷，有了争斗，有的时候某个酋长势力澎涨，征服了其他部落，而成为某个王朝或一个帝国，像阿育王，像戒日王。然而，他们也不过是占据了印度的一部分，而非印度的全部，而且这个王朝或这个帝国，寿命既并不很长，而在其统治之内的疆土，还是成为好多部落，而有其独立的特性。所以，从政治的立场来看，所谓历史上的印度，所谓印度人的印度，不是一个政治的单位，不是一个国家，而是好多的政治的单位，好多的国家。只有从宗教的立场来看，所谓历史上的印度，所谓印度人的印度，或可以说是深受了某种宗教，而尤其是印度教与佛教的影响，而成为某种宗教的单位或某种宗教的时代。我们在上章所以说，印度固有的文化的重心是偏于宗教的方面，而印度的历史的划分是要以宗教作标准，就是这个原故。

其实，在印度的政治历史上，所谓印度的疆土或境界，从来就没有严格的确定。虽则印度三面是环海，然而，不只南印度之于北印度在政治少有统一，就是东印度之于缅甸，而尤其是西印度之于阿富汗的境界，在历史上就缺乏了显明的划分。缅甸，自英国统治之后，当为印度一部分。阿富汗现在虽然是一个独国家，然在文化以至种族上，都与印度有了密切的关系。

印度人在历史上既没有把印度好好的组织起来，而成为一个统一的国家，印度在历史上又常常受了外族的侵略，而长期的受了外族的统治。自然的，这两者是有了关系的。然而，印度内部的复杂情形，而尤其是浓厚的宗教的信仰，是印度之所以不能在政治上有了特殊的成就与民族的统一，是主要的原因。

我们知道，印度在纪元前二千五百年已有从北方南侵的亚利安族（Aryans），到了印度的西北，上章所说的信地古城及印度流域的文化，说不定就是被这些民族所破坏而至于湮灭，而创造这些文化的原来的印度人，也说不定是被了他们所杀戮，或被迫而他迁。假使这种看法是对，那么，印度所受外族的统治历史是很久了。在纪元前第六世纪的频毗娑罗王在位的时候，波斯人曾侵入印度。大概在纪元前五一六年间，波斯王大流士（Darius Hystaspes）占了旁普遮与印度流域一带。到了纪元前三二七年，马其顿（Macedonia）、亚历山大大王（Alexander the Great）东征波斯之后，又侵略印度，此后在印度的西北一带，常常是遭了外患。到了纪元后第六、七世纪以后，阿富汗的回教的势力逐渐发展，又到了八六二年，阿富汗迦色尼朝（Ghazni Dynasty）创立之后。在九九七年至一〇二六年的二十多年间，迦色尼马穆德（Ghazni Mahmud）曾征伐了印度十七次。据说，马穆德在九九七年登位的时候，就宣誓年年征伐印度。他不只征伐印度的西北好多次，他还征伐到恒河流域好几次，然他也始终没有统治整个印度。马穆德死了之后，突厥族的回教徒所建立的廓尔王朝（House of Ghor），先征服了廓尔王朝，在一一七五年至一二〇六年间，又征服印度，其部将顾图布哀丁（Kutab-uddiu Ihak），见得其他的将领曾据印度各地而称王，于是他也在德里（Delhi）自立为苏丹，而建立所谓奴隶王朝（Slave Dynasty）。他取了苏里曼山（Suliman）以东及宾地耶山（Vindyha）以北各地，而据有印度的大半地方，然也没有达到统治整个印度的地位。

外族之侵了印度而统治整个印度的，只有十六至十七世纪的印度的蒙古帝国以及十九世纪的英国帝国。印度的蒙古帝王的勃兴，是在十六世纪蒙古察哈台（Chagdtai）的后裔帖木儿（Timer）的六世孙巴卑尔（Babur）。巴卑尔侵了北印度，征服回教的势力，建立蒙古帝国。到了他的孙亚格伯 Akbar（1556—1605）又扩大的版图，他分他的统治领土为十五省。在这个时候，除了政治上有了不少设施外，在文化的各方面都有不少的进步。到了他死之后，他的子孙更相继的去征服印度的南部而统一半岛的全部。

这是整个印度第一次统一起来而成为政治上的一个单位，而成为一个国家，虽则这个国家的统治者是一个外族。

西洋人之从海道而到印度是在十五世纪的末叶。达加马（Vasco da Gama）于一四九七年绕好望角，而次年到达印度西南海岸的卡利卡特（Calicut）。但是，英国人之蚕食印度却始于一六〇〇年，英国的东印度公司的成立那一年。东印度公司本来是一个商业的组织，然而，这个公司在印度一方面逐渐的垄断印度的对外贸易，一方面又干涉印度的内政。这个公司在二百五十八年的历史中，事实是一个政府，不只有了经济的势力，而且有了政治与军事的权力。有的时候，它用金钱去贿赂印度的官吏而占领土地；有的时候，它用武力去征服印度的酋长或王国；更有的时候，他用外交的手腕去引诱印度的政府去顺从英国。结果是，整个印度慢慢的受了东印度公司的支配。到了一八五八年，英国正式宣布，印度为英国的领土。

自印度的蒙古帝国发展而至于征服整个印度，蒙古的统治者虽曾设法去把整个印度分为省区，而希望使整个印度直接的受了皇帝的管理，然而，这种希望不能谓完全实现，就是在英国人的势力侵入之后，以至吞并整个印度，整个印度也非完全直接受了英国政府的管理。因为整个印度不只有了派别不同的宗教，而且有了语言、风俗、历史以至种族的差异，就是在政治方面，好多酋长还保存其固有的名义以至其统治区域，虽则英国政府有了最高的权力去总揽一切。

从上面看起来，印度在十六世纪以前，在政治上不只是印度人自己没有统一整个印度，就是外族侵略印度也并没有把整个印度统一起来。是十七世纪以后蒙古的后裔侵入印度之后，逐渐的扩张其势力而统治整个印度，而且也是在这个时候，西洋各国的势力也在印度逐渐的发展起来，而英国的势力在印度的逐渐发展，遂使整个印度都受英国的统治。

在英国的势力开始发展的时候，这就是在十七世纪的时代，蒙古的势力正是如日中天而有了衰落的趋向。蒙古皇帝亚格伯统治印度五十年（1556—1605），虽还没有征服整个印度，然而当他在位的时候，可以说是印度的蒙古帝国的黄金时代。亚格伯的后代奥朗最布（Aurangzeb）在一六八九年虽然完成其征服整个印度的计划，然而在他的晚年，印度的蒙古帝国的势力正是有了日落西山的景象。奥朗最布出外征伐二十余年，没有回去帝国的京都——德里。京都本身固然是因之而趋于紊乱衰微的情况，所谓帝国的重心的京都，也逐渐失了统驭帝国的力量。结果是，奥朗最布在外面所征服而得来的势力，远比不及他在这方面所失的权威，皇帝逐渐变为名义上的光荣而缺乏了实力上的支持。到了他的末年，在他寄给他的儿子卡姆巴克斯（Kambaksh）的信里，他不只承认他自己已失了动作的能力，他也暗示他的帝国的前途的可忧。

而况，英国的势力正在澎涨，就使蒙古帝国能够维持其统治印度内部的能力，蒙古帝国恐怕也没有力量去阻止英国的力量的发展。又况，蒙古帝国的最大危机，不只隐伏于英国的势力的澎涨，而尤其是蕴酿于印度教与回教的冲突。我们知道，亚格伯虽受了传统的回教的影响，然而他对于其他宗教，而尤其是印度人的印度教，很能表以同情，而且有了一个时候，他很偏祖印度教。奥朗最布就不是这样，他极力去压迫印度教，破坏印度教的庙宇，征收不信回教的特税，而引起印度教徒的剧烈的反感。结果是，强有力量的拉奇普特人（Rajputs）起而反对，而失了帮忙帝国的最大力量。

宗教在印度的历史上是占了很重要的地位。印度的蒙古帝国的衰微的最大的原因，可以说是宗教上的冲突与宗教上的失策。善于调和宗教的冲突，善于施行宗教的政〈策〉的君主，可以利用宗教去维持他的政治的势力。假使不是这样，那么往往会有相反的结果。

直到英国统治之下，宗教与政治还是有了密切的关系。英国虽然挟了西方的文化去征服印度，然而，英国不只没有办法去破除印度人的宗教的信仰与其制度，反而常常利用宗教上的冲突与宗教的政策，去维持其统治印度的力量，以至取了渔人之利的机会。

英国人虽用西方的文化去征服印度，然而，正是这种西方的文化，引起印度人的民族的意识与国家的观念。我们上面已经指出，是在印度的蒙古帝国的统治之下，印度才成为一个政治的单位。然而，严格的说，蒙古帝国之统治整个印度，正如昙花一现，转瞬即灭。在英国统治之下的整个印度，才能够说是真正立了统治印度的基础。而且，在时间上也可以说是最久，就从维多利亚女王正式宣布印度为英国领土以至现在，也差不多要有一百年，而从英国东印度公司在印度成立之后以至现在，差不多要有三百五十年。在印度历史上，除了蒙古帝国之外，既没有一个王朝能征服整个印度而像英国一样，更没有一个王朝能统治整个印度那么久。

然而，正是在印度人受了英国的严密的政治组织与久长的政治权力的统治之下，印度人的民族意识与国家思想才慢慢的发展起来，而成为近代印度的独立运动。

所谓独立运动，也可以说是反对外族的统治。反对外族统治的情绪，在印度的历史上并非完全没有。然而，在英国没有统治印度之前，这种反对外族统治的情绪，与其说是积极的，不如说是消极的；与其说是主要的，不如说是次要的；其实，与其说是民众的，不如说是个人的。

我们上面已经指出，印度在历史上曾常受外族的侵略，在外族侵略的时候，印度也常常起而反抗。然而，这种反抗往往是一个酋长或一个王帝，或是至多不过是一个阶级的事情。在十二与十三世纪的时候，回教侵略印度，占据一个城或消灭一个国，每每易如反掌。一方面是因为印度缺乏强有力的政治组织，一方面所谓反抗外族的人们，不外就是四种阶级中的第二阶级中的少数人们。印度一般民众对于外族的统治，并不大关心。要是关心的话，那么与其说是为了政治的原因，不如说为了宗教的原因。十二与十三世纪的回教之强迫印度教徒之改变信仰，而尤其是十七世纪的奥朗最布之强迫印度教徒之改信回教，就是一些最显明的例子。

最近百数十年来的印度的情形，就不是这样。印度人在英国人统治之下，西洋文化在印度的影响愈来愈大，英国语言变为印度受过教育的人们的普通语言，而且，恐怕也是印度的比较最普遍的语言。铁道的密布、轮船的行驶、公路的开辟，成为一般人民的互相接触的交通工具。而印度人与英国人在政治的地位上、在经济上的差异，以及其他各种的区别与不平，处处都引起印度人的民族的意识与国家的思想。而一些印度人之受高等教育的，而尤其是到过西洋各国留学以至游历的，懂了世界的大势，看了西洋的政治以及文化的其他方面，觉得印度既没有国家，而印度民族又受外人压迫，于是不得不设法以求印度的独立。

在十九世纪的初年，印度人已有了反对英国统治的运动，而且，这个运动还是与宗教上的领袖有了关系。比方，锡克教的朗基特·信格（Ranjit Singh）。信格是一位反对英国最利害的，有些人说他是生而仇恨英国人。他第一步工作是联合锡克教的教徒与收复了拉合尔（Lahore）及阿木里昔尔（Amuitsar）等地方。他曾聘请了参加拿破仑战争的军人去训练他的兵士，而且聘请欧洲人去作他的顾问而从事改革。据说，他有一次看了印度的地图，想起英国的势力的澎涨，大为慨叹。然而他究竟力量不大，不能对抗英国，同时英国政府为了利用他所统治的地方，去为印度及阿富汗的缓冲地带，在十九世纪的初年，曾与签订了友谊的条约。

到了一八五七年，印度的军士曾以德里为根据地而反抗英国，规模既相当的大，战争也延长了两年之久。维多利亚女王在这个时候，宣言保存印度王公的世袭的权利与名义，同时恢复印度人民的一部分的自由，而命令印度政府不得滥用权力去压迫印度人民。

一八八五年，休谟（A. O. Hume）曾得了印度总督达斐林氏（Lord Dufferin）的赞许，而组织印度国民会议去引诱一些印度的热心于民族运动的人士，共同讨论政治的问题，如扩张中央及地方的立法会议，及官吏任用的考试，以谋印度人士得到参加政治的权利，其目的无非也是缓和印度人的反英的情绪。

一九〇一年，刻宗（Lord Curzon）当印度总督的时候，见得印度民族运动的领袖人物，多为孟加拉人，因想把孟加拉划分为几个小区域，以分散这些人物的力量，于是印度各处的人民都起而反对。一九〇五年，日本以蕞尔小国战胜俄罗斯，给印度的民族运动的领袖以很大的刺激。而在这个时候，印度的英国政府又限制大学学生数额，限制印度人求学自由，因而更引起印度人的反英运动。而西洋的民族主义的提倡者与实行家，如卡伏尔（Cavour）、玛志尼（Mazzine）与科舒特（Kossuth），成为印度民族运动的中坚人物的榜样，成为印度一般人士的很为熟识的名字。到了一九〇七年，有些在国民大会的印度人士，又脱离国民大会而采取激烈的行动。在孟加拉、孟买、旁遮普各处的暴动事件不断发生，而且蔓延到其他各处。英国政府到了这时也感觉到事情的严重，因而更换印度总督，于一九〇九年宣布承认印度人在立法和行政上享有广泛的权限，以平息印度人的愤怒。

上次欧战发生以后不久，印度的好多从事民族运动的人，虽屏除政见而帮忙政府，但是，回教教徒却因协约国与土耳其冲突，而偏袒土耳其。土耳其是一个回教的国家，印度的回教教徒之偏袒土耳其，是完全为宗教的关系。可见得，宗教在现代的政治上还有了很大的力量。

印度的回教教徒既表同情于土耳其，于是反英的行动又由回教倡导，而暴动事件又因而时有发生。而回教的同盟会议长，更利用机会去提倡印度自治的运动，以引起回教以外的印度人民的反英情绪。英国既正忙于欧洲而不愿有后顾之忧，同时，印度在欧战的时候所供给的人力，有了百万之多，而军费的负担更为不少。于是，英国召开帝国会议，乃招请印度代表，并于一九一七年派印度事务大臣到印度，与印度总督作印度民情的考察。考察之后，又联名发表一《印度宪政改革报告书》（*Report on the Indian Constitutional Reform*），主张改革印度的行政机构，以省为行政系统的中心，而建立所谓责任的政府。

一九一九年，印度政府曾根据印度事务大臣及印度总督的报告书，去施行法案。于同年年底开始试行，以十年为限。然而，这个法案不只给与总督有最后否决的权，与上议院的议员多为总督与官吏所指派，而下议院的议员也非全为民选的代表。故这个法案仍为印度国民大会与回教的同盟会所反对。然而，这个时候大战已完，英国政府不只对于印度人民的反对的情绪不加以考虑，而且往往加以压迫，同时且颁布制止革命的谋叛法。这么一来，更易引起印度人民的反感，而民族运动的推动，反而因之加强起来。

甘地就是在这个时候成为印度人民的领袖。他不只是得了印度教的教徒的赞助，而且得了回教的教徒的拥护。他在卡尔卡塔召集国民大会，决定对于所谓"文明的背信"实行所谓"文明的反抗"。所谓"文明的反抗"，就是非暴力的不合作运动。而其要点是如不接受英国任何封号，不当英国官吏，不做英国的警察、士兵与雇员，不进英国政府所设立的学校，不购英国政府所发行的公债，不购英国货物，以及拒绝向英国政府纳税等等。

除了甘地自己首先致书印度总督，归还所有英国政府所给与的勋章、穿着粗棉布、摇着手纺机而反抗英国之外，还且宣告全印罢工、罢市，举行示威运动。甘地被人称为"圣雄"，而这种运动也震动了整个世界。

这个运动，支持约有两年之久。到了一九二一年，英国亲王肯特到印度出巡，一部分民众以暴动的方式去反对，同时也杀伤了好多警察。甘地以为，这是证明印度人民还不够去实行所谓"文明的反抗"的运动的时候，而认为这是喜马拉雅山的那样重大的错误，因而自动停止这种运动，并且以绝食去惩罚自己，而同时去设法制止整个运动。英国政府一方面把了甘地下狱，一方面更换印度总督。不过，为要平息印度人民的愤怒，不久又释放了甘地。这就是印度民族运动上的第一次的不合作的运动。

到了一九二九年，因为一九一九年印度事务大臣孟塔果（Montagu）及印度总督彻姆兹福特（Chelmsford）的法案已经满期，英国政府未到期前两年，曾派西门（Simon）等组织印度委员会，预备印度新宪法。印度人以委员会中没有印度人，印度人召集国民大会拒绝西门调查印度，并决定自己起草宪法。由该会起草报告书，表示印度必需与加拿大、澳大利、南菲洲有同样的权，同时决定，假使英国一九二九年末不接受此项报告，则惟有恢复不合作运动。

西门为了这事，曾再度访问印度，于一九三○年发表其调查报告书。印度民族运动的领袖又开始第二次不合作运动,而甘地所领导的动人的"食盐长征",也在这时产生。"食盐长征"是反对英国政府专卖而增加人民负担,甘地号召了成千成万的男女民众去海滨自煮私盐。英国政府不得已又逮捕甘地及其徒众。而同年及次年召集了二次圆桌会议,第一次会议完后释放甘地,第二次会议邀请甘地及其徒众参加,而商定协议条件。这个协定是在一九三一年三月正式签字成立。从此,所谓"非武力反抗运动"乃暂告一段落。此后,甘地与其徒众虽因反抗英政府而被捕多次,然民族运动之特别值得我们注意的,是这次大战以后的民族运动。

自第二欧洲大战发生以后,英国政府用英王乔治第六名义,于一九三九年九月十一日通告印度:英国这次参加战争非为自己,而是为人类未来重要的道义。到了十四日,印度国民大会发表宣言:印度决不以任何方式去帮忙帝国主义或法西斯主义,只有在印度能够实行民主制度的条件之下,印度才准备参加民主国的战线。同时,印度民族运动两位著名的领袖——甘地与尼赫尔(Nehru)均坚决的表示,英国若不完全答应印度独立,印度决不参加民主国的战线。在他们,而尤其是在甘地的声明的词句中,也许是过于直率,有些人还以为他们是有了亲善日本与轴心国家的趋向。

这又是不合作运动的施行。可是,到了一九四二年的一月,日本军队已侵入南洋、缅甸,印度也有了严重的威胁的时候,尼赫尔于一月廿四日宣言:假使外力侵入印度,国民大会决尽力抵抗,绝不与侵略国家合作。而同时,英国政府也派素来同情于印度民族运动的克利浦(Crippes)访问印度,与印度的民族运动的领袖协商英印事件。可是,克利浦到了印度之后,经过多次的磋商,因为双方的意见相差过远,结果是克利浦所负的使命终告失败。克利浦于是凄然回英,而甘地与尼赫尔以及其他好多民族运动的领袖也不久就被捕入狱,直到现在,他们还没有恢复自由,而英印的根本问题还未解决。

我们在上面很简单的把印度的民族独立运动的史略与概况加以叙述,大致的说,这个运动是以不与英国合作为主要政策。而所谓不合作的政策的实施,是非暴力的反抗,而这非暴力的不合作的政策的主张的领袖是甘地。甘地这种主张的背景,无疑的是印度人的传统的态度,而这种态度的养成,又是印度的宗教的结果。其实,甘地自己就是一个印度宗教的传递者。他虽然小年在新式学校受过教育,长大留学英伦,而且学的是法律,然而,这不过是他用以为谋生与寻找地位的工具,他的内心,他的思想,是一个十足的宗教家——印度的宗教家的内心与思想。他主张跑回人类原始的简单的生活,他手中摇着一个手纺织机,以至他用绝食去反抗他的敌人,或去感化他的徒众,都是印度宗教的苦行的变相,都是印度宗教的消极的表示。其实,甘地本来就是标准的印度教的教徒,他的经典是《吠陀经》,而他的理想人物是释迦牟尼,虽则他也接受以阶级为重心的印度文化，而同时又悯怜"不可接触"的下等阶级。为要表示出他这种情绪，他曾故意或特意的去取了一个"不可接触"的人家的女孩，而当为自己的养女。其实，甘地自己就是有了好多的矛盾，他虽然要印度成为世界的一个独立的国家，而趋于民族主义与国家主义的行为，然而同时，他却要印度保留着以宗教为重心的文化。

  我们研究印度的历史，我们知道印度人在政治历史上所以不能统一国家，所以缺乏政治兴趣，就是因为宗教信仰与行为所使然。直到现在，印度还是不能脱离这种影响。印度教的教徒虽占了三分之二以上的人数，然而阶级制度的流弊太多，而尤其是八百万的贱民地位最苦。而况在印度，除了印度教的阶级制度尚未破除之外，印度还有印度教与回教的冲突。这种宗教上的不平等与这种宗教上的冲突若不能破除，那么，就在印度得到民族独立而脱离英国的压迫，印度是否就走上自由之路，是否成为民主之邦，还是一个问题。印度的民族运动的领袖，常常以民主制度与民族运动合而为一，然而，一个民族得了独立之后，未必就成为民主国家。欧洲在宗教改革之后，民族主义蔓延各处，然而，民主政治的运动却到很久以后才慢慢的实现，就是一个例子。印度的民族独立运动，在过去数十年来，而尤其近二三十年来，虽不能达到最后目的，也不能没有效果。而且我相信，只要印度的民族运动的领袖再加努力，民族独立总要实现。然而同时，印度的人士不要忘记，印度在宗教上的束缚若没有解放，那么印度的政治的前途，还是有了不少的问题。

第三章 经济文化的蠡测

我们上面已经指出,印度在宗教上的束缚若没有解放,那么印度的政治的前途还是有了不少的问题。我们现在可以进一步的说,假使印度的政治上的压迫若没有解除,那么印度的经济的前途更是有了不少的问题。而况,正是因为印度人太过重视宗教的精神的生活,而太过轻视经济的物质的生活,结果是使印度这个民族成为一个穷苦的民族。这一点,我们在上面已经说过,这里不必再加叙述。我们只要提醒,假使印度的宗教的思想若不改变,那么印度的经济的发展必受了不少的限制。

就以近代印度民族独立运动的最著的领袖甘地来说,因为他是一个印度教的教徒,是一个忠实的印度教的教徒,热烈的去歌颂印度的文化,诚意的去度过精神的生活,所以在政治上,他既主张非暴力的不合作的消极的抵抗,而在经济上,他也主张复回印度人的本来的简单的生活。可见得,印度的宗教在印度的政治与经济上的影响之大。而况,印度的经济的生活的贫乏,又往往是受了政治的力量的影响呢。

印度人自己既因宗教的信仰而弄到经济的生活的贫乏,而同时又因往往受了政治的压迫使印度人的经济生活愈为穷苦,故在宗教上与政治上尚没有得到解放,而欲求经济生活的改善,是一件不容易的事情。

宗教的信仰之对于政治,而尤是其经济的影响,既很为显明,政治的压迫在经济方面的作用究竟如何,也是值得我们加以注意的。

在印度的社会里,人民是分为四种阶级,而在这四种阶级中,最高的阶级是婆罗门。婆罗门是教士阶级,玄奘在《大唐西域记》里告诉我们:

> 其婆罗门,学四吠陀论:(旧曰毗陀,讹也。)一曰寿,谓养生、缮性;二曰祠,谓享祭、祈祷;三曰平,谓礼仪、占卜、兵法、军阵;四曰术,谓异能、伎数、禁咒、医方。

婆罗门既是教士而致力于宗教的事务,那么婆罗门可以说是没有生产的阶级。第二种阶级是在政治或军事上有权力的阶级,这个阶级在历史上以至现在,无论何处,都是没有生产的阶级。又所谓吠舍的第三阶级,既是商人,在经济的生产力量上也可以说是没有什么贡献。所以,真正所谓生产的阶级,却就是戍达罗的第四阶级。戍达罗是从事于农业的,而农业的生产是印度的经济的主要来源。

在所谓四种阶级之中,既只有一个阶级为经济的主要来源的阶级,经济的生产的力量的薄弱已可概见。所以,印度人就在政治修明的时候,人民也要特别节俭才能维持生活。玄奘游印度的时候,在戒日王统治之下的王国,据玄奘告诉我们,在三十年内是一个兵戈不起、政教和平的时代。然而同时,玄奘也看出他们在经济生活上是一个务修节俭的朝代。为什么在物产比较丰富而政治修明的时代,人们还要务修节俭?这就是因为经济的生产的力量的薄弱。在经济生产薄弱的社会里的人们,若不设法去发展经济的生产的力量,那么唯一的办法就是设法去节俭?这是一种消极的办法。

在政治修明的时代的印度人还要尽力节俭,那么在政治腐败的时候,则人民生活的困苦更不待言。

而况,在印度的历史上,连了一些英明的君主也多是暴虐的人物。就以著名的阿育王来说,我们上面已经指出,他在征伐羯陵伽(Kalingas)一役,被杀有了十万人之多,而俘虏的也有了十五万人之多,可见得他的破坏的力量之大。人类之被杀戮与俘虏的既有了这么多,那么财产物资之被破坏与蹂躏的也可想而知。而况,印度既为部落的民族而常常互相征伐、互相摧残,人民生命尚且往往难保,人民生活的困苦,也是自然而然的事情。

印度不只是因为政治的紊乱而影响于经济的生活,而且因为常常受了外族的压迫,而使人民的生活更为困苦。在十世纪的末年以至十一世纪的初年,马穆德曾征伐印度十七次之多。比方,在一〇〇一年,马穆德既打败了旁遮普(Panjab)斋巴尔(Jaipal)之后,大事抢掠,斋巴尔被捕。后来他的儿子安奈特巴尔(Anandpal)继起而抵抗敌人,据说有钱的女人都把他们的首饰、宝石去出卖,而贫穷的人们也出了他们所有,以为抵抗马穆德的军费。然而,安奈特巴尔也没有办法去阻止马穆德的侵入。结果是,凡是马穆德所到的地方,不只印度人的男女人民被其杀戮,田园房舍被其蹂躏,就是他们所有的财产物资,也一扫而空。据说,在康格拉(Kangra)一个地方,他除了夺取别的贵重东西之外,其所夺取的白银放在一块,占了三十码长、十五码广的地方,而他运回去加斯尼(Ghazni)的印度赃物,更是如山积一样。

马穆德每到了一个地都同样的抢掠,他从印度的西北的印度河流域,征伐至印度的东北的恒河一带,而在二十年之中,曾征伐了十七次之多,印度人民的财富不只是一扫而空,而且印度人民也因之而流离失所,而不能从事耕种与其他的生产事业,也是一件很显明的事情。在这种屡受侵略与压迫之下的印度,经济的破产也是自然而然的。

又如,在蒙古帝国统治之下的时候,蒙古的统治者虽不若马穆德那样的抢掠,然而,他们对于人民的财产的吸取的方法,也可以说是应有尽有。比方,在奥朗最布(Aurangzeb)的时候,因为排斥异己,征伐南方,国库支绌,于是又不得不用各种方法去榨取人民,而贵族与官吏的专横,更增加了人民的负担与贫乏。他们可以随便在街道或乡村里逮捕人民去作他们的工作，等到作完了他们的工作之后，才给人民回去，而在他们回去的时候，往往是一文不给。法国有一位医生及旅行家，名子叫作柏尼挨（Francois Bernier），在奥朗最布在位的时候，曾游了印度。他在一六七〇曾出版一本《蒙古帝国游记》（Travel in the Mongol Empire）。在这本书里，他曾指出印度当时的人民的穷苦的情况，而其所以这样的原因，照他的意见，是由于统治者的浪费与军费的浩大。农民的农产、商人的钱财，以至贱民的劳力，在统治者的心目中都是可以随便夺取的。一个在阿格拉（Agra）的荷兰公司的主管者培萨特（Francisco Pelsart）曾告诉我们，在这个时候，在名义上虽有三种自由阶级的民众，然而他们的地位并没有大异于所谓奴隶与仆役。在好多不同的各种工作上，一个人从早到晚作了苦工，而所得的报酬少得不堪设想（参看 W. H. Moreland：*From Akbar to Auraugzeb*，1920，p199）。

此外，又有一位荷兰人叫作特威斯特（Van Twist）曾告诉我们，在一六三〇年，在印度的加塞拉特（Gujarat）这个地方的人民，因饥荒而所受的苦况。且看他说：

> 在饥荒来得厉害的时候，人们都放弃城乡而没有办法的四散，他们的情形是很容易认识的。双眼深入头里，口唇苍白，而遍掩以泥土，皮是硬的，而骨都完全可以看见，腹里完全没有东西，正像一个小袋空空的挂起来，手指的节骨及膝部的骨头，都可以看得很清楚。有的为饥饿而啼哭与哀号，有的倒在地下而痛苦至要死。无论是在那一个地方，除了死尸之外，别无所见。（参看 W. H. Moreland：*From Akbar to Auraugzeb*，1920，p212）

其实，在好多城镇与乡村里，因为死尸太多，真是弄到道路不通。有好多人整家的跳河而死。吃人肉变为一种平常的事情，弄到人们不敢外出，因为恐怕为了饥饿者所杀而吃其肉。流行疾病既往往随着饥荒而来，穷苦的情形更非笔墨所能形容。在这情形之下，地方政府既没有法子去补救，而一般官吏对于人民还要加以勒索。

总而言之，饥荒是由于人民平时没有分文或粒米的蓄积，而人民平时所以没有分文或粒米的蓄积，又是由于统治者的捐税的繁重。

至于英国人之统治印度，其目的不只是在其早期是偏于经济方面，就是直到现在，还可以说是偏于经济方面。

英国之侵略印度是始于东印度公司。东印度公司的成立虽是始于一六〇〇年，但是设立这个公司的动机，却可以说是在一六〇〇年以前。在一五八五年，曾有数位英国人到了印度的法提浦尔（Fathipur），一位叫作利兹（William Leeds），一位叫作纽柏利（John Newbery），一位叫作菲赤（Ralph Fitch），带了英国女王依利萨伯（Queen Elizabeth）一封〈信〉去见印度的蒙古帝国皇帝亚格伯，请后者好好的接待他们，以及给予他们航行上的自由与安全，使英国与印度能够因此而互通贸易。他们曾见了印度的皇帝,利兹后来在印度的宫庭找了一个位置,纽柏利取陆道回英国。但是,这两者后来都没有消息,只有菲赤取海道而于一五九三年回到英国。他回到英国之后,曾把在印度以及途程中所得的经验做了一个报告书,这个报告书就是东印度公司所根据以组织的基础。

到了一五九九年,东印度公司正式创立,目的是开辟从英国经过好望角而到印度的路线。据说,第一次募集的资本为三万余磅,一六〇〇年由英国女王敕许为 The Governor and Company of Merchants of London Trading into the East India。

一六〇一年,东印度公司增加股东人数并举行第一次的航行,资本共有六万八千三百七十三磅。到了一六〇四年,举行第二次的航行,从此以后,航行的次数愈多。一六〇九年,东印度公司派了一位代表,名字叫作豪金斯(William Hawkins),到印度去请求印度皇帝准其在苏拉特港(Port of Surat)设立商业公司。这个时候的印度的蒙古帝国皇帝是雅罕齐(Jahāngīr)。雅罕齐所说的土话(Mother Tongue)是土耳语,豪金斯曾在过利凡得(Levant)学习过土耳语,因此两者能用土耳语直接谈话,结果是豪金斯变为皇帝的很好的伴侣。据说,当时在印度耶稣教会的教士,本来与皇帝来往很密,豪金斯到了之后,却逐渐失势,因而怀恨欲设法毒死豪金斯。然而,皇帝却给了一个亚美尼亚(Armenian)的回教妇女作他的妻子,而预备他的食物与服事他。豪金斯既为皇帝的很好伴侣,也常常有机会与皇帝共餐共饮以至于深夜,因此之故,他与皇帝接洽东印度公司的事情也很为顺利。

自一六一三年以后,东印度公司的航行逐渐成为继续与性质的事业①,每募集一次资本,却举行好多次航海,营业到了一六一五年,英王詹姆士第一(James I)又派罗伊氏(Thomas Roe)为公使,到印度与印度皇帝雅罕齐交涉通商事宜,而其结果极为圆满。罗伊于一六一九年回英国,这个时候英国人之在苏拉特港已有正式的公司,而且是照欧洲各处的公司的组织方法而组织。到了一六三九年,英国人又得旃陀罗齐利(Chandragiri)王的许准,而在马德拉斯(Madras)设立公司。一六六〇年,英王查理第二又得孟买岛(Island of Bombay)而给与东印度公司。孟买是一个很好的港口,所以东印度公司的总公司遂由苏拉特而移到孟买。

东印度公司自一六五七年以后,已逐渐变为永久性质的公司。一六九八年,又有一些英国组织东印度贸易公司(The English Company Trading to the East India)。到了一七〇八年,由哥多尔芬(Lord Godo Lphin)设法合并两者变为一,而名为东印度贸易联合公司(The United Company of Merchants of England Trading to the East India)。从此以后,这个公司在印度的基础愈固,而侵吞印度的计划也

---

① 校按:"性质"二字前作者删去"永久"二字,但作者并没有在删处补字,故句意不通。

就开始于此。

东印度公司的职员，最初本来是商人，他们的目的是发财，他们运印度的棉丝、盐、靛青、香料、硝石、鸦片出口，而从欧洲运天鹅绒、锦缎、钟表、铜锌及机械用具及王室所用各种奢品，后来慢慢的在印度从事各种实业，扩充地盘。到了十八世纪的中叶，而特别是克莱武（Robert Clive）到了印度之后，东印度公司除了经济上的侵略之外，武力的侵略愈为积极。一七五七年，克莱武在普拉西（Plassey）用了三千人，包括九百五十位西洋人，大破了孟加拉的那窝巴（Nawab of Bangla）的五万步兵以及一万八千骑队。同时，他又尽力剪除法国在南印度的势力。到了一七六五年，他夺取了孟加拉的政权，而东印度公司在孟加利的伐文尼（Diwani）、俾阿尔（Bihar）与奥理萨（Orissa）等处居然管理了税赋，后来又在北瑟卡斯（Northern Circars）得了同样的权利，这就是现在的马德拉斯（Madras）的东北的广大的土地。

一七七三年，哈丁斯（Warren Hastings）为印度第一任总督，开始创制管理印度各种制度，而为后来的英国的印度政治的制度的基础。到了空窝尔利斯（Lord Cornwallis）任总督时，又特别训练服务印度政府的人才，而为文官考试的滥觞。

从十八世纪的下半叶至十九世纪的初叶，英国的东印度公司逐渐并吞印度。在十八世纪的下半叶，印度的蒙古帝国的皇帝沙阿拉姆（Shah Alam）事实上变为依赖英国的恩俸而生活。到了一八二七年，阿麦斯特（Lord Amherst）做总督时，要求在会晤皇帝时要以平等礼节待遇，皇帝虽然还坐在宝殿上，然而在他坐位的旁边，却坐了一位英国的印度总督，所谓印度的蒙古帝国的皇帝已变为英国的印度总督的傀儡。到了一八四八年，大贺胥（Marquess of Dalhousie）做东印度公司的总督时，更从事于印度各种政治制度的改革，而开印度历史上的新纪元。大贺胥之所以被称为东印度公司的最伟大的总督，就是这个原故。而整个印度在这个时候，可以说是在英国人的手里。

东印度公司以一个经济的组织而并吞整个印度，这可以说是以经济的机关去执行政治的职权。自一八五八东印度公司将其在印度所有的领土的权利交与女王维多利亚之后，印度遂正式变为英国帝国的殖民地。印度从此以后虽成为英国帝国的一个附属的政治单位，但是，英国政府始终是把印度当为英国的经济的主要的来源，而尤其是把印度当为英国的工业的原料的来源。

我们知道，印度不过只是英国的好多殖民地中的一个殖民地，殖民地的夺取本来是为原料的供给的地与货品销流的市场。但是，英国有了好多殖民地，如加拿大，如澳大利，如新西兰，如南菲洲，在数十年来而尤其是自上次欧战以后，差不多已与英国本国处于平等的地位，而逐渐成为国际间的一个政治单位。而且，在这些地方，英国人之移居与生长者既日多，土人的数目日来日减而趋于差不多成为白种的英国人的地方。至于印度就不是这样：政治上，既完全受英国的统治；人口上，英国人之在印度的，比之印度人的人口，不知少了多少倍。其实，除了一些政府官吏、商人、传教士之外，英国人之在印度者很少。换句来说，英国人并不当印度为故乡，而像英国之在加拿大者称为加拿大人，或在澳大利者而称为澳大利人一样。

因此之故，英国之统治印度与英国人之统治加拿大或澳大利，却有了很大的区别。因为印度还是英国的殖民地，还是完全受了英国的直接的统治，而其统治的目的，主要的可以说是经济上的侵略，以及当为英国工业上的原料的供给场所。印度本为一个农业的国家，自英国人统治之后，英国人在农业方面虽尽力去发展，然而在工业上，英国始终并无有所振兴。布卡南（D. H. Buchanan）在其名著《印度资本主义企业的发展》一书里，曾告诉我们：

> 这里是一个具有制造业所依赖的一切的原料的国家，然而在以往的一世纪以前的时期里，还是大量的输入工业品。而且在别的国家，在最简易的工业上，所需要的机械与组织都很完备，而在印度却只举办了几种。印度有了丰富的棉麻，容易开掘的煤矿，与容易开采而品质又好的铁矿，又有由于缺乏相当的职业而时时闹着饥荒的过剩的人口，又有了或者比世界上那一个国家都差不多的金银的量的蕴藏……在国境以内以及其附近，又有了很为优越的市场，而且在这些地方里，别的国家还大量的畅销其工业品。印度有了这一切的优点，但是经过了一世纪的时间，工厂、工业对于全印度的人口所能满足的需要，大约还只占了百分之二。

其实，英国是故意的把印度当为一个工业原料的供给场所，而同时又当这个地方为英国工业产品的畅销的市场。在这种情形之下，英国得了经济上的两种利益，这就是便宜的工业原料与高价的工业产品。而印度人民却受了经济上的两种压迫，印度在英国统治之下所受经济上的压迫，可以概见。

不但这样，英国在印度，在经济上还用关税的政策去取优先权，这就是英国产品之输入印度的税率是格外的降低，因而在印度市场上所畅销的英国产品，要比非英国的以至印度的产品取得一种竞争上的优先权利。在一九三二年，在《俄塔协定》（*Ottawa Agreement*）之下，印度的人民与印度的立法机关虽极力的去反对这种优先权利的规定，然而，反对自反对，施行自施行，结果是使印度的工业是不易发展。据统计所得，在印度，在工厂作工的人的数目，从一八九七年至一九一四年的十七年中，只增加了五十三万人，而自一九一四年至一九三一年的十七年中，又只加了四十八万。其实在后一期里所增加的人数，反少于前一期的人数，而且从此以后其减少的趋势更为显明。印度有了三万万七千万的人口，把所有在工厂作工的总数来与整个人口的总数相比，只有百分之二左右，而况人口的数量的增加，恐怕比了在工厂里的工人的数目的增加，还要多得多呢。

再以英国人在印度的投资来看,据英国巴伊西(Sir George Paish)的估计,在前次欧战以前不久,英国资本投资于印度的总数为三万六千五百万磅中,只有二百五十万磅是投资于所谓商业和工业的企业中。据说就把了矿业的投资,以及与附属于工业的其他的企业投资都加起来,也不过只占英国的投资的总数的百分之五。这可见得,英国人与英国政府是不愿意去发展印度的工业,而其所以不愿意去发展印度的工业的主要原因,就是要保护英国本身的工业,使印度成为一个工业原料的供给场所与工业产品的畅销市场。换句来说,英国是要把印度成为英国的财富的来源,而其所以能这样的作,是用了政治的力量去统治。所以,假使英国在印度的政治的力量没有屏除,印度在经济上的发展的前途是未可乐观的。我在上面所以说,假使印度在政治上没有解放,经济的解放是不易实现,就是这个原故。

然而,这就是就印度对英国方面来说,若就印度本身方面来说,印度在宗教上的束缚假使不能破除,则正如我们在上面所说,不只在印度的经济的发展必有不少的问题,就是在印度的政治的解放上,恐怕也有不少的问题,这是印度的民族独立运动的领袖们所要特别加以注意的。

我们知道,印度自受英国统治之后,在政治上可以说是已经统一,而开了印度政治的新纪元,同时在政治制度的树立上,也开了新纪元。只要印度能够脱离英国的统治与能够解除其固有的宗教上的束缚,印度可以利用三百余年来英国人在印度所树立的政治的基础,去发展印度的政治。至于经济方面,虽必要待印度在政治上得到解放,而维持统一的局面与发挥自治的能力之后,始能积极的发展。然而,我们也可以指出,在英国统治之下的印度,印度人民的经济虽处处与层层受了英国的压迫,然而发展经济的重要的先决条件的交通工具,在印度已经高度的发展。印度是世界上铁道线最多的一个国家,而公路交通也很发达。此外,东北、西北既有了恒河、印度河两大流域的交通便利,而三面环海,在海道的运输上也很便利。英国人既利用这些交通便利,去利用印度的经济生产,那么,假使印度人能够得了政权,印度人就可以充分的去利用这些交通便利,以发展印度的经济。故将来的印度的经济的重要的先决条件,已经具有。

不但这样,自前次欧洲战争以后,而尤其是这一次欧洲战以后,英国人一方面要应付东亚的敌人——日本,一方面要应付欧洲的敌人——德、意。印度在战争上所占的地位既特别重要,而尤其是因为欧亚两处的交通的困难以及日本的重大威胁。于是不得不尽力设法去在印度发展所谓国防工业,而增加各种军火,以保印度,以反攻缅甸以及其他的失地,使印度的国防工业,在很短的时间里能够奠立了基础。

近代所谓国防工业既与其他的工业有了密切的关系,而且两者往往是可以互相利用。那么,假使在这次的世界大战的时期里,印度的国防工业能够奠立了基础，则将来其他的工业的发展也必较为容易。

据说，在一九四〇年的五月，印度的兵工厂中所出产的军火数量，已超过上次的欧战中的最后一年的军火数量。自从一九四〇年六月以后，又一再加以扩充及设立军用各种工厂。在一九四一年的时候，其所出产的数量能够供应保卫印度的军需用品，连了铁甲车、坦克车以至飞机，现在都可以在印度制造。又如鱼雷艇、小军舰，以至火车头，现在都能在印度制造。

为适应战争而设立的国防工业，固如春笋初发，就是其他的工业，也因国外的来源断绝或运输困难而应时发展，比方化学药品就是一个例子。印度的化学药品公司已能自出好多药品，又有人利用土产原料去制造硫酸。

此外，又如棉布工业、黄麻工业，在战争以后均能很快的发展，至于毛织工业以至其他的好多的日常用品，都同样的因为外国的来源断绝或运输困难，而应时发展。

印度除了有了便利的交通，有了众多的人口，同时又有了适宜的时机，以为发展工业的先决条件之外，还有丰富的工业原料。我们知道，煤与铁是工业发展的重要因素，据专家的估计，印度至少有六百亿吨的煤矿的蕴藏，其中有了五十万亿吨是很好品质，而很易开采的。同时，还有一百四十万吨的焦煤。至于铁，据说也有三十六万万吨的铁矿的蕴藏，而且这些铁的品质，大部分比之美国的铁的品质还要好。至于印度每年所出产的一百万吨的锰，占了世界的锰的产量的六分之一。又如在缅甸的油矿的产量也是很多。又因印度的气候及自然地理的环境的关系，各种动植物以至河海中的出产都很丰富，而对于工业的发展上最为适宜。

印度的工业的发展的可能性既很大，而农业的发展的可能也很大。其实，印度本来就是一个农业产量丰富的国家，直到现在，印度还是一个农业产量很丰富的国家。英国之所以把印度当为工业原料的供给场所，就是因为印度有了丰富的农产。但是，假使印度只有丰富的农产而不发展工业，则在经济上必受了我们上面所说的两种压迫。反之，发展了工业不只可以屏除了这种压迫，而且可以促进农业的发达。因为工业发展之后，农业可以机械化与科学化，而使农业的产品不只在量的方面可以增加不少，就是在质的方面也可以大为改良而臻于发达。

印度在工业上与农业上的发展的可能性既很大，印度人在经商上的才能又不减于其他的民族。其实，比方在南洋各处的亚洲的民族，在商业上除了我国人占了优越的地位之外，其次恐怕要算印度人了。印度人不只在印度、在缅甸执了商业的牛耳，在暹罗、在马来半岛，以至在香港以及南洋的其他各处，都有印度商人的足迹。而印度人之因经商而致富的，不知多少。就以马来半岛一带来说，经营借贷事业最多的要算印度人。我国人之在这些地方经营事业者，多半要向印度借款，因之到期而不能退还而受印度人之管理其事业的，常有所闻。可见得印度人在商业上的发展的可能性之大。

印度人在经济各方面的发展的可能性之大既已上面所说，然而，我们再要指出，假使印度人在政治上的民族运动若没有出路，则在经济上也难有出路。而且，政治与经济之于印度的宗教既都有了密切的关系，那么，凡足以阻碍政治与经济的发展的宗教信仰与宗教制度，都要极力的去屏除。假使不是这样，就使在民族独立的运动上得到满意的解决，印度的政治与经济的前途，正如我们屡已说过，也是有了不少的问题的。其实，印度数十年来的民族独立运动之所以直至今日而尚没有得到满意的解〈决〉，一方面固由于英国人的处处为难，然而，一方面不能不说是与了印度的宗教信仰、与宗教制度是有了关系。

我们说到这里，我们又不能不联想及印度的民族独立运动的领袖。我们已经指出，印度民族独立运动的剧烈发展，是近二十多年来的事情，而其主角是甘地，直到最近十年来，尼赫尔始大露头角。甘地的非暴力的不合作的政策，固然有了不少的影响，然而，这是一种消极的办法。说不定这种消极的办法也可以使英国人澈底觉悟，而使印度得到民族的独立。然而，假使印度得到民族的独立之后，印度若还是用了这种消极的办法去建设国家，那么，恐怕印度虽可以脱离英国而自由，说不定印度又为了别的强有力者所征服，而再度失了自由。甘地的非暴力的不合作政策是印度人的宗教的一种反应。印度在历史上因为了宗教上的消极思想、消极行为而受了外族的侵侮，不知吃了多少亏，今后若还是抱持这种思想，实行这种行为，则将来的印度的危机是随时可发的。

而况，甘地是一个反对机器文化、工业文化、物质文化最力的。印度在历史上的经济的物质生活已够困苦，英国人统治之下的印度，印度的工业以至印度的农业，都无法去高度化以至现代化，使印度人又吃了好多亏，难道印度人自己也这样的去做吗？从这方面来看，我们不能不钦佩尼赫尔之极力鼓吹工业化的见解的高明。尼赫尔不只是主张印度要工业化，他还少受了印度的宗教的色彩的影响。简单的说，他是一位主张西化较力的人物。我们相信，只有在他的领导之下的印度，在政治上，而尤其是在经济上才有出路。然而，像甘地这样的人，在印度既占了多数或是大多数，那么，要靠一个人或少数人去唤醒多数人或大多数人，这是一件不容易的事情。所以，今后的印度人所要努力去排除与解决的困难是不可忽视的。

第二编　暹罗文化观

第四章　宗教文化的概略

"黄衣国家"——这是暹罗或泰国的绰号。为什么暹罗被人称为黄衣国家呢？简单的说，就是因为暹罗是佛教的国家，佛教的僧徒所穿的是黄色的袈裟，所以叫做黄衣国家。

暹罗是一个接近热带的国家，所谓春夏秋冬的四季的气候，既并没有什么差异，树木花草四季不分的生长，一年到晚的繁荣。在绿绿的树叶下，在青青的草地上，人们常常会见黄色袈裟的僧侣。在绿绿青青的一个自然的布景里，看了黄色的袈裟，格外容易引起人们的特别的注意。

僧侣的寺院多在幽静的地方、清净的区域，寺院的周围多有茂盛的树木、争妍的花草。僧侣在炎热的天气之下，在修养的余暇之时，或坐在树下的板凳，或躺在洁净的草地，在远远的看起来是一幅美丽的图画，是别有风致的景色。这种图画，这种景色，格外容易给与人们以深刻的印象。

此外，一些僧侣三五成群，在薰风微吹的时候，他们无论是在寺院里散步，或是在田野间往来，黄色的袈裟随着微风而飘飘。因为暹罗的衣裳一条很长的布而异于我国的衣裳，这种现象，也格外容易鼓动人们的特殊的感想。

在暹罗，在以往的暹罗，凡是暹罗人都要做过僧侣。所以，凡是暹罗人，都曾穿过黄色的袈裟或是有些终身穿着黄色的袈裟。在人生过程中，人总要做过僧侣的生活，那么僧侣的数目之多可以概见。僧侣都要穿着黄色的袈裟，暹罗之所以被人称为黄衣之国，就是这个原因。

以衣裳去代表国家并不是暹罗所独有的特性，我国古代自称为衣裳之国，也是以衣裳去代表国家。不过，我国人们自称为衣裳之国，是以为我们有了衣裳来穿，是一个有教化、有礼义的国家，而别于其他的民族之没有衣裳着的。因此之故，其他的民族是野蛮、是低劣的民族，我们的典籍大书特书黄帝垂衣裳而治天下，也不外是这个意思。

至于暹罗之被人称为黄衣之国，并不一定是含有穿着黄衣的是表示自夸自大的意思，虽则穿着黄衣的人是从事于高尚与神圣的事业的人。其实，与其说是有了自夸自大的意思，不如说是偏于宗教方面的意义。暹罗是一个佛教的国家，是世界上唯一的佛教的国家，佛教的僧徒是穿着黄色的袈裟，所以暹罗才被人称为黄衣之国。因而，外国人之著作中之关于暹罗的，还有就以"黄衣国家"（Yellow Robe Country）为名称的。

暹罗既因为崇信佛教而称为黄衣之国，暹罗的佛教在暹罗的文化上所占的地位的重要是很显明的。

佛教的发源是在印度，印度的佛教究竟是在什么时候，与怎么样的传入暹罗，这是一个尚须加以考究的问题。

佛教之传入暹罗，有些人以为是在纪元前，有些人以为是在纪元后。从前一些研究暹罗历史的人，多以为佛教之传入暹罗是在纪元后十一世纪的时候。可是，据近年以来在暹罗国内所发见古代的佛像与石碑，以及其他的考证与暹罗以外的典籍记载，使人们知道佛教之传入暹罗是远在十一世纪以前。因而，有些人推定是在纪元后五世纪至六世纪之间，又有些人推算是在二世纪与三世纪之间，更有些人以为在纪元前三世纪的时候，阿育王派佛教僧徒到各处传教时，佛教已传入暹罗。

暹罗历史最为缺乏，不但纪元前五世纪或六世纪以前的事迹，杳不可考，就是纪元后十一世纪以至十八世纪的事情，也多不可靠。近代暹罗的历史家虽从地下所掘各种古物或从各处所得的碑文加以考究，而慢慢的去叙述暹罗的历史。然而，这种工作从事的人既并不很多，而一些努力去研究的人又往往因了情感的作用而捏造或曲解事实。而且，近人之研究暹罗历史者，主要还且致力于纪元后十三世纪以后的暹罗史实，至于十三世纪以前的史实，虽并非没有人研究，可是研究所得的结果多是近于假托，胡特（Wood）*History of Siam* 就是一个例子。

记载暹罗古代史料之较多的典籍，恐怕还是中国的典籍，虽则我国古书之叙述暹罗的史实也很为片断。《明史外国传》说暹罗为隋唐的赤土，而《隋书·南蛮传》又说赤土乃扶南的别种，《三国志》吴志卷十五《吕岱传》云："岱既定交州，复进讨九真，斩获以万计，又遣从事南宣国化，暨徼外扶南、林邑、堂明诸王，各遣使奉贡。"交州之平是在黄武五年（纪元后二二六），孙权召吕岱还时在黄龙三年（二三一），故遣使到扶南，当在二二六年至二三一年之间。又据《吴志》卷二，赤乌六年（二四三）十二月，"扶南王范旃遣使献乐人及方物"，又吴时，又曾遣朱应、康泰等使扶南。据说朱应、康泰回后，均有关于扶南的著作，可惜现已无存。《水经注》卷一引泰康《扶南传》云：

> 昔范旃时，有嘾杨国人家翔梨，尝从其本国到天竺，展转流贾至扶南。为旃说天竺土俗，道法流通，金宝委积，山川饶沃，恣其所欲，左右大国，世尊重之。旃问：今去何时可到，几年可回？梨言：天竺去此，可三万里，往还可三年逾。及行，四年方返，以为天地之中也。

假使这里所载的事实是可靠，那么在第三世纪的时候，佛教尚未输入扶南。

范旃遣使进贡中国是在第三世纪的中叶,在范旃的时候也不过是听了家翔梨言及天竺的道法。故天竺道法传入扶南,当在范旃听闻之后。

《梁书》卷五十四《扶南传》云:

> 吴时(二二二至二八〇)遣中郎康泰宣化从事朱应使于寻国(按:寻为范旃的大将,曾杀了范旃的范长,而自立为王)……晋武帝太康中(二八〇至二八九),寻遣使贡献穆帝。升平元年(三五七),王竺旃檀奉表献驯象,诏曰:"此物劳费不少,驻令勿送。"其后王憍陈如(Kaundinya),本天竺婆罗门也,有神语曰:"应王扶南。"憍陈如心悦,南至盘盘,扶南人闻之,举国欣戴,迎而立焉,复改制度,用天竺法。憍陈如死后,王恃梨陁摩,宋文帝世(四二四至四五三),奉表献方物。

憍陈如做扶南王的时候,大概是在四世纪的末叶以至五世纪的初叶。因为他死之后的恃梨陁跋摩王在四二四年至四五二年,曾遣使来中国进贡,那么,他做王的时候,当在四二四年之前了。

我们从《梁书》这段话看起来,印度宗教之传入是始于憍陈如。憍陈如是印度的婆罗门,婆罗门在印度虽为旧教,但是在第四世纪的末年至第五世纪的初年的时候,印度的佛教还是盛行,所谓婆罗门教也受了佛教的影响。不过,婆罗门教在那个时候,一方面受佛教的影响,一方面保存着印度古代宗教的好多仪式,而成为所谓大乘的佛教,而别于所谓小乘的佛教。因此,我们可以推定,憍陈如所传入的印度宗教,大概也就是大乘的佛教。

到了第五世纪的末年与第六世纪的初年,扶南王阇耶跋摩(Jayavarman)的时候,扶南的佛教大概很为兴盛。据《梁书·扶南传》,在这个时候,有了一位曾到过中国的天竺道人,名字叫做那伽仙(Nagasena),从广州乘扶南船拟回天竺,因遭风到林邑,林邑人掠夺其财物,那伽仙乃从间道赴扶南。他除了报告扶南王在林邑被劫事外,还告后者以中国的佛教之盛与僧徒之多。阇耶跋摩乃于四八四年遣他当扶南国使者到中国上表,故在表里,阇耶跋摩告诉南北朝齐武帝说,他曾听了那伽仙述及"佛法兴显,众僧殷集",同时又说:

> 法事日盛,王威严整,朝望国轨,慈愍苍生,八方六合,莫不归伏。如听其所说,则化邻诸天,非可为喻。臣闻之,下情踊悦,若暂奉间尊足,仰慕慈恩,泽流小国,天垂所感,率土之民,并得皆蒙恩祐。

扶南王阇耶跋摩既用天竺道人为其使者,而又仰慕了中国的法事日盛,那么,扶南对于佛教也必很为信仰是无疑的。到了五一四年,阇耶跋摩逝世,继他而为王的是其庶子留陁跋摩(Rudravarman)。据《梁书·扶南传》,留陁跋摩于南北朝梁武帝天监十八年(五一九),曾遣使送天竺旃檀瑞像、沙罗树叶等物。留陁跋摩既进贡天竺的旃檀瑞像于中国,那么扶南所受天竺的文化,而特别是宗教的影响之大,也可以概见。

到了第七世纪的时候,扶南在中国的历史上是叫作赤土。《隋书》卷八二《赤土传》载,隋炀帝大业三年(六〇七),曾遣常骏使赤土。据《赤土传》云,常骏到赤土的边境的时候:

> 其王遣婆罗门鸠摩罗以舶三十艘来迎,吹蠡击鼓,以乐隋使,进金锁以缆骏船。月余,至其都,其子那邪迦请与骏等礼见……其日未时,那邪迦又将象二头,持孔雀盖以迎使人,并致金花、金盘,以藉诏函,男女百人奏蠡鼓,婆罗门二人导路。至王宫,骏等奉诏书上阁,王以下皆坐,宣诏讫,引骏等坐,奏天竺乐,事毕,骏等还馆。又遣婆罗门就馆送食,以草叶为盘,其大方丈因谓骏曰:"今是大国中人,非复赤土国矣。"……寻遣那邪迦随骏贡方物,并献金芙蓉冠、龙脑香,以铸金为多罗叶,隐起成文以为表,金函封之,令婆罗门以香花奏蠡鼓而送之。

我所以把这段话抄下来,是因为赤土的国王对于迎送以至日常招待中国使者都是用婆罗门,这是表示婆罗门在赤土的地位必定很高,所以才遣其招待中国使者。而所谓大方丈与奏天竺乐事,都是证明赤土在这个时候所受印度的文化,而尤其是印度的宗教的影响之深。

暹罗古代的佛教本为大乘,可是到了十一世纪的中叶,据说锡兰国王帕拉加马巴(Parākramabāhu)所编纂的《三藏经》翻译入暹罗以后,暹罗的佛教乃变为小乘佛教,而与锡兰的佛教同派。

然而,为什么暹罗古代的大乘佛教成为陈迹,而后来的小乘佛教代之而兴,这是一个值得考究的问题。

照我们的意见,大乘佛教的输入,正如上面所说,始于第四世纪的下半叶的憍陈如。憍陈如既是天竺婆罗门,那么他是一个外来的国王而非扶南的国人是很显明的。他究竟是怎么样的夺取扶南的王位,我们不得而知。《梁书》云:"神语曰:'应王扶南'憍陈如心悦,南至盘盘,扶南人闻之,举国欣戴,迎而言焉。"这种说法太过简单荒诞,似不足以置信。但是我们知道,暹罗在十一世纪到十四世纪的时代,不但情况至为紊乱,就是种族斗争很为剧烈。本来统治暹罗的民族,大概就是憍陈如的后代,曾为柬埔寨所征服。柬埔寨曾已受了小乘佛教的影响,故在征服暹罗之后,以小乘去代替大乘很为可能。又,在暹罗之北的民族,也许就是汰族,也南下,此后缅甸人又常常从西北侵入。说不一定在这种民族斗争的长期中,使原来统治暹罗的民族,不但政治上的地位完全丧失,就是在其所信仰的宗教也因之而衰微。而且在那个时候的柬埔寨以及缅甸的佛教,都是小乘的佛教。暹罗既在这两种民族的长期压迫之下,那么受其宗教的影响是无可疑的。

关于近代暹罗的佛教的发展,因为有了好多佛像、碑文的留存以及外国旅行家及各种记载，我们所知道的比较清楚得多。在我国的志书中，也有很多的记录。其比较简明而确实的，如清代杨炳南所笔述、谢清高所口授的《海录》，现在且把关于暹罗佛教一段，录之于下：

> 俗尊佛教，每日早饭，寺僧被袈裟，沿门托钵。凡至一家，其家必以精饭肴蔬，合掌拜献。僧置诸钵满，则寺奉佛，又三分之，鸟雀食其一，以其一饲虫鼠，终岁如此。僧无自举火者，出家为僧，谓之学礼，虽富贵子弟亦多为之。弱冠后，又听其反俗。其婚嫁，男家伴以男，女家伴以女，俱送至僧寺拜佛，然后迎归合卺焉。

谢清高在乾隆四十七年（一七八二）至乾隆六十六（一七九五）年间，航海至南洋各处，先后有了十四年之久，对于南洋各处的风俗习惯很为熟识。他在这里所说关于暹罗的佛教概略，直到现在的暹罗还是这样。

直到十九世纪的中叶，暹罗的只有小乘佛教而不分派别。到了暹罗的第四世皇帕庄告教由火在一八五一年就位之后，他乃创设他密恰加派的佛教，目的是在于用严格的宗教的礼律去训练国〈人〉。从此而后，暹罗的佛教遂分成为两派，而暹人自立的宗教也因而产生。

暹罗的第四世皇帕庄告教由火本为第三世皇帕昂告教由火的弟弟。他在未承继其兄的皇位之前，曾为僧侣好多年。等到他承哥哥的王位的时候，他已经是四十六岁。在他做僧侣的时候，他已精通梵文与《三藏经》。此外，他还请了外国教士去教他英文与拉丁文。所以他不只是精通佛教的经典，而且研究西洋的智识与洞识世界的大势。自他就位之后，他感觉到暹罗西化的必要。然而，同时他也深知暹罗的佛教的势力的影响之大，因而遂想利用佛教的力量去推动维新的运动。可是在那个时候的佛教教徒，生活太不紧张而过于颓靡，不能适合于现代的生活而为维新运动的障碍，于是乃提倡所谓他密恰加（Dhammayuttika Nikaya）派或法宗派，而别于暹罗的传统的佛教的马尼加以（Mahanikayas）派或大宗派。

暹罗的佛教有其特殊的地方，除了严守戒律之外，僧徒很少有终身为僧侣的。暹罗男子之为僧侣的，有的数月，有的数年，而终身为僧侣比较很少。又，做僧侣的，无论在婚前婚后均可。僧侣除了都要剃发之外，都要穿着黄色的袈裟。

此外，在暹罗的寺院里是不炊饭的，凡是僧众，都要托钵到外间沿门取食。所以，做僧侣只要专心于精神上的修养。这与我们中国的寺庙成为游人休息、饮食之所，而为僧侣可以从中取利是大不相同的。

暹罗既为佛教的国家，而且是世界上唯一的佛教的国家，佛教的教徒之多可想而知。据暹罗政府在一九二七年至一九二八年所发表的，人口总数为一千一百五十万零六千一百九十九。据说佛教信徒为一千九十五万八千四百六十二人，而回教教徒为四十九万八千三百一十一人，基督教教徒为四万九千四百二十六人，别有八人是不信仰任何宗教的。

若照这个统计数字来看，所谓佛教教徒占了整个暹罗的人口总数的百分之九十五以上，那么暹罗佛教教徒之多，可以说是绝对的多数。不过，我们应当指出，在所谓一千一百多万的人口总数里，有了五百多万是我国的人民，这就是华侨。在这么多的华侨中，虽也有人信仰佛教，然而严格的说，数目并不很多，而所谓剃发去作僧侣的，更是少见。华侨住在暹罗，习染暹罗风俗是自然而然的，他们本来也很迷信，信仰佛教并非没有，而对于一些托钵僧侣，也会施给饭菜。然而，像暹罗人那样剃去头发，穿起黄衣，住在寺院，志于修养，而为正式的僧侣的，可以说是少之又少。所以，暹罗政府这种佛教的统计，是很靠不住的。不过，所谓真正的暹罗人之信仰佛教的，当然是占了绝对多数。在近来，暹罗人之信仰基督者也有多少，而且其数目是日来日多。虽则在目下看起来，基督教的教徒的人数，比之佛教的教徒的人数，是相差得太远了。

暹罗人之信仰佛教的固是占了绝对的多数，暹罗的佛教寺院的数目也很多。据一九二九年的暹罗统计年鉴，佛教寺院共有了一万五千六百五十一所。这些寺院可分为两种：一为佛寺，一为僧舍。前者是拜佛的地方，后者为僧侣所居住的地方。暹罗佛寺共有七千六百三十二所，而僧舍有了八千一十九所。到了一九三六，寺院增加到了一万七千四百零八所。因为暹罗的男子都感觉到，要想得到精神上的解脱，生平总须作过僧侣，这不只是做父母的希望儿子这样做，就是做儿子的也以为这样做是孝顺父母，为父母祝福。因此之故，在暹罗常常都有了好多僧侣住在寺院。暹罗的幅员，大概不过与我国四川一省的幅员相等，全国人口总数不过一千万左右，除了华侨、老挝、马来各种人外，所谓暹罗人，包括老挝在内，大约不过四百万到五百万。寺院既有了一万多，僧侣又常有几十万，寺院与僧侣之多可以概见。而况，凡是男人都要作过僧侣，那么，我们差不多可以说，凡是暹罗的男子，都是僧侣了。

假使到了暹罗的人，一早起来，就会看见在街道上有了不少的黄衣僧侣，两手托着一个钵，在人家的前面领取饭餐。他既恭恭敬敬的待候，而给者也诚心诚意的给与。怪不得在暹罗有人说，假使一个人愿意不劳而活的话，他可以去做和尚。我们上面已经说过，僧徒在寺院里并不炊饭，故僧徒每早都要托钵领饭。他们除了朝餐、午餐之外，少吃晚饭，多数只吃了流质的东西。平日除了诵经念佛之外，常读巴利文及巴利文的经典。据调查统计，全国的主要寺院所附设的巴利文学校有了二百九十一所，学生有了差不多一万人。

僧侣在每逢月初、月底的佛日，设坛宣讲佛法，使一般信徒能够听讲。他们在雨季的三个月里，在寺院里研究经典及道理，以及从事于身心的修养。在所谓干季，则往往到各处游行拜访僧侣，而一些所谓行脚僧，又常在郊外旷野，挂起帐幕以为住宿。

僧侣有了三种：一为僧侣；一为比丘，这是新剃度的，也就是兵役终了而出家者；一为小沙弥，这是未满二十岁的。据一九三六至一九三七年的调查统计，僧侣有了十五万以上，比丘有了七万五千以上，而小沙弥有了十三万五千以上。

暹罗的男子寺院及男子之为僧徒的，虽是很多，可是并没有所谓尼姑庵的，尼姑（Chi Song）数目也是很少，就是有了少数，也是年老无依老妇，在寺院的附近盖了小房以度晚年。暹罗女子本皆短发，然而短发并非有了宗教的意义。其实，暹罗妇女是主要的经济的生产者，男子比较怠惰，而一般僧侣更是不劳而活。施饭既多为女子，而女子信佛尤为诚虔。

暹罗的宗教事情是由教育部去管理，在教育部中有了所谓宗教司。宗教司里分为秘书处、宗教财产科、宗教教育科与僧侣科，所有关于宗教的事情都由这几科办理。因为佛教是国教，寺院最多，僧徒最多，故宗教司所管的宗教事务差不多完为佛教的事务，连了人民的出家还俗以至建筑或修理寺院，都归宗教司管理。

僧侣在暹罗是特殊的阶级，而有了特殊的权利。僧侣假使犯罪或破戒的话，那么要由其主教或地方官长去训戒，或是得其许可，而警察始能依据警章去处罚。此外，法院也不得传唤僧侣去作证人。大致上，暹罗的僧侣既少有终身为僧侣的，所以在作僧侣的时候，多能严于持戒而少有犯法的事情。所以，一般僧侣很为人们所敬重。

僧侣之中又有高下的等级。僧侣有一个最尊的僧主，僧主之外，有所谓大僧侣教主、僧侣教主以至省、府、区各级行政区域的僧长及副僧长，而各处寺院又有了寺院主持以及副主持。此外，还有一个僧侣委员会，在僧主之下，为全国僧侣的最高的机关，以解决一切的宗教问题。

又据暹罗宪法第一条，虽有暹罗人民不分种族、宗教，同等享有宪法保护之权利的规定。然而，宪法第四条又规定，国王须为佛教信徒，且为佛教之保护者。

暹罗既以佛教为国教，而人民又很相信佛教，他种宗教之在暹罗的虽享有宪法保护的权利，然而，实际上佛教教徒占了绝对的多数，所以他种宗教之在暹罗者，最不容易发展。回教在暹罗，势力仅次于佛教，可是回教教徒的数目不过五十万人，而只占了暹罗人口的百分之四，不及所谓佛教教徒的十分之一。而且，信仰回教的人差不多都为印度人及马来人，所谓暹罗人之信仰回教的，差不多可以说是没有。

基督教之传入暹罗是在十六世纪的中叶，最先输入的为葡萄牙人。在十六世纪的中叶，暹罗与缅甸发生战争，因葡萄牙人帮忙，暹罗人而得胜。所以暹罗政府准其在暹罗传教，并建立教堂于大城。葡萄牙人所传入的基督教是天主教或旧教，到了十七世纪的上叶，荷兰与英国的新教〈教徒〉虽到暹罗贸易，然并未宣传宗教。而十七世纪的下叶的法国人之到暹罗传教的，也是天主教的教徒。法国人是以医治病人与救济贫苦、安慰罪犯的方法去传教，所以颇有成效。

至于基督教的新教的传入暹罗，是在十九世纪的上半叶。在十九世纪的初年，美国新教教士到了中国之后，才派人到暹罗宣传新教。美国人之在暹罗宣传新教的，也是用医治病〈人〉与救济贫苦、安慰罪犯的方法，而其最初的工作的地方是在暹罗的三聘。

天主教之传入暹罗，已有了四百余年的历史；新教之传入暹罗，也有了一百多年的时间。然而，据暹罗一九二七至一九二八年的统计，基督教徒总共不过四万九千四百二十六人，在暹罗的人口总数中，或是在暹罗的所谓佛教的教徒的人数中，不够二百分之一。于是可见得，基督教教徒的人数之少。

为什么佛教以外的宗教在暹罗都不容易发展呢？我们以为，其最大的原因，就是因为暹罗的佛教之影响于暹罗人民太过深刻，先入为主，故外来宗教之欲在暹罗得到大量的信徒最为困难。这是在暹罗宣传宗教的外国教士，而尤其是西洋的教士的一种共同的感想。

其实最奇特的是，西洋基督教教士之到暹罗宣传基督教，在最初的时候，并不是向着暹罗人去宣传宗教，而是向着暹罗的外国人，而尤其暹罗的华侨去宣传宗教。天主教教徒之在暹罗的力量最大而输入较早的，是法国的教士。这些教士在十七世纪的时候，初来暹罗是先在外国住，在暹罗的侨民社会里去宣传宗教，然后慢慢的才向着暹罗人去宣传宗教。美国的新教教徒在十九世纪的初年到中国后，因为听到在暹罗有了很多华侨，因而遂到暹罗，并先在华侨所聚居的地方从事工作。到了后来才因华侨的介绍或用其他方法，去与暹罗人民接近而宣传新教。

看了西洋基督教徒在暹罗所用以宣传宗教的方法，而特别是先从住在暹罗的外国侨民着手，就可以明白外来的宗教之传入暹罗的困难。反过来看，也可以看出佛教在暹罗的地位的巩固，不只不易为外来宗教所动摇，而且使初来的外来宗教不能有了直接的关系。

佛教在暹罗的地位既那么样的巩固，其影响既那么样的广大，暹罗文化之深染佛教的色彩，是一件自然而然的事情。

暹罗人民既相信佛教，希望精神的解脱，重视来生的生活，又加以天赋的丰富物产而容易解决吃饭的问题，与炎热的气候的关系而容易解决衣住的问题，因而在物质文化上的发展最为落后。农作物的种子随便的放在地下，用不着什么人工，过了相当的时期以后就有很好的收获。随便在山里找些木竹、草叶，可以盖起一个房子，一条布可以过一生。很简单的工艺，也要依赖于华侨或其他国人。这虽都是因为天然环境有了不少的作用，然而佛教的信仰实有很大的影响。

所以，在暹罗的佛教是与暹罗的物质文化有了密切的关系。假使游了暹罗而见得所谓物质文化值得人们去注意的，那么这些物质文化大致不外是宗教上的建筑物，如寺院之类，或是宗教上的雕刻，如佛像之类。可是这些东西直到现在，还多是中国人所创造出来的。

从社会文化方面来看，暹罗既以佛教为国教，照宪法的规定，国王不只是要信仰佛教的教徒，而且要为佛教的保护者，这可见得佛教在政治上的作用的重大。此外，管理宗教是暹罗政府的一种重要的工作，而国家的好多大典礼皆要僧侣去主持，连了比方著名的丹蒙飞机场行开幕礼，也要僧侣去作佛。僧侣在政治上、在法律上都享有特殊的地位，而为人民所特别尊敬的人物。

又如，在结婚的时候，暹罗人往往请了僧侣诵经念佛，以祝新夫妇的幸福。在死了之后，也要僧侣诵经念佛或办理火葬。同样，生育小孩以至家庭中有了特别的哀喜事情，都要找僧侣去参加，以表示是在佛的面前去举行哀悼或喜乐的事情。

在暹罗，人们相见往往合掌为礼，这也是受了佛教的影响。暹罗人直到现在，还用佛历，这就是从佛降生以至现在是二千四百八十六年，因而各种节期是多与佛教有关系的节期。新年也是照佛历而庆祝，这就是四月一日。

总而言之，因为佛教的势力大，影响大，故在文化的社会方面，从国家以至家庭，从生活或从政治以至日常生活，都深受了佛教的影响。

在文化的精神方面，佛教对于暹罗的影响既很大，佛教思想之深入暹罗的人心，是自然而然的。其实，在西洋文化尚未输入暹罗之前，暹罗的教育完全是操在僧侣与寺院之手。寺院除了附设上面所说的巴利文学校之外，还设立了好多学校。直到现在，佛教的教育在暹罗还占了很重要的地位。据一九三四至一九三五年的统计，佛教学校有了四千五百一十六所，学生有了六万九千三百五十七人，若加了上面所说的巴利文学校的学生九千五百五十一人，那么在佛教僧侣所管理之下的学生，总共约有了八万学生。而况，每个暹罗人在一生的过程，既差不多都要做过一次僧侣，那么在做僧侣的时候，也就是受了佛教的教育，实行佛家的生活与寻求佛教的道理。佛教的思想在暹罗的普遍又可以概见。

最后，我们应该指出，基督教在暹罗的信徒虽并不很多，然而，基督教自传入暹罗之后，对于暹罗文化的影响的力量很大。天主教教会及学校多为法国人所开办，而新教教会及学校又多为美国人所开办。暹罗近代的一般维新人物多从这两种学校出身，留学英美与法国的学生也多由这些学校毕业。其实，暹罗近代维新运动的推动人物，而尤其是第四世皇在未继王位之前，就从教士们去学习英文、拉丁文以及新的智识。这些受过教士训练出来的学生，在过去的一百年中，对于暹罗的文化，无论是在物质方面也好，社会方面也好，精神方面也好，都有很大的贡献。这是研究暹罗的西化历史的人，所不可忽略的。

第五章　政治文化的发展

在上面一章里，我们已经指出，暹罗的史料最为缺乏，十三世纪以前的暹罗的史料固用不着说，就是十三世纪以后以至十八世纪的下半叶的史料，也很为缺乏。

大致上在十三世纪的中叶以前，统治暹罗的民族并非今日统治暹罗的泰族，而是柬埔寨人。但是在柬埔寨人尚未征服暹罗之前，这就是在十一世纪之前，大概是由所谓猛人（Môn）所统治，也许猛人也是外来的民族。不过，我们对于柬埔寨人、猛人或其他的民族所统治的暹罗的政治，不只因为史料很为缺乏，而且因为这里的篇幅有限，故不得不从略。

大致上我们可以说，在泰族或柬埔寨族尚未占据暹罗之前，暹罗已受了佛教的影响，而这种佛教是大乘佛教。到了柬埔寨人或泰人占据暹罗之后，暹罗遂受了小乘佛教的影响，一直发展到现在。而且，无论在泰族或柬埔寨人统治之前的大乘佛教，或柬埔寨人或泰族统治之后的小乘佛教，在暹罗的政治上都占了很重要的地位，而成为暹罗的文化的重心。直到现在，暹罗的佛教在暹罗的政治上，还是占了很重要的地位，虽则暹罗的文化早已从宗教的重心，而逐渐趋于政治的重心。

暹罗的著名历史家达吗銮拉查奴帕亲王（Prince Damerong Rojanubhab）在其《暹罗古代史》（中译王又申）里，曾告诉我们道：

> 据历史所载，泰族初发源于中国之南方，如云南、贵州、广西、广东四省，以前皆为独立国家。泰人散处各处，中国人称之曰"番"。至于泰族族弃故土、迁徙缅甸及猺蛮等地之原因，实由于汉族开拓领土。据历史所载，约于佛历四百年间，刘备在四川立国，孔明起师征伐孟获，以向西拓展其疆域，此段记载即为汉族南征泰地之记载。泰人既无力与汉抗衡，又不肯受统治，不得已而移居西方，别辟新土。一部分沿空河流域入缅甸，抵亚山省内名曰"大泰"（今日称曰猲或巏），别一部分向南而移抵东京及空江以北之十二朱泰、十二板那等地，名曰"小泰"，实为暹罗泰人及青冬、青龙、黎人、恳人之始祖也。泰人虽失其发祥故土之大部分，但非尽亡，尚能保存一部分原有土地维持独立局面至数百年之久。据中国方面记载，谓"泰族之五个独立区域合成一国时，在唐朝称之曰南诏，南诏王国都昂赛，即今日之云南省大理府……直至元朝始祖忽必烈可汗在中国即皇帝位，始于佛历一千七百九十七年，调动大军征伐泰国，至入缅甸境内。自彼时起以至今日，泰族

原有土地乃尽沦落，而变成中国领土……泰族既被侵扰，族弃故有土地，迁徙而南者日多（今日之帕呀甫省）之，泰族因之势力大振，不再受考木人（柬埔寨人）之任意宰割，乃起而反抗。时有权如附庸之太守二人，一为帕龙王族之邦央太守邦钢套，一为辣得太守把蒙，会师进攻苏口胎（Sukotai）城，与考木人激战，败之，谋于佛历一千八百年（一二五七）占领考木北方重镇之苏口胎城。然后，共推邦钢套在苏口胎即王位，称曰希因他拉蒂王，此实为暹罗国内泰族之第一君主。

达吗銮拉查奴帕在这段话所说的史实，有了不少的错误。这种错误，我在《暹罗与中国》一书里曾略为指摘，今且将我所指摘那段话录之于下：

> 凡是有历史常识的人，对于达吗銮拉查奴帕的说法都不能不发生疑问。诸葛亮南征孟获时，不但云南人口稀少，就是四川南部的人口也不多。据说，诸葛亮虽七擒孟获，然而他也七放孟获。孟获既不因诸葛亮的多次征伐而逃到暹罗，孟获的部下与人民也决不会因他的征伐而逃避到那么远的地方，就是有了也不过是个人的移动，而非团体的移动。而况当时人口稀少，交通不便，诸葛亮既不占据这些地方，又不迁移蜀民到这些地方，所谓泰族被迫而南迁，岂非牵强附会？同时，孟获是不是泰族的领袖还有疑问。其实，云南究竟有没有过现在暹罗的泰族也是疑问。而唐代的南诏是不是泰族的祖宗，现在都没有正确的证据。至于说蒙古灭了大理大部分的泰族，南迁而联合三国时南迁暹罗的泰族得以增加其势力，使能战胜柬埔寨人，也是荒诞之论。三国与元代相隔差不多千年，假使三国时而真有少数泰族从云南迁到暹罗，这些少数的泰族必被暹罗原有的土人所同化。那么，就使元初云南有了泰族南迁，决不会像达吗銮拉查奴帕所想像的有了民族的意识，而能联合起来驱逐柬埔寨人。且元灭大理既是在佛历一七九七年，这就是西历一二五四年，而泰族在苏口胎建国却在佛历一八〇〇年，这就是西历一二五七年，相隔只有三年之久。云南的泰族与暹罗的泰族在时间上相隔千年之久，在空间上又离开万里之远，加以从前交通不便，民族思想尚未发展，而能在三年内迁到暹罗，又能联合起来驱逐劲敌，岂非梦呓？而况，据中国史书所载，元灭大理之后，仍用段民治理其地。那么元朝虽灭大理，大理原有王室尚可治理其地，大理人民何必迁去暹罗？

我特地的抄出这段话，目的是要指出，直到十三世纪的暹罗的史料，还是很为缺乏，而对于泰族统治暹罗的记载，而特别是泰族的来源的传说，很不可靠。

泰族的来源的传说虽很不可靠，但是，希因他拉蒂王（King Sri Intaratitya）在一二五七年，在苏口胎（Sukotai）称王而建立所谓苏口胎王朝，大致是没有问题。苏口胎现在虽已毁败不堪，然而从其遗迹来看，也可以证明其在当时是一个繁盛的城市与政治的重心。

达吗銮拉查奴帕在其《暹罗古代史》里曾说：

> 当希因他拉蒂王在苏口胎宣布立国之时，考木人（柬埔寨人）尚在罗帕布里（Lopbouri）存有一部分之实力，罗帕布里又称罗塔娃劳狄区域，至此遂分为二。中国方面记载，称在南方尚属于考木者为罗斛国，系采罗之意；至于北方已隶泰族之苏口胎，则名曰暹国，取其在暹国境以内之意。

元至正年间，曾游过南洋各处的汪大渊，在其所著的《岛夷志略》里"暹国"条云："至正乙丑（一三四九）夏五月，暹国降于罗斛。"《大明一统志》卷十九"暹罗国"条也说，"至正间，暹始降于罗斛，而合为一国。"那么苏口泰王朝的建立，尚不够一百年，这就是从一二五七年至一三四九年而遂为南方的罗斛国所灭亡。

在苏口胎王朝的时候，曾有了一个王叫做拉吗克摩顷（Rama Kamheng），这就至〔是〕中国史书所载的敢木丁，于元世祖至元三十一年（西历一二九四）与元成宗大德四年（西历一三〇〇）两次到了中国进贡。他很羡慕中国文化，并且带了好多中国磁器、工匠在苏口胎制磁器，暹罗文化因而深受中国文化的影响。

苏口胎王朝是在一三四九年既为罗斛国所灭亡，那么这个罗斛国又好像是柬埔寨人所建立的国家，而非泰族的国家了。虽则据暹罗方面的记载，打败了苏口胎王朝的国家也是泰族所建立的国家，这又可见得，在十四世纪的暹罗的史料的缺乏。

苏口胎王朝被灭之后，继之而统治暹罗的是希啊呦他亚（Ayutthaya）王朝，希啊呦他亚就是华侨所称的大城。大城王朝是建立于一三五〇年。明洪武初年，大城王朝的君主曾屡遣使到中国进贡。《明史》卷三百二十四《外国传》说：

> 洪武三年（一三七〇）命使臣吕宗俊等赍，诏谕其国。四年，其王参烈照毗牙（Somdetch Pra Rohmah Jibandee）遣使奉表，与宗俊等偕来，贡驯象、六足龟及方物，诏赐其王锦绮及使者币皇有差。已复遣使贺。明年正月，诏赐《大统历》及彩币。五年，贡黑熊、白猿及方物。明年，复来贡。其王之姊参烈思宁别遣使进金叶表，贡方物于中宫，却之。已而其姊复遣使来，帝仍却之，而宴赉其使。时其王懦而不武，国人推其伯父参烈宝毗邪思哩哆啰禄主国事，遣使来告，贡方物，宴赉如制……七年，谕中书及礼部臣曰："……暹罗……诸国入贡既频，劳费太甚，今不必复尔，其移牒诸国俾知之。"然而来者不止。其世子苏门邦王照禄群膺亦遣使上笺于王太子……八年，再入贡，其旧明台王世子照字罗局亦遣使奉表朝贡……十年（一三七七），照禄群膺承其父命来朝……比年一贡或一年二贡，至正统后，或数年

一贡云……崇祯十六年（一六四三）犹入贡。

在大城王朝的时候，暹罗与中国往来之频，从上面所举出那段话里可以概见。而照禄群膺于一三七七年出使中国，在中国文化对于暹罗文化的影响上尤为重要，而与元朝的敢木丁之来中国前后媲美。敢木丁之到中国的时候，是在元朝的初年，是元朝国威正盛的时候。照禄群膺之到中国的时候，又是明朝的初年，也是明朝的国威方盛的时候。他们一方面是慑于元明的威力而亲来进贡，一方面是羡慕中国的文化与政治制度，而欲有所取法。故照禄群膺也像敢木丁一样的，除了受中国的修明的政治所感化之外，也带了不少的磁器、技工回去暹罗制造磁器。

在十四世纪的末年，大城王朝曾东攻真腊（柬埔寨）而陷其著名的京城安谷尔（Angkor）。据说，真腊国王乘了小舟逃跑，而王太子却为暹罗所掳，真腊遂为暹罗的藩属。但是，到了十六世纪的初年，在西北的缅甸有了所谓东瓜（Toungoo）王朝的兴起。其王莽瑞体（Tabinshwehti）统一缅甸之后，于一五四八年率了三十万兵，马三千头，象七百头去攻打暹罗。他在苏邦布里（Supanburi）大败暹罗的军队之后，乃近逼大城。因为暹罗人守御得力，久攻不克。到了一五五〇年，遂为其部下所杀死，大城始得免于沦陷。

但是，莽瑞体死了之后，他的大将莽应里（Bureng Moung）① 继承他的王位。莽应里②是一位很勇敢的将军，有"缅甸拿破仑"的称呼。他在一五五四年，从暹罗西北征伐，到了一五六四年，又大举进攻暹罗。他沿着湄南流域而占了大城，俘了暹王及皇后而去。到了一五六八年，他因为暹罗人在大城反叛，又再次攻陷大城。从一五六四年以后，直到一五九〇年间，暹罗遂成为缅甸的属国。

在十六世纪的末年，暹罗之能够脱离缅甸的统治而能够独立，是得力于丕耶纳礼（Pya Narit）。据说他本来是暹罗的王子，于一五九〇年间宣布独立。缅甸在那个时候的君主是莽应里③的儿子机过（Yuva Yaza or Nanda Bayin）④。机过⑤虽于一五九〇年与一五九二年两次征伐暹罗，但均为丕耶纳礼所败。丕耶纳礼不只使暹罗脱离缅甸的束缚，他后来还且西征缅甸，而取了马尔达班及土瓦等地。此外，他又东伐真腊，北征景迈，使暹罗的版图增广。此外，他又注重于海上的发展而称雄南海。所以，暹罗史上有了"纳礼大王"的称呼。据说，在一五九二的时候，日本征伐朝鲜，纳礼曾遣使去告诉明神宗，他愿意出师去攻伐日本，以牵制日本的后路，虽则明廷对于这个提议并不赞同。

---

① 编注：莽瑞体去世后，由莽应龙（Bayinnaung）继位。
② 编注：此处应为莽应龙。
③ 编注：此处应为莽应龙。
④ 编注：莽应龙去世后，由莽应里（Nanda Bayin）继位，1581—1599 年在位。
⑤ 编注：此处应为莽应里。

纳礼大王虽曾西征缅甸，然而，暹罗既不能征服缅甸，暹缅的战争遂成为十六世纪的末年以至十八世纪的中叶，史不绝书，虽则这些战争多数只发生在这两个国家的边境，到了一七五九年，缅甸王瓮籍牙（Alaungpaya）由缅甸南部东征暹罗，打败暹罗的军队，于是再进而威胁暹罗的大城。可是到了暹罗湾的时候，缅甸王因病而回，他还没有回到目的地而死于中途，暹罗遂因之而免于侵入。

瓮籍牙死了之后，他的儿子莽纪觉（Naundawgyi）继承王位。到了一七六六年①，他又征伐景迈及老挝各处，他先把这些地方收为藩属并巩固其地位，然后从两方面去进攻暹罗。一部分的军队自青迈沿着湄南流域而攻大城，一部分的军队由土瓦出发，也以大城为目的地。到了一七六六年的春天，会师于大城的郊外，围攻大城。暹罗的军队没有办法去抵抗，而使大城被占。

大城既被陷，大城王朝也因之而灭亡。而且我们知道，在大城被陷之后，暹罗遂成为一个四分五裂、秩序紊乱的国家。缅甸攻入大城之后，大城成为一个残破的城市，其他的地方，凡为缅甸军队所经过的，也可以说是满目疮痍。至于一些地方之未为缅甸军队所蹂躏的，其所主管的官长或武人，也各自为政，各称王侯。

在这种外患内乱的情形之下，能够起而收拾残局，奠定暹罗的近代的国家的基础的，就是郑昭这个人。

郑昭这个名字，乃乾隆四十三年的暹罗贡表上所称的名字，而非郑昭的真名，他的真名是信（Sin）或叫做达信（Taksin）。关于这点，许云樵先生在其所译郎苇吉怀根（Luang Wijit Watkan）的《暹罗王郑昭传》的并言中，曾一段解释如下：

> 其实，昭乃暹文的译音，其意为王，并不是他的真名。据暹史所载，他的原名为信，所以，一般暹人都称他为佛昭达信（Phra Jao Taksin）。佛是圣的意思，通常拿来称呼和尚、神佛或三品爵位的官绅的，但称呼君主，也须用佛冠于昭之前，即是所谓圣君或圣主之意。达是地方，最初郑信封在该府为大守（Tao Mu'Ang）的，暹人谈话时，简称他为昭达。

又同书页三又有下面一段话，述及郑昭的身世，云：

> 佛爷诞生于佛历二二七七年（清雍正十二年，西历一七三四年），岁次甲寅，为赌税吏，中国海丰人之子也。《伟人传记》（*Nangsu Aphinihan Banphaburnt*）云，方其初生，卧摇篮中，有蛇入，蟠居其旁，其父以为不详，拟弃之。初，海丰人与财政大臣昭佛爷碻克里闻其事，见此儿貌不凡，乃请收为义子。及九岁，令入歌萨互寺，从高僧铜棣攻读。年十三，率之

---

① 编注：莽纪觉于1763年去世，其弟孟驳继位，1763—1776年在位。

出，晋觐颂载佛勃隆歌索皇，得侍卫职，暇则习华语及印度语，均能流利。比年二十有一，昭佛爷碻克里乃命之剃度为僧。越三载，乃反，复任原职。迨佛第囊苏里阿默辚皇即位，始爵为銮岳甲，拔仕于达府，既而擢为太守，既又进爵为佛爷泾卿巴工，迁治甘丕壁府，惟人民犹称之为佛爷达。即登极后，尚自称昭达。

郑昭的父亲无疑的是一个华侨，有些人说他的名字叫作郑镛。他的母亲是暹罗人，名字叫做洛英。他的父母都住大城，所以他是生在大城。在那个时候，据说，华侨之住在大城的为数很多。可是在那个时候，中国人之到暹罗的很少带了家眷的，所以，有了很多的华侨是娶了暹罗的妇为妻室，郑昭的家庭也是这样。他的父亲是中国人，他对于中国有了相当的情感，所以后来他做皇帝之后，就遣使到中国进贡。也许因为他的母亲是暹罗人，所以他与暹罗人有了密切的关系，他之所以能够为暹罗的做官的人所赏识而作暹罗官。

缅甸攻陷大城之后，乃占据大城。郑昭在这个时候正在湄南流域的下游，他既为暹罗的太守，很能得到众望，在大城被占之后，他矢志去解放暹罗。于是乃整军经武沿江而上，进攻大城，并杀了缅甸留守大城的将军苏格里。大城既被收复，与苏格里既被杀之后，缅甸在暹罗的势力遂立即瓦解。而且我们知道，在郑昭进攻大城的时候，正是中国政府征伐缅甸的时候，缅甸自顾不暇，无法增兵去援助在暹罗的缅甸军队，使郑不只可以攻破大城，而且能在克服大城之后，统一暹罗的内部，同时还有余力去征服真腊。

郑昭既驱逐缅甸军队与统一暹罗内部，于是，他乃自称为王，又以大城经了缅甸蹂躏之后，不易恢复原状，于是他乃迁都于达纳布里（Tanaburi），这就是现在的曼谷（Bangkok），这是一七六七年的事情。

郑昭称王的时候，不过只是三十四岁，在他就位的二年之后，因为中国与缅甸媾和，缅甸又曾东征暹罗，可是郑昭的势力已非缅甸所能征服。外患的危险既减少，郑照乃致力于内部的治安与建设，而奠定了暹罗近代建国的基础。而所谓曼谷朝的寿命，直到现在还是继续不断的存在，而成为暹罗历史上的政治统一的局面的最稳固的时代。

郑昭统治了暹罗十余年，在政治上使暹罗内部的秩序与治安得以维持，而树立暹罗的政治统一的基础。但是，郑昭既是中国人，又免不了为了一些暹罗人所妒忌，而谋害了他而夺取他的王位的，却又是他的女婿丕耶耶邻克里（Phya Chakkri）。邻克里谋害郑昭这件事，在暹罗的历史虽少有说及，然而，这是一件公开的秘密。其实暹罗史料的缺乏，不只是郑昭以前的历史是这样，郑昭的时代以至十九世纪的中叶的历史，还是这样。暹罗近来的历史家在暹罗政府统制之下，每每以为郑昭到了晚年神经失常、习惯不良及其他种原因而乃自杀或是被杀。其实这都是假饰之辞，并非事实。

我们知道，郑昭死的时候，不过只是四十八岁（一八八二），所们〔谓〕晚年神经失常、习惯不良，很难置信。而况，郘克里明明为郑昭的女婿，到了郑昭死后，他立刻遣使到清廷报丧，而同时上表自称为郑昭之子郑华，这明明是因为谋杀了岳父之后，怕了清廷责备，故不得不假冒为郑昭的儿子，以蒙蔽清廷。所以，在郑华之后，所谓郑佛、郑福以至郑明（蒙格克托），还自称为郑氏。直到太平天国的时代，暹罗乘着中国的内乱，于是始不再来朝贡。

不但这样，自郘克里以女婿的身份去谋杀郑昭而夺其王位之后，暹罗王室遂产生了一种奇特的习惯，这就是君主的女儿不许出嫁，暹罗王的姊姊则放入冷宫，终身过其孤独的生活，至于其妹妹，则均为其妻。这种习惯现在虽已更改，然其所以这样的做的原因，不外是因为郘克里自己既以女婿的身份去谋杀岳父而夺取王位，他不得不妨备他自己的女婿，同样的手段去对付他自己，故尔创立了这种奇特的制度。

因为郘克里是郑昭的女婿，他的儿子就有了中国人的血统，而且他们在太平天国以前，又明明承认郑昭为其祖父，故暹罗王室更没有法子去否认其非为中国的血统。其实，暹罗的第七世皇，曾公开的对着华侨演说，承认他自己是与中国的血统有了密切的关系。

郘克里承了郑昭的余威以及其隐〔稳〕固的政治的基础，于一七八二年就了王位，称为拉玛第一（Rama Ⅰ）。在他就位之后，国内的政治基础既已隐〔稳〕固，他在一七九五年征伐柬埔寨，而取了安格尔（Angkor）及巴打蓬（Battanbong）两个地方，使暹罗在东部的版图得以扩充。一九〇九年，拉玛第一逝世，其子拉玛第二就位。他在位时，又扩充其南部的版图于马来半岛的北部，因而引起英国的顾忌。英国政府于一八二二年曾派克耳弗托（Crawford）到曼谷，希望签订英暹条约。可是因为暹罗政府在这个时候还抱闭关的政策的思想，而且两国谈判缺乏具体方法，故克耳弗托遂没有结果而回国。

英国欲与暹罗签条约虽不成功，然而英国对于扩张其势力于暹罗的野心并不中断。在鸦片战争之后，英国在中国既因战胜而得了不少的特殊利益，对于暹罗更加注意。据说，在鸦片战争以前，在暹罗人的心目中，世界国的国家之最强盛而其文化最优越的是中国。中国在鸦片战争的失败，暹罗一般民众固然不知，就是政府人物与贵族之明白的，也不过是三个人：一为帕庄告教由火，这就是后来继拉玛第三的王位的暹罗第四世皇；一为帕宾告教由火共帕拉查旺包哇啦；一为昭丕耶马哈希肃哩亚翁，这就是暹罗第五世皇在幼年就位之后的摄政大臣。

所谓强盛与其文化最超越的中国既为英国所打败，那么，英国的强盛及其文化的超越可想而知了。这是当时暹罗这数位所谓先知先觉的见解。帕庄告教由火是在一八五一年继承其兄的王位，他既明白了中国抵不住英国而赔款与受了不平等条约的束缚，同时他也许知道中国又有了内乱，这就是太平天国运动与清廷的战争。大概就是在他在位的时候，暹罗就停止遣使来朝贡中国，从此以后，暹罗不只不把中国当为上国来看从，而且逐渐的养出一种轻视中国的态度。我们可以说，暹罗近数十年来的排华的举动，是中国的鸦片战争以后而慢慢的发展起来的。

曾为暹罗历史上的上国的中国既为英国所打败，那么，英国的强盛不能不为暹罗人所惊服，而英国以至西洋的文化，也不能不为暹罗人所羡慕。我们可以说，至少这是拉玛第四帕庄告教由火王的个人的感想。因为惊服了英国的强盛，所以他对于英国人的请求或要挟遂不得不屈服；因为羡慕了英国以至西洋的文化的优越，所以他对于西洋的文化遂不得不积极的去努力采纳。暹罗百余年来的政治之所以逐渐的趋为暹罗的文化的重心，也可以说是由于这种压迫以及这种觉悟。而暹罗最近二十年来的民族主义、国家主义以至帝国主义的行为，这是由于这种压迫以至这种觉悟而来。

英国自从一八二二年拟与暹罗签订条约而没有效果之后，一八二六年又派代表与暹罗交涉，企修友好条约，结果虽由英国承认吉打为暹罗领土，而暹罗承认英国在丁加奴吉兰自由通商。这个条约虽于暹罗不甚有利，然尚没有使暹罗大吃其亏。到了英国打败中国之后，英国对于暹罗的要求愈甚，而在拉玛第四的惊服与羡慕的心理之下，遂在一八五五年与英国所派的代表香港总督包林（John Bowring）签订了不平等的条约。在这个条约里，暹罗承认英国人民在暹罗有自由居住与通商的权利，同时又承认了领事裁判权与关税协定，使暹罗在国际上处于不平等的地位。到了次年，法国与美国以及后来的丹麦、葡萄牙、荷兰，皆根据英暹的定约而取得同样的权利，因而其他各国也相继而订这种条约。到了一八九九年，暹俄也订这种条约的时候，外国之与暹罗订了这种不平等条约的，共有了十五个国家。

在拉玛第五朱拉隆公王（King Chulalongkorn）就位（一八六八）之后，英法除了分据缅甸与安南之外，在十九世纪的末年以至二十世纪的初年，暹罗既被了法国威胁，而割让湄公河以东以至安格尔及巴打蓬各地与法国，又被了英国威胁，而割让马来半岛的吉打、吉兰姆丁、加奴巴里士各地与英国。有些地方虽是作为收回归英法两国的领事裁判权的交换，然而，暹罗之于英法，正如小羊之于虎狼，英法的威胁，暹罗是无法抵抗的。其实，在一八九三年的夏天，法国在曼谷只有一艘军舰，后来又再派了二艘兵舰到暹罗。三艘兵舰在暹罗要求割地，暹罗就无法抵抗而终至屈服，可见得暹罗的武力的薄弱。

然而，暹罗自郑昭奠定了政治的基础，直到这次作了日本的附庸为止，还能成为南洋的唯一的独立的国家，主要原因并非能用外交手段去应付英法两国，也非英法两国不想灭亡暹罗，而乃是由于英法两国互相顾忌，不愿直接的有了接触而发生冲突，欲以暹罗为缓冲地带，使暹罗始能苟延其寿命，以至为日本所占据为止。

暹罗既处于英法的威胁与顾忌之下，暹罗的君主与认识大势的人士，不得不求自强之法。所谓自强之法，就是维新，而所谓维新，就是西化。

我们已经说过，在中国鸦片战败以前，暹罗人所觉得世界上文化最优越的国家是中国，所以暹罗不只为中国的藩属，而且受了中国的文化的不少影响。自中国鸦片战败以后，在暹罗最初虽只有三二人知道，后来知道的愈多，于是他们感觉到西洋各国之所以强盛，是由于西洋文化的优越，中国还为西洋所打败，那么西洋文化之需要仿效，是没有可疑的。而况，暹罗本来就无所谓固有的文化，采纳西洋也比较容易。所谓暹罗的维新运动，而尤其是政治上的维新运动，就是这样的发展起来。

我们上面已经指出，暹罗与西洋的接触是始于十六世纪的初年。一五一一年，葡萄牙人曾到暹罗请求通商。此后，暹罗曾不断的与西洋各国，如英、荷、法、美，有了关系。在十七世纪的时候，暹罗曾欢迎西洋人在暹罗居住，同时也很注意于采纳西洋的方法。然而，后来因为发现西洋人有了图谋不轨的举动，因而对于西洋人又取了排斥的政策。直到十九世纪的上半叶，在拉玛第三的时代，还是持了闭关政策，而尽力去设法去挡住西洋文化及其势力的侵入。

到了第四世皇帕庄告教由火在一八五一年就位之后，暹罗就不是这样了。第四世皇在未就位之前，曾当了和尚，然而，在作和尚与研究佛典的时，他已注意到世界的大势，他已明白西洋文化的优越，所以他除了研究佛教之外，又请西洋教士教授英文与拉丁文。他就位之后，在消极方面改良暹罗许多恶风俗，在积极方面又努力仿效西法，在政治上，在军事上，以至在警务上都聘西人为顾问，使暹罗的政治、军事、警务趋于西化。至于其他方面，也极力去西化，连了佛教，他也设法去改为新派。然而，他不只是自己设法去西化暹罗，而且设法去西化他的儿子，所以，在他就位的第三年，他就聘请西洋女教员去教授他两个儿子，其中一位就是后来继承他的王位而奠定了暹罗西化的基础的第五世皇，朱拉隆功。

朱拉隆功是一八六八年继承他的父亲的王位，他那时不过只是十五岁。因为他少年受了西洋的教育，十八岁时又到爪哇、印度各处游历考察政治，在一八九七与一九〇七，他自己又两次亲到欧洲各国游历考察政治。在《暹罗与中国》一书，我曾说过：

> 一八七四年，他（朱拉隆功）自己秉承政权，对于西洋文化的提倡，比之以前不但较为积极，而且较为具体。他在加冕的时候，就废除以往大臣朝见时的伏跪仪式，改用立行举手的仪式，同时取消奴隶制度、改良法院、建筑铁路、设立邮电、训练军队，无一不效法西洋，特别对于教育的质与量两方面的改善，尤为注意。

这虽很简单的举出他的维新政治，然政治以及文化其他方面之趋于西化，是很为显明。暹罗的第五世皇既极力去西化暹罗，而奠定了政治西化的基础。第六、第七以至第八世皇，以至其臣僚，多曾在过西洋留学，故在西化政治的推动上，更为积极。而自一九三二年以后，对于宪政运动也努力施行，可惜不久受了日本人的愚弄，而逐渐趋于独裁。

十年来，暹罗受了日本的影响愈来愈大，初而排斥华侨，后来又排斥英法。本想利用日本的力量去压迫华侨，抵抗英法，以取权利，那里知道自法国失败之后，日本占据安南，遂进一步而威胁暹罗。暹罗没有法子，遂不得不屈服于日本，而成为日本的附庸。自郑昭建立近代的暹罗，以至暹罗投降于日本，刚刚过了一百五十年。

暹罗既投降于日本，假使这次世界大战是日本得胜，那么，暹罗要变为日本的殖民地；假使日本失败，则英国以至我们中国，必不能容忍暹罗在过去的为虎作伥的过失。暹罗以后是否还能成为一个独立的国家，还是一个问题。东亚本来只有三个独立的国家，这就是中国、日本与暹罗，暹罗不亡于过去的英法，而亡于日本，可见得日本比之英法，还要残暴得多了。

第六章　经济文化的建设

　　从政治方面来看，暹罗在郑昭驱逐缅甸的势力之前，暹罗是常常受了外患的压迫。虽则好多时候，暹罗也曾征伐其毗连的国家，与占据了别人的土地，然而，无论是暹罗侵略别人或别人侵略暹罗，这种不断的互相征伐、互相占据的结果，是对于暹罗的内政上有了很大的影响。因为在暹罗被人征伐或被人占据的时候，固常常使其内部呈了不安的现象，人民受了无辜的蹂躏，就是在暹罗向外发展而侵略别人的时候，也往往使其消糜人力、耗费民财。在郑昭未就位之前，或是在曼谷朝代之前，所谓大城王朝虽有三百余年之久，然而，不只大城本身往往受了外力的威胁，以至于被占，就是暹罗境内的各处也有割据而各自为政的趋向。至于所谓苏口胎王朝，不只寿命较短，而且疆域很小——在北方的清迈各处，固非暹国所管辖，而南方的暹斛又是暹国的劲敌。所以，总而言之，在曼谷王朝之前的暹罗，在政治上尚未上了轨道，整个文化的重心既是偏于佛教方面，政治在文化的各方面的影响，并不算得很为显著，虽则有些君主因为到了中国朝贡，而介绍多少中国文化于暹罗。

　　从文化的立场来看，不只古代的暹罗的文化的重心是偏于佛教方面，就是到了曼谷朝代的初期，暹罗的文化的重心还偏于佛教方面，直到最近，佛教在暹罗的文化上，还占了很重要的地位。但是，自从暹罗的人们，而尤其是暹罗的王室，觉悟到西化的必要之后，暹罗的维新运动慢慢的发展起来。而所谓维新运动，虽可以叫做西化的运动，然其重心却是偏于政治方面，而且是以政治的力量去推进这个维新或西化的运动。

　　暹罗的文化，正像西洋以及其他的文化一样的，在从所谓宗教的重心的文化，趋于所谓政治的重心的文化的历程中，是要经过相当的时期的。

　　大致的说，自郑昭恢复暹罗而使其统一，以奠定近代暹罗的政治的基础之后，到了十九世纪的中叶，而特别是在第四世皇的时候，暹罗的政治已有了西化的趋势。到了第五世皇（一八六八——一九一○），暹罗的政治更积极的趋于西化。而政治上的改革，如对外方面的不平等条约的废除，如内政方面的各种建设，以至一九三二年以后的两次革命，使君主专制的政治逐渐的趋于君主立宪，以至近十数年来的独裁政治的发生，都可以说是受了西洋政治的影响，使政治在现代暹罗的文化占了重要的地位，使佛教在文化上的固有的力量及其影响，于有意或无意的逐渐减少。

　　暹罗在政治方面虽然有了好多根本问题尚须解决，可是，自郑昭统一暹罗，而尤其是自暹罗的维新或西化运动推行之后，对于经济方面的建设，也逐渐的加以注意。我们在这一章里，要把暹罗的近代的经济的发展大概，加以叙述。

我们知道，暹罗本来是一个以农为本的国家，商业与工业很为落后。直到现在，暹罗的商业与工业还是很为落后。但是，自维新以后，暹罗政府对于商业、工业，而尤其是对于农业，都能逐渐的加以注意。

在商业方面，暹罗之与外国通商历史本来很久。上面已经说过，在三国时代，暹罗已与中国交通，那么，商品的交换也是自然而然的。又如在大城王朝的时代，暹罗与日本的贸易也相当的繁盛，而且从商品的种类来看，由暹罗运去日本的货物，比之日本运去暹罗的货物，却多得多。又除了中国与日本之外，南洋其他各处以至缅甸、印度，都与暹罗有了商业上的关系，是无可疑的。

不过，暹罗在以往的国外贸易，差不多完全为王室所垄断。船舶为王室的船舶，而货物也为王室的货物，大致到了中国朝贡的使者，同时也就是代表王室去做生意的人。至于外国船舶与货物之运到暹罗的，也多为王室的用品，或受了王室的支配，而其船舶与货物之最多的却为中国。

直到十九世纪的初叶，王室还是垄断国外的贸易。但是，自西洋各国，而特别是英国，在拉玛第四的时代所签订的商约（一八五五）以后，其他的西洋各国也接踵而来，与暹罗签订商约。于是西洋之船舶与货物之输入暹罗者日多，不只中国之船舶与货物之到暹罗的日少，暹罗船舶之到外面的也因之减少。

暹罗王室所垄断的对外贸易，虽因西洋的商业的势力的趋入而衰落，然而，暹罗自维新以后，对于新式的商业却也用了不少的力量去发展。

交通，是发展商业的必要条件。暹罗的湄南是暹罗最大的河流，从西北流于东南而入暹罗湾，由海口至曼谷的数千吨的火轮船可以通行，由曼谷至大城，以至大城以上的湄南上游，只可通行小火轮船。然而，帆船、木船之来往于湄南上下游以及其他河流的甚多。曼谷本有"东方威尼斯"之称，从前在市内多有河道以利交通，近来则河道多被填塞，而建筑新式马路，成为一个现代化的市场。

据说，曼谷在拉玛第一的时候，已开辟了好几条马路，而为暹罗新式马路的滥觞。不过，严格的说，为着行驶汽车的马路，是一八六一年拉玛第四在位的时候，利用开掘自助至拉玛第四路的运河的泥土，而筑成的马路。

曼谷不只是暹罗的最大的城市，最大的商场，而且是南洋各处的一个最大的城市，最大的商场。同时，在曼谷的马路，不只多是宽大，而且多用柏油敷面，而且有了一二条几乎可以与巴黎的 Les Champs-Elysées，或是柏林的 Unter den Linden 相媲美。

至于其他各处的城市，如大城，如青迈，以至好多小城市，现在都有平坦宽大的马路。除了曼谷有了很多电车及汽车之外，其他各处城市多用人力车，而尤其是近年来新兴的三轮脚踏车为最普遍。用三轮脚踏车去代替人力车，不只是近年来暹罗交通工具上的一大改革，而且是所谓人道主义上的一种表示。

除了城市里的马路之外，近来以来，长途汽车路也很为发达。暹罗政府在路政的建设上，无疑的有了一个整个的计画。大致上，凡是没有铁道或是不易建筑铁道的地方，差不多都建筑了公路。比方，从南邦（Lampang）到夫尧旧城以至缅甸的边境各处，多为高山峻岭，也许建筑铁道比较困难，故多有公路。而且，这些公路也多平坦宽大，易于行车。又，政府对于道路的修理也很注意，所以好多偏僻的地方，交通也很为便利。反之，凡有铁道所到的地方，少有公路平行，这大概是由于政府在为节省经费而又为交通普遍的两种原则的并用之下，而始这样的做罢。

暹罗在一八九〇年由西洋人集资组织铁路公司，建筑自曼谷至洒木巴干府的铁道，三年后而完成，这就是所谓北榄铁，长约二十公里，为暹罗最先的铁路。

同时，暹罗政府也于一八九〇筹备建筑自曼谷至那坤拉查希马的铁道。一八九六年从曼谷至大城一段完成，到了一九〇〇年全线完成。到了一九二一年，从曼谷经大城等处而至青迈的铁道完成，这条路线长七百五十一公里。

从曼谷至青迈的铁路完成那一年（一九二一），暹罗政府又开始建筑从那坤拉查希马至乌汶的铁道。一九二三年，又延长其路线至坤瑾，这是暹罗铁道的东北线。此外，又由曼谷至东部边境的亚兰，而与法属的柬埔寨交界的铁道，也差不多在这个时候完成。

此外，从曼谷至英属马来半岛的铁道，也于一九〇九年开始建筑，一九二一全线通车。这条路线长一千三百五十公里，为暹罗各铁道中之最长路线。又，这条铁道直达英属马来半岛的边境，而可以直接通到新嘉坡。

除上面所述的各条干线之外，还有好多的支路，或为政府所建筑，或为私人公司所办理，使在暹罗的铁道能够四通八达。这对于暹罗的商品运输以及其他的运输上都很方便。我们可以说，铁道的交通是暹罗的主要的交通。

在南洋各处以至在亚洲各处，暹罗的火车的设备，在比较上，可以说是相当的完备。故不只在商品运输上有了很大的功用，就是在旅行游览上，也很为方便与舒适。

至于航空方面，暹罗政府也很注意。一九一五年，暹罗的第一班的飞行人员训练班就已毕业。而曼谷的丹蒙飞机场实为亚洲的最大的飞机场之一。丹蒙飞机场是欧亚及南洋的重要的航空站。此外，在暹罗国内还有好多航空线，虽则暹罗的航空运输在商业上尚没有什么的作用。

除了上面所述的各种的现代的交通工具之外，在暹罗的森林及山野里，还多用象去运输物品，而特别山中木料之靠象运输的，很为普遍。象在暹罗的现代运输上固还是重要，而在上面所说的各种现代的交通工具尚未发展之前，象的功用更为重要。暹罗以前的国旗以象为徽号，也是这个原因。

此外，暹罗在一八七八年已有电线的设架。一八八一年开始创办邮务，最初是在曼谷举办，不久又扩充到全国各处。电话也是在一八八一年设置，最先是装设自曼谷到洒木巴干的电话，主要是为军用，后来又在曼谷城内举办，而逐渐的分布于国内各处。一九一三又设立无线电台。

总而言之，所谓近代的一切的新式的交通工具，暹罗无不具有，而这些东西对于暹罗的新式商业的发展上，又有了密切的关系。

金融机关，也是发展商业的条件之一。在暹罗，在银行尚未设立之前，已有钱庄的开办，但是这种钱庄非为华侨所创立，就为印度人所创办，暹罗人之经营这种事业的，差不多可以说是没有。此外，尚有与金融机关有了密切关系或是兼营金融事业的当铺与金店，这就是制作各种金银首饰的金店，也差不多全为华侨所经营。总之，在三四十年前，暹罗人固少有资本去经营这些事业，就是有了财产的，也少有愿意或能够作生意。

银行之在暹罗设立得最早的，恐怕是汇丰银行所开办的曼谷支行，这个支行是设立于一八八八年。到了一八九三年，渣打银行也设立支行于曼谷。此外，一八九七年，东方汇理银行也在曼谷设立支行。此外，又如有利银行、四海通银行，以至后来的华侨银行、广东银行、中国银行，均相继成立支行于曼谷。不只使曼谷或暹罗的金融得以集中，而且与国外的金融也较为流通。

然而，上面所举出那些银行完全是外国银行在暹罗所设立的支行，而且这些支行又完全集中在曼谷。在一九〇四年，暹罗的财政部长始向政府提议设立暹罗商业银行（The Siam Commercial Bank），并于一九〇六年开办。据说，资本为三百五十万铢。后来并分设支行于青迈、南邦、童颂、柯叻等处，这是曼谷以外的暹罗各城市最先设立支行的银行。

此外，在一九一三年，暹罗政府又设立了一个储蓄银行，资本为一百五十余万铢。在第一年，该行只有了五百二十九个存户，十年后增到一万零七百零八个存户，再过十年后（一九三三至一九三四）又增到四万七千七百七十一个存户，而在一九三四至一九三五的一年中，又增至六万二千五百四十五个存户。在初开办那一年，存入的款项的总额不过二十万铢，到了一九三五年，增到六百三十多万铢。

从这些数字中，我们可以看出暹罗银行的发展大概，以及暹罗的人们对于利用银行存款的信心是逐渐的增加起来，虽则我们也得指出，在这个存款的总额中，有了不少是外国人的存款。

而且我们也得指出，银行的利用直到现在大致还是限于大城市中的富有的人们，至于小市镇或乡村的人民，很少明白银行的功用，很少利用银行的好处。近年以来，暹罗政府虽注意到小商业贷款与农民信用合作社，然而成效尚未显著。一方面固是由于金融机关的本身尚未完备，一方面也由于人民的智识的低下与信用的欠善。

其实，暹罗人在暹罗的商人的经济力量，不只远不及华侨与西洋英美法丹各国人，而且比不上印度人。因此之故，除了用政府力量去设立金融机关之外，暹罗商人不只没有这种的力量，而且缺乏这种的经验。

暹罗政府除了设立银行之外，在一九〇八年又改革了币制，颁行金本位制。到了一九三二年，又废除金本位制。又，在一九〇三年以前外国银行之设立于暹罗的，曾由政府特许其发行纸币，但自一九〇三年以后，乃废除外国银行在暹罗发行纸币的特权，而由政府发行，故使暹罗的市场所用的币值能够统一的流通。

暹罗人之从事商业的数目很少。在四十年前，就是有了，也不过只是挑夫与排摊式的商业，所以整个商业可以说是操诸外国的商人的手。西洋各国商人之在暹罗的多做批发的生意，而商业上的中间人几乎完全操在华侨之手，虽则印度人在暹罗在商业上也有一部分的势力。近二十年来，日本商人在暹罗很为活动，然主要的也是偏于批发的生意，而特别是推销日本的商品。所以，凡是到了暹罗的人，无论是在曼谷也好，在其他各处的城市以至小乡镇也好，其所看见的商人差不多完为华侨。散步在曼谷的人们固有了好像是游行在中国城市的感想，就是到了大城市青迈、夫尧以至小市镇如旧城，也有了同样的感想。在这些城镇的商店所挂的多是中国的字号，而且往往在门外贴了"开张骏发""财源广进"的红纸标语。华侨在暹罗之最多的为潮州人，因为潮州话可以说是暹罗的第二种国语了，在暹罗人所开办的商业学校也要教授潮州话。

但是近年以来，暹罗人也感觉到振兴商业的必要。国家设立银行固为发展商业的机构，而政府对于商业教育也已逐渐注意。在东北一个较小的城市，如青新（Chiengsen），也设立了一个商业学校，以养育人才。此外，政府又通过了很多的法律去限制外国人，而尤其是华侨之在暹罗做生意的，目的也无非是想鼓励暹罗人能够自己发展商业。就以旅馆业来说，暹罗政府就颁布了好多条例去压华侨的旅店主人，使其不易维持或感觉到好多不方便的地方，如记帐需用暹文之类，结果对于华侨之开设旅店有了很大的影响，而在十余年来，暹罗人之开设旅店的却日见增加。

同时，暹罗人既受了商业的教育，有了民族的思想，在近来以来也逐渐的感觉到振兴商业的必要，学习了经营商业的方法。就以曼谷的西药商店来说，在民国二十年间，著者到了曼谷，在那个时候，所有的西药商行差不多完全为华侨所开办。到了三年后，著者再到曼谷，则暹罗人之自开的西药商行，已有了好几家。虽然资本不多、规模较小，然在很短的时间里，已能开办了几家，则将来的发展是没有问题的。西药商行固是这样，别的生意，暹罗人也会慢慢的发展起来。而况他们现在不只有专门的商业的智识，而且有了政府做后盾，有了法律去保护，使外国的商人，而尤其是华侨，处于不利的地位呢。

总而言之，照目下的情形来看，暹罗——暹罗人的商业不只是比之在暹罗的华侨，或日本人，或西洋人，是望尘莫及，就是比之印度人也且不如。故今后欲在商业上的发展，恐怕还要相当的时间。

暹罗的商业固是不发达，暹罗的工业更为落后。据一九二九年的调查，全暹罗的从事工业的人口不过占了职业的人口的总数百分之二·一九。而在这个很小的数目中，大部分都是华侨。若再除了印度、柬埔寨、马来人之外，所谓真正暹罗人之从事于工业的，恐怕就少得很。

暹罗的出产的大宗，是米与木材，因而碾米与锯木的工厂颇多，而尤其是在曼谷的米较（碾米厂）与火锯（锯木厂）随处可以看见。碾米厂不只碾其米壳，而且使米色白洁。锯木厂多锯出造房、造船及各种木料，而这些木料往往有了一定的尺寸，主要是运去外国出卖。米厂与木厂都是用机器去碾米或锯木，故所谓工业之最大的，恐怕就是这两种工业。但是，这两种工业也差不多全在华侨的手里。

而且，这两种工业比较的很为简单，用不着什么的专门的工业人才，因为这些工厂既并非用了复杂的方法去制造某种货品，其目的还不外是原料的供给，以为他种工业上的需要而已。

除了碾米与锯木工业之外，其他如火柴工业之暹罗火柴厂是西洋人所开办，而新兴的民生火柴厂与东亚火柴厂均为华侨所创办。此外，又如电气事业，除政府所设的电厂之外，其著名的暹罗电气有限公司又为丹麦人与比利时人所占的资本最多。又如暹罗士敏土公司，也有华侨及丹麦人的股本，而在技术上的指导，全在丹麦人的手里。酿酒工业，又多由政府给与华侨代为制造。制糖工业在十九世纪之前虽有不少的砂糖输出，可是也多为华侨所经营，而且自爪哇的糖输入暹罗的市场以后，暹罗的糖业又趋于衰落。近年来，暹罗的树胶的产量逐渐增加，炼胶厂虽也因之而逐渐发展，可是规模并不很大，而且这些工厂也并非在暹罗人的手里。

在十三世纪的时候，暹罗王敢木丁曾二次到了中国并聘请中国的磁器工匠，赴暹罗，在苏口胎建筑磁窑，制造磁器。其后找得萨文克乐（Sawankalok）的土质较好，因而又移到萨文克乐制造瓷器。又据说在十四世纪的时候，照禄群膺也曾来过中国，带了中国磁器工匠到暹罗制造磁器。现在在醒布里的地方尚有中国式的磁窑的遗迹，大概这就是照禄群膺时所遗下的。从此可以见得，暹罗历代的君主对于提倡磁业不遗余力。不过，暹罗人在十三世纪聘请中国工匠去制造磁器，在十四世纪还要聘请中国工匠去制造这些东西，那么暹罗人对于磁器的制造的方法，大概是未曾学会。因为假使他们在十三世纪若学会了，那么十四世纪就用不着再去聘请中国的工匠。

有些人以为，中国的磁器在暹罗的衰微，是由于材料的缺乏与缅甸的侵入，有了密切的关系。然而，这种说法大概只是中国式的磁器在暹罗的衰微的次要原因，其主要原因恐怕是由于暹罗的工匠的技术不很好罢。我们看看，现在在暹罗各处所制造的各种陶器，大都不是精细之品，如乌汶的陶器白而无光，而青迈的绿色陶器也是粗俗，比之中国江西的磁器固有天渊之别，就比之中国其他各处的陶器也有了差异，这与工匠的手艺不能不说是没有密切的关系的。

原来暹罗人自有历史以来，对于工业就很不注意，所以不只是从前的制造磁器的工人多为华侨，就是制造别的东西的以至建筑等等工人，也多为华侨。直到现在，在各种工厂中，如上面所说的各种新式工业的工厂中的工人，也多是华侨。其所以致此的原因，一方面固由于暹罗的生活简单，物产较富，然而，暹罗人而尤其是暹罗的男人，怠惰成性，也是一个主要的原因。好多暹罗的男子假使作了一天工夫而得了多少酬劳，可以过活了数天的话，那么在这数天之内，他们也许就不愿意去作工作，而候到那些酬金用完之后，才再去作工作。

其实，据我们的普通的观察，直到现在，暹罗人之从事于工业，恐怕还是男子较少，而女子较多。因为比较上，暹罗的女子比之男子勤力得多，故不只在工业方面多由女子去制作，就是在商业方面也多为女子所经营，在农业方面也多为女子所耕种。

在暹罗的南邦（Lampbang）各处，纺织工业而尤其是家庭纺织工业，颇为繁盛，这些著名的纺织物是叫作新（sen），在暹罗各处销路颇广。但是，这种工业全为妇女所从事，此外其他各种手工业，也多为女子所从事。所以，女子在工业上的地位重要得多。

但是，总而言之，暹罗是一个工业最落后的国家，在暹罗尚未与西洋接触之前，直至十九世纪的初叶，暹罗人所用的好多工业用品若非由中国输入，也多为华侨所制造。西洋，而特别是英国的工业品输入暹罗之后，中国所输入的或华侨所制造的工业品却受了影响。到了近十余年来，日本又极力去倾销其工业品于暹罗，使西洋的工业品的销路也大受打击。

暹罗人自己既很不注重于工业，故暹罗从来变为一个外国的工业出产品的畅销的市场，连了一个暹罗的家庭所用的一把帚把、一个盘子，以至身上所穿的布料，差不多没有一件不是仰给于华侨或日本与西洋各国。

暹罗在目前的工业固很落后，而在将来的发展上也有相当的困难，而其最大的一个原因是煤与铁以及好多工业上的原料的缺乏。暹罗虽有锡、金、钨等矿物，然而除了锡矿稍为发达之外，其他各种矿产产额很少，而且恐怕在工业上所需要的煤铁以及他种原料，根本上暹罗的地下就少有这些蕴藏。而同时，在其地上又因气候或土壤的关系，有了好多的工业上的原料就不能生产，再加以目前的资本的缺乏、技术的落后、经验的幼稚，而特别是人民的怠惰成性，故在工业的发展上所要解决的困难既特别的多，而今后暹罗人在工业的发展所需要的努力也要特别的多。

至于农业方面，暹罗虽以农为本，然而暹罗的农业根本还是靠着天然的生产。暹罗农产出得最多的是米，米量之多，而特别是米质之好，完全是由于气候的适宜与土壤的肥美，并非由于科学的进步而用科学的方法去改良种子或制造肥料，而使米质较好或米量增加。

近来以来，政府虽然聘请了外国的农业专家去调查农业状况，同时又设法去提倡科学以应用于农业方面；此外，又在西北各处振兴水利，以企能增加农场面积；然而，这些工作只能说是正在开始，不能说是已有很大的效果，而且这些工作还是集中于稻作方面，至于其他的农产尚少有注意。

暹罗虽以米为农产品的大宗，然而，每年输出国外之米约占产米的总额五分之二。这就是说，国内的消费占了五分之三。暹罗现在只有一千万左右的人口，假使将来暹罗的人口增加到一千五百万左右，则现在所产出的米量就差不多只够国内的消费。暹罗政府所以不能不用科学方法，不能不开辟农田面积，不能不振兴灌溉工作，以增加米的量与改良米的质，就是这个原故。

据暹罗财政顾问的报〈告〉，自一九三三年至一九三八年的五年间，暹罗每年中所产米的总额，其最多的是一九三三年至一九三四年，这就是六千二百五十余万担，而其最少的是一九三六年至一九三七年，这就是四千四百二十四万余担，其余三年所产出的米的总额是在这两个数目之间。至于输出方面，其最多的是一九三六年至一九三七年，这就是二千五百九十七万余担，其所值的金额为九千五百九十四万余铢，其最少的为一千八百三十七万余担，其所值的金额为七千五百三十四万余铢。米之输出最多的地方为马来半岛，其次为就为香港与中国①。据一九三七至一九三八年的统计，输出马来半岛的约有一千万担，其所值的金额约三千五百万铢；输到香港与中国的共约有六百万担，其所值的金额约二千万铢。我国本以农立国称于世，然而香港与国内食米还要靠之暹罗，这是一件最值得我们注意的事情。

除了米之外，农产品之出产较多的为烟草、玉蜀黍、豆、胡麻、胡椒、椰子、水果等物。然而，这些农产物的栽种的总面积，最多不过占二百万莱，而米的栽种的总面积为二千余万莱，故暹罗的其他的农作物的栽种的总面积，不及稻的栽种的总面积的十分之一。这可见得，米在暹罗的经济上的地位的重要。

总而言之，暹罗的整个国家的食粮既差不多完全依赖于米，而国际贸易的平

---

① 编注：香港自古以来就是中国的领土，秦汉以来先后属番禺县、宝安县、东莞县、新安县管辖。1840年鸦片战争以后英国强占香港岛，后经《南京条约》（1842年）、《北京条约》（1860年）、《展拓香港界址专条》（1898年）三个不平等条约，香港岛、九龙和新界先后被"割让"或"租借"于英国。1997年7月1日，中国政府对香港恢复行使主权，中华人民共和国香港特别行政区正式成立。因香港有被割占的经历，该历史时期的人常将香港与中国并提。为保存文献原貌，本书对于相关表述未作修改，读者当能正确辨别。台湾问题与此类同，不再赘注。

衡以至国家每年的收入与支出，都与米有了密切的关系。暹罗政府之所以对于稻作的面积的扩充与稻作的种子的改良，就是这个原故。其实，在暹罗只要米的产量多，而同时又能高价的输出，则暹罗的其他的经济以至社会的各方面，都呈了繁盛的现象。

除米之外，木为暹罗的出口的大宗。自一九三〇年至一九三八年的数年之间，每年的木的输出，其所值的金额最多的约为一千万铢，其最少的也约有五百万铢。木之最好的为柚木，柚木有了各种木材的好点，而尤其适用于制造船舶及铁道枕木。因为柚木不只耐久不腐，而且不受虫害，不易为火烧，又与铁接触而不朽。

不过近百年来，暹罗的农作物而特别是稻的栽种的面积既日日增加，森林的面积却因之而减少。暹罗政府近年以来，虽尽力设法去保护森林，然而，一个国家的面积既是有限的，那么某种农作物以至如树胶园的面积的增加，总免不了要影响于森林方面。

从我们上面的观察，暹罗的商业既尚未发展，工业又很落后，而同时在工业上的铁与煤以及各种原料都很缺乏，故暹罗的整个经济差不多是依赖于农业，而农业的产品却又以米为最大宗，而成为国家的经济的命脉。稻作之所以占了暹罗的农业的绝对的重要的地位而成为国家经济的命脉，是由于气候的适宜与土壤的肥美。其实，所有的农作物以至森林，之所以成为国家经济的命脉，也是由于气候的适宜与土壤的肥美。用科学的方法去耕种，在暹罗尚未发展，甚至用很多的劳力去耕种。一般暹罗人尚未感觉得必要，这不只是由于有了天赋的丰富的物产，而且是因为暹罗人太习于怠惰。所以，直到今日，暹罗人的经济生活还可以说是偏于自然的经济生活，而非人为的经济生活。在现代的世界里，这种的经济生活究竟能够维持的多久，实是一个问题。

不但这样，暹罗人既少有经商，又不事工艺，米、木的贸易既非操诸暹罗人之手，而米较、火锯也非暹罗人所经营，甚至有了不少椰子园、树胶园，以至农作物的田园，直接上或间接上又为外人所管理。暹罗人欲消灭外人而尤其是华侨的经济的力量既不容易，暹罗人欲在其资本薄弱、经验缺乏的情形之下，而欲在很短的时间之内发展其经济，使其现代化，是一件很困难的事情。

第三编　日本文化观

第七章　宗教文化的概略

印度的固有的文化与暹罗的过去的文化的重心，固是偏于宗教方面；日本的以往的文化的重心，也是偏于宗教方面。

日本的文化，不只是受其所谓固有的宗教的影响，而且受了外来的宗教的影响，神道教可以说是属于前者，而佛教可以说是属于后者。我们现在先说神道教。

神道教究竟是什么？这是我们所要问的问题。日本的著名学者小泉八云在其《日本与日本人》一书（胡山源译）里，《关于祖先崇拜的几个思想》一篇里，告诉我们道：

> 人类每一种冲动或举动，都是神的工作，所有的死人都已成神了，这是神道教的根本观念。

他接着又告诉我们道：

> 然而，我们必须记得，Kami（日人通训为神）这一个字虽然已经译作神或仙，却没有英语中神或仙的意义，它甚至也没有指着希腊和罗马的古信仰而用的那些字眼的意义。它在非宗教的意义上，是指着那些"在上的""高等的""上等的""卓越的"事物，至于在宗教的意义上所指的，人类死后得到神力的灵魂，死人都是"在上之力""上等者"——Kami。在此，我们就得了一个极和现代唯神论相像的概念——只有神道教的观念，不是民主的 Kami 们，是许多能力和阶级不同的灵魂——都属于和日本古社会的教会政体相像的灵界教会政体。他们虽说在若干事情上比了活人要高等些，而人却可以给他们快乐与不快乐，使他们喜悦或愤怒——甚至有时还可以变动他们在灵界的地位。

小泉八云又接着举例来说明道：

> 因此，死后的追赠在日本人的心思上，决不是什么滑稽而是实际。例如，今年（一八九五）有好几位著名的政治家和军人，在他们死之后便都追赠了较高的官阶。还有一天在官报中，我读着这几句话"陛下已将二等旭

日章追赠［略］"。这种煌煌的朝命［略］不能当作只是对于死者遗族的荣显，这完全是神道教的举动，证明看得见和看不见的两世界中有着密切关系的意义。这就是日本在世界文明各国中的特殊宗教性。日本人的思想上，活人和死人是一样真实的，他们参预着活人的日常生活——极卑微的忧愁和极卑微的喜乐，他们都有份；他们享受着家庭的祭餐，注意着全家的幸福，在他们的子孙的发达上，帮助着，快乐着；他们会出席于公众的赛会，于神道教的所有的圣祭，于军事游戏，于种种特为他们设备的娱乐会。大家都相信，他们对于活人给他们的贡物或追赠他们的尊荣，他们一定是很喜欢的。

我特地的抄了这数段文字，一来因为著者不只是一个日本人，而是日本人的最能了解日本的文化的实质与精神的日本人，二来因为他在上面几段话里，很清楚的去解释所谓神道教的意义与概略。

从他所解释的神道教，大致上就是超人的，然而人死之后也变为神，而且人类的一切动作是由神所主宰的。人类的一切动作既有神去主宰，那么因人类的一切的动作而产生出一切的文化，也可以说是神所主动的。神虽然是超人的、在上的，然而，神的地位也可以由人去使其较高，使其较上，因而相反的也可以说，神的地位也可以由人去使其降卑，使其降低。此外，神又是时时刻刻的就在生人的世界里，参预一切的事情，人们既总要有死的一天，那么，人人都会变为神。神人不只是有了密切的关系，而且是永远的过着共同的生活。

其实，从我们中国人的眼光来看，日本这种所谓神道教的宗教并不是一个特殊的宗教，这种宗教也就是我们的固有的宗教。日本在历史上受了中国的文化的影响最为深刻，这种神道教恐怕也是受了中国的宗教的不少。而况，这以神道教这个名词来说，已是中国的名词。《易经》上老早说过，圣人以神道设教，日本的神道教也就是这种神道之教罢。虽则日本人的原始时代的各种迷信与宗教也是神道教的重要的成份，而且事实上，日本人在其原始的时代并没有所谓神道教的名称。神道教是日本人因受了外来的宗教的文化影响，而引起一种自我意识的反应而产生的名称。这与我国的道教因受了佛教的影响而成为一种特殊的名称，而别于佛教与儒教的宗教。关于这一点，拉图累特（K. S. Latourette）在其所著《日本的发展》（*The Development of Japan*）一书里，曾有下面的解释：

>　　日本的宗教简单逾恒，日本没有正式的神学，没有好的伦理制度，人民在自己的行为上，对于人生的神秘上和事物的原始上所了解的程度都极肤浅，他们对于自然界的大力与巨大的物体，均由骇怕而至崇拜，祖宗的灵魂更为虔诚崇拜。所以，后来日本人的宗教大部分就成为崇拜皇权的仪式，和为皇权保障的壁垒了。那时候的日本人民，都以为他们的周围，无论在林木、石头及空间，无往不是鬼神所在，甚至兽类他们也当作神灵看待。在神庙方面，当时还是寥寥无几，建筑上尤极粗陋。教仪呢，是很简单的，其所

包含的大概是祖宗灵秀的崇拜及敬畏，而求赦罪赎咎的。因为要赦罪赎咎，就影响及个人的清洁，日本人之养成清洁习惯者，率由于此。日本人起初与其他原始社会的人民都同样的有许多禁忌的事物，例如死人的尸头及临产的妇女，都是反对人家接近的这种迷信，现在虽经改变，其改变的程度仍至稀微。本来他们所奉信的东西并没有什么名称，可是后来，因为外国文化输入，引起他们自我的意识，才以所信奉的名为"神道教"。所以，现在的神道教也就是日本人早期的宗教，不过经过许多世纪而有若干的改变罢了。

（据梁大鹏译本）

可见得，日本古代的宗教是与一般原始民族的宗教有了好多相似的地方，神道教也是从这些古代的宗教发展而来。不过，在其发展的历程，一方面"经过许多世纪而有若干的改变"，一方面又受了外来的宗教与文化的其他方面的影响，因而遂成为日本的神道教。而这种神道教是与中国的宗教，有了好多的共同的地方。

我说日本人的神道教是与中国的宗教有了好多共同的地方，因为日本人正像我们中国人一样，是一个多神的崇拜者，举凡日月星辰、山川雷电以至各种动植物，是与人类一样的有其鬼神，而受人们的崇拜。所以，小泉八云曾这样的告诉我们道：

> 群雄分立的时代，酋长各祀其祖先与其境内的神祇以求福免祸，其战胜者因而说是天助，而战败者也便归之神怒。日本的天皇更托于至尊无上、受人民崇拜的日神，为其后胤而不服辄讨而伐之，一般贵族亦附托于神子神孙。于是，日月星辰、山川雷电概视之为神迹，五谷果实、树木花草亦皆以为神所主宰。一旦遇有水旱、疾病之时，即系触神怒之，故苟虔诚祭祀便可消免。总而言之，世界无物非神，自然界中一切动静影响均为神的意志，此神道乃兴。

可见得，日本人也是崇拜庶物，而且所谓祖宗的崇拜，是与庶物的崇拜是有了密切的关系。比方，日神的崇拜本来是一种的自然的崇拜，然而日神既为天皇的祖先，那么崇拜日神也就是崇拜祖先。又如，据日本传说，与日神同父的力神，曾到本道的西南出云这个地方，产生了一种人类，可见得，这个地方的人类的祖先，也是一种自然界的威力。

然而，日本的神道教却也有其特殊的地方，而这种特殊的地方恐怕就是小泉八云与拉图累特所说的皇权的崇拜了。

据日本人的传说，古代有一位男神叫做伊奘诺，又有一位女神叫做伊奘册，他们两位是夫妇。后来这位女神死了，她的丈夫曾到地下去会见她，但是，在会面的时候，男神又发了脾气而回来，地上因而降生了日神，这就是一个女神。有了这个女神，地上才有光明。此外，又降生月神与力神。力神最淘气，而且常常扰乱给其姊日神以很多的麻烦，日神不得已乃跑到一个洞里，结果地上成为黑暗的世界，使诸神不胜其苦。他们因而设了好多的方法，希望日神能够出来使地上光明，其中有了一个神提议，到日神所藏匿的洞口举行跳舞、祷告与奏了悦耳的音乐，同时又把一个镜子对着日神而照明。日神从镜里看了自己的影子很为奇异，于是乃慢慢的跟着镜子而出洞口。可是，她一出洞，诸神乃把洞口封塞起来，使日神没有法子再跑到洞里。

日神曾生子生孙，她的曾孙就是琼琼杵，琼琼杵为诸神所委托到日本统治，日本同时又把一些珠串、一把宝剑以及引诱日神出洞的镜子交与琼琼杵，以为统治日本的表征。琼琼杵就在现在日本的九州的地方居住，日本的神武天皇就是琼琼杵的后裔，神武后来又到大和而自称天皇。

此外，在日本最古的《古事记》与《日本书纪》里，也有下面一段的记载：

> 混沌之初，天地忽生一物，状如苇芽，变化为神，神皆系偶生。中有二神立于天桥，以矛探海，其矛水滴凝而成岛。二神降居，遂生大洲、山川、草木，天照女神（天照大神）及其弟等。天照之孙即神武天皇，女神赐以镜、玉、剑各一，此三种神器为万世一统之宝，神武遂起而东征开国。

我们不必去考究这些神话的来源，我们只要指出所谓三种神器的镜、玉、剑。据说，直到现在尚存在日本皇室。而且天皇是神的后裔，现在的日本的有智识的人们，虽然没有像以往的日本人那样的信以为真，然而直到现在，在日本从来没有人公开的去否认这种传说。而且事实上，在日本人所编的历史教科书的前面，还是插入以往所传下来的神话，而同一般武人与军阀为了满足其夸大狂，还是利用这种神话去宣传其所谓天皇的神圣与鼓吹日本民族的伟大，以为麻醉一般人民的思想，而任其驱使，为其牺牲。所以，假如有人公开否认这种传说的话，恐怕就要被武人、军阀以至一般民众们指为不忠于天皇，而有犯渎神圣的罪名。可见得，日本的宗教信仰与迷信，在其历史上，而尤其是在政治上所占的地位的重要，这是研究日本文化的人所不能不注意的。

日本人对于天皇固当为神圣而崇拜，而成为日本的宗教的特性，日本人而尤其是日本的侍臣之对主人的服从以至殉死，也可以说是一种宗教的行为。在十六世纪以前，在日本的王侯或贵族死了之后，往往有很多服事他们的侍臣随着他们而同时死，而且殉死的人数往往有了几十个。这种风俗，本来也是原始民族中的殉葬的遗俗，最初也许是被逼的，后来却成为自愿的。为什么要殉葬呢？原来主人死了，而其灵魂却是存在于地下，他的灵魂既还是存在于地下，那么，在他死之后，他也应该有了陪着他死而在地下服事他。在日本，这种风俗在德川家康的著名的遗嘱里曾严加禁止，所以，在他死之后，他的侍臣虽不陪着他死，而且对于很为盛行的这种风俗也给了一个重大的打击。然而，他死之后直到明治的时代,这种风俗有时还可听见,而且在近代的日本人之用泥像去陪葬死者,也可以说是这种风俗的留痕。

这种风俗在日本人自称为武士道。武士的受命或自愿切腹自杀,是日本人所公认为他的本份。而且,这种自杀不只限于男人,而且常常有妇女这样的作,而尤其是妇女殉夫的例子很多。小泉八云在《日本与日本人》一书里的《忠义的宗教》一文里,曾举出下面一个例子:

> 女子自杀,代表着古时对于已死的丈夫的旧观念的,在最近代也还有得发生。这些自杀平常总是照着封建时代的规例而实行的——妇人死时身上都穿了白衣服。最近和中国战争的时候(一九〇〇?),在东京就发生了这样一件无名的自杀。死者是战死的浅田中尉的妻子,伊那时不过二十一岁,伊一听见伊丈夫的死信,伊便立刻准备伊自己的死路——写信和他的亲族辞别,整理他的一切事物,好细的收拾清楚了他的家室,都照着古时的规例。然后,伊穿上了他的死服,在客室中壁龛的对面铺下了席,将他丈夫的画像放入了壁龛,在他的面上摆好了祭物。等到各样事情都已安排好了,伊就坐在画像之前,取起了短剑,轻轻的很熟练的一刺,就将伊喉间的大动脉分了开来。

总而言之,从社会文化方面来看,日本人对皇帝、对侯臣、对丈夫的崇拜或殉死,是宗教上的行为。所谓天皇的崇拜、武士的忠义、妇女的顺从,都是日本固有文化上的特点。所以,日本的天皇的先祖,遍地的神庙与家庭的神龛,对于日本人民的行为,对于日本社会的组织,以至对于日本的整个文化,都有很大的影响。在日本,有时一般民众对于政府所施行的某政策表示很不满意而群情汹涌。然而,假使天皇下了命令去禁止这种举动的话,那么群众的愤怒往往就因之而平息。日本的人民本来是很为刻苦与节俭的人,然而,对于建造庙宇却最能慷慨解囊。世界上著名的东本愿寺与西院寺与西本院寺都是民间自由捐募而建造的,至于各处庙宇之多,更足以表示日本人的宗教色彩的浓厚。据说,神道教的寺庙就有了十一万六千所以上,而佛教寺庙也有十万所以上。就以东京一城来说,各种宗教的寺庙就差不多有了一千所之多。

日本的寺庙不只是在数目上很多,而在建筑上也很美丽。屋顶往往是红绿金黄的炫目的色彩,涂饰丹朱的围墙,花木芬芳的园林,金色的门户,美丽的天花板,精致的雕刻以及各种伟大精小的神像,可以说是日本的物质文化与精神文化的精华。

日本人的物质生活本来很为简单,而居住的房舍尤简单,然而,对于寺庙的建筑却尽其华丽,这是表明神所居住的地方,比起人所居住的地方,重要得多。其实,凡是游过日本的人,总免不了有了这种感觉,所谓日本的固有的物质文化的精华,恐怕就是庙宇的建筑了。因为在寺庙里,你不只看见日本人的建筑的精华，而且可以看见日本人的美感，以及其在所谓精神文化的艺术的成就。我之所以说是寺庙是日本的物质文化与精神文化的精华，就是这个原故。

其实，要想懂日本人的美感的艺术与文学，先就要懂得日本人的宗教的信仰。小泉八云在《日本与日本人》一书里《困难》一篇文中，对于这一点说得最透切。他说：

> 日本的艺术和宗教是有极亲密的联络的，要想去研究它，而对于它所反映的信仰没有广博的知识，只是浪费光阴罢了。我说的艺术，并不单指绘画和雕刻，各种妆饰和许多有画意的表示都在内——男童纸鸢上或女童拍毽板上的形像，并不亚于漆器或花瓶上的图案——工人毛巾上面的人像，并不亚于公主腰带上的花样——买给小孩顽耍的纸狗或木叫子的形状，并不亚于佛寺门头巨大仁王（门神名）的样式……的确，要将日本文学作一会适可的估计，也总是不能够的，必须要有什么学者出来，将这个文学好细的研究一下。不但要能够懂得日本的信仰，而也要至少能够和我们伟大的文学家那样，会和幼里披（Euripides）的品得（Pindar）的提奥克立塔（Theocritus）的宗教表同情，而和那些信仰表同情。我们自己问问看，如果对于西方的古今宗教不加一些注意，究竟我们能够懂得多少英国的，或法国的，或德国的，或意大利的文学。我并不指着那些显然的宗教创作者——指着像密尔敦（Milton）或但丁（Dante）这样的诗人——只指着那样的事实，就是即使一个莎士比亚的剧本，谁不知道基督教信仰或基督信仰以前的信仰，谁就不会了解。要激底懂得任何欧洲文字而没有欧洲的宗教智识，那是不可能的。即使是不识字人的语言，也是充满着宗教的意义：穷人的谚语和家庭成语、街头巷尾的俚歌、店家的生意经——所有这些都混些宗教意味在内。不晓得民众信仰的人，是想像不到的。没有人能比那一个在日本向着那些信仰绝对和我们不同、伦理为完全两样的社会经验所形成的学生，教授过许多年英文的人，格外的能够知道这事。

其实，照小泉八云的意见，日本的精神的文化固是深受了宗教的影响，日本的社会文化以至物质文化的工业，也是深染了宗教的色彩。所以，要想明白日本的社会状况与工业生活，也得明白日本的宗教。所以他又说：

> 社会状况的真正理会，对于宗教所要求的决不是一些浅薄的熟习，甚至一个民族的工业历史，不注意那些在它早期的发展中，约束着工业生活的宗教传说与风俗，也不会令人明白的。

从此更可见得，日本的宗教在日本的文化的各方面的影响之大。

不但这样，日本人的复仇战争，以至外交上，无一不受了宗教的影响，或是深含了宗教的意味。我们且看下面所抄的一段祭文：

元禄十五年壬午（一七〇三年）十二月十五日，臣大石内藏助以迄寺坂吉右卫门等四十七人，冒死奉告于吾故君之灵，曰：

呜呼！去年三月十四日，吾故君攻伐吉吉良上野介殿一役，臣等草昧，未悉究竟。不意吾君无幸，竟以遭害，奸人上野介殿，乃稽显戮。虽政府文告，不许复仇，臣等此举，或非吾故君所愿，然而食君之禄，尽君之事，君父之仇，不共戴天，不共履地，他日泉下相逢，神天随侍，未报君仇，将何以自堪！用是此心乃快，夙夜侦伺，耿耿一日，无殊三秋。冒风雪，绝饮食，老衰疾痛，踵趾相接，濒死者数。螳臂当辕，弥为人笑，然此仇未复，此志未敢懈。昨夜集合，幸告成功，兹将上野介殿押送吾故君之墓前。匕首一柄，去年曾亲手泽，付与臣等保藏，今以奉献。惟吾故君之灵，大昭显赫，锋刃再亲，割彼奸人之首，义愤永息。尚飨。臣等四十七人谨启。（参看《日本与日本人》页一六〇至一六一）

据说，这篇祭文至今还存在日本的泉岳寺里，读祭文的人都会感觉为死者而复仇的人们，是当死者有灵魂而与死者可以交接谈话。而最使后人凭吊的是，这四十七位侍臣在复仇之后，还且各自切腹自杀，而到别一个世界里去陪侍他们的主人。

又在战争的时候，日本人往往祷告其神，以企得到胜利。在北条时宗的时代，蒙古人征伐日本，除了日本的人民都向神求救外，而天皇也在伊势向他的祖宗请求保佑。据说，他们的请求也曾得到神的帮忙，所以当忽必烈的舰队要到日本的时候，天色忽然黑暗，暴雷忽然大响，海浪忽然大作，飓风忽然大吹，结果是使蒙古的强大舰队没有法子去占据日本，反而沉没于茫茫无情的大海里。忽必烈的雄才大略并吞了那么多的地方，而对日本这个蕞尔小国却不能征服，日本人自己除了以为这是神的保佑之外，就也无法去解释了。

直到一八五三年，美国舰队统帅培理（Perry）统率日本人所谓"黑舰队"到附近江户的浦贺湾，去向日本人示威的时候，日本人还是相信神是会保佑日本的。在全国人民提心吊胆，以至幕府将军大臣手忙脚乱的时候，日本的皇室曾下了命令去叫道士、人民到了各处寺庙大事祷告。培理在一八五三年到日本时，只是示威，并且声明日本政府假使不遵照美国的要求的话，美国的"黑舰队"明年还要再来，而以武力去对付日本。

日本人在蒙古侵略日本的时候，日本人既因求神而得救，日本人以为这次美国"黑舰队"的示威，日本人也可以求神而得救。皇室之所以下令要道士、人民到了各处寺庙大事祷告，也就是这个原因。然而，日本人这次虽然很虔诚的去请神保佑，可是天色、暴雷、海浪、飓风都没有什么变化，而培理却实行其声明，到了第二年的春天果然又率了"黑舰队"而来。

事情虽然是这样，然而有了好多日本人并不因此而完全丧失其信神的观念。

他们还是以为，也许是因为神发怒了，而不愿意去保佑日本；也许是率领"黑舰队"的人们有了法术较高、力量较大的神的保护。所以日本政府虽不得不屈服于美国而答应美国的要求，但是日本人的信神的热忱并不因之而消失。

其实，直到现在，在我们与日本的战争中，我们在战场上所捕获的敌人的俘虏，以至从飞机中所击落的敌人的驾驶人员，每人身上都带着神符。因为他们还是相信，无论他们在地上以至在空中，都要神的保护。我们看了这些神符也许觉得可笑，然而，在日本人的心目中，这不只是悠久的历史上所传下的信仰，而且是现代的日本人的一种内心的表示，一种真诚的意识。

就是一般的日本的外交人员，代表日本国家的大使、特使，在要出国去负担其不辱君命的责任的时候，也要先到其寺庙去求神的保护，去求神赐福。在战争正酣而消息很不灵通的时候，我们还在报章上，在收音机里，看到或听到什么野村大使在未赴美国之前，曾到了神庙去祷告。

上面所讲的是偏重于日本人的神道教，及其对于日本文化的影响。至于佛教在日本历史上所占的地位，也很为重要。佛教之传入日本，是在纪元后第六世纪的时候。据说，在五二二年，我国已有僧徒东渡日本宣传佛教。据日本史载，五四五及五五二年，高丽国王曾赠给日本天皇好多佛像及经典，并劝日本国王信仰佛教。在那个时候的日本的固有的宗教已深入人心，故有好多人极力反对佛教。他们的理由是佛教是番教，假如日本皇帝或人民相信，必受神的谴责。恰巧，不久日本国内又有瘟疫流行，物部曾奏云"此神怒也，速毁佛像"，因而天皇遂毁佛像。

日本的守旧人物虽然极力反对佛教，但是，佛教也有其拥护极力的人物，而这种人物之最著名的，是主持政事的族阀苏我。他与一些信仰佛教的人，不顾一般人的反对，建筑佛教寺庙，而且因为了宗教上的信仰而引起很大的争斗。但是，结果是反对佛教的人们被了苏我所压服。同时，自圣德太子当政后，对于佛教很为信仰，而又极力宣扬。圣德太子在当时很得民心，而且，他自己又能虚心去研究佛经与中国文化，故由他提倡之后，皇廷也受其影响而采纳佛教。因而，佛寺的建筑，佛经的研究都很快的发展起来，而佛教在日本乃得大盛。直到现在，佛教在日本的势力还是很为雄厚。

我们上面已经指出，佛教寺庙之在日本的数目，差不多与神道教的寺庙的数目相等，而且，据说在日本，佛教的僧侣的数目比之神道教的僧侣还要多。而在奈良的铜佛像之大，还比华盛顿国会会议厅的屋顶。这都可见得，日本人对于佛教的信仰的虔诚。

佛教的初期的输入，既因为日本人分为反对与赞成两派而引起争斗，而影响于日本的政治。到了日本的中世的时候，皇室分裂，武人争权，社会秩序既至为紊乱，而地方治安也很成问题。然而，这种不安的状态的一个主要原因，也是由佛教僧徒所养成。因为自佛教自传入日本以后，佛教的寺庙得了热心帮忙的天皇、将军、贵族以及富有的人民的捐赠财物，而逐渐的成为富有的团体，而慢慢的成为雄厚的力量。在社会秩序紊乱与地方治安不良的时候，他们最初为着自卫起见，而有了好多武装的设备，养了好多自卫的健儿，使好多寺庙变为军事的堡垒。后来，有些寺庙还成为浪人、暴徒的渊薮，而对于社会秩序与地方治安有了很大的威胁。据说，西京全城曾在某个寺庙的势力范围之下，好像罗马帝国的京都东迁之后，教廷之统治罗马城一样。到了后来，寺庙的武力方面虽逐渐解除，然而在思想方面却又逐渐深入人心，而对于日本的文化的各方面都有显著的影响。

基督教传入日本是在十六世纪的中叶，而传基督教入日本的先锋，是耶稣会会士芳济各（Francis Xavier）。芳济各于一五四九年到日本，他到日本时曾有了数位葡萄牙与日本人帮他去宣传宗教。他住在日本两年，据说成绩很好，而且深入到西京各处。到了一五八一年的时候，有人估计日本已有三百所的教堂，十五万的信徒。还有人传说，在信徒最多的时候，曾有过六十万人。到了后来，一来因为基督教徒的内部的冲突，一方面因为引起佛教教徒与神道教教徒，以至一般守旧者的反对，曾在某个〈时期〉有了衰落的景象。然而，在现代基督教的教堂之设立于日本各处的，约有一千五百余所，而其教徒至少有二十万以上。基督教在西洋的中世纪的时候，是西洋文化的重心。在基督教初入日本的时候，西洋的文化还未脱离中世纪的色彩，而一般教士尤其是耶稣会会士，皆是西洋的优秀的智识份子。他们到日本目的虽为传教，然而，对于西洋文化的传播上也有很大的功劳。后来，基督教的新教传入之后，对于社会服务的工作，而尤其是在教育方面，又给与日本不少影响，而在日本的近代维新史上占有重要的地位。其实，近代的日本的佛教徒所组织的好多团体以及其工作，是有很多是仿效自基督教的。所以，我们可以说，近代的日本的新文化，固与基督教的传入有了不少的关系，就是近代日本的佛教，也趋于基督教化。

第八章　政治文化的发展

　　神武天皇是日本人所称为开国的始祖，神武天皇是神的子孙，而这个神就是日神。日本国之所以叫作日本，而日本的国旗之所以以日为徽号，就是这个原故。

　　神武天皇既是日本人所称为开国的始祖，而同时又是神的子孙，那么，日本这个国家可以说是一个神权的国家。而且，这个所谓神权的国家有了一个特点，这就是自神武天皇建国以后，直到现在还是神武天皇的子孙统治日本。日本人所以自夸其曰神的子孙，为万世一系而不中断，就是这个原故。原来，日本自神武天皇建国以后，直到现在还没有受过外族占领其土地。而在日本的历史上，皇室虽然经过很长的时间只有空名而没有实力，然而在名义上，日本的皇室始终能够从神武天皇的子孙一直传下来，而不像其他的国家，不知经过多少的朝代，不知换了多少的皇室。而在日本的历史上，虽然有了不少的将军或武人，在其势力澎涨的时候，往往是挟天子以令诸侯，甚至于强迫天皇到修道院去度其余年，而别立一位天皇，然而却从没有将军或武人——无论在实际上其力量多大，其声望多高——胆敢或愿意去取天皇的地位而代之，而自称为天皇的。其实，就像雄才大略而有"日本拿破仑"的绰号的秀吉，在他征服全国之后，势力不能说是不大，名声不能说是不广，然而，他不只不敢妄想去消灭皇室，僭窃王位，连了"将军"这个名义，他也不敢自居，而以摄政自命，以太阁闻名。

　　为什么在日本历史上一些名位高、实力大而且于骄横跋扈的将军或武人，都没有胆敢或愿意去取天皇的地位而代之，而自称为天皇呢？

　　理由是很简单的。因为天皇是天生的，是神的子孙，是超人的人物，是神所命令以统治日本，既非人力所建立，也非人力所能改变。所以，尽管实际的政治权力是在了将军、太阁以至藩臣、武人之手，天皇的地位还是神武天皇的子孙，天皇的名义不是其他的人所敢居。所以，尽管，比方在日本的中世纪的时候的天皇，无论是不只没有力量而且穷到居宅只围以竹篱，死后而无以为敛，然而，他还是天皇，还是神的子孙，还是日本的名义上的统治者。

　　这是日本政治上的特点。而其所以有了这个特点，是由于日本人相信，天皇的地位是神所赐与的地位，是神圣的地位，而神圣的地位是不可犯渎的，不能僭窃。这种信仰直到现在还是深刻的，虽则也许是无意的隐藏在日本人的心头里。

　　从我们上面的观察，我们可以明白日本的政治所染的宗教的色彩的浓厚。

神武天皇建国的时代，据日本的史籍所载，是在纪元前七世纪，这就是纪元前六〇〇年间。其实，神武天皇的事迹固是属于神话，就是神武天皇以后经过十个天皇的史实，也多是荒诞而不易置信。日本人所以要把他们的历史拉得那么久远，不外是民族的夸大狂的一种表示而已。

我们知道，日本史料之最古的是《古事记》与《日本书纪》这两本书。前者是编年体，而后者是纪传体；前者是成于纪元后七一二年，而后者是成于纪元后七一四年。这两本书既都是成于纪元后第八世纪的初年，那么，其所记载一千年前的神武天皇的事情固是不可靠，就是其所记载关于神武天皇以后的好多事情也多不可靠。而且这两本书是当时的一些学者受了政府的委托而著作。因为日本以前既没有史籍，这两本书就不得不以神话与传说为根据。又，日本人之所以要编著这种历史，大概是效法于中国的历代之编纂史书。而这两本书，尤其是《日本书纪》这一本所受中国思想与语言的影响较为深切。所以，关于神武天皇的来源以及天地万物的生长的说法，比方，所谓"混沌之初，天地中忽生一物"这种传说与句法，可以说是从中国的史籍上抄袭过来罢。

其实，日本民族正像其他的民族一样，本来是一些部落的民族，不过，日本的部落社会直到纪元后还是存在。我们知道，在圣德太子以前的日本，每一天皇逝世，每每迁都一次，还可以说是有了部落社会的遗痕。自圣德太子当权的时候，他尽量去介绍中国的文化，模仿唐代的制度。在六〇四年他又颁布了《十七条宪章》，这是日本最古的成文法典。自然的，这种宪章是应用了由中国传入的佛教与孔教的原则，于政治方面而立了日本政治制度的基础。

到了七〇九年，日本定都于大和的奈良之后，国都始有多少的永久性质。据说，奈良也是模仿唐朝的西安而建筑的，虽则奈良的规模还是很小，而且奈良都城的寿命也不够七十年，因为在七八四年，京都又迁到西京。西京的建筑不只是模仿自中国，而且也相当的宏伟。从此以后，一直到十九世纪，西京成为日本的国都，这就是说天皇的所在地。

在日本尚未深受唐朝的政治制度的影响之前，日本天皇之统治日本，差不多可以说是完全是神权的政治。天皇既是神的子孙，同时也是宗教上的领袖，天皇祭社是国家的大典，而这种典礼传到现代尚未废除。又在那个时候，政治制度与法律条文既没有固定，一切事情多依天皇的意志而定，天皇既是神的子孙与宗教的领袖，那么他往往以神的意志去判断一切。传说，在纪元后四一二年间，贵族中曾有以神的宗支而争权位，互相倾轧很为激烈，第十九代允恭天皇出而解决，而其解决的办法是置一大锅的沸水，令争闹的两方放手于沸水里，其受伤者是错误，而没有伤的才是对。这可见得，在这个时候的日本人，还是用原始民族的迷信方法去处理政事。

我们可以说，是经过圣德太子采纳中国的政治制度之后，日本的政治才开始逐渐的制度化起来。又在圣德太子逝世之后，经过孝德天皇的时代（六四五年至六五四年）的所谓"大化改革"，以及文武天皇时代所颁布的修正法典，使主持政治的人并不完全依赖于无所凭借的神的意志，而有了多少成规以为处理政事的标准。

然而，神权政治在日本的势力并不因此而消失，其重心在天皇有实际力量去管理政事的时候，天皇是以神的子孙与宗教的领袖的地位去处理政事；在天皇只有空名而没有实力的时候，所谓有实力的人物，像第七世纪的藤原一家，同样的以为他的家族是神的后裔。藤原家的当权是始于镰足，镰足利用天皇的幼弱无能而夺取政权，他除了安置其家人去任皇廷的要职与各省的省长之外，他家的女儿又嫁给天皇为皇后。他尊崇天皇为神圣，然而天皇愈神圣，天皇在实际的政治上更少过问。他甚至强迫天皇在长大要预备就位的时候，要向佛僧宣誓退居道院。而且从别方面来看，天皇愈成为神圣，那么挟天子以令诸侯的藤原，也岂不是成为至神至圣的代表吗！而况，他是天皇的亲属，而况，他自己也是神的后裔呢！

不但这样，在藤原专政的时代，我们知道国家的收入大部分是用于宗教方面：神庙的建筑、神像的铸造、神灵的祭祀、神节的庆祝，不只政府不知费了多少金钱，人民也不知耗费了多少财产。佛教的势力蔓延全国，佛僧的跋扈逐渐显明，连了女皇也有与佛僧道镜通奸的传说。其实，因宗教上所用的费用太过繁多，不得不有苛捐重税，使人民的负担增加，使国家的财政几至破产。

藤原一家当权有了好几百年之久，这就是从第七世纪的初叶以至十二世纪的中叶。佛教在这个时期里既成为流行的宗教、统治者的宗教，佛教在政治上所占的地位也至为重要。道士成为武装同志，暴徒成为寺庙手足，连了西京京都的政治领袖，也在他们的势力范围之下。

直到了十二世纪的中叶，平盛清与源义朝应命入京，才把势力强大、威胁京都的道士打倒。可是，平、源两氏又争斗起来，原因也不外是欲支配神的子孙的天皇，以令诸侯罢。源义朝虽为平盛清所杀，然而，平氏终为义朝的儿子所征服，结果是源氏当权，这就是源赖朝。赖朝的父亲虽是应命去铲除跋扈的佛教的教徒，然而，在赖朝当权的时候，他又感觉到僧徒的势力强大，而不得不取妥协的政策。不过，赖朝却不愿住在他所觉为不详的西京，而设幕府于镰仓，日本的幕府制度也从此而开幕（一一九二年）。幕府设在镰仓之后，日本遂产生两种政府：一为政治的，一为军事的，各有各的官吏，各有各的京都。

赖朝死后，因为子孙没有力量，结果是将军在名义上虽为赖朝的子孙，而实权却落在北条的手里。因为在日本的政治上，除了空有名义的天皇之外，现在将军也变为空有名义，而原为将军部属的北条，不只挟将军以专政，而且挟天皇以专权了。

在北条的时代，日本的佛教思想很为发达，信宗禅、莲宗对于日本的武人、人民都有很大的影响。而现在的镰仓却又有了宏伟壮观的庙宇，宗教支配人心的深刻从此又可以看出来。

北条既专权而趋于无度，遂引起源氏子孙足利及新田义贞、楠正成等的反抗，待到北条失败之后，足利又专横起来。他反叛后醍醐天皇，并且杀了拥护天皇的新、楠两氏，而迫天皇离开西京，天皇偕其子孙设都于大和，使西京、大和成为两个仇视的政府，相持了五十多年的战争，而成为日本史上的南北朝时代。

自南北朝的朝廷统一之后的二百余年（一三九二至一六〇三），日本的政治还是紊乱。而在这个时期中，武装的僧徒的势力既还是很大，而佛教的思想也还是深入人心。所谓人心厌乱而要求解脱，乃是一种自然的趋势。直到十六世纪的末年，在丰臣①得势的时候，他乃压服了武装的僧徒，烧毁了两座很大的道院。

丰臣②虽是反对佛教，可是他却欢迎基督教，这就是源源不断而东来的耶稣会士所传来的天主教。据说，丰臣③很是有意的去利用天主教，以为推翻旧宗教与旧思想的力量，虽则这种企图始终没有很大的功效。

丰田④虽没有作过地位很高的官职，可是，他一方面有了武力作后盾，一方面得了皇室的同情，奉命到西京去压服紊乱的情形，结果曾为西京的首领，而且能够差不多的去支配全国。到他死了之后，他的旧友秀吉与家康继他而起，使长期的日本的紊乱的状态逐渐趋于统一的局面。

秀吉既有"日本拿破仑"的绰号，他不只在日本征服了全国，而向外去征伐邻邦。自然的，秀吉之所以征伐高丽与鼓励人民航海而到中国南部沿海一带，以及菲律宾、安南、柬埔寨各处，目的不外是欲转移国内势力还厚的封建诸侯与野心武人的视线，而避免他们与他为难。这种政策大体上直到现在，日本一般的武人还在施行。

秀吉死后，因为秀赖年纪既小而没有能力，结果是政权慢慢的入了德川家康的手里。起初，拥护秀赖的南方诸侯的力量相当雄厚，然而经过西京附近的关之原的著名的战争之后，家康得了胜利。于是，德川家康遂为日本的霸主。而德川幕府也从一六〇三年成立，而且一直继续到一八六七年为止。

德川家康继承丰臣秀吉之后，统一的局面已有了端倪，而使日本的政治历史上又逐渐蹈入一个新时代。

我们知道，日本自所谓神武天皇建国以至圣德太子的时候的政治，可以说完全是一种神权的政治。日本人在这个时代完全没有脱离原始民族的文化，而深受宗教迷信的支配，而且确定了神权政治的基础，以皇帝为神的子孙。尽管皇帝没

---

① 编注：应是织田信长。
② 编注：应是织田信长。
③ 编注：应是织田信长。
④ 编注：应是织田信长。

有实力，然而因为他是神所命去统治日本，所以从没有人胆敢或愿去僭窃他的名位，虽则常常有人利用他的名位去作威作福。而日本人的多神信仰与各种迷信，却慢慢的在崇拜天皇的思想以及其他种宗教信仰与仪式，而发展为所谓日本固有的神道教。

圣德太子一方面鼓励诸侯、人民忠心天皇，一方面采纳传自中国的佛教。结果在日本，不但佛教繁盛起来而长期支配日本的政治与文化的各方面，就是所谓日本固有的宗教，也因外来宗教与外来文化的影响，而成为所谓神道教而别于外来的宗教，而同时在日本的政治与文化的各方面有了很大的影响。

在这个时代以及此后的很长时期，日本的宗教无疑的是日本文化的重心。然而，自圣德太子以及其后继者接受中国的政治制度之后，日本的政治历史上已开了一个新局面，政治逐渐的制度化起来。大体上，政治还是受宗教的支配，然而，在宗教支配之下的政治已慢慢的制度化起来。藤源一家专政的时代，一方面提高天皇的神权而挟天子以令诸侯，一方面自夸自家为神的后裔以巩固其地位，而对于皇室及各处的政府的组织以及其官吏的任免等等问题，都设法去解决，以巩固其地位。

总而言之，从政治方面来看，日本人在政治上的特点或是成就，主要的保留了一个名位空虚的所谓万世一系的天皇，以及上章所说的武士道的忠义。然而，这两者都可以说是由日本人的宗教的信仰中淘养而来。至于政治制度上的建树，在日本的中世是受了唐朝的政治以及其文化的其他方面的影响，到了近代的政治制度上的改革，又可以说是受了西洋的政治以及其文化的其他方面的影响。

西洋人之到日本是在十六世纪的中叶，自十七世纪的初叶以后，西洋人之到日本的接踵而来，而德川幕府的时代，正是西洋的势力东渐的时代。是在而且是因为西洋的势力的东渐的时代，德川家康能够加强日本的政治上的统一；也是在而且是因为西洋东渐的时代，德川家人被迫辞职而使明治维新，而使日本的政治成为日本文化的重心。我所以说德川家康的时代是日本的政治历史上逐渐蹈入一个新时代，就是这个原故。

我们已经说过，在丰臣①专政的时候，他已要利用新来的天主教去推翻旧宗教与旧思想。不过，在他的时候，不只是旧宗教与旧思想的势力太大不易推翻，而且他死之后，秀吉忙于向外发展而巩固国内的力量，到了秀吉死后，秀吉的后人与家康又忙于争霸，直到秀赖失败与被杀之后，家康才得作了霸主。自然的，家康之所以能够称霸而开统一局面的端倪，也是得力于丰臣②与秀吉两人的压服诸侯与剪除武人的势力。故在家康称霸之后，乃得注意于国内的治安与政治的组织的工作。

---

① 编注：应是织田信长。
② 编注：应是织田信长。

不过，家康得势之后，正是西洋势力在日本逐渐发展的时代。家康专政的早期，他并不反对西洋势力的侵入，也不反对基督教的传入，反而给与相当的同情。虽则这种同情的动机，与其说是宗教的，不如说是经济的。因为西洋人之来日本的，多为作生意的，而日本与外国通商，对于日本是有利的，至少从家康看起来是这样的。而且，这个时候日本人之到我国与南洋各处通商的也是很多。

然而到了家康的晚年，他对于基督教徒与西洋人的态度却变为仇视，而在秀贞①，而尤其是在家光的时代，排外的思想愈为利害，排外的政策更为严厉。其所以至此的原因，据说，一方面是因为日本当时当派过一个专使到欧洲，目睹欧洲的复杂与腐败的情形，回而报告政府；一方面是因为在日本的外国人为了商业上的竞争而互相告发其黑幕，英人、荷人与西班牙人因国籍的各异而互有冲突，天主教士与西洋商人也因兴趣的不同而不易相容，而且有人传说，西洋教士且有谋杀将军的企图。结果后来不只是西教教士与西人商人受了日本政府的仇视，日本人之入基督教的也为日本政府所杀害。在一六三八年，所谓岛原事件，一般被压迫的日本的基督教徒曾联合起来而反抗政府，这么一来更引起政府的反对基督教与反对西洋人的心理，反叛的基督教徒被杀殆尽。直到十九世纪，反对耶教的命令还在严厉的执行，而反对西洋通商的政策也实行起来。

从此以后，日本厉行其闭关自守的政策有了二百余年之久。荷兰人曾得特许而与日本通商，然而荷兰的海上霸权并不很久，而且忙于香料群岛的经营，对于日本的影响究竟没有什么可言。我们知道，在十七与十八世纪的西洋人之东来，目的是为通商与传教，而政治的侵略的野心并不积极，所以日本采取闭关自守的政策，西洋人也并不强迫其开放门户。

西洋人既不能再来，德川幕府遂用全力去压服内乱、维持秩序，使日本在长期的政治的紊乱的状态之后，得到一个比较统一与安宁的局面，虽则这种统一与安宁是很表面的。德川一家之所以能够统治二百余年，其主要的原因可以说是利用闭关的政策与排外的心理，去维持国内的统一与安宁。

然而，正是这种政策与这种心理，引起德川幕府的衰微而至于消灭，为什么呢？

原来，西洋的侵入日本的势力虽因德川幕府的闭关政策而中断，然而这种中断也只是表面的，因为这种势力不只是正在那边潜伏着，而且正在那边伸张着。十七与十八世纪的西洋的文化的本身正是变化，而又加以西洋各国的连年战争，无暇东进。到了十八世纪的末年工业革命之后，交通工具、军事设备因之而逐渐发达。在十九世纪的初年，拿破仑失败之后，欧洲各国政治比较安定，而能从事于国内与国外的发展。而且，自鸦片战争之后，中国一败涂地，不得不开放门

---

① 编注：应是秀忠，德川家康的儿子，二代将军德川秀忠，三代将军德川家光之父。

户，日本与中国为邻，不能不受其影响。而特许在长崎通商的荷人，又给了日本以不少的激刺。在这个地方，有一个时期，日本人曾学习荷文，而介绍西洋近代的智识与科学。且在一八○四年，日本与北部的俄国在千岛列岛与萨哈连一带冲突而失败之后，不能不感觉到西洋文化的优越。

然而，这些事实虽然成为促进日本人的觉悟的因素，然而直到一八四六与一八四八年，而尤其一八五三与一八五四年美国的兵舰，这就是日本人所谓"黑舰队"，驶到江户去强迫日本开放门户，日本人才真正觉悟到西洋的文化的优越。

德川幕府二百余年来的闭关政策与排外心理，就因此而不能再维持下去，而将军处境的困难，是幕府告终的原因。在日本，在那个时候，有了一般人而尤其是西部的藩阀，是主张用武力去驱逐西洋人的侵入，他们奏求天皇这样的作，天皇因曾一度相信西部藩阀的请求，而命令将军去驱逐洋人。然而，将军既不敢公然反抗天皇的命令，又很深知日本绝不能抵抗外国的坚固的战舰与厉害的枪炮，因为一方面设法敕行主战派与天皇的命令，一方面设法敷衍洋人，结果两者都不能讨好。事情既愈闹得愈凶，所有罪过都集中到德川幕府的身上。外国人虽用武力及外交方式去在日本取了好多权利，然而民众的反抗更引起日本与洋人的好多冲突。冲突愈多，德川的幕府所受的攻击也愈为利害。在这种的情形之下，把握日本政权二百余年的德川幕府的将军，不得不于一八六七年被迫辞职，而交还政权于天皇。

所谓日本明治维新事业的开始，也就是德川幕府宣告终止的时候。

幕府交还政权于天皇的运动，与其说实际上天皇真的去直接统治日本，不如说是日本的民族主义与国家主义的发展的运动。

我们已经说过，德川时代的日本的政治上的统一与安宁是表面的。天皇既只有其名而没有其实，天皇之下虽有将军，然而除了早期的数代将军之外，后来的将军不只沉于奢乐，而且因奖励文治而趋于软弱，使其军事上的固有力量逐渐丧失，而藩侯的力量又逐渐增。比方，西部藩阀之主张以武力去驱逐西洋人，就使将军无法应付，而各地诸侯还领有土地、人民。所谓封建的割据制度仍然存在，中央集权的制度固未实现，而各藩侯是否听命中央也成为问题。因为藩侯在其所领的土地之内，从行政、财政方面来看，还像自成一国，至于军事方面也有其独立之权。

这种情形直到维新政府成立之后还是存在，后来是得了原属萨藩及原属长藩的木户的奔走疏通，而犹得了萨长以及土肥四藩的深明大义，归还政权，协助当局，而始能有了真正统一的局面。萨长、土肥各大藩既谅解政府的政策而帮忙政府，明治四年（一八七一）天皇才召在京都的藩阀，告以废藩的计划，各处小藩也因大藩的没有异议而不得不服从。从此以后，日本乃得废除了二百七十六藩，而改为三府七十二县，使七百余年来的成为政治统一的障碍物的封建制度得以破除。

然而，我们现在要问问，为什么日本能在这个时候去废除这种历史长久的封建制度？或者我们可以问问，为什么这些藩阀能够深明大义而愿意取消自己的地盘呢？

我们可以说，这是时势的所趋。所谓时势的所趋，就是日本的民族主义与国家主义的发展，而这种主义的发展，是西洋势力的侵入的结果。日本因为是岛国，与外国隔断，从也未受过外国的征服，以蒙古的兵力那么强大，也没有办法去征服日本。然而，自西洋势力侵入之后，西洋文化不只比之日本的为优越，就是比之中国的也优越。一八〇四年的日俄冲突，日本既已失败，而庞大的中国在鸦片战争的时候，又为西洋所打败。到了一八五三与一八五四年的美国的"黑舰队"之强迫日本，以至此后的西洋各国之威胁日本。而特别一八六四年，英、法、美、荷四国舰队的攻陷长门藩的下门炮台，而所谓领事裁判权与关税的限制种种不平等条约，都在武力威胁之下而签订。

这些威胁与屈辱是引起日本的民族主义与国家主义的主因，因为协力对外成为日本国内一致的呼声，而保存大和民族成为当时的迫切的要务。而况，外国的坚固的舰队与精良的枪炮，不只民众见过不少，听见不少，就是强横的藩阀也曾领教不少。在幕府存在的时候，他们指责幕府的孱弱，到了幕府倒台之下，他们也自知敌不过人家而不得不协力去帮忙政府，以救国家的危急。

明白自己不如人，而设法去团结起来以谋应付的方法，这是明治维新的成功的秘诀。

明治维新的成功，日本的政治才得到真正的统一，才真实的上了轨道，才开始的逐渐西化，才而使日本的文化成为政治重心的文化。因此我们可以说，德川幕府的时代，是日本的宗教重心的文化而趋于政治重心的文化的过渡的时代。在这个过渡的时期，民族意识逐渐代替了封建的思想，而国家的观念逐渐代替了神治的信仰。天皇是国家的领袖，神道是民族的宗教，民族至上、国家至上成为日本人的流行思想。

这种思想在中日战争，而尤其是日俄战争的时候最为发达。而在这两次战争之后，日本遂一跃而为世界的强国，自命为东亚的霸主，而趋于帝国主义。高丽、台湾的占领，就是这种主义的表示。

到了上次欧战的时候，日本更因西洋各国之忙于战争而尽力去实现其帝国主义。青岛的强占，廿一条款的提出，都是趁火打劫而遂其侵略的欲望。至于九·一八的沈阳的占据与七七卢沟桥的事件的发生，以至太平洋战争的发动与南洋各处的占领，是日本政治上的帝国主义达到沸点的程度，然而同时也是日本国家与民族自杀的政策的表示。

明治维新既使日本的文化的重心偏于政治方面，所以明治维新的运动也可以说是日本的政治维新的运动。但是同时，这个运动也可以说是日本的文化维新的运动，虽则主要的目的是在政治方面。日本原安三民所著的《明治政治史》中，曾有下面数段记载：

> 尽轮奂之美、极结构之丽的鹿鸣馆便建于此时，以为宴乐之场，昼游、夜宴、舞蹈、音乐、骨牌、打弹子，无不应有尽有，以供内外贵人攀结情谊之便。而东京俱乐部，亦系井上外部卿所发起，十七年五月十四日开第一次会。

> 专心一意美慕洋俗以求交际的舞蹈会，以及奢华风流所促成的妇女慈善会，均成立于此时。此外，尚有弃和取洋的罗马字会，舍风致而重现状的演剧改良会，及讲谈歌的矫风会。小说、唱歌、音乐、美术、衣食住等，无不主张改良。贵贱上下，举国翕然，模拟洋习，仿效西人。其甚者竟主改良人种，将大和民族换以高加索人种。

> 于是，宫廷内亦着洋服礼式，模拟欧洲……而宴会之盛，更为古今所未有。彼处有总理大臣之会，此处有外务大臣之夜会，朝则雍雍之声起于东京府知事之官舍，夕则铿锵之音响于陆军大臣之邸内。就中以二十年四月二十日，伊藤伯爵所主办之假装跳舞会，及同月二十七日，井上伯爵在鸟居板邸之演剧，天皇亲幸观览为最。著人或评曰："未至罗马之盛，先学其弊。"此实明治十七八年至二十年之情况。（参看王迅中《日本历史概说》页九十四）

从这里所说的一些西化的事实来看，也许有了所谓"未至罗马之盛而先学其弊"的嫌疑。然而，日本的维新运动并不只专学这里所说那些西洋的东西，政治上的改革而趋于西化固不待说，至于经济方面的西化尤为显明。关于这点，我们当在下章详加述叙。此外，又如教育方面，日本的西化也很为显明。连了自称为文明古国的中国，在日本维新之后不过三十年左右，就大量的派送学生赴日本留学，可见得日本西化的教育的成就之快与成绩之好。至于军事上的西化的成就，更使世人惊奇。甲午之战，中国的舰队大而且新，然而却败于日本。日俄之战，好多人以为蕞尔小国的日本怎能战胜庞大的帝俄，然而结果适与这些人所想像的相反。这次日本还敢向着英美宣战，而占据英美荷的南洋殖民地。我们相信这次日本终必失败，然而失败尽管失败，日本在军事上的力量却是不可忽视的。而在七十年中，它从一个没有现代的武备的国家，而能向着世界两个强大的国家去挑战，不能不说是七十年来的西化的结果呵！

而况，这些维新领袖的醉心以至疯狂的西化，也不能不说是表示他的实行维新运动的一种决心。正是因为有了这种决心，他们才能把根深蒂固的旧文化的流弊根本的铲除；正是因为他们有了这种决心，他们才能在很短的时间之内树立现代文化的基础，而使日本于很短的时间之内，成为一个新国家，成为一个强国家，成为一个富国家。

第九章 经济文化的推动

日本自明治维新以后，文化的重心既偏于政治方面，而奠定了现代国家的基础，于是，在经济方面的建设也因之而发展。而高度的现代化，使日本今后的文化的重心有了偏于经济方面的趋向。但在未解释日本的现代化的经济的状态之前，我们先叙述日本以往的经济的概略。

从经济方面来看，纪元以后的日本以至明治维新的时代的日本，也是以农立国。在第七世纪的时候，在经济方面，也像文化的其他方面，一样的受了中国的影响。在大化改革（六四五至六五四）之后，政府曾把氏族与部落的土地收归国有，而仿效唐朝初年的制度，颁布班田制度，实行计口授田。大化二年正月，曾下诏，云："初造户籍计帐、班田授受之法。"同年八月又下诏，云："随前之处分以收田平均，与民勿分彼此。"又，此政府还诏示国民以"农为国本"。

不过，大化改革的班田制度施行之后不久，却有了不少的困难而终至于废止。而其主要原因是，一来人口的增加，二来所谓功田、位田、职田、赐田、神田、寺田、垦田等的增加，而引起授口分田的不足。

所谓功田，是赐与于国家有功的；所谓位田，是依着亲王的等级及王臣五位以上的地位而赐与的；所谓职田，是在职的时候所赐田的；所谓赐田，是以敕赐而给与的；所谓神田、寺田，是寺院所属的土地；所谓垦田，是自己开拓山野的田地，以后允为私有的。

这各样各色的田，既时时增加，而所谓功田、赐田、神田、寺田等等又是免税的，结果这些田很容易成为大庄园。大庄园的田地既愈来愈大，人口又愈来愈增，使新增加的人口无田可授。而且，在经济困难与政治紊乱的时候，小农之田有的为贫穷所迫，有的为要求保护而并入豪族或寺院的庄园。因而所谓班田的制度逐渐废弛，而庄园制度逐渐发展。这种庄园制度的发展，始于奈良的时代（七〇九至七八四）的末期。此后，所谓土地国有的制度，日见破坏，而后来的封建制度遂因之而发展。

在封建制度之下，武人阶级拥有广大的土地，自己既不耕而食，而代其耕种的农民或农奴也以非耕自己的田地而得过且过。同时，有广大的田地的人们既未必尽量去利用其土地，而要靠耕种以为生的人们，却又没有田地去耕种。再加以藩侯互相争伐，长期不止。结果是农业愈趋衰落，而国家的经济状况愈为穷困。

直到德川幕府的时代，因为日本内部有了统一与安宁的局势，农业始有复苏的现象。同时，因为幕府及各处藩侯对于农业很为奖励，故土地的开辟与农作物的种类均有增加。

在工业方面，日本古代固有的工业至为简陋。日本人受了我国文化影响之后，始懂得铁器的使用。铁器的使用，是手工工业技术的发达的条件。据说，在纪元后五世纪的日本的雄略时代，日本曾招了好多中国与朝鲜的技工，到日本教授日本人制造各种工业〈品〉。到了圣德太子的时代，因为大量的输入中国文化，而且输入了好多工业用品，因而引起日本工业的发达。所以，在推古女皇的时候的日本的"皇子、诸王、诸臣，悉以金髻华著头，衣服亦用锦紫绣织及五色之绫罗"，大概这些东西还是从中国运去的。至于交通的工具，在第七世纪的中叶的孝德白雉的时候，才有一百人共乘的船，这是孝德白雉元年的事情。日本的历史家特别记起这件事，可见得这是日本人在那个时候所觉得一艘很大的船。从此，我们可以想到，在第七世纪的日本的工业的幼稚。

大概的说，日本人自制的工业用品的发达，是在大化改革以后。到了元明女皇的时候，日本都城建于奈良以后，因为都城是模仿唐代的西安而建筑，至于皇宫寺庙也因极力效仿中国，故技工与作品均有进步。至于当时皇室贵族的生活的奢华，也是促进工艺发达的一个主因。

后来，而特别是自镰仓到南北朝的时代，日本的工艺家曾组织为各种座，而有了工艺上的分工。这种座，往往是受藩侯与寺院的保护。在西京有了所谓"七座之店"，在奈良寺社中有工人座，而镰仓、堺博多等处座的组织，也很发达。在织业方面，已有锦织、绫织等物，莳绘、磁器及装饰品也发展起来。而尤其金属工业，如刀剑甲胄等武器，最为发达。因为这个时代是所谓武家的时代，而这些武器最为武士所需要。而造船业也比前进步得多。

至于德川幕府的时代，除了纺织、磁器的工业之外，铜器及制纸印刷等业，也相当的发达。

日本的古代的商业的情况如何，记载较少。大化二年，曾有诏，云："市司要路，津济渡子之调赋……"这里所说的市司，大概是管理商业的职位。在奈良的时代，据说曾仿效唐代的制度，于文武天皇大宝二年，在藤原京设东西市，又在平城京立市。又，据其关市令的规定，"凡市，恒以午时集，日入前，击鼓三度散"。又说，"凡市，每市立标题行名"。而且，又规定，除了官省以外的人们之外，都必要在市场买卖。

日本古代的贸易，大概也是以物换物。大化诏云，"买马一户为布一丈二尺"，就是一个例子。《日本书纪》卷二十九，天武朝十二年（纪元后六八二年）四月十五日的诏书说，今后必须用铜钱，勿用银钱。三日后，又诏云："勿停止用银钱。"那么在第七世纪下半叶，已用钱为交易。但是，这里所说的铜钱与银钱的使用，大概也是受了中国文化的影响之后，而才使用的。至于这些钱究竟是日本自铸或来自中国，还成问题。我们以为，也许是来自中国。因为日本的银的发掘之见于史书最早的，是文武天皇三年，这就是纪元后七〇〇年，也就是在天武关于银钱的诏书之后十八年。假使银的发掘是在银钱的流通之后，那么，其所流通的银钱大概是来自国外了。

商店的发达，大概是在镰仓到南北朝的时代。因为这个时代的座，是工商业的座，正如各种工业是有座，各种商业也有座，或是工商两用的座。又，除了零售商店之外，还有所谓趸卖的"问丸""问屋"。

在这个时候的商业贸易，不只限于日本国内，而至发展于国外各处。日本南北朝时代的倭寇，也就是一种商人，他们除到我们中国之外，菲律宾、安南、暹罗各处均有其足迹。到了十六世纪的末年，在丰臣秀吉的时代，日本商人之到南洋各处的更多。当时，日本的出口货为蚊帐、扇子、雨伞、漆器与枪炮，而从外面运进口的是线类、织物、药、种、鲛、珊瑚树、伽罗、紫檀、白檀等。又，自一五四一年葡萄牙人到鹿儿岛后，日本与欧洲的贸易也就开始。至于德川幕府的时代，虽有海禁，然海外贸易并不因之而中断。

总而言之，日本在未受西洋文化的影响之前，在经济上无论是农业、工业、商业，其技术与制度都深受了中国文化的影响。发展农业与工业的工具的铁器，以至好多的农业产品或工业用品，固是受了中国文化的影响而始利用或仿造的。就是商业上的市场，以至钱币的流通与交通的工具，也是受了中国文化的影响而始产生或发展的。

其实，日本在未受西洋文化的影响之前，其文化的整个体系，可以说是属于中国的。所以，在其文化的经济方面，也不能当为例外。所以，日本的文化之于中国的文化，大致只没有种类上的不同，而只有程度上的差异，这种程度上的差异。主要的就是日本人对于其固有的宗教的信仰较为浓厚，以及其所受从中国所输入的佛教较为深刻。故所谓日本的文化之所染宗教的浓厚的色彩，或其所受宗教的深刻的影响，也至为显明。在政治上，所谓天皇的崇拜、武士的忠义，以至于其他方面所受宗教的支配，在上面一章已经说过。至于在经济方面，宗教所占的地位也很重要，在上面一章里我们已经指出，日本在一个很久的时期中，曾因建筑寺院与宣扬宗教，而使整个国家的经济几至破产。同时，土地产业之为寺院所占有的，其数量之大更是很多。此外，所谓工业、商业上的座，在其早期的发展上也是多受了寺院的保护与鼓励。

我们应当指出，日本在未受西洋的文化之前，工业与商业固因受了中国的文化的影响而也发展起来。然而，日本却还是像中国一样的，是一个以农为本的国家。在封建制度之下的日本，因为藩侯割据土地，不只所谓中央政府的收入微乎其微，就是藩侯本身的经济情况也很窘迫。封建的流弊与藩侯的势力，直到日本维新的初年，既尚未完全消灭，在这个时候的日本财政，而尤其是所谓中央政府的财政，还是异常的困难。日人内田繁隆所著的《日本社会经济史》（陈敦常译），曾录了《岩仓公实记》里下面一段话：

> 初发王政一新之大号令时，府库空乏，会计之困难尤甚……当鸟羽、优见二道之战端开时，金谷殆尽，日常之用度亦不能支。

明治维新初年的经济的困难可以概见。在这种的经济状况之下，政府为推进维新事业起见，不得不先请求一些财力较裕的诸侯献金于政府。然而，这种来源并不很多，不久就已用光，于是又不得不向着一般富豪商人，强求献金，以资挹注。因为在维新的初年，藩侯之像鸟羽、伏见尚在反叛，政府不得不用兵征伐，而迁都及各种设施的用费又很浩繁。政府既没有正常的大量的财政的来源，不得不向着一些财力较裕的诸侯叩头，与强迫一些富有的商民，以求献金与应募公债。

藩侯对于政府财政方面的帮忙既有限，维新事业之依赖于商人的经济的帮忙特别的多。《三井银行五十年史》里曾有下面一段话：

> 对三井及东京之富豪，更有东幸及奥羽征讨费八十六万两之调达令（元年八月），盖太政官钞（元年五月发行）之流通不圆滑，各种支付尚须现金。对三井组之配分额为三十万两五百两，为应焦眉之急，将库中旧有金银卖却而缴纳。（抄录自内田繁隆所著《日本社会经济史》页二四六）

又涩泽荣在世外候事，历维新财政，谈关于政府要求献金事，也说：

> 都是三井小野应调达令……其调达令为十八万两，由现在的数字说来是很小的，但假如没有那些，官军就不能东下。（参看仝上）

这可见得，商人在当时对于日本维新事业的帮忙之大。然而同时，也可以看见日本中央政府当时的财政的困难。

不但这样，在维新的初年，明治政府因为财政、行政的制度尚没有树立，而不得不将其会计的事务委托于商家，而三井在这方面所占的地位尤为重要。因为三井在东京、大阪、京都、横滨、新泻、静冈、名古屋以及其他各处都有支店，代政府办理这种事务，而同时可以节省政府的行政费用。

维新事业的推行，在经济上的筹措之得力于商人，既如上说。但是，以农为本的日本怎能产生出这些经济力量比较雄厚，而理财经验比较丰富的商人呢？

我们回答是，因为这些商人在直接上或间接上受了西洋文化，而尤其是文化的经济方面的影响。

原来，日本自十六世纪的中叶，因葡萄牙人东来而与西洋人接触通商之后，日本的文化而尤其是文化的经济方面，已慢慢的受了西洋的影响。德川幕府的时代的闭关政策，虽使日本与西洋的接触受了很大的阻碍，而特别是在西洋宗教以及文化其他方面，在日本的发展上受了很大的打击，然而，日本与西洋贸易在互市上并不完全的中断。上面已经指出，荷兰人曾为日本所特许而在长崎与日本通商，虽其他的西洋人被禁与日本接触，而沿海的藩阀之包庇洋人与日本商人之贸易互市而从中取利的，也非没有。因而，日本商人在直接上或简接上之受西洋的影响与得到利益的，实在很多，三井不过只是一个显明的例子罢。

而且，在十九世纪的中叶，日本既被迫而与西洋各国通商，在通商口岸的地方，西洋人之来通商的以至传教的数目，既见增加。在明治维新之前，这些地方的商业已日趋繁盛。故在明治维新的初年，商人在经济的力量上既比较雄厚，而在理财的经验上也比较丰富。

在一八七三年，日本已模仿美国的银行制度而组织国家银行，虽则在那个时候，银行的准备金非常薄弱。到了一八八一年，又设立日本银行以帮助贸易及国外汇兑。又如横滨正金银行不久也成立起来，一八九四年帮助农工的农工银行也成立起来。甲午战后，日本既战败中国而得了不少的利益与赔款，使日本的金融事业更形灵活。在一九○○年以前，日本的邮政储蓄银行也已成立。此后，更因日俄战争的胜利与上次欧战的良好机会，而引起金融事业的发达。

商业的发展不只依赖于金融事业的发达，而且依赖于交通事业的发达。日本在明治维新以前以及其初年，不只是许多船只是在外国制造，而且海外的交通差不多完全靠着外国的运输商人。然而，维新运动以后，日本人感觉到自己造作交通工具的必要，所以，日本政府力排守旧人物的反对，而在明治五年就建筑由东京到横滨的铁路，这是日本的第一条铁路。不久，又建筑从东京到神户的铁道。这都是由政府去主办。同时对于私人之经营铁道的，也极力予与帮忙。明治十四年，政府所给与日本铁路株式会社的补助金，就是一个例子。虽则在近年，所有铁道都已归为国有。自日本占领朝鲜、台湾，以至东三省之后，对于铁道的经营更是不遗余力。

在航道交通的方面，日本在明治维新的初年已有汽船公司的组织，三菱汽船会社就是一个例子。一八七四年（明治七年），政府还用了一百多万元购买轮船十三艘，交给三菱汽船会社去扩充其航业。甲午战争以后，日本的航线已伸张到中国沿海，而在二十世纪的初年，更又伸到南洋。自上次欧战发生以后，日本航业的范围逐渐布满了全球，而在南太平洋的好多人烟少的岛屿，也有日本的航线，连了在航业最为发达的英美各国的港口，也常常有日本的定期的轮船的停泊。

日本的电信是始自一八六九年（明治二年），最先是始于东京与横滨之间，后来逐渐扩充于其他各处。在一八七七（明治十年），全国电报局已有了六十八所，而电线有了差不多二千里。电话的应用也始于一八七七年，至于邮局是始于一八七一年。在一八八六年，电报也由邮局去管理。

这不过只随便的举了一些金融与交通事业的发展的略况，然而，在明治维新以后，政府对于商业以至公用事业的发展的注意，而且注意得很早，可以概见。此外，日本在这个时期对于各种公司、商店的组织，更如春笋初发。而商业的教〈育〉，也同时的注意起来，使日本的商人不只在智识方面增加不少，而且在态度方面也能逐渐的改变，以广招徕。

商业的发展，是促进工业的发展一个主要的原因，这两者是有了密切的关系的，所以，工业的发展也能促进商业的发展。不过在日本的近代经济史上，正像近代的其他的各国的经济的发展是由商业而趋于工业，故日本也是因了商业的发展而引起工业的发达。

其实，上面所说的交通工具，也就是工业的产品。日本既努力于自己制造各种交通工具，如汽船，如铁道、火车，以至汽车、飞机以及各种电工事业，那么这些东西都是工业上的主要事业，而促进商业发展的要素，同时也是商品的产品。不过，除了这些东西之外，日本在工业的其他方面，在明治维新以后，而尤其是在甲午战争以后，更为猛进，而政府对于工业上的促进的成绩，尤为显明。政府直接经营的工业，如制纸与纺织，早已发展。在一八九〇的时候，据说全国蒸汽工厂已有二百余所。甲午战胜中国以后，大工厂又很快的成立。因为朝鲜与台湾各处既占了，日本所据有工业用品的市场的范围大为放广，同时日本的不平等条约的废除，对于工业的发展又是一种重要的刺激。又因日本自此以后，侵略的政策愈为积极，因而军用的工业更形发达，使以农为本的日本成为一个强度化的工业国家，而使其工业产品不只畅销于东亚各处，而且侵入欧美各处的市场。

日本的工业在猛突的发展的时期里，日本政府对于农业，自明治四年（一八七一）废藩设县之后，之下的农民为着封建主人耕种田地虽已废除，然而，农村土地之落于富有的阶级的也不在少数。同时，日本自明治维新以后，也聘请西洋的农业专家指导日本农民改良农产。不过，在日本不只用机器去耕种的少有，就是用牛马去耕种的也少有。而且，日本既特别注意于所谓小工业方面，结果是农村人民之从事于这种工业的人数很多。因而，对于农业的发展上比较的被人忽视。故自维新以后，日本的农业之发展比之工业的发展较慢得多，使日本的经济来源差不多完全要靠着工业方面。而明治维新的初期的商业，在经济上的优越地位也变为次要的地位。

总而言之，就日本近代的经济的发展来看，日本的经济是像文化的其他方面，是受了西洋文化的影响而发展的。所以近代的日本的经济，正像文化的其他方面，是属于西洋的文化的系统，而其经济本身的发展，是商业较早，工业较晚，农业又较为落后。这也可以说是近代西洋以至东亚其他各国的经济发展的一种共同的趋向。不过，在日本，自工业发展以后，因为太过注重于工业方面，不只使所谓以农为本的农业处于不关重要的地位，就是曾执日本经济牛耳的商业，也变为次要的地位。

上面是从日本的近代经济的商业、工业与农业几方面分开来说,然而,这数方面的经济的发展,可以说是集中于工业化这条路。日本在国内既很快的工业化,于是不得不在国外寻找市场,使其货物大量的输出,而所谓日本的经济上的帝国主义,也很快的发展起来。

除了朝鲜、台湾成为日本的殖民地,而其经济资源与贸易市场全为日本所垄断之外,第一个国家成为日本经济侵略的对象就是我们中国。《马关条约》之后,我们除了割地与日本之外,还要赔偿巨大的款项,以至给与日本在我国发展各种企业的特权。在一九〇〇年,在华的日本工商业已有二百一十二家之多,而占了在华外国的工商业的百分之二十一。日侨之在华的约有三千。日俄战争以后,日本在华而尤其在满洲的经济侵略更为积极。到了上次欧战前,日本的工商业之在华的差不多一千家,而在华的日本侨民增加到十万之多。据美国累曼尔(Remer)在一九三三年所出版的《在华外国投资》一书的估计,日本在一九〇〇年的在华的投资仅有一百万美金,在一九一四年的在华投资有了二万万二千万美金,而占了外国对华投资的第三位,这就是只次于英俄。同时,我们也得指出,日本在这个时候的投资,大部分是在满洲,而在上海、天津、汉口、厦门各处所占的数目,尚比较的少。然而,日本在华的经济的侵略的积极已可概见。

欧战发生以后,西洋各国忙于战争,对华的工商品的运输忽然减少,日本乃利用机会大量去倾销其货品于中国。而在一九一五年一月十八日,更提出计划吞灭中国的"二十一条款",欲使中国成为日本的殖民地。"廿一条款"的提出,引起中国人民的反感,在某一时期里,日货在华的畅销颇受影响。然而,到了一九一九年,据估计所得,日本的工厂、商店之在华开设的,已增至四千八百七十八家,比起一九一四年又增了差不多四千家。日侨之来华的更多了,差不多一倍。中日贸易的总额,达了日金七万万七千万,占中国对外贸易的百分之三十五。单以棉织品来说,在一九一四年,日本的棉织品之在华畅销只占棉织品的百分之二十,而在一九一九年却增了三倍。

直到一九二八年,日本在华的贸易还是占了第一位。但是,因为一九二七的青岛出兵,以至一九二八的"济南惨案",以及一九三一年的"满洲事件",日本在华的贸易因为减少,使美国占了第一位。但是,满洲既为日本所攫取,日本在满洲的贸易与投资更因而增加。在一九三〇年,日本在华的投资总额达了十一万三千七百万美金,占了在华外商投资总额的百分之三十五,而与英国在华的投资总额几乎相等。在这些巨大的投资中,满洲占了百分之六十以上,在上海约占了百分之二十五,而其他地方占了百分之十以上。

日本对于中国的经济的侵略,无疑的是跟着政治的侵略而来。自甲午中国战败于日本之后,日本已积极的去发展其经济的势力于中国。日俄战争之后,日本既战胜庞大的俄国,在中国而尤其是在东三省,更是横行无忌。上次欧洲战争发生以后，又更利用西洋各国之忙于战争，而大施其政治与经济的侵略。到了九·一八沈阳事件发生之后，又把东四省占为己有，而攫取其资源与垄断其市场。

不但这样，日本在其经济发展初期，其工业产品皆在国内制造而运到中国畅销，后来利用不平等的条约，慢慢的在中国领土之内设立工厂，建筑铁道，开采矿产。汉冶萍公司之受日本的支配，也就是日本抢掠中国矿产的一个例子。据调查所得的统一日本所支配的矿产，在一九二七年的开采数量为二十四万四千吨，而在一九三四年增到四十万吨。至于铁道，在一九一四年，日本在中国已握有长及一千公里的铁道。到了东三省沦陷之后，以至华北失守之后，其所建筑的铁道之长，据说有了五千公里以上。

至于日本之在中国所设立的工厂，种类很多，而以纺织业的工厂为最盛。甲午战争之后，日本就利用其条约特权，在中国设立工厂，利用中国的低价的原料，利用中国的低薪的人工，而同时又可以逃避中国的关税，使其在华的工业的发展，有了一日千里的进步。据说，在一九〇五年，日本在华的纺织工厂的纺锤与纺机的数量，已超过英国。在一九二〇年，日本对华的纺织工业的投资，占了日本对华的投资的总数的三分之一，而十分之七是投资于上海。到了一九三〇年至一九三五年之间，因为中国的纺织工业缺乏资金，日本遂大事收买中国的纺织工厂，上海著名的申新纺织厂也落在日本人的手里。此外，日本又在其他的通商口岸收买国人所有的纺织厂。结果是，日本在中国所有的纺锤和纺机，占了中国的纺锤与纺机的总数的半数以上。自七七事件发生以后，差不多整个纺织事业都为日本所占有。

日本在中国的纺织工业之最发达的是在上海，而上海的日本的工业之发展之速，实足骇人听闻。就是杨树浦一带来说，在民国十三年间还是一片荒地，在数年之间，日本人在这个地方大规模的建造工厂，而成为一个繁盛的工业区域。

此外，他种工厂之设立于中国的也逐渐增加。自东三省被日本占据之后，各种工厂都很快的建立，而日本对于化学工业，尤为注意。满洲化学株式会社，就是为发展这种工业而设立的，这不只是为了商业的作用，而且是有了军事的作用了。

日本不只是在中国尽力去施行其经济的侵略，就是在南洋与其他各处，也尽力去施行其经济侵略。在上次欧战之前，日本的工业产品虽也销流到南洋，然而为数极少。自上次欧战以后，日本乘西洋各国忙于战争，遂大量倾销其货品到南洋各处。比方在菲律宾，虽有美国的货物的入口的重税，然而，日本的人造丝品、毛线织物以至陶器、煤炭等等，还是源源输入。在日本，在荷属东印度的出口货品，据一九二七年的统计，占其出口总数差不多百分之六。在荷属东印度的输入上，有了一个还比荷兰所输入的为多，而占了第一位。

又如，在万属马来半岛各处，日本货物之畅销于市场者，到处可见，尤其是在暹罗，日本的经济的侵略更为积极。原来，在南洋各处除了暹罗之外，其他各处全为西洋人的殖民地，殖民地政府往往用关税去限制日本货品的输入，故比较上，对于日本货物的畅销无大影响。暹罗就不是这样，工业既幼稚不堪，而自近十年来又亲善日本，结果是日货遍地，弄到我国侨胞之为商者，除了代销日货之外，别的生意都不易做。

此外，在美洲、在欧洲，都有日本工业产品的畅销。一九二九年，日本输去欧美的货品总额为二百五十万左右。到了一九三五年，竟达五千四百万，连了工业化程度很高的美国，也要大量购买日本的人造丝品，而欧洲各国之购买各种日货的也不为少。

上面不过很简单的把日本近代的经济的发展略为解释，然而，日本的经济的发展之速可以概见。

在猛突的发展的日本的经济的过程中，我们也可以指出这种发展的危险性，以为本章的结论。

原来日本的经济的发展之速，主要是由于日本用政府的力量去推动。日本自明治维新以后，在政治上虽然是统一了，可是，维新以后的政府，还是在名义上一种神权的政治，在实际上是一种武人的政府，而有了历史上遗传下来的政治的遗毒。一个高高在上的天皇，直到现在，日本人还当作神的子孙而崇拜，而一些无恶不作的武人，更利用天皇的神权去操纵政府。所以，德川幕府虽已消灭，二百余个藩侯虽已变为道县，但是萨、长两大藩阀不只在维新的初年勾结南方的肥前、土佐两个藩阀，去操纵维新的政府，直到现在的日本的海陆军权还是在他们的手里。在他们用武力去压迫民意，去解散政党，使日本成为法西斯的国家，而使日本的国民没有政治上的平等与自由。他们又用武力去统制日本的经济，以为扩充军备、巩固地盘，同时他们又用武力去侵略其他的国家，而夺取其资源、垄断其市场，结果是更要庞大的军费。这不但使日本内部的国民经济站于很不稳固的地位，而其因侵略其他的国家而终有失败的一天。到了失败那一天，不但日本武人所管制的资源与市场完全要丧失，就是日本武人所梦想的东亚新秩序也要完全消灭。

不但这样，日本的经济基础主要既是筑在工业上，而日本的工业主要又是所谓轻工业。直到一九三五年，日本的轻工业的产品的输出还占了工业产品的输出的总额百分之七十。小朋友们的玩具、日常所用的小品，就是日本工业的主要的产品。为什么日本只能制造这些东西呢？这是因为日本缺乏了所谓重工业的原料。石油、石炭、铁矿、棉花、羊毛、橡皮以至好多食粮，都是日本最为缺乏的东西，而这些东西又是重工业的主要原料，同时又是军需工业上的重要原料。日本是一个武人专政的国家，武人所依赖以巩固其地位的工具是武备，武备的原料既那么缺乏，武人的地位也像筑在沙地上一样。因此之故，日本的武人不得不冒险去侵略中国,更不得不冒险去侵略南洋,希望能够侥幸的去占据这些地方,而抢掠这些原料,以发展其军需工业,而巩固其地位。那里知道,侵略了中国六年,还是没有结果,而在南洋虽然侥幸的占据了很多地方,然而又逢着劲敌的英美的反攻,使其必败的的局势已经决定。南洋的失败与中国的失败,不只是对日本军阀的大打击,而且是日本本国的政治危机的表示,同时又是日本的经济破产的预兆。

中国文化观

第一编

第一章 信仰对象的分析

目 录

绪 言 ··· 95
 宗教与中国 ··· 95
第一编 ··· 98
 第一章　信仰对象的分析 ··· 98
 第二章　天与祖宗的崇拜 ··· 107
 第三章　宗教崇拜的方式 ··· 117
第二编 ··· 127
 第四章　物质文化与宗教 ··· 127
 第五章　社会文化与宗教 ··· 136
 第六章　精神文化与宗教 ··· 144
第三编 ··· 154
 第七章　道教与中国文化 ··· 154
 第八章　儒教与中国文化 ··· 164
 第九章　佛教与中国文化 ··· 174

绪　　言[①]

宗教与中国

　　刘叔雅（文典）先生于去年十一月一日，曾在《云南日报》发表了一篇星期论文，题目虽是叫作《中国的宗教》，但他在结论中告诉我们：中国是没有宗教的。从其题目与结论来看，好像有了矛盾，然而这是不大重要的，因为我们在这里所要特别加以注意的是，他说中国无宗教。

　　我记得好几年前，胡适之先生曾说，中国的文化有了几种特点，而宗教心理的薄弱，就是这种特点之一。我当时对于胡先生这种看法，已很怀疑，近来又有人像刘先生指出中国无宗教，我觉得这是一个错误。其实，我的意见，恰恰与了这个结论相反，因而草成此篇，以供关心这个问题的人们参考。

　　我承认像统治中世纪的欧洲的耶教，或是统治以往的暹罗的佛教，是中国所缺少的。不过宗教并不一定是指着一种的信仰，也不一定是指着一个国家或民族只要有一种的信仰，才能谓为宗教。我们以为所谓宗教，应当包括一切的对于神的信仰或是对于鬼的迷信。因此之故，我以为与其说中国没有宗教，我们应当说中国是一个多神与多鬼的迷信的国家；而且，与其说中国人民的宗教心理是很为薄弱，我们却以为中国人民的宗教心理是很为浓厚。

　　其实也许是因为我们的神鬼的数目太过繁多，或是因于我们的宗教的心理太过浓厚，反而使我们对于宗教在我国的重要性不甚注意。假使我们而能对于我们的人民生活以至整个文化，加以比较深刻的考究，那么我们就能明白我们的宗教，不只对于我们的个人的一生有了极密切的关系，就是在我们的家庭，乡村，城市[②]，以至国家中，也占了很重要的地位。

　　从我们的个人的生活方面来看，我们有了好多而特别是好多男子，在未出世之前，我们的父母，就去请求神灵，使其生育儿子。到了出世之后，除了感谢神灵之外，还要祷告祖宗。在南方的乡间的"送灯"的风俗，就是生了男孩而谢神的一种宗教的仪式，连了给与一个小孩的名字，往往也有其宗教上的一种

　　[①]　校按："绪言"乃陈序经借用自己发表在《云南日报》上的"星期论文"《宗教与中国》一文。原文载《云南日报》1943年10月24日。在手稿中，陈序经以剪报的方式贴在稿纸上。标点酌改。

　　[②]　校按："城市"二字为陈序经在剪报上用笔补加。

仪式。

假使一个小孩以至成人第一次要离开家乡而远行的话，说不定他要选择一个吉祥的日子，然后起程。假使他要上学读书，那么大概他得拜祭至圣先师。"初开蒙，拜圣公。四书熟，五经通。"这是从前入学读书的小孩所念的歌谣。而拜祭至圣先师，也是一种宗教的意义。假使他要作商人，他大概会崇拜陶朱；假使他要作工匠，他大概会崇拜鲁班。此外，在他定婚的时候，他也许要问问算命先生，他的对方的八字，是否与他的能够配合；在他结婚的时候，他除了共拜祖宗之外，还要参拜天地；在他染病的时候，他不一定要找医生，他也许到庙宇里请神灵使他恢复康健，或是请道士为他驱逐病魔。在他死的时候，他的子孙，除了加一个神牌在他的神殿之外，还要请道士为他驱逐恶魔，请和尚为他超脱的经典，请堪舆为他寻找吉祥的墓地，希望他在别一个世界里，好好的过活，同时希望他在天之灵，能够使他的子孙有福、有禄、有寿。所以他的身体虽已死了，可是他的灵魂是永存的。换一句来说，他死了之后，我们人类又多了一个神，或一个鬼。其实，我们可以说我们做人的日少，而作神作鬼的日长。

祖宗是我们家中的正神，我们每个人都有其家庭，所以每个人都可以说是崇拜祖宗者。假使你要作和尚，那么你就要出家，出家不只是离开你的家庭的生活，而且是离开了社会的生活。然而你虽然因为作了和尚离开你的家庭以至社会的生活，可是你并不因此而离开了神鬼的世界，或是宗教的生活。因为事实上，你只是离开你的别的宗教生活，而进入佛教的生活罢。

在家里，除了祖宗的崇拜之外，我们还有了好多神鬼的供奉，灶有灶神，门有门神，梁有梁神，墙有墙神，因而造灶开门，安梁筑墙，无一不与神有了密切的关系。此外，家里也可以为了各样各色的鬼，对于家人的日常生活以至生病死亡，也有了密切的关系。

在我们的乡村里，我们除了祠堂以及其他的庙宇之外，我们有土地神，有井神，以及其他的鬼神。这都是与我们的整个乡村的生活有了密切的关系。至于一般城市里的城隍庙以及其他的庙宇之多，更是不胜枚举。据说澄江县城及其附近的庙宇，就有了好几十个，这岂不是表示我们的神鬼的数目的繁多吗？这又岂不是表示我们的宗教的心理的浓厚吗？

在专制政治的时代，皇帝是当作天生的，所以我们叫皇帝为天子。天子祭天，是国家的作一种祭典，又因为天子是天生的，所以天子的出生，往往有了神迹的传说。汉高祖以及好多的皇帝的降生，岂不是有了神意、有了神迹吗？

我们是以农立国，故尊至天子，每年也要躬耕祭地神，我们是尊崇儒教，故官吏士人，每年要到圣庙祭祀孔子。《书经·舜典》里所谓"望山川"，是我们古代天子祭祀山川的记载，这也是国家的一种祭典，而这种祭典，一直传到后代。

此外，日月星辰，风雨雷电，与好多飞禽走兽，花草树木，以至没有生命的石头与道路桥梁等等，也有其神鬼。我们的生活，我们的文化，既是与了这些东西，都有了密切的关系，那么在我们的生活里，在我们的文化里，这些神鬼所占的地位的重要，也可想而知了。

上面不过是随便的举出一些的例子，去说明中国是一个信仰多神的国家，而且不能说是一个宗教心理薄弱的国家。而况固有历史悠久与势力广大的道教，以至外间输入的佛教，回教，与耶教，在我们的生活上、在我们的文化里，所占的地位的重要，是读过中国历史的人们所不可忽略的。

第一编

第一章　信仰对象的分析

从宗教崇拜的对象方面来看，我国人之崇拜得最普遍与最尊敬，而且对于中国文化的影响很大的对象，恐怕要算天与祖宗了。除了天与祖宗之外，举凡各种有形与无形，或是有生命与无生命的东西，以至动植物与人类，都是宗教崇拜的对象，而成为多神教或是庶物的崇拜。关于天与祖宗的崇拜，我们当在下章加以较为详细的解释，在这一章里，我们且把天与祖宗以外的宗教信仰的对象，略为叙述。

我们先从天上的日月星辰等等说起。

日神或太阳之神，就是《楚辞·九歌》里所说的东君。东君是因为日是出于东方，所以这样的叫。祭祀东君的地点是在东门之外筑起圆坛，而其祭祀的时期是在春秋二分。《汉书》载，晋巫祠东君。这个东君也就是日神，而且这个日神不只是由天子去祭，而且由诸侯、人民去祠。

太阳是一个极神秘的东西，除了崇拜之外，若梦见太阳，每每当为一种预兆。《三国志》载《吴夫人传》注：吴夫人有孕的时候，曾梦日入怀。她把这事告诉孙坚，孙坚以为这是好兆，后来遂生孙权。又《宋史·李贤妃传》载，贤妃梦日轮逼她，她乃把裾去承受日轮，后来遂生了真宗。至于日食或日蚀，古人更视为一种神秘的事情，而产生好多的迷信的推想与举动。《汉书·律历志》以为黄帝使羲和占日，使日成为一种占卜的对象。

月也是古代宗教信仰的一种对象。据说，古人曾辟西门外的地方而祭月，而其祭祀的时期也是在春秋二分。梦月也是一种预兆，上面所说的吴夫人是因梦月而生孙策。《天宝遗事》载，明皇与申天师中秋夜游月宫，后人、俗人遂以为月里有月宫。此外，所谓月中嫦娥的传说已见于《淮南》与张衡《灵宪》。我国南方有人崇拜月公月婆的习俗，小孩们常唱"月公月婆，不要割我耳盘"（耳盘就是耳朵）的歌谣。据说，月在未圆时好像一把镰刀，而月公月婆的镰刀最喜割小孩的耳朵，所以小孩要祷告而免其耳朵被割。

星辰也是古代宗教崇拜的对象。《周礼·春官·大宗伯》云，以实柴祀星辰。所谓星，就是金木水火土，辰就是十二次。据《礼记·祭法》，祭祀星辰的坛是叫作幽宗。祭祀的时期，据《周礼·春官·大司乐》，是在冬至郊祭的第二日；又据《礼记·月令》，是在孟冬之月；又据《左传·昭公元年》，假如因为霜雪风雨不顺的时候，也要祭星辰。

又，在古代有"王者封国，上应列宿之位"的分野之说，故在春秋的时候，各国也祭其所属的星。故据《左传·襄公九年》，宋祭大火星；又据《昭公元年》，晋祭参星。此外，据说司中为主正义的星，司命为主命运的星，而司禄为主年谷的星。这三个星是文昌宫里的三星。又如所谓房星，据《周礼·夏官·校人》及《诗经·小雅·吉日》，以及古代传说，是主车马的星，故有时叫作天驷，有时又叫作房驷。而所谓灵星或是天田星，是主稼穑的星。《通考》云，周制：仲秋之月祭灵星于国之东南；而《汉书》载，高祖制诏御史，其令天下立灵星祠，可见得灵星的祭祀的普遍。

星辰不只是主人间的各种事物，而其本身也有尊卑的分别。《史记索隐》云，"案天文，有五官。官者，星也。星座有尊卑，若人之官曹列位，故曰天官"。星辰之中地位最高的为北辰或北极，又有谓为中宫、天极星，其神名又叫作太一或是天一，这正如《论语》所谓："譬如北辰，居其所而众星拱之。"

此外，所谓风云雨雷等等，也莫不有神去主宰。《周礼》风师据郑注是箕星之神，而《吕氏春秋》又以为风师就是飞廉。据《三辅黄图》，飞廉是神禽名，能致风。郭璞以为飞廉是龙雀俗人，也叫作风伯。《史记》曾有风伯被诛的记载；汉蔡邕所著的《独断》里，也以为风伯是箕星，其象在天，能兴风。此外，曹植又以为屏翳是雷师。

至于云，则有云师。《楚辞》王逸注以为云师是丰隆。《左传·襄公六年》曾有祭云神的记载，而《文选》五臣注又以为云神为屏翳。

雨神是叫作雨师。《周礼注》雨师是二十八宿中的毕宿，《风俗通》又以元冥为雨师，而《山海经》又以屏翳为雨师。更有人以为丰隆是雨师。

屏翳照韦昭的说法，又是雷师，而成为雷神。所以，屏翳究竟是风神还是云神，是雨神还是雷神，却没有定论。不过，风云雨雷都有其神，而屏翳是与这些神都有关系。雷神的名曾见于《楚辞》："鸾皇为余先戒兮，雷师告余以未具。"据说黄帝时已有主雷的神，而这个神是丰隆，可见得丰隆这个名与云雨雷的神都有关系。雷神的正式祭祀是始于汉平帝元始五年。俗人叫雷神为雷公，王充《论衡》载："画工图雷之象，累累如连鼓形，又图一人，若力士之容，谓之雷公，使之左手引连鼓，右手推椎，世人信之，莫不为然。"可见雷公的信仰之普遍。在南方，人们对于雷公的迷信尤为厉害，雷公的面色是红的，而且手里执斧，遭雷打者皆以为是雷公所主使。

电也有神，有电父、电母、电女的名称。《三国志·管辂传》注有电父的记载，梁简文帝文又有电女的名称，《宋史·仪卫志》载有电母旗。据《元史》，电母旗画神人为女子形,绣衣朱裳白裤,两手运光电与雷,是最神秘的东西。故雷电之为古人当为神灵,是很为自然的。

此外,又如露在南方,俗人多以为是鬼在夜间所吐出唌涎,而雾也是人们所视为神物。据说后汉张楷好道术,能作五里雾,后人常说如入五里雾,就是从此而来。又如《豳风·七月》之诗,谓持籥而歌是迎暑气的神,至了仲秋之夜,又迎寒气之神,那么寒暑气候也有神了。

关于地神,古籍之记载的也很多。《周礼·春官·大司乐》曾说及地神或是地示或是地祇,有时也叫作土示或土祇。有些人说,这种神是主管原隰与平地的神。据《周礼》,大宗伯之职是掌建邦之天神,人鬼地示之神。祭祀地神的日期是在夏至之日,而其祭祀的地点是在方泽,故《周礼》有"夏至祭地于泽中之方丘"的记载。方泽就是后来的地坛。地坛的建筑是始于明嘉靖的初年,地点在北京安定门外北郊。到了清代,又加以修理,地坛周围约五十丈,广八九丈,中有方坛,每年夏至仍照旧制而在这个地方祭祀地祇。在古代,方泽是用土作的高而方的丘。为什么要作成方形?这大概是由于天圆地方的学说而来。故方泽要象地形,而且地形有了屈曲,故《礼记·祭法》中又谓为大折,故有"封土为祭处曰折"的说法。有些人以为"折"与"晢"通,也就是"哲",意谓崇拜明哲的神灵。据《尔雅·释天》,祭地的方法是把时祭时的供物埋于地中,也许葬埋死人,而把其平生所喜欣的东西,以及其所必需的物件,一齐与死尸埋之于地的祭法,有了相同之处。

祭祀地神的方泽与祭祀天神的圆丘,正是处于相对的地位而合于天圆地方的意义。所以,天坛为圆形,而地坛为方形。我国人把天地并称,而《书经·泰誓》又有"天地,万物父母"的词句,故国人对于地祇是很为尊敬,而且地坛的祭礼是要天子自己去祭祀,这更可以见得,地祇的祭礼的特别尊严。

《左传》曾有"皇天后土"的词句,后土据记是皇地祇,又有谓为中央之神。《礼记》有"中央土……其神后土",中央土是居地之中心,正如北辰居众星的中心。故中央土的神也变为土神的最尊最高者,故名为后土或皇地祇,同时祭祀这种神祇成为天子所独有的权利。

除了天子所祭祀的地神外,在各处也有所谓土地神。在我国现在无论那里,往往有土地庙。俗人相信土地神是保佑其地域内的安宁与幸福,故土地庙的对联中常常有"保一方平安"的词句。土地庙的起源究竟在什么时代不得而知,宋洪迈所撰的《夷坚志·甲志十八》曾有下面一段话:

> 福州余丞相……郡有巫居,近酒岭,能通神。往扣焉巫者,公银本不失,但以徙土地、土祠宇,贻神之怒,故藏去耳。若能具酒谢过,且设醮作水陆,当可得。然须吾先去讲解之,许施银为香炉及币帛之,属后三日宜复来,询可否也。

可见得，各处的土地神的崇拜必在宋代或宋代以前。土地神既为保佑某一区域里的安宁与幸福，在某一区域中的土地神只能管理在这个区域以内的事情，而不能管别的区域的事情，因为别的区域又有其土地神。但是，神既与人一样的有了纷争，一个土地神也有与别的土地神因为土地界线的事情而起了纷争，又在习惯上，土地庙往往建筑于乡村或地区的入口或出路的地方。

土地神的崇拜与历史上所谓社祭，有了密切的关系。《说文》"社"下云："社，主地也，从示、土。"《礼记·郊特牲》疏引《五经异义》令。《孝经》云："社者，土地之主，土地广博，不可遍敬，封五土以为社。"这可以说是社为祭祀土地神的看法。又《礼记·郊特牲》云，"社，所以神地之道也，地载万物，天垂象，取财于地，取法于天，是以尊天而亲地也。故，教民美报焉，家主中霤，而国主社"。又，郑康成以为，社为五土总神，稷为原隰之地，勾龙因平水土有功，故配社祭祀，稷以播种有功，故配稷祭祀。这虽然还是以社为祭祀土地神的看法，不过这种看法已偏重于地利，与纪念开辟地利有功的人的崇拜。正如《礼运》所说，"祀社于国，所以列地利也，礼行于社，而百货可极焉"。这种的社，不是天子所独有、独祭的社，所以《五礼通考》引刘铉说："天子以下，俱荷地德，皆当祭地，但名位有高下，祭之有等级。天子祭地，祭大地之神也。诸侯不得祭地，使之祭社也。家又不得祭社，使之祭中霤也。霤亦地神，所祭小，故变其名。"此外，秦蕙田也说，祭地不同于祭社，经有明文曲礼，天子祭天地，诸侯祭社稷。他又指出，祭地与祭社有十三种不同的地方，这虽可以说是社神与地示的不同之处，但是社神与地示却还只有大小广狭的不同，而尚非种类的差异，因二者还是祭祀土地的神灵。此外，社神除了地神之外，还有其他的神灵，如各种人神的崇拜，而且后来的社也不一定是偏于宗教的意义，这一点我们在下面当再加以详细的解释。

祭祀山川也是从古以来，帝王与人民所常有的事情。《舜典》有了"望于山川，遍于群神"的记载。所谓望，是祭祀的名称。山川辽远，帝王不一定能亲身到这些地方去祭祀，所以叫作望祭。《周礼·春官·小宗伯》也有所谓四望，郑玄以为四望就是五岳、四镇、四渎。又《舜典》上说，"岁二月，东巡守至于岱宗（这就是泰山），柴望秩于山……五月，南巡守至于南岳，如岱礼。八月，西巡守至于西岳，如初。十有一月朔，巡守至于北岳，如西礼"。

除了祭祀东南西北四岳之外，还有中岳的祭祀。所谓五岳，大致上就是中岳嵩山，东岳泰山，西岳华山，南岳衡山，北岳恒山。东岳、西岳、北岳三岳的祭祀是历代不变的，南岳却有了衡山与霍山的分别。霍山也叫作灊山，在安徽霍山县，衡山在湖南衡山县。中岳是邦畿的地方，所以往往也因京都的迁移而变更。据说，唐虞夏是以霍太山为中岳，商以嵩高为中岳，周以吴山为中岳，周东迁后，又以嵩高为中岳，秦汉以来，也都以嵩高为中岳。

除了五岳之外，其他各处的山岳也多有其神灵，而且往往有其关于这些山岳上的神鬼的故事。俗人所谓朝山进香，就是因为他们相信山为神鬼所聚会的地方。《后汉书·许曼传》说，"少尝笃病，三年不愈，乃谒太山请命"，这是朝山治病的信仰。而《乌桓传》说"如中国人死者，魂神归岱山"，可见山岳的鬼神之多。所以，山丘不只自身有其鬼神，而且为人鬼、人神的归宿的地方。

川、河、海及各种水神、水鬼的崇拜，也有很长的历史。四渎是帝王所望祭的江河。四渎，据说就是江河淮济。《尔雅》说，"江、河、淮、济为四渎，四渎者，发源注海者也"。古人以四渎皆独流入海，以为这必是神的主使，故望祭四渎。

又如河伯、河宗均为河神。河伯曾见于屈原《九歌》与《庄子》《抱朴子》，以为冯夷于八月上庚日渡河溺死，天帝署为河伯。冯夷之名也见于《庄子》与《淮南子》。《庄子》说冯夷得之以游大川，《淮南》有"冯夷太丙之御"的词句。假使冯夷是河伯的话，那么河伯又是人神了。河宗也是河神，《穆天子传》云，"天子猎于渗泽，得白狐、玄貉以祭于河宗"。

海神，据说古人叫为海若，《楚辞》曾有令海若舞冯夷。《庄子》云，"河伯东行至于北海，望洋向若而叹"，人们遂以为海若为海神。但是，海神之最著名及最普遍的是海龙王。南方沿海各处驶船的人们，最信海龙王，故在海滨各处多有海龙王庙的建筑，而在其船上也多有海龙王的神位。船舶之到南洋或远处的往返，皆要祭祀海龙王，以求在海洋上得到平安与利益。

至于水神、水鬼，则凡是有水的处，都有俗人以为，在水溺毙者，为水神或水鬼作祟，而南方沿海各处的捕鱼的人很信水神、水鬼，而且常谈水神与水鬼的故事。江河湖海沼池可以有水鬼、水神，就是载在水缸里的水，也可以有神鬼而作祟。

此外，据蔡邕《独断》，颛顼氏有了三个儿子，他们死后，除了一位在宫室内而会使小孩骇怕外，其余二位都居水里，一位居江水而为疫鬼，一位居若水而为魍魉鬼蜮。

大概的说，帝王疆域达于四方，所以四望而祭天下的名山大川。《礼记·王制》：诸侯只能祭祀其所属的区域内的山川。《左传·昭公六年》云，"楚昭王曰：三代命祀，不越望，江、汉、睢、漳，楚之望也"。就是这个意思。祭祀山川的地方，为坛，为坎。以土填筑起来为坛，故坛为祭祀山林、邱陵的祭场；穿地将及泉以为坎，故坎为祭祀川谷、河海的祭场。《尔雅》以祭山曰庪县，祭川曰浮沈。《盐铁论》说，今者富者祈名岳、望山川，那么祭祀名岳、山川的普遍，是有了很久的历史了。

在无机的物件中，石也是一种崇拜的对象。《史记》载，"秦文公获若石于陈仓北阪城，祠之。其神来，常以夜，光辉若流星，从东方来，集于祠城，若雄雉，其声殷殷，以一牢祠之，名曰陈宝"。所以，陈宝是一个石神。古代社稷用石主，主石大概就是用石以为崇拜的对象。《吕氏春秋》曾说，"殷人社，用石也"，就是这个意思。用石去作社主，在唐代很为普遍。

至于石或石岩之奇形怪象者为俗人所崇拜，则到处都可以见。奇石代表某种神灵，而石岩又往往为神仙鬼魅的住宅，故俗人多因之而拜祭。

各种植物也可以说是宗教信仰的对象，比方花有花神，谷有谷神，而树木之有神灵的传说之载于书籍的很多。《论语》哀公问社，宰我对以松、柏、栗的不同，表示树木与宗教有关系。故《淮南子·说林训》云，"侮人之鬼者，过社而采其枝。"《后魏书》云（《御览》五十七引），"斩桦木立之，以置牲醴，后所立桦木生长成林，其民益神之，咸谓魏国感应灵祇之应是也"。《华阳国志》云，"蜀中山川神祠皆种松柏"。那么，松柏恐怕也是与神有关系。

至于县志、笔记之述及树木之有鬼神的，更不胜枚举，现在只能把一二个例子来说明。比方，乾隆《浮梁县志》曾有下面一段记载：

> 元时景德镇钟秀里多原野，有古樟一株，大数抱。忽夜静，树上有纺织声，有人于月中微迹，见一妇人坐树枝，交互处绕纶，急唤人往视，无所有。他日中夜，复然。遂闻于州，州尹谓居民曰：百物精英，或有所见，得所凭则已矣。居人于是设法牲醴，立小祠，肖女像祀之，影响乃灭。

道光《武宁县志》也有下面一段记载：

> 江阴乡凤口鹿顶庙，侧有古樟二株，高十余丈，围广丈，余枝柯，俯仰交映，有雌雄状。客有将二百金图此树者，夜梦神人，谓曰：予安此地久矣，汝何故见害？明晨客携匠往，忽雷雨交作，锯斧不能施，天霁得残石，楔有"公母树"三字，遂止至今为潘氏公蓄。

又如《守一斋笔记》云：

> 乾隆初年，常郡四河口村民染病，其家人舁之舟中，将去城延医诊视。行里许，忽见岸上一老翁迎，谓曰：此去一二里，村中有大柏树一枝，可虔诚拜祷，取叶归服之，当愈，庸医无益也。言讫不见。众异之，然犹未深信也，仍就医，及归，病势益剧，不得已奔往祷焉，如其言，一服而愈。自此有求辄效，乞医者，踵接于道，至今香火不绝云。

再如《琐事闲录》云：

> 鬼神之事，以有所凭，即著灵封。邱县署景李堂之后，有槐树一株，大可合抱，不甚古也。前任刘公因垂枝碍路，命人斫伐，从此日得病，不起，其哲嗣以为获罪树神，乃建小庙以禳之。从予莅任询其原委，亦未肯遽废。此后，来庆草堂抵任，遂致祭，祈祷至今，则闻颇著灵异，虽一枝一叶，无

敢毁伤矣。

至于其他各种树木，如枫人树、樟柳树，也多与神怪有了密切的关系。其实，国人之对于树木之年纪较长的古树，多以为有神有鬼，故俗人因而焚香致祭，希望能得其祝福，或是能免除灾祸。

《史记·五帝本纪》曾记载："炎帝欲侵凌诸侯，诸侯咸归轩辕。轩辕乃修德振兵，治五气，艺五种，抚万民，度四方，教熊、罴、貔、貅、䝙、虎，以与炎帝战于阪泉之野，三战，而后得志。"据说，黄帝自己本为有熊氏，那么这里所说的"教熊、罴、貔、貅、䝙、虎，以与炎帝战"，必定是熊、罴、貔、貅、䝙、虎各氏族或部落。为什么他们用这些动物的名字去称呼其氏族或部落，这大概是由于古人崇拜动物的结果。人类学者所说的图腾制度，多以动物去名其氏族或部落，因为人们相信其祖宗为某种动物，或是因为某种动物对于人们有了很大的帮忙，因而祭祠这些动物，同时又以其名去称呼其氏族或部落。我国古代既也以这些动物去称呼其氏族与部落，那么崇拜动物的风俗的流行，是无可疑的。

其实，在古代所谓蜡祭，曾有祭祀虎神与祭祀猫神的习俗。虎食田豕，有益于农田，而猫食田鼠，也有益于民生，故祭祀其神。至于猫鬼的作祟，在隋代尤为厉害。《隋书·独孤陀传》："婢徐阿尼，本从陀母家来，常事猫鬼，每以子日夜祀之。言子者鼠也。其猫鬼每杀人，所死家财物潜移于畜猫鬼家。陀常从家中索酒，其妻曰：'无钱可沽。'陀因谓尼曰：'可令猫鬼向越公家，使我足钱也。'阿尼便咒之。居数日，猫鬼向素家。"

至于狐狸之作祟之见于书籍的，更不可胜举。狐狸作祟的传说，也有了很长的历史。《后汉书·费长房传》云，"长房与人同行，见一书生黄巾被裘，无鞍骑马，下而叩头，长房曰：'还他马，赦尔死罪。'人问其故，长房曰：'此狸也，盗杜公马耳'"。《太平广记》十一引《神仙传》，"栾巴为豫章太守，须臾，书生自赍符来至庭，见巴不敢前。巴叱曰：'老鬼何不复尔形？'应声即变为一狸，叩头乞活，巴敕杀之"。我们都知道，关于狐狸作祟的记载得最多的为《聊斋志异》，这本书的作者是山东蒲松龄。山东是狐狸作祟的传说最多的地方，所以关于这方面的故事也特别的多，而这本书的读者之多，销路之广，可以证明国人的迷信之深。

鸟类与鱼类也有其神。《商颂》："天命玄鸟，降而生商。"可见鸟就是神。又凤凰是一种神鸟，孔子曾说过："凤鸟不至，河不出图，吾已矣夫。"故凤凰出山是古人所觉为圣王出世的一种预兆。至于鱼，则鳄鱼有神，是一个很显明的例子。反对迷信佛老最厉害的韩愈，曾作过祭鳄鱼的文章。龟是灵物，历史更久，下面当再加解释。又如蛟龙的神秘，那是我们历史上的神而又神的神的动物了。

虫类也是神秘的。《史记·封禅书》："秦德公作伏祠，磔狗邑四门，以御蛊蓇。"而《驱蛊录》引《峒溪纤志》云："蛊祟有神，夜出，摄死者之魂，光如曳慧，流入人家。"又如金蚕的鬼怪，也很奇特。《本草纲目》引《蔡攸丛话》云，"金蚕始于蜀南，人畜之，取其粪置饮食中，以毒人，人即死。蚕得所欲，日置他财，使人暴富，然遣之极难。水火兵刃所不能害，必倍其所致金银锦物，置蚕于中，投之路旁，人偶收之，蚕随以往，谓之嫁金蚕"。

至于人死而变为鬼神的传说的，更为古远，更为普遍。每一个人死后，其灵魂还是存在，故为其子孙的，应当永祀不断，这是祖宗的崇拜。这一点我们当在下面再加以解释。然而，人死后不一定只降福降祸于子孙，而且可以作祟于别人。同时因为死的情形不同，故又有各种不同的鬼神，吊颈鬼、无头鬼，种种名目，不胜枚举。

正如生人所作的事业的不同，所以死后的鬼神也因之而不同。卖菜鬼、卖猪鬼，种种名目，也是不胜枚举。又在生前若有功于社会，而死后为人所崇拜的更多。有巢，燧人，先农，先蚕，大禹，周公，孔子，关羽，岳飞，以至鲁班（工匠神），陆羽（茶神），都是崇拜的对象。假如生前有害于社会，死后会受苦痛，或变为畜生，以供人驱使的传说，虽发达较晚，然直至近代的中国，这种迷信还很普遍。

又如冯夷死而天帝命为河伯，共工氏之子修死而为道路之神。这就是说，死了之后，还可以被派而任某种职务，那么在鬼神的世界里，正如人生的世界里之有分工合作的功能，与尊卑贵贱的职位。其实，所谓鬼神的世界，是人生的世界的对照，是人生的寿命的影子，是人生的行为的动力，是人生的命运的主宰。而且鬼神不只是能管理人生的事情，同时在鬼神的世界里，也有善恶的行为，赏罚的作用。因而历史的延续愈长，鬼神的数目不只愈多，而且鬼神的力量也愈大。因为死人愈多，则鬼神愈多，鬼神愈多，则其力量自然愈大。

不但这样，人在生的时候，假使不愿相见或没有机会去相遇，死后还可以相会。郑庄公因其母姜氏袒护与溺爱叔段，使叔段倡乱反叛，后来叔段被征服之后，他就宣誓，不及黄泉，不见姜氏，这是不愿生时相见而待死后相见的信仰了。至于所谓忠臣殉〈君〉、烈妇殉夫，而至男女生时相爱不能成为眷属，而两相自杀，皆可以说是希望在别一个世界里，能够得在一块。

神仙之说起于周末。秦始皇曾求长生不老的方术，这是相信人可以不死，长生不老，可以说是生人神化。传说彭祖享年七百岁或八百岁，以及古代好多帝王之年纪超过百岁或数者岁的，都可以说是多是一种迷信。至于所谓历史上所常载的人妖、仙人，或相信某人为某神、某鬼所降生或托生，以至佛教上的活佛，都可以说是神秘的人类，而与一般的常人，有了不同之处，而成为宗教的信仰的对象。

生人不但是可以神化，而在其睡觉的时候，又可以梦见的各种人物事情，也是一种迷信，而成为一种预兆。所谓梦的世界，是生人的灵魂的活动的世界，不只与醒时的行为有了关系，而且与死人的鬼神也有了关系。古书如《左传》等之记载信梦的，是很多的。

总而言之，死人鬼神，生人神化或鬼化，以至生人的梦中境遇，在我国的信仰上是占了很重要的地位的。

天地、日月、星辰、风云雨雷电雾、寒暑气候、山川、石头、植物、动物以至人类，固有其神鬼，就是人类自己所创造出来的文化物件，也有其神灵。房屋有神，俗人谓为宅主神，或称为住宅土地神。《曲园杂纂》三十六《夷坚志》"史省干"条云："一叟，乌帻白衣揖于庭间，史趋下谢之，曰：'翁为何人？'曰：'予乃住宅土地神也。'"南方乡下多有宅主庙。

在房屋之内有：灶有灶神，门有门神，梁有梁神，而其他一切用具，亦多有其神。《淮南子》云，炎帝作火官，死为灶神。《庄子·达生》篇，桓公问管子："然则有鬼乎，曰有，沈有履，灶有髻。"到了汉代以后，祭祀灶神的习俗很为盛行。《礼·丧大记》注云，"君释菜以礼，礼门神"。后来又有人以为成庆是门神。《汉书》以为殿门有成庆画短衣大袴长剑。成庆这个名字，见于《淮南子》，是一个勇士。现在在各庙宇的大门，还往往画有门神的像，而一般人们还相信门神。南方乡下旧历正月初一，晨起身时，必先行所谓开门礼，据说就是祭祀门神。至于建筑房子的升梁礼，据说是祭祀梁神。又《礼记》所谓五祀，有人以为除了祭灶、门与上面所说的中霤的神外，还有户神与井神。户神与门神有何分别，不得而知。井神则掘井饮水者无不崇拜，故很为普遍。

此外，道路也有神，桥梁也有神，而坊神，水庸或田间水路神，以及日常所用的各种器具等等，也往往有其神。

第二章　天与祖宗的崇拜

我们上面已将天与祖宗的崇拜以外的各种宗教崇拜的对象，略加解释，我们现在且把天与祖宗的崇拜加以说明。

我们上面已经指出，天与祖宗的崇拜，是我国宗教崇拜中的最普遍与最尊敬，而且是对于中国文化的影响很大的对象。所以，我们在这一章里，愿意把这两种的宗教崇拜的对象，加以比较详细的述叙。

崇拜天与崇拜祖宗两种宗教的发展的历史，以及这两者究竟以何者为先，这是值得我们研究的问题。《书经·尧典》已有"乃命羲和，钦若昊天"的词句，《舜典》又有"受终于文祖"与"舜格于文祖"的记载。假使这里所说的文祖是舜的祖宗，那么舜拜祖宗是在尧命羲和敬天之后。然而，照传统的解释，所谓"受终于文祖"，是指尧让位时而崇拜祖宗，那么，尧之崇拜祖宗必已很久。这种看法，也许可以说拜祖宗较敬天为早。

然而这种看法都只是臆说，因为《尧典》《舜典》之关于崇拜天与祖宗的记载就很简单，而且很不清楚。所以，要根据这两种典籍去考究崇拜天与祖宗的先后，是不容易的。

不但这样，据近代吾国历史上的新解释，《尧典》《舜典》以至《夏书》，以及《书经》里的好多记载，都是后人假托的著作，所以，要靠这些著作去说明这个问题更不容易。《书经·周书·多士》篇，周公曾已说过，惟殷先人有册有典。假使典册是用文字所记录的文献，那么，在殷以前没有这种记载是很显明的。而且，自近数十年来的甲骨文发现之后，中国的传统的历史的解释发生了很重大的疑问，而关于中国古代的宗教的认识又比较清楚得多。甲骨文是卜辞，简直的说，就是宗教的文献。在卜辞里，虽有天字的使用，然而表示神的意义与最高的神，却是帝这个字。所以，严格的说，天的崇拜在卜辞里还没有发展。这些卜辞主要是殷代武丁时代的卜辞，武丁时代已是殷的末年，那么，所谓严格的天的崇拜的历史之晚，可以概见。

《易·系辞下传》里说，"古之葬者，厚衣之以薪；葬之中野，不封不树，丧期无数"，可见得祖宗的崇拜在古代也必不甚发达。从古代的各种著作里，我们知道周代对于祖宗的崇拜已很发达。周人以为他们的祖先是姜源。姜源是一个女人，《诗经·大雅·生民》云，"厥初生民，是维姜源……履帝武敏歆……居然生子"，这就是说，姜源的生子是由帝或上帝所托生的。那么，上帝的崇拜无疑的是在祖宗的崇拜之前，因为祖宗的崇拜的发达，主要是以父系家族为基础，姜源既没有丈夫而可以生儿子，那是母系家庭的特征，所谓古之人知其母而不知其父，就是这个原故。在知其母不知其父的时代，崇拜祖宗虽不会发达，而崇拜帝或上帝却已很发达，故帝或上帝的崇拜应当比祖宗的崇拜为早。

严格的天的崇拜虽是较晚于帝或上帝的崇拜，然而，广义的天的崇拜，也可以说是包括帝或上帝的崇拜。在我国的古籍中，天与帝是没有什么分别的。比方在《舜典》里，这两种观念并没有什么分别，所以"肆类于上帝"的上帝，与"钦哉，惟时亮天功"的天，就可以说是一个例子。而在《商书·汤誓》里所说"有夏多罪，天命殛之"的天，与在同处所说的"夏氏有罪，予畏上帝，不敢不正"的上帝，简直就可以说是一样的。

而在周初的彝铭《大丰殷》，曾把天与上帝混合而用。《大丰殷》里说：

> 王祀于天室，降，天亡尤王。衣（按：衣就是殷）祀于王丕显考文王，事喜上帝，文王监在上。

又如《书经·周书·多士》里说：

> 昊天大降丧于殷，我有周佑命，将天明威，致王罚，敕殷命终于帝……今惟我周王丕灵承帝事，有命曰，"割殷"，告敕于帝。

其实有些地方，天或皇天与上帝还且连用起来，而成为皇天上帝。比方《书经·周书·召诰》里说：

> 皇天上帝，改厥元子，兹大国殷之命。

所以天皇、天昊、天，与帝、上帝、天帝，以至昊天上帝或皇天上帝，大致上都可以说同一的意义。所以，我们为了利便起见，可以把天的崇拜去包括这几个不同的名词。

天的崇拜无疑的是一种自然神的崇拜，而祖宗的崇拜是一种人鬼的崇拜，也许这两种崇拜在最古的时候，与其他的自然神，与人鬼的崇拜，并没有特殊的地方。这就是说，天与其他的自然神，如日月星辰、风雨雷电，以至山川石头、花木禽兽，一样的受人崇拜，而祖宗与其他的人鬼，也一样的受人崇拜。天与祖宗在这么多的神鬼之中，也不过是占了一个地位，而不一定占了特殊的地位。

可是，后来天与祖宗的崇拜逐渐的重要起来，到了皇帝当自己为天所生的儿子，而称为天子之后，天的地位遂变为至尊的地位。而所谓天神遂成为百神之首，也好像皇帝为万民之首一样。而且，天不只可以生天子，而且可以生人民，生万物，所谓"惟天生民有欲"，所谓"天生烝民"，与所谓"天地万物父母"，就是这个意思。

至于祖宗，是一家之长或一族之长。家族在我国既是国家的基础，那么国之祀天与家之祭祖，是一样重要的。不但这样，国是家的放大，为天子者，不只是崇拜天，而也崇拜其祖宗。故祖宗的崇拜成为天子与人民所必要的。此外，国既是家的放大，天子或君主也就是人民的父母。故人民之尊敬天子，不只是天的崇拜的表示，而且是祖宗的崇拜的表示。因为天子不只是人民的父母，而且是天的儿子，所以尊敬天子，固就是尊敬天，而尊敬天子，也就是尊敬祖宗。从这方面看起来，崇拜天与崇拜祖宗却又可以说是有了密切的关系。所以，尊天者，也必尊其祖宗，而尊其祖宗的，也必尊天。从此类推而至妇人之尊敬丈夫，也可以说尊天，故妇人之称其丈夫为所天。

总而言之，人既不能离国家与家族而生存，人就不能不崇拜天与祖宗。《史记·屈原列传》所谓"天者，人之始也；父母者，人之本也"，可见得天与祖宗的特别重要。而所谓"普天之下，莫非王土"，所谓"无父无君，是禽兽也"，就是要人去敬天，要人去敬祖宗。天的崇拜与祖宗的崇拜既变为最重要的崇拜的对象，而两者又有了密切的关系，有了互相利用的地方。因为这两种信仰不只在古代的文化上占了重要的地位，在整个中国的历史上与整个中国的文化上，都占了很重要的地位。

因为两者既成为最尊敬的崇拜的对象，而同时两者又成为辅车相依，互相发展，结果是，两者在中国文化上的影响的力量愈大，而同时这种影响的力量也愈为普遍。帝王尊天，整个国家的人民也是尊天，人民崇拜其祖宗，就是帝王也要崇拜其祖宗，结果是天与祖宗成为人人所必崇拜的对象。我所以说天与祖宗的崇拜是我国宗教崇拜中的最普遍与最尊敬，而且是对于中国文化的影响很大的，就是这个原故。

我们上面已经指出，严格的天的崇拜虽不一定要比祖宗的崇拜为早，然而，广义的天的崇拜，无疑的是比祖宗崇拜为早。周人虽很崇拜其祖宗，然同时还要承认，其祖母姜源所生儿子是上帝所降生的。《书经·舜典》《夏书》以至《商书》，虽有好多处说及崇拜祖宗，然而这些记载是否真实既成为问题，那么在殷以前的人民是否已崇拜祖宗，也成为问题。

其实，祖宗的崇拜不只是与父系的家庭有了密切的关系，而且与农业的社会也有了密切的关系。殷代的民族，据现在一般的历史家的考证，好像还是游牧的民族。游牧民族逐水草而迁移，宗族观念大概不会很为发达，故崇拜祖宗的行为就是发生了，大概也不会很普遍。

至于崇拜天或帝，据我们从甲骨文所得的结果，在殷的时候已很发达。卜辞里所说关于卜的事情很多，然而卜只是探出神意的一种方法，而所谓神在卜辞里，就可以说是，帝或天帝或天，既成为人类一切事物的主宰，那么，帝或天不只是最高的神，而且是最普遍的神。我们所以断定帝或天的崇拜在殷的时代已很发达，就是这个原故。

因此，从宗教的崇拜的历史方面来看，我们大概可以说，天的崇拜是在殷的时代已很发达，至于祖宗的崇拜是在周的时代才发达起来。

上面是说天与祖宗的崇拜的发展，以及这两种崇拜的关系，我们现在且先将天的崇拜的大概，加以解释。

关于帝或天的崇拜之记载于卜辞及古籍的，真可以说不胜枚举，我们现在只能略举出一些例子于下。据《卜辞通纂》，殷人而特别是在武丁的时代的殷人，之向帝或天所卜问的事情，有如下面所抄的各条：

> 帝佳，癸其雨。（三六四片）
> 今二月，帝不令雨。（三六五片）
> 帝令雨足年，帝令雨弗其足年。（三六三片）
> 帝其降堇。（三七二片）
> 我其已宾，帝降若，我勿已宾，帝降不若。（三六七片）
> 伐舌，帝受我又。勿伐舌，帝不我其受又。（三六九片）
> 王封邑帝若。（三七三片）

又从周初的彝铭的《大丰殷》与《大盂鼎》上，关于天或帝的崇拜也有记载。《大丰》，我们在上面已经抄出来，至于《大盂鼎》上，也有下面的记载：

> 丕显文王受天有大命，在武王嗣文作邦，匍有四方，畯正厥民……故天翼临子，法保先王（按：先王是指着成王），□有四方。

至于《易》《诗书》《左传》以及其他书册之关于天或帝的崇拜的记载，更是很多，我们只能略举例于下。

在《易经》里，比方：

> 自天祐之，吉无不利。（大有上九）
> 用亨于帝。

在《诗经》里，比方：

> 天生烝民，有物有则，民之秉彝，好是懿德。
> 天监有周，昭假于下，保兹天子，生仲山甫。

在《书经》的《尧典》《舜典》《夏书》《商书》《周书》里，关于天的崇拜的记载，随处可见。《尧典》中的"乃命羲和，钦若昊天"，《舜典》中的"肆类于上帝"，《大禹谟》中的"皇天眷命，天降之咎"，以及其他各处《益稷》中的"敕天之命"，《甘誓》中的"天用剿绝其命，今予惟恭行天之罚"，《胤征》里的"今予以尔有众，奉将天罚"，《商书》的《汤誓》里的"有夏多罪，天命殛之"，《仲虺之诰》里的"夏王有罪，矫诬上天，钦崇天道，永保天命"，《汤诰》里的"惟皇上帝降衷于下民"，《伊训》里的"皇天降灾"，《太甲》里的"皇天佑有商"，《咸有一德》里的"受天明命"，《盘庚》里的"先王有服，恪谨天命"，《说命》里的"明王奉若天道"，《高宗肜日》里的"惟天监下民"，《西伯戡黎》的"天既讫我殷命"，《微子》里的"天毒降灾荒殷邦"。这不过是随便的举了一些例子，其实上面所说的各篇里之关于天的崇拜的词句，还不止此，可见得天或帝的崇拜的重要与普遍。

我们应当指出，上面所举《书经》里各篇关于天或帝的崇拜的记载，据近人的考证，大都很不可靠，而是后人的假托。不过，就算是完全后人的假托，还是周秦时代的人的著作。至于《周书》中之确实可靠的崇拜天或帝的记载，也是很多，我们现在且再举几个例子于后：

天亦大命文王，殪戎殷，诞受厥命，越厥邦厥民。（《康诰》）惟天降命，肇我民，惟元祀。（《酒诰》）

皇天既付中国民，越厥疆土于先王。（《梓材》）

惟我周王承于旅，克堪用德，惟典神天。天惟式教我用休，简畀殷命，尹尔多方。（《多方》）

此外，又如《左传》所谓"天祸许国，鬼神实不逞于许君，而假手于我寡人"（《隐公十一年》），"天祸晋国，文公如齐，惠公如秦"（《成公十三年》），"上帝临女，无贰尔心"（《襄公廿四年》），"违天不祥"（《僖公三十年》）。又如《国语·周语》里所谓"今天降祸灾于周室"，所谓"周固赢国也，天未厌祸焉"。《吴语》里所谓"昔天以越赐吴，而王弗受，夫天命有反"，所谓"昔吾先王体德明圣，达于上帝"。《越语》里所谓"今天以吴予越，越可以无听天之命，而听君之令乎"。这也都可以说是天或帝的崇拜的表征。

我们不能再在这里多所举例，然而，天或帝的崇拜的重要与普遍，已可概见。而且，天或帝的力量之大，也可以从上面所抄的词句中看出来。

有好多人曾指出，在周朝与战国的时代，天或帝的崇拜曾因时代的变化以及其他的原因，而发生过多少的疑问。比方，在《书经·周书·君奭》里曾有"天不可信"的词句，然就《君奭》全篇及这两句话的上下文连起来读，则所谓对于天的崇拜的怀疑的态度，可以说是一个例外，至多也不过是一种消极的怀疑的态度。其实，《君奭》全篇里之信天或帝的态度，是与《书经》里其他各篇的信天的态度一样的浓厚，篇首就说天降丧于殷，而全篇所用十多次的天或帝的时候，差不多完全是持了信天或帝的态度。所以，根本上我们就很怀疑，所谓"天不可信"的词句，是否有了错误。

又如《诗经·大雅·文王》里，虽也有"天命靡常"的词句，以及其他处的怨天的表示。然而，所谓"天命靡常"与怨天的态度，并非否认天的力量或天的威权。故在周的时代，天或帝还是最高的神，而况周代的帝王之称为天子，已逐渐普遍。《礼》所谓"君天下，曰天子"，君主既是天的儿子，那么天不只是一种抽象的最高的神，而且是具体化、人格化的最高的神了。

战国时代，一些人们而尤其是在《战国策》里的人物，虽并非开口就说天，然而积极去反对天也很少见。到了秦汉统一天下以后，传统的尊天的态度与行为又积极的发展起来，而天子祀天却成为重要的典礼。

天既为百神之主，而天子又有〔为〕万民之君，所以天子每年在冬至的那天，要到南郊的圜丘去祭天。据说，冬至是一阳来复的时候，而南方为阳位，故祭天要在冬至。天圆地方，故天是圆。在古代的祭天的地方是一个圜丘，意思就是象天的圆形。这个祭天的地方是叫作泰坛或吉土，就是我们所常说的天坛。现在北平正阳门外的天坛，就是皇帝祀天地方。这个天坛是明嘉靖中建筑，坛是圆形，而分为三层，代表圆天有好多层的意义，同时又以白石及青琉璃去建筑，这是代表天的颜色。

除了冬至的正常祭天之外，据《礼记·月令》及《左传·桓公五年》，为祈谷物丰盛，或祈天降雨，均可祭天。又如照旧礼，男女结婚要参拜天地，也是信天的一种方式。至于指天为誓，又可以说是以天为保证人了。

我们不能详细的在这里去解释天的崇拜的各种方式，我们只要指出天在国人的口头上，是像上帝在西洋人的口头上一样。我们在作事得意或升官发财的时候，我们常会说是天所赐与；我们出门而逢着风雨，我们常会说是天公作恶。假使我们的亲朋死得过早，我们就会慨叹着天不假年；假使我们的男女朋友结婚，我们就会赞许为天作之缘。我们的希望是天官赐福，所以在我们的房里，在我们的墙上，我们都贴了这种标语。总而言之，我们的信仰就是富贵在天，人生有命。

总而言之，天是人类万物的主宰，天不只是有意识，有意志，明善恶，明赏罚，而且有的时候能够体谅人的欲望，而改变其初衷。《左传·僖公二十八年》曾有下面一段话：

> 宁武子与卫人盟于宛濮，曰："天祸卫国，君臣不协，以及此忧也。今天诱其衷，使皆降心以相从也。不有居者，谁守社稷？不有行者，谁扞牧圉？不协之故，用昭乞盟于尔大神以诱天衷……有渝此盟，以相及也。明神先君，是纠是殛。"

这可见得，给祸卫国的是天，而改变初衷去使卫成公返国，而使君、臣、人民和好如初也是天。所以，天可以说是像人一样的有喜怒哀乐的情绪的。

天上的世界究竟是怎么样，古代典籍虽然没有清楚的解释，然而天神的世界是与人间的世界是不同的。而且，所谓天堂的思想已经萌芽，所以圣人贤主死后，是居在天上，而与天神接近。《诗经·大雅》文王篇开头就说：

> 文王在上，於昭于天。周虽旧邦，其命维新。有周不显，帝命不时。文王陟降，在帝左右。

所谓"文王在上，於昭于天"，所谓"文王陟降，在帝左右"，可以说是在上天与天神接近，而同时也可以降福于人间。彝铭《大丰殷》所谓"文王监在上"，就是这个意思。又《诗经·大雅·下武》里所谓"三后在天"，是指着文王、王季、大王三人而言，那么，不只是文王死后升天，就是文王的父亲、祖父也是死后升天了。又如《楚辞》宋玉《招魂》里说：

魂兮归来！君无上天些。虎豹九关，啄害下人些。一夫九首，拔木九千些。豺狼从目，往来侁侁些。悬人以娱，投之深渊些。致命于帝，然后得瞑些。

这也可以说是灵魂升天的说明。而俗人所谓在天之灵，也是指明死后升天，而能降祸福于人间。

自然的，这种天堂思想虽是不甚清楚，但是后来像《楚辞》里的九天、《山海经》里的天，都有了天堂的意义。至于后汉郑玄又倡了六天之说，这就是把北辰的昊天上帝与传说的五帝而成为六天，使天上的神明又增加起来。至于一般人把日月星辰、风师雨师与其他各种神明，与昊天上帝相配起来，于是天上的世界遂成为一完备的世界。至于佛教、道教所说的天堂之说之深入人心，更不待说了。

不但这样，天上的神的形貌是可以描写出来的。比方，据《周语》，天的刑神是人面、白毛、虎爪，手里执钺，这是叫作蓐收。此外，据传说，昊天上帝曾化而为青帝灵威，仰赤帝赤熛，怒白帝白招，拒黑帝汁光，纪黄帝含枢纽，而为王者所自出。

天堂是与地狱相对，地狱之说在古书虽没有说明，然而，黄泉相见是指出死后也可以在地下生存。而俗人所谓"九泉之下，地下有知"，皆是相信在死后埋于地下是别一个世界，不只与人间的世界有了不同之处，就是与天上的世界也似有不同之处。

上面是说天的崇拜，我们现在且来叙述祖宗的崇拜。

祖宗的崇拜在历史的发展上虽是比天或帝的崇拜较晚，然而，祖宗的崇拜在某种意义上比起天的崇拜较为普遍，较为深刻的影响于我国的人心。人人都有其祖宗，故人人都崇拜其祖宗。时代愈久，则祖宗愈多。每一个人固可以单独的拜其祖宗，每一家人而至于每一族，以至同姓的人，以至于一朝一代的臣民，也可以共同的崇拜其祖宗。到了后来，有人相信中国所有的人民是黄帝的子孙，于是黄帝成为国人的祖宗，而崇拜黄帝也可以说是崇拜祖宗。因而，近来政府于每年还且派了大员到黄帝之陵去祭祀黄帝，以为黄帝是中华民族的祖宗。

我们在上面已经说过，祖宗的崇拜在周代已很发达。祖宗的崇拜的动机，一方面固可以说是追念祖宗遗传养育的恩德，一方面又是由于相信祖宗虽死，然其灵魂却还是存在于世间，而与生存于人间的子孙有了密切的关系。所谓"三后在上", "文王在上", 与 "文王监在上", 都是相信祖宗的灵魂不灭，与相信祖宗与生存的子孙有了密切的关系的明证。

祖宗本来是人类，所以祖宗是人神或人鬼。这种人神或人鬼，是人死了后的灵魂，而不一定是生时的灵魂。因此之故，比方祖父或父亲生时，祖父或父亲虽也有其灵魂，然而在其生的时候，我们可以向其叩头请安，以至在种种情形之下，如新年，如寿辰，可以向其跪拜。然而，这种崇拜既非拜其灵魂，也非宗教上的崇拜。所谓宗教上的崇拜，是在其死后而崇拜其灵魂，或所代表其灵魂的神牌，或尸身之类。所以，严格的说，所谓崇拜祖宗，是崇拜死后的祖宗。

古代典籍之记载及祖宗的崇拜的很多，而《书经》里关于这种的记载更多。《虞书》《夏书》《商书》大部分都是后人所假托。然而，假托的时代既是在周秦的时代，那么，其所叙述的崇拜祖宗的事实，还是古代的事实。而且，我们的目的不只是说明我国古代崇拜祖宗的事实，而且是说明整个历史上的崇拜祖宗的概要。所以，我们可以把《书经》中关于这种的记载，以为解释的例子。

在《舜典》里，关于崇拜祖宗的记载，是"正月上日，受终于文祖"与"归，格于艺祖，用特"以及"月正元日，舜格于文祖"。《大禹谟》里也说，"正月朔旦，受命于神宗，率百官，若帝之初"。《夏书·甘誓》中，有"用命赏于祖"的记载。《五子之歌》中除了"皇祖有训"一句外，又说：

> 明明我祖，万邦之君。有典有则，贻厥子孙。关石和钧，王府则有。荒坠厥绪，覆宗绝祀！

在《商书》的《伊训》里，有了下面的记载：

> 惟元祀十有二月乙丑，伊尹祀于先王，奉嗣王，祗见厥祖，侯甸群后咸在。百官总己以听冢宰，伊尹乃明言烈祖之成德，以训于王。

又如《太甲上》里也说"社稷宗庙，罔不祗肃"，《咸有一德》里的"七世之庙，可以观德"。《盘庚上》也说道：

> 古我先王暨乃祖乃父胥及逸勤，予敢动用非罚？世选尔劳，予不掩尔善。兹予大享于先王，尔祖其从与享之。

又如《周书·泰誓上》说"惟受罔有悛心，乃夷居，弗事上帝神祇，遗厥先宗庙弗祀"，《泰誓下》又说"郊社不修，宗庙不享"，又在《武成》里告诉我们"丁未，祀于周庙，邦甸、侯卫骏奔走，执豆笾。越三日庚戌，柴望，大告武成"，《洛诰》里又说"予不敢宿，则禋于文王、武王"。

这不过从《书经》里找出关于崇拜祖宗的记载抄写出来，除了《书经》以外，其他的典籍如《诗经》，如《左传》等等，也有关于这种的记载，我们在这里不必多所举例。然而，从上面的片断的记载中，我们可以看出古代帝王崇拜祖宗的概略。

从《书经》里之关于祖宗崇拜的片断的记载中,大致的,我们可以看出好几点。第一,每个朝代都有其宗庙。《书经》所记载的历史是始自唐虞,唐虞、夏以至商各朝代的记载虽不可靠,然而周人崇拜祖宗的习惯已很普遍,而其崇拜祖宗的礼节也已很发达。而此后,每朝每代不只是跟着周人去崇拜其祖宗,而且对于祖宗的崇拜更使其发达,更使其普遍,使这种宗教,在中国的文化上占了很重要与很特殊的地位。总而言之,每朝代既有每朝代的祖宗,每朝代都有其宗庙。

第二,殷人除了崇拜其自己的祖宗之外,还代人民立庙而祭祀其祖宗。《盘庚上》里所谓"兹予大享于先王,尔祖其从与享之",就是一个明证。又《周书·泰誓》上下二篇里,我们知道武王伐殷的一个重要的理由,是因为商王受不祭祀其宗庙,所谓"遗厥先宗庙弗祀"与"宗庙不享",就是这个意思。武王伐殷既以商王不祭祀其祖宗为理由,那么,克殷之后,似不能不为殷立庙而祭祀其祖宗,而与殷人之为夏人立庙而祭祀其祖宗一样。而且,在《周书·武成》里,有"祀于周庙"的词句,可见周庙之外又有殷庙是很可能的。

第三,凡是皇帝就位,都必先到宗庙祭祀。所以,《大禹谟》里说"受命于神宗",而《舜典》里也说"舜格于文祖",这种习惯,后来的帝王都世世相传。

第四,帝王不但就位时要祭祀祖宗,就是到外间出巡与从出巡归的时候,也要祭祀祖宗。《舜典》里所谓"归格于艺祖,用特",就是说明帝王巡了岱宗、南岳、西岳、北岳之后,乃祭祀祖宗。其实,宗庙的祭祀每年都有规定的时间,这是历代帝王所习行的典礼。

第五,宗庙的祭祀是先于山川的祭祀。《周书·武成》里说"丁未,祀于周庙……越三日庚戌,柴望","柴望"是祭祀山川。祭祀山川既在祭祀周庙之后,可见得宗庙的祭祀是先于山川的祭祀。有些人以为,祭天也是柴望,那么,宗庙的祭祀又是先于天的祭祀了。

上面所说的是帝王的崇拜祖宗的概略,古代的诸侯,也有其宗庙。《左传·桓公三年》载,"取郜大鼎于宋。戊申,纳于宗庙"。鼎置于宗庙,可见得宗庙的重要。而同处,所谓清庙茅屋,也是叙述宗庙的严肃、简单。又如《僖公二十八年》载,"宁武子所谓有渝此盟……明神先君,是纠是殛",表示祖宗不只是受了子孙的崇拜,而且成为盟誓的证人。

至于民间之崇拜祖宗,直到现在,而尤其是在南方各处,至为普遍。每家有其每家的祖宗牌殿,家宅中的最正中的地方与最神圣的房间,就是祖宗牌殿所在的房间。南方好多家庭若是迁移房屋,甚至一般之迁移到南洋海外的,往往要带祖宗的神牌与香炉同行。至于富有的家庭,往往且别建其崇拜祖宗的庙祠。

同一个祖宗或是同一姓族的村乡,往往有其祖宗的祠堂。祠堂在南方之多,不可胜举。有些乡村，就是完全同一姓族，也有了好几个祠堂。因为除了村中全族的共同的祠堂之外，还有长房、二房、三房的祠堂。所以，有的乡村可以有了十多个祠堂，而且大致上，凡是乡村中建筑物之最宏伟的，也是祠堂。

好多村乡的同姓的人，往往又合而建筑其公共的祠堂。这些祠堂，有的是在乡间，有的是在城镇，因而一县的同族的人有其公共的祠堂，甚至一州以至一省的同族的人，有其一州或一省的公共祠堂。而国人之到海外，如南洋各处的陈家社、张家社、李家社，都是祠堂的变象。

正如一家里的祖宗的牌殿是居在家宅的重要的地位，一族的祠堂也往往位于一乡或一镇中的重要的地位。至于天子的宗庙，也同样的位于皇宫的重要的地方。《周礼·春官·小宗伯》已记及，宗庙是在社稷祭坛的对面。所谓社稷倾毁，宗庙覆灭，都是代表国家灭亡的意思。宗庙从这方面看起来，可以说就是国家。

崇拜祖宗不只是在家里、在祠堂里与在宗庙里，而且表现于祖宗的坟墓。家人祭祀家人的祖宗的坟墓，族人祭祀族人的祖宗的坟墓。南方各处又有所谓族墓地，这就是一族人所共有的墓地，是专为一族人的埋葬死人的地方。

因为崇拜祖宗，同时又相信祖宗若埋葬得其所，则子孙可以繁殖，可以富贵。因为风水的信仰又很普遍，俗俗〔人〕每每不惜出万金的代价，走万里的途程，去寻找祖宗的坟墓。至于帝王以及有些富有的人，对于坟墓的建筑的皇伟，却成为历史上的著名的建筑。南京明太祖的陵坟，清朝诸皇帝的陵坟，以至所谓黄帝的陵坟，都是一些的例子。

第三章　宗教崇拜的方式

在前面两章里，我们已把我国的宗教崇拜的对象略为解释，我们现在要把我国的宗教崇拜的方式加以说明。

原来人们既相信神鬼的存在，而且相信差不多所有的物象与死人都有其神鬼，同时又相信神鬼与生人之间有了密切的关系。那么，人们怎么样的去探视神鬼的意旨，怎么样的去满足神鬼的欲望，却成为宗教上的很重要的问题。

大致的说，探视神鬼的意旨的方式是巫卜，而满足神鬼的欲望的方式是祭祀。我们愿意在这一章里把巫卜与祭祀的概略，加以叙述。

巫卜与祭祀固是不同，然也有其关系的地方，因为明白了神鬼的意旨所在，然后了解怎么样的去满足神鬼的欲望。而且神鬼的种类既很繁多，神鬼的欲望又很复杂，某一个神所喜欣的东西未必为其他的神所喜欣，就是同一个神在某一个时候所需要某种东西，在别一个时候也未必需要这种东西。而且，神既有了喜怒哀乐的情绪，神又有了喜恶大小的分别，要想满足各种不同的神鬼的欲望，就不能不有各种不同的祭祀的方式。

巫的历史的长久与普遍，《国语·楚语》观射父曾说得很清楚，我且把他的话录之于后：

> 古者民神不杂。民之精爽不携贰者，而又能齐肃衷正，其智能上下比义，其圣能光远宣朗，其明能光照之，其聪能听彻之，如是则明神降之，在男曰觋，在女曰巫。是使制神之处位次主，而为之牲器时服，而后使先圣之后之有光烈，而能知山川之号、高祖之主、宗庙之事、昭穆之世、齐敬之勤、礼节之宜、威仪之则、容貌之崇、忠信之质、禋洁之服，而敬恭明神者，以为之祝。使名姓之后，能知四时之生、牺牲之物、玉帛之类、采服之仪、彝器之量、次主之度、屏摄之位、坛场之所、上下之神、氏姓之出，而心率旧典者为之宗……及少皞之衰也，九黎乱德，民神杂糅，不可方物。夫人作享，家为巫史。

从这一段话里，我们知道巫的起源是很久，而且到了后来很为普遍。巫虽有男有女，然女巫较为普遍。《说文》说"巫祝也，女能事无形，以舞降神者也，象人两袖舞形"，《史记·封禅书》也说：

> 长安置祠祝官、女巫。其梁巫，祠天、地、天社、天水、房中、堂上之属；晋巫，祠五帝、东君、云中、司命、巫社、巫祠、族人、先炊之属；秦

巫，祠社主、巫保、族累之属；荆巫，祠堂下、巫先、司命、施糜之属；九天巫，祠九天；皆以岁时祠宫中。其河巫祠河于临晋，而南山巫祠南山秦中。

从这段话看起来，巫不只是女人，而且巫的种类很多，不同的神鬼要有不同的巫去祭祀。《汉书·郊祀志》又举出，"巫为主人，关饮食，所欲言行下，而汾阴巫锦为民祠魏脽后土营房"，同时又载"既灭南粤……命粤巫立粤祝祠，安台无坛，亦祠天神帝百鬼，而以鸡卜"，更可见得巫的种类之多与巫的普遍。

巫既以女为多，后来男人之为巫的且有装饰为女的。《粤东笔记》曾有这种记载：

永安俗尚师巫。人有病，重则画神像于堂，巫作姣好女子，吹牛角，鸣锣而舞，以花竿荷一鸡而歌……仙姐与女巫不同，女巫以男人为之，仙姐以替人妇为之。

巫既是人与神鬼的交通的中间人，在深信神鬼的社会里，巫的地位无疑的很为重要。据《书经·商书》，曾有巫贤作过相。有些人说，巫贤就是巫。又据传说，巫贤之父为巫咸，巫咸也作过相。《楚辞》有"巫咸将夕降兮"的词句，楚人最信巫的。这里所说的巫咸，无疑的是巫。《国语·兽语》说：

厉王虐，国人谤王。邵公告曰："民不堪命矣！"王怒，得卫巫，使监谤者。以告，则杀之。国人莫敢言，道路以目。王喜，告邵公曰："吾能弭谤矣，乃不敢言。"

这更可以见得，巫在社会的重要。

巫在社会的地位既很重要，巫的言行假使有了错误，则其生命也有危险。《左传》载，晋景公因巫言不验而杀巫。又《礼·檀弓》载，鲁君因为久不下雨，要把巫去曝，后来县子对他说，巫乃愚妇人，曝之没有用处。此外，又如《史记·滑稽列传》载，西门豹曾沈巫于河。

巫的降神的方法是舞，故《说文》说以舞降神，而上面所举《粤东笔记》的一段话，也可以看出舞为降神的要素。《晋书·夏统传》也有下面一段记载：

其从父敬宁祠先生，迎女巫章丹、陈珠二人，并有国色，庄服甚丽，善歌舞，又能隐形匿影。甲夜之初，撞钟击鼓，间以丝竹，丹、珠乃拔刀破舌，吞刀吐火，云雾杳冥，流光电发。统诸从兄弟欲往观之，难统，于是共绐之曰："从父间疾病得瘳，大小以为喜庆，欲因其祭祀，并往贺之，卿可俱行乎？"统从之。入门，忽见丹、珠在中庭，轻步佪舞，灵谈鬼笑，飞触挑拌，酬酢翩翩。

又如《高僧传》"法愿"条下云，"家本事神，身习鼓舞"，这大概也是指着巫者而言。又《法苑珠林》七十八引《冥祥记》也有下面一段记载云：

  晋法应者，本事俗神，鼓舞淫祀。宋陈安居者，襄阳县人也，伯父少事巫俗，鼓舞祭祀。

  从上面与这些记载里，我们知道巫降神时不只是要舞，而且常有音乐与唱歌。

  直到现在，广东各处的喃巫降神的时候，身体还是摇动很厉害，而口里又喃喃不断的作语。所谓喃巫，也就是喃喃而歌的意思。而且除了身作剧烈的摇动的姿势，口作喃喃不断的音调，有时又配以锣鼓的声口。故从前的巫人的歌舞而配以音乐的情况，至今犹有痕迹留存。又人们相信喃巫在神鬼附体的时候，其声音、动作均效其神鬼在生前的声音、动作，好像死人复活而言行一样。

  广东叫巫为喃巫，四川、湖南、湖北、贵州、广西各处却称巫为端公。至于江南各处所谓师娘，也就是巫之一种。此外，又有称女巫为师婆或名色的。从前曾有禁止端公、师婆、名色烧香集众、煽惑人民的命令，然而，命令的禁止并不能阻其流行。

  总而言之，巫在古代据《国语·楚语》观射父所说，是圣明聪正的人，始得神降而称为觋巫，故巫在古代既不是一种专业，而地位又很高，巫咸、巫贤是相而兼巫，就是这种的例子。这种巫在古代也许是像古代犹太的先知，得神的预兆与感动而宣布上帝或神的福音，后来巫逐渐成为一种职业，成为专门传达神鬼的意旨的人。而且，这种人多为女人，所以，后来还有男扮女装而为巫的。又自道教流行之后，男人之专为人们主持招魂、祀鬼的成为道士，而巫遂差不多全为女子。同时，巫在社会上的，而尤其在妇女社会与所谓下层阶级中，势力虽然很大，可是地位却已降低得多。

  从上面看起来，巫可以说是为神鬼所降，而表达其意旨的人们，至于卜可以说是人们用以推测神鬼的意旨的物象。所谓物象，也许是一件实物，也许是一种现象，物象之用以卜神鬼的意旨之最普遍的为龟，为蓍。此外，飓风、雷响、天黑、地震都可以当为神鬼的意旨的表现，这也可以说是一些预兆。

  卜是决疑的方法，所以《书经》上说决疑用卜。近代所发现的骨甲文字就是卜辞，而《易经》《书经》，以至《诗经》《左传》以及其他古籍之说及卜的更多。卜所用的物之最普〈遍〉的虽是龟与蓍，然而骨、木等物也可以作卜的工具。

  龟在古代人看起来是一种灵物，龟同时也许是古代的图腾。因为人们当龟为其祖先而崇拜，因为以为是神灵，于是后来遂用之以为决疑的工具。用龟为卜用是腹甲，而弃其背甲。罗振玉在其《殷虚书契考释》页一〇七里以为，这是因为背甲厚不易作兆，且甲面不平，故用腹甲。蓍是一种草，古代人取其茎以为筮。《史记·龟策传》说，"天下和平而王道得，蓍茎长丈，其丛生满百茎。下有神龟守之,上有云气覆之"。《说文》以为用蓍作卜,"天子九尺,诸侯七尺,大夫五尺,士三尺,周礼也"。司马迁在《龟策传》里又说:

> 余至江南,观其行事,问其长老,云龟千岁乃游莲叶之上,蓍百茎共一根。又其所生,兽无虎狼,草无毒螫。江旁家人常畜龟饮食之,以为能引导致气,有益于助衰养老,岂不信哉!

后来又有人以为,龟千岁而灵蓍百年,而一本生百茎,这都是以龟与蓍为奇特神秘的东西,故可以用之以通神鬼而决疑难。又像上面所说,蓍所生的地方既有神龟去看守,那么,蓍与龟又可以说是有了密切的关系。我国人从来以蓍龟并称,大概是因为两者有了这种关系。

骨是用兽骨,而兽骨是用肩胛及胫骨。罗振玉在上面所举一书同处里,以为"凡卜祀者用龟,田猎则用胫骨。其用胛骨者,则疆理征伐之事为多。故殷墟所出,兽骨什九,龟甲什一而已"。用木以为卜的工具的也很多,《仪礼》上说,"卦者在左坐,卦以木。率筮,乃书卦于木"。郑玄注解云,"卦者,史之属也。卦以木者,每于一爻,画地以识之也。六爻备,则书于板。史受以示主人"。直到现在,在南方各处尚有用木为卜具的俗人,用二本片长约三寸,宽约二寸,而厚约半寸作长圆形。好多家庭里,多每每自备,以为决疑。

此外,又如藏蓍的器叫作椟,故《仪礼》云,"椟有上下,相合而藏蓍于中"。除了上面所说的龟、蓍、木等工具之外,他种草木金石也有用为卜的工具。至于所谓筮案,也为卜筮时所用的工具。

用蓍、龟去卜的重要,在《书经·周书·洪范》说得很清楚,今录之于后:

> 立时人作卜筮,三人占则从二人之言。汝则有大疑,谋及乃心,谋及卿士,谋及庶人,谋及卜筮。汝则从,龟从,筮从,卿士从,庶民从,是谓之大同,身其康强,子孙其逢,吉。汝则从,龟从,筮从,卿士逆,庶民逆,吉。卿士从,龟从,筮从,汝则逆,庶民逆,吉。庶民从,龟从,筮从,汝则逆,卿士逆,吉。汝则从,龟从,筮从,筮逆,卿士逆,庶民逆,作内吉,作外凶。龟、筮共违于人,用静吉,用作凶。

从这段话里,我们可以明白,凡是龟从、筮从而加以某一种人的同意,都是吉。就是龟、筮共违于人,则用静的时候,还是吉。所以帝王、卿士与人民一切的决断,都要有龟、筮的同意才吉,否则是凶。而且龟、筮若是同意了,就是帝王、卿士、人民不同意也不大要紧。我们知道,用蓍去卜是筮,故蓍、龟的决定可以决定一切的事情。古代人之信仰蓍、龟的厉害,可以概见。又司马迁在《史记·龟策列传》里也说:

> 自古圣王将建国受命,兴动事业,何尝不宝卜筮以助善!唐虞以上,不可记已。自三代之兴,各据祯祥:涂山之兆从而夏启世,飞燕之卜顺故殷

兴，百谷之筮吉故周王。王者决定诸疑，参以卜筮，断以蓍龟，不易之道也。蛮夷氐羌虽无君臣之序，亦有决疑之卜，或以金石，或以草木，国不同俗，然皆可以战伐攻击，推兵求胜，各信其神，以知来事。略闻夏殷欲卜者，乃取蓍龟，已则弃去之，以为龟藏则不灵，蓍久则不神，至周室之卜官，常宝藏蓍龟。又其大小先后，各有所尚，要其归等耳……夫揲策定数，灼龟观兆，变化无穷，是以择贤而用占矣，可谓圣人重事者乎！

《书经·虞书·大禹谟》曾载，"禹曰：'枚卜功臣，惟吉之从。'帝曰：'禹！官占惟先蔽志，昆命于元龟。朕志先定，询谋佥同，鬼神其依，龟筮协从，卜不习吉'"。司马迁所谓"唐虞以上，不可记已"。然而，从《书经·大禹谟》这段话看起来，假使有了唐虞的朝代，而唐虞的朝代若有了卜筮，那么唐虞以上说不定也已有了卜筮。然而，我们在这里所要注意的点是，卜筮在古代的重要与普遍。

至于卜的方法，据罗振玉《殷虚书契考释》里说：

其卜法，则削治甲骨甚平滑，于此或凿焉，或钻焉，或既钻更凿焉，龟皆凿，骨则钻者什一二，凿者什八九，既钻而又凿者二十分之一耳。此即《诗》与《礼》所谓契也。既契，乃灼于契处以致坼，灼于里则坼见于表。先为直坼而后出歧坼，此即所谓兆矣。

这就所谓"灼龟观兆"。《史记·龟策列传》载，"卜天雨不雨。雨，首仰有外，外高内下；不雨，首仰足开，若横吉安。又如卜岁中民疫不疫。疫，首仰足肣，身节有疆外；不疫，身正首仰足开"。

至于用蓍为卜，是蓍的茎，而茎的长短在古代又因人的地位的高下而定。《断易大全》"筮仪"条载，有所谓蓍室，云：

择地之洁处作蓍室，南户，而置床于室之中央。凡筮者，心专一期，天人感应。

卜筮在古代本有专官，所谓太卜。据说在殷时是六官之一，在周代属于春官，周时也叫作卜正。《左传》："滕侯曰：我周之卜正也。"卜在后来虽也成为专业，如俗人所谓卜卦先生，然卜在智识阶级中也很为流行。宋代的理学家，如邵康节尤喜占卜，虽则他们以为"论数必须论理"，然而他们是偏于迷信是无可疑的。直至现在，卜筮在我们的社会里的势力，还是很大。

我们不能在这里列举卜筮的例子，其实《书经》《左传》《国语》诸书之记载，关于古人用卜筮去探视神鬼的意旨的例太多了。凡是一切疑惑的事都用卜去决定，所以卜实可以说是支配人生的一切。我们要明白古人的生活或文化，我们不能不研究古人所用以决定其作事的方式，卜筮是他们决定其作事的一个很重要的方式。

总而言之，探视神鬼的意旨的方式虽很多，然主要可分为两大类：一为用人类本身去表达神鬼的意旨，一为用物象去表达神鬼的意。用前种方式是巫，而用后种方式是卜。巫固可以有男有女，而卜的工具除了龟、蓍之外，金石、草木、兽骨也是卜的工具。

我们现在且来叙述祭祀的概略。

祭祀的对象是神鬼，而其所以要祭祀，是像我们在上面所说，是为满足神鬼的欲望。神鬼本来是看而不见、闻而无声、摸而不觉的东西，但是我们既相信神鬼的存在，那么人们又往往用了某种物象去代表某种神鬼，因而所谓尸偶像或神鬼的代表东西的祭祀，遂因之而发展。

立尸，可以说是神鬼的代表的一个很好的例子。立尸以祭祀的方法，起源必定很早。《诗经·召南·采苹》里说，"于以奠之，宗室牖下，谁其尸之，有齐季女"，《北山·信南山》里说，"以为酒食，畀我尸宾，寿考万年"，皆是立尸以为祭祀的记载。至于《楚茨》，更说得明白：

> 先祖是皇，神保是飨……苾芬孝祀，神祇饮食。卜尔百福……礼仪既备，钟鼓既戒。孝孙徂位，工祝致告。神具醉止，皇尸载起。钟声送尸，神保聿归。

所谓神保、皇尸、尸宾，都是神鬼的代表。故《礼记·郊特牲》说："尸神，像也。"《仪礼·士虞礼》："祝迎尸。"注云："尸，主事也。孝子之祭不见亲之形象。心无所系，立尸而主意焉。"这是祭祀祖宗，而立尸。传说周代祭祖往往以死人的孙为尸，其父母伯叔跪拜，而当为祖先的代表。《曾子问》中就有这种的记载。

立尸不只限于祭祀祖宗，祭祀其他的一切神鬼也有立尸的。《左传》载，"平公祀夏郊，以董伯为尸"。又《白虎通》载，"周公郊以太公为尸，祭泰山以召公为尸"。从这些记载里，我们又可以看出来，代表神鬼的尸是社会上有地位、有声名的人，说不定神鬼之地位与声望愈高的，则其代表的人物也要其地位与声望愈高的。郊祭与泰山的祭祀，都是国家所祭的大神，故以太公与召公去代表，而其礼仪的隆重可以概见。

古代立尸很为普遍。曾子问："祭必有尸乎？"孔子曰："祭成丧者必有尸。"程颢也说："古人祭祀用尸。"《朱子语类》卷九十曾说，"古人祭祀无不立尸"，又说，"古人用尸，本与死者一已气，又以生人精神去交感他，那精神来会便附着歆享"。《朱子》又以为，立尸时尸在神主之北，《晏子春秋》以为尸坐堂上不席，可见尸的地位之高。《通典·礼典八·立尸议》云，"自周以前，天地、宗庙、社稷一切享祭，凡皆立尸。秦汉以降，中华则无矣"。然而注云，"按后魏文成帝拓跋濬时，高允献书云：祭尸久废。今风俗，则取其状貌类者以为尸，祭祀宴好，敬之如夫妻，事之如父母，败损风化，黩乱情礼。据文成帝时，其国犹在代北。又按周、隋《蛮夷传》巴、梁间，每秋祭祀，乡里美鬓面人，迭迎为尸以祭之。今郴、道州人，每祭祀，迎同姓丈夫、妇人伴神以享，亦为尸之遗法"。

其实在宋代，朱子在福建邵武密溪曾见过这种遗风，而直到现代，在琼山有些地方，如澄迈县，人们在祠堂祭祀时，其族人每推一位年龄长而德望高者立于神主之前，而向着其族人祝福，这也可以说是古代立尸的一种遗风。

总而言之，立尸不只是古代，也不只是中国，更不只是为祭祀祖宗，近代与中国以外的民族，以至祖宗以外的神鬼，也有立尸祭祀的风俗。

除了立尸以为神鬼的代表而祭祀外，以偶像为神鬼的代表的风俗更为普遍。偶像有的以泥土为像，有些以石为像，有的以木为像，有的以兽骨为像的，更有的以铁、铜、金、玉等为像的，还有用纸以为像的。大致的说，神庙里多有偶像，而各种偶像因鬼神的形态的不同而各异。比方，城隍庙的城隍神与关岳庙的关公与岳飞的偶像是不同的，而好神与恶鬼的偶像，也不相同。又如佛寺里的五百罗汉的偶像，每一个都有其特殊的形态。故总而言之，偶像是要像其神的形态，而且偶像要像其神的性格与其神的情意。偶像既为神的代表，祭祀偶像就是祭祀神鬼，同时打破偶像，也就是打破神鬼。民国初年各处的偶像的打破，就是打倒神鬼的运动。

此外，又有以画像为代表神鬼而祭祀的。比方，崇拜祭公的人就把一幅画的祭公像挂于墙上而祭祀，相信虎神的人就把一幅画的虎像贴于某处而祭祀。又如，我们的门上所贴的门神画像，或其他各处所挂的神鬼画像，都有了这种祭祀的遗意。近代影像发达，人们又有以所照的像而祭祀的，开吊时所挂的照像与出殡时所扛的照像，也就是这个意思。

此外，尚有以神牌为代表神鬼而祭祀的。文庙里的孔子及其门徒的神牌，家宅里或祠堂里的祖宗神牌，在神牌上写着"至圣先师孔子之位"或某人之位，就是一些例子。神牌多用木作，也有用石或其他种的东西作的，比较简单的是用纸条写的神位。

神牌无论是用木，用纸，或其他的东西去代表神鬼，牌上是写着某神或某鬼的位。此外，还有些神秘的物件，是代表某种神鬼的，如所谓龙骨或某种物象，既不像偶像、画像或影相是有形可见，也不像神牌是有字指明某种神鬼，然而这些东西也有人当为某种神鬼而祭祀的。

祭祀神鬼固往往有其神鬼的代表，而祭祀的人也每每有其代表。比方，太祝以至流行的道士，都可以说是为人祭祀的代表的人物。自然的，无论何人，都可以直接去祭祀神鬼。然而，有些神鬼，却要请道士去代表某人祭祀。不但这样，有些神鬼是要某种人才能祭祀的。如祭祀孔子及其门徒，是要有地位、有智识的人去祭祀，而祭祀天地曾为帝王所独有的祭祀。又有些地方，祭祀某种神鬼是只限于男子，或只限于女子的，琼州文昌县各处，祭祀祖宗只限于男子，而七夕祭祀织女，却又只限于女子。

此外，又有在祭祀某种神鬼之前多少天，祭祀者是要斋戒，《礼·祭义》已有祭要斋戒的记载。琼州文昌从前有所谓十月婆者，据说，凡是要赴祭祀的人，在多少天内不能有男女的关系，而且身上所穿衣服须特别清洁。相传，有人因为犯了上面的禁忌，在祭祀的时候身上所穿的衣服全被烧光。

用什么东西去祭祀神鬼呢？自然的，神鬼的欲望既有不同，那么，祭祀不同的神鬼要有不同的物品。我们不能在这里详细的加以解释，大致上，香火及各种食物，以至用纸所作的纸帛或用具，都是祭祀神鬼时所供献的东西。《书经》上《舜典》有"柴望秩于山川"，又《武成》有"柴望大告武成"，又《周礼·春官·大宗伯》也说及燔柴祭祀，可见得古人祭祀时用柴去烧火。希腊罗马人所说的圣火，就是用柴烧的。我们可以说，火是敬神的东西，神庙、佛寺所点的灯或烛，而特别是祭祀神鬼时所用的香，都是用火去敬神。所谓"香火不断"，固是表示家族的绵延，然实则要使神鬼的祭祀不致中断。焚香拜神是国人最常见的现象，用不着详加解释。

酒是祭祀神鬼时的最重的一种食物，《书经·周书·酒诰》里所给我们的意思是，酒是为祭神而制造的，所以作君主的不应该沉于酒，所以说"期夕曰：祀兹酒。惟天降命，肇我民，惟元祀"。至于其他各种古籍之述及以酒祭神的更多，直至现在，酒还是俗人祭祀神鬼的主要物品。

至于人类所食的各种物品，都可以把来祭祀神。《左传·桓公六年》载"公曰：吾牲牷肥腯，粢盛丰备，何则不信？"可见得，祭祀神鬼所用的食品，是最好的食品。又祭祀神鬼的食物，必很清洁，《左传·宣公三年》，"春王正月，郊牛之口伤，改卜牛。牛死，乃不郊"。连了牛角有伤，也不能把来祭祀，《左传·成公七年》，"春王正月，鼷鼠食郊牛角，改卜牛。鼷鼠又食其角，乃免牛"。

狗在古代也为祭祀的食品之一，卜辞中就有"辛巳卜，豊贞，埋三犬，燎五犬，以及十五犬、二十犬、三十犬、五十犬"的记载。《周礼》犬人掌犬牲。凡祭祀，供犬牲，此外，伏瘗，也用犬。直到汉代，还有用狗为祭祀的。汉《孔龢碑》叙祀孔庙事，有"太常给犬酒直之"的语句，可见得古人不只吃狗，还把狗为祭祀之用。

原始社会的人们，有以人去牺牲而祭祀的。我国古代究竟有没有这种风俗，不得而知。《吕氏春秋》卷九《顺民》篇，以为成汤于大旱祈雨时，曾将自身供牺牲而祷于桑林，这也许是用人为祭品的遗风。《左传·昭公十一年》："楚，执蔡世子有以归，用之。"传说楚国当时因筑堤而屡崩溃，故杀世子有为祭品，这种传说是否真实，我们可以不必加以讨论。惟直到现在，人们之被人仇杀的复仇者，每把仇人的心肝以祭其被害的，这也可以说是以人为祭品的遗意。而且，古人既也有吃人的例子，那么，杀人为祭也是可能的。

此外，祭祀神鬼的物品不只是最好与最洁的东西，而且要很香的东西。所谓"馨香以事鬼神"，就是这个意思。《周礼·天官》云"祭祀共萧芳"，所谓萧，是一种香草。又《礼·郊特牲》有"萧合黍稷"，《诗经》有"取萧祭脂"，是把有香味的草与其他的祭品并在一块，而祭祀鬼神。

神鬼与人一样的，除了需要食物之外，还要衣服与住处，以至交通工具。故在城镇各处，有专为鬼神制造纸衣服、纸房舍以至纸舟车等物件。这些东西在祭祀神鬼的时候，用火来烧，以供献于鬼神。又神鬼也与人一样的需用金银钱财，所以又有用纸制造的金银钱财。在祭祀的时候，用火来烧，以供献于鬼神。本来古代之祭祀天神的东西，多用火烧；而祭祀地神的东西，又多埋于地或沉于水里。又有所谓磔祭的方法，是把祭祀神鬼的东西分裂起来，所谓裂牲以祭神，就是磔。近代俗人对于祭祀神鬼的东西，除了用纸制造的东西焚烧之外，食物则于祭后均为人们所吃。

祭祀不只是要有各种供物，而且往往要有祝词。祝，《说文》云，是主赞事者。《诗经·楚茨》有"工祝致告"的词句，意思就是以言词告达于神鬼的。《左传·桓公六年》载"祝史正辞"，这是说祭祀而祷告神鬼的文辞需要正直。不过，在同处也有"祝史矫举以祭"的词句，可见得古人对于神鬼所说的话，未必皆为正直，而也有说谎的。《楚辞·招魂》里云，"工祝招君，背行先些"，这是说神鬼要人用言辞去招其来。祝者要有口才，而祝辞或祝文多以赞美的文辞去取悦于神鬼。祝，不只是为人致词于神鬼，同时又为神鬼致答辞于人们，致嘏的文辞的例子，如《后汉书·祭祀志》注所载的一段：

> 丁孚《汉仪》有桓帝《祠恭怀皇后祝文》曰：孝曾孙皇帝志，使有司臣太常抚，夙兴夜处，小心畏忌，不堕其身。敢用洁牲一元大武，柔毛刚鬣，商祭明视，芗萁嘉荐，普淖咸醢，丰本明粢，醪用荐于恭怀皇后，尚飨。

至于神鬼的答词或嘏辞，又如下所说：

> 赐皇帝福：恭怀皇后命工祝承致多福无疆于尔孝曾孙皇帝，使尔受禄于天，宜稼于田，眉寿万年。介尔景福，俾守尔民，勿替引之。

普通来说，只有祝文少有嘏辞。此外，在祭祀的时候，除了供献物品及祝词之外，又往往要行拜跪的礼节，而这种礼节也可以说是因神鬼的不同而各异的。

祭祀神鬼的地点与时期，也可以说是各有不同。比方，名山大川皆多为望祭，这就是说，祭者不必亲到其地，然而祭山林、邱陵于坛，祭川谷、河海于坎，还可以说是祭祀的地方是有一定的。所以，照普通来看，祭祀神鬼是要在神鬼所在的地方。

　　至于祭祀的时期，除了各种规定的时间之外，凡是遇了灾害、疾病或各种不测的事情发生，均可以祭祀。因为人们相信，有的时候神鬼向人作祟，是需要某种东西，而且有时还且指明出这种东西是什么东西，使人们能够照其所欲而先为预备，以便祭祀。

第二编

第四章　物质文化与宗教

我们现在且先从宗教对于物质文化的各方面的影响上，加以说明。

民以食为天，所以食物是物质文化的最重要的部分，而主要的食物，可以说是植物与动物。植物的食品的来源，主要是靠着农业，而动物的食品的供给，主要是靠着畜牧与渔猎。经济学者以为，人类最初的食物是靠着渔猎与畜牧，后来才靠着农业。我国虽号称为以农立国的国家，然在古代也有过渔猎与畜牧的时期。所以，我们现在先从渔猎与畜牧两方面说起。

渔猎与畜牧之见于古代的文献的甚多，而尤以卜辞与《易经》所载的为最重要。卜辞是古人而特别是殷人的卜的纪录。古人相信，无论作什么事情，都要问问神鬼是否吉利。他们把了所卜的事情与日期，而且有时对于所卜的地方与所卜的人，都记录在骨甲的兆璺的旁边，这就是我们近来所发现的骨甲文。《易经》也可以说是古代的卜筮的记录，全部六十四卦，三百八十四爻，卦有卦辞，爻有爻辞。据说，"易"本来有《连山》《归藏》《周易》，谓之"三易"，惟现在所存的只有《周易》，这就是《易经》。《易经》既是古代卜筮的纪录，那么《易经》里所说的一切事情，也是以宗教为重心的。

渔猎与畜牧在卜辞与《易经》里虽也不过是古人所作的好多事情的一些事情，然而无论是渔猎，无论是畜牧，都要探问神鬼的意旨，那么，迷信与宗教对于渔猎与畜牧的影响之大，可以概见。

据罗振玉《殷虚书契考释》所记，卜辞共有一千一百六十九条，其中除祭祀五百三十八条而占了最大多数外，有一百九十七条是关于渔猎的记载而占了第二位的多数。古人吃鱼的很多，大概是因为鱼是比较容易捕的，然而，在一百九十七条的卜渔猎的记载中，关于卜渔的纪录只有十一条，而关于卜猎的却有了一百八十六条之多。

我们应当指出，卜辞中关于所卜的事物的次数的多少，不一定是证明古人对于所卜的事物的正确的次数，因为卜辞为我们所发现的不只是限于某个地方，而且恐怕不过是很多的卜辞中的很小部分。也许有了很多的卜辞尚为我们所未发现，也许尚有好多卜辞早已湮灭。不过，就照这一千多条的卜辞来看，渔猎的时候既是要卜，而卜的次数又若是之多，也就可以看出来卜在渔猎上的重要。又在卜辞中所载的渔猎，大致是帝王贵族所卜的事情，因为卜辞中往往提及王的字样。帝王既是这么的迷信，人民也可想而知。

照卜辞的渔猎的纪录，关于所猎的兽类有鹿，有狼，有羊，有马，有豕，有兔，有雉。卜鹿的次数最多，而所获的数目也很多，有的时候获了三百多个鹿。又如豕，有一次获了一百一十三头。从此，我们可以明白，古人的吃鹿之多。此外，虎与象也是打猎的对象。

《易经》中记载渔猎的地方也很多，如包有鱼、包无鱼，而其最显明的是井谷射鲋。又如"即鹿无虞，惟入于林中""履虎尾，不咥人""王用三驱，失前禽""田获三狐，得黄矢""公用射隼于高墉之上，获之""射雉一矢亡""公弋取彼在穴""明夷于南，狩得其大首"，这不过随便举了几个例子，但也可以说是卜渔猎的记载。

卜辞中不只是把卜的日期纪录起来，就是因卜而得到的效应的日期也有时纪录起来，而且所卜的日期与得到效应的日期，往往拉得很长。据卜辞的记载，有［有］一百七十六日那么久的，有了这么久的时间，当然所卜的事情往往很容易的实现。比方，卜了猎鹿是吉，那么，在半年以上的时间内，若获了鹿，则也可以说是卜而有效验。而卜者，也就是神灵，在我们现在看起来，可以说是一种迷信，然而在古人看起来，这是神鬼所使然。因为巫卜都不过是表达神鬼的意旨的方式，所以渔猎既都要卜，那么就是相信渔猎是否吉利，均是操在神鬼的手里。

渔猎固是要卜，畜牧也是要卜。在卜辞中，关于卜畜牧的纪录虽不多，然而从其少数的纪录中，也可以见卜在畜牧上的重要。比方"庚子，卜贞牧，□羊""卜贞，从牧，六月""辛酉告其豢""卯卜王牧""辛巳，王贞牧□燕□□"，这不只是证明畜牧是要卜，而且告诉我们帝王也要牧。这好多〔像〕所谓皇帝躬耕一样，皇帝躬牧在最初也好像皇帝自己去捕渔与去打猎一样，故畜牧之要卜也好像渔猎之要卜。又皇帝躬耕在后来变为一种纯粹的宗教的仪式，这就是说皇帝祭祀神鬼，祷告神鬼，希望神鬼使农业发达。说不定所谓"卜贞王，狩丙戌，卜丁亥王阱"与所谓"王牧与王贞牧"，除了帝王自己要牧而卜之外，也为人民祭祀与祷告神鬼，希望神鬼使人民的渔猎与畜牧吉利。

在《易经》里我们可以找出好多关于卜畜牧的记载，如"童牛之牿""豶豕之牙""畜牝牛""康侯用锡马蕃庶，昼日三接"与"牵羊悔亡"等词句，表示得很明白这是畜牧的记载。《易经》既是古代卜筮的书，那么畜牧也要卜筮是没有可疑的。

畜牧的种类当然不少，羊、豕、马、牛都可以说是很普通的畜物。"鸡"字在《易经》中虽找不出来，惟"旧井无禽"的"禽"也许是包括鸡在内。狗或犬在《易经》中也找不出来，这也许是因为犬不能像豕、羊、牛、马那样的能成群而畜牧，故没有提及。这些家畜，都是农业尚未发展的时候的主要食物。又卜辞中载有"在圃渔"与"贞其雨，在圃渔"的词句，"圃"有种植与场所的意义，故《论语》有"吾不如老圃"，《礼记》有"孔子射于矍相之圃"，所谓"在圃渔"，也许就是养鱼的卜问。

在农业尚未发展的时候，渔猎与畜牧是人们的食品的主要的来源，凡是渔猎与畜牧，不只是要卜问神鬼，而且渔猎与畜牧，主要的也是为着祭祀与神鬼。卜祭的纪录在一千一百六十九条卜辞中占了五百三十八条，占了卜辞半数以上的数目，故祭祀在古代文化的重要也可以概见。祭祀要供献东西与神鬼，而在农业未发展的时候，供献于神鬼的主要的东西，恐怕又是所猎与所畜的动物了。供献与神鬼的物品叫作牲，牲的种类，据罗振玉《殷虚书契考释》里所研究的结果，是各种畜类，连犬在内都可以为牲。罗氏说：

> 其牲或曰大牢，或曰小牢，或牛，或羊，或豕，或犬，其中又曰牡，曰牝，曰羊，曰犧。

罗氏又说：

> 其用牲数，或一，或二，或三，或五，或六，或九，或十，或十五，或二十，或三十，或三十三，或三十七，或四十，而止于百。

种类既那么多，而数目之多更足以证明，打猎畜牧与其说是为人们的食品，不如说为神鬼的食品。而况，祭祀的次数既如上面所说是那么多，而祭祀时所用的动物又那么多，可见得神鬼所要的食品，比之人们所要的食品，是多得多。所以，打猎与畜牧不只要神鬼的帮忙，而且是为了供献于神鬼。

罗氏又告诉我们道：

> 其用牲之法曰燎、曰埋、曰沈、曰卯、曰俎，祭时或仅用燎，或仅用埋，或仅用沈，或仅用卯，或兼用燎与埋，或兼用燎与沈，或兼用燎与卯，或兼用燎与俎，或兼用埋与燎与卯，或兼用卯与沈。

现代人供献与神鬼的食品，在祭祀之后由人们去吃。古人既用烧之于火、埋之于地、沉之于水、剡之于木，那么这些牲品大概是专为供献于神鬼的，而非神人共享的。大致的，古人相信既把牲品供献于神鬼，那么这些东西是神鬼所要吃的，既是神鬼所要吃的，那么人就不应该吃。而所谓燎、埋、沈、卯，也就是专为留给神鬼去吃罢。

又牲本从牛从生，《左传》及古籍之记载用牛为牲的很多，《高士传·庄周》曰，"子不见郊祭之牛乎"，所以郊祭必用牛。又其他重要的祭祀也以牛为重，故《韩非子》说，"秦昭王病，百里买牛而家为王祷"。从这方面看起来，也许牛是牲的上贵之品，而且是神鬼所特别喜欣的食品。国人在未深受西洋文化的影响之前，少吃牛肉，直到现〈在〉还有好多人不吃牛肉。人们以为这是因为牛为人耕田、拖车及任了他种劳力，故人们不忍吃其肉。我以为，这也许是因为牛是牲的上贵之品，而且又是神鬼所特别喜欣的食品，古人敬事神鬼既若此之诚，而相信神鬼又若此之切，那么，对牲的上贵之品与神鬼所特别喜欣的食品，要留之以供奉神鬼，故尔不吃或是少食，后来成为习惯而传到近代。

我们在这里可以随便说及犬。犬在古代不只是人们的食品，而且可以把来祭祀神鬼。为什么后来的人们却很少或不吃狗呢？我以为，也许犬在古动〔代〕物产丰富的时候，所吃的东西主要也是别的动〈物〉，如鸡如兔之类，后来因为野生的动物既少，而畜养的动物又为神人所需要，狗又因与人相处较密，因食物缺乏而吃了人粪，人粪是污秽不洁的东西，狗既是可以吃粪，狗肉也是不洁的东西，狗肉既是不洁的东西，就不能把来祭祀神鬼。因为祭祀神鬼的物品是特别要清洁的，神鬼所不要的东西是下贱、不洁的东西。因此，人们也觉得这是下贱、不洁的东西，而逐渐的变为不吃或少吃。直到现在，在琼州文昌各处，吃了狗肉的人在好几天内还要避免进入有了祖宗神牌的房子。

所以，不吃或少吃牛肉与狗肉，与其说是为了别的原因，主要的不如说是为了宗教的原因。其实，为了宗教的原故而不吃某种东西的例子是很多的，回教徒不吃猪肉，佛和尚不吃荤，都是因为宗教上的信仰的关系。

反之，有些俗人相信吃猪脑或其他的动物可以补脑，吃白鸽的眼可以补眼，吃血可以补血，吃骨可以补骨，也可以说受了迷信的影响罢。

农业在我国民食上的地位的重要，用不着我们在这里申论，因为所谓"以农立国"的口号，不只是一种理论，而且是一种事实。古代典籍，如《诗经》《书经》与《左传》之记载农业的，到处可见。《易经》上虽只有"不耕获，不菑畲"一句，然而在卜辞里却有很多关于黍的纪录，如"庚申卜贞，我受黍年""乙酉卜，黍年有正""戊戌贞我黍年"与"乙未卜贞，黍在龙圃，春受有年，二月"。黍是古代的主要农产品，在这种农产品的种植，固是要卜，而且往往由天子躬耕。《书经·周书》载"文王卑服，即康功田功"，就是躬耕的例子。天子躬耕固是有了鼓励种植的意思，也是举行宗教仪式的一种。到了后来，历代的帝王的所谓躬耕，就成为一种纯粹的宗教仪式。《礼》载"孟春之月……天子亲载耒耜……率三公、九卿、诸侯、大夫躬耕帝籍"，就是这个意思。

而且，农业产品也是祭祀神鬼的食品。《左传》所谓"粢盛丰备"，就是把很好的黍稷以供献于神鬼。至如《左传·僖公五年》宫之奇所谓"黍稷非馨"，本从《周书·君陈》一篇而来，可以说例外的说法，而不能代表当时的普通看法。而况，宫之奇也并非反对以馨香的黍稷去祭祀神鬼，所以他又说"若晋取虞，而明德以荐馨香，神其吐之乎"，可见得馨香的黍稷不只是神所喜吃的东西，而且表明，一个国家若并吞了别人国家之后，若能修明道德而以馨香的黍稷去供献神鬼，神鬼也不见得就要责备这个国家。从这一点看起来，神鬼的贪吃黍稷，比之于人，恐怕还要利害了。因为意思就等于说，只要你供献黍稷与神鬼们，那么，就是你作错了事，也不见得就惩罚你。

农业的始祖，据古籍所载是神农。《白虎通》说："古之人民皆食禽兽肉，至于神农，人民众多，禽兽不足。于是神农因天之时，分地之利，制耒耜，教民农作。"《淮南子》也说："古者民，茹草饮水，采树木之实，食蠃蚌之肉，时多疾病毒伤之害，于是神农乃始教民播种五谷。"此外，其他各书之以神农为农业始祖的很多，照这种看法，神农是古代一个帝王。这是传统的看法，据近代一般历史家的研究，不但所谓伏羲神农的时代是渺茫而不可知，就是尧舜夏禹的故事，恐也是假托。我以为，与其说神农是历史上一个帝王，不如说神农就是古人迷信中的一个神，故神农的最简单而最明白的说法，就是农之神。换句来说，神农就是农神，正如宋玉所说的神女就是女神一样，而况后人之祭农神者，又皆祭祀神农。

我国既以农立国，故对于农神特别敬重。农神的祭祀发生很早，古代所谓蜡祭主要就是祭祀农神。《诗经》云"琴瑟击鼓，以御田祖"，注：田祖，先啬也。先啬，据历代传说就是神农。所以，就使神农是古代的一个帝王，因为他教民耕种，有功于民食，故他死之后，人们奉以为神，而也成了为农之神。而这个农神，不只是天子要祭祀，就是官吏、人民也要祭祀。《后汉书》载，"县邑尝以乙未日祀先农"，可见得地方官吏也要祭祀农神。

至于一般农民，无论是春耕夏耘，无论是秋收冬藏，都常常祭祀农神。南方的好多节期，北方的各种庙会，都可以说是在农产收获之后而谢神的表示。

又从吾国农业发展史上看起来，吾国农业在殷末周初始逐渐的发展起来。《书经·周书·无逸》篇，周公曾慨叹的说，"君子所其无逸，先知稼穑之艰难"，这表示在那个时候，农产的可贵。而《酒诰》中说，"妹土，嗣尔股肱，纯其艺黍稷"，也可见黍稷在那个时候的重要。故农业的发达，可以说是得力于周人的努力鼓励。所以，周人也可以说是农业的大功臣。周人既尽力去提倡农业，同时又好像以农业的发明者自居，以为农业是周人的祖宗所发明的。《诗经·大雅·生民》篇说：

> 厥初生民，时维姜嫄。生民如何？克禋克祀，以弗无子。履帝武敏歆，攸介攸止。载震载夙，载生载育，时维后稷。

姜嫄是周人自称为最初的祖母，她蹈了上帝所走过的脚步，因而歆动起来，遂生后稷。那么，后稷无疑的是神的儿子了。后稷，传说是舜时的农官，也就是弃，因为他是没有父亲而生，以为不祥，屡欲弃之，故名为弃。《书经·舜典》："帝曰：'弃，黎民阻饥。汝后稷，播时百谷。'"后稷是神所托生的儿子，他能够播时百谷，就不能不说是受神的使命而教民耕种，这已经是深染了宗教的色彩。而且，周人既以后稷为其祖宗，而且已尽力去提倡崇拜祖宗的宗教，那么，后稷不只是农业的神，而且是周人的神。其实，还有些人以为后稷就是神农，我们在这里对于这个问题不必加以考究。我们所要指出的是，无论远古的农业也好，周代的农业也好，以至后来的农业也好，凡是农业，都是有神去主持，而且是神的发明。故凡是从事农业的，都要祭祀农业之神。

其实，除了发明农业的神之外，与农业有关的神更不胜举。我们在第一章里所说的天地、山川、寒暑、风雨及好多其他的神鬼，都与农业有了密切的关系，而其特别值得我们注意的是雨神。雨水是农业上的最重的要素，可是雨是有神管理的，天旱没有下雨，自古以来从帝王到臣民都觉得是一件很大的事情，所以祈神降雨也是一件最普遍的宗教的仪式。卜辞中卜风雨的共有一百一十二条，这大概是与农业有关的。所谓"今二月，帝不令雨""帝令雨足年，帝令雨弗其足年"，就是这个意思。至于《左传》及其他各书之记载卜雨的地方更多，而最相信祈雨的要算董仲舒。《汉书·五行志》董仲舒为江都相理国，"以《春秋》灾异之变推阴阳所以错行，故求雨闭诸阳，纵诸阴，其止雨，闭北门"。《论衡·乱龙》篇说，"董仲舒申《春秋》之雩，设土龙以招雨"。在董仲舒所著的《春秋繁露》里，《求雨》篇说"春旱求雨。令县邑以水日，令民祷社稷山川……凿社，通之于闾外之沟"。总而言之，天旱求雨，目的不外是希望有了雨水去灌溉农田，而能收获农产罢。

此外，又如导疏河流以为灌溉之用，往往建立大禹庙以崇拜大禹，也是相信大禹的神灵能帮忙人们治水以益农业。四川灌县的大禹庙，就是一个例子。至于河伯水神之于农业有关，也是很显明的。

水不只是农业的要素而间接的有益于民食，而且是人民的直接的日常的饮料。饮水思源，泉有泉神，井有井神，故饮水者不能不崇拜泉神与井神。

在饮料之中，除了水外，酒是一种最重要的饮料。不过，酒正像我们在上面所说，本来是用以祭祀神鬼的。《书经·周书·酒诰》里说得很清楚：

王若曰："明大命于妹邦。乃穆考文王，肇国在西土。厥诰毖庶邦、庶士越少正御事，朝夕曰：'祀兹酒。'惟天降命，肇我民，惟元祀。天降威，我民用大乱丧德，亦罔非酒惟行；越小大邦用丧，亦罔非酒惟辜。"

可见得，酒本来是为祭祀神鬼的，若随便乱饮的话，那会有丧邦的惨剧。除了祭祀神鬼之外，人要饮酒只能在祭祀或父母有庆的时候，可以饮酒。然而，就是饮了也不能饮至于醉，所以《周书》又说：

文王诰教小子有正有事：无彝酒，越庶国，饮惟祀，德将无醉……妹土，嗣尔股肱，纯其艺黍稷，奔走事厥考……周孝养厥父母。父母庆，自洗腆，致用酒。

祭祀时人才可以饮酒，固是与了宗教有了关系。而所谓父母之庆而始能自洗腆，致用酒，也非完全与宗教没有关系。因为古人所谓父母之庆的日子，往往也是与迷信有了关系的日子。直到现在，在乡间的人们，凡是大家聚饮，还多是与祭祀有了关系的，而祭祀用酒也是古代的遗风。

又如茶也是一种重要的饮料，然其起源较晚，在唐的时代，鬻茶者祀陆羽以为茶神，这可以说是"饮茶思神"了。

上面是从宗教对于食的影响来看，至于在住的方面，宗教的地位的重要也很为显明。我们在上面已经说过，在居宅之内，门有门神，梁有梁神，墙有墙神，这是说宅内的各种神。古人建筑房屋必要卜问，《楚辞》屈原卜居是一个很显明的例子。直到现在，一般人之盖房子的，还要请看日者看看日子，堪舆家看看地位，在开土的时候要祭祀神鬼，在升樑的时候也要祭祀神鬼。等到房子盖好之后，又要举行落成典礼，这也是有宗教意义的典礼。至于房子的方向，是坐东向西，还是坐南向北，也要找找看日先生去决定；而门的安置及其方向，也要找找看日先生来指示。至于房子的位置是否配合"龙脉"，房子的高度是否损伤风水，以至墙基的深浅是否合宜，地基的内外有否冤鬼，以及与建筑房舍的好多有关的东西，都要卜筮始能吉利。

至于帝王住宅与国都迁移需要卜筮，更不待言。《书经·商书》盘庚迁居，人民反对，他的回答是他之迁居是顺于天而合于卜。《盘庚上》里记载得很明白：

盘庚迁于殷，民不适有居，率吁众戚出，矢言曰："我王来，既爰宅于兹，重我民，无尽刘。不能胥匡以生，卜稽，曰其如台？先王有命，恪谨天命，兹犹不常宁；不常厥邑，于今五邦。今不承于古，罔知天之断命，矧曰其克从先王之烈？若颠木之有由蘖，天其永我命于兹新邑。"

从这段话里，我们知道不只是盘庚自己迁居，就是他的祖宗迁了五次之多，都是顺于天而合于卜了。同样，周室迁洛也是顺天之意与得卜之吉。《周书·召诰》里说：

惟太保先周公相宅……太保朝至于洛，卜宅。厥既得卜，则经营……周公朝至于洛，则达观于新邑营。越三日丁巳，用牲于郊，牛二。越翼日戊午，乃社于新邑，牛一，羊一，豕一……旦曰：其作大邑，其自时配皇天，毖祀于上下。

又如《诗经》里也说：

周原膴膴，堇荼如饴。爰始爰谋，爰契我龟，曰止曰时，筑室于兹。

此后，帝王建造皇宫或是迁移京都，要行了宗教上的好多典礼，故居住与宗教的关系的密切可以概见。

不但这样，大致的说，我国的建筑物之比较伟大而比较美观的，大多数是与宗教有了关系的。帝王的宗庙以及各处的寺庙、孔庙以至各处的祠堂，都是较为伟大，较为美观的建筑的例子。所谓达官贵人以至富有之家，其所建造的房舍也许也有了琼楼高阁，华丽广大。然而，这种建筑物比较的并不普遍，所以，在一个城镇里，普通房舍也许很为简陋。然所谓孔庙、关岳庙、城隍庙以及其他的各种寺庙，多为比较伟大与比较美观的房子。其实，在我国的各处城镇中的建筑物之足以引起人们注意的，差不多完为庙寺。比方，以云南的澄江县城来说，这个县在国内固不是一个最大的县城，在云南也并不是一个最大的县城，然而，城内城郊的庙寺就有了好几十个，而房舍之能引起人们注意的也就是这些庙宇。澄江城与城郊的人们所有各种的团体生活，以至婚姻葬祭，都以这些庙宇为中心。连了一个师生数千人的中山大学迁到澄江的时候，差不多完全是利用这些庙宇以为校舍。同样，就是在乡村里，稍能引起人们注意的房舍也多为庙宇、祠堂，离了昆明不远的官渡村就有了好多个大庙宇。而广东乡村的祠堂的数目之多、建筑之美，尤足惊人，至于深山名岳之较好的房子，差不多完为寺庙。

所以，我们可以说，我国最好的房屋并不是人所住的房屋，而是神鬼所住的房屋。

在衣的方面，先蚕是发明蚕丝的始祖。《汉书》载，"祠先蚕，礼以太牢"。传说，先蚕是黄帝的妃，名叫作嫘祖。我国本以蚕丝著名，而蚕丝的发明也有其神。又古籍载，"圣人垂衣裳以治天下"，《易经》也云，"黄帝尧舜垂衣裳而天下治，盖取诸乾坤"，乾坤本是二卦，可见得衣裳的制作也是有了宗教的色彩。其实，有些人以为黄帝是神灵，故能垂衣裳以治天下。黄帝究竟是不是神灵，我们不必加以考究，但是黄帝直到现在还有人当为民族之祖而祭祀，那么黄帝的神化是没有问题的。

又古代所谓礼服，大致多是为祭祀而用的衣服。《周礼·天官》："司裘，掌为大裘，以共王祀天之服。"所以，大致上我们可以说，衣服之比较贵重的，主要是祭祀而用的，而且祭祀神鬼时，除了往往要礼服外，还要穿了比较清洁的衣服。

在行的方面，出门需卜筮，直至现在还很流行。卜辞里卜出入的有了一百七十七条之多，这大概都是关于行的方面的卜问。人们出门固要问卜，就是各种交通工具的造作，多以为必得神的保佑而始能吉利。比方，造船者着手制造之时就要祭祀神鬼，而制造完成而下水的时候又要祭祀神鬼。我们乡下凡船之到海外的每次来往，皆需求神祝福保护，以求途中平安。又在船上也往往有神像或神牌，除了例祭之外，凡遇大风或不测事件则必祈祷，至于航海者之崇拜海龙王尤为普遍。又如上面所说共工氏之子修死而为道路之神，那么道路也有其主管之神，所以旅行陆道者，无论是徒步、车马，也要崇拜其神。

在古人所用的好多器皿以至乐器，多是有了宗教上的作用，鼎就是一个例子。传说禹收九州之金，铸为九鼎，此后鼎遂成为传国的重器，故定天下者谓之定鼎，鼎后来遂成为一种神秘的东西。《左传·宣公三年》楚子问鼎，王孙满就对他说：

> 天祚明德，有所底止。成王定鼎于郏鄏，卜世三十，卜年七百，天所命也。周德虽衰，天命未改，鼎之轻重，未可问也。

鼎不只表示国家的命运所在，而且后来在好多寺庙里常常用鼎当为焚烧香及纸帛以祭祀神鬼的器，又祭祀时，鼎有时也用为装置食物以供献神鬼的器皿。

此外，又如卣、如尊、如爵、如彝、如觯、如觚、如角、如斝、如壶、如罍，各种器具在古代都为盛酒的器皿。酒主要为祭祀神鬼的饮料，那么这些东西大概在最初都是为了祭祀而制造的。又如所谓"豆"在古代也是一种礼器，后来却全为祭祀才用。因为要取悦于神鬼，人们制造了各种新而精美的器具以为祭祀之用，后来这些东西制造愈多，于是人们也把来当作日常用具。

又如各种乐器，如钟如鼓，以及其他的，最初也是用之于祭祀。又古代祭祀时既常舞，而舞又须音乐以配合，故乐器有了宗教的作用是没有问题的。

第五章　社会文化与宗教

从文化的物质方面来看，宗教的影响固是很大，从文化的社会方面来看，宗教的影响也是很大。

家庭或家族是社会的基础，所以我们且先从家庭或家族方面说起。

家庭的继续发展是依赖于婚姻，婚姻在现代看起来虽是男女两性自由结合的一种契约，然在过去的中国却是父母之命与媒妁之言的一种关系。为什么这是父母之命与媒妁之言的关系呢？这是因为婚姻并不是个人的事情，而是家庭或家族的事情，而且婚姻不只是家庭或家族中的尚在生存的人们的事情，而也是家庭或家族中的已经死去的人的事情，这就是说也是祖宗的事情。"不孝有三，无后为大"，故孝于父母、祖宗的不能无后，而婚姻就是继续祖宗血统的一种主要的方式。简单的说，结婚是为生育儿子，而生育儿子就是为着继续祖宗的血统，继续祖宗的血统就是俗人所说的"香火不断"，"香火不断"的意思就是要有人继续的去烧点香火、崇拜祖宗。已经死了的祖宗既不能不有子孙去崇拜，而还在生存的人们又不能永远的不死，因而他们在未死之前，就不得不设法使其有后。假使他们不是这样的作，那么他们不只是对不住他们的祖宗，而且在他们自己死了之后，也没有人去崇拜他们自己，而使其死后的灵魂无所归托。

这样看起来，与其说为了家人之未死者而结婚，不如说是为了家人之已死者而结婚。因为生者既终有一死，所谓某人尚生不过是暂时的事情，至于死者灵魂是永远存在，永远要有人去崇拜，永远要有人去祭祀，永远要有人去供献香火，永远要有人去满足欲望。从这一方面看起来，我们也可以说生人之所以生，与其说是为生人而生，不如说是为死人而生。

从结婚的目的上看起来，婚姻的宗教意味的浓厚既已〈如〉上面所说，从婚姻的实行或制度方面来看，婚姻的宗教意味的浓厚更为显明。

婚姻既不是男女两性自由结合的一种契约，而是父母之命与媒妁之言的一种关系，那么父母怎么样命，媒妁怎么样言呢？是不是随父母的个人的意志而命，或是随媒妁的个人的感情而言呢？自然不是这样的，因为父母与媒妁在未决定两家联婚之前，先要问问卜筮，男女两者的八字是否相配，命格是否相合，然后始能决定是否可以联婚。只要八字相配，命格相合，就可结婚。所谓感情的溶洽，以至所谓理性的判断，对于这种的婚姻是完全没有什么作用的。

既用八字与命格去决定的婚姻，是在结婚的时候与结婚之后。假使在男的方面发现了他的太太是很好的话，那么这是天作之缘或是命中注定；假使在男的方面发现了他的太太是丑看的话，那么丑妇家中宝，这也是天作之缘或是命中注定。至于在女的方面，嫁鸡随鸡，嫁狗随狗，除了一切都付诸天命之外，是没有别办法的。又在女的方面，假使在未过门之前而未婚夫就死了，而女的若能殉夫而死或过门守节，那么这个女的必为社会所尊敬，亲朋所赞美。同样，假使过门之后而丈夫早死，而能殉夫而死或守节以终，那么这个女的也必为社会所尊敬，亲朋所赞许。这种行为虽也可以说是一种感情的冲动，然根本上还是一种宗教的信仰，因为为死者而牺牲或是要在死后的世界里共享夫妻的幸福，以至生人可以嫁与死人的信仰，都是偏于迷信或宗教的行为。

不但这样，结婚既是继续祖宗的血统的一种方式，在结婚的时候男女两方就要在祖宗的神主之前拜祭祖宗，所以拜祭祖宗成为结婚中的很重要的礼节。又，除了拜祭祖宗之外，还要参拜天神、地神以及其他的神。天地据古籍所载，是人类万物的父母。又《白虎通》载，"伏羲仰观象于天，俯察象于地，因夫妇正五行，始定人道"，参拜天神、地神就是感谢天神、地神。总而言之，结婚的典礼根本就是一种宗教的典礼。

又，结婚既是继续祖宗的血统的一种方式，假使男子结婚之后而没有儿子的话，他就可以出妻或是纳妾。出妻在固有的文化之下既比较少见，纳妾却成为一种很普遍的现象。纳妾不只是可以纳了一个，而且可以纳了很多个。假使纳了一个或两个妾而尚没有儿子的话，那么再纳了数个以至数十个都是礼教所容许的。假使不愿纳妾或纳妾而还没有儿子的话，他可以养育养子。养子虽为别人的祖宗的子孙，然作了某人养子之后，这个小孩就变了这个人的儿子，这个人的祖宗的孙子，他要用这个人的姓，而崇拜这个人的祖宗，而与亲生的父亲及其祖宗脱离关系。又假使一个〈人〉结婚之后或再加纳妾，而还没有儿子而只有女儿，他可以令女儿不出嫁而招郎入赘，这就是赘婿。作了赘婿的人实际上是等于养子，他要放弃其自己的姓而用其妻的父亲的姓，离开自己的祖宗而崇拜其妻或其妻的父亲的祖宗。所以，在赘婿的制度之下，从女的方面来看，女子虽留在家里而没有出嫁，男子为赘婿的却等于养子。赘婿还有一个方式，这就是有人因了已经结婚之后而死了，于是找了赘婿而与其媳妇相配合。在这种情形之下，从女的方面来看，虽与上种赘不同，然而从男的方面来看，还是等于养子一样。

养子或赘婿的办法，目的虽也是继续祖宗的血统，然而这种血统并非严格的祖宗血统或是生理上的血统，而是宗教上的血统，因为主要目的是要找了一个男子去继续的烧点祖宗的香火，不断的举行祖宗的崇拜。

又从女的方面来看，除了留在父家而招郎入赘的婚姻之外，结婚在固有的文化之下，是女的离开了自己的家庭而跑到男子的家庭。换句来说，就是离开自己的祖宗而崇拜别人的祖宗，因而她自己的家反成为外家，而丈夫的家却成为正家。这就是说，自家的祖宗是外的，而丈夫的祖宗是正的。古代帝王家的女儿出嫁之后，还不许回来娘家而要终身在夫家。民间女儿嫁后虽可以归宁，然，女儿出嫁之后就是别人家的一员，她不只要以丈夫的姓放在她自己的姓之上，她还要为丈夫的祖宗生育男孙，以继续丈夫的祖宗的血统。假使她不能生育男孩的话，她不只是要自叹薄命，而丈夫还有要她离婚的可能。所以，从女子方面来看，所谓结婚根本就是一种宗教上的结合。

因此之故，所谓同姓不婚的习俗，也可以说是崇拜祖宗的宗教的一种结果。因为养子入赘既不一定是同姓，而是以别人之姓为姓，那么这种同姓主要是为保持祖宗的崇拜。而在这种家族制度之下，兄妹的子女可以结婚，而凡是同姓的人也许是在几百代前同过祖，也许实际上就没有同过祖宗，却不能互通婚，就是因为在同姓的前提之下有了共同祖宗的结论。而共同拜了祖宗的男女，不能互相通婚，并不一定是血统上的一种禁忌，而是宗教上的一种禁忌。

而且，在以崇拜祖宗的宗教为基础的家庭的制度之下，结婚不是新家庭的成立的开始，而只是旧家庭的继续发展的一种方式，结婚是原有的家庭里多添了一位或数位女子，而希望养育与增加多位男子。

结婚与生小孩既不外是家庭的继续发展的一种方式，那么家庭的发展愈快与愈大，不只是家庭的生存的人员的荣誉，而且是已死的祖宗的荣誉，因为已死的祖宗能得够愈多的人的崇拜，则其光荣愈大。而况，子孙众多，照我国的固有的思想来看，却是祖宗在天之灵所赐与的结果呢。所谓五世同堂、百世其昌，不只是表示生存的家人的幸福，而也是已死的祖宗的赐福。所以，祖宗死了，形体虽已离开我们的世界，灵魂与精神却永远与生者同在一块。生人固要富贵名誉，死的更要富贵名誉。子孙作了官、扬了名，最要紧的是请求追封其祖宗，因为子孙之所以显贵，是得了祖宗在天之灵的帮助，所以发扬祖宗的声名比之宣扬自己的声名还要重要。简单的说，敬奉死人比之敬奉生人尤为重要，也是因此之故，有好多人在父母未死之前虽不见得如何殷勤敬奉，然在其死后则大印讣文，说的什么泣血稽首、大事开吊。为了宣传孝道而大兴土木建筑墓坟，大化金钱建造祖祠，希望祖宗死后灵魂得其归宿，而降福于后代子孙。总而言之，子孙的光荣固是祖宗的光荣，而祖宗的光荣也是子孙的光荣。

为祖宗而繁殖子孙，为祖宗而牺牲一切，这是我们的家族主义的要点。家族主义及其制度在中国的社会的地位的重要，是大家所共知的。家族的放大就成为宗族，两者的不同只是范围上的大小的不同，而非实质上的各异。在我国，而尤其是在我国的南方，家族与宗族常常成为乡村的基础。所谓陈家村、张家里，是同姓同宗的人的乡村，就是一乡或一村之中有了数姓同住在一块，那么一切的公共生活还是以姓族为单位。至于大姓压迫小姓，或人数相等而地位相若的两姓的种种斗争，那更可以表现家族或宗族主义的力量，因而往往在一个乡村里，陈家加建了一个祠堂，张家也来加建一个祠堂，甚至陈家立了一个学校，张家也来立了一个学校。学校固往往以姓族为主体，政治、经济以及其他的各种社会组织，也深受家族与宗族主义的影响。

上面不过随便的举了一些例子，去说明崇拜祖宗的宗教对于我们的家庭、家族、宗族以及婚姻与多妻、入赘、养子的制度的影响。然而，这种宗教在我们文化的社会方面的重要，可以概见。

宗教对于国家或政治方面有没有影响呢？原来，国家在我国的传统思想上可以说是家庭的放大，所以古代的典籍常常说"家者，国之本"。《书经·尧典》里说"克明俊德，以亲九族。九族既睦，平章百姓。百姓昭明，协和万邦"，而《大学》里也说"修身而后家齐，家齐而后国治，国治而后天下平"。国既是家的放大，君主之于人民犹如父母之于子女，家里要崇拜家的祖宗，国里也要崇拜国的祖宗。国的祖宗，大致上可以从其远近两方面来看。从近的方面来看，每朝每代都有其自己的祖宗，周代的后稷就是一个例子，故立国者必有宗庙。宗庙在国中的地位是很重要的，《礼记·祭义》左宗庙，右社稷。社稷本来是代表国家的所在，所以《礼记·曲礼》云"国君去其国，止之曰：奈何去社稷也"，孟子所谓"民为贵，君为轻，社稷次之"，"君为轻"，均以社稷为国家或天下的代表。社稷既是地神所在的地方而为国家的代表，那么国家是以宗教为基础已很显明。然而，社稷还没有宗庙那么重要，因为从地位来看，所谓左宗庙而右社稷，就是表示一轻一重的意义。

其实，宗庙也可以说是国家的代表，所以国家覆灭者谓为宗庙覆灭，《书经·夏书·五子之歌》载"覆宗灭祀"，就是这个意思。《诗经》"于以奠之，宗室牖下"，就是祭祀宗庙的记载。《战国策》所谓"周天下之宗室"，也就是说明周的宗庙是周的朝代的代表。据《书经·周书·泰誓上》与《泰誓下》里的记载，武王伐纣的主要理由之一是因为纣不祭祀宗庙，所以说"遗厥先宗庙弗祀"，又说"郊社不修，宗庙不享"；而在《太甲上》里，伊尹以为成汤之所以能得天下，是由他能崇奉宗庙以及天神与其他的神祇，伊尹说：

先王顾諟天之明命，以承上下神祇。社稷宗庙，罔不祇肃。天监厥德，用集大命，抚绥万方。

又如盘庚迁都，人民反对，盘庚乃告诉他们，他之敬奉人民的祖宗犹如他之敬奉他自己的祖宗一样，希望利用人民的祖宗去说服人民，《书经·商书·盘庚上》里曾说到这一点，可见得崇拜祖宗对于国家施行政策上也有了影响的。故周人在其祭祀先祖的时候，就希望先福赐福，所以《诗经·大雅》云"清酒既载，骍牡既备。以享以祀，以介景福"。

君主既为一国之主，又常常被称为人民的父母，那么，君主的宗庙不只是君主的私有的东西，而是天下所共有的东西。《书经·商书·咸有一德》载"七世之庙，可以观德。万夫之长，可以观政"，万夫之长就是君主，君主是管理政治的人，但是管理政治的君主又不能不敬祀七世之庙而施行德政，七世之庙就是天子所崇拜的宗庙，《礼记·王制》"天子七庙，三昭三穆与大祖之庙而七"。其实，不只是天下之主要拜祭宗庙，凡是管理政治的人，如诸侯、大夫与士，都要有其宗庙，要拜祭宗庙，所以《王制》又说："诸侯五庙，二昭二穆与大祖之庙而五；大夫三庙，一昭一穆与大祖之庙而三；士一庙，庶人祭于寝。"

这里所说的祖宗可以叫作"近祖"，就是执政者的自己的祖宗，至于所谓"远祖"，就是天神或上帝以至地神。《周书·泰誓上》里说：

> 惟天地，万物父母，惟人，万物之灵。亶聪明作元后，元后作民父母。

《洪范》里也说：

> 天子作民父母，以为天下王。

简单的说，天地是万物、人类、君主、人民的父母，君主管理人民也可以叫作人民的父母，但是至高至上而却又是至远的父母，就是天地。这个天神或上帝以至地神，就是我所说的"远祖"。所谓远祖，虽比"近祖"为远，然而，这不过只是一种比较的看法。所谓远祖与所谓近祖，两者之于君主、人民有了密切的关系，就是两者之间也有密切的关系。

我们说所谓远祖是与所谓近祖有了密切的关系，因为君主、臣民自己的祖宗，就是天神与上帝以至地神的子孙，故天神或上帝以至地神，可以说是祖宗的祖宗。周人且以为他们的先祖后稷，是因为他们的先祖母姜嫄蹈了上帝所走的脚步而感生的，那么，后稷也就是上帝的儿子。因此之故，周人不只要崇祖〔拜〕所谓近祖的后稷，而且要崇拜所谓远祖的上帝。反过来说，上帝既可以感动了姜嫄，而降生后稷而为周朝的祖宗，而使其子孙统治天下，那么，以上帝之神灵，无论在直接上或间接上，其与朝代的盛衰、国家的兴亡，以至政治的各方面的设施，都有了密切的关系，而这种关系，我们可以叫作神权政治、上帝政治或是天治。

天治的记载之于书籍的到处可见，在第二章里我们已略为举例，现在且从天与国家或政治的关系方面来看。

我们可以说，凡是得天下的往往以为这是天所赐与的，故皇帝是叫作天子，这就是天之子或天生之子。故《礼》云"君天下，曰天子"，《诗经·商颂》云"天命玄鸟，降而生商"，《书经·商书·汤誓》所谓"夏氏有罪，予畏上帝，不敢不正"，《仲虺之诰》云"夏王有罪，矫诬上天，以布命于下。帝用不臧，式商受命，用爽厥师"。这是商之所以得天下是由天所赐与的。至于周人之所以统治天下，也是天所赐与的。周的祖宗是上帝降生，上面已经说过，《周书·泰誓上》里也说得很明白：

> 今商王受，弗敬上天，降灾下民。沉湎冒色，敢行暴虐，罪人以族，官

人以世，惟宫室、台榭、陂池、侈服，以残害于尔百姓。焚炙忠良，刳剔孕妇。皇天震怒，命我文考，肃将天威，大勋未集。肆予小子发，以尔友家冢君，观政于商……天佑下民，作之君，作之师，惟其克相上帝，宠绥四方。有罪无罪，予曷敢有越厥志……商罪贯盈，天命诛之。予弗顺天，厥罪惟钧……类于上帝，宜于冢土，以尔有众，底天之罚。天矜下民，民之所欲，天必从之。

在《泰誓中》又说及天命，周之代商而统治天下，犹如天命之命商之代夏而统一样，更可见得，欲统治天下的，必得先得天之助。

反过来看，凡是失天下的，也是天使之失。《书经·商书·汤誓》里说"有夏多罪，天命殛之"，《西伯戡黎》里载，祖伊对纣王说：

天既讫我殷命。格人元龟，罔敢知吉……天弃我，不有康食。不虞天性，不迪率典……王曰："呜呼！我生不有命在天？"祖伊反曰："呜呼！乃罪多，参在上，乃能责命于天。"

此外，又如在《微子》里说"天毒降灾荒殷邦，方兴沈酗于酒"，《周书·君奭》里说"天降丧于殷"，这都是说殷之覆灭是天之所命。

又反抗天子的固如《商书·汤誓》所说"予畏上帝，不敢不正"，就是诛伐叛乱也是说天之所命。《书经·夏书·甘誓》里说：

有扈氏威侮五行，怠弃三正，天用剿绝其命，今予恭行天之罚。

其实，从这段话看起来，征伐有扈固是天之所命，而有扈氏之威侮五行，怠弃三正，也可以说反背了宗教的信仰，因为五行、三正都可以说是古代的宗教的迷信。这更可见得宗教与政治的关系的密切。

又如《胤征》里说：

惟时羲和颠覆厥德，沈乱于酒，畔官离次，俶扰天纪……昏迷于天象，以干先王之诛……今予以尔有众，奉将天罚。尔众士同力王室，尚弼予钦承天子威命。

天纪是天的纪纲，天象是天的象征，羲和既扰乱天纪而迷于天象，那么就要奉了天的命令去惩罚他了。

我们在这里也可以指出，羲和之所以要被征伐的理由之一是沈乱于酒。在古代之因沈乱于酒而使臣民反叛或受人谴责的例子很多，比方《商书·微子》里载"天毒降灾荒殷邦，方兴沈酗于酒"，《周书·酒诰》里且说"群饮汝勿佚，尽拘以归于周，予其杀"，可见得饮酒的罪之重。然而，古人之所以觉得饮酒是重罪的原因，主要的是因为酒是祭神的要品，应该把来供献与神，乱用供献与神的东西，也许是当为渎神的一种行为，故其罪特别的重。

又如设都建邦也是要随着天意,所以《商书·说命》中说"明王奉若天道建设都",至于迁移都邑是要随着天意,我们在上面已经说过,这里不必再述。

不但这样,所谓治国治天下的根本法则也是天所赐与的,《书经·周书·洪范》里载:

> 箕子乃言曰:我闻在昔,鲧陻洪水,汨陈其五行。帝乃震怒,不畀洪范九畴,彝伦攸斁。鲧则殛死,禹乃嗣兴,天乃锡禹洪范九畴,彝伦攸叙。

什么叫作洪范九畴呢?箕子又告诉我们道:

> 初一曰五行,次二曰敬用五事,次三曰农用八政,次四曰协用五纪,次五曰建用皇极,次六曰乂用三德,次七曰明用稽疑,次八曰念用庶征,次九曰向用五福,威用六极。

《周书·洪范》载,箕子对于洪范九畴曾详加说明,我们在这里不必加以抄述。我们所要注意的是,因鲧陻洪水,汨陈五行,上帝发了脾气,所以不给洪范九畴与他,可见得这个上帝是有了喜怒哀乐的情感的上帝。至于洪范九畴在中国的政治上所占的地位的重要,这是读过中国政治史的人所能容易看出来的,用不着我们在这里申述。

上面是注重于祖宗与天神与国家的关系,至于所谓地神就是社稷,社稷既为国家的代表,那么社稷与国家的关系可以概见。此外,日月星辰、风雨雷电,以至山川及各种神鬼,在政治上所占的地位也很重要。日食、月蚀、星辰变动,都是主持政治的人所当为国家兴亡、朝代盛衰,以至各种政治设施的各种预兆。而风云雨露、雷响电闪,也是君主、臣僚所当为神鬼降灾、赐福的表征。至于帝王望祭山川与庙祭孔丘以及其他的人鬼,也无非是利用宗教的力量去治理国家罢。

家族是我国各种社会的基础,而国家是我国各种社会的总和,家族与国家既深受宗教的影响,那么宗教在社会文化上的地位的重要是很显明的。

至于家族与国家以外的各种社会深受我国的宗教的影响,我们也可以略为说明。

原来"社会"二字的连用虽没有见于古代的书籍,而见于《贞观画史》的田家社会图,与《二程全书》的"乡民为社会"等词句,可是"社"字在我国的发生很早,而社的发展在我国的社会生活上也占了很重要的地位。《说文》"社,地主也,从示土",《礼记·郊特牲》疏引《五经异义》"今孝经说曰:社者,土地之主,土地广博,不可遍敬,封五土以为社",又《礼记·郊特牲》云"社,所以神地之道也",又说"社祭土而主阴气也"。从这些记载来看,社可以说是土地之神。

除了土地神社之外,天子、诸侯、大夫均可以立社。《礼记·祭法》里曾说:

> 王为群姓立社曰大社,王自为立社曰王社,诸侯为百姓立社曰国社,诸

侯自为立社曰侯社，大夫以下成群立社曰置社。

《礼记·郊特牲》以为社是土地之神，然而同时又说"天子大社，必受霜露风雨，以达天地之气也"，这种大社也许未必就是专指土地神社而言。所以，蔡邕在《独断》里说"天子之宗社曰太社，天子所为群姓立社也。天子之社曰王社，一曰帝社。古者有命将行师，必于此社"。这样看起来，这种太社、王社不只为祭祀土地之神的社，而是有了军事的作用了。《左传·僖公十九年》"宋公使邾文公用鄫子于次睢之社，欲以属东夷"，《礼记·王制》"天子将出征，类乎上帝，宜乎社"，而《史记·周本纪》云"周公把大钺，召公把小钺，以夹武王，衅社，告纣王之罪于天下及殷民"，这可以说是军事的社了。其实，在行军的时候还立军社。《周礼·大宗伯》云"若大师，则帅有司而立军社，奉主车"，《御览》五百二十二引《礼记外传》云"天子亲征则载社，主行有罪者，诛之于车前"，这又是一种流动的军社。

又有所谓亡国之社，据《正义》云"《谷梁传》曰：亳社者，亳之社也。亳，亡国也。亡国之社以为庙屏，戒也"，《礼记·郊特牲》云"丧国之社屋之，不受天阳也。薄社北牖，使阴明也"。

到了汉朝，社愈发展而很为普遍，所以董仲舒《春秋繁露·止雨》篇云"因令县乡里皆扫社下"，《汉书·郊祀志》云"因令县为公社"，乡社之见于志书，又如《汉书·五行志》所载"建昭五年，山阳橐茅乡社有大槐树，吏使伐之，其夜树复立其故处"。里社，据《汉书·郊祀志》"高祖十年，有司请令，民里社各以栽自祠"。

又有因纪念某人而立的社，如《汉书·栾布传》"燕齐之间为立社，号曰栾公社"。至于近代华侨之在海外的所设立的林家社、符家社等，却又是纪念其祖宗的一种团体。

上面所述的各种社，根本上都是偏于宗教的社，从这些宗教的社而发展了其他各种社。《淮南子·精神训》载有所谓乡鄙之社，云，"今夫穷鄙之社也，叩盆拊瓴，相和而歌，自以为乐矣"，这是乡村人民的娱乐之社。至于有了学术兼政治意味的，如明代的复社之称。满清末年及民国初年，革命党人及一般华侨在海外所设立的各种书报社，也是有了教育与政治意的会社。

近数十年来，社的种类愈多，而各种会社或社会的发达，更是举不胜举。然而，从我们的固有的各种会社来看，社的来源与发展既以宗教为主，而一些所谓少有或没有宗教色彩的社，也可以说是从宗教的社脱胎而来。

第六章 精神文化与宗教

我国的物质文化与社会文化固像上面所说，深受宗教的影响，我国的精神文〈化〉也深染宗教的色彩。其实，宗教本身就是精神文化的要素，所以我们的精神文化是有了宗教的成分是自然而然的。但是，精神文化的范围既不只限于宗教方面，那么我们也可以把宗教对于精神文化的其他方面的影响的概略，加以解释。

我们可以先从文字方面说起，《易经·系辞下传》里说：

> 古者庖牺之王天下也。仰则观象于天，俯则观法于地，观鸟兽之文，与地之宜，近取诸身，远取诸物，于是始作八卦。

八卦究竟是不是伏羲所作，我们在这里不必加以考究，我们所要指出的是，八卦可以说是一种简单的文字。八卦就是☰、☱、☲、☳、☴、☵、☶、☷，这就是乾、兑、离、震、巽、坎、艮、坤的八种意义，同时又以—为阳，而--为阴。近来有好多人以为，—与--是古代人们崇拜生殖器的表示的结果。假使这种看法是对的话，那么八卦的宗教的意味的浓厚更为显明。不过，单就八卦本身来说，八卦就是一种宗教的信仰。《易经》是以八卦为骨格，同时是古代一部卜筮的书。

八卦本身既是一种文字，而这种文字，据《乾坤凿度上》说，我国后来所用的一些文字也是从八卦而来，比方☰为古之天字，☷为古之地字，☵为古之水字，而☲为古之火字。

《易经·系辞上传》里又说：

> 河出图，洛出书，圣人则之。

有些典籍以为，这里所说的圣人是黄帝。《河图挺佐辅》里说"天老告黄帝曰：河有龙图"，又说"黄帝游翠妫之川，有大鱼出，鱼没而图见"，这是关于河图方面，至于洛书，同书也说"天老告黄帝曰：洛有龟书"。

又有些地方以为，这里所说的圣人是苍颉。《河图玉版》说"苍颉为帝南巡，狩发阳虚之山，临于元扈洛龟之水。灵龟负书，丹甲青文以授之"，罗泌《路史》也说"苍帝俯察龟文、鸟羽，而创文字"。此外，苍颉造字之说见于古籍的很多。《鹖冠子·近迭》篇说"苍颉作法，书从甲子"，《淮南子·本经训》篇说"苍颉作书，天雨粟，鬼夜哭"，又如《韩非子·五蠹》篇也说"古者，苍颉之作书也"与《吕氏春秋·审分览》说"苍颉作书"。除了《韩非子》与

《吕氏春秋》不明白的说苍颉作书是由于神鬼或奇迹而来外，其他各处多是有了神秘的说法。又苍颉有人写作仓颉，又有人以为这两者是不同的。比方，罗泌《路史》以为苍颉出于舜时苍舒之后，而与仓氏的来源不同。此外，又有些人以为苍颉为皇帝的，《河图玉版》与《路史》都偏于这种主张。又有些人以为，苍颉是黄帝的臣或史官的，许慎《说文》自序说"黄帝之史苍颉，见鸟兽之迹，而知分理之可相别异也，初造书契"，可以说是主张后说的。

此外，又有些记载以为，发见河图洛书是禹的。《尚书·中候》说"伯禹观于河，有长人鱼身出，曰河精也。授禹河图，堕入渊"，《书经》宋蔡沈《集传》《周书·洪范》里注解"天乃锡禹洪范九畴"一句说：

> 禹顺水之性，地平天成，故天出书于洛，禹别之以为洪范九畴……按孔氏曰：天与禹，神龟负文而出，列于背有数九，禹遂因而第之，以成九类。《易》言：河出图，洛出书，圣人则之。盖治水功成，洛龟呈瑞，如箫韶奏而凤仪，《春秋》作而麟至，亦其理也。

究竟所谓"河出图，洛出书"的发见的是黄帝，或是苍颉，或是夏禹，我们不必加以考究，我们所要特别加以注意的是，古人相信文字的产生是神灵所赐与的。照《易经》"河出图，洛出书"的说法，已是一种宗教的信仰了。

又从上面的各种学说来看，有的以为是鱼负图或是是龙负图，有的以为是龟负图。除了上面所举各书外，《春秋说题词》也说"河以通乾出天苞，洛以流坤吐地符，河龙图发"，又说"洛龟书感"。又有的以为书的创作与鸟羽有关系，《路史》所说"苍颉察鸟羽而创文字"固是较晚，然而，在《论语》里，孔子也说"凤鸟不至，河不出图，吾已矣夫"。此外，《礼记·礼运》说"山出器车，河出马图"，这又是以马与图的出现有了关系了。《书经·周书·顾命》里说"河图在东序"，据蔡沈《集传》云"河图伏羲时，龙马负图在于河"，那么，图的出现不只是由龙与马负之而出，而且出现的时代又在伏羲的时代，而与作八卦是同一个人了。

我们以为，所谓图书或文字是由于鸟兽呈现出来的主张，也许是与古代的图腾制度有了关系。在图腾制度之下，人们既以鸟兽为其祖宗，那么祖宗除了能够产生种族之外，也能够制作文字以传给子孙呵。

又上面曾述《鹖冠子·近迭》篇以为"苍颉作法，字从甲子"，所谓甲子就是天干与地支。天干为甲乙丙丁戊己庚辛壬癸，而地支为子丑寅卯辰巳午未申酉戌亥。天干之于五行有了密切的关系，而为古代迷信之一种，至于地支又与十二生肖有了密切关系，也是我国迷信之一种。天干分为阴阳，甲丙戊庚壬为阳，而乙丁己辛癸为阴，而与木火土金水相配。地支的征象是十二种动物，这就是鼠牛虎兔龙蛇马羊猴鸡狗猪等，这种看法也许是与图腾制度有了关系。直至现在，我们以为某人生时属牛或属虎，还可以说是受了这种迷信的影响，所以以为文字的创造是从甲子的看法，也可以说是一种迷信的说法。

至说"苍颉作书，天雨粟，鬼夜哭"，也是说明文字的起源是与鬼神有了密切的关系。

总而言之，无论是以伏羲、黄帝、苍颉或夏禹为创造文字的始祖也好，无论是以八卦或鱼、龙、龟、马、鸟各种神物以至甲子、神鬼与文字的起源有关也好，文字的起源与发展，从古人看起来可以说是神授的，是神秘的。

不但这样，从古代文字的应用方面来看，文字与宗教的关系也很为密切。因为我们的最古的文字主要是应用于卜筮或宗教的其他方面，骨甲文就是一个很显明的例子。卜辞里的文字，正是中国文字正在创造的历程中。商承祚在一九二三年所出版的《殷虚文字类编》里就指出，在殷代的文字的字，有至四十余种书法的。《易经》是卜筮的书，而《书经》也可以说是一本宗教的纪录。我们推想，古人因为卜筮、祭祀以及宗教上的其他作用，而需要应用文字，比之任何需要而应用文字，重要得〈多〉。卜辞的文字固是宗教的文字，巫者所说的语言及歌辞也是宗教的语言。所谓祝是善于词令的人，至于史在古代，主要的也是主管关于宗教的纪录，这正如司马迁在《报任少卿书》告诉我们道：

> 文史星历，近乎卜祝之间。

所以，不只古代的人们相信文字是神灵所赐与的东西，就是事实上，宗教对于文字的起源与发展却有很大的影响。

从中国的思想方面来看，我们可以说，在春秋以前的中国思想，差不多完全偏于宗教方面。所谓盘古、天皇、地皇的传说，以至人首蛇身的包牺与炼石补天的女娲的记载，虽为后人所假托，然而，在上古时代的人民的迷信很深，是没有问题的。其实，自骨甲文字及近代考古学上的各种发现以后，我们知道在殷的时代的人民是最迷信的。从卜辞中我们可以看出，殷人无论对于什么事情都要卜问，所以在那个时候，出入要卜问，征伐要卜问，渔猎要卜问，畜牧要卜问，风雨要卜问，祭祀要卜问，以至于其他的一切事也要卜问，而且一件事情往往要卜问了好多次。

殷人既是这么的迷信，我们可以推想，殷以前的人们也必很为迷信。《书经》里关于殷以前的好多记载，虽是少有可靠而为后人所假托的记载，然而就照假的记载来看，大致上无事不归诸天命，无事不崇奉神祇。所以，我们相信殷以前的人们只有比殷人更为迷信，而不会比殷人少为迷信。

至于周人，不只相信其祖宗后稷是上帝所托生的儿子，而且相信文王在天之灵可以监察周人的行为。同时，他们相信他们反叛殷人是上帝的命令，他们统治天下也是上帝所允许，甚至他们迁移京都也是上帝的意旨。其实，周人虽代替殷人而统治天下，然而周人的思想还是继承了殷人的传统思想。

到了春秋战国的时候，中国的思想最为发达，所谓十家九流各树一帜，而成为中国的固有思想史上的最繁盛的时代。然而，大致的说，在这个时代的各异的思潮中，却可以归纳为三个主要的派别，这就是道家的思想、儒家的思想与墨家的思想。关于道家的思想与儒家的思想，我们在下面当再加解释，所以在这里只能把这两家的领袖人物的老子与孔子的思想，略为说明，而对于墨家的思想却特别的加以注意。

我们可以说这三派的思想都受了宗教的影响，虽则在其所受宗教的影响上有了程度上的不同。我们现在且先从墨子的思想说起。

其实，我们说起墨子，我们与其说他是古代一个大思想家，不如说他是一个大宗教家。因为他不只是深染了宗教的色彩，而且很有意的要建立一个宗教，他不只信天神，信鬼神，而且用宗教去解释中国的历史。

照他的意见，中国的历史的发展是完全受了天神、鬼神的支配的。《明鬼》篇有了几段是关于这一点的说明，我现在且抄在下面：

> 子墨子曰：《周书·大雅》有之。《大雅》曰："文王在上，於昭于天。周虽旧邦，其命维新。有周不显，帝命不时。文王陟降，在帝左右。穆穆文王，令问不已。"若鬼神无有，则文王既死，彼岂能在帝之左右哉？此我所以知《周书》之鬼也。

> 且《周书》独鬼而《商书》不鬼，则未足以为法也。然则姑尝上观乎《商书》。曰："呜呼！古者有夏，方未有祸之时，百兽贞虫，允及飞鸟，莫不比方。矧隹人面，胡敢异心！山川鬼神，亦莫敢不宁。若能共允，佳天下之合，下土之葆！"察山川、鬼神之所以莫敢不宁者，以佐谋禹也。此吾所以知《商书》之鬼也。

> 且《商书》独鬼而《夏书》不鬼，则未足以为法也。然则姑尝上观乎《夏书》。《禹誓》曰："大战于甘，王乃命左右六人，下听誓于中军，曰：有扈氏威侮五行，怠弃三正，天用剿绝其命。"有曰："日中。今予与有扈氏争一日之命。且尔卿大夫庶人，予非尔田野葆土之欲也，予共行天之罚也。左不共于左，右不共于右，若不共命，御非尔马之政，若不共命。是以赏于祖而僇于社。"赏于祖者何也？言分命之均也。僇于社者何也？言听狱之事也。故古圣王必以鬼神为赏贤而罚暴，是故赏必于祖而僇必于社。此吾所以知《夏书》之鬼也。

> 故尚者《夏书》，其次商、周之书，数语鬼神之有也，重有重之，此其故何也？则圣王务之。以若书之说观之，则鬼神之有，岂可疑哉！

从这数段话看，夏商周三代不只是有天神、鬼神，而且以天神、鬼神去治天下，而天神、鬼神的力量之大，又可以从下面所举的例子看出来：

> 子墨子言曰："若以众之所同见，与众之所同闻，则若昔者杜伯是也。

> 周宣王杀其臣杜伯而不辜，杜伯曰：'吾君杀我而不辜，若以死者为无知，则止矣。若死而有知，不出三年，必使我君知之。'其三年，周宣王合诸侯而田于圃田，车数百乘，从数千，人满野。日中，杜伯乘白马素车，朱衣冠，执朱弓，挟朱矢，追周王，射之车上，中心折脊，殪车中，伏弢而死。当是之时，周人从者莫不见，远者莫不闻，著在周之《春秋》……"以若书之说观之，则鬼神之有，岂可疑哉！

又如：

> 当昼日中处乎庙，有神入门而左，鸟身，素服三绝，面状正方。秦穆公见之，乃恐惧，犇。神曰："无惧！帝享女明德，使予锡女寿"十年有九，使若国家蕃昌，子孙茂，毋失秦。穆公再拜稽首，曰："敢问神名？"曰："予为句芒。"若以秦穆公之所身见为仪，则鬼神之有，岂可疑哉！

从这两个例子看起来，天神、鬼神的存在不只是无可怀疑，而且天神、鬼神对于作善者以善报，作恶者以恶报。

总而言之，天神、鬼神的存在是历史上一件无可怀疑的事实，而天神、鬼〈神〉在历史上的地位的重要，不只是夏、商、周有了传说的记载，而且有了众人共见、共闻的实例。

《墨子》书里专讲天神与鬼神，除了上面所说的《明鬼》篇，还有《天志》上中下三篇。《天志》与《明鬼》虽好像是把天与鬼分开来说，然事实上这两篇是有了密切的关系，而且所讲的是一个相同的问题。《天志》里所说的是天神、鬼神的信仰的重要，而《明鬼》里所说的是天神、鬼神的权力的举例。

从墨子看起来，神灵是很多的，且看他在《明鬼》篇说：

> 有天鬼，亦有山水鬼神者，亦有人死而为鬼者。

在各种神灵之中，天神可以说是至大至高而无处不存在的。所以，《天志上》里说：

> 夫天，不可为林谷幽门无人。

孙诒让《墨子间诂》解释云"余谓门当为间，间读若闲。言天监甚明，虽林谷幽闲无人之处，天必见之也"。天既无所不在，天也无所不包，无所不包就是至大的东西。天不只是至大的东西，而且是至高的东西，因为统治天下的天子也要尊天与祀天。所以，墨子说：

> 故昔三代圣王禹、汤、文武，欲以天之为政于天子，明说天下之百姓，故莫不犓牛羊，豢犬彘，洁为粢盛酒醴，以祭上帝、鬼神而求祈福于天，我未闻天之祈福于天子也。

天子固要向天祈福，天下又是天的所有物，所以，他说"天之有天下也"。天是最高的，故又说：

> 天为贵。

天不只是广大高贵，而且天是有知的、有意的，墨子所说"天为知"与"天之意"就是这个意思。所谓"天之志"是什么呢，他说：

> 我有天志，譬若轮人之有规，匠人之有矩。

所谓像轮人之有规，匠人之有矩的天志，就是义，而义就是政，故墨子说"义者，政也"，又说：

> 顺天意者，义政也；反天意者，力政也。

又说：

> 今天下之士君子欲为义者，则不可不顺天之意矣。顺天之意，兼；反天之意者，别也。兼之为道也，义正；别之为道也，力正。曰：义正者何若？曰：大不攻小也，强不侮弱也，众不贼寡也，诈不欺愚也，贵不傲贱也，富不骄贫也，壮不绝老也，是以天下之庶国，莫以水火、毒药、兵刃以相害也。

又说：

> 顺天意者，兼相爱，交相利，必得赏；反天意者，别相恶，交相贼，必得罚……子墨子曰："昔三代圣王，禹、汤、文、武，此顺天意而得赏也；昔三代之暴王，桀、纣、幽、厉，此反天意而得罚者也。……禹、汤、文、武……其事上尊天，中事鬼神，下爱人，故天意曰：'此我之所爱，兼而爱之……'故使贵为天子，富有天下。"……桀、纣、幽、厉……"其事上诟天，中诟鬼，下贼人，故天意曰：'此我之所爱，别而恶之……'故使不得终其寿，不殁其世，至今毁之，谓之暴王"。

《墨子·鲁问》篇曾说：

> 国家淫乱，则语之尊天、事鬼；国家务夺侵凌，即语之兼爱、非攻。

兼爱、非攻是墨子的主要思想，但是能够兼爱则不会互相攻伐，反过来说，非攻就是要兼爱，而兼爱又可以说是墨子的主要思想。故孟子说"墨子兼爱，摩顶放踵"。但是，所谓兼爱就是顺天之意，而所谓顺天之意实为墨子的根本的思想。这种思想是我们中国古代的传统思想，也是我们古代的正统思想。墨子不过把过去的尊天的思想加以历史上的证明，加以系统的解释，加以有力的宣传，加以浓厚的神化，而希望成为一神的宗教。

墨子的思想在春秋战国的时代影响很大，所以孟子说"天下之言，不归杨，则归墨"，孟子又说"杨氏为我，是无君也；墨氏兼爱，是无父也。无父无君，是禽兽也"，又说"能言距杨、墨者，圣人之徒也"。自孟子这样刻薄的谩骂墨子之后，所谓儒家者流，既不敢去研究墨子的学说，而自汉代尊崇儒术之后，墨子的思想又更被压迫。然而，曰为无父的兼爱的主张，固为人们所不敢谈，可是墨子所提倡的天神与鬼神的学说，不只在古代历史上占了重要的地位，就是在墨子以后的中国文化的发展史上，始终是主要的动力。

我国的宗教对于道德有没有影响呢？原来在世界上的各处的古代的社会里，道德之于宗教是不易分开而有了很密切的关系。国人从来每每以为我国的文化是偏重于道德方面，然而事实上，我们所谓道德，不但在其来源上是由于宗教，就是在其发展的历史上，也从无与宗教分开。

"道德"两个字在我们现代的普通应用上，虽当为一件东西，而包括好多的特性或要素，然在古代则往往分开来说。比方，老子《道德经》里说："是以万物，莫不尊道而贵德。"王弼注云"道者，物之所由也；德者，物之所得也。由之乃得"，就是分开来说的一个例子。而且有的时候，这两个字的意义还处于相反的地位，正如老子《道德经》里所说，失道而后德，这又是相反的意义的一个例子。

我们现在且先分开来说，然后从其两者的整个意义去解释。

道之于天的关系，可以从所谓"天道"两个字看出来。所谓天道，就是天之道，也可以说是普通人所谓公道。"天道"两字的连用很多，比方《书经·大禹谟》里所说"时乃天道"，又如《商书·盘庚下》里所说"明王奉若天道"。天道可以说是最高的道，所以得乎天道者可以兴盛，而反乎天道的必至灭亡。武王之所以代纣，就是因为后者违背了天道，所以《周书·武成》里说"今商王受无道，暴殄天物"；反过来说，周人之所以能兴盛是得乎天道，这就是《书经》所说"钦崇天道，永保天命"的意思。

道固是道德的最高的原则，然而道是由天而来的。《中庸》里告诉我们道：

> 天命之谓性，率性之谓道。

董仲舒也说：

> 道之大原出于天，天不变，道亦不变。

道固是由天而来，德也可以说是由天而来。《书经·皋陶谟》里说：

> 天命有德。

《左传·宣公三年》楚子问鼎，王孙满对楚子说：

> 天祚明德，有所厎止。

德也既是由天而来，那么顺天者也要敬德，《周书·召诰》说：

> 呜呼！天亦哀于四方民，其眷命用懋，王其疾敬德。

又说：

> 我不可不监于有夏，亦不可不监于有殷。我不敢知曰，有夏服天命，惟有历年；我不敢知曰，不其延。惟不敬厥德，乃早坠厥命。我不敢知曰，有殷受天命，惟有历年；我不敢知曰，不其延。惟不敬厥德，乃早坠厥命。

又《商书·咸有一德》里说：

> 惟尹躬暨汤，咸有一德，克享天心。

这都可以说是有德者才得天心，才得天的降福，这又正如《商书·伊训》里所说：

> 惟上帝不常，作善降之百祥，作不善降之百殃。尔惟德罔小，万邦惟庆；尔惟不德罔大，坠厥宗。

天固与德有了关系，祖宗、鬼神也与德有了关系。《书经·商书·咸有一德》里说：

> 七世之庙，可以观德。

《左传·僖公五年》宫之奇说：

> 臣闻之，鬼神非人实亲，惟德是依。故《周书》曰："皇天无亲，惟德是辅"……如是，则非德民不和，神不享矣。

我们不必多所举例，我们可以说天与祖宗、鬼神对于有德者必加赏，而对于失德者必加罚。因为德是由天而来，所以反德者，也可以说是反天、反祖宗、反鬼神。

道与德既都是原于天，那么道与德都是人类的行为的标准，后来人们把道德当为一个东西，也就是这个原故。道德既为人类的行为的标准，道德所包括的特性或要素却又很多，比方仁就可以说是道德的一种行为。然而，所谓仁人，也可以说是顺乎天意的人，所以《周书·武成》里说"予小子既获仁人，敢祗承上帝，以遏乱略"。又，义也可以说是道德的一种行为，然而，义也是与天有了关系的，《商书·高宗肜日》里说"惟天监下民，主厥义"。又如正直或公正，也是道德的一种行为，然而，正也是与上帝有了关系的，《商书·汤誓》里说：

> 予畏上帝，不敢不正。

至于礼呢，《礼记·曲礼》上说：

> 道德仁义，非礼不成。

我们可以说，道德、仁义是偏于主观方面的德性，而礼可以说是偏于客观方面的德性。有了主观的德性而没有客观的德性，则所谓主观的德性是不能充分的表现出来。因为礼不只是道德的行为的标准，而且是道德的行为的一种确定的标准，而同时又可以说是道德的行为的本身。所以说，道德仁义，非礼不成。

然而，礼是怎么样来的呢？

章学诚在《文史通义》的《礼教》篇里，曾有下面一段话：

> 或曰："周公作《官礼》乎？"答曰：周公何能作也！鉴于夏、殷而折衷于时之所宜，盖有不得不然者也。夏、殷之鉴唐、虞，唐、虞之鉴羲、农、黄帝，亦若是也，亦各有其不得不然者也。故曰："道之大源出于天"也。孔子曰："吾学周礼"，学于天也，非仅尊周制而私周公也。

从这段话看起来，礼可以说是出于天了。《礼记·丧服四制》也有下面一段话：

> 夫礼之大体，体天地，法四时，则阴阳，顺人情，故谓之礼。訾之者，不知礼之所由生也。

《书经·皋陶谟》里也说：

> 天叙有典，天秩有礼。

总而言之，礼是天的次序，礼是天的行为，礼是天的命令。礼既是原于天，那么，有礼者可以说是顺天，而失礼者可以说是背天。天既礼之原，天可以因人失礼而加祸于人们或国家，天也可以以礼而对待人们或国家。所以，《左传·隐公十一年》郑庄公曾对许国的大夫百里说：

> 天其以礼悔祸于许。

礼既是天所产生，礼的作用也就很大。《左传·隐公十一年》：

> 礼，经国家，定社稷，序人民，利后嗣者也。

礼的重要，可以从这几句话里看出来。其实，国人从来就自称为礼义之邦、礼教之国，而往往以为我国的文化之所以异于其他的国家或民族的文化，就是因为我们有了这个礼，而别的国家或别的民族没有这种礼。因此，礼遂被视为中国文化的特性，中国文化的代表。比方，孔子所谓"殷因于夏礼"与"周因于夏礼"，就可以说是以礼去代表夏代的文化。所以，要想明白中国的文化，就不能不了解中国的礼。然而，中国的礼既是由天而来，那么我们要想明白中国的礼，我们就不能不明中国的崇拜天神的宗教。

其实，礼不只是原于崇拜天神的宗教，而且就是宗教的仪式。《说文》"礼，履也,所以事神致福也,从示从豊",所以,从礼的起源来看,礼本来是宗教的仪式。从这种宗教的仪式,后来才发展为其他各种的礼。因为在古代,人们既要敬奉天神、鬼神,人们不能不有敬奉天神、鬼神的方式,如在祭祀的时候怎么样祭祀,怎么样祈祷,都不能不有各种仪式,而这些仪式就是叫作礼。古代有了宗伯的官,是专掌国家的礼的。《书经·周官》云"宗伯,掌邦礼,治神人,和上下",可见得神人之间的关系是要有一种礼,有了神人之礼,然后发生上下之礼,以至其他各种礼。而且,在其他各种礼仪发展之后,祭神之礼在国家上还是占了主要的地位。所以,《中庸》里说:

  郊社之礼,所以事上帝也。宗庙之礼,所以祀乎其先也。明乎郊社之礼、禘尝之义,治国其如示诸掌乎。

第三编

第七章　道教与中国文化

道教的正式成立虽可以说是始于汉代，然其渊源却可以说是很古。近来，有些人，而特别是闻一多先生，以为道教是中国最古的宗教。其实，我们可以说道教是集了中国古代各种迷信的大成，举凡古代的巫卜、星祝、阴阳、神仙、灵魂、谶纬，无一不与道有了密切的关系。《易经·系辞》上说"圣人以神道设教"，有些人遂因此而以为道教是由圣人建立的。其实，道教的渊源既就是我国的最古的各种迷信，那么，所谓圣人或是古代的统治者，不过是利用已经存在的各种迷信以为统治人民的工具，并非由圣人发明了某种宗教或神道以为统治国家的张本。

从这种观点来看，我们可以说就是上面所谓儒教，也是由我国古代的各种迷信而来，虽则后来崇拜儒教的人们主要是所谓统治阶级与士大夫阶级，而相信道教的人们就是一般普通的人民，而特别是没有受过教育的人民。在我国的历史上，儒道两者虽常常有了门户的偏见与教义的纷争，然而，事实上两者不只在其来源有了共同的地方，就是在后来的发展上也有了好多互相影响之处。

道教曾托原于老子，《魏书·释老志》说：

> 道家之原，出于老子。其自言也，先天地生，以资万类。上处玉京，为神王之宗；下在紫微，为飞仙之主。千变万化，有德不德，随感应物，厥迹无常。授轩辕于峨嵋，教帝喾于牧德，大禹闻长生之诀，尹喜受道德之旨。至于丹书紫字，升玄飞步之经；玉石金光，妙有灵洞之说。如此之人，不可胜纪。其为教也，感触去邪累，澡雪心神，积行树功，累德增善，乃至白日升天，长生世上。所以秦皇、汉武，甘心不息。灵帝置华盖于灌龙，设坛场而为礼。及张陵受道于鹄鸣，因传天宫章本千有二百，弟子相授，其事大行。斋祠跪拜，各成法道。有三元九府，百二十官，一切诸神，咸所统摄。又称劫数，颇类佛经。其延康、龙汉、赤明、开皇之属，皆其名也。及其劫终，称天地俱坏。其书多有禁秘，非其徒也，不得辄观。至于化金销玉，行符敕水，奇方妙术，万等千条，上云羽化天飞，次称消灾灭祸。故好异者往往而尊事之。

这不只说道教原于老子，而且说及道教的早期的发展的史略与信仰的内容的大概。此外，又如葛洪《神仙传》里说：

> 自伏羲至三代，显明道士，世世有之。其老子，盖得道犹精者也，内实自然，欲正定本末，当以史传为据，并仙经、秘文以相参会，其他俗说，文多虚妄。其后道士，私有增益，非真文也。著《道德》三篇尹喜行其道。至汉，窦太后好黄老之言，孝文帝及外戚诸窦皆令读，故庄周之徒以老子为宗。

这也可以说是以老子为道教的师宗，但是，为什么道教要把老子为师祖呢？照我个人的意见，在汉的时代，孔子既得了高祖的拜祭，而武帝又罢黜百家，表章五经，而儒者既尊崇孔子为教主，道教教徒于是不得不以老子为祖师。因为孔老并称，在汉初的时代，势力并不相上下，窦太后提倡黄老之言，而文帝及外戚诸窦又皆读《道德经》，就可见得道家的势力之大。又在东汉初年，楚王英已奉祀老子，到了桓帝延熹八年（一六五），桓帝曾遣中常侍左悺到苦县祀老，次年帝又亲祠黄老于濯龙宫。高祖与武帝虽尊崇孔子，然文帝与桓帝却又尊崇老子。孔子是儒教的领袖而得帝王的奉祀，而为儒教的教主，那么，老子既是道家的领袖而又得帝王的奉祀，自然而然是易为人当为道教的祖师。

章太炎先生在《检论·黄巾道士缘起》一文里曾说：

> 神仙之说，汉末或托老子，与其初旨背驰。今之黄巾道士，起于张陵、张鲁之伦，其"奸令""祭酒"，虽主习《老子》五千言，本非虚无贵胜之道，而亦不事神仙，但为禜解劾治而已。斯乃古之巫师，近于墨翟，既非老庄，并非神仙之术也。

这种看法大致上是像我们上面所说，道教是渊源于古代的各种迷信。然若说道教与老庄是没有关系，也不见得是对的。

胡适之先生在《说儒》一文里，以为老子也是儒，他说：

> 孔子和老子本是一家本无可疑，后来孔老分家也丝毫不足奇怪。老子代表儒家的正统，而孔子早已超过那正统的儒。老子仍旧代表随顺取容的亡国遗民的心理，孔子早已怀抱着"天下宗予"的东周建国的大雄心了。老子的人生哲学乃是千百年的世故的结晶，其中含有绝大的宗教信心。常有司杀者杀，天网恢恢，疏而不失——所以，不是平常一般有血肉骨干的人所能完全接受的。孔子也从这种教义里出来，他的性情人格不容许他走这条极端的路，所以他渐渐回到他所谓中庸的路上去。

我们不一定赞同胡先生，以为老子也是儒。其实，与其说老子也是儒，不如说孔子也是道，因为孔子的宗教也是古代的所传下的各种迷信的神道。然而，胡先生以为老子的人生哲学乃是千百年的世故的结晶,其中含有绝大的宗教信心,是很正确的看法。

我们知道老子是一位熟识古礼的人,而所谓古礼,根本就是宗教之礼。又老子是一位史官,古代史官所纪录的东西,主要既是关于宗教的事情,而特别是卜祝的事情,那么史官不只是一位熟识各种宗教信仰的人,而且就是一位宗教家。他在其所著的《道德经》里虽然少谈鬼神迷信的事情,然而《道德经》是一本深含了神秘性的书籍,这是一个深受了宗教环境的影响的人的思想的反应。《史记》载,他是楚苦县人,楚人很迷信老子,也不能当为例外。

我们且看老子说:

> 谷神不死,是谓玄牝;玄牝之门,是谓天地之根。绵绵若存,用之不勤。

这岂不是很神秘的说法吗?又说:

> 出生入死。生之徒,十有三;死之徒,十有三;人之生,动之死地,亦十有三。夫何故?以其生生之厚。盖闻善摄生者,陆行不避兕虎,入军不被甲兵;兕无所投其角,虎无所措其爪,兵无所容其刃。夫何故?以其无死地。

这又岂不是很神秘的事情吗?其实,神秘固是神秘,然假使我们用宗教上的各种异迹来说明这种事情,那就很容易了解。义和团不是告诉过我们,他们的肚子可以抵抗枪炮,而古代及原始社会的人们相信各种幻术,也岂不是像这里所说的所谓"善摄生者"所能作的事情吗?

古人除了信鬼神、信法术之外,又信天神、信上帝,老子也不能当为例外。老子是一个史官,读书的机会较多,思想较为深刻,他除了相信天帝之外,他还要问问天帝是从何而来。因为从来的人们既相信人类万物是天帝所生,然而天帝是怎么样来,从来就没有去考究。老子可以说是第一个人有了这种疑问,他想来想去,遂用一个"道"字去说明天帝的由来。且看他说:

> 有物混成,先天地生。寂兮寥兮,独立而不改,周行而不殆,可以为天下母,吾不知其名,字之曰:道。

这很显明的说,有了一些东西是可以为天地的父母。不过,他不知道这是什么东西,故强而名之曰"道"。他虽然叫这个东西为道,然他始终没有充分的了解这个道。所以他又说:

> 道冲而用之又弗盈,渊兮似万物之宗。挫其锐,解其纷,和其光,同其尘。湛兮似或存,吾不知谁之子,象帝之先。

这个不易了解的道就是玄之又玄的东西,是象帝之先,是天地之始。所以说：

> 道可道，非常道。名可名，非常名。无名天地之始，有名万物之母。故常无欲以观其妙，常有欲以观其徼。此两者同出而异名，同谓之玄。玄之又玄，众妙之门。

可见得，老子所说的道并非平常人所说的道，也非古人所谓的天道。因为这个道可以说道之道，在天之先，在帝之先，这是玄之又玄的东西，这是神秘而又神秘的东西，这是平常人所信的宗教的进一步的宗教。

老子这种神秘的思想，是与《易经》里的神秘思想有了好多相同的处。老子以为道生一，一生二，二生三，三生万物，这与八卦中的 ▬、▬▬、☰ 很有类似的地方。《易传》所谓"一阴一阳之谓道，阴阳不测之谓神"，都是神秘思想的表示。《易经》是一部卜筮的书，老子《道德经》的思想，也可以说古代迷信社会的一种反影罢。

这种神秘的思想在庄子的书里更为显明，比方，《庄子·大宗师》篇说：

> 夫道，有情有信，无为无形；可传而不可授，可得而不可见；自本有根，未有天地，自古已固存，神鬼神帝，生天生地；在太极之上而不为高，在六极之下而不为深，先天地生而不为久，长于上古而不为老。

我们在这里只能随便的举了一个例子，去说明庄子的神秘思想。他在《天下》篇曾把老聃称为至极，又称老聃为古之博大真人，这已经下了建立道教的种子，把老子当为道教祖师的先声。

老子与庄子可以说是古代迷信社会的代言者，而后来的道教教徒可以说是古代迷信社会的复活者、实行者与推进者。而在其复活、实行与推进的历程中，却有不少的损益，特别自佛教传入以后，深受佛教的影响，而与渊源共同的儒教以及外来的佛教，成为鼎足而立的三种主要的宗教。

总而言之，道教是集了中国古代各种迷信的大成，然而这些迷信的代言人物的领袖是老子。这个领袖并不一定像胡适之先生所说是儒，或是儒的正统，然而，这位领袖也是孔子的领袖，所以孔子要向他学礼。后来，孔子因为尽量去迎合有权有位的君主，同时又尽力去罗致很多的弟子，而逐渐的独树一帜。到了后来，不只成为孔老对抗的局面，而且骎骎乎有了压倒其师的趋向。孔子既成为儒教的教主，老子也被尊为道教的祖师。

照一般人的看法，崇拜老子为祖师而创立道教的是东汉的张陵，这就是后来的人们所说的张道陵。《后汉书·刘焉传》中曾有关于张陵及其子衡与其孙鲁的记载：

> 张鲁，字公旗。初，祖父陵，顺帝时客于蜀，学道鹤鸣山中，造作符书，以惑百姓。受其道者辄出米五斗，故谓之"米贼"。陵传子衡，衡传于

鲁,遂号"师君"。其来学者,初名为"鬼卒",后号"祭酒"。各领部众,众多者名曰"理头"。皆校以诚信,不听欺妄,有病但令首过而已。诸祭酒各起义舍于路,同之亭传,悬置米肉以给行旅。食者量腹取足,过多则鬼能病之。犯法者先加三原,然后行刑。不置长吏,以祭酒为理,民夷信向。朝廷不能讨,遂拜鲁为镇夷中郎将,领汉宁太守,通其贡献。

又,明代所谓嗣汉四十二代天师张真人所撰的《汉天师世家》也有关于张陵的详细的记载。这些记载很为荒诞,然其所假托的事情与其迷信的宣传,也有值得我们注意的地方。今节录一段于下面:

祖天师,讳道陵,字辅汉,丰邑人也。九世祖良,游下邳,圯上黄石公授之以书……大顺是为桐柏真人,天师父也。母梦神人自北斗魁星中降至地,长丈余,授以香草……感而有娠……生于吴之天目山……七岁读《老子》,即了其义,于天文、地理、图书、谶纬之秘,咸贯通焉……初居阳平山,感大上(即大上老君)授以经箓之法,次登西城山筑坛墠以降五帝……复居葛瓌山、秦中、昌利、隶上……诸山修九真之法,得出入水火之妙及养神轻身之术。

又在汉灵帝熹平年间,又有张角提倡太平道,所谓"太平道者,是师持九节杖为符祝,教病人叩头思过,而以符水饮之"。道教在东汉的时候既已逐渐发展,到了后来又有了好多学者著书立说,以为之倡,比方魏伯阳的《参同契》与比方于吉的《太平经》,就是一些例子。又晋时葛洪在其所著的《抱朴子》里,以为神仙并非虚妄,又以为人若能服气养神、制药炼丹,也可以作神仙。又如南朝时的陆修静的《必然论》与《太上洞玄灵宝众简文》,而特别是陶弘景的《真诰》二十卷。《真诰》是真人口授之诰,其第二篇《甄命授》中,曾抄袭了佛教的《四十二章经》,宋代的朱子已经指出,而《四库全书提要》也曾提及,日本小柳司气太所著《道教概论》中也曾说及。胡适之先生在陶弘景的《真诰考》一文里,曾把其抄袭之文互相对照。其实,道教之受佛教的影响很早,后汉楚王英曾祀老子,而又信佛教。又据《汉书·襄楷传》,桓帝延熹年间曾并祀黄老浮屠,又据同处曾载及于吉的《太平经》,无疑的是模仿佛经而作的经典。

张道陵在东汉的时候虽已创立道教,而其子孙及不少学者虽也逐渐的提倡起来,然而,道教在社会上能够普遍的发展与有了巩固的基础,主要是得力于北魏的寇谦。明代邱濬曾说:

道家者流,其源出于老子。汉初,其法有三十七家,大旨去健羡、取冲虚而已,无上天官符箓等事。东汉之末,张道陵始创其法,然惟私相授受于民间,未尽传布天下也。至嵩山寇谦之,修张鲁之法,自言尝遇老子降,命继道陵为天师。又言老子玄孙李谱文,授以图箓真经,付以奉持辅佐北方太平真君。谦之献其书于魏，人多不信。崔浩独上书，陈其事其教，遂大行于世，与儒释并立而为三。

崔浩是北魏时人，作过大官，他本来是不喜欣老庄的书的，而且常常以为此矫诬之说，不近人情，一定不是老子所作。因为老子是明礼的人，而为孔子所师，故不会著这种书。但是后来听了寇谦之说太上老君曾授以天师之位，并赐他《云中音诵新科之诫》二十卷，又命他宣传新科，清整道教，于是崔浩乃受其影响而相信其说，并且上疏于世祖，云：

> 臣闻圣王受命，则有天应，而河图、洛书皆寄言于虫兽之文，未若今日人神接对，手笔灿然，辞旨深妙，自古无比。昔汉高虽复英圣，四皓犹或耻之，不为屈节。今清德隐仙，不召自至，斯诚陛下俅踪轩黄，应天之符也。岂可以世俗常谈，而忽上灵之命！臣窃惧之。

世祖看了他的疏之后，也相信天师，乃使人奉玉帛、牲牢祭嵩岳，同时建设道场、招集道士。谦之自称为太平真君，并且力劝世祖排斥佛教。从此以后，北周武帝也相信道教，压迫佛教，使道教不只流行于民间，而且得了人主的提倡。

到了唐代，儒、佛两教虽与道教鼎足而立，然而唐朝既为姓李，于是对于所谓同姓的老子特别加以尊敬，建立玄元皇帝庙，又建立崇玄馆，定道举的制度。《唐书·百官志》说，崇玄署掌京都诸观名数与道士帐籍、斋醮之事，又说：

> 崇玄学，曰崇贤馆博士，曰学士助教，曰直学士。置大学士一人，以宰相为之，领两京玄元宫及道院，改天下崇贤学为通道学博士，曰：道德博士，未几而罢。

唐代君主既因老子是同姓而尊崇道教，除了建立玄元皇帝庙与崇玄馆之外，又提倡老子、庄子、列子、文子的著作而号为真经，而这个时候，又到处建立道观。《唐六典》卷四说：

> 凡天下观，总一千六百八十七所，每观观主一人，上座一人，监斋一人，共纲统众事。而道士修行有三号，其一曰法师，其二曰威仪师，其三曰律师，其德高思精谓之练师。

到了宋代的真宗，对于道教尤为相信。《宋史·礼志》云：

> 帝于大中祥符五年十月语辅臣曰："朕梦先降神人传玉皇之命云：'先令汝祖赵某授汝天书，令再见你，如唐朝恭奉玄元皇帝。'翼日，复梦神人传天尊言：'吾坐西，斜设六位以候。'是日，即于延恩殿设道场。五鼓一筹，先闻异香，顷之，黄光满殿，蔽灯烛，睹灵仙仪卫天尊至，朕再拜殿下。俄黄雾起，须臾雾散，由西陛升，见侍从在东陛。天尊就坐，有六人揖天尊而后坐。朕欲拜六人，天尊止令揖，命朕前，曰：'吾人皇九人中一人也，是

赵之始祖。'"

又说：

> 闰十月，制九天司命保生天尊，号曰"圣祖上灵高道九天司命保生天尊大帝"，圣祖母号曰"元天大圣后"。

宋朝是姓赵，不能以老子为祖，因而别想出一道教的祖师叫作赵玄朗，这里所说的天尊就是赵玄朗。在这里，我们可以看出中国的姓族之影响于道教，姓族或宗族是与拜祖先教有了密切的关系，这也可以说是道教受了拜祖先教的影响。

其实，道教的派别之多，据傅勤家所著《中国道教史》举出八十六派。然而，派别虽多，大致是我国固有的各种迷信而号召一般民众。宋马端临《经籍考》里说：

> 道家之术，杂而多端，盖清净一说也，炼养一说也，服食又一说也，符箓又一说也，经典科教又一说也。黄帝、老子、列御寇、庄周之书所言者，清净无为而已。而略及炼养之事，服食以下，所不道也。至赤松子、魏伯阳之徒，则言炼养，而不言清净。卢生、李少君、栾大之徒，则言服食，而不言炼养。张道陵、寇谦之徒，则言符箓，而俱不言炼养、服食。至杜光庭而下，以及近世黄冠师之徒，则专言经典科教。所谓符箓者，特其教中一事。于是不惟清净无为之说，略不能知其旨趣，虽所谓炼养服食之书，亦未尝过而问焉矣。

傅勤家在其《中国道教史》里也有一段话值得我们注意：

> 原夫道本行路，转为行为，三代以神道设教，于是有巫祝史之官。战国以来，方士朋兴，"祈禳、禁咒、黄白、呼吸道"引、服饵之术先后出，于是东汉始有鬼道，所谓太平道、天师道之类。时佛法输入，亦称曰浮屠道，盖皆以道为名，初不云教也。迨道士以道之名专为己有，谓之道教，而佛儒二教亦起而鼎峙矣。道教袭老庄之玄言，学巫祝之祭祷，行方士之术数，包罗已至猥杂，更摹效佛经，抄袭名字，尤为识者所鄙。

傅先生好像以为佛儒二教之所以称教，是起于道士以道之名专为己有，谓之道教，这是一个疑问。然而大体上，这段话所说的是与我在上面所说"道教是集了中国古代各种宗教与迷信的大成"的看法，是差不多一样的。

总而言之，道教既可以说是集中国古代的各种迷信与宗教的大成，那么道教也可以说是中国固有的文化的正统。因为中国的固有的文化的基础，是筑在中国古代的文化，而中国古代的文化的重心，却又是偏于迷信或宗教方面。老子可以说是这种偏于迷信或宗教的重心的文化的代表者，而他的《道德经》可以说是这种文化的代言者，因为《道德经》的神秘的思想就是这种以迷信或宗教为重心的文化的一种反照。《道德经》全书不过五千言，在这五千言的著作里，老子虽没有注重于各种迷信或宗教的实例的叙述，然而他却给了古代的迷信与宗教的社会的思想的一个概观。简单的说，他把古代以迷信与宗教为重心的文化而加以哲学化起来。因此之故，从表面上去看《道德经》这本书的人，往往以为这是一本哲学的书，甚至还有些人以为老子是反对迷信，反对宗教，然而事实上，这是一个大错误。胡适之先生曾以为老子的人生哲学乃是千百年的世故的结晶，其中含有绝大的宗教信心。我们可以说，这种绝大的宗教信心乃是千百年的宗教文化的结晶，而胡适之先生在这里所说的世故，也不外就是我们所说的宗教的文化。

这种宗教的文化不一定是儒教的文化，因为与其说是儒教的文化，不如说是道教的文化，因为道这个字在古代的应用，比起儒这个字普遍得多。老子固是以道为其根本思想，而以道德名其著作。孔子也是以道去号召当时的人们，所以他也常常说道。所谓"天下有道"，所谓"大道之行也"，所谓"道不行"，都不过只是随便的举出一些例子罢。然而，这里所说的道，根本上就是宗教上的概念。简单的说，就是《易·系辞》里所谓圣人以神道设教的神道罢。因此之故，我们也可以说中国古代或是所谓固有的文化，就是道的文化。我所以说道教是中国固有的文化的正统，就是这个原故。

老子既称为道家的鼻祖，那么老子可以说是道的文化的代表，而后来的道教之所以称为道教而崇拜老子为祖师，恐怕也是这个原故。

我们应当指出，从老子的《道德经》里，我们不易找出老子自命为教主的表示，然而，老子所常说的圣人就是得道的人，老子既是明道而又说道，那么他当自己为圣人是自然而然的。而况，在他的时候，他是称为最懂得礼的人，那么他在事实上就是当时的教主，因为礼本来就是宗教的礼。孔子还要请教于他，他在宗教上的地位之高，可以想见。他既是在宗教居了最高的地位的人，他用不着像孔子一样的再作宣传的工夫，也用不着像孔子一样的去争这种地位。所谓"为而不争""为而不恃""功成而不居"，都是这个意思。而况，老子又是周的守藏官，已有了地，已有人信仰，既不像孔子那样出身寒微，也用不着像孔子那样的自命为天生，或宣传梦见了周公，而博取地位，而求人信仰呵。

至于后来的道教，一方面既尊老子为祖师，一方面又尽力去复活、实行与推进古代的迷信与宗教，我所以说道教是中国固有的文化的正统，就是这个原故。

道教既可以说是中国固有的文化的正统，道教在中国文化上所占的地位的重要，可以概见。其实，我们可以说，儒教所代表的中国的只是中国的统治阶级的文化，而道教所代表的文化是中国的一般民众的文化。儒教所代表的中国的文化是中国的文化的外表，而道教所代表的中国的文化是中国的文化的内在。然而，这种看法只是从这两者的后来的发展史上来看，若从这两者的起源方面来看，则这两者不只是同源，而且事实上儒教是从道教而来。我们可以说，前者是后者的支流罢。至于国人之所以常常把儒教去代表中国的文化的原因，主要的我们可以说这是因为儒家是统治的阶级，他们与专制君主互相利用，他们不只给专制以理论上的拥护，他们且往往喜用妩媚的方法去博取专制君主的欢心。然而事实上，他们所谓"民可使由之，不可使知之"，还是从道家的"民之难治，以其智多"的愚民的政策而来。我们只看孔子及其弟子在当时之奔走于权贵之门，而企能得了一官半职，就可以明白儒家之所以能在政治占了优势的原因。至于老子及其徒众虽然是主张愚民政策，而合于专制君主的口胃，然他们并不以学而优则仕或作官为目的，故其后来在政治上的地位远不如儒教的徒众。我们知道，过去的历史家以及一般人都以政治的观点去解释文化，故文化史往往变为政治史。儒教之所以被人目为中国文化的代表，就是这个。然而这种看法只是一种外表的看法，片面的看法。假使我们能够深刻的去研究中国的文化，那么我们就很容易明白，则中国文化不只在其来源上是偏于道教，就是从其整个实质方面来看，也是偏于道教方面。

假使我们再从中国的文化的物质、社会与精神三方面来看，那么我们这个结论的真确性更易了解。

从物质文化方面来看，中国的物质文化的落后，可以说是由于国人轻视物质文化的态度的结果。然而，这种轻视物质文化之态度之最利害的是道家，而尤其是老子。"五色令人目盲，五音令人耳聋，五味令人口爽，驰骋田猎令人心发狂，难得之货令人行妨"，这岂不是很极端的反对物质文化的表示吗？至于后来的道教教徒虽是努力于炼丹制药，然而，他们的作用并不大异于古代的巫医，而且目的是要求长生不老或是希望能作神仙，与其说是为着物质生活上的舒服，不如说是为着减少物质生活上的欲望，而求得精神生活上的超脱。本来在西洋的医术与化学，也是从古代的巫医与炼丹之术 alchemy 发展而来，然而中国的巫医与炼丹之术之所以不能发展为近代的医术与化学的原因，一方面是由于我们太过轻视物质的文化，一方面也是由于我们太过迷信道教的思想。

从社会文化方面来看，从家族与国家的立场，儒教的影响最大，这一点我们上面已经说过。然我们若就一般的社会生活方面来看，那么道教的影响却比较深刻得多。其实，我们还可以说，这种社会生活是家族与国家的背景。崇拜祖宗是崇拜已死的祖宗，然而死人的葬礼的主持，死人的墓地的选择，死人的灵魂的沟通，以至关于死人的其他各种祭祀，都是需要道士去帮忙或管理。崇拜祖先是一种宗教，然而这种宗教的实质，在中国的固有的宗教上，就是道教。从这方面看起来，所谓以拜祖宗教而为家族的基础的文化，骨子里还是道教的文化。至于政治上的专制政治的养成，道家思想的影响并不减于儒家的思想的影响。《道德经》里说：

> 古之善为道者，非以明民，将以愚之。民之难治，以其智多。故以智治国，国之贼；不以智治国，国之福。

我在上面已经指出，这就是孔子所说"民可使由之，不可使知之"的说法一样。然而，这种愚民政策的思想，就是迷信社会的一种反照，同时也是稳固迷信社会的一种方法。智识的发达是迷信的减少，利用迷信去统治人民是一件比较容易的事。比方说，皇帝是天生的学说若盛行，那么相信天神的人就得绝对服从皇帝，所以迷信愈深，也是智识愈浅的人民，智识愈浅的人民的国家是最适合于君主专制的政治。又除了家族与国家之外，其他各种社会，如古代所传下来的各种社，以至近代的各种所谓密秘社会之深染宗教色彩，或因宗教信仰而发展的，则其所受道教的影响之深，更是显明的事情。

老子的思想既是我国的正统的思想，道教的迷信与宗教的态度又是中国一般民众的思想的代表，那么，道教之于中国的精神文化的关系，可以概见。其实，儒教的思想既也是道教的思想的支流，那么，道教在中国的精神文化上所占的地位的重要，也很为显明。孔子自己是老子的弟子，子思、孟子之提倡五行与董仲舒的迷信思想，都是道家的东西，就是宋代的大儒，像周敦颐的无极学说，朱熹之注解《参同契》，又何尝不深受道教的影响呢？道教的思想本来就是中国的正统思想，而历史上一般自命为儒教者流，又多受了道教的思想的影响，这更可见得道教在中国的精神文化上所占的地位的重要。

第八章　儒教与中国文化

儒教是不是一种宗教呢，我们的回答是肯定的。儒教既是一种宗教，为什么直到现在还有些人提起这个问题，我们以为人们之所以提起这个问题的原因虽多，然而主要的有了些人以为儒家的代表人物——孔子——并不相信天神、鬼神，而且并没有建立宗教的企图，所以，儒教只能当作一种教育的思想，而非宗教的系统。

我们以为，我们对于这个问题应该分开为两方面来说，第一是孔子是否相信天神、鬼神与孔子是否有了建立宗教的企图，第二是儒教是否一种宗教。

原来孔子只是儒教的徒众的一位，他在儒教中虽是一个领袖的人物，然而在他以前既是已经有儒，而在他尚未成名之前，他也不过只是好多儒者中的一位。《论语》记孔子曾对过他的弟子说，"女为君子儒，毋为小人儒"，这可以见得不只在孔子自己的时代，儒的种类必然很多，就是在孔子以前，也必已经有了儒的徒众，至于孔子之后的儒的徒众之多，更不待说，所以就使孔子不是一个宗教家，我们也不能因之而说儒教就不是宗教。

事实上，孔子不只是相信天神、鬼神，而且有了建立宗教的企图。关于这一点，只在《论语》里我们就可以找出好多证据。比方：

> 子畏于匡，曰："文王既没，文不在兹乎？天之将丧斯文也，后死者不得与于斯文也；天之未丧斯文也，匡人其如予何？"

又如颜渊死，子哭之，恸曰："天丧予！天丧予！"他又说："不怨天，不尤人，下学而上达，知我者，其天乎！"可见得，他所说的天不只是可以降祸于人，而且有知有觉的。天既是有知有觉的，人们就不能随便的去欺天，所以他说"吾谁欺？欺天乎"。天既是不可欺的，那么人们就不能得罪于天，所以他说"获罪于天，无所祷也"，他又说"君子有三畏：畏天命，畏大人，畏圣人之言"。在这三畏之中，畏天命放在第一，可见得畏天比畏任何种人或东西较为重要。

天既可以降祸福，而同时又是有知有觉的，那么，人们就不得不明白天的意旨是怎么样，因为不知天的意旨所在，那就很容易得罪于天。但是，究竟可以不可以知道天的意旨所在呢，孔子的回答是很〔肯〕定的，而且孔子自己曾告诉我们，他是明白天的意旨的人。所以他说：

> 五十而知天命。

孔子到了五十岁的时候始知了天命，这可见得天命并不是一件容易知道的

〈事〉。因为要知天命的人，总要作了一番功夫才成。而且，凡是要作君子的人，一定要知天命。所以他又说：

> 不知命，无以为君子。

这就等于说，凡是要作圣人，要登天国的，非先认识上帝是不会作得到的。孔子本来是传教说道的人，他既相信天命，他自然相信道的兴盛也是靠着天命。所以他说：

> 道之将行也与，命也；道之将废也与，命也。

他既相信了天命，所以他对于一切都付之于天。而且他自己既自称为知道天命的人，他常常以为他的一行一动以及其所闻所见，都是有了天意作主。得意的时候，他以为这是天所赐与的；倒霉的时候，他也以为这是天所赐与的。且看他说：

> 天生德于予，桓魋其如予何？

又如上面所说"天之未丧斯文也，匡人其如予何"，这是何等自负的一种口气。然而，他之所以有了这样自负的口气，就是因为他以为他是天所降生的。他既天所降生的，那么桓魋与匡人是无奈他何了。天是至大的，至高的，所以说"唯天为大，唯尧则之"。他既是天所降生的，而天又是至大高的，那么他有了天作护身符，他有什么可怕呢。

自负的事情固是由天，自叹的事情也是由天，所谓"天丧予！天丧乎！"就是这个意思。又如《公羊传》说：

> 有以告者曰："有麋而角者。"孔子曰："孰为来哉！孰为来哉！"反袂拭面涕沾袍。颜渊死，子曰："噫！天丧予。"子路死，子曰："噫！天祝予。"西狩获麟，孔子曰："吾道穷矣。"

又如：

> 子曰：凤鸟不至，河不出图，吾已矣夫。

这不只是相信有知有觉与可畏而不可欺的天，而且是相信天要作什么是有预兆的。《礼记·檀弓上》有一段载孔子将死时的动作与语言的，今且抄之于下：

> 孔子蚤作，负手曳杖，消摇于门，歌曰："泰山其颓乎？梁木其坏乎？哲人其萎乎？"既歌而入，当户而坐。子贡闻之，曰："泰山其颓，则吾将安仰？梁木其坏，哲人其萎，则吾将安放？夫子殆将病也。"遂趋而入。夫子曰："赐，尔来何迟也？夏后氏殡于东阶之上，则犹在阼也；殷人殡于两楹之间，则与宾主夹之也；周人殡于西阶之上，则犹宾之也。而丘也，殷人也，予畴昔之夜，梦坐奠于两楹之间。夫明王不兴，而天下其孰能宗予乎？

予殆将死也。"盖寝疾七日而没。

泰山本来是五岳之宗,所以也叫作岱宗,古代天子也要望祭。孔子自比于泰山,而希望天下与天子把他来当为泰山去崇拜,这岂不是所谓自命为教主的口气吗?孔子生平就以为是天所降生,临死的时候又以泰山自命,可见得孔子有意去当自己为神圣,而且这个神圣还要明土去宗奉,更可见得他的自负之人。而且,他既相信各种预兆,他又信梦,上面所说的梦就是一个例子。又如,他说"甚矣吾衰矣!久矣我不复梦见周公",这又不只是信梦,而且又是一种自负的口气。

孔子希望作教主,自命为教主,不只是因为他是生在古代的迷信的社会里而受了环境的影响,而且是因为他自己是一个教士、一个祭司。孔子曾问礼于老聃,礼本来既是宗教的礼,那么他所问的礼大概就是祭祀的礼。《礼记·曾子问》有了下面一段记载:

> 孔子曰:"昔吾从老聃助葬于巷党,及埂,日有食之。老聃曰:'丘!止柩就道右,止哭以听变。'既明反而后行。曰:'礼也。'反葬而丘问之,曰:'夫柩不可以反者也,日有食之,不知其已之迟数,则岂如行哉?'老聃曰:'诸侯朝天子,见日而行,逮日而舍奠;大夫使,见日而行,逮日而舍。夫柩不蚤出,不莫宿。见星而行者,唯罪人与奔父母之丧者乎!日有食之,安知其不见星也?且君子行礼,不以人之亲痁患。'吾闻诸老聃云。"

这是说明孔子问丧礼与助丧,至于孔子自己为人相丧礼的记载,也见于《礼记·檀弓》:

> 国昭子之母死,问于子张曰:"葬及墓,男子、妇人安位?"子张曰:"司徒敬子之丧,夫子相,男子西乡,妇人东乡。"

又同处载:

> 孔子之故人曰原壤,其母死,夫人助之沐椁。

孔子既宣传自己是天所降生的人物,相信天命,相信预兆,同时又学宗教的礼于老聃,而为人相丧礼,这岂不是证明他是教士与祭司吗?孔子既是教士,是祭司,所以觉得祭祀神鬼的必要与祭祀神鬼的方法。《论语》说"乡人傩,孔子朝服而立于阼阶",傩是驱鬼的仪式,可见得孔子也是驱鬼的"道士"。又《论语》说:

> 祭如在,祭神如神在。子曰:"吾不与祭,如不祭。"

好些人因为见得《论语》上载有孔子说"未能事人,焉能事鬼"与"未知生,焉知死"的词句,遂以为孔子不信鬼神。其实,这是一个错误。孔子大概是因为弟子们也是深受了当时的鬼神的信仰,而太过忽略了人事与人生,季路不问人事与人生而问鬼神就是一个例子，所以孔子才这样的回答。反过来说，能事人的必能事鬼，能知生的也必能知死。因为鬼神与死后的事情都是比较不易明白的事情，只看孔子自己说，他到了五十岁才知天命，就可以明白鬼神与死后的事情不是平常人所能知的。假使有人能知鬼神与死后的事情，那么这个人就是君子，所以说不知命无以为君子。然而若这个人是一个君子了，他就用不着去再问人事与人生的问题。孔子是很信天、信命、信梦、信预兆的，若说他不信鬼神，那么他怎能相信天是有知有觉的，那么他怎能相信梦见死在好几百年前的周公是一种预兆呢？而况，他曾说过"务民之义敬鬼神，而远之可谓知矣"，鬼神虽不一定要亲近而不能不敬，而祭神又要如神在，这明明是承认鬼神的存在，我们怎能说他否认鬼神的存在呢？而况，据《中庸》引孔子说：

> 鬼神之为德，其盛矣乎！视之而弗见，听之而弗闻，体物而不可遗。使天下之人，齐明盛服，以承祭祀。洋洋乎！如在其上，如在其左右。

我们已经说过，《易经》是古代一部卜筮的书，孔子是一位很喜欣读《易经》的人，他曾说"加我数年，五十以学《易》，可以无大过矣"，希望多读《易经》而免有大过，这岂不是一种迷信吗？这岂不是相信卜筮吗？他又告诉我们道：

> 南人有言曰："人而无恒，不可以作巫医。"善夫！不恒其德，或承之羞。子曰："不占而已矣。"

他既没有反对巫医，而又赞美巫医的有恒的德性，可见得他也是相信巫医。而且他用宗教或迷信上的例子去解释某种原则或道理，就是证明他是深染了当时以宗教或迷信为重心的社会的影响呵。

不但这样，孔子自己也是一位会作巫术的人。在《论语》里，我们可以找出下面的记载：

> 乡人傩，孔子朝服而立于阼阶。

傩是驱逐神鬼的仪式，朝服就是穿起礼服，阼是主位，古代天子之位叫作阼，故《礼记》云"成王幼，不能莅阼"。乡人举行驱逐神鬼的仪式的时候，孔子既穿起礼服而立于主位，那么孔子无疑的是作了驱逐神鬼的祭司了。

又"傩"与"难"通，《周礼·夏官·司马》也有下面一段记载，我且录之于下：

> 方相氏掌蒙熊皮，黄金四目，玄衣朱裳，执戈扬盾，帅百隶而时难，以索室驱疫。大丧，先柩，及墓，入圹，以戈击四隅，驱方良。

可见得从前且有了专掌驱逐神鬼的官，而这种驱逐神鬼的方法，好像后来的一般道士的驱逐鬼神的方法一样。孔子在当时虽是一位教师，然而古代迷信盛行的时候，所谓教育是与宗教不易分开的。正如西洋中世纪的教士是兼管教育一样，孔子是一位宗教的教师而兼教书的人。

又孔子本是殷人，殷人是很迷信的，孔子承受其祖宗所传下的宗教仪式，也是自然而然的。而况，他所谓殷因于夏礼与周因于殷礼的礼，本来就是宗教的礼。

总而言之，我们的结论是，孔子不只是相信天神、鬼神，而且是有了建立宗教的企图。

其实，不只是孔子，就是在当时的一般的所谓儒者，据近人研究的结果，大致上都是以教士与祭司作职业的人们。章太炎先生在《国故论衡·原儒》篇曾说：

> 儒有三科，关达、类、私之名。达名为儒，儒者，术士也。太史公《儒林列传》曰，"秦之季世"，"坑术士"，而世谓之坑儒。司马相如言"列仙之儒，居山泽间，形容甚臞"……王充《儒增》《道虚》《谈天》《说日》《是应》，举儒书所称者，有鲁般刻鸢，由基中杨，李广射寝石矢没羽……黄帝骑龙，淮南王犬吠天上，鸡鸣云中，日中有三足乌，月中有兔蟾蜍。是诸名籍，道、墨、刑法、阴阳、神仙之伦，旁有杂家所记，列传所录，一谓之儒，明其皆公族。"儒"之名盖出于"需"。需者云上于天，而儒亦知天文，识旱潦。何以明之？鸟知天将雨者曰"鹬"，舞旱暵者以为衣冠。鹬冠者亦曰术世冠，又曰圜冠。庄周言，儒者冠圜冠者，知天时，履句屦者知地形，缓佩玦者事至而断。明灵星舞子吁嗟以求雨者谓之儒……古者儒知天文占候，谓其多技，故号遍施于九能，诸有术者悉晐之矣。

这里所谓术士，就是我们所说的教士与祭司。七八年前，胡适之先生曾发一篇《说儒》（《胡适论学近著》第一集页一至八一），不但大体上赞同章太炎先生所说这段话，他还进一步去证明儒是古宗教的教师。胡适之先生以为，儒的第一古义是一种穿戴，古衣冠外貌表示文弱迂缓的人；儒的第二古义是儒最初都是殷人，都是殷的遗民，他们穿戴殷的古衣冠，习行殷的古礼。换句话来，儒本来就是殷朝遗下的教士。胡先生曾指出他们的生活的要点：

> 第一，他们是很贫穷的，往往"陷于饥寒，危于冻馁"。这是他们不务农、不作务，是一种不生而食的寄生阶级。第二，他们颇受了轻视与嘲笑，因为他们的衣食须靠别人供给。然而，他们自己倒还有一种倨傲的遗风，"立命缓贫而高浩居"，虽然贫穷，还不肯抛弃他们的寄生——甚至于乞食——的生活。

而其为我们所要特别加以注意的是：

> 第三，他们也有他们的职业。那是一种宗教职业，他们熟悉礼乐，人家

有丧祭大事，都得请教他们。因为人们必须请他们治丧相礼，所以他们虽然贫穷，却有相当崇高的社会地位。骂他们的可以说他们"因人之野以为尊"，他们自己却可以说是靠他们的智识做"衣食之端"。

第四，他们自己是实行"久丧"之制的。而他们最重要的谋生技能是替人家"治丧"，他们正是那殷民族的祖先教的教士，这是儒的本业。

儒与祖先教有了密切的关系是没问题的，而特别是后来儒家极力去提倡崇拜祖先的宗教。但是，古代而特别是殷代的遗民的儒家，是否只以祖先教的教士为本业，这是值得我们讨论的。又最初的儒者是不是都是殷民族的教士，这也是值得我们讨论的。但是，我们在这里对于问题不欲加以考究，我们以为儒者是古代的教士，而所谓古代又是包括孔子以前的时代，是没有问题的。所以，我们可以说，不只是孔子的时代的儒家是一种术士，一种教士，一种祭司，就是孔子以前的儒家，也是一种术士，一种教士，一种祭司。

孔子的时代与孔子以前的时代的儒教固是一种宗教，孔子以后的儒教是不是宗教呢，我们对于这个问题的回答也是肯定的。

其实，孔子死后，他的弟子就把他来当为天神看待。《论语》子贡说：

夫子之不可及也，犹天之不可阶而升也。夫子之得邦家者，所谓立之斯立，道之斯行，绥之斯来，动之斯和。其生也荣，其死也哀……如之何其可及也。

孔子自己曾说过"唯天为大，唯尧则之"，而孔子弟子宰我说"以予观于夫子，贤于尧舜远矣"。尧是顺天意的，尧也是孔子最尊敬的人，而孔子比尧为贤，那么孔子岂不是成为天神吗？这正是"仰之弥高，钻之弥深，瞻之在前，忽焉在后"，而成为神秘的人物了。又如有若所说"自生民以来，未有盛于夫子也"，而孟子也说"自生民以来，未有孔子也"，又子贡因人毁谤孔子，他以为"仲尼日月也，无得而逾焉。人虽欲自绝，其何伤于日月乎"。

原来孔子的一般弟子，多数也是术士、教士、祭司，《礼记·檀弓》里屡屡记载他的弟子为人家相礼，同处又记载穆君因天久不雨，而请教于县子，都是证明孔子的弟子是与孔子一样崇信天神，而操术士、教士、祭司的职业。那么，孔子死后，他们当孔子为天神是一件很平常的事情。

不但这样，在子思的著作里，孔子简直就成为天神而变为教主了。我们且看子思在《中庸》里怎么样说：

仲尼祖述尧舜，宪章文武，上律天时，下袭水土。譬如天地之无不持载，无不覆帱。譬如四时之错行，如日月之代明，万物并育而不相害，道并行而不相悖。小德川流，大德敦化，此天地之所以为大也。唯天下至圣，为能聪明睿知，足以有临也；宽裕温柔，足以有容也；发强刚毅，足以有执也；齐庄中正，足以有敬也；文理密察，足以有别也。溥博渊泉，而时出之。溥博如天，渊泉如渊。见而民莫不敬，言而民莫不信，行而民莫不说。是以声名洋溢乎中国，施及蛮貊。舟车所至，人力所通，天之所覆，地之所载，日月所照，霜露所队，凡有血气者，莫不尊亲，故曰配天。

所谓配大，岂不是当孔子为天神吗？

其实，我们若把《旧约圣经》里所描写的上帝与这段话来比较，那么这里所说的孔子，真可以说是等于《旧约》所描写的上帝。而且在子思的心里的孔子，不只比之耶稣较为伟大，就是比之上帝也较为伟大。

从子思这种的说法，以至孔子的一般弟子的对于孔子的看法，我们不能不说他是有意的把孔子当为教主，而要建立一种宗教以传诸后世。

我们知道，汉高祖在未做皇帝之前，曾取儒冠以资溲溺，到了做皇帝之后，就适鲁以太牢，祭祀孔子，这是孔子受了皇帝的赏识的开始，也是孔子被政府当为神圣而享祭祀的开始。到了汉武帝时，罢黜百家，表章六经，儒教遂成为国教，而孔子也就变为儒教的教主。从此以后，不只在鲁的曲阜有了宏伟壮丽的孔庙，就是各省、各州与各县，也无不建立孔庙以为祭祀孔子的地方。连了各镇、各乡的祖宗祠堂里，除了祖宗的神牌之外，往往也立有孔子至圣先师的神牌。于是，孔子不只是受了帝王的崇拜，而且受了一般人民的崇拜。于是，在每年的八月廿七日，政府官吏以至绅士通儒，也穿起礼服，奏起钟鼓，作了祭文，献以太牢，去纪念孔子，祭祀孔子。至于一般小孩之初入学塾的，也先要向着孔子的神牌跪拜，而这样的祈祷：

初开蒙，拜圣公，四书熟，五经通。

这岂不是当孔子为神吗？这岂不是当孔子为教主吗？这又岂不是举行一种宗教的仪式吗？

孔子既被称为教主，孔子的七十二弟子以至后来的好多儒者，也成为宗教的门徒，也成为神圣，也在到处都有的孔庙有了神牌，享受祭祀。怪不得三百年前的王启元，见得天主教的势力澎涨的时候，就著了一部《清署经谈》来反对外来的天主教，而主张中国人要崇拜中国人的土货的教主——孔子。怪不得在二十世纪的信教自由的时代，康有为与陈焕章一般人还在那里呐喊，要把孔教定为国教。

不但这样，孔子既尊崇天神，后来的一般儒教徒也都尊崇天神。我们不能在这里多所举例，只要把孟子所说的两段话抄之于下就能明白。

天之将降大任于是人也，必先苦其心志，劳其筋骨，饿其体肤，空乏其身，行拂乱其所为，所以动心忍性，曾益其所不能。

而其最显明的是：

> 虽有恶人，斋戒沐浴，可以祀上帝。

这正像耶稣所说，凡信我者与能够改过自新者，都可以进入天国。

自汉朝统一天下以后，除了儒教变为国教与孔子成为素王而享庙祭外，儒教更深受五行谶纬之说的影响。五行之说，据荀子的《非十二子》篇上说，是子思倡之，孟子和之。荀子说：

> 犹然而材剧志大，闻见杂博。案往旧造说，谓之五行，甚僻违而无类，幽隐而无说，闭约而无解。案饰其辞而祗敬之日：此真先君子之言也。子思倡之，孟轲和之，世俗之沟犹瞀儒谨谨然不知其所非也，遂受而传之，以为仲尼、子弓为兹厚于后世。

西汉的时候，好多五经家就以五行阴阳之说附会于五经。《易经》本身就是卜筮之书，而又有了京房的象数灾异，《书经》有了洪范五行，《诗经》有了翼奉的五际六情，《礼》有了明堂阴阳，《春秋》则所谓公羊家最喜欣谈灾异。至于董仲舒的《春秋繁露》里所说的求雨、止雨的方法，迷信之深固不待说。而所谓天人的关系的学说，也染了浓厚的神秘的色彩。直到现代一般之自命为儒者，往往也是堪舆看日的道士。至于卜筮命相之为所谓儒者，所迷信的更多。我们近来在报章上屡屡看到什么大哲学家、大预言以至所谓科学相命的广告，恐怕大多数还是所谓儒家的把戏罢。

同样，谶纬之为一般儒者所采用，也很为流行。《四库全书总目提要》说：

> 按儒者多称谶纬，其实谶自谶，纬自纬，非一类也。谶者诡为隐语，预决吉凶。《史记·秦本纪》称，卢生奏图书之语是其始。纬者经之支流，衍及旁义。《史记》自序引《易》"失之毫厘差以千里"。《汉书·盖宽饶传》引《易》"五帝官天下，三王家天下"。注者均以为《易纬》之文是也。盖秦汉以来，去圣日远，儒者推阐论说，各自成书，与经原不相比附。如伏生《尚书大传》、董仲舒阴阳《春秋》，核其文体，即是纬书，特以显有主名，故不能托诸孔子。其他私相撰述，渐杂以术数之言，既不知作者为谁，因附会以神其说。迨弥传弥失，又益以妖妄之辞，遂与谶合而为一。

这虽是说谶与纬的不同及其合一的原因，然也说明其与儒教与儒者的关系。到了东汉光武，于六经之外又表章七纬。所谓"七纬"，就是《易》《书》《诗》《礼》《乐》《春秋》《孝经》的纬。七纬既就是经书的纬，那么所谓儒教之受纬书的影响可以概见。《隋书·经籍志》说"光武以图谶兴，遂盛行于世。诏东平王苍正五经章句，皆命从谶。俗儒趋时，益为其学，篇卷第目，转相增广。言五经者，皆凭纬为说"。其实，直到现在，一些所谓儒者又何尝不相信谶纬的学说呢。

总而言之，孔子既相信天神、鬼神，同时又有意去建立宗教的企图。又在他的时代的儒者既也是术士、教士、祭司，而在他之前的儒者也是术士、教士、祭司。到了他死之后，他的弟子既把他当作天神看待。而子思、孟轲之徒，除了有当他为教主之外，又提倡五行之说。汉高祖得了天下之后，又到鲁以太牢去祭祀，当他为神，此后的皇帝、人民都当他为儒教教主，而到处立庙祭祀。同时，儒教又深染了阴阳谶纬的色彩，而与后来的道教有了关系。又，我们虽不一定相信古代儒教只是崇拜祖先教，然而儒教而特别是孔子以后的儒家，不只是深受崇拜祖先教的影响，而且成为祖宗教的崇拜的有力的辩护者。

上面是解释所谓儒教也是一种宗教，至于儒教对于中国文化的影响之大，这是大家所知道的，我们在这里只能很简单的加以说明。

从中国的物质文化方面来看，我们可以说中国的物质文化之所以特别落后，儒教负了很大的责任。因为儒教的教徒不只看不起工业与商业，连了农业也为他们所看不起。士、农、工、商，士为首，地位最高，农次之，而工、商又次之，这就是儒家的阶级的等级的次序，也就是儒家特别蔑视工艺与商业的表征。然而，最奇的，他们对于农业也同样的蔑视。比方，樊迟问稼，孔子说他不如老农，待到樊迟出去之后，他骂樊迟为小人，因为他以为礼义与信是治天下的张本，用不着去讲稼穑。又子贡问政，他以为足食足兵，民信之矣。然而，这三者之中，他以为信是最重要，所以在三者之中，食而尤其是兵，不甚重要。因此，他所最得意的门生是一箪食，一瓢饮，而住在陋巷的颜回。总而言之，从儒家看起来，衣食住都是不重要的，所以说"志于道，而耻恶衣恶食者，未足以议也"。其实，他们之轻视物质文化，就可以下面一句话为代表：

> 君子不器。

儒教，而特别是孔子，既主张"有教无类"，那么人人都可以为君子。人人既可以为君子，而同时又主张"君子不器"，试问还有谁愿意去提倡这种器或物质的文化呢？

从社会文化方面来，儒教的影响之大最为显明。我们上面曾说过，我国的家族制度是我国的社会文化的基础。我们这里又可以说，儒教是我国的家族制度的基础，所谓家为国之本，家齐而后国治，国治而后天下平，都是儒教的根本的思想。从治理家庭或家族，而至于治理国家，而至于治理天下，是有了一贯的原则。而这个原则与儒家的宗教信仰，是有了密切的关系。《孝经·士章》篇说：

> 资于事父以事母，而爱同；资于事父以事君，而敬同。故母其爱，而君取其敬，兼之者父也。故以孝事君则忠，以敬事长则顺。忠顺不失，以事其上，然后能保其禄位，而守其祭祀。盖士之孝也。

父是兼乎事母之爱、事君之敬，而所谓爱、敬就是孝，孝也就是忠。爱、敬、孝、忠是有了连带的关系，而同时与祭祀又有了密切的关系。又父既兼乎事母之爱、事君之敬，父的地位在家庭中、在国家里，以至在社会上至为重要。因而，孝父成为社会文化的基础。然而，孝父不只在父生时要孝，在父死后也要孝，这又与所谓崇拜祖宗的宗教又有了密切的关系。《孝经·感应》篇说：

  昔者明王事父孝，故事天明；事母孝，故事地察；长幼顺，故上下治。天地明察，神明彰矣。故虽天子，必有尊也，言有父也；必有先也，言有兄也。宗庙致敬，不忘亲也。修身慎行，恐辱先也。宗庙致敬，鬼神著矣。孝悌之至，通于神明，光于四海，无所不通。《诗》云："自西自东，自南自北，无思不服。"

又《孝经·圣治》篇更举出实例，以说明这种原则。

  天地之性，人为贵。人之行，莫大于孝。孝莫大于严父，严父莫大于配天，则周公其人也。昔者，周公郊祀后稷以配天，宗祀文王于明堂，以配上帝。是以四海之内，各以其职来祭。夫圣人之德，又何以加于孝乎？

从这几段话里，我们可以明白，家庭、家族、国家、社会的一切基础，都建筑在孝父的原则上。孝父是崇拜祖宗的宗教的表示，是这种宗教的结果，也可以说是这种宗教的发展的一个主因，而与崇拜天神、上帝，以至各种鬼神，都有了密切的关系，而成为我国的社会文化的基础，同时又与上面所说的物质文化的落后也有了密切的关系。所以说，"今之孝者，是谓能养，至于犬马，皆能有养，不敬何以别乎"。

国既是家的放大，君就是等于父，所谓家天下就是这个原故。父既可以谓为严父，君也可以谓为严君。天下既是君的个人的私有的东西，而同时君又可以用严父的严的方法去统治人民，这是专制政治的基础。所以，儒教的盛行的时代，就是专制抬头的时代。所谓"民可使由之，不可使知之"，更是合乎专制君主的口胃。中国的专制政治所以能够继续了数千年之久，而不为朝代的变更而受影响，主要是儒教所造成的。而儒教及其教主孔子之所以得了刘邦的祭祀，以及历代帝王的庙祀，也是因为它是专制政体的护身符。

本来在儒教发展的初期，他们对于所谓社会文化的主张，可以用所谓"五常"的原理去说明，这就是父子有亲，君臣有义，夫妇有〈别〉，长幼有序，朋友有信。后来"三纲"之说又发展起来，三纲就是君为臣纲，父为子纲，夫为妻纲。所谓三纲五常，三纲比于五常还要重要。于是，不管君、父、夫是对或不对，臣、子、妻只有服从，绝不能反抗。因而，君要臣死，臣就要死；父要子死，子就要死。而宋儒所谓"失节事大，饿死事小"的现象，也因之而产生。三纲之说的盛行，不只加强了父系家庭的制度，而且加强了君主专制的政治。

总而言之，中国的物质文化的落后，父系家庭的发达，专制政治的稳固，是深受了儒教的思想的影响。而所谓儒教的思想，也就是中国统治阶级的思想。而人们之所以把儒教的思想当为中国的传统思想，同时又当为中国的精神文化的代表，也就是这个原故。

第九章　佛教与中国文化

佛教是从印度输入的宗教，究竟这种宗教是什么时候输入中国，直到现在还是一般研究佛教的人们所常常讨论的一个重要的问题。

有些人以为舜禹时代的伯益已闻过有佛。南朝宋宗少文在其《明佛论》里说：

> 伯益述《山海》："天毒之国，偎人而爱人。"郭璞传："古谓天毒即天竺，浮屠所兴。偎爱之义，亦如来大慈之训矣。"固亦既闻于三五之世也。

虞夏的时代佛尚未生，若说在这个时候天毒之佛已闻名于中国，那是荒诞之言，而且正如汤用彤先生在其《汉魏两晋南北朝佛教史》里所指出，《山海经》为夏代的著作之说，也是不可靠的。又，《山海经》所载之天毒乃在我国之东北，而并非在我国之西南。《山海经·海内经》云："东海之内，北海之隅，有国名曰朝鲜；天毒，其人水居，偎人爱人。"可见这里所说的天毒是与朝鲜相近，其与佛所生的印度，可以说是风马牛不相及。此外，《山海经》里面所说的地方，事情又多怪诞，不可置信。而所谓偎人爱人的性格，也不能就指为佛道。

又有些人以为佛教之传入中国是在秦始皇的时候。此方《广弘明集》卷十一载，唐法琳上书驳傅奕，引释道安、朱士行《经录》中说：

> 始皇之时有外国沙门室利防等十八贤者，赍持佛经来化始皇，始皇弗从，乃囚防等。夜有金刚丈六人破狱出之，始皇惊怖，稽首谢焉。

梁启超先生在其《佛教之初输入》一文（《梁任公近著》第一辑）里，以为"此《经录》本不甚可信……但最当注意者，秦始皇实与阿育王同时。阿育王派宣教师二百五十六人于各地。其派在亚洲者，北至俄属土耳其斯坦，南至缅甸，俱有确证，或有至中国者，其事非不可能，但藉曰有之，然既与当时之儒同一命运，则可谓与我思想界没交涉也"。梁启超先生在这里除了不相信《经录》外，虽说佛教的输入或有可能，然他也指出就有可能，佛教在这个时候对于中国思想也不会有影响。汤用彤先生在其上面所举一书里，以为"阿育王传教，虽远及西北，而东北方面则绝无文记。至谓阿育王曾派人至缅甸传教，则据今日所知，缅甸距此三百年后乃有佛教"。"梁氏（指梁启超）"意似谓佛教在当时经缅甸，由海道以传入我国，则太远于事实。汤先生的结论既是在秦始皇的时候，佛教是不会传入中国，而梁先生也不过只是说或有可能。大致的说，两者的意见并不差得很远。

又有人以为佛教的输入中国，是在汉武帝的时候。《魏书·释老志》里说：

> 汉武帝元狩中，遣霍去病讨匈奴，至皋兰，过居延，斩首大获。昆邪王杀休屠王，将其众五万来降，获其金人，帝以为大臣，列于甘泉宫。金人率长丈余，不祭祀，但烧香礼拜而已，此则佛流通之渐也。及开西域，遣张骞使大夏。还，传其旁有身毒国，一名天竺，始闻有浮屠之教。哀帝元寿元年（公元前二年），博士弟子秦景宪受大月氏王使伊存口授浮屠经。中土闻之，未之信了也。

《史记·匈奴列传》载有霍去病征匈奴事，云，"其明年（元狩三年）春，汉使骠骑将军去病将万骑出陇西，过焉支山千余里，击匈奴，得胡首虏骑八千余级，破得休屠王祭天金人"。这里所说的祭天金人本是匈奴人的故制，并非拜佛。《魏书·释老志》所说的金人并不祭祀，是不相同。至《魏书》所载的烧香礼拜的金人，《史记》没有记载。《史记》远在《魏书》之前，故后者所载不足为信。

至说"张骞使大夏……始闻有浮屠之教"，那么浮屠之教也不过是闻于中国，而并没有人传入，其实《史记》《汉书》虽载张骞说及身毒，然也并没有说及浮屠之教。关于这一点，《后汉书·西域传》已说："至于佛道神化，兴自身毒，而两汉方志，莫有称焉。"

又秦景宪虽从月氏使臣伊存受佛经，但他既无著作留存，而也没有传授佛教，故对于中国思想界也没有什么影响。

其实，在西汉的时代，或以西汉以前之关于佛教的传入中国的好多传说，都不大可靠，大约都是后人所假托的。据我们现在所知的正史中之关于佛教的记载之最古的，是《后汉书》的《楚王英传》。楚王英是光武的儿子，明帝的弟弟。据说他少好游侠，广交宾客，到了晚年尤喜黄老学，为浮屠斋戒祭祀。《后汉书·楚王英传》里说：

> 英晚节更喜黄老学，为浮屠斋戒祭祀。永平八年，诏令死罪者皆入缣赎英……奉送缣帛赎愆……诏报曰：楚王英诵黄老之微言，尚浮屠之仁慈。洁斋三月，与神为誓，何嫌何疑，当有悔吝。其还，以助伊蒲塞桑门之盛馔。因以班示诸国。

楚王英可以说是国人之崇信佛教之最先见于典籍的。不过，楚王英既崇信佛教，则佛教的传入必在这个时候之前。又诏书中既用浮屠、伊蒲塞桑门等等名词，那么好多佛教上的名词也必已很有流行。不过，我们也得指出，在这里浮屠是与黄老并称，同时先言黄老而后言浮屠，大概是因为楚王英本来是诵黄老之微言而兼信佛教。又诏书里所谓，退还其缣帛，以助伊蒲塞桑门的盛馔，那么在这个时候，崇拜佛教的人，恐就不只是楚王英一个了。

除了楚王英崇信佛教之外，在这个时候，又有汉明求法的传说。关于汉明求法的记载很多，然也多不可靠。比方王浮的《老子化胡经》里说：

> 永平七年甲子（西历纪元后六十四年）星昼现于西方，明帝梦神人，因傅毅之对，知为胡王太子成佛之瑞应，即遣张骞等经三十六国至舍卫，值佛已涅槃，乃写其经，以永平十八年（七五年）归。

又《四十二章经·纪》说：

> 昔汉明皇帝夜梦见神人……明日问群臣，有通人傅毅对曰：臣闻天竺有得道者，号曰佛……殆将其神也。于是上悟，即遣使者张骞、羽林郎将秦景、博士弟子王遵等十二人，至大月氏国，写取佛经《四十二章经》，在十四石函中。

王浮本是西晋一个妖妄道士。他的《老子化胡经》以为老子出关，西度流沙，佛就是老子的弟子，这是一种假托。《四十二章经》作者或译者究为何人，或何时代人，至今尚没有定论。但是，这两段话里所说的事实很不可信，而最荒诞的，是说明帝遣张骞去舍卫与大月氏求佛法。张骞是西汉武帝时人，据史载，武帝遣张骞出使西域在纪元前一二二年，而照这里记载，明帝遣使求法是在纪元后六四年，相差一百八十余年，可见得以明帝遣张骞求法的人的历史常识的缺乏至于极点，而这两本书所载的事实之不可靠可以概见了。

不但这样，《后汉书·西域传》里说：

> 王莽篡位，贬易王侯，由是西域怨叛，与中国遂绝，并复役属匈奴……永平中，北虏乃胁诸国共寇河西，郡县城门昼闭。十六年（七三）明帝乃命将北征……遂通西域……西域自绝六十五载，乃复通焉。

照这段话看起来，永平七年正是西域受役属于匈奴与匈奴入寇的时候，那么汉明帝是不会在这个时候遣使求法的，汉明求法之为人假托，更为显明。

梁启超先生曾以这些史实及其他理由去证明汉明求法的假托，然而也有些人像柳诒徵先生在《学衡》杂志第二期所发表的《评梁氏佛教史》一文，与汤用彤先生在其近著《汉魏两晋南北朝佛教史》一书里，均以为汉明求法的可能。汤先生说，"汉明求法，吾人现虽不能明当时事实之真相，但其传说应有相当根据，非向壁虚造"。

大概的说，东汉明帝的时候佛教已传入中国，楚王英崇信佛教是无可疑的。又照明帝永平八年的诏报中的辞语来看，明帝对于佛教有了相当的同情，也是无可疑的。然而若说明帝遣使求法是一种事实，则不但正史没有记载，就是其他典籍所说也有问题。

据正史所载，帝王之崇拜佛教者，要以汉桓帝为最先，《后汉书·襄楷传》里载，襄楷在桓帝延熹九年上疏桓帝说：

>闻宫中立黄老、浮屠之祠。此道清虚，贵尚无为，好生恶杀，省欲去奢。今陛下嗜欲不去，杀罚过理，既乖其道、岂获其祚哉？或言老子入夷狄为浮屠。浮屠不三宿桑下，不欲久生恩爱，精之至也。天神遗以好女，浮屠曰："此但革囊盛血。"遂不眄之。其守一如此，乃能成道。今陛下婬女艳妇，极天下之丽，甘肥饮美，单天下之味，奈何欲如黄老乎？

从这一段话里，我们知道桓帝是正式的崇拜佛教，而立在宫中，立祠祭祀，不过黄老与浮屠并称。而且照襄楷所说的"此道"，既指着道教与佛教而言，那么黄老之道与浮屠之道，在襄楷或是在当时的好多人的心目，是相同之道。又，黄老与浮屠既是被人认为相同之道，那么桓帝在宫中所立的黄老、浮屠之祠，究竟是同祠而祀或是分祠而祀，这也是值得我们考究的问题。不过在那个时〈候〉，若人们把了两者混而为一，那么道佛共祠而祀也是很可能的。此外，襄楷又以为或言老子入夷狄为浮屠，更足以使我们明白人们之所以把道佛混而为一的原因，但是这里既只说老子入夷狄为浮屠，也没有说浮屠是老子的弟子，则后来的道教教士以为老子化胡而成为佛的祖师，而成为佛道同源的假托。

桓帝的祀佛大概是与当时的佛教徒的入华有了关系。我们知道，在桓帝祀佛之前十七年（一四八），著名的佛教徒安世高已抵洛阳。据史籍所载，安世高是安息王的嫡后的儿子，本来安息的王位是属于他的，但是他因为崇拜佛教轻视王位，故让国与其叔父，离开自己的故国而跑到中国来。他自来中国之后，二十余年中曾翻译了三十余部佛经，共数百万言，这是外人之来中翻译佛经之最著名而又最早的。汉末魏初的《阴持入经注》序里曾说：

>安侯世高者，普见菩萨也捐王位之荣，安贫乐道，夙兴夜寐，忧济涂炭，宣敷三宝，光于京师。于是俊人云集，遂致滋盛。明哲之士靡不美甘。

这可见得安世高在当时之声誉之隆及其影响之广，同时桓帝之崇拜佛教大概也是受过安世高及其徒众的影响。

除了安世高之外，还有好多外人，而支谶与后来的佛教尤有关系。支谶为支娄迦谶的简称，他本是月支国人，他在桓帝末年到洛阳，在灵帝光和的时间翻译《般若道行品》《首楞严》《般舟三昧》以及其他种经。但是他所翻译的佛经，到了魏晋始发生很大的影响。

有了这些佛教大师来中国宣传佛道，翻译佛经，中国的佛教基础才得稳固。我们可以说，佛教在中国成为一种独立的宗教，而与道教、儒教成为鼎足而立，可以说是始于东汉桓帝与灵帝的时候。

外国人之到中国宣传佛教与翻译佛经的，既日来日多，中国人之受了影响的也必很多，而其出家与从事于佛经的翻译或著作，最早的恐怕要算临淮严浮调。严浮调曾与安息人安玄共译《法镜经》。安玄在灵帝的时候因经商而到洛阳，因为有功于汉，称为骑都尉，有志于宣传佛法，故与严浮调翻译佛经。三国初康僧会所注的《法镜经》的序里说：

> 骑都尉安玄、临淮严浮调，二贤者，年在龆龀，弘志圣业，钩深志远，穷神达幽，愍世蒙惑，不睹大雅，竭思译传斯经景谟。都尉口陈，严调笔受，言既稽古，义又微妙。

据说浮调曾学佛于安世高。安世高所传入的佛道是禅数方面而专于阿毗昙学，故浮调对于禅数也必深识。浮调除了与安世高学佛，又与安玄译经之外，又撰了《沙弥十慧章句》，其自序有云：

> 调以不敏，得以贤次，学未浃闻，行未中四，凤鹥凶咎，遘和上忧，长无过庭善诱之教，悲穷自潜，无所系心。于是发愤忘食，因闲历思，遂作《十慧章句》。

此后外国人之来中国宣传佛法与翻经典的更多，如三国时的西竺昙柯迦罗曾到洛阳大行佛法，且提倡戒法；又天竺沙门白延也到洛阳的白马寺翻译《无量清净平等觉》《佛说须赖经》等六部；天竺沙门康僧铠也在洛阳白马寺翻译《郁迦长者所问经》《无量寿经》各二卷；而在吴也有支谦所翻译的《菩萨本缘》《维摩》《法句》《瑞应本起》各经。

外国人之来中国宣传佛教及翻译佛经的既愈多，国人也开始到外国研求佛经。国人之出国求经最早而又很著名的，要算三国时的朱士行。《祐录》十三《朱士行传》说：

> 出家以后便以大法为己任，常谓入道资慧，故专务经典。初天竺朔佛以汉灵帝时，出《道行经》，译人口传，或不领辄抄撮而过，故意义首尾颇有格碍。士行尝于洛阳讲《小品》，往往不通，每叹此经大乘之要，而译理不尽，誓志捐身，远求《大品》。遂以魏甘露五年发迹雍州，西渡流沙，既至于阗，果写得正品梵书，胡本九十章，六十余万言。

朱士行于魏甘露五年（二六〇）出国，至晋太康三年（二八二）的二十二年中，在外国各处寻抄经本。他所寻抄的经典，在太康三年曾派其弟子弗如檀送胡本经典到洛阳，同时又得于阗沙门无叉罗、优婆塞竺叔兰、祝太玄、周玄明等共同翻译。而他自己还在外边研究佛教，讲求佛道，而结果且死在于阗也。这可以说是为了佛教而殉道异域的中国的第一位佛教教徒了。

两晋与南北朝之间，外人之来中国宣传佛教与翻佛经，与国人之西行而求法的更为增加。然而国人之出国求法之最著名，要算法显。法显本姓龚，三岁即出家，二十岁受大戒。在他那个时候，佛经之翻译的虽是很多，然而戒律之介绍于中国的并不很多，因而他就决志去寻求戒律，所以他在东晋安帝隆安三年（三九九）乃出国。

法显往天竺的路程是陆道，而回时却由海道。他所行的陆道不只是汉时的张骞与甘英所没有到过，就是西晋的朱士行以及东晋的支法领也没有到过。他游历了三十余个国家，天竺、师子国（即锡兰岛）各处都有了法显的足迹，并寻了很多经典戒律。他最后乃从师子国乘船回中国，在归程中他又经过了南洋好多地方，经过了不少的困难，本想由广州上岸，可是又因遇了大风把船吹到别处，最后始看见海岸，询问之后，始知是中国的青州长广郡的地方，抵青州时，太守李嶷曾派人去迎接他。

法显自晋隆安三年离长安后，在天竺留了六年，回程也化了三年，前后共十五年。这可以说是第一个中国人从陆道到印度，而由海道回国的。他回国之后，曾把他所游历的地方叙述起来，在《诸经录》及《隋书·经籍志》中有《历游天竺记传》《佛国记》《法显传》等编，现所存一本有叫作《佛国记》的，也有叫作《法显传》的。

佛教自东汉传入中国以后，经魏晋南北朝及隋代的西来及国内僧徒的努力宣传，已很发达。到了唐代，可以说是臻于极盛。据道宣《续高僧传》、赞宁《高僧传》三集《译经篇》里所载，西来的僧徒有了好几十人，而国人之到天竺的也是很多，其最著名的要算玄奘。玄奘在唐太宗的时候出国西行，经天山南路、中亚细亚而入印度，游历了一百二十八国，携回的经典有了六百五十余部之多，成为佛教输入中国的历史上的一个最重要的人物。

此外，又如高宗咸亨二年，义净又由南洋海道而到印度，历时二十五年，游历三十余国，寻得梵本经论差不多四百部，共五十万颂。而不空也于玄宗开元二十九（七四一）年，由海道到师子国，求密藏及诸经论五百余部，于天宝五年（七四六）〈回国〉。又在天宝十年（七五一）年，悟空曾到龟兹各处翻译《十地》《回向轮经》，在翻译佛经的事业上的功绩远超了前代。

佛教在唐代既称极盛，而其宗派也很多，统共为十三宗。除小乘的成实、俱舍二宗外，其他如三论、涅槃、律、地论、净土、禅、摄论、华严、法相、真言、天台等十一宗，皆为大乘，而天台一宗又为国人所自创。又据说在唐时，在玄宗的时候就有了寺庙五千三百五十八所，到了武宗的时候就有了寺庙四万余所，其发达情形可以概见。

五代末年，后周世宗破坏寺院并禁度僧尼，故佛教大受影响。但是到了宋代，太祖崇拜佛教，故寺庙僧尼也因之而恢复不少。同时太祖曾遣僧徒行勤等一百多人，到印度求经，又印行《大藏经》，僧尼有了四十余万，而禅宗的影响最大。又在元代对于佛教又特别加以优待。明太祖在少的时候曾作僧徒，所以就位之后对于佛教也能加以优待。明武宗不只崇信佛教，还且通晓梵文，自称为大庆法王。

自明朝中叶以后，佛教虽有衰微的趋向，到清代乾隆曾有禁设寺院与限制僧尼的诏令，民间男人在十六岁以下，女子在四十岁以下的，皆不许出家，故佛教更趋于衰微。然而佛教之输入中国差不多有了二千年的历史，真可以说根深蒂固，政府虽有禁止的命令，人民之奉信的并不见得减少多少，而一些所谓名儒学士之受佛教影响的也很多，至于佛寺之多，到处可见。其实，朝廷禁止人民出家为僧尼历史很久，王度在其奏疏里曾说，汉朝已有不许人民出家的命令。可是上面所说的东汉的严浮调就已出家修道，可见得政府虽有禁止的命令，而人民的出家仍然如故。其实，历代帝王之提倡佛教的既很多，而佛经的输入与翻译又源源不绝，使中国成为佛教的大本营，这是初期输入佛教的人所梦想不到的。佛教本来发源于印度，而却发达于中国，这虽由于初期的外国佛徒的输入，然主要还是由于国人的崇信。

佛教在中国的历史既那么久长，而其影响又那么普遍，佛教在中国的文化上的地位又怎么样呢？

我们可以说佛教虽是外来的宗教，然而它在中国既有了久长的历史，又有了普遍的影响，那么佛教已成为中国文化的一种成分，而且可以说是一种重要的成分。而况佛教自传入中国以后，正像我们在上面所说，已使中国成为佛教的大本营。因为印度本身虽为佛教的发源地，然而自回教与印度教在印度占了势力之后，佛教在印度反因之而衰落，而其结果是使中国成为佛教的大本营。所以，在整个佛教的历史上，中国的佛教可以说是占了最重要的地位。

不但这样，佛教是东方文化的主流之一，也可以说是世界的文化的主流之一。研究东方文化或世界文化的人，对于佛教既不能随便去漠视，那么成为佛教的大本营的中国，在东方或世界文化上的地位的重要，也可以概见。

又佛教虽是外来的宗教，然而输入了中国之后，不只成为中国的文化的一种重要的成分，而且对于中国的固有的文化的各方面，也免不了有了不少的影响，而同时也受了中国的固有的文化的不少影响。所以在我们所谓固有的文化的成分里，却往往含了佛教的成分，同时在我们所谓佛教的本身的成分里，也往往含有中国的文化的成分。这是文化的一种交流，而这种文化的交流的结果，是变了中国的文化的本来的面目。

上面是一种普通的看法，我们现在可以再从文化的物质、社会与精神三方面加以解释。

从物质文化方面来看，我们已经说过中国的物质文化是很落后的，而中国的物质文化之所以很为落后，我们也已指出是与道教与儒教的蔑视或甚至反对物质文化的态度，有了密切的关系。自佛教传入中国之后，这种蔑视或甚至反对物质文化的态度，不但没有因之而减少，却反因之而加强。襄楷在上桓帝的疏里已经说过，浮屠之道是清虚无为、省欲去奢，这就是否定物质文化的一种表示。其实，佛教的要旨不只是希望人们不要享受甘肥美饮而要省欲去奢，而且希望人们放弃一切的物质上的欲望，而求其所谓精神上的超脱。而且从佛教的教义看起来，人类精神上的超脱的条件，就是物质上的欲望的放弃。佛教教徒之所以往往矢志苦行，甚至于要毁灭其躯体，不只是轻视物质的生活的表示，而且是反对物质的生活的行为。

就以佛教的主张素食方面来看，所谓素食既是只吃植物而不吃动物，那么因吃动物而产出各种肉食的物质文化，可以说是无从产生了，而况一般僧侣之所谓素吃，大致乃是一种最简单的植物的食品呢。吃的方面固是简单，衣的方面也是简单，所谓袈裟一件度过一生。假使整个世界的人们都这样的穿起来，那么不只多少装服店都要关门，就是多少织布厂也少有作用。佛教对于衣食固是要简单化，对于其他的物质生活更为漠视，而其漠视物质生活的态度，既比之儒教与道教还要厉害，那么在佛教盛行的中国的物质文化之所以落后，可以说是自然而然的结果了。

从社会文化方面来看，佛教僧侣的所谓出家不只是离开了家庭，其实是等于离开了社会，也可以说是否认现世的生活，因为他们的理想世界是未来的世界，是别一个世界。假使世界上的人类都去实行这种生活的话，那么在一百几十年里，整个人类也要断绝，而所谓人类社会也必因之而消灭。

中国的社会的基础本来是筑在家族的制度上，而且因为国人太重视了家族，结果是在我们数千年的历史上，只有所谓家族主义，而少有民族主义或国家主义。社会的种类既不多，社会的重心是在家族方面。佛教的出家的行为，对于我国以家族为重心的社会，是处于相反的地位。汉代以至清朝之所以有了禁止或限制人民出家的命令，就是这个原故。然而正像我们在上面所说，这种命令并不能完全阻止好多人民的出家，可见得佛教的势力之大，而且出家的僧尼既往往变为社会上的不劳而食的份子，僧尼又往往成为社会上的寄生人物，这也是社会上的一大损失。

从精神文化方面来看，正如道教与儒教是中国的精神文化的成分，佛教也可以说是成为中国的精神文化的一种。其实，我们可以说，道教、儒教与佛教就是中国的精神文化的代表。

不但这样，自佛教输入中国以后，儒教而尤其是道教，受了佛教很大的影响。道教的祖师是老子，自佛教传入之后，有人以为老子曾到了天竺，王浮的《老子化胡经》就是一个最显明的例子。老子化胡的假托，本来是要说明佛是老子的弟子，而主张佛教也是出自道教，然而事实上，反是证明道教是受了佛教的影响，因为假使佛教没有传入中国的话，那么这一种的老子化胡的假托是不会发生的。

我们应当指出，佛教最初输入中国的时候，是与黄老并称的。明帝报诏楚王英的书里，就把黄老与浮屠混为一谈。襄楷上桓帝的疏里，也把这两者混而为一。楚王英相信黄老，同时又信浮屠，而一般佛徒也可以说兼为术士。汤用彤先生在上面所举一书里说："佛教在汉世，本视为道术之一种，其流行之教、理行为，与当时中国黄老方技相通。其教因西域使臣、商贾以及热诚传教之人，渐布中夏，流行于民间。上流社会，偶因好黄老之术，兼及浮屠，如楚王英、明帝及桓帝皆是也，至若文人学士，仅襄楷、张衡略为述及，而二人亦擅长阴阳术数之言也。"

然而同时我们也得指出，在汉的时候，道教最初既叫作黄老，而后来之所以称为道教，也是受了佛教的影响。而且最初的道教经典如于吉的《太平经》，也是模仿佛教的经典，至如陶弘景的《真诰》，上面已经指出有了一部分是抄自《四十二章经》。又不只在经典方面，道教是模仿或抄袭佛教，就是在崇拜的仪式以至崇拜的偶像，也往往是受了佛教的影响。

佛教对于道教的影响固是很大，佛教对于儒教的影响也很为显明。我们知道在东汉的时候，儒教称为极盛，明帝虽尊崇儒术，然对于楚王英之崇信佛教也加以同情。魏晋隋唐各代佛教既很为发达，所谓儒教也免不了受了影响，而尤以宋代的儒家所染佛教的色彩为浓厚，而成为宋代的理学。比方，朱熹本是致力于儒道，而想把儒教去抗衡佛教，然而他的明善复初为性，虚灵不昧为心的学说，实为佛教的要旨。至如陆象山的思想之近于宗门顿悟，更为显明。在他的时候，有人以朱熹之言而诋象山之学为禅学，而象山也常诋朱熹之学为禅学，其实两者都深染了佛学的气味。直至清代，如王船山之喜治法相宗，魏源兼修佛典，而谭嗣同因受杨文会的影响而著《仁学》，其所受佛教的影响之深，也很为显明。至如二十年前梁漱溟先生所著的《东西文化及其哲学》，既恭维了孔子，更赞美了释迦，这其实也不过是拾了谭嗣同的余唾罢。

最后，我们还要指出，佛教对于中国的文化的影响，大致上只可以说是消极的，而非积极的。国人对于物质文化本来就持了消极的态度，佛教不过是增强了这种态度。国人对于社会除了家族以外本来就很漠视，而佛教不只是对于家族以外的社会持了消极的态度，就是对于家族的本身也持了消极的态度。其实，佛教的思想就是一种消极的思想，其人生是消极的人生，其文化也是消极的文化，结果是对于中国的固有文化不但无所补益，而却有了增强其落后的趋向。

西洋文化观

西洋文化観

(二)

(十一月二十日)

目　　录

第一编　宗教的文化 …………………………………… 187
 第一章　希腊的文化 ……………………………… 187
 第二章　罗马的文化 ……………………………… 198
 第三章　中世的文化 ……………………………… 208
 第四章　宗教的改革 ……………………………… 219

第二编　政治的文化 …………………………………… 229
 第五章　君权与民权 ……………………………… 229
 第六章　民族与国家 ……………………………… 240
 第七章　帝国的发展 ……………………………… 250
 第八章　政治与文化 ……………………………… 260

第三编　经济的文化 …………………………………… 269
 第九章　商业的发展 ……………………………… 269
 第十章　工业的发展 ……………………………… 279
 第十一章　农业的发展 …………………………… 288
 第十二章　经济与文化 …………………………… 297

第四编　其他的文化 …………………………………… 307
 第十三章　教育的发展 …………………………… 307
 第十四章　精神的文化 …………………………… 316
 第十五章　社会的文化 …………………………… 325
 第十六章　物质的文化 …………………………… 334

第一编　宗教的文化

第一章　希腊的文化

我们在这里所说的希腊，是指着古代的希腊。希腊文化的发展，固是受了好多外来的文化的影响，但是，希腊文化的本身，却自成了一个文化的系统，而为西洋文化的渊源。故要研究西洋文化的演变，最好是从希腊的文化说起。

西洋人，而尤其是近代的西洋人，对于希腊文化的研究，可以说是不遗余力。希腊人的著作固很为人们所重视，而全部的加以整理与翻译；希腊人的遗迹也很为人们所注意，而尽量的加以发掘与寻找。所以，近代的学者，对于希腊文化的研究的热诚，固为以往的学者所不能比拟，而他们对于这种文化的研究的成绩，也是以往的学者所尚未达到。

不过，我们也得指出，这种研究的热诚固是可嘉，这种研究的成绩固也不少，但是他们对于希腊文化的实质及其重心，好像还没有充分的认识。主要的是因为他们不只是往往以现代人的眼光去解释古代希腊的文化，而且多数是偏重于希腊的理想生活，以及其学术与政治方面，而忽略了希腊的实际生活，以及其文化的其他方面。

以现代人的眼光去解释古代希腊的文化，往往是太偏重于现代人的主观的看法，而忽略了古代的文化的客观的情况。因为现代的环境之于古代的环境，既有了很多不同之处，现代人之研究古代的文化的，很容易注重于古代的文化中之与现代的文化中的特别有了密切关系的东西，而很容易忽略了古代的文化中之与现代的文化中的少有或没有关系的东西。同时，又很容易注重于古代的文化中的某种特殊的现象，而很容易忽略了古代的文化中的一般普遍的现象。

我说一般研究希腊文化的人，多数是偏重于希腊的理想生活，而忽略了希腊的实际生活。因为好多人都以为柏拉图的理想国家，或亚里士多德的最好国家，以至伊壁鸠林（Epicurean）的个人主义，或是斯多亚学者（Stoics）的世界主义的深切影响，于是遂以为希腊的文化的全部或其文化的实质与重心，就可以这些学者的理想社会或是理论方面去代表，而忘记了这是希腊人而且是很少数的希腊人的理想与理论的东西，而非一般希腊人或大多数的希腊人的实际与普遍的生活。我们并不否认，这些理想的生活或理论的东西，也是希腊文化的产物，而且也许是希腊文化的精华。然而，我们也不能否认，这种理想的东西，像柏拉图的理想的国家，不但在希腊的历史上从来没有实现过，就是柏拉图自己，也感觉到这种社会之不易实现。他后来在其所著的《政治家》（*Statesman*）与《法律》（*Law*）两书中，所希望能够实施的国家与社会的政策，就很异于他在《共和国》里所希望能够实施的国家与社会的政策。

因为太看重了很少数人的理想的生活，因而对于希腊的一般人的实际的生活，有意的或无意的遂加以忽视。比方，希腊的奴隶的人数的众多，以及其情形的惨苦，希腊的城市的污秽的状况，以及其街道的狭小，以至希腊的人民的一般普遍的风俗习惯，与迷信宗教的种种的实际的生活，在一般现代人的心目中，不但不觉得重要，而且很少的能够注意。

此外，现代一般人而尤其是一般的学者，对于希腊的学术的发展与政治的演变，既很为重视，对于其他方面的生活，往往太过忽略。因而研究希腊的文学、哲学以至科学与政治的人，特别的多。所以，一谈到希腊的文化的时候，我们所谈的多是荷马、柏拉图、欧几里得，与政治制度的演变、帝王的事业、战争的胜败，好像以为文学、哲学、科学是希腊人所独有的东西，好像以为希腊的历史就是政治的历史。他们忘记了希腊人除了这些东西以外，还有别的东西，而这种别的东西，在古代的希腊的文化中，不但在其本身上很为重要，而且是希腊整个文化的实质，整个文化的重心。这种所谓别的东西虽然很多，然最重要的要算宗教。

我们以为，古代希腊的文化，正像古代的其他的文化一样的，是深受了宗教的影响。所以，宗教在古代希腊的文化上，不只是占了很重要的地位，而且是整个文化的重心。因为希腊的文化，在其起源上固是偏重于宗教方面，在其发展上也是深受了宗教的影响。所以，要想明瞭希腊的文化，先要明瞭希腊的宗教的本质，以及其对于文化的其他方面的影响。

从宗教的立场，去研究希腊的文化的著作，较早与成绩较好的要算法国学者库朗日（F. de Coulanges）的《古代城市》（*La Cité antique*）了。他这本书的目的，是以宗教的立场去解释希腊与罗马的社会。可惜，他所注重的是，古代希腊与罗马的宗教，对于家族及其制度与政治方面的影响，而对于宗教影响到文化的其他方面，却不大注重，或完全没有注意。而且，除了库朗日之外，很少有人注意到，希腊的宗教，在其整个文化上的重要的地位。

照库朗日的意见，希腊的宗教的发展，是由崇拜祖宗的宗教，而趋于崇拜自然的物象的宗教。希腊社会的变迁，是随着宗教的变迁而变迁的。质言之，社会变迁的主因是宗教。希腊宗教的发展，是不是像库朗日所说的，是从崇拜祖宗的宗教，而趋于崇拜自然的物象，我们在这里不必加以讨论。但是，希腊宗教是希腊文化的重心，是无可疑的。而且，崇拜祖宗的宗教与崇拜自然的物象的宗教，是希腊的宗教的主流，也是无可疑的。

据库朗日的研究的结果，崇拜祖宗的宗教的主要象征，是圣火。在希腊人的房子内，皆有一个祭台，台上常常燃着煤块或炭块，日夜不断。在圣火里，既不能燃烧不清洁的东西，在圣火旁，又不能做了不规则的举动。因为，圣火就是家中的神，这个神也就是祖宗的神。所以，崇拜圣火就是崇拜祖宗。崇拜祖宗是子孙的责任，而生子生孙，使能继续的去崇拜祖宗，也是子孙的责任。圣火继续不断的燃烧，是表示家族的继续不断的遗传。而家族的继续不断的遗传，也是表示神的继续不断的存在。神有最高的威权，神可以赐给人们以幸福，神也可以赐与人们以祸患。所以，人们对神要常常崇拜，要时时祭祀，花果香酒以及各种食品都可以把来祭神。因为，神正与人一样的需要这些物品。祭祀祖宗，主要虽为男人的任务，可是女人也可参加。生人之于死者，既是有了密切的关系，生人之于死者是属于同一的团体，这个团体就是家族。家族固是一个血统的团体，同时又是一个宗教的团体。其实，生在家族里的人，既不能不有祖宗，崇拜祖宗成为家族的主要任务。总而言之，宗教是维持家族制度的要素，而圣火是希腊人崇拜祖宗的宗教的象征。所以，希腊古字称"家族"为 ἐπιστιον，这个字的意义，若直译就是围在圣火旁边的人，从此就可以明白，家族是一个宗教的团体。

除了崇拜祖宗的宗教之外，希腊人又崇拜自然的物象。这种自然的物象的形式很多。其实，一切的物象都是神灵，天有天神，地有地神，风有风神，海有海神，此外，一株树，一个石头，都有其神灵。希腊人是多神的信仰者，从荷马及其他的著作里，我们知道，希腊的神是像人一样。神是伟大的，神是聪明的，神是强有力，神是超人的。然而，神不一定能够完全统治自然与人类，神所要的东西未必与人相同。然而，神也要睡觉，也要食物，而且也要阳光以及其他的东西。

而且，神的情感作用也与人类一样。神可以发脾气，可以忍痛苦，神可以相骂，神可以相打，同时，还可以向着较高的神去请求帮忙。此外，神不一定是公平的。受了情感的影响，神也可以作出不正当的事情，因而，一个神可以把别的神监禁起来。而且，在神的世界里，神可以有生有死，有男有女，有夫妻，有父母，有子女，有兄弟，有朋友，有仇敌，有家庭，有种族，有尊卑，有上下，有强弱，有老幼，有快乐，有悲哀，有时笑，有时哭。举凡人类世界中所有的各种情感、各种关系，在神的世界里，也可以找出来。

神虽有神的世界，然而，神的世界并非与人的世界分开。其实，神、人之间是有了密切的关系，而人类的世界的行为动作以至变化，往往是受神的支配。因而，要想明白古代希腊的文化，我们先要明白古代希腊的神。

希腊的神虽然很多，然其最重要的数位，却可以略为叙述。在希腊人的心目中，神之最高的要算苏斯（Zeus）。这个神是人的祖父，也是神的祖父。他是统治者之最尊高、最荣耀与最有力的神,他住在奥林比亚斯山上,也是这个山上的皇帝。

希拉(Hera),是奥林比亚斯山上的皇后,他是苏斯的妹妹,同时又是苏斯的夫人。在奥林比亚斯山上,只有这一对夫妇。在希腊的神话里,在荷马的著作里,希拉并不是一位很有名的神,她是一位很妒忌的妇人,连了她的丈夫也很怕她。可是,有的时候,她的丈夫却把她来缚或打起来。

雅典娜(Athena),是一位战争的女神。在荷马的著作里,她是常常被提及的。她是一位很有才能的神,而且是各种技艺的保护者。她除了住在奥林比亚斯山之外,还有一个住处在雅典,她是希腊一个很有名的神。

阿波罗(Apollo),是太阳的神、弓矢的神,是战争的卫护者。他可以使人预知将来的祸福,是琴神,同时又是歌诗的教师。阿波罗有了一个妹妹,叫做阿提密斯(Artemis)。她在好多方面,很像她的哥哥,她与她的哥哥一样的,会用弓矢。她是一个有名的树木与山岭的女神。

阿利斯(Ares),是一个有名的屠杀的神。而阿夫罗代提(Aphrodite),是一位具有爱的情感的神。这两位神的地位,并不很高,而且往往为别的神所低视与讥笑。

黑腓斯塔斯(Hephaestus),是火神。他是奥林比亚斯山的跛技工,神的居宅都是他建筑的,而他尤精金银的工艺,他制造金银的器物。据说,他所制造金狗与银狗,是阿尔星诺阿皇宫(Palace of Alcinous)的保护者。最奇特的是,他所制造的女子,能够有理性,能够有智识,与能够说话。

波赛顿(Poseidon),是苏斯的兄弟。他所管的是海,可是,他在奥林比亚斯山上的神的会议中,他时时参加。黑特斯(Hades),也是苏斯的兄弟,不过,他并不属于奥林比亚斯山的神。死人的黑暗世界,是他在管理的世界。他的夫人,叫做柏塞福尼(Persephone),是这个死人的世界的皇后。他的王国,是在地下,而且这个世界是很大的。

此外,又如代俄奈萨斯(Dionysus),是一个酒神,一个死而再生的神。他被了泰坦神族(Titans)所裂为好多块,后来,又翻生起来。他是一切生物的神,他是植物、动物以至人类的神。得密式(Demeter),是一个女神,她对于神与人,是一个至善与至乐的神。

希腊的神的数目,不止此数,而在上面所说的各神中,除了苏斯以外,在荷马的时代,最重要的为雅典那及阿波罗。到了后来,代俄奈萨斯与得密式,对于希腊文化的影响很大。故欲研究希腊的文化,我们先要研究希腊的宗教。

总而言之,希腊的崇拜祖宗的宗教,以及崇拜自然的物象的宗教,是希腊文化的重心。希腊宗教的本身,既略如上面所说,我们现在进而解释这些宗教对于文化的各方面的影响。

从文化的物质方面来看，每个希腊人的住宅，都可以说是一个神庙。上面已经说过，住宅里面必有一个祭台，祭台上烧了圣火，家族的意义是围着圣火的旁边。此外，在住宅的外面，是祖宗坟墓所在地。坟墓可以叫做家族的第二住宅，因为，子孙之于祖宗，既不能分离，祖宗的住宅之于子孙的住宅，也不能分离。其实，照希腊人的看法，房屋建筑的方法，就是传自圣火。故住宅的建筑，与其说是为人，不如说是为神。希腊人先有土房、木房，后来又建造石室，意思是要造坚固的住宅以为久用。因为，住宅非一人或一代人所用，乃全族与各代人的住宅。又，房屋或建筑在所谓圣垣的里面。照希腊人的习惯，圣垣之内分为相等二段，前段有院落，后院为房屋，圣火居其中，这就是在院的底端，而在门的前面。圣垣是为围着圣火，以免外人看见。

希腊人的家族住宅，固可以说是一个神庙，希腊人的最伟大、最美丽的建筑，也是为神而建造的神庙。希腊各神庙中，帕尔特侬（Parthenon）最为美丽。这个庙是在雅典城的亚克罗坡利（Acropolis）山上，所用的材料是云石，为伯里克理斯（Pericles）执政时所建。假使我们以这个庙为希腊人的最美丽的建筑物的代表的话，那么，不但希腊的普遍建筑物，是以宗教为基础，就是希腊的最美丽的建筑物，也是以宗教为目的。

希腊人的建筑，固是有了宗教的意义，希腊人的饮食，也有了宗教的意义。库朗日以为，吃饭是宗教上的一种作用。因为，不但各种食品，是由神所造成，在吃的时候，神也与食。故希腊人无论是在饭前或饭后，都要祷告，食时先供于祭台，饮时也必先奠酒。

除了家族里的饮食之外，希腊人还有公餐的习惯。在荷马的《奥第曲》（Odyssée）中，曾有公餐的描写。据说，在公餐时，陈列了九个长桌，每桌有公民五百人，各屠九个牛于神前，这种公餐也叫做神餐，所以，餐前餐后皆要祷告。这种风俗，是希腊人一种很古的风俗，直到钱侬风（Xenophon, 430 B.C.—352 B.C.）的时候，还有这种习惯。在每年的某日中，城中屠杀牲畜，使全体公民共食。此外，宗教又规定，每日有了神餐，每天指定若干的公民为代表，在庙里的神的面前聚餐。因为，希腊人相信，假使他们忘记了这种典礼，则国家与人民必为神所摒弃。代表在神庙餐的公民，在神前吃饭的时候，须穿着祭服，雅典人名为"伴食"。因为这是神圣的事情，所以，法律规定了这些公民代表去遵行这种职务，不愿遵行这种职务的，必受严罚。又，在雅典，这种公民代表，是用抽签的办法去选出来的。

从文化的社会方面来看，希腊宗教所占的地位更为重要。事实上，希腊人相信，他们的种族是由神而来。据说，多利安（Dorian）族，是从修斯（Zeus）的儿子赫叩利斯（Heracles）传下来的，而爱俄尼安（Ionian）族，是从阿波罗的儿子爱温传下来的。所以，每一个种族，都可以追溯到一个神。所以，我们可以说，神是种族的创始者。

种族固是由神所传下来，家族也是由神传下来。每一个家族，都是某一个英雄的后代，而每一个英雄，又是神的子女。所以，希腊的英雄故事，也是希腊的神的故事，而希腊人崇拜英雄，也就是崇拜神灵。

家族是社会的基础，家族也是宗教的团体。家族之所以继续不断的维持下去，是依赖于宗教；家族之所以能够团结，也是依赖于宗教。这种宗教是崇拜祖宗的宗教，我们上面已经说过，用不着再加叙述。家族的领袖或家长，是一家的教主，因为他不只是负有管理家族的生人的责任，而且负有祭祀家族里已死的人的责任。其实，后一种责任比之前一种的，尤为重要。家长既可以叫做教主，其他的家人都可以叫做教徒。因为正像我们上面所说，他们是围着圣火的人员，他们饭前、饭后都要祷告，他们一举一动也要依照神的意旨，他们生固是由神与为神而生，他们死也是要变为神。

婚姻是家族的重要制度。一个女子与一个男子结婚，这个女子就要放弃了她的家族或父亲的圣火，而崇拜她的丈夫的圣火，这就是她要改变了她的宗教，改变了宗教上的仪式与宗教上的祷词。她不能一方面信仰新的宗教，而别方面又崇拜父亲的圣火。所以，婚姻从女的方面看起来，是改变宗教。至于男子方面，结婚也是宗教上的制度。男子要到女家，迎接新娘时，女家父亲与其族人、女婿，要在神的面前声明其女脱离了他的圣火，然后，男子始能与女子离开女家。他们在其途中，唱了宗教的歌曲。到了男家以后，男女都要立在祭台之前，女子并且要受过洗礼，手触圣火，再加以祷告、共餐，然后始成为正式夫妇。所以，结婚是由两个共同宗教的人结合起来，以产生一个第三者，去永传其圣火。假使结婚而没有儿子，其妻可以被迫离婚而再娶，或则以别人的儿子去承继，而承继的男子就放弃其原来的圣火，而崇拜其继父的圣火。承继者不一定要有血统的关系，只要他承认与崇拜某家的圣火，他就算了这家里的家人。希腊古代家族，主要的是一个宗教团体，而不一定是一个血统的团体，就是这个原故。承继的人，既以崇拜圣火为条件，那么，家族财产的承继，也以崇拜圣火为条件。总而言之，一个男子放弃了他的父亲的家族，而去承继别人的家族，从宗教上看起来，好像一个女子离开了她的父亲的家族，而参加别人的家族。

每个家族，虽是一个宗教的团体，但是比了家族较大的团体，也是宗教的团体。希腊人的法老得利（Phraterie），是由好多家族联合起来，而成为一个团体。法老得利自有其神，自有其祭台。就是一个城市国家，也是以宗教为主体，国家可以说是由各家族、各部落所结合的宗教的政治团体，而城市可以说是这个宗教的政治团体的集会的地方。

城市国家有了国家城市的宗教，同时也有其祭台，祭台的周围有了墙垣，希腊人叫这个地方为prytanée，这就是"庙"的意义。正像家神只能由家人去祭祀，这个城市国家的神，也只能由城市国家的公民去祭祀。

因而，一个城市国家的内部组织，以及其制度、法律，都受了宗教的影响。亚里士多德曾告诉我们，古代主教就是国王。在塞诺封（Xenophon），在提摩斯西尼斯（Demosthenes）以及荷马的著作里，都有同样的记载。希腊人普通称呼官吏为主祭者οιέγτέλει。雅典的王及其官吏所戴的冠，是威权的表示。然而，戴冠的习惯是追源于祭祀国家的神时的一种仪式。又，官吏的资格往往以宗教去决定。据说，雅典的参议员，在新选的时候，往往要被询问是否有了家神，是否有了族墓，是否对其祖宗尽了责任。因为缺乏这些条件或违反宗教的人，不但不能作国家祭祀的代表，而且不能参加国家的宗教。

所谓公民，也就是有资格去参加国家的宗教的，或是有资格去被选为国家的祭祀的代表的。公民爱国，不只是爱了国家，而最要的是爱了国神。假使一个公民而被国家放逐，他不只是不能住在国境以内，而且不能信奉其国家的宗教。所以放逐实含有逐出宗教以外的意义。其实，凡是离开了国家的宗教，就是放弃了国家所赋予的权利。至于所谓外人，主要的是因为这种人没有参与宗教的权利。因此之故，外人之在雅典的，皆不得为地主，也不能与雅典的公民的女子结婚，而公民之与外人女子结婚，所生的子女遂被视为私生。这种私生的子女，不但法律上的权利不能享受，就是在最初的时候，经商的权利也没有。

希腊的法律，可以说是希腊的宗教的一部分。因为法律是神的命令，而所谓立法的人们，也是受了神的暗示或影响。比方，来喀古士（Lycurgus）是受了阿波罗的暗示，而迈诺斯（Minos）是受了苏斯①的影响。提摩斯西尼斯（Demosthenes）在其著作里，以为法律是有规则的，是普遍，是公平的。然其所以有了这些特性，就是因为法律是神的恩赐与发明。因为法律是神的恩赐与发明，所以，法律是也一种永久不变的东西。后来，希腊虽有了Solon的新法，可是特拉军（Anacon）的旧法并不因之而废除。柏拉图以为，服从法律就是服从神。这可以说是希腊人对于神与法律的关系的看法。

一个国家与别的国家打仗，也要有神的帮忙。爱仍（Aegina）在战争时，必带他们的神，而伊阿西德（Eacide）人与斯巴达人每次远征，必载着希腊神话中的斯巴达古王丹达尔（Tyndare）。德俄尼斯（Theognis）以为，阿波罗救了麦加尔，使不为波斯人所攻败。因为这个城的人民，每年都以一百只牛去祭神。阿波罗之所以在德尔斐（Delphi）与在阿克俄波利斯（Acropolis），有了名贵的纪念品，以及伟大的庙宇，就是因为希腊人相信，他能帮助他们战胜波斯。假使一个城，被了敌人攻陷，那是因为神不帮忙，神已离开这个城。所以，敌人要到城的时，他们就是祈神不要离开。反之，敌人要攻城的时候，也请城里的神先离城。

---

① 编注：原稿为"修士"，实为苏斯（Zeus），后文此类情况径改，不另说明。

希腊人、爱琼人，喜欢偷敌人的神像，大概也是以为神像能够偷出来，就是表示神已不在那个地方，而那个地方的敌人，则易于征服罢。据希腊的故事，梭伦欲雅典占据沙拉名小岛，他先询问女巫，而其回答是：你若欲占据这个〈岛〉，先要得岛上的神降福才成。梭伦乃祭祀这个〈岛〉中两个重要的神。这两个神不能拒绝他的好意，乃跑到雅典，结果是这个岛上没有神的保护，而为雅典所占。其实，在希腊的好多战争中，成为神的争夺与神的战争。进攻某城的人，往往要得城中的神。而守城的人，有时用练去系神，以免神逃跑，或设法藏匿，以免敌人找出。神又可以在战场上参加战争，一个民族的神也可以同别个民族的神比武，而决定战争的胜负。希腊人与特俄人（Trojans）战争，苏斯曾间接的参加。

其实，从某一方面来看，希腊人的国家也就是一个教会国家。在其发展上，既与家族、宗族、部落、宗教有了密切的关系，国家在其功用上，无论事件的大小，都与宗教有了密切的关系。因为宗教在那个时候，太普遍了，太平常了，所以好多人遂不注意。国家的起源，固是由神，国家的发展，也是赖神。雅典尼的长矛尖头，在阿克俄波利斯山上发光，照着雅典，就是雅典精神的表现。所以，雅典尼与雅典，正像狄建孙（L. Nickinson）在《希腊的生活观》（*The Greek View of Life*）所说，只是一件事的两方面。狄建孙又告诉我们，希腊虽是没有教会的宗教，然而在希腊的时代，也找不出所谓世俗的国家。

国家固是宗教的团体，所谓帝国或联邦，也是深染了宗教的色彩。特尔斐（Delphi）的阿波罗的影响，不只限于希腊的某一个民族，他是希腊帝国的神明苏斯，与代俄奈萨斯（Dionysus）的影响是超出了希腊民族以外的民族。希腊人所建立的殖民地，在政治上也许完全独立，甚至互相仇视，然宗教上却是相同。故在每个殖民地中，每有一城以为母城，在母城建筑的时候，主理这个城的人，要行了一种受取祖灶的圣火的典礼。至于联邦，如加娄利（Calaurie），如德罗斯（Delos），都是联邦的公共祭祀的中心。特尔斐的阿波罗神坛，也是联邦的祭祀的中心。又如雅典尼庙的每年节期，也为各邦所共同参加的盛会。

在文化的精神方面，无论是在文学方面，或哲学方面，以至其他方面，也深受宗教的影响。荷马的《易利亚德》（*Iliad*）与《奥德赛》（*Odyssey*），是希腊最古的文学著作。这两本叙事诗所咏的，多为神及英雄的故事。我们在上面所说的重要的神，差不多都是荷马所描写的英雄，在古代希腊，也可以说是神。而荷马也尊崇他们与神一样。故荷马也可以说是希腊的宗教的鼻祖，因为是从他的著作里，希腊人认识她们的神与英雄的故事。

希西俄德（Hesiod）的《工役及岁时》（*Works and Days*），而尤其是他的《神谱》（*Theogony*），更足以表现出宗教对于文学的影响之大。《工役与岁时》一书，是把耕田与航海的时候与方法，以及农民的劳苦的生活，加以叙述，然而，最重要的是，说明当时的人们对于日常生活上所预测的天气、美恶，与时日、吉凶的习惯。希西俄德是代表农民与劳苦阶级去说话，而其根本思想是，一切工作是有了神的意旨。他相信，不劳而生的人是为神所不容的。至于在他的神谱里，他说明希腊众神的起源与历史，使荷马的片段的神的故事，成为有系统的叙述。他分历史为五个时期：最初的时期是神人共处的金的时期，人与神一样的生存于世界，没有烦恼，少有工作与痛苦。这是克罗那斯（Cronos）统治的时期，人类在这个乌托邦时期里，死时正像没有痛苦的睡觉一样。第二个时期是银的时期，而由苏斯统治的时期。苏斯因为发怒了，把人类消灭起来。其余三个时期为铜的时期、英雄的时期与铁的时期。在铜的时期，人类是很野蛮的。英雄时期，又比较好一点。而铁的时期，是一个自私自利的时期。有些人说，他这种分类与现代的科学的分类有了多少相似之处。然而，我们应当指出，他的分类，是以神为标准，而且，人类的金银时代，固是由神统治，所谓较好的英雄时代，也是近于神的统治。他既不把野蛮以至自私自利为永久不变的时期，那么，将来的世界还是要复回神治的黄金时代。

希腊文学的发展，是由叙事诗而至抒情诗，由抒情诗而至戏剧诗。荷马与希西俄德的叙事诗，固深受宗教的影响，巴基利提（Bacchylides）而尤其是品得（Pinder）的抒情诗的作家，也深受了宗教的影响。他们所作的短歌，是多以神话作隐喻。品得深受了荷马的神的影响，照他的意见，神是最聪明的，最有力的。他以为真理是道德的基础，同时却是苏斯的道德，而阿波罗是一切的东西的命运的先知，人类是逃不出神的耳目的。神有时固可以降祸于人类，然而，神之所以降祸于人类，是由于人类有了罪恶。反之，为善的人是有福的，这也是神的意旨。他还且指出，躯体固可以消灭，但是灵魂却可以永存。因为灵魂是从神而来的，人不但在生在地上的时候作了恶，要受神的惩罚，就是死了以后，还可以作恶，而使其灵魂在再生的时候，受神的惩罚。天堂与地狱，是常常发现于灵魂中。

在戏剧方面，其起源与发展是受了宗教的影响更为显明，代俄奈萨斯（Dionysus）的崇拜的发展，是一个很好的例子。其实，希腊戏剧的来源与发展，完全是由这种宗教而来，雅典人所制以奉祭。代俄奈萨斯的悲剧与喜剧，是希腊最古的、有完整结构的真正悲剧与喜剧。雅典人举行祭祀这个神的时候，例必演剧，剧中的人物及故事，大都取材于神话。故亚里士多德在其所著的《诗学》（*Poetry*）里，除了叙述剧本以外，还考证希腊戏剧的来源。他以为，希腊戏剧乃来自所谓狄底蓝味歌，而这种歌就是赞诵代俄萨斯神的合唱歌。在合唱这种歌的时候，雅典人不只注重于歌的本身，而且注重到合唱队的服装，此外，唱歌时又加以舞蹈。这种合唱与动作，最初本为宗教上的一种仪式，后来合唱中又加以对话，而舞蹈的动作又与其所唱的歌或所说的话互相和谐，因而逐渐成为戏剧。

参加代俄萨斯神的祭祀典礼的人，最初只限于贵族的人物，后来这种典礼逐渐普遍于希腊。因而，参加典礼的人物，也不只限于贵族的人物，公民也逐渐的参加，后来则变为全国公民的胜会，而其热闹的情况，为其他各种集会所不及。贵族的宗教典礼，变为公民的宗教典礼，不但在宗教平民化有了重大的意义，就是在政治的平民化上，也有了重大的意义。所以，代俄奈萨斯的宗教，不只与希腊戏剧有了密切的关系，在其他方面也有密切的关系。

苏格拉底（Socrates）可以说是希腊哲学的鼻祖。他是哲人（sophists）之一。哲人虽是多数不信宗教，然而正是为了这个原因，所以他们多为一般的希腊人民所不信任。苏格拉底与一般的哲人的不同的地方，是他的目的是为阐明真理而教人，而非为金钱而教人。他所以这样的作，是因为他相信，教人是神圣的事业，他应当是要做雅典人的传教士。他后来虽被雅典人诬为不信众神而被杀，然在未死之前，他曾对法官宣言，他是受神的命令而讲求真理，所以他对于死可以置之度外。

柏拉图是苏格拉底的学生，同时是希腊的最大的哲学家。他的主要思想是他所说的观念（idea）。他把世界分为现象的世界与观念的世界：前者是可以看得见的，后者是看不见的；前者不是真实的，而后者是真实的；前者可以用感觉去认识，后者要用理性去了解。一本书、一张桌，或是同类的东西，并不算作真实的东西，只有书的观念、桌的观念，才能算作真实的东西。然而，所谓观念的本身是神的产物，是在神的心里存在。其实，观念在柏拉图的著作里，有时也就是神。观念固有其程度的不同，然最高的观念是至善的东西，而所谓至善的东西，也是至美的。这种最高的观念，是一切智识与存在的原因，而且其本身又包括了其他的观念。这种最高的观念是绝对的东西，是普遍的理性，是神的本身。

柏拉图这种观念，无疑的是深染了希腊人的神的观念的影响。希腊人的多神，正像柏拉图的各种观念，苏斯是最高的神，也正像柏拉图所说的最高的观念一样。神之于人类与一切事物，固有其关系，然却也是两种不同的世界。这与柏拉图所说的现象世界与观念世界的关系及其不同，也有相似之处。

柏拉图在其《共和国》里面曾指出，一个讲求正义的人，绝不会为神所遗弃，只要一个人是公道，暂时穷苦、疾病与不幸的遭遇是不足怕的，因为神终必使他得福。柏拉图又深受了奥尔否斯（Orpheus）的神秘宗教（Orphism）的灵魂的移变（transmigration of soul）的学说的影响，好的灵魂经过了相当的时期之后，可以再生于人间，只有恶的灵魂，不能再寄托于人类的肉体。

亚里士多德（Aristotle）是柏拉图的学生，在好多方面，他的思想虽与他的先生不同，然在宗教上，他也受了希腊的神的影响。他在其《政治学》里，以为荷马叫苏斯为神人的父亲，是很对的。他在别本书里，又以为神与自然不会创造没有目的的东西，神是纯粹的，思想是最高的。观念或形式是主要的动力，是世界一切动作的来源，是单一的东西，是超出自然世界的一切物象。其实，柏拉图的非物质的观念，也就是亚里士多德的神的观念。

总而言之，希腊的文化无论在那一方面，都受了宗教的影响，都与宗教有了关系。在饮食、居住、旅行、动作，以至耕种、养畜、经商、营工，都不能与神离开。家庭制度，以至社会、国家，固不能与神离开，文学、哲学也深染了宗教的色彩。就如我们上面所说的，富于思想的柏拉图，与有了科学头脑的亚里士多德，也不能脱离了希腊的传统的宗教的信仰，虽则他们的成就已经超出了宗教的范围。我们可以说，在当时，宗教对于人生的影响是太深入了，宗教对于文化的影响是太普遍了，结果是反为一般人所不注意罢。

第二章 罗马的文化

古代希腊的文化的重心，固是偏于宗教方面，古代罗马的文化的重心，也是偏于宗教方面。

据罗马的神话，罗马城的建立，是在纪元前七五三年，而这个城的创立人是罗牟拉斯（Romulus）与利马斯（Remus）两兄弟。传说阿尔巴隆加（Alba Longa）的皇帝纽密托（Numitor）是伊尼阿（Aeneas）的后代。他本来在雷喜阿姆与一些特拉（Troy）的逃难者住在一块，后来纽密托的皇位，被了他的兄弟阿蒙利亚斯（Amulius）所争夺，同时，阿蒙利亚斯又把纽密托的儿子杀死，与设法使纽密托的女孩利亚西尔维亚（Rea Silva）不能生育，希望使纽密托的后代断绝。纽密托的女孩本有了一对双生的男孩，这就是罗牟拉斯与利马斯。纽密托恐怕这两兄弟也被害，乃掷他们在正在泛滥于河旁的泰柏（Tiber）的河流里，这两个小孩的摇篮恰巧为树根所阻，而不致溺毙，同时又有一个母狼给乳他们吃，最后遂为皇室的牧羊者名叫做缶斯丢拉斯（Faustulus）所得，而养大起来。后来，罗牟拉斯与利马斯在琉柏开利阿（Lupercalia）的节期打猎，罗牟拉斯为人所捕，而带到纽密托的地方。纽密托经过详细的审查之后，始认得这是他的孙儿，不久，纽密托杀了阿蒙利亚斯，而再就王位于阿尔巴隆加。

罗牟拉斯与利马斯得了纽密托的允许，在泰柏（Tiber）的旁边，建立了一个城市。这两兄弟因为争论那一位的名字应该把来称呼这个城市的名字，结果是去问神的意旨。据说神的指示是用罗牟拉斯的名称，又有一说以为两者，因此引起争斗，而利马斯遂为罗牟拉斯所杀。后者既杀了前者，他成为这个城市的唯一的皇帝，因此遂用他自己的名字去称呼这个城市，这就是罗马（Roma）。罗牟拉斯的时代，照一般罗马史家的推算，约在纪元前八世纪与九世纪之间。据罗马的传说，从罗牟拉斯的时代以至纪元前第六世纪的末年的二百多至三百年间，罗马有过七个皇帝，世世相传。从第七的皇帝以后，罗马变为一个共和国家。

这种传说是否确实，当然成为问题。其实，第八第七以至第六世纪的罗马史料，很为缺乏，故很多是属于神话。就以上面所说的罗马城的来源与其命名来看，已有了很浓厚的神秘的色彩。罗牟拉斯与利马斯之被掷于泰柏河里，以至母狼给乳他们吃，都是深含了宗教上的假托的意味。而这两位双生兄弟，在这种危险的情形之下还能生存，而使其朝代与文化继续不断，若从罗马人的眼光看起来，实为天神所赐与。所以研究罗马的文化的人，先要明白罗马的宗教。

其实，罗马的宗教其所包含的成分，固有其自生长的，然也多是其自外来的。我们知道，罗马的文化是受了伊特卢利亚（Etruria）的文化的深刻的影响，而尤其是在宗教方面，如祭司的服饰，以及其他的仪节与占卜种种。教会神父以为伊特卢利亚人，是迷信之母，罗马人既受了伊特卢利亚的文化的深刻的影响，那么，伊特卢利亚人的迷信之多为罗马人所采用，是自然而然的。萨诺菩（Charles Seignobos）在其所著的《古代文化史》（*Histoire De Anciens Civilizations*）以为，罗马宗教半为伊特卢利亚的宗教，也就是这个原故。又据罗斯托夫谢夫（M. Rostovtzeff）的《古代世界史——罗马》（*A History of the Ancient World Volume II Rome*）以为，"Roma"这个名词是伊特卢利亚语"Ruma"而来。

除了伊特卢利亚的宗教对于罗马的文化有了深刻的影响之外，萨姆奈以及拉丁的宗教，也对于罗马的文化有了不少的影响。此外，罗马受了希腊的宗教的影响尤为显明。我们知道，希腊的神名，而尤其是比较重要的神名，多用拉丁的神名去称呼，所以，罗马的朱彼忒（Jupiter）就是希腊的苏斯（Zeus），罗马的朱诺（Juno）就是希腊的希拉（Hera），罗马的密纳发（Minerva）就是希腊的雅典那（Athena），罗马的代安那（Diana）就是希腊的阿波罗（Apollo）与阿提密斯（Artemis），罗马的麦叩利（Mercury）就是希腊的赫美斯（Hermes），罗马的发尔康（Vulcan）就是希腊的黑腓斯塔斯（Hephaestus），罗马的未斯塔（Vesta）就是希腊的海斯特亚（Hestia），罗马的马斯（Mars）就是希腊的阿利斯（Ares），罗马的维那斯（Venus）就是希腊的阿夫罗代提（Aphrodite），罗马的内普丢恩（Neptune）就是希腊的波赛顿（Poseidon），罗马的萨忒恩（Saturn）就是希腊的阿姆非特列特（Amphitrite）、普罗丢斯（Proteus）、克罗诺斯（Kronos），罗马的西培利（Cybele）就是希腊的利阿（Rhea），罗马的西利兹（Ceres）就是希腊的得密忒（Demeter），罗马的普罗瑟彼那（Proserpina）就是希腊的柏塞福尼（Persephone），罗马的巴卡斯（Bacchus）就是希腊的代俄尼初斯（Dionysus）。

罗马的好多神，既是受了希腊的宗教的影响而来，关于罗马的好多神的故事，也多是采自希腊。其实，罗马的原始的宗教找不出以神为具了人形的东西，同时，罗马人也不以为神与神之间，有了像人与人之间的婚姻或亲属的种种关系。所以，罗马人之有了各种人形的石像，以及其关于神的故事，都可以说是受了希腊的宗教的影响。希腊文化之影响于罗马文化，不但在时间上较早，而且在空间上也较为普遍。希腊宗教在希腊的整个文化上，既占了很重要的地位，那么，这种宗教在罗马的整个文化上，也无疑的占了很重要的地位。

我们当然不易指出，在罗马的宗教里，有了多少成分是来自希腊，有了多少成分是来自伊特卢利亚与其他的民族，以至有了多少成分是罗马人所固有的东西。然而我们很能肯定的指出，罗马的文化的重心是在宗教方面。

罗马人与希腊人，一样的是多神信仰的民族，然而其与一般人民关系最为密切的要算家神。罗马人与希腊人，一样的崇拜圣火，圣火就是家神。圣火燃烧在屋内的祭台上，这种火是日夜的燃着。罗马人这种圣火，除了三月初一日止熄一次，以便换燃以外，假使这种圣火偶而止熄，就是表示家里要有不幸的事情发生。而且换燃圣火的时候，必定举行与遵守一种仪式。

崇拜圣火，可以说就是崇拜祖宗。西塞罗（Cicero）在其著作里已指出，圣火与祖先没有分别，而在一世纪的拉丁的有名文学家弗基尔（Virgil），有时把圣火当为祖先，有时又把祖先当为圣火。在《茵纳曲》（Eneide）里的某一节，弗基尔描写亥克特①告诉茵纳（Enee）道，他要将特拉（Troy）城的祖先交与他，而其实所交的却是特拉城的圣火。所以，在另一节里，茵纳祷告圣火时，也叫作祖先或叫作未斯塔（Vesta）。

圣火有时也当为英雄与善神或善鬼，它能给与家人以康健、富贵、幸福，而且，在危险的时期，可以使家人免于患难。据弗基尔（Virgil）的著作，当特拉最末的王普赖阿姆（Priam）的皇宫被敌人侵入时，其皇后黑叩巴（Hecube）曾带了皇帝到燃着圣火的祭台前说道：你的眼泪也不能保护你，但是这个祭台可以使你免于患难。

罗马人在早晨起来第一件事要作的，加添干草或木柴于圣火之上。圣火里所燃烧的干草与木柴，是别于平常所燃烧的燃料。因为这种燃料若不清洁，就是对于祖先不敬的表示。罗马人不但在要得康健、富贵、幸福，或避免患难的时候，向着圣火祷告，就是在离开家庭，或因危难而要死的时候，也向着圣火祷告。其实，就是吃饭的前后，也必向着圣火祷告。所以，罗马的著名诗人荷累斯（Horace, 64 B.C.—8 B.C.）②、俄惟德（Ovide, 43 B.C.—16 A.D.），以至后来的讽刺诗人朱未那尔（Juvenal, 42 A.D.—125 A.D.），在吃饭的时候，还在祭台的面前，同时又加以奠祭与祷告。

家神是每家所独有的神。家神不只是专由家人去崇拜，而且，祭祀一切仪式都要在家内举行，好像家产一样，只有家人始能享受，也只有家人要尽了祭祀的种种义务。西塞罗（Cicero）以为这祭祀是秘密祭祀（sacri ficial occulta），就是这个原故。所以，假使在祭祀家神的时候，若为了家里以外的人所看见，就是一件不祥的事情。因此之故，每家有了每家的祭祀仪式，由家长传之子孙，而成为"家传秘法"。

圣火的崇拜，在罗马人的家庭的日常生活上，既占了很重要的地位，而在整个罗马人的家庭的制度上，也占了主要的地位。婚姻是家庭的成立与继续不断的先决条件，然而，婚姻的目的，在罗马人的观念中，与其说是为了两性的性或生活上的满足，不如说是为了延续祖先的祭祀与圣火的燃烧。我们知道，罗马人是

---

① 校按：自抄稿在名字下空三格。
② 编注：荷累斯生于公元前65年。

与希腊人一样的实行所谓父系的家庭制度，男子为一家之长，一家之长是离圣火最近的家人，他也就是一家里的教主，代表家神的人物。家神在拉丁文是 Lar Jamilioe Pater，而父亲也叫作 Pater。女子在罗马有 Mate Jamilia 的称呼，可是这种称呼只限于其夫在时。她是夫的附属人物，而且她要崇拜其夫所崇拜的圣火。

因为女子没有独立的圣火，女子在未嫁以前，是崇拜其父的圣火，嫁后崇拜其夫的圣火，假如是其夫死了，她崇拜其子的圣火。所以，女子出嫁可以说是离开了她父亲的圣火，而加入其丈夫的圣火。在罗马的女子出嫁时，她要先得其父亲的允准而举行了脱离家神的仪式，然后赴夫家。到夫家时，新妇要同其夫，在夫所祭祀的祭台前，拜祭与祷告其夫的家神，又在家神之前，共吃麦制的点心，意思是，从此以后，她变为这个家里一个共餐的人员。换句话来说，就是变成这个家里的宗教的信仰者，而为这个家神或祖先生育子孙，以为维持其圣火永不止熄。所以，从女子方面看起来，结婚是脱离其父家的宗教，而加入与永传其夫家的宗教。

女子结婚既是加入与永传其夫的宗教，那么，假使这个女子没有生了男孩，其丈夫可用宗教的规定而离婚。二世纪的罗马文法家兼批评家奥卢在其著作里曾记载：某贵族与其妻爱情虽是很好，可是在婚礼的誓言中她曾宣誓为他生儿子，后来其妻没有生儿子，所以他只好牺牲爱情而离婚。

假使没有儿子，而又没有离婚或是再婚，而始终没有儿子，那么，为着继续宗祀，他可以取他人之子以承继，承继的反面是出继。出继在罗马人看起来，也是脱离本家的宗教，故罗马人谓为反教（sacrarum detestatio）。出继既为反教，那么，承继可以说是承继新的宗教。承继者不一定是同姓的男子，故所谓亲属，与其说是血统上的关系，不如说是宗教上的关系。因为出继的儿子与其生父，不算为亲属，而外人之承继者，反为至亲。而其所以这样的，是因为出继者是反教，而承继者是入教。入教不只是在入教时，要行一种宗教的仪式，而且负有祭祀其养父的圣火的责任，同时，还有其生养儿子以继续维持其圣火的义务。因为家长既负有永传圣火的责任，那么没有儿子去继续这种责任，是对不起了祖宗。对不起了祖宗，是罗马人的最大的罪恶，这种罪恶不只是在生时要为祖宗所谴责，就是死后也要为祖宗所谴责。

宗教不只是家庭的基础，而且是其他的社会，如氏族（gens），如故里（curie），部落，以至城市、国家与帝国，也可以说是以宗教为基础。

罗马的 gens 译为氏族，很不妥当，不过没有适当的名词，只好这样的用。据一些历史家的考究，这种组织本为贵族的团体，后来渐渐改变，而非贵族所专有。不过，我们所要特别注意的是，这种氏族里有了一个共同的神，而这个神往往是一位祖先。而其祭祀的地点，往往是坟墓所在地。质言之，罗马氏族是家庭的放大，故同氏族者，乃来自共同的祖宗，而与我国的宗族一样。氏族祖先的祭祀，是氏族里的很重要的事情。据说，在第二次的班尼克战争（Punic War）中，罗马将军腓俾阿斯（Fabius），在正与迦太基名将罕尼巴尔（Hannibal）打得很利害的时候，他为要回罗马去祭祀其氏族祖先，而却离开了战场，而把军队交给与一位没有什么才干的人去领率。从此可以看出来，氏族祖先的祭祀是多么重要一件事。

同氏族的人，不只有共同的祖先与坟墓，而且有共同的田产。在同氏族里，如有人负了债务，则同氏族的其他人员往往共代偿还。假如有人作了官吏，同氏族的其他人员往往当为大家的光荣。因而，告发同氏族的人，不只是习俗所少见，其实乃为宗教所不许可。

除了氏族之外，罗马又有了一种团体，叫做故里（curie）。故里的来源，虽不甚清楚，但大概的说，是由好多家族或氏族所联合而成的。这个团体之所以能成立，也可以说是以宗教为基础。家庭与氏族虽各有其神明，各有其祖先，可是除这种神明以外，人们又感觉到比家神或族神为大的神，使他们共同崇拜，因而成为故里的宗教。

每个故里都有其神，同时有了祭台，有其祭祀的仪式。然而，主要的仪式是在规定的日期中，在祭台前共餐。故里共餐的习俗，在罗马保存了很久。西塞罗、俄惟德在其著作里，均曾提及，而在奥古斯塔的时代，还有了奉行。

每个故里都有其首领，首领的主要职务是主祭故里的神。故里有其神庙，在共餐时，在神庙里，人们以面包、点心、麦花、水果、酒等物，以贡献于神。此外，故里还有了议会，议决关于整个故里的事情。

故里是由家庭或氏族所组织而成，而部落又由故里所组织而成。在范围上，部落大于故里，故里大于氏族，氏族大于家庭。可是在原则上，却可以说是没有什么分别。因为这些团体都以宗教为基础，部落的神，正像家神、族神、故里神一样的，是一个神化的人物。可是，部落已有了军事、政治上的作用，所以，这个神往往变为一个英雄。

罗马是一个城市国家，城市国家是以城市为主体。其实，罗马之征服其他民族与称雄于欧洲，也可以说是征服与称雄于其他的城市。罗马城，是罗马的灵魂，也是罗马帝国的中心。罗马城的来源，既如上面所说，是神秘的，而且是神的意旨。而罗马城的建造及其功用，主要也是偏于宗教方面。其实，罗马人所谓城，就是神庙所在的地方。所以，建筑城市是宗教上的一种典礼。罗马著作家如普卢塔克（Plutarch），如俄惟德（Ovide），如塔西塔斯（Tacitus）、发伦（Varron）、夫拉卡斯（Verrius Flaccus），对于建筑城市都有说及。

大致的说，建筑城市先要举行祭祀，同时要燃火。罗牟拉斯（Romulus）建筑罗马城，就是遵照这种仪式。此外，罗牟拉斯又掘地成圆沟，以从阿尔巴（Alba）所带来的土块放在里面及其左右。这种仪式，是代表他们的祖宗灵魂，也从故城带到这个地方，使他们能够在这里，同在以前的故城一样的，崇拜他们的祖宗。

祖宗的灵魂有了归宿之后，再筑城墙。城墙的建筑固要行宗教的仪式，就是后〈来〉每次修理，亦要得主教的许准。城墙的两面的空地，罗马人名为神垣，这是神所在的地方，不许耕种或盖房子。城门亦有神，叫作哲那斯（Janus）。

罗马城既是这样的建筑，以后罗马人于每年四月二十一日，举行盛会，在这一天，罗马人每每举行以往筑城的仪式，以为纪念。

传说罗马自被高卢（Gaul）人抢劫以后，满目疮痍。而在罗马城五里以外，却有一座大而且美的城，这个城自被罗马人征服以后，空无人居，因而有些罗马人提议迁到那座空城居住。可是，却有人反对道："我们的城，是用宗教的仪节去建筑，这个地点是神自定的，与我们的祖宗同居在这里。这个城虽是毁破不堪，却是国神的所在。"因此，罗马人遂仍居罗马城，中止迁去那个空城里。

总而言之，要想迁城，必先迁其神。所以，在《茵纳曲》记着：茵纳从特拉城渡海到意大利去建筑新城，主要是使神能得安居的地方。

在罗马城的神庙，是叫作未斯塔（Vesta）。正像家里的炉，国家也有其炉。我们所以说罗马宗教的基础，是建筑在罗马的家庭，就是这个原故。城炉也像家火一样的，要永远的燃烧。为使国家的炉火永远不熄，罗马人曾选了一些贵族女子照应炉火，使其不灭。这些女子，罗马人叫作火神的贞女（Vestal Virgins）。意思是，司火的工作是神圣的工作，只能委诸纯洁的女子。司火女子在罗马的地位是很高的，罗马的执政官（consul）在路上看了她们，也要举行敬礼。可是，假使她们若不小心的去侍奉火神，而有了渎神的行为，如神火熄灭之类，她们也受了严重的处〈罚〉，有时还要被人活埋穴中，因为这种行为是危害全城的。

罗马城固有其神，罗马帝国也有其神。从某方面来看，罗马帝国的中心既是罗马城，那么，罗马城的未斯塔（Vesta），也可以说是罗马帝国的宗教的重心。未斯塔是罗马人的固有的宗教，从家庭，经过氏族、故里、部落，以至国家、城市，都占了很重要地位。所以，在其帝国里，无疑的也占了很重要的地位。此外，在罗马还有一位著名的女神，叫作罗马（Roma）。罗马神，正像雅典的雅典那（Athena），其实在艺术上，罗马神是很像雅典那的。罗马神不只是罗马城人崇拜，就是外省人民，也同样的崇拜。

罗马在恺撒（Julius Caesar）的时候，征服了好多土地与民族，一般人民不只很见重了恺撒，而且很敬畏了他。其实，从他们看起来，恺撒不只是军事的奇才与幸运的产儿，而且是超人的人物。罗马人对于神与人的区别，既没有一种严格与清楚的分开，他们当然把恺撒当为一位超人，而与希腊、罗马的神话中所描写的英雄一样的看待。恺撒自己对于人民这样的看待，不但没有提出抗议，而且尽力去鼓励。同时，罗马的参议会还通过了一条命令，奉恺撒为神。此外，他们又成立了一个朱利安琉柏西教士会（College of Julian Luperci），建筑了一个神庙，为恺撒以及女神克雷门斯（Clemency），聘请了一位专为管理这个宗教的牧师。同时，还改了 Quintilis 为 Julius 或七月。从此可见得，罗马的统治者与人民的宗教色彩的浓厚。

恺撒死了以后，他的承继者奥古斯塔（Augustus）曾为他起了好多庙宇去纪念他，使恺撒不只在宗教上成为一个神明，就是在帝国的政治上，与人民的生活上，都有了很大的意义，与成为永久的信仰。

奥古斯塔对于恺撒，固极力的使其神化，而对于自己也这样希望。在奥古斯塔的时候，人们已有了一种希望，这就是救主的降临。这种观念，无疑的是受了东方思想的影响。我们知道，自恺撒死后，罗马曾经过好久与可怕的内乱。奥古斯塔既能荡平内乱而登斯民于衽席，那么他也必有其超人之处。那么救主的降临的预兆，与他自己的成就，就很容易使人混而为一。其实，他自己恐怕也是这样的看法。有些人说，阿波罗（Apollo）是奥古斯塔与恺撒的远祖之一。奥古斯塔是否这样的看法，我们虽不得而知，可是，阿波罗在巴拉泰恩（Palatine）的神庙，就在他自己的住宅的旁边。奥古斯塔对于其继父恺撒既尊之如神，那么，他自己有了自命为神的心理，也是自然而然的。其实，有地方而特别是在东方，人们都当他为神的化身，与罗马女神（Roma）处于平等的地位。而在罗马以及其他各处，他也变为一个神（genius），这是一个权力的创造者的神，也是罗马帝国的领导者的神。而且，奥古斯塔是罗马君主中提倡与保存罗马古代宗教最力的一位。所以，他不只是新宗教的创造者，而也是旧宗教的保存者。

奥古斯塔以后的罗马，皇帝与神的概念从没有分开得清楚。至于后来的东方罗马皇帝，简直即当之为神，人民也奉之如神，甚至其身与手所触之物，也变为神圣，而其所住的皇宫，所睡的卧室，以至其会议、财库，都成为神圣。

罗马的皇帝固每每被称为神。罗马的执政官（consul）或长官（praetor）以至营造司（aedile），在就任的时候，固要举行宗教仪式，在开会或执行其职权的时候，也要照着宗教所定的礼节。而在其家室里，这些官吏往往又成为神明。罗马人之作这种官的，喜欣穿起紫袍，坐了宝座，然后请人画其像，而置于圣火之旁，使子孙拜祭。此外，又如护民官有宗教的保护，故不受任何人的攻击而能秉公作事。

此外，又如元老院的会议，除必在寺庙开会之外，也要举行宗教的仪式。又如公民会（comitia）的召集，也要举行宗教仪式。其实，罗马人在未开这些议会之前，就要占得神的同意，在开会而特别是公民会开会的时候，比方若有了雷响，那就是表示神不欲开会的时候有所决定，而会议必须停止或解散。又如长官的推选，要先问神是否赞同，而神之是否赞同，要看飞鸟而决定。据说罗马的早年的宗教，只许贵族仰看飞鸟，不许平民去看，故平民没有作长官的资格。这可见得宗教对于政治方面的影响之大。

罗马人之所以能称雄欧洲，主要是由于军事上的指挥得法与组织完密。然而，罗马的军事行动，无一不以宗教为依归。在罗马有了战神的庙宇，战时则庙门常开，没有战争时才关闭起来。据说，罗马共和国五百年间，战神庙的门只闭了一次，而这一次的关闭时间也不过数年。可见得战争在罗马史上所占的地位的重要。

又在意大利的各城内，皆有一群专掌宣战媾和的教士。在宣战的时候，这些教士头罩以羊毛织物，以神为证，宣读一种宗教的经典。同时，执政官也穿了祭祀的衣裳，严肃的开了意大利的最古与最尊的战神庙（雅奴斯）。

执政官祭祀时，要使人把牲祭品〈供〉于神前。祭品为生物，用其所常带之积木斧屠杀，在牲品的腑脏里，可以看出神的意旨。这种神的意旨，可由占卜人看，如神意为吉，即下令开战，否则无论军队如何强盛，也不能开战。

至于军队在出征时，必先集由大将领导祷祭。在罗马军队之出征的，皆携有祭台，上燃火，也如在其家及罗马的圣火一样的昼夜不熄。此外，还有占卜者及掌鸡者。罗马人相信，神与军队、公民有了共同的利益，在战争的时候，神在军中可以帮忙军队而争斗。

因而，要想攻占一个城市，先要征服那个城市的神。第五世纪罗马的著作家马克罗皮（Macrobe）在其书里，曾载有这样的祷词："大神呀，这个国家是在你的保护之下。我祷告你！我请求你！勿顾这个城及其人民，离开庙宇，离开圣地，来到我们的罗马。我们的城市，庙宇与圣地比较可爱，比较可贵，来保护我们罢！假如你能听从，我就为你建座庙宇。"攻城的人，固是尽力去设法引诱，或争夺被攻的城里的神。而守城的人，又尽力设法去抵抗或保留其城里的神。有的时候，他们把神系之以练，以免逃跑；有的时候，把神像藏匿起来，以免敌人找出；有的时候，用祷词去反驳敌人的祷词；有的时候，用祷词去慰留其神。据说，罗马人还把神名秘而不宣，使敌人无从引诱。

假使打仗而败了，那是神不帮忙，所以以后对于〈神〉愈要尊敬；假使打仗而胜了，那是神的赞助。罗马元老院对于胜仗的统帅每加奖励，而举行凯旋典礼。而所谓凯旋典礼，就是列队游行至战神庙谢恩的典礼。列队时，教士、长官、元老及牲品在前面，战利品、俘虏次之，统帅、军士头戴草冠，沿途唱凯旋歌到神庙时，大将把其冠置于神之膝，杀牲品祭祀而谢神的赞助。据说，征服马其顿的凯旋的典礼，举行三天之久。

罗马以战争而强盛，然而，战争可以说是罗马宗教的一方面。所以，要明白罗马战争的情形，要明白罗马宗教在战争上的功用。

除了军事的成就之外，罗马人对于人类文化的较大贡献，要算法律了。

古代民族多以为法律是神的命令，罗马也是这样。伊基利阿（Egeria）是罗马神话中的最古与最有声望的神。据说，纪元前八世纪到七世纪的罗马皇帝纽马（Numa），曾常常去请教这位女神。我们相信，纽马所发的好多命令以及其法典，必定是伊基利阿的意见。我们知道，罗马的法律的一种来源，就是罗马人的祖宗的神圣的风俗习惯（mos maiorum）。这种风俗习惯，最初由元老院的议员，用口传给与法官，法官遂用这些风俗习惯去判决各种案件。经过相当的时期以后，这些判决的先例又成为法律。《十二铜标法》是罗马较晚的成文法律，同时也可以说是罗马的过去的神法与神圣的风俗习惯的结晶品。编订《十二铜标法》的人们，不过将这些东西而加以合理的解释罢。

其实，在罗马人们都承认，不懂法律的，不能当有名大主教，而不懂宗教的，也不能懂法律。所以，在罗马的历史上，经过相当的时期，大主教是著名的法律家。因为在古代，宗教既深入人心，日常生活中如衣食住行、生育死葬、婚姻财产，无一不与宗教有了密切的关系。故教士的地位非常重要，而教士对于各种生活上的意见，或各种纠纷上的调整，皆变为神的意旨所在。故法律之深染宗教的色彩，是一件很为合理的事。

西塞罗（Cicero）在《法律研究》（De legibus）里，以为民法要以自然的理性为原则。而所谓自然的理性，实可说是神的意旨。他这本书，无疑的受了宗教法的影响。他首先举出"祭神时，手要清洁"，他又指出，"祖先之庙，家神之台，皆须维持祭祀时，教士只准用合理的祭品，凡人皆须敬祀祖先"。这可见得他的重视古代宗教的法律。

其实，罗马的好多古代法，在罗马的后期，还是适用祭祀方面的各种仪式，固用不着说，就是在公共生活中，也可找出这种有关宗教的法律。比方，犯罪的女子不能近祭台，某种食物不能当为祭品，以及关于大将凯旋的进城的宗教典礼，都是表示宗教在罗马的法律上，占了很重要的地位。

后来，罗马的立法虽可由人民同意而成立，然法律的发生效力，据说还须大主教的批准。而且，要请占卜者去证明神意的所在。据说，有一次在一个部落的会议里，平民要通一种新法，一个贵族曾对他说："你们有什么权去创制新法或改删旧法？你们既没有占卜的人，又不在会议时举行祭礼。法律是一件神物，你们与宗教、与神物有何关系？"这个贵族所说的话，决不是他个人的意见，而是罗马的固有与普通的见解。所以，法律的本身固是神的东西，法律的制定也要合了神的意旨，与遵照宗教的仪式。

此外，又如在经济方面，罗马人主要的是以农为生的。然而，在农业上，无论是田园、耕种、收获，无一不有宗教的礼节。纪元前三世纪至二世纪，罗马政治家开同（Caton）在其所著的《农书》里，曾记有意大利农夫的祷词，词的大意是，求神降临于田，为其驱拒盗贼，使其田园丰收。在罗马，每年收获葡萄及试饮新酒的日期，是由教士去选定，而这些节期的一切动作，都受宗教的支配。

罗马的田园是用界线去划分，界线或插以石，或插以木。田界的划分，要行宗教的仪式，每个田园都有其神去保护，盗贼固由神去驱拒，就是隔田的耕者，也不能超过田界，去移动田地。在《俄维德》里，我们找出一段记载说："神觉着犁或锄撞了他，立即叫道：'站着，这是我的田，那边才是你的。'"所以，罗马的古代法律曾规定，以犁去撞他人的田界的其人及其牛，皆罚归恶神。伊特卢利阿的法律更指出，犯了这种罪的人，除必受神罚而致四肢生疮、日渐衰弱以死外，这个人的家庭及家族，也必毁灭，而其自己的田园，必不会生产，或受了各种的灾害。

田产的让与，或如因战败而让与，则其神必让与。战败的民族曾对过罗马人说过，我人将所有的城市、人民、田地、河流、神明、动物奉之于君，所有属于神人的物，皆置在罗马人的权力之下。

又如，罗马人相〔想〕作生意，要求商业神麦叩利（Mercury）的保护，始能赢利。

此外，又如罗马的艺术，是深受了希腊的艺术的影响，所以也同希腊的艺术一样的，深染了宗教的色彩。其实，有了好希腊神像，罗马人就照样复制，稍有创造性的作品，可以说是罗马人的半浮雕与半身像。半浮雕是用以装饰圆柱、寺院、凯旋门，及各种富有宗教意义的纪念品、祭典与丧礼。各种半浮雕最为逼真，也最能代表古代的一般与实在的生活情况。半身像也多为皇帝、皇后，以及各种神像。皇帝也是被人当为神明的，所以在皇帝的像中，我们可以看出神人合一的艺术。

罗马人最喜欣表演各种竞技，而所谓竞技，也就是宗教的典礼。在罗马，表演者多在神庙的前面，而特别是战神马斯（Mars）的庙前。

第三章　中世的文化

中世纪的文化的重心，是偏于基督教方面。所以，要想明白中世纪的文化，我们要先明白基督教的发展。

基督教的教祖是耶稣。西洋的历法计算，虽以耶稣的降生，而分为纪元前与纪元后，可是，耶稣的生卒年月，至今没有定论。一般学者的推测，他是生于纪元前四年，近来又有人以为，他是生于纪元前六年或七年。耶稣的出生地点是在犹太的加利利（Galilee），他的家庭是以木匠为业。据说，他的母亲常用犹太人的《旧约》去教训他，所以他到了三十岁的时候，就离家去宣传宗教。他经过约但河（Jordan）的时候，又遇见了他的表兄约翰。约翰也正宣传"天国近了，你们应当悔改"的道理，他听了之后很为兴奋，于是他遂与约翰同作传道的工作。后来，约翰被希律所杀，耶稣更觉得他所负的责任的重大，而专心矢志于宣传宗教。耶稣的门徒称他为基督，有时又称为耶稣基督。基督意义为敷油，这就是说，因敷圣油而神圣。他又被称为主或救世主。传说他是希伯来人所希望中的国王与解放者，所以，他又被称为美赛阿（Messiah）。

然而，正是因为他是被称为美赛阿，人们遂以为他要谋作犹太之王，他遂被捕而钉死于十字架上。他死了之后，门徒更信他是基督，是美赛阿，是上帝之子，是救世之主，而且相信他死之后曾经复活，而升天国。

耶稣有了十二位门徒，他们承耶稣之命而宣传宗教。这十二位门徒，多数皆居于耶路撒冷，在向犹太人传教。所以，初期的基督教徒乃是犹太人。十二门徒之中，最著名的是彼得（Peter）与约翰，然而，对于基督教宣传最力与功劳最大的，要算保罗。保罗并非十二门徒之一，而且不是犹太人的信徒。可是在纪元后五十年至六十年之间，他走遍欧洲及小亚细亚各处，他不只劝犹太人信基督教，也劝非犹太人信基督教。保罗除了宣传宗教之外，又在各处设立基督教会，所以，基督教在后来，而尤其是在中世纪的影响于文化之大，保罗的功劳最大。

基督教的《圣经》，就是犹太人的《旧约》。耶稣个人对于《旧约》固当为神圣，耶稣的门徒及后来的教徒，也当为神圣。不过，基督教徒除了诵读《旧约》之外，还有《新约》，《新约》是保罗死后，有人将其生平言行以及耶稣的生平教训，搜辑成书。今日所通行的《新约·圣经》二十七卷，大约是在纪元后六十五年至一百五十间出现的。《旧约》的《圣经》，不只是基督教徒奉为经典，犹太教的教徒也奉为经典。因而，后来的基督教徒对于《新约圣经》，特别加以重视。

《旧约》与《新约》还有一个很重要的区别之点，这就是前者是用希伯来文写的，而后者是用希腊文写的。因此之故，《旧约》里的教义与思想的背景，完全是希伯来的，而《新约》里的教义与思想的背景，却有了不少的希腊的文化的成分。所以，基督教的《圣经》，而尤其是《新约》，可以说是希伯来与希腊两种文化的产品。

　　基督教的教义与思想，既受了希腊的文化的影响，而在其宗教的宣传与教会的组织上，又得力于罗马帝国，使其能够很快的发展起来，而成为中世纪的文化的重心。我们知道，罗马帝国曾有了很好的交通制度，平坦的大道是罗马帝国的军队与政府征服与统治欧洲的有效的工具。基督教徒却利用了这些工具，去传播所谓天国的福音。我们知道，罗马帝国曾有了很多的政治机构，从高高在上的皇帝，以至各省区与各处被征服的地方，是有了一个系统，是成了一种制度。基督教会就把了这种政治的机构，当为榜样。其初是使在管理所谓俗事的罗马帝国之外，还有一个管理所谓神事的基督教会。到了后来，却慢慢的使前者变为后者的一个附庸的机构，而使教会终于成为中世纪的至尊的社会组织。所以，有些人说，中世纪的教会，是从坟墓里走出来的罗马帝国的鬼神。基督教不只是希伯来与希腊两种文化的产品，而是希伯来、希腊、罗马三种文化的产品。所以，假使没有罗马帝国，恐怕不会产生出中世纪的教会。

　　照耶稣的教义来看，基督教的理想世界是未来的世界。所以，耶稣曾说过："吾国在天。"（My kingdom is in heaven.）然而，事实上，一部基督教发展史而特别是一部基督教会发展史，与其说是要在天国里找极乐园，不如说是完全要在地上建设一个基督教帝国，而这个基督教帝国，就是中世纪的教会。

　　基督教得了保罗在各处宣传之后，教会也慢慢的在各处组织起来。教会（church）这个名，在福音书里只有两个地方可以找得到，而这两次都是在《马太福音》里。第一次的意义是指着精神方面的建设，第二次的意义才指着信徒的地方团体。从此更可见得，在耶稣的理想世界里，以至其十二门徒与保罗们的宣传耶教时，未必像后来的教徒，以至教父像奥古斯丁（St. Augustine）们所梦想的《上帝之城》（The City of God），要在地上建筑起来。而且，他们更不会像后来的教皇们，要把基督教会去统治整个欧洲，或甚至希望把基督教会去统治整个世界。

　　因此之故，基督教会的发展与其政策的实施，不但未必符合于原来的基督教义，甚至有些地方，是与原来的基督教义处于相反的地位。然而，基督教在中世纪之所以成为这个长久的时期的文化的重心，却是得力于教会的发展。因为，教会固以基督教为理论根据，可是，基督教是依赖教会而推广其影响，与增长其力量。

　　在纪元后的一百年左右，据说在罗马，而特别是在靠近地中海的各省区，都各有一个或数个基督教的团体。最初是得了下层社会的人民的信仰,后来却逐渐影响到中级社会及上层社会的人物。在《罗马人书》十六章二十三节,就说及信徒中曾有过科林斯(Corinth)城的掌管财政的挨拉斯塔(Erastus)。《使徒传》十三章七至十二节,又提及赛普拉斯(Cyprus)的长官塞基阿斯·保卢斯(Sergius Paulus),也入了基督教。又,《使徒传》十七章四节曾记载,在帖撒罗尼迦(Thessalonica)城的信徒中,有了不少的尊贵妇人。此外,未斯培西安帝(Vespasian)的孙女夫雷维亚·多马提尔拉(Flavia Domitilla),也是基督教的信徒。她的丈夫夫雷维亚斯·克雷门斯(Flavius Clemens),是纪元后九十五年的执政官,说不定他也是基督教的信徒。在特累詹帝(Trajan)的时代,俾西尼阿(Bithynia)的长官小普利尼(Pliny Minor)曾报告,在俾西尼阿的基督教徒,是各种阶级的人物。而在塔西塔斯(Tacitus)的著作里,也载有尊贵妇人蓬奔尼亚·格拉西那(Pomponia Graecina)信仰基督教。

夫利德楞得(Friedlander)在其所著之《早期帝国下之罗马人的生活与习俗》(*Roman Life and Manners Under the Early Empire*)一书里,曾指出,从我们在偶然所存留的记载里中,在纪元后九十八年,只有了四十二个地方有了基督教会,到了一百八十年,就有七十四个地方有了基督教会,到了三百二十五年,则有了基督教会的地方,已超过了五百五十处以上。

夫利德楞得又指出,直至第三世纪的时候,基督教徒不只是少数人所组织的团体,而且这些团体在这个世纪的开始,差不多完全是社会中的下层阶级的人物。在第三世纪的中叶,基督教徒的著作家还明白的指出,在这种新信仰的信徒,只有很少数是上流阶级的人物。早期教父攸西俾亚斯(Eusebius)告诉我们,教会在科摩达斯帝(Commodus,180—192)统治的时候,享受和平的日子,对于基督教的广布,有了很大的帮忙。这个时候有了几个地位较高、财富较多的罗马人及其全家,都决心作基督教〈徒〉,以谋得救之道。著名的教父俄利贞(Origen)在亚力山大·塞夫尔劳斯帝(Alexander Severus)统治的时候(222—235)曾告诉我们,在那个时候,有很多富有与高贵的人们,以及贵族的妇女,都款接基督教徒的使者。可见得这个时候上层阶级的人物之信仰基督教的,已逐渐的增加。

信仰基督教的,与参加基督教会的人物,固如上面所说,由下层阶级而趋于上层阶级。而教徒与教会之在早期的发展史上,又差不多完全是集中在城市里面,后来才逐渐的分布于城市以外的区域。所以,有些人说,在第三世纪的基督教,是城市的宗教。所以,在基督教史上,基督教与其教会的组织,受了罗马的城市生活的影响很大。自然的,我们也可以说,古代罗马的文化,主要就是城市的文化。基督教徒以城市为宣传宗教的中心,说不定是一种政策罢。

教徒的数目愈来愈多,教会的组织也由城市,而慢慢发展到城市以外的地方。到了后来，教徒既不处没有，教会也不处不立。在罗马帝国的政治组织与系统之外，还有了基督教会的宗教组织与系统。正如罗马帝国是由了好多的城市、省区与被征服的民族组织而成，基督教会也想把在初期各自为政的各处、各种的教会合而为一。正如罗马帝国有了一种皇帝，基督教会也想有了一个教皇。

我们知道，在早期的各处、各种的基督教会，虽差不多同奉耶稣为教祖，同说耶稣的教义，但是，教会与教会之间未必都有联络，也未必有了等级的区别。三三〇年以前的罗马城，是罗马帝国的首都，也是罗马皇帝所在的地方。因而，住在罗马城的主教的地位，也因以往的政治、地理以及其他的原因，而增加其重要性。纪元后三百四十七年的萨提加会议（Council of Sardica），已给了罗马主教朱利亚斯（Julius）一种职务，这就是他有权去处理其他各处的主教的上诉事件。纪元后四百五十一年的卡尔西同会议（Council of Chalcedon），又接受了大利俄（Leo the Great）所派的使者所带的书信，为正教。到了五百九十年至六百零六年之间，当大格累哥利（Gregory the Great）把教皇的地位更加提高，使此后不但在教会上教皇是至高的，就是在宗教以外的事情，也逐渐的由教皇去统治。到了八百五十六至八百五十七年间，所谓伪伊西多拉教令（Forged Decretals of Isidore）发现，使教皇的至尊权力有了法律的根据。这个时候，教皇尼科拉斯第一（Nicholas Ⅰ）曾当这种教令为真的教令，而要求教皇有权管理教会的一切事件。尼科拉斯第一不只是这样的主张，而且实行了他这种主张。比方，科隆（Coln）及特利尔（Trier）的主教，却因了答应了罗泰尔王第二（King Lothar Ⅱ）离妻，而被革职。同样，他干涉了东方与各处的教会的各种事务，使教皇成为教会的最高的威权。到了教皇格累哥利第七（Gregory Ⅶ，1073—1085）的时候，教皇权力之高，可以说是达于极点。他的《教皇遗敕》二十七项，成为教皇专制的表白。教皇不只是教会的首领，不只是上帝的代表，而且是帝王的上司，俗事的主管。教皇不受任何法律的限制，因为他是法律的创制者。教皇不受任何人类的审判，因为他是主权的所在者。教皇不只不会有错误，而且永远不会有错误。只有教皇可以称为天下共有的主宰，只有他可以任免或恢复主教的职权，只有他可以召集宗教会议，只有他可以废立皇帝，只有他允准发行的书册才算合法，只有他允准议决的案件才能有效。其实，只有他才能用帝皇的徽章（imperial insignia）。

上面是注重于教会本身的发展，以及教皇权力的增大。然而，这种教会的发展以及这种权力的增大，对于社会的其他的势力，而特别是政治方面的势力，以及对于文化的其他方面，都有了很大的影响，这是研究中世纪的文化的人，所要特别加以注意的。

我们现在且先从基督教对于罗马末年，以及中世纪的政治方面，加以叙述。大致上，我们可以说教会本身的发展以及教皇权力的增加，是政治权力的衰微的表示。我们知道，基督教发生的时候罗马帝国的威权正如日中天的时候，奥古斯都（Augustus）帝的长期在位（27 B.C.—14 A.D.），是罗马史上的光荣的一章，耶稣是生在这个时期的。耶稣矢志传教的时候，奥古斯都虽已去世，可是他的余威既并未消减，他的继承者不但大体上还能保着他所统治的山河，而且，从纪元后四十一年至三百三十七年之间，罗马土地还有增加，其省区的数目还是由四十六个增加至一百一十九个。

罗马人本来是多神教的，罗马的宗教有了很多是自外面传入的，因而罗马帝国对于宗教，在习俗上并没有加以什么的压迫。然而，基督教的发展，不久却与罗马政府起了冲突。据说，在纪元后第一世纪的末年与第二世纪的初年，罗马皇帝特累詹（Trajan, 98 A.D.—117 A.D.）就有压迫基督教的法律。

为什么罗马政府对于基督教却加以禁止呢？原因也许很多，可是基督讥骂罗马人所崇拜的其他神明，而特别是基督教徒不视罗马的皇帝为神明，而以上帝、耶稣都超在皇帝之上，恐怕是政府而特别是皇帝，反对基督教的主要原因。

特累詹对于好多基督教徒处以死刑，他下令各省总督加以严办。那个时候的亚洲总督小普利尼①，在其所致皇帝的一封信里，曾详细叙述他怎么样的审问，怎么样的论罪，而且指出，妇女之信仰耶教的也严加考究。他的结论是，基督教只是一种无理的迷信而已。

据说，基督教会之被罗马政府的迫害，有了十次之多，基督教徒之被害者，真不知几许，而教会之被迫关门的，也不知几许。然而，迫害得最厉害的，要算在皇帝代俄克利喜安（Dioccletian, 284 A.D.—305 A.D.）的时候。这位皇帝是罗马中兴的著名人物，是奥古斯都以后的最伟大的罗马皇帝。他立了很大的志愿，去禁止基督教的滋长。可是，他在三○三年的最后的大迫害，也灭不了基督教会。教徒的成千成万之被杀死、焚死、用石头打死、给野兽吃死，不但不能消灭基督教，反而增加了基督教的力量，引起人们对于基督教的同情。代俄克利喜安的最后大迫害失败之后，基督教会在罗马帝国之下的地位，只有增长，只有高升。

在代俄克利喜安大迫害后八年（三一一），他的继承者加利利阿斯帝（Galerius），就把自己统治之下的各省迫害令取消了。过了二年，君士坦丁帝（Constantine）又颁布了著名的"米兰令"（Edict of Milan, 313 A.D.），把基督教徒的地位，和其他的宗教处于同等的地位。换句话说，这个米兰令是承认基督教为一种合法的宗教（religio licita）。到了三百二十五年，君士坦丁又在尼斯（Nicaea）召集了一个基督教大会，议决以十字架作基督教的标识。

君士坦丁是否一个真心拥护基督教的人，很成疑问。不过，他看得很清楚，

---

① 编注：小普利尼是比提尼亚行省（Bithynia）的总督，比提尼亚行省在亚细亚行省（Asia）北方。

基督教已成为一种很重要的势力，以前的迫害既皆归无效，唯一的办法，是设法去利用这种力量，去坚强他个人在政治上的地位。所以，说不定他是被迫而这样的作法。我们只看，他在应付基督教会的时候，还大兴土木去建筑其他的庙宇，如卡斯托（Castor）、波拉克斯（Pollux）与他的祖先夫雷维亚族庙，就能明白，他并不把基督教作他唯一的信仰。

君士坦丁在三三〇年迁都于东方的君士坦丁堡（Constantinople），罗马帝国的政治的重心，遂从罗马城而移到君士坦丁堡。为什么君士坦丁这样的作？原因也许很多，我们在这里不必考究。但是，结果是对于教会的发展，很为有利。皇帝固不在罗马，然而罗马的历史与罗马的伟大，是发源与滋长于罗马城的观念，还是深入人心。所以，罗马城的基督教会的主教，反可利用皇帝的离开，而得到很多的好处。

君士坦丁在未死之前，就把帝国分给他的三个儿子，而这三位儿子，在他死后的第四年（三四一），同时禁止异教的牺牲、祭祀。再过五年（三四六），又下令封闭所有其他的神庙，并且以死刑去禁止祭祀。到了西俄多喜阿斯第一（Spaniard Theodosius Ⅰ），在第四世纪的末年，却用了武力去压迫异教。他最初在东方大规模的去毁坏古代的神庙，后来又在西方严禁人们崇拜异教。到了三九二年，私人家里的异教礼拜也不准举行。到了五二九年，连了卡西诺山（Monte Cassino）的阿波罗（Apollo）庙，也被圣本尼提克特（St. Benedict）改成修道院，使所谓异教的崇拜，完全消灭。

异教的消灭是基督教的胜利，这种胜利，使基督教成为唯一与至尊的宗教。同时，是表示基督教在罗马帝国里的力量的增大。起初，是使罗马皇帝承认它是一种合法的宗教，而与异教处于同等的地位。后来，是用帝王去消灭其他的宗教。最后，是打倒帝王及其管理俗事的权力，使教皇代替了皇帝，使教会代替了罗马帝国。

在第六世纪的初叶，基督教既成为唯一与至尊的宗教，在这个世纪的末年，大格累詹（Gregory the Great）在罗马，已从皇帝及贵族，在罗马帝国的各处，得了很多的土地，而使罗马的主教成为最大的地主。大格累詹一方面利用这些资源去救济罗马与南意大利的贫苦人民，一方面反抗罗姆巴德①（Lombards）的侵占意大利的土地。罗马皇帝在东方不但管不了他，而且没有这种力量去帮忙意大利的人民。

从此以后，教皇不只在宗教的事务上有了绝对的威权，就是在所谓俗事上也逐渐的去管到了。第八世纪的下半叶，大查理曼（Charle the Great）统治了差不多整个欧洲。在纪元后八百年的圣诞节那一天，大查理曼率了全部扈从，到圣彼

---

① 编注：今译为"伦巴底人"。

得教堂参加典礼。正在举行典礼的时候，教皇利俄第三（Leo Ⅲ）忽然停止了正常的仪式，拿了一顶金王冠，放在大查理曼的头上，教堂的钟声正响，而教堂的群众大声的呼"奥古斯都·查理曼，伟大与和平的皇帝，由上帝给了加冕"。

查理曼虽然被称为奥古斯都的继承者，虽然被称为罗马帝国的复兴者，可是查理曼对于教皇这样作法，并不高兴。因为，他要自行称帝，而不愿由教皇为他加冕。然而，既然是这样的作，他也没有办法。至于在野心的教皇方面，却以为这是教皇地位独立的表示，这是教皇高于皇帝的事实。

查理曼始终没有忘记这件事。在他未死之前，他于八百一十四年，就为他的儿子虔诚·路易（Louis Pious）加冕，目的是要避免在他死后，使教皇去主持加冕典礼。可是，过了二年（八一六），虔诚·路易竟让教皇斯提文第四（Stephen Ⅳ）为他重行加冕。这不只是重申教皇为皇帝加冕的权力，而且表示，皇帝自行加冕是不算数的。路易以后，皇帝加冕的礼典，都由教皇主持。反之，斯提文第四在就教皇职的时候，却未先得皇帝的批准。利俄第三所梦想的教皇的独立的地位，以及教皇高于皇帝的政策，现在可以说是真的实现起来了。

到了教皇尼科拉斯第一（Nicholas Ⅰ，858—67），除了联络封建贵族去使法兰克的王位（Frankish Kingship）变为选举的职位之外，他又宣言，帝国的皇帝也选举。他作了好多反抗皇帝的事情，他又帮忙了君士坦丁堡的被废的巴特利亚（Patriaqh）。他甚且干涉了罗尔林（Lorraine）王罗泰尔第二（Lothar Ⅱ）的婚姻，不准他离他的妻，而与其他的妇女结婚。罗泰尔第二虽如我们在上面所说，有了科隆及特利尔的主教的赞助，可是，不只主教因此而被革职，罗泰尔第二也被迫而放弃离婚的企图。

到了八百七十五年，秃头查理（Charles the Bald）作了皇帝。据说他的位置并不是由于祖宗所遗传的，而是教皇送给他的礼物。我们上面已经说过，教皇的权力到了格累詹第七的时候，正是如日中天。他可以免废皇帝，他要所有的君王去接吻他的脚。德国的君王亨利第四（Henry Ⅳ）与他有了冲突，他下令免了亨利第四的王职，并处之以破教的法律。他又鼓动亨利第四的臣民去反对亨利第四，结果是这位君王不得不屈服，而屈服的情况，是中世纪的一幕惨剧。亨利第四在不得不服从教皇的时候，又不愿在自己的臣民的众目睽睽之下，给教皇赔罪，不得已，乃领率亲属与少数随从，越过严寒的亚尔俾斯（Alps）山，而到卡诺萨（Canossa）去侍候格累詹第七。这位教皇正在赴德途中，而住在马提尔达伯爵夫人（Countess Matilda）的卡诺萨的堡垒里。亨利第四穿了忏悔的衣服，每天在堡垒的外面的深雪中，跣足站了几小时，一连三天这样的作，以示悔忏。这岂不是一幕很可怜的悲剧吗？

我们知道，亨利第四后来曾有了报复的机会。他在九年后（一〇八四）攻陷罗马城，格累詹第七逃去圣安哲罗（St. Angelo），后来移去卡西诺山（Monte

Cassino），而至病死。然而，亨利第四后来终为教皇巴斯卡尔第二（Pascal Ⅱ）所迫，及其儿子所叛，而退位。到了英特孙诺第三（Innocent Ⅲ）作了教皇的时候（1198—1216），教皇的威权更为增大。他强迫马提尔达（Matilda）的帝国诸侯离开其领土，他强迫西西里（Sicily）的鳏寡皇后去作他的臣属，他鼓动欧洲的君主与人民去参加十字军。他是真正的基督教帝国的皇帝。假使我们把格累詹第七当为朱理亚斯·恺撒（Julius Caesar）的话，那么他就可以称为奥古斯都了。

在中世纪的时代，不只是宗教与政治受了基督教的支配，就是在经济以及文化的其他方面，也深染了基督教的彩色。在基督教会早期发展的时候，皇帝、贵族们往往给土地与教会。到了第六至第七世纪，罗马主教已成为最大的地主。格累詹第一已利用教会的财富去救济好多贫苦的人民。中世纪各处的主教差不多都是大地主。他所领有的土地，是叫作主教食邑（Mensa Episcopalis）。主教的食邑，包含教堂附近的城镇的一部，此外，其他各处以至乡村偏僻的地方，也在主教管理之下。较大的主教食邑里，有时还有了诸侯与国王。比方，巴黎主教所管的区域之内，有了法国的国王，而蒙德主教（Bishop of Mende）所管的区域之内，就有了阿拉工（Aragon）王与罗得斯伯爵（Count of Rodez）。

中世纪的经济重心，是在农业方面。农业的产品，是依赖于土地。教会既是大地主，那么会在经济上的力量，可想而知了。

不但这样，在中世纪的时代，修道院到处林立。修道院的修道士们，除了极力宣传宗教之外，很能刻苦耐劳。他们主张劳力，所以在各处开辟了很多的荒地，耕种了很多的农产，在农业上作出很多的改进。不但在自己的经济生活上，能够充裕的过日子，就是在整个社会经济上，也有了很大的贡献。此外，这些修道士对于织布、染色、腌皮、制革、油漆、雕刻、金工、银工，以及其他的各种手工，也无不精练，而为中世纪的工业的中坚人物。

教会与寺院，又是金钱银块以及各种金器、银器与贵重物件所聚集的地方。而同时好多牛马生畜也皆在寺院之手。所以，中世纪的诺曼人（Norman），这就是丹麦、瑞典、挪威的人们，最喜欣的就是打劫寺院。因为他们知道，寺院是移动财富的宝库。

在十三世纪的时候，教皇收入的款项就有很多种。所谓彼得什一税、教职授与费，以及每个新主教就职后的头一年的收入，要全部缴给教皇的头年捐。此外，尚有所谓上诉费、保证金，以及忏悔、免役、兼职等等捐税，名目繁多，不胜枚举。有人估计，教皇每年从这些捐税所收入的款项，超过欧洲各国收入的总数。这不过只是以教皇的收入而说，若以所有的教会、寺院的收入来计算，那么其数目之大，可以想见。

教皇除了这些捐税之外，还时时可以用其他的名义，要求其部属或君侯，给与款项。据说，自一二二五年至一二三六年之间，教皇因与腓特烈第二作战，要求英国的教士与人民所给与的现款，占了英国全部现款的一半。

此外，中世纪的教会之在荒僻或危险的地方，开设旅店以利行旅，开设利息较低的当铺，以及反对高利借债的习惯，办理救济的事宜，都可以说是在经济上很有意义的工作。

在教育方面，中世纪的教会所占的地位的重要，是更不待说了。自五世纪以后，教育权就落在教会的手里。到了七世纪的时候，所谓学校不属于主教区，就属于寺院。其实，在这个时候，除了教会或寺院的教育之外，可以说是没有教育。而所谓教育青年，也完全是为了教会去训练人才。至于教程方面，最通行的学科分类，是基督教徒马尔提诺斯·卡培拉（Martianus Capella）所分的七科，这就是文辞、修辞、逻辑、算术、几何、天文、音乐等。但是，这种科目的内容，也至为粗浅。学校里所最为注重的智识还是神学。此外，音乐、《圣经》与《圣徒传记》，也是很重要的。因为，所谓教育，差不多就是培养教士的教育。

普通教育既以宗教为目的，所谓大学的产生，也以研究神学为前提。比方在一一五〇年所设立的巴黎大学，就是一个很好的例子。大学校长是由巴黎大主教兼任，巴黎大学收容各国的学生，里面还以各种不同方言与"国籍"而分馆。这个大学既以研究神学为目的，同时，这个大学既久为欧洲的最高学府，那么，这个大学在学术界的影响之大，也可以概见。又如著名的牛津大学与剑桥大学，都是成于中世纪，而主要目的也是研究神学。其实，牛津大学可以说是从巴黎大学分开而来，而剑桥大学又可以说是从牛津大学分开而来。所以，牛津与剑桥二个大学之偏重于神学，是有其原因的。而况，中世纪的整个学术空气，是偏于宗教呢！

中世纪的整个学术空气，既是偏于宗教方面，所以，中世纪的哲学与文学，也深染了宗教的彩色。奥古斯丁（St. Augustine）的《上帝城》（*The City of God*），简直是一本基督教历史哲学。烦琐哲学（Scholastic Philosophy）是中世纪的最流行的哲学，然其要点，是筑在信仰基督教的基础上。其实，这种学派的代表人物，往往坚持要无条件的去信仰基督教。康忒培利的安瑟伦（Anselm of Canterbury, 1033—1109）是这一派的最早的一个代表人物。他以为，在我们的想像中，上帝既是必需存在的一种无量完善的实体，那么在事实上，他也一定是存在的，这就是他的哲学的出发点了。烦琐哲学的最著名的著作家，是圣托马斯·阿奎那（St. Thomas Aquinas）。他本来是多明我会的会士（Dominicans），深受基督教义的影响是自然而然的。而他之所以在巴黎大学讲学，是受了教会的指派，目的是反对在当时正在流行的亚里士多德（Aristotle）的思想，而宣传基督教的思想。那么，他的哲学之深染基督教的彩色，也是自然而然的。

在文学方面，在六世纪的时候，萨尔彼喜阿斯·塞维拉斯（Sulpicius Severus）用拉丁文所著的《图尔圣马丁传》（*Life of St. Martin of Tours*），对于欧洲的寺院制度的的传播很有影响。十世纪干得斯海姆（Gandersheim）的女修道士拉斯维塔（Hroswitha），所用拉丁文所著的戏剧，影响最大。至十一世纪的最著名的《罗兰之歌》（Chanson de Roland），是流行得最广的诗歌。然而，这些作品都是深染了基督教的气味。其实，中世纪的拉丁诗歌，多是宗教上的赞颂诗，连了好多的抒情的打油诗（goliardic poetry），也是以讪谑教士为目的。就是中世纪的最有名的但丁（Dante Alghieri，1265—1321）的最重要的著作《神曲》（Divine Comedy），也是以宗教为背景。就是在他的《君主》（De Monarchia）一书里，他虽然不赞成教皇去管理政治，而为帝王辩护，然而，所谓反对教皇去管理政治，并非反对基督教与上帝。他所梦想的"罗马帝国"，还是一个神造的东西，而皇帝与教皇的权力，是同样的由上帝所给与。

同样，音乐也以教会的音乐为最流行。格累詹第一在罗马设立的歌唱学校（schola cantorum），在中世纪的音乐方面，有了不少的贡献。第四世纪的圣安布罗兹（St. Ambrose）的赞美诗，以及十二世纪的圣维克尔的亚当（Adam of St. Victor）与十三世纪阿西西的圣芳济各（St. Francis of Assisi）的赞美诗，都是中世纪的很流行的音乐。

建筑物之最伟而同时又最美观的，要算各处的教堂，而特别是哥德式（Gothic）的教堂。大教堂的建筑，是热心宗教的表示。有些人说，游历欧洲，要知各处的人口多少，只要看看教堂的大小与多少，便能知道。教堂不只在建筑上是中世纪的建筑的精华，而在教堂里的图画与雕刻，也是中世纪的图画与雕刻的精华。在教堂的墙壁上与玻璃上所画着的圣徒事迹、《圣经》中的人物，以至日常生活的人物，都能引起人们的美感。而神龛、祭坛及各处的雕刻，也能具见匠心。所以，有人说，教堂是宗教、市政、社交、财富、教育、艺术的中心。其实，基督教的中心，既在教会，而教会的具体表现，又在教堂，那么，中世纪的教堂，也可以说是中世纪的文化的中心了。

我们知道，在罗马的时代，法律约有三种：一为民法，一为万民或国际法（ius gentium），一为哲学家所谓自然法。到了中世纪的时代，又有一种上帝法（law of god）或是神圣法（divine law）。因为，上帝是天地万物以至人类社会制度的创造者。所以，上帝不只是万有与万能，而且是最高的威权。上帝既是最高的威权，那么，上帝的意旨与命令就是法律。照中世纪人看起来，上帝法或神圣法不只是法律的来源，而且凡有法律之与上帝法相抵触的，是不能发生效力的。教皇是上帝的代表，所以教皇的命令成为最高的法律，而教皇的法庭也是最高的法庭。其实，在中世纪的时候，不只是所谓宗教事务，要归于宗教法律与法庭去管，就是离婚、结婚、继承遗嘱，以至出生、死亡，都要受宗教法的管理。一个人的一生与日常生活，以至社会、政治的种种生活，不一不受了基督教的教则所影响的。

战争，本来是基督教所憎恶的事情，可是，中世纪之因宗教而引起的战争，就不知多少，而其最显明的，要算十字军的东征了。十字军的发生，是由于基督教士及教皇的冲涌，其主要目的是收复圣地。然其结果，却（因之）而开近代西洋文化的端倪。十字军不止一次，而有了好几次：四次对付圣地，二次对付埃及，一次对付君士坦丁堡，一次对付北非洲的回教，时间的延长至三世纪以上，这就是从十世纪至十四世纪，而其活动得最厉害的，是十一世纪的初年与十三世纪的末年。因为十字军的活动的时间既久，范围又广，故在欧洲的文化史上占了很重要的地位。十字军不只引起东西文化的交流、世界航道的开辟，而且引起中世纪的封建制度的崩溃，甚至基督教的教会本身的衰微。基督教士与教皇们本欲利用十字军去鼓动宗教的热情，增加教徒的团结，发展教会的力量，与拥护教皇的尊严。可是，收复圣地的成功，也就是中世纪的历史就要终止的表示。这种相反的结果，既非教士、教皇所预料的，也非一般人民所能想到的。

总而言之，中世纪的文化，无论那一方面都受了基督教的影响。基督教以上帝为最高的威权，而教皇是上帝的代表，教会是地上的帝国，这个帝国存在的时候，文化的重心是宗教——基督教。等到这个帝国崩溃的时候，文化的重心也要转移。

第四章　宗教的改革

我们以为，从中世纪的文化发展到近代文化的转机，是宗教改革的运动。宗教改革的运动，从一方面看起来，虽可以说是宗教本身的事情，然而，从别方面看起来，却也可以说是有了宗教以外的原因与结果。

我们上面已经指出，教皇的权力在英特孙诺第三（Innocent Ⅲ，1198—1216）可以说是达到极点。到了十三世纪末年，蓬尼腓斯第八（Boniface Ⅷ）做了教皇的时候（1294—1303），教皇的力量可以说是再也不像以往那么大，而且，从此之后，这种力量只有一天比一天衰微，而使中世纪的历史告了结束。

中世纪的教皇，虽未必是个个能干，未必个个能为所欲为。然而，他不只有教皇高于皇帝的理论以为根据，而且有了驱逐皇帝、诸侯出教的权柄。所以，大致上他的权力是最高的。英国的阿克吞（Acton）曾这样的说过："权力往往是腐败，而绝对的权力往往是绝对的腐败。"教皇虽是上帝的代表、神圣的表征，可是他们究竟是凡人，他们既不满足于管理所谓神圣的事务，而对于一切的俗事也要管理。结果是，不但在俗事方面未必管理得好，就是神圣的事务也未必管理得好。而且，在中世纪的长期时间里，教皇既惯于应用权力，骄横凶暴的习性最易养成，蓬尼腓斯第八就是一个很好的例子。他在未作教皇的时候，是教廷力量最大的时候，到了他作了教皇，他简直不知道世界上有了什么力量能与教廷对抗，所以，他的骄横、凶暴，也可以说是环境所养成的。他曾与罗马望族科隆那（Colonna）起了冲突，除了把人家的卫城毁坏，逐人家出教，还占人家的财产，去分给他自己的甥侄。此外，任用私人亲戚，四处作威作福，甚于专制皇帝。至于其他教皇的跋扈，是用不着一一的解释的。

不但这样，中世纪的教皇及其部属的行为，真可以说是贪官污吏的行为。在上面一章，我们曾说及教皇巧立名目，去征收各种苛捐杂税，所谓什一税、头年捐、上诉金、保证金等等之外，还有所谓忏悔费、兼职费，而其更甚的是，往往作了好多不合法的事情，而饱私囊。私生子本来不能任司铎的职务，可是捐款也可以拿到特许证。某种亲属本来不能互相通婚，可是给钱也可以找教士去证婚，使所谓神圣的教会成为万恶的渊薮。

此外，教会内部的分裂，又是教会的致命伤。在十四世纪的下半叶，竟有了二个教皇同时出现。在罗马城的人民威胁之下，产生了一个教皇厄尔班第六（Urban Ⅵ），而在那不勒斯（Naples）女王庇护之下，又产生出一个教皇克雷门特第七（Clement Ⅶ）。两个教皇都互相驱逐出教，互相唾骂，实在弄得不成样子。后来，乃由巴黎大学校长热尔松（John Gerson），提倡召集教会会议。在一四〇九年，在比萨开了一个会议，结果又别举了一位教皇，就是亚力山大第五（Alexander V）。这位教皇被选后就死了。他们又举约翰第二十三（John XXIII）。这时，在罗马的教皇是格累詹第十二，而阿文农（Avignon）又有了教皇本尼提克特第十三。后二者既不愿退位，结果竟有了三个教皇鼎足而立。直到一四一四至一四一八的君士坦斯（Constance）的教会全体会，经过了很多的波折，虽把这三位教皇解职，而别选出教皇马丁第五（Martin V）。然而，教皇之被人蔑视，以及教会之难于统一，是一件很显明的事。

上面不过随便的举了一些例子，去解释教会本身的腐败，而引起宗教改革的运动。此外，十字军的东征，又如我们在上面所说，目的虽为抢救圣地，结果却促速了教会的崩溃。原来圣地是为异教所占据，抢救圣地也就是打倒或消灭异教。可是，等到基督教徒到了东方之后，不但西方文化却因此而深受东方文化的影响，直接或间接引起欧洲的文艺复兴，而在两种民族接触之后，除了逐渐的从仇敌而变为朋友之外，竟然也因此而互相通婚。基督教徒的眼光，也因此而放大起来。异教的信徒，既并不像基督教父所宣传的，是犯了最大的罪恶，也不一定都是魔鬼所托生的子孙。反之，他们却有了很多的长处。据说，有些基督教徒，竟因此而相信异教。

总而言之，十字军的目的虽曾达到，然而，基督教徒的内心信仰，却因之而动摇。教廷与教会的力量，本来是筑在基督教徒的内心的信仰上，这种信仰的消失，就等于教廷与教会的灵魂的消失。

元朝的西征，使远东的文化也影响到西方的文化。同时，对于教廷与教会，无论在直接上或间接上，也有了不少的影响。教皇在元朝征伐欧洲的时候，曾派代表到元廷，表面上虽说是希望使者能把蒙古人感化起来而信仰基督教，骨子里还是希望元朝不要征伐欧洲，而威胁到自己的地位。元朝虽始终没有打到罗马，可是东方的火药、印刷与指南针，却使欧洲文化起了不少的变化，而间接的影响教会。利用火药，去打倒封建的诸侯。利用印刷，去使智识普遍化，而对于文艺复兴有了影响。使《圣经》平民化，使信徒能够直接去认识上帝这是马丁·路得改革宗教的要点。指南针，使航海家能驰骋重洋而开辟东西的航道，发现美洲的大陆，以至环游世界，打破教父们所说的地球是四方的学说。至于久在元朝服务的马可波罗的游记，不只引起航海家的远渡重洋的兴趣，而且使欧洲人怀疑基督教会统治之下的欧洲文化，而希望能够认识或采纳像马可波罗所描写的中国的文化。

文艺复兴，曾得过好多教皇的鼓励与提倡，尼科拉第五是一个最好的例子。然而这方面看起来，与其说他是上帝的代表或基督的信徒，不如说他是人文主义者。古代希腊学术的再兴，是教父所觉得最头痛的事情。阿奎那及好多教〈士〉

学者，岂不是被派到大学里辩护基督教义，而反对亚里多德士吗？在十三世纪的初年，亚里多德士的书籍且被教会禁止阅读。在文艺方面，虽有了不少深染宗教的色彩，可是，著名的《罗兰之歌》已经浪漫化，而倾向于爱恋美人。好多的抒情诗，而特别是打油诗，每以教士为讪谑的资料。至于但丁，虽然不敢谩骂上帝，然他却反对教会的专权，指摘教皇的力量，他甚且把教皇蓬尼腓斯第八死后的灵魂，放在地狱里。

我们知道，在文艺复兴运动中，彼特拉克（Petrarch, 1304—1375）所占的位置至为重要。他对于打倒烦琐哲学，功劳最大。他在一三三五年曾登了法国的凡陀山（Mout Veutaux），使他自己能获得游行的实际经验，这与中古时代的学者闭起门来去读《圣经》，正是相反。又如，菩卡绰（Boccaccio, 1313—1375）的著名的《十日谈》（*Decameron*），不只奠定了近代意大利的散文的基础，而且反乎中古的抽象的著作。在他这本书里，他朴朴实实的写了一些讥讽当代的教士的短篇故事，对于所谓神圣、尊严的教士，实在是太不尊敬了。

在艺术方面，在文艺复兴的时代，处处都表现出自然主义的作风。建筑家采纳了哥德式（Gothic）的建筑之后，在高大的玻璃窗上，画了各种日常生活的景物。沙脱尔①的面包业公会送给教堂的玻璃窗，曾画了正在工作的面包铺的景象。马索利诺（Masolino）及其高足马萨绰（Masaccio）的绘画，更奠定了自然主义绘画派的基础。而在雕刻方面，最著名的，像同拿泰罗（Donatello）所用石头雕成的像，真是像活的一样。据说，马索利诺和马萨绰的绘画，还是受了同拿泰罗的影响而来的。他们都是干干脆脆的去用高明的艺术，去表现人生与景物的真像，而反乎中世纪的宗教上的神秘主义：教皇虽也是人类的一个，然而他是上帝的代表。教会虽是人为的制度，然而它是地上的天国。所以，教皇成为一个神秘的人物，而教会却成为一个神秘的社会。文艺复兴的运动，是否认这种神秘的价值，而重视自然的价值。而这种价值之表现得最显明的，是在艺术方面。

总而言之，文艺复兴的运动，是多方面的，上面不过只是把了这个运动的几方面来解释。主要的，这个运动是自然主义，是人文主义的运动，是表示现世生活的快愉，以及人类本身的价值，而反乎中世纪的神秘主义的制度，以及未来世界的梦想与神权至尊的观念。

教会本身既腐败不堪，而时代的各种潮流又正与教皇、教会甚至教义，有了根本不同或相背而驰的地方，长期统治欧洲的基督教的制度之要改革，是一件很显明的事情。

谈起宗教改革，我们常常总会联想到马丁·路得（Martin Luther）。无疑的，马丁·路得与宗教改革是不能分开来说的，而且，马丁·路得在宗教改革上所占

---

① 校按：自抄稿名字下空三格。

的地位的重要，也是尽人皆知的。可是，在马丁·路得之前，也曾有人去提倡宗教改革，我们愿意在未说明马丁·路得的宗教改革之前，把数位比较重要的宗教改革家的理论或运动，略为叙述。

在十四世纪的时候，英国俄卡姆的威廉（William of Ockum，1280—1347）及法国巴丢阿的马西略（Marsiglio of Padua），在其著作中已反对教廷的权力，而提倡教会内部的组织的改革。后来，威克利夫（John Woclif，1320—1384）受了他们的影响，因而极力主张宗教改革，而成为新教徒的先驱。他虽然承认上帝的权力是最高的，可是上帝统治人类是直接的统治，而非间接的由中间人或机关，如教皇、教会等去统治。这种学说是反对教士与俗人的区别。因为在上帝的面前，两者都是平等。因此，他反对教皇的权力，而主张只有《圣经》是人类得救的宝筏。这就是说，人人都可以读《圣经》，而认识上帝的意旨，这是后来马丁·路得宗教改革的最重要的主张。因为他有了这种主张，他曾努力去帮忙翻译《圣经》为英文，使一般的人民能够阅读《圣经》。这种翻译工作，正像后来马丁·路得之把《圣经》译为德文一样。此外，他攻击教会的腐败，并主张国家收没腐败教士的财产。

威克利夫的思想，是表现英国人的民族思想。在那个时候，阿文农（Avignon）的教皇，是在法国人管理之下，英国自然不喜欣。所以，威克利夫在最初能得到英国王帝爱德华第三（Edward Ⅲ）及其第三子干特的约翰（John of Gaunt）的庇护。然而，他的思想在当时人看起来，大过于激烈，所以，后来约翰也没有办法去庇护他。但是他的学说已有了不少人信仰，而成为所谓劳罗兹派（Lollards），这种学派在他死后却传遍了英国。

此外，在十五世纪的初年，巴黎大学校长热尔松（John Gerson）所提倡的会议，说 Concilliar Theory 及其会议运动，也是宗教改革的一种运动。热尔松见得当时有了二个教皇对立，及教会内部的分裂与缺点，遂主张以一个会议为最高权力，而不以教皇为最高权力。这种建议，至少在表面上，在一四〇九的比萨会议以及一四一四的君士坦斯（Constance）会议，可以说是实现了。君士坦斯会议是欧洲历史上所仅有的欧洲的领袖大会议，会议的目标，是统一教会与改革教会。然而，从宗教的立场来看，这次会议除了勉强选出了一个教皇，去代替当时鼎足而立的三个教皇之外，也并没有什么成绩。

此外，在菩希密阿（Bohemia）的约翰·胡斯（John Huss，1369—1415），也极力鼓吹宗教改革。他主张为适合菩希密阿人的民族情操，菩希密斯人应该建立革新的教会。他反对教皇发行赎罪券，他否认教士有赦罪的权。胡斯及其徒众，受了约翰·威克利夫（John Wiclif）的思想及著作的影响。一四一一年，威克利夫的著作，既在普累格（Prague）被焚，胡斯也被逐出教。可是，他虽受了教会的处分，他还照样的反对教会，提倡改革。一四一四年的君士坦斯的会议，他曾在皇帝西祺门①保护之下出席会议。然而,他终于一四一五被处火刑而死。他死之后,菩希密阿人当他为殉道者与民族英雄。这个时候,教皇马丁第五要发动十字军去对付菩希密阿人,菩希密阿人遂群起而反对。一方面,反对教皇,争取宗教自由;一方面,反抗皇帝,争取民族自由。皇帝的军队一再为菩希密阿所败,于是双方媾和。到了巴塞尔(Basel)会议的时候(1431—1449),虽经教皇极力反对,菩希密阿的代表终被邀而出席。胡斯的信徒,在会议里提议了好多案件,如平常人也有享用圣餐,得到了大会通过。其他的提案,如教士须过使徒式的清苦生活,牧师可自由称说上帝的言说,而比较显著的罪恶都要归官吏处罚等等,亦由大会修改通过。

胡斯派的信徒,虽然得到胜利,可是这派中的主和派,在一四三四年的利彭之役(Battle of Lipan),大败了这派中的激烈派。结果是,这次的宗教改革,既不算得很澈底,而其影响的范围,也不算得很广大。

教廷虽经了各方面的指摘,教会虽经了好多次的改革,然而,腐败的情形不但没有减少,而且只有增加。一四三八年的巴塞尔(Basel)会议,又因了好多冲突,而决定停止教皇职权,与另行选举一个教皇。罗马教皇攸基尼阿斯第五(Eugenius V),又在斐拉拉(Ferrara)召集会议,驱逐反对派出教。后来,攸基尼阿斯虽是胜利,然而教会之难于统一,更是一件显明的事。到了一四四九年,巴塞尔宗教会议被迫解散之后,不但统一教会与改革教会成为泡影,就是以宗教会议为最高权力的运动,也遂中辍。

各种宗教的改革,既不能发生很大的效果,教廷与教会的腐败,又有增无减。教皇只知沉醉于现世的快乐,只知扩张其俗事的权力。亚力山大第六(Alexander VI)在十五世纪的末年与十六世纪的开始,竟公然荒淫无度、专横暴虐,而各处的教士们,也多弄到道德堕落、人格破产。所谓神圣的职务,既非他们所关心,而滥发赦罪券,互相争权力,却成了他们的日常工作。挨拉斯马斯(Erasmus)在其《愚鲁的赞颂》(*Praise of Folly*, 1509),以及其《对话集》(*Colloquia*, 1516),虽用了讽刺的笔调与尖刻的眼光,去指摘他们的腐败行为,也不能揭破他们所有的罪恶。

总而言之,教会本身的腐败不堪,是教会崩溃的预兆,而况,时代的潮流,又与教会的制度,处于背驰的地位。宗教改革的运动,不只有了主观的原因,而且有了客观的机会。上面所说的各种改革,之所以不能发生很大的效果,固可以说是时代尚未成熟,然而,改革本身的不澈底,也是最大的原因。其实,过去的改革运动的屡次失败,与其说是增长了教会的腐败,不如说是促速了教会的崩溃,而成为澈底改革的预备工作。

---

① 校按:自抄稿名字下空三格。

中世纪的教会制度之需要澈底的改革，是成为一种不可避免的事情，而十六世纪的初年，就是这种澈底的改革的开端。

马丁·路得（Martin Luther，1483—1546）是这种宗教改革的发动者。所以，我们谈起宗教改革，我们不能不联想到马丁·路得这个名字。

路得，是德国萨克森（Saxony）的一个矿夫的儿子。他在少年曾受过良好的教育，后来，又进了挨尔孚特大学（Erfurt University）学习法律。没有多久，他感觉到研究法律没有兴趣，因而，跑去奥古斯丁派的一个寺院里作僧侣，实行中古时代的静修苦行的主义，希望因此而得到心灵上的启悟。后来，他又受了斯坦庇兹（Stanpitz）的影响，因而使他相信上帝是不取恩偿的，凡是真心悔悟而热情信仰上帝的人，皆可得救，用不着教士们去作媒介。所以，有罪的既用不着他们去赦罪，得救的也用不着他们去祝福。换句来说，个人可以直接去认识上帝，个人也可以直接去解释《圣经》。他的口号是"凡是信仰者，皆为教士"，这是路得的基本思想。从这方面看起，路得与威克利夫，正如我们在上面所说，是有了相同之处。然而马丁·路得之于威克利夫，也有其相异之点。这就是前者对于宗教改革的运动，既不像后者有了一贯的政策，也不像后者有了一套的理论。从宗教的立场来看，他虽然是一位很激烈的发动者，然而，从思想方面，而特别是从现代的眼光来看，他却是一位保守者。他对于病弊根深的教会的攻击，固很有效力，可是，他对于新教的建立，却没有一个具体或积极的方案。他可以说是破坏有余而建设不足的人物罢。

其实，宗教改革的运动，在十六世纪之所以能影响那么大，而成为中世纪的文化发展到现代的文化的转机，并非路得自己所预料的。他虽是不满意于教皇，然他最初并没有推翻教皇的意思。他在开始的时候，他甚至并不反对教皇的最高的权力。他曾以为，教会要有一个会议，去改革整个教会的组织，然他并不想把这个机关，去代替教皇。他不满意于教皇与教会，然而他的最初所注意的，是个人的宗教信仰与宗教的经验的问题，而非整个教会或整个民族的问题，这也可以说是他与威克利夫与胡斯的差异之处。

路得虽觉得宗教是个人的事情，而信仰是个人与上帝的关系，可是，直至一五〇六年，他并不脱离教会的观念，他也并不因此而不接受教职。从一五〇六年至一五一一年，他还在威丁堡（Wittenberg）大学教授神学，宣传宗教，与一般的基督教徒的正常生活，并没有多大分别。到了一五一七年，教皇利俄第十（Leo X）大规模的出售赦罪券的时候，他才出版其著名的《九十五规条》（Ninety-five Theses），以反对教皇这种腐败的举动。

这《九十五规条》，是以明白易解的德话写成的，影响很大。教皇恐怕影响到赦罪券的销路，迫路得在佛姆斯会议（Diet of Worm，1521）解释他的见解。路得于是不得不把他个人主张说出来，这就是教皇与教士并没有神赋之权，去解释耶稣的教义，而每个人都能自读《圣经》，而接近上帝。因此，他遂被逐出教。同时教皇又要日耳曼皇帝查理第五（Charles V），下令驱逐路得。皇帝最初本无成见，可是，他却靠了教会的经济帮助，因而偏袒教皇。路得不得不托庇于诸侯与贵族的保护之下。我们知道，当时有了不少诸侯与贵族，对于教皇既没有好感，对于皇帝也不忠心。他们反对教皇的重税，他们垂涎教会的财产，他们不愿皇帝来统治他们，恐怕皇帝的集权。路得的主张，既得一般的民众的同情，诸侯与贵族遂利用这种情绪与力量，去反抗教皇与皇帝。

路得甚且给诸侯与贵族明白，假如他们能够推翻教皇的话，那么，他们不但用不着纳税与罗马教会，而且可以收没教会的财产。在一个时候，路得的影响是那么大，好像整个日耳曼都要变为路得的信徒，而反抗教皇。可是，一般民众看见诸侯与贵族既可以收没教会的财产，那么他们也应该有了这种利益。再加上别的原因，德国南部的农民，竟与诸侯、贵族起了冲突。诸侯与贵族到了这个时，不得不恐慌起来。他们在一五二五年，用了很残酷的手段，去阻止农民的反叛。路得既本来是偏袒诸侯与贵族，农民对于路得的信仰，也因之而消失。而诸侯与贵族也感觉到，假如他们反对教皇，也许农民还要反对他们。结果不但他们没有所得，恐怕原有的权利也许因之而消失。德国在这个时候，遂分为两派：一为表同情于路得的北部，一为接近教皇的南部。两者经过了很多年的斗争，直到一五五五年，始由皇帝调整，而承认新教与旧教同时并立。然而，最奇怪的是，德国的诸侯与贵族，虽可以随便选择新教或旧教，而诸侯与贵族却不愿人民有了这种选择的权利，结果是人民要以诸侯与贵族所选择的宗教为宗教。路得主张，个人可以直接去接近上帝的学说，事实上等于没有实现。待到这种主张实现的时候，路得已经去世好多年了。

路得虽没有看见他的主张的实现，可是教皇与教会却受了很大的打击。而且，在德国的南部，旧教或天主教虽保存其力量，然而，北欧而特别是丹麦、挪威、瑞典各国，以及欧洲的其他各处，却都起而反抗教皇，脱离罗马教会而自设教会。

大致的说，德国北部与丹麦、挪威、瑞典，是直接的受了路得的影响，而成为路得派的新教。此外，其他各处却间接的受了路得的影响，而另成派别。这些派别可分为二：一为英国的英国派（Anglicanism 或 Episcopalism），一为卡尔文派（Calvinism）。

英国人在十四世纪的时候，因为教皇迁居法国的阿文农（Avignon），以为教皇是屈服于法国的君主，所以反对教皇的情绪很为浓厚。威克利夫的宗教改革，已含有多少的民族意识。威克利夫在英国的影响既很大，而英国国会除在一三五一年通过一种《教士法规》（Statute of Provisors），否认教皇在英国有委派教职的权外，一三五三年又通过一种《王权侵害法规》（Statute of Praemunire），禁止英国人向国外法庭起诉。这样一来,教皇在英国的统治权,受了重大的打击。

到了马丁·路得提倡宗教改革的时候,英国的教会名义上虽在罗马教皇管之下,事实上,却已随民族国家的发展而独立。亨利第八(Henry Ⅷ,1509—1547)登极不够十年,宗教改革的声浪就传播起来。英国的人民,也并非路得的信徒,而亨利第八自己,对于马丁·路得也并没有什么同情。可是,亨利第八却有了自己的私事,使他反对教皇。原来,他自己最初没有男孩去继承他的王位,他对于这件事很为焦急,他本打算离婚而娶他所爱慕的一个宫女,可是这件事却为教皇所不许,因此,他遂迁怒于教皇。到了一五三四年,宗教改革的运动正在发展的时候,他利用机会去游说国会,通过了一种《至高法规》(Act of Supremacy),规定英国皇帝代替教皇,而为英国教会的教主。在这种规定之下,他不只可以离婚,而且可以收没了教会的土地。英国教会既完全脱离罗马教皇而独立,英国教会也自成一派。同时,也受路得的宗教改革的影响,而以《圣经》为信徒接近上帝的根据。

路得虽然发动了宗教改革的运动,可是他并没有一个具体的计划,去建立新教。与其说他是有意识的去致力于宗教的事业,不如说他是被迫而从事这种工作。至于英国之变为新教,与其说是为着宗教而改革宗教,不如说是为着个人自私,或是民族意识的鼓动而改变。所以,严格的说,这两派的宗教改革的效果,在消极方面的成分多于积极方面的成分,在破坏方面的工作多于建设方面的工作。

新教既缺乏了积极的建设工作,而呈了散漫的现象,旧教却重张旗鼓,希望收拾残局,而恢复其原有的力量。教皇保罗第三(Paul Ⅲ)在一五四五年,在特楞特(Trent)召集宗教大会,新教徒也有代表参加,惟因双方不能妥协,而使新教徒代表退席。旧教又利用大会名义,去排斥新教。同时,德国的查利第五,也尽力攻击信仰新教的诸侯。英国在马利(Mary)就位之后,也对于新教徒备加迫害。而法国在夫朗西斯第一(Francis Ⅰ)对于新教徒也极力排斥,至一五五三年,法国之迫害新教徒,更为苛刻。

卡尔文(John Calvin,1509—1564)是因法国夫朗西斯第一的迫害,而被放逐的。他深觉到,新教若没有良好的组织、积极的推动,是不会成功的。他本来是学法律的,他明白威权与秩序,是社会组织的必需条件。所以,当他逃去日瓦内(Geneva)的时候,他就设法去实现他的主张,使日瓦内成为新教的根据地,而与复活的旧教的势力奋斗。

从理论上看起来,卡尔文的出发点是威权与秩序,他否认个人有直接解释《圣经》的权利。他是深染了贵族的(aristocratic)气味,而对于群众没有信任。他因为骇怕宗教改革会引起革命的社会思想,从这方面看起来,他与马丁·路得的思想出发点恰正相反。然而,很奇怪的,马丁·路得虽爱护自由,主张个人可自由解释《圣经》，而直接接近上帝，他在后来却为专制主义的辩护者。而卡尔文虽否认个人有了自由解释《圣经》的权利，而拥护威权与秩序，然而，他，而且特别是他的徒众，却为后来欧洲的民主政体与自由主义的有力的辩护者。

不但这样，卡尔文本来是主张教会与国家是分开的，两者都同样的重要。国家的功用，是促进公共的礼拜与宗教的利益，而每个基督教徒，都有服从与拥护国家的义务。然而，事实上，日瓦内这个城市，在卡尔文的管理之下，宗教与政治是没有分开的。在这个城市里，只有一个神权的政府，有些人甚至以为，在实质上，正与中世纪的因纳孙第三所统治的欧洲没有两样。在这个城市里，信条就是法律，节欲主义是严格的实行，宗教容忍是绝对的禁止，婚姻是严格的管理，礼拜是绝对的遵守，宝石装饰不许带杂色，时款不准穿，奢华的宴会，无聊的娱乐都在限制之列，而残害动物与不正当的书籍，都在禁止之例，连了在家里作什么，也常常会有人来检查是否合于信条。

然而，正是在这种的严格管理与训练之下，新教有了一个大本营，养出一支生力军。好多新教徒，在日瓦内受过卡尔文的影响，或在日瓦内受过学校的教育，离开了这个地方之后，都能在各处推动新教，使新教逐渐的发展。不但在宗教上占了很重要的地位，就是在别的方面，而尤其是在政治方面，有了很大的影响。

在欧洲大陆，卡尔文派散布于瑞士及荷兰的北部，使这两个地方都变为新教的根据地。在法国，天主教的力量根深蒂固，卡尔文自己也曾被了政府驱〈逐〉。然后来，卡尔文派或是所谓休该诺教派（Huguenots），慢慢的发展起来，到了一五九八年，法国政府也不得不承认其为合法的宗教。

在苏格兰，卡尔文派是由约翰·诺克斯（John Knox）介绍的。诺克斯本来在日瓦内受教于卡尔文，在一五六〇年，他游说苏格兰的贵族，放弃天主教而信仰新教，创立长老会（Presbyterian Church）。

在英国在十七世纪的初年，也有很多的卡尔文的信徒。而且后来有一部分到了美国，使美国的卡尔文派有了很大的力量。

这是说明，卡尔文派在各国的宗教上，占了很重要的地位。至于政治上，压迫苏格兰女王马利（Mary）退位的，是卡尔文派。参加英国十七世纪的革命的，也有很多的卡尔文派。介绍民主政体到美国的，也是卡尔文派。此外，卡尔文派曾反抗西班牙的腓立第二（Philip Ⅱ），卡尔文派曾创立荷兰共和国，卡尔文派曾阻止法国部蓬（French Bourbons）的势力。

总而言之，新教若没有马丁·路得，也许不会产生那么快，或且甚至就不会产生。新教若没有卡尔文，也许影响不会那么大，或且甚至就不易存生。

不但这样，马丁·路得与卡尔文的新教，固有其不同之处，可是，两者都深染了政治的色彩，两者都利用政治的力量，去宣传宗教，而两者都承认政治的威权的必要，而且主张服从政治的权力，是基督教徒的职务。新教徒（Protestant）固是一个共同的名词，然而，新教徒并不像天主教徒之受治于一个教皇与一个教廷之下。反之，新教可以说是以国家为单位，以民族为前提，与以君主或诸侯为依归。质言之，新教可以说是政治的宗教，是以政治为主、宗教为副，而与中世纪的以宗教为主、政治为副的宗教的政治，恰恰相反。

宗教改革的运动，本来是宗教本身的事情。然其结果，却深染了政治的色彩，促进政治的重心，巩固国家的组织，加强民族的意识，增长君主的力量，使中古的文化转变而为近代的文化，使宗教重心的文化转变而为政治重心的文化。

第二编　政治的文化

第五章　君权与民权

上面一章的结论是，宗教改革的运动，是宗教重心的文化发展而为政治重心的文化的转机。而在这种转机的时代里，所谓政治重心的文化的特点，恐怕又要算是君主的力量的增长，与专制政治的成立。

我们知道，在中世纪的时候，君主是没有什么力量的，因为，他不只是受制于教皇，而且受制于皇帝。此外，在他的领域之下，教士与贵族又往往各自为政，所谓君主，往往只有其名，而没有其实。而况，在中世纪的宗教重心的文化之下，不只是君主没有力量，就是皇帝也没有力量。在查利曼（Charlemagne）当权的时候，教皇的力量尚未算得很大，然而，这位雄才大略的人物，就没有办法去应付那位野心狡黠的教皇。利俄第三（Leo Ⅲ）在神权高于政权的空气之下，他只好在吞声忍气的给教皇为他加冕。自查利曼以后，皇帝虽时时与教皇起了冲突，然而，大致上总是教皇处于优胜的地位。这一点，我们在第三章里已经略为说明。皇帝既尚且如此，君主更可以想像而知了。总而言之，在中世纪的时代，政治是宗教的附属物，而所谓国家，正如腓支斯（J. N. Figgis）所说，是教会的警察厅。

到了中世纪的末叶，因为教会本身的腐败，以及其他的原因，所谓政治的权力，始慢慢的发展起来。在十一世纪的下半叶，一些学者，而特别是菩隆雅（Bologna）大学的教授们，对于罗马法律的研究，曾特别加以注意。这些罗马法家，像阿古尔西阿斯（Irnerius Accursius）、包尔塔斯（Baldus）与巴托拉斯（Bartolus），都感觉到政治的权力是不应附属于宗教的权力之下。巴托拉斯是当时人所目为法律家的皇子（Prince of Jurists），曾极力主张皇帝是地上的上帝（Deus in Enus），同样，皇帝的主权是不能让与的。这是反对教皇去管理政治与俗事的表示。在十二世纪的时候，著名的著作家如圣柏那（St. Bernard）与骚尔斯巴利的约翰（John of Salisbury），都反对教皇去管理俗事与政治。圣柏那并不否认，教皇有权去管理所谓神圣的事务，然而，俗事与政治是教皇所不宜过问的。同样，骚尔斯巴利主张，这两种威权是应该分开，虽则两者应该好好的合作。圣柏那与骚尔斯巴利都是教会的人物，前者是一位僧侣，而后者是一位牧师，他们既尚且反对教皇去管理俗事与政治，那么，教皇之好管理俗事与政治，而引起的反感，是一件很显明的事情。

自然的，反对教皇去管理俗事与政治，未必就是辩护君主的权力。因为，至少在名义上，在这个时候，在君主之上，还有皇帝。其实，十一世纪的罗马法家，与十二世纪之反对教皇管理俗事与政治的人们，大致上是希望这种权力要归皇帝的手里。然而，所谓皇帝，既多只有其名，而没有实力。结果是，反对教皇去管理俗事与政治，却往往使君主的权力因而增长。因为在这个时候，民族的意识正在发展，而时代的各种背景，正在分化欧洲的统一的局面。教皇固没有办法去恢复其过去的威权，皇帝更没有办法去增加其自己的力量。最奇怪的是，在法国，君主的权力正在澎涨的时候，教皇自己也来辩护皇帝的权力，以为君主应当尽忠于皇帝，希望利用皇帝的权力，去制止君主的权力的增长。到了马丁·路得发动宗教改革的时，皇帝查利第五虽与教皇处于同一的战线，而抑制路得与庇护路得的君主、诸侯，结果也是归于失败。

在事实上，皇帝既没有权力，而甚至于要求庇护正在失势的教廷之下。理论上，君主却有了很多著名的著作家，为之鼓吹或辩护其权力。丢霸（Pierre du Bois）曾极力主张，在教皇所管理的俗事，应该移给与法国的君主。他并且希望，法国可以用婚姻同盟与征服的各种方法，去统治世界。在意大利，马西略（Marsiglio）以为，不同语言的人民，应当组织为不同的国家。他甚且觉得，国家与国家的战是自然所赋与的。同样，在英国，俄卡姆（Ockhum）不但不赞成所谓帝国的统治，而主张各君主要有最高的权力，而且主张教皇也要有几个。威克利夫更很激烈的反对教皇，提倡民族宗教，连了庇护他的英国君主，也感觉他的理论是太过火。菩希密亚的胡斯及其徒众，不只是反对教皇与反对皇帝的理论家，而且是反抗这两者的实行者。热尔松（Gerson）及一般之提倡议会学说的人们，表面上虽是希望教会的统一，可是他们的"议会的权力高于教皇的权力"的主张，固是伤害了教皇的尊严与地位，也是鼓动了君主的野心。这些理论是引起宗教改革的重要原因，而宗教改革的发动者马丁·路得，又是拥护君权最力的一位。所以，君主专制政治的发展，一方面，固有其长久的历史与复杂的原因，然而，宗教改革的运动，实为这种政治的正式成立的宣示。

在马丁·路得尚未发表他的《九十五规条》之前，马基阿维利（Machiavelli，1469—1527）已写好了他的著名的《君主论》（*The Prince*，1513）。然而，这本书是在马基阿维利死后的十年，才得出版（1537）。《君主论》不能算作反宗教的著作，而是非宗教（non-religion）的著作。中世纪的著作，没有一本不染了宗教的气味，可是，马基阿维利的《君主论》，却没有这种色彩。简单的说，《君主论》不是中世纪的著作，而是近代的著作。而且，《君主论》是以君主为中心，君主为要保持君主的权力与地位，君主甚至可以用假伪与残暴的手段,去对付他的敌人,以至他的臣民。

在法国,在十六世纪下半叶主张君权主义之最力的,要算所谓政治派(Politiques),其最著名的著作为杜·培雷(Du Bellay)的《天主教的辩白》(Apologia Catholica)、塞维因斯(Servins)的《辩护》(Vindicioe)、威廉·巴克雷(William Barclay)的《君主论》(De Regno)、格累詹(Pierre Grégoire)的《共和国》(De républic)与布丹(Jean Bodin)的《共和国》(Six livres de la république)①。

大概是因为法国在十六世纪的时候,连年战争迫害,残伤暗杀层出不穷,使法国陷于危险的地位。所以,这些学者都欲把宗教与政治上的争端,分开起来。他们很极端的主张君主权力论,他们以为君主的威权是来自自然,来自神意,人民对于君主只有消极的服从,没有权利去反抗。为求国家的统一起见,他们甚至主张,在必要时,宗教可以宽忍。从这方面看起来,他们是反乎当时的路得派、卡尔文派与天主教派的思想。因为,这些派别都赞成去用国家的力量去统一宗教。最奇怪的是,政治派的主要著者也多是天主教徒。在法国的贵族正在争夺王位的时候,政治派的人们甚至愿意去帮忙那发尔的亨利(Henry of Navarre)去争王位,虽则亨利是一位卡尔文派的教徒(Huguenot)。他们不只极力的去反对教皇干涉法国的内政,而且,极力的去反驳所谓反君主(anti-monarchic)的理论,而成为拥护君主权力论的最力而又最早的理论。

至于十七世纪之主张君权最力的,要算英国的斐尔玛(Sir Robert Filmer)与霍布斯(T. Hobbes)。斐尔玛著《家长论》(Patriarcha),这本书在他死(1653)后好久始出版,而其所以特别为人注意,是因为著名的西德尼(A. Sydney)及洛克(J. Locke)都很严刻的批评这本书。斐尔玛以为,政府不过是家庭的放大,君主好像家庭里的家长,而人民好像家庭里的子女,君主之管理人民,亦犹家长之管理子女。因此之故,君主的权力是天赋的,是绝对的,这种权力也是权力中之最早的形式。斐尔玛从《圣经》找出好多的证据,去说明这个点。他以为,除了君主专制的政体之外,只有紊乱或军人的专制。紊乱固是很坏,军人专制也不见得好,只有君主专制的政治,才是正轨的政治。人民对于君主,是要消极的服从,国会照他的意见,只能当作一个咨问的机关,而法律的创制权应当是在君主的手里。此外,他又以为,只有在君主专制的政治之下,真正的宗教才能保存。

霍布斯的著名著作,是他的《巨鲸》(Leviathan, 1651)。他本来是一位哲学家,一位个人主义者,然他用了契约的观念,去拥护君权论。君主是由契约而来的,但是,君主并不受契约的限制,同时,君主却是在契约之上。反抗君主是不

---

① 编注:Six livres de la république 直译是《共和六书》,一般译作《国家六书》。

可能的，因为没有君主，则国家必至瓦解，而成为自然世界里的紊乱景象。关于霍布斯的学说，我们当于下章再加叙述，这里只好从略。

理论上，自中世纪的末叶以至十七世纪的时候，固是偏于君主专制的政体，事实上，自中世纪的末叶以至十七世纪或是十八世纪的时候，也是偏于君主专制的政体。

欧洲君主专制政体的形成较早的，是法国。法国在非利普第四（Philip Ⅳ）以前，还是封建君主的时候，到了非利普就位之后（1285—1314），慢慢就走上君主专制政体的路。对外方面，他曾与专横暴虐的教皇蓬尼腓斯第八（Boniface Ⅷ），起了冲突，他派人到阿南宜（Anagni）捕了这位教皇。从一三〇九年以后，他还把教皇迁去阿文农（Avignon）。此后的六十九年中，教皇不只住在这个地方，而且都是法国人。他又以领主的名义，要英国君主到巴黎，去解决英法两国渔人的纠纷。他驱逐国内的伦巴银行家与犹太人，而收没其财产，逮捕圣堂骑士团（Templars）的领袖，而没收其财产。他不只要市民、农民、寺院、大学缴税，他还要贵族纳税。

非利普第四虽是欧洲的最有力量的君主，他虽是把教皇放在他的口袋里，可是，他并没有作皇帝的野心。然而，正是因为这样，他才能把法国的政权，安隐〔稳〕的握在他的手里。

到了十五世纪路易十一（Louis XI）的时候（1461—1483），又大胆的去剪灭贵族，增长王权。路易十一死时，除了布利塔尼（Brittany）以及柏干提（Burgundy）两个地方之外，那时候的法国，差不多就是现在的法国了。

在十七世纪与十八世纪的部蓬（Bourbon）君主统治之下，法国的专制政治可以说是达于极点。亨利第四（Henry Ⅳ，1559—1610）是第一的部蓬君主，又消减了好多贵族与其势力。路易十三（Louis XIII，1610—1643）自己虽非一个能干的人，然而，他用了一个很好的功臣利什卢（Cardinal Richelieu）。利什卢本来是一位教士，可是，他对于君主，比之他对于教皇，较为忠心。他用了好多侦探分配各处，监视贵族的行为，剪除贵族的力量，毁坏贵族的城堡。是在路易十三的时候，卡尔文派的休该诺教派的革命，被了荡平。可是，也是在这个君主的时候，这个教派得了宗教信仰的自由。

至于路易十四（Louis XIV，1643—1715）在位七十余年，自一六四三年至一六六一，路易十四年龄尚幼，得了主教马萨朗（Cardinal Mazarin）继承主教，利什卢襄助国政，使法国国家的基础愈固，而君主的权力愈高。路易十四不只喜欢铺张，建筑世界最美丽的皇宫于凡尔赛，而且，用灵活的外交手段去扩张其版图。他是被称为大王（Grand King），他曾宣称"我就是国家"（L'État, c'est moi）的名言。

路易十四以后的法国君主，在才干上既少有可取，而压迫人民、荒淫无度则日趋日甚。十八世纪下半叶的法国革命之所以发生，并非无因。

英国是一个岛国，既较少受了欧洲大陆的政治的影响，国内的统一也比较容易。在爱德华第一（Edward Ⅰ，1272—1307）的时候，他就争服了卢挨林（Llewellyn）的反叛，而正式合并威尔斯（Wales）。他又数次征服苏格兰，反抗教皇，颁布宗教法规，禁止臣民捐赠土地与教会。此外，对于转租土地、继承财产，均有法律规定，使王室在财政得了不少的利益。到了十四世纪的末年，亨利第四就位，又平定了好多内乱。到了亨利第七（1485—1509），所谓蔷薇战争（The War of Rose）已经平定，英国的贵族也多数被杀，故王权大增。亨利第八（1509—1547）一方面利用了路得的宗教改革运动，去建立国家教会，一方面整理内政，使君主的地位愈固。而在伊利萨伯皇后（Queen Elizabeth，1558—1603）的长期统治之下，英国的王权固是很高，英国的国势也日趋兴隆。这位女王是被称为 Good Queen Bess，是在她的统治之下，英国败了西班牙王非利普派去征服英国的伟大的海军。也是在她的统治之下，英国的海军从西班牙所管理的美洲，带了很多的赃物，而富裕了英国的国库。

至于哲姆士第一（James Ⅰ，1603—1625），英国的专制政体可以说是达到极点。这位君王在未作英国君主之前，已是苏格兰的君主。他曾写了两本书，去解释他的政治的意见。他无疑的受了神权学说，而特别是巴克雷（Barclay）、布拉克武德（Blackwood），以及好多的法国的政治派（Politique）的著作的影响。他的君权理论的根据，是从圣经、自然法与封建制度的古法中找出的。他在一六〇九年对国会的演讲中，且说君王简直就是叫作上帝（King are justly called Gods），因为君王在地上所执行的威权的方式，是同于神圣的权力。在一六一六年，他在星会（Star Chamber）中演讲中又说，正如去辩论什么上帝能够作，而是犯了无神或渎神的罪，去辩论什么君主能够作，是犯了臆断与重大蔑视的罪。

斐尔玛从历史方面去辩护专制主义。霍布斯从契约论去辩护专制主义。然而，两者都不过只是理论家。哲姆士第一却不只是提倡这种理论，而且要把这种理论变为事实。

西班牙在十五世纪的中叶以前，本分为阿拉工（Aragon）与卡斯提罗（Castillo）两个王国，自一四七四年，卡斯提罗女王伊萨伯拉（Isabella）就了王位，之后五年，与阿拉工王斐迪南（Ferdinand）结婚之后，不但是统一起来，而且使君权提高得很高。一四八二年①，征服了回教徒的最后根据地格拉那达（Granada）。这两位君主，又极力去压镇贵族，他们利用城市里的保联会（Hermandades），去维持国家的秩序。他们又组织了各种新机关，去作他们的爪牙，同时更利用了好多军人的领袖，去巩固她的地位。而所谓异端裁判所

---

① 编注：应是 1492 年。

（Inquisition），又是她的政治统一的工具。她与她的丈夫，都是热心的天主教徒，但是，教士的任免权，他们却拿到他们的手里。

俄罗斯自十六世纪莫斯科大公侯脱离了鞑靼的羁绊之后，伊凡第四（Ivan Ⅳ）就称为沙皇（Czar，一五四七）。沙皇统治俄罗斯帝国，是有了特殊的专制权力。所有的臣民，都自称为沙皇的奴隶。臣民见沙皇时，皆匍匐于沙皇的面前，以手触地。国内一切东西，都可以说是属于沙皇。沙皇有收没财产之权，沙皇有杀戮之权。所谓法律，就是沙皇的意志；所谓国家，就是沙皇的私产。沙皇像家长，像父亲，沙皇是神圣，是上帝的代表。

俄罗斯有一部分虽在欧洲，可是直至十七世纪的俄罗斯，所受欧洲文化的影响，并不甚大。至了十七世纪的下半叶，彼得大帝（Peter the Great，1682—1725）①在位的时候，俄罗斯始致力于欧化。彼得大帝是用过去的沙皇所用的专制手段，去欧化俄国。他自己到西欧游历，而且带了二百多的俄国青年，去学习各种学术。他自己不喜俄国习俗，所以，回俄之后，就大事改革。他要他的官员穿西服，他令妇女穿西服、弃面网，创办男女宴会客堂，鼓励男女跳舞交际，模仿德国的军队组织，采纳荷兰的海军制度，效法瑞典的行政系统，建设新都于波罗的海附近的圣彼得堡，并强迫人民迁移到新都居住。俄国人虽不满意于彼得的作法，可是他是沙皇，而且用沙皇所惯用残虐的方法，如处死、重刑，去对付反对者。他甚且因其皇后与太子的反对，而处皇后以鞭刑，处太子以死刑。自彼得以后至一九一八，俄国固已深染欧化，然而沙皇的专制却是一样，或且更甚。

普鲁士王国是创于一七〇一年，最先称王的夫累特利克第一（Frederick Ⅰ）建了国家的基础，仿路易十四建筑大皇宫。到夫累特利克·威廉（Frederick William），就放弃宫廷的奢华生活，轻车简从，励精图治，创行强迫兵役制度。全国各省分为若干区，每区要募一定的兵士数目。据说，普鲁士作父母的人，往往对着儿子说："不要长大太快，否则招兵员必捉汝为兵。"兵士所受的训练，至为严厉，稍不服从，则鞭挞立至。普鲁士的陆军所以驰名世界，是由于普鲁士的君主的严格的训练。普鲁士不只在军队方面很有效果，在行政方面也行了绝对的集权制度。夫累特利克·威廉强迫贵族纳税，贵族以为这是要使国家至于破灭的举动，威廉的回答是："我不相信，要破灭者是贵族的权力。至于我的政府，则安如磐石。"国王当自己为神圣，直到前欧战以前的德皇威廉第二，还以为他之统治德国，是神所赐与的。直至一九一八年，德国战败之后，专制政体才被推翻。

此外，又如奥大利在十八世纪，而尤其是在约瑟第二（Joseph Ⅱ，1741—1790）的统治之下，君主的权力大增。他把种族复杂、宗教复杂、风俗复杂的奥

---

① 编注：据多数文献记载，彼得大帝生于1672年。

国统一起来，实为历史上所少见的事情。他曾说过，他所统治的帝国，应当照他的意旨统治。"所谓偏见，所谓党派，所谓狂热，都要通通消灭。"他轻视以往的习俗，而使人民明白，他的意旨就是法律。

总而言之，在中世纪的末年，君权已正在发展。到了宗教改革的运动的时候，中世纪的教皇的权力既已推倒，君主遂能在其统治的领域之内，正式树立至尊的权力。大致上，十七世纪至十八世纪的上半叶，是君权最发达的时期。路易大王、伊利萨白女王、哲姆士第一、彼得大帝、夫累特利克·威廉都在这个时期里，增强政权，发扬国威。所以大致上，我们也可以说，自十四世纪至十八世纪的末叶的四百年间，是君权繁盛的时期。自然的，英国君权的衰微是比较的早，而德、俄的君权的寿命，又比较的长。然这四百年间，政治发展的重心，是偏于君权方面或专制政体，是无可怀疑的，这也是读过西洋历史的人，所公认的。

中世纪的文化的重心，是偏于宗教方面，而其权力的重心，却是教皇。中世纪的末叶以后，文化的重心逐渐的偏于政治方面，而从这个时候至十八世纪的末叶，政治权力的重心，却是君主。教皇本来是宗教的首领，可是在中世纪，他不只管宗教的事情，而且管了宗教以外的事情，而政治也在内。君主本来是政治的首领，可是在这四百年中，他不只管政治的事情，而且管了政治以外的事情，而宗教也在内。在其不同的时代里，在实质上，两者所管的事情都相同，在原则上，两者都是至尊，是自命为上帝的代表。所不同者，是在中世纪只有一个教皇，只有一个最高的权力，而在中世纪末叶以后，却有了好多个君主，而在其自己国家里，成为最高的权力。

君主与教皇一样的，既惯于使用权力，容易变为滥用权力。滥用权力的人必定腐败，腐败愈甚，则怨恨愈多。英国的查利第一，法国的路易十五，之所以被人推倒，被人杀戮，就是被人怨恨的结果。事实上，专制君主之被人反对，是有了悠久的历史。不过，大致上我们可以说，自十八世纪的末叶以至十九世纪的末叶的二百年左右①，是反对君主专制的最激烈的时期。反对君权，是伸张民权，所以，我们也可以说，这两百年内是民权发展得最厉害的时期。

民权的发展，不只是一种事实，而且有其理论的根据。我们现在且先从理论方面来说。

在十三世纪的时候，马西略（Marsiglio）与俄卡姆（Ockham）虽因反对教皇的权力，而主张君主有权力去管理俗事与政治，但是，他们都以为君主的权力是人民所代表的，这是近代民权论的先驱。会议运动的代表会议，为最高权力，也是包有民主政体的代议制度。卡斯的尼古拉斯（Nicholas of Cuss），在巴塞尔会议的时候（Council of Basel，1431—1449），就以为君主与主教是人民所选举的

---

① 编注：原稿如此，时间计算显然有误。

行政人员。十六世纪的时候，反君主的思想相当发达，而其著名的，如俄德曼（Francois Hotman）的《法兰哥高卢》（*Franco-Gallia*，1573）、普鲁西摩尔尼的非利普（Philippe of Plessis-Mornay）（?）的《反对暴君的辩白》（*Vindiciae contra Tyrannos*，1576）、布卡南（George Buchanan）的《苏格兰人的主权》（*On the Sovereign Power of the Scots*，1579），以及阿尔塔西亚斯（Johannes Althusius）的《系统政治》（*The Systematic Politics*，1603），都是主张主权本是由民而来。可是，大致上，这些理论家多虽不主张主权放在君主的手里，而却主张主权要由贵族去运用。事实上，君主主权与贵族主权，是没有很大的分别。因为贵族的专政的流弊，与君主的专政的流弊，差不多是一样。而人民之畏惧贵族，并不减于畏惧君主。所以，十六世纪的反君论之不能发生很大的效果，是有其显明的理由。

到了十七世纪，英国的民权思想逐渐的发展起来。科克（Edward Coke）的《律例》（*Institutes*），而特别是塞尔顿（John Selden）的《座谈》（*Table Talk*）、米尔顿（John Milton）的《君主与执政的期限》（*The Tenure of Kings and Magistrates*）、西德尼（Algernon Sidney）的《政府讲话》（*Discourses Concerning Government*），或为反对君主的先声，或为革命而辩护，使英国成为近代民主思想的先锋。

然而，十七世纪的英国之主张民权最力，而其影响最大的，要算洛克（John Locke）的《政府论》（*Two Treatises of Government*，1690）。洛克的出发点是契约论。他以为，人类本来是生活于自然世界里，这个世界是一个和平的世界。然而，在这个世界里，既没有裁判者去宁息争端，而个人又没有能力去卫护个人的自然权利，以抵抗他人的侵略。结果是有了很多的流弊与不便的地方。因此之故，各个人乃集合而用契约的方式，去组织一个政治团体。他们同意，在这个团体成立的时候，各个人让与了各个人的权力，而成为一个公共权力，以保护各个人的生命、财产与自由。这种权力是公共的，而且，在整个团体里，并非让与于任何一人，而且在各个人让与其权力的时候，并非没有条件的让与，这种条件，就是要保护各个人的生命、财产与自由。这是政治团体成立的契约，这就是各个人间的契约。除了这种契约之外，还有一个契约，就是政府成立的契约。这就是为了利便管理公共事务起见，这个政治团体的人员，又设立一个政府，政府可以代表这个政治团体，去行使权力。不过，这种权力的行使，是有限制的。假使使用这种权力的人，超越这种限制，就是反背了契约。反背了契约，则人民有了反抗与推翻政府的权利，这是革命理论的根据，也就是民权主义的张本。

十八世纪的时候，民权思想更为发达。欧洲各国学者之主张这种理论的很多，然而，主张最力与影响最大的，又要算法国的卢梭（J. Rousseau）的《契约论》（*Social Contract*）了。有些人且说，法国的革命是卢梭所造成的，这话未必尽然，可是卢梭的民权思想的重要，可以概见。

卢梭以为，人是生而自由与平等的，而且是在一个快乐与无罪的自然世界里生活。可是后来因为文化的发展，人为的罪恶增加，于是，不得不联合起来，而组织一个政治团体。这个政治团体的组织，也是根据于契约。每个人让与其所有的意志于整个团体，而成为这个团体的普通意志。普通意志与个人意志有了差异之处，然而，每个人在这个政治团体里，却与其他各个人处于平等的地位。而且，在这个普通的权力中，有了平等与不可移让的权力。而这种平等与不可让与的权力，就是卢梭的民权论的根据。人们虽然放弃其权力，而组织政治团体，可是，这个团体的权力，是为保护这个团体的个人的利益而产生的。假如这种利益，而为代表这个团体去管理公共利益的政府所损害的时候，人民是有权去反抗，有权去鼓动革命。

卢梭以外，十八世纪以至十九世纪之主张民权的著作，不胜枚举，我们在这里，只好从略。我们现在要把反抗君权与主张民权的运动的事实，加以叙述。

反抗君权或主张民权的运动的历史，也相当的久。十六世纪的荷兰之反对西班牙的专制政治而宣布独立（一五八一），就是一个例子。荷兰设立了一个联邦政府，除了一个总统（Stadtholder）之外，还有一个国会，这是一个共和国。虽则这种共和之于近代的民主政体，却有其差异之处。

严格的说，近代民主政体的树立，其历史较长而其影响较大的，要算英国。英国在十三世纪的时候，一些贵族强迫英王约翰签了《大宪章》（*Magna Charta*, 1215），是反君主运动的先河。不过，然这次的冲突，是贵族与君主之争，而非人民与君主之争。

在十七世纪的初年，哲姆士第一的神权理论，已引起人民的反感，而他的高压手段，更使民众不满意。到了他的儿子查理第一（Charles Ⅰ）就位的时候（1625—1649），无论对于宗教或对于财政上的设施，都引起人民的仇恨。最先由苏格兰的长老会教徒起而反抗，后来又为国会所反对。两方经过数次的战斗之后，结果查理第一于一六四六年被捕，过了三年，又被杀。克伦威尔（Cromwell）起而当权，宣言英国为共和国（Commonwealth），并创制了政府的文宪（Instrument of Government），而成为英国的重要的宪法。

克伦威尔虽不自称为君主，而称为摄政（Protector），然在他执政之后，他逐渐又专制起来。他还把这个地位传之其子。到了一六六〇年，查理第二就位，恢复君主政体。查理第二就位之后，不但恢复旧制，而且压迫清教徒，又常与国会起纠纷。哲姆士第二（1685—1688）就位不久，又因宗教与承继问题，而引起革命，哲姆士第二被逐。这一次的革命是没有流血的革命，英国人当为"荣誉的革命"。国会于一六八八年，为哲姆士的女儿玛利（Mary）及其丈夫俄朗治的威廉（William of Orange）加冕。过了一年，国会又通过了《民权宪章》（*The Bill of Rights*），并规定君主须是英国教会（Anglican Church）的教徒。从此以后，英国的政体遂变为有限制的君主政体，而英国的两党政治与内阁制度，也于这个时候发生。内阁为政府的负责机关,而内阁人员的任命,在名义上固是由于君主,实际上却是由于政党。政党是由国会议员组织,国会议员又为人民的代表。简单的说,阁员是依赖国会的信任,而始能维持其地位,而国会议员又依赖人民的信任,而始能维持其地位。

十八世纪的革命之最为人们所注意,而其影响最大的,要算美国的革命与法国的革命。我们知道,美国的人民主要是来自英国,最初迁移去美国的英国人,本为一般清教徒,不愿受英国政府在宗教上的压迫,而逃到美国。故其爱好自由,是有长久的历史。在殖民地的时候,各州的政治组织,已有民主的趋向,而且,英国的革命运动及其民主思想,而特别是从孟德司鸠(Montesquieu)所传递与解释的英国的民主政体的思想,是为美国人所习知的。所以,在十八世纪的下半叶,英国政府因征税的问题,而与美洲英国殖民地起了冲突。结果是,美国人于一七七六年发表《独立宣言》,组织邦联政府(Confederate Government)。经过八年的苦战,遂成为一个独立的国家,而奠定了近代的民主政体的基础。

美国的政治制度的特点,是应用了孟德司鸠在其《法意》(*The Spirit of Law*, 1747)里所主张的三权鼎立说:总统是行政的首领,国会是立法的机关,而大理院是解释法律的司法机关。三者处于平衡的地位,可是三者又互相牵制。大理院的院长及法官,虽由总统任命,但是总统的人选是由人民所选举。虽则所谓人民选举总统的方法,是间接的而非直接的,而且这种方法也相当的复杂。国会的下议院的议员,是人民的代表,上议院的议员,虽是各州的代表,然间接上也是人民的代表。

法国的革命,是起于一七八九年。无疑的,法国的革命,是受了美国的革命的影响。革命时期,曾发表了《人权宣言》(*Declaration of the Rights of Man*),这个宣言与美国的《独立宣言》,同为近代民主政治的最重要的文宪。

为什么法国人要起革命?这是因为专制政治所造成的。法国在革命之前,人民约有两千余万,除了君主享受一切权利之外,三十万教士与贵族也成为有权利的阶级,而其余的民众,却在压迫与穷苦中过活。法国革命的胜利的起点,是一七八九年七月十四日的巴斯提尔(Bastille)的占据,而其沸点,是同年十月五日巴黎的一般穷苦的妇女,排队到凡尔赛宫,向路易十五请愿,而结果把路易十五及其家属带回巴黎。巴斯提尔本来是巴黎近郊的一座炮台,可是当时已把来作监狱。巴黎的人民并没有用了很大的武力,去占据这个地方。然而,这个地方一被占据,再加上后来的巴黎妇女的示威游行,法国的君主专制政体不得不因之而瓦解。可见得,君主专制政治的本身,已有了崩溃的趋势。

自然的,法国自一七八九至一八七一的时期里,君主曾屡次复活。然而,革命的种子不只是遍布了法国,而且遍于整个欧洲。现代历史家,往往以法国革命去划分时代,就是因为这次革命的影响最大,所以,其在历史上所占的地位也至为重要，其在历史上所含的意义也至为重大。

　　法国革命以后，欧洲各国的民权思想更形澎涨。拿破仑失败以后，欧洲虽有了一种恢复旧制，然自一八四八年以后，欧洲各国皆逐渐的实行宪政，使人民参加政治的机会日来日多。比利时、荷兰、瑞士，以至西班牙、葡萄牙、意大利及其他的国家，均先后创制或修改宪法，以适应潮流。十九世纪的末年，民权思想已影响到亚洲各处。中国在二十世纪的初年，革命运动也是受了这种思想的鼓动。上次欧战以后，德国人民推翻王君，而建立民主的政府。俄国打倒沙皇，而成立苏维埃政府，使欧洲的最强有力的君主专制政体，也被消除了。

第六章　民族与国家

　　从政治的权力所在方面来看，正如我们在上一章里所说，自中世纪的末叶以至最近的时期，是由君权发展到民权的时期。从政治的组织单位方面来看，我们又可以说，在这个时期里，是民族与国家的发展的时期。

　　其实，民族与国家的发展，是与了君权与民权的发展，是有了密切的关系的。所谓君主专制以至民主政体的发展，固影响所谓民族主义以及国家主义，而所谓民族主义与国家主义的发展，也影响到专制政体与民主政体。在中世纪的末年，而特别是在宗教改革以后，主张君主专制的人们，往往是主张民族主义及国家主义的人们。而十七世纪以后的主张民主政治的人们，往往也是主张民族主义或国家主义的人们。反过来看，在中世纪末年，而特别是在宗教改革以后，主张民族主义与国家主义的人们，往往也是拥护君主政治的人们。自十七世纪以后，君主专制的政治，虽是逐渐的衰落，而代之而兴的却是民主政治。然而，在这个时期，民族主义与国家主义，不只不因之而衰落，反而更加发达起来。原来，在十七或十八世纪以前，民族国家是以君主去代表一个民族或一个国家。有的时候，可以因君主的个人意志，或互相通婚，或没有子女去承继其王位，而合并于别的民族或别的国家。而且，有的时候，也可以因了这些原因，而分开为两个或三个部分。可是，在民主政治的制度之下，民族国家是由整个人民，或大多数的人民去管理，所以，一个民族或一个国家，要与别的民族或别的国家合并，固不容易，分开也是很难。换句话来说，专只靠一个君主去爱护的民族国家，在力量上，在团结上，都不如整个人民或大多数的人民所爱护的民族国家。民族主义与国家主义，在民主政治之下，所以特别发达，就是这个原故。

　　民族主义与国家主义这两个名词，在英文上虽同为一字，这就是 nationalism，而民族（nation）或国家（state）这两个名词，在英文上有时虽同一意义，可是，这两者究竟有了区别之处。民族是有了种族的意义，国家却是一个纯粹的政治的名词。一个民族因为有了共同的语言、宗教、风俗习惯，以至历史或种族，最易组织而为一个国家。然而，一个民族既未必一定就组织为一个国家，而一个国家的成立，也未必一定就只有一种民族。英国与美国可以说是同了民族，然而，这个民族却分为两个国家，或且可以分为好多个国家。瑞士是一个国家，然而，在瑞士却有了三种主要的民族，这就是德国民族、法国民族与意大利民族。

　　从种族的立场来看，民族的发展的历史，可以说是很为久长。古代的希腊人与埃及人，罗马人与高卢人，中世纪的意大利人与日耳曼人，都可以说是不同的民族。然而，从政治的立场来看，所谓民族主义这件事，却是近代的产物。

古代的希腊人，以为自己是优秀的民族，而外人是野蛮的民族。然而，希腊人自己就分为好多的城市国家，而互相争伐，而且，在这些地方很小、人口很少的城市国家的政治组织之下，所谓民族主义是不易发生的。罗马征服了欧洲各处，成为罗马帝国，而且采纳了各处的风俗习惯，而成为万民法律（ius gentium），所谓民族主义也无从而发生。

中世纪的教会，利用了罗马帝国的基础，而建立了所谓基督教帝国，所谓民族主义也是难于发展。而且，在中世纪的时候，不只整个欧洲的人们，相信了一种宗教受治于一个教皇以及尝受教皇所支配的皇帝，而且有了一种共同的语言。拉丁文是中世纪的流行文字，凡是受教育的都读拉丁文。书册是用拉丁文写的，书信也是用拉丁文写的，说话是用拉丁话，传教也是用拉丁话，统治人心的《圣经》是拉丁语言，规定行为的法律也是拉丁语言。其实，历史的背景与文化的遗产，无一不以拉丁文所传递下来的为主。一般受过教育的人，既从拉丁语言里于有意或无意的存了一种共同的意识，自然不会注意到各处的不同的民族的特性，而产生所谓民族的意识。

中世纪的末叶的情形，就不是这样了。各处所说不同的方言，慢慢的自成一个系统。在十二世纪的末叶到十三世纪初的巴黎大学里的学生，已因方言的不同而分为各种不同的团体，这种不同的团体，就叫作民族馆舍（nation）。大概在那时候，是分为四个民族馆舍，这就是诺曼提（Normandy）、彼卡提（Picardy）、法国与德国或英国等。因为教师在讲堂里虽然用拉丁文，可是学生惯于讲说方言。所以，各种不同的方言，遂分为不同的民族馆舍，可见得各处的方言，在这个时候已自成系统，而为最高的学术机关所不能不承认。

不但这样，文艺复兴时代的人文学者，又极力提倡希腊文字。菩卡绰（Boccaccio）是精通希腊文的意大利的文学家，而克利索罗拉斯（Chrysolorus）又从君士坦丁堡到意大利的佛罗稜萨（Florence）教授希腊文。那个时候，还有某个意大利人，带了二百三十八本希腊文书籍到威尼斯。自君士坦丁堡沦陷之后，希腊学者之到意大利教授希腊文的愈多。希腊的学术思想，逐渐的引起人们的注意，而使所谓拉丁的文化系统之外，又加上一个希腊的文化系统。这个系统之威胁教会的制度与耶教的教义，在十三世纪已经相当的厉害。圣阿奎那（St. Aquinas）之被请到巴黎大学教书，像我们在上面所说，已是教士的一种反应。现在，则希腊书册与教授大量的西来，对于所谓拉丁文系统的统一的局面，免不了要有重大的影响。

不但这样，文艺复兴的人文学者，不只提倡希腊文与其文化，而且努力去恢复了古拉丁文。这种的拉丁文法的构造是比较复杂的，结果使拉丁文在学习上比较没有那么容易，没有那么普遍。所以，除了在学校的讲堂上或教堂的讲坛上，以及少有兴趣的条约上应用之外，就少有人应用，使拉丁文逐渐的变为一种死的文字。同时，又加速了各种方言变为各种文字的运动，使方言不但变为日常说话的语言，而且变为活的文字。

而且，各处的著名的学者，而特别是著名的文学者，更用自己的方言去写出诗歌、小说，及各种文学作品，与其他各种的著作。但丁（Dante）之用意大利文，超瑟（Chaucer）之用英文，写出文学上的最有价值的作品，就是很显明的例子。本来，在那个时候的各处方言，是叫作土话（vernacular），意义就是所谓粗俗的语言（vulgar tongues）。所谓粗俗的语言，既可以写出高尚的作品，那么，用方言去代替拉丁文，就成为一种很普遍的现象，成为一种很热烈的运动。这么一来，同说与同写一种方言的人们，自然而然的发展出一种共同的意识，共同的兴趣与共同的情感，而慢慢的形成了其固有的风俗习惯，固有的历史背景，与固有的文化遗产。

这些共同的东西，既使在这种环境里的人们，能够增强其团结力，而这些固有的东西，又使在这种环境里的人们，能够感觉其与别的民族的固有的东西，是有了差异的地方。对内既能增强其团结力，而对外又有其差异的地方，使所谓社会的隔离（social distance）日来日远，那么，民族主义的发展，就成为一种自然而然的运动。

方言既逐渐的发展起来，不只是文学以及其他的各种著作，都用方言文去写作，连了《圣经》，也要从拉丁文翻译而为各种方言文。威克利夫（Wyclif）之努力于翻译《圣经》为英文，后来马丁路得之改译《圣经》为德文，使每种方言文都有其《圣经》。《圣经》为教会与教士所专有的时代，也逐渐的成为过去了。依靠拉丁文以为维持教会的统一系统的重要工具，既变为不关重要的工具，教会的统一系统，也受了重大的打击。

此外，方言既是一般民众所常用的语言，民众学习方言文，比起攻读拉丁文，较为容易。因为所谓文字，就是他们所说的土话，懂其土话就很容易懂其文字。其与以往之欲读书的，一定要学习与其方言完全相异的拉丁文，情形大不相同。因之，所谓受教育的阶级，与无受教育的阶级，也逐渐的没有分得那么清楚。到了印刷发明以后，平民之追求智识的机会，愈易而愈多，使所谓民族的情绪，能够深入于平民的心里。

宗教改革的运动发生以后，宗教在民族主义的发展上，又占了很重要的地位。本来，在中世纪的时候，基督教是统一欧洲的原动力，到了这个时候，却又变为民族主义的工具。英国威克利夫，波希密阿的胡斯，与德国的马丁·路得，同样的各有其民族背景，而反抗教廷教会，而主张改革宗教。而教廷教会的衰落与宗教改革，却又增强了民族的情绪。

威克利夫及其罗拉运动（Lollard Movement），在英国虽未成功，然而，威克利夫在十四世纪的下半叶，人们还让他安安静静的逝世。而且，他与罗拉运动，在英国却种了一种潜伏的势力，使英国在路得所领导的宗教改革的运动的时候，不费什么力量而脱离教廷的统治。胡斯被杀之后，立即成为波希密阿人的殉道者与民族英雄，使波希密阿人起而反抗教皇，反抗皇帝，而使波希密阿的民族得了不少的自由。

马丁·路得的宗教改革的运动，不但引起德国的侯国的民族情绪，而且引起丹麦、瑞典的民族意识。我们可以说，是宗教引起荷兰人反叛西班牙，而建设一个独立的国家，也是宗教鼓动了苏格兰的民族意识，而时时反抗英格兰。这都可以说，新教在近代的民族主义的发展上，占了重要的地位。

新教固含有民族主义的意味而增强民族主义的运动，旧教——天主教在宗教改革以后，也染了民族主义的意味，而推进民族主义的运动。比利时本来是南部的荷兰，荷兰北部既信仰了新教，信仰天主教的南部的比利时，却因了宗教上的不同，而脱离荷兰而独立。而法国的天主教徒，为了拥护法国的民族国家的统一，在一个时期里，还且拥护了一个新教徒的君主，而反对教皇干涉法国的内政。

中世纪的普遍的宗教，近代却差不多变为民族的宗教了。在欧洲，有了一个时期，每个国家都以某种宗教为国教，天主教的国家迫害新教的信徒，而新教的国家又迫害旧教的教徒。好多的内战，好多的国际纠纷，往往都起于宗教的区别。

除了语言与宗教之外，商业的发展也引起民族主义的运动。最初是葡萄牙人握了海上的商业威权，继之而起的是西班牙人，再继之而起的是荷兰人。于是，法国人而特别是英国人，不甘落后，急起直追，使大西洋、印度洋，以至太平洋，成为各种民族争霸的舞台。而非洲、印度、南洋群岛、美洲大陆，又成为各种民族的角逐的商场。英国人组织东印度公司，法国人也组织东印度公司，西班牙建设庞大的航队，荷兰人也建设庞大的海军，在各新发见、新占据的地方，互相争伐，互相争雄，而在海洋上也互相抢劫，互相掠夺。每种民族为了发展商业，争取资源，在有意或无意之中，不得不团结起来，以对付其他的民族。

上面不过是把促成近代民族主义的几种重要的因素，略为解释。此外，理论家、教育家与爱国志士之极力提倡，对于近代民族主义的推进上，尤有功效。上面所说的马基阿维利，在十六世纪的初年，已提倡民族主义。他除了主张君权之外，其主要目的是希望一个统一的意大利。他很愿意把他自己的城市佛罗棱萨（Florence）与其他的意大利的城市，联合起来，而成为一个强有力的意大利国家，去抵抗法国与西班牙的侵略。

十八世纪的俄、德、奥三国，虽瓜分波兰，可是，波兰的民族意识却潜伏在波兰人的心里。拿破仑蹂躏欧洲，引起各国的民族情绪。斐希特（Johann Fichte，1762—

1814）的《告德国国民书》（*Reden An Die Deutsche Nation*，1807—1808），就是一个很好的例子。斐希特看见普鲁士不能抵抗拿破仑，因而感觉到德国人缺乏民族意识。他恳求德国的人民要联合起来，因为只有这样，德国才能得到民族的生存，而争取世界上的领袖地位。黑格儿（G. W. Hegel，1770—1831）更把德国的成就理想化起来，以为德国负有推进世界文化的责任，而引起德国人的爱国心理。

此外，意大利的玛志尼（Mazzini）、匈牙利的科舒特（Kossuth）、波希密阿的巴拉兹基（Palacky）、法国的勒农（Renan）、美国的利柏（Lieber）与柏哲斯（Burgess），都是提倡民族主义的著名人物。

民族主义的发展，是近代民族国家的成立的基础。所谓民族国家，是以同一的民族去组织国家。牟尔（Muir）在其《民族主义与国际主义》（*Nationalism and Internationalism*，1917）一书里，以为英国是第一个国家，从民族的意识而成为一个民族国家，这也许是与英国的地理环境有了多少的关系。英国在十五世纪希望统治法国，使法国的民族意识澎涨起来，《阿卡的佐安》（*Joan de Arc*）的故事，是这种意识澎涨的显明表示。十六世纪的初年，葡萄牙与西班牙已成为民族国家，而丹麦与瑞典、荷兰，也是在这个世纪里，组织而成为民族国家。

自十六世纪到十八世纪的末叶，民族主义往往与一般君主的权力的增加，有了密切的关系。因为这些君主，一方面致力于荡平贵族，集中政权，而统一民族；一方面又从事商业竞争，争取国外与海上的霸权，而增强其民族意识。上面所说的葡、西、荷、法、英诸国之在这个时期里，内部逐渐统一，而海外的商业发达，都可是说是民族情绪的一种表现。

拿破仑得势的时候，被拿破仑蹂躏的国家，如普尔士、俄罗斯、西班牙、意大利等国家的民族精神，均因其高压的手段而发展。在拿破仑失败以后的维也纳会议，对于这种精神，在大致上给与相当的承认。而在俄塔曼（Ottomen，土耳其）的帝国里，民族意识与民族运动的发展，尤为显明。南斯拉夫（Yugoslave）是在俄塔曼帝国统治之下的、第一的民族起而反抗土耳其。在一八一七年，这个民族的一部分已反抗土耳其，而组织一个塞比亚（Serbia）侯国。而在一八二一年的希腊，又反抗土耳其。欧美各国之自由主义者，对希腊这次的民族运动，多能表以同情，结果是各大强国起而干涉，而使希腊在一八二七①年成为一个独立的民族国家。比利时于一八三〇年脱离荷兰而独立，波兰于一八三一年努力去反抗俄罗斯，均是民族国家的运动的表示。

一八四八年是欧洲革命运动的最普遍的一年，民族国家的运动与民权主义的

---

① 编注：列强于1826年和1827年在希腊与土耳其之间进行调解，但未能成功。直至1830年2月3日，列强宣布希腊是一个独立的君主制国家，并受其保护。随着1832年7月《君士坦丁堡条约》的签订，土耳其承认希腊独立。

运动互相影响，互相利用。在意大利，在德国，在匈牙利，民族国家的运动如潮如涌，结果虽没有达到目的，但是参加这次运动的好多人，却还看到，一八七〇年俾士麦用铁与血去创造了一个德国的民族国家。虽则那个时候，在奥国的德国民族没有参加。而意大利的卡伏尔（Cavour），也在同年用外交的手腕，而少流血的去统一意大利。匈牙利虽没有脱离奥国而独立，可是，也利用了这个时候的奥国的内患外难，而获得很多的自治权。

不久以后，《柏林条约》（一八八七年）承认了多年反抗土耳其帝国的几个民族为独立国家，这就是塞比亚、蒙泰内格罗（Montenegro）与罗马尼亚（Rumania）三个国家。布加利亚（Bulgaria）在这个时候，虽仍是土耳其帝国里一个属国，然而，后来也得到独立的机会。

自此以后，民族国家的运动更形澎涨。波兰、芬兰、爱斯敦尼（Esthonian）、拉比亚（Latvian）、立陶宛（Lithuanian）、卢泰尼亚（Ruthenian）、马札儿（Magyar）、捷克（Czech）、斯拉夫克（Slovak）、克罗（Croat）、亚尔巴尼亚（Albanian）、爱尔兰、埃及，各种民族都有了民族国家的运动。

前次欧战以后，威尔逊总统提倡民族自决的原则，大致上好多民族，照巴黎和会的决定，得了自由独立的地位。波兰、芬兰、爱斯敦尼、拉比亚、立陶宛、卢泰尼亚、马札儿（匈牙利）、捷克、斯拉夫克、克罗、亚尔巴尼亚，都可以说是成为民族国家，爱尔兰与埃及虽没有得到完全的独立，然也得到很大的自治权。

我们应当指出，大致上威尔逊的民族自决的原则虽得实现，而上面所说的好多民族也可以说成为民族国家，然而，事实上，也有不少的例外。比方，好多德国人、立陶宛人与卢泰尼亚人，却又在波兰、捷克的统治之下。好多奥国人、亚比尔尼亚人及布加利亚人，又归于南斯拉夫的管理之下。在罗马尼亚的国家之内，有了好多的匈牙利人、布加利亚人以及卢泰尼亚人。同样，在希腊的版图之内，有了好多的土耳其人、布加利亚人与亚比尔尼亚人。自然的，因为在同一的区域里，有时各种民族混杂而居，不易分开。然而，巴黎和会并不完全应用民族自决的原则，是一种显明的事实。所以，战后欧洲各国并非严格的民族国家，是无可疑的。

因此之故，《巴黎和平条约》中，曾有所谓人民选举的办法的规定（plebiscites or popular voting）。在这种规定之下，某种民族可以由其民族的多数的决定，而脱离其所受治的国家，而归并于别的国家。这种规定的目的，是使某种民族之不满意受制于别的民族，而可以与其同一的民族国家联合起来。在这种规定之下，有九种民族有了这种自由选择的权利。但是，又有例外。比方，德国人之在法国或捷克者，与奥国人之在意国者，皆没这种权利。其实，这种原则后来并没有什么效果。而有些民族，如在捷克的斯拉夫克（Slovaks）人，自己就不坚持去脱离捷克。不过，这种原则并非完全没有用处，因为，在这种原则之下，好多民族，而特别是少数民族之受治于多数民族之下者，可以利用这种原则去要求最大的自治权或其他的权利。比利时的佛来米斯民族（Flemish），虽没有组织而为一个独立的民族国家，却极力提倡其固有的语言，而要求比利时政府承认其为合法的语言。而这种运动，在比利时的内政上，又占了很重要的地位。

总而言之，民族主义的运动，是近代西洋文化史上的一种重要运动。而大致上，欧洲国家主要是民族国家，这种国家是由于同一的民族而组织的，而所谓同一的民族，主要的是由于同一的语言，以及同一的宗教、风俗习惯与意识所造成。

欧洲近代的国家，主要的虽是民族国家，可是，我们上面已经说过，国家是与民族有了区别的。因为，一个国家不一定是由同一的民族所组织的，而一个民族也未必组织为一个国家。总而言之，民族是含有种族的意义，而国家却是一个纯粹的政治的名词。一般政治学者，之所以把国家当为政治学的对象，就是这个原故。因此，不但国家的概念是与民族的概念有了不同之处，就是国家的因素也与民族的因素有了不同之处。据所谓传统的政治学者的看法，国家有了至少三种的因素：一为土地，一为人民，一为主权。土地是组成国家的要素，虽则土地的大小是无关重要。有些人以为，国家的疆界，要以天然的河海、山脉或地形为根据。然而，近代的国家，并不一定是根据这种原则去分配疆界，而且，在特殊的情形之下，而特别是在战争的时候，一个国家可以没有一片土地以为根据。在前次欧战时与这次世界大战的捷克，在战争尚未完了之前，就没有一片土地。此外，在这次大战的波兰、荷兰、比利时、挪威等合法的国家，都没有一片土地。然而，这些国家，至少从同盟国看起来，仍然存在。政府人员固迁到别的国家处理事务，而外交使节还是照常往来。国家不能不有人民，然而，人民不一定是某一种民族或某数种民族。同样，人民的多少也可以说是无关重要的，而且，在特殊的情形之下，而特别是在战争的时候，除了政府人员之外，整个人民也许都在敌人管理之下，可是，这个国家仍然可以存在。

第三种国家的要素是主权。这可以说是一个最神秘的概念，同时却又是一个最重要的要素。其实，照一般传统的政治学者的看法，国家之所以区别于其他的一切的社会团体，就是因为国家有了这个主权。而国家之所以高于其他的一切的社会团体，也就是因为国家有了这个主权。换句话来说，只有国家才有主权，而所谓主权，又是最高的权力，因为只有国家才有这个最高的权力。国家不只在整个社会方面看起来，是最重的社会因素，而且在整个文化方面看起来，也是最重要的文化因素。国家可以控制社会，国家可以控制文化，其实，国家就是管理人类的最高的权力。国家既是政治的团体，那么，政治在社会，在文化，以至在人类上，所占的地位的重要可以概见。

所谓国家主权，就是国家至上。国家之所以至上，就是因为国家有了主权。这种看法是否妥当，是另一个问题。然而，近代国家主义之所以特别发达，主要的是得力于这种主权的观念。这种主权观念的来源，虽然很久，然而，严格的说，所谓只有国家才有最高的权力的理论，却是近代才发生的。布丹（J. Bodin）是这种主权观念的先驱，他在一五七六年发表其名著《共和国》（*Six livres de la république*）①，这是近代政治学上刊行最早，而最重要的著作。我们知道，在布丹的时候（1530—1596），法国的君主虽然慢慢的集中政权，然而，法国的势力仍然很大。布丹是法国人，他一方面认识君主集权是一种趋向，一方面希望国家内部能够统一。他的主权观念，可以说是时代的一种产物，而同时也可以说是他个人的一种预示。他拥护君权理论，而以为这种主权是在君主的手里，但他也指出，这种主权是国家的特性，国家所独有的东西。在国家与君主不大分开的环境之下，国家主权虽与君主主权连在一块，然而，主权并不一定是在君主的手里，因为主权也许在几个人或整个人民的手里。其实，布丹还以为，主权本来是在人民的手里，不过人民也可以让与这种主权与君主，使君主有了最高的权力。布丹之所以拥护君权，是希望君主能用这种主权去统一国家的内部。

然而，布丹的主权观念的要点，并不在乎主权是在谁的手里。这就是说，在君主的手里也好，几个人的手里也好，整个人民的手里也好，而是在乎主权的性质。这就是说，主权是什么东西。关于这个问题，布丹的主权观念不只是一种新的观念，而且这个观念对于后来的政治理论与政治制度上，都有了很重要的影响。其实，我们可以说，自布丹以后，主权的观念，而特别是主权的性质的问题，不只变为理论政治上的中心问题，而且变为实际政〈治〉上的重要问题。君主随便去压迫人民，固说是有了主权，人民起而反抗君主，或也说是为了主权。政府要人民服从，固说是有了主权，一个国家不能干涉别的国家内部，也说是有了主权。

主权究竟是什么呢？照布丹的意见，主权是最高的权力，统治国民与臣下不受法律的限制，这是布丹的主权的定义。从这个定义中，我们可以找出主权的各种特性。第一，因为主权是最高的权力，所以主权是绝对的。第二，主权是永久的，而不受时间的限制。第三，主权是不能让与的或代表的。第四，主权是不可分开的。所以，在一个国家之内，只能有了一个主权。换句话来说，只有国家才有主权，而这个主权是不能让与的，不能代表的，而且是永久，是绝对，是最高，一切的人民臣下，都受主权的统治。而法律不只不能限制主权，其实，法律是主权所创造的，是主权的命令。

我们可以想像，国家有了这种，则在国家里的国民臣下以及法律，固然都受

---

① 编注：即《国家六书》。

主权的支配，就是国家里的其他一切的东西，也受主权的支配。换句话来说，就是国家高于一切。

布丹的主权的观念，虽是这样的绝对，然而，布丹同时又觉得，有些东西是不受主权所统治的。第一是上帝法，第二是自然法，第三是国际法。这三种法律，不只不受主权的统治，而且限制了主权。自然的，我们可以说这些法律都是超过国家范围以外的法律，因为，国家所能管理是国家以内的法律。不过，除了这三种法律以外，布丹还以为法国的一种古代法（Salic Law），也不在主权的管理之下，而是主权的一种限制。

总而言之，布丹的主权虽很绝对，尚有多少的限制，到了霍布斯（Thomas Hobbes，1588—1679），主权却成为最绝对而没有限制的最高的权力。我们在上面一章里，已经提及霍布斯的拥护君权的理论。从这方面看起来，他是与布丹的意见没有什么分别。不过，霍布斯的主权的基础，是筑在所谓社会契约上。他以为，人类本来是住在一个战争的世界里（the state of war），所谓战争，不一定要天天在那里争斗，虽则争斗也是不免的。至少，在这个世界，在心理上，人们是天天在那里忧虑别人①自己，或自己准备去②别人。在这个世界里，人们自然不能安安乐乐的过日子，而强食弱肉的现象也是免不了的。为要避免这种战争的状态，在同一区域的人们，遂用契约的方法去组织一个团体，这就是每人把他所有的权力给让出来，而成为一个共同的权力，这个共同的权力，就是主权。这个主权，在理论上，霍布斯承认，可以在一个人、多数人的手里。但是，事实上，霍布斯是要在一个君主的手里。然而，从霍布斯看起来，这个有主权者的主权，虽由某个团体的人们用契约的方法去产生出来，但是，这个有主权者，不但不受契约的限制，而且他或他们并不是参加契约的份子。换句话来说，他或他们是在契约之外与在契约之上。这就是说，这个团体里的人们，自己订了契约之后，遂把大家所有的权力交给与这个或这些没有参加这个契约的人，而成为一个主权。这个主权虽由契约而来，却不受契约的限制，所以，这个主权正像布丹所说，是绝对的，是永久的，是不能让与的，是不能代表的，是不可分开的。假使有去破坏或反抗这个主权，那么，人们又要回复到战争的世界里。简单的说，假使人类不愿意在战争的世界中过活，他们必定受了主权的统治。

霍布斯这种主权，不只是不受布丹所说的古代法、国际法与自然法所限制，而且不受上帝法的限制。我所以说霍布斯的主权，比之布丹的主权，较为绝对，就是这个原故。而且，主权的产生，既就是国家的产生，那么，主权的消灭，就等于国家的消灭。主权既是一个绝对而不受任何限制的权力，国家也是一个最高而不受任何限制的团体。

---

① 校按：自抄稿下空两格。
② 校按：自抄稿下空两格。

除了霍布斯之外，主张绝对主权的学说之最力，而其影响最大的，要算卢梭了。卢梭的主权论，出发点在上面一章里也已说过，是由契约而来。虽则他的自然世界是一个快乐与一个无罪的世界，人类既因文化的发展而不得不组织政治团体，这个政治团体又不能不有一个主权。主权是国家的普通意志（general will）。普通意志虽由参加契约的各个人的意志所联合而来，可是，普通意志是一个整个意志，这个意志或主权，不只像布丹与霍布斯所说，是绝对的，是永久的，是不能让与的，不能代表的，不能分开的，而且是不会错误的。主权的行为，是永远是对的，而且是时时是善的。布丹与霍布斯都以绝对的主权，去拥护君主专制的政体，而卢梭与洛克，却把这个绝对的主权，去拥护民主的政体。从主权的所在的地方来看，这两种理论虽处于相反的地位，可是，从主权的性质方面来看，这两种理论却是没有什么的分别。

我们不过是把这几个主张绝对主权论者的理论，略为解释，以说明国家之所以高于一切，是由于国家有了主权。主权若在一个君主的手里，则这个国家是君主的国家，这就是路易十四所说："我就是国家。"主权若在整个人民的手里，这个国家是人民的国家。君主的国家也好，人民的国家也好，国家总是一个最高的权力。这个最高，不但不受国家以内的任何限制，而且不受国家以外的任何限制。我们已经说，这种理论是否健全，是另一个问题。然而，数百年来，所谓国家主义之所以发达，主要是由于这种所促成，是没有问题的。

第七章　帝国的发展

极端的民族主义与国家主义，往往变为帝国主义，而帝国主义的发展，又是近代的文化史上的一种特性。

本来，民族主义的目的是联合同一的民族，而成为一个国家，但是，每个民族都有自大与自夸的心理，以为自己的民族是上帝的选民或优秀的份子，而别的民族是异端的信徒或低劣的人种，因而产生出低劣的人种应该受治于优秀的份子的。高宾诺（Arthur de Gobineau，1816—1882）在其《人种不平等论》（*Essai sur l'inéqualité de races humaines*，1853—1855），与张伯伦（H. S. Chamberlain，1855—1926）的《十九世纪的基础》（*The Foundation of Nineteenth Century*，1899），都是主张民族是有优劣之分的最著名的理论家。高宾诺以为，有好多种族，经过好多万年，有些早已逐渐进步，有些直到现在还站在最原始的阶段，就是种族不平等的证据。他把各种不同的种族，可以概括为三种，这就是白种、黄种及黑种。在这三种之中，最有才干，最有创造力，与最有组织力的，要算白种，而特别是白种中的雅利安（Aryan）的支流。这个支流在历史上常常向外发展，而征服其他的民族。

张伯伦所提出的问题是，十九世纪的文化的基础是那种民族所创造的呢？他的回答是，四种民族。这就是希腊、罗马、犹太与条顿的民族。而在这四种民族中，尤以条顿人为最优秀。据张伯伦的意见，条顿族乃各种雅利安族的最优秀的混合的结果，也是十九世纪的文化的真正创造者。这种民族既能够吸收过去的各种民族的长处，而更能创造簇新的、灿烂的与艳异的文化，使其传播于各处。他又举出，在过去与近代的各种的伟大的领袖，都是条顿民族。而所谓条顿民族，就是日耳曼族、克尔特族（Celts）、斯拉夫族，以及欧洲与美国人民所由产生的一切北欧种族。

白种人，而特别是雅利安的民族或条顿的民族，既为最优秀的民族，那么，从这种理论推衍起来，白种之征服世界、统治世界，乃是一种自然而然的结果。反过来说，其他各种民族之所以衰弱，是由于种族的低劣。种族低劣在文化上，固是落后，在政治上，又缺乏了组织的能力，而其国家之所以不能富强与所以被人征服、被人统治，也是一种自然而然的结果。因此之故，白种之要征服与统治其他种民族，不只是应该的，而且是一种责任。英人的著名诗人基普林（Rudyard Kipling）所说"白人的负担"（white man's burden）就是这个意思。征服了他人，统治了他人，还说这是一种负担，这真正是所谓帝国主义者的口气。我所以说极端的民族主义，往往变为帝国主义，就是这个原故。

我们可以指出，这种民族优劣的理论是错误的。虽则在现在的德国，还有人在那里主张这种学说，去辩护或鼓动德国的征服世界与统治世界的野心。然而，事实上，近来学者之相信这种谬论的，已没有几个。可是，我们也得承认，西洋的近代，而尤其是十九世纪的帝国主义，之所以特别澎涨，是与了这种理论有了密切的关系。而且，就以主张人人在上帝面前是平等的基督教徒的眼光来看，也有了非基督教的民族，要由基督教的民族去感化，以至于征服与统治的趋向。所谓基督教的文化是胜于其他的文化，也是犯了这种民族优劣的理论的错误。

从民族主义的立场来看，优秀的民族既有了征服与统治低劣的民族的权利或责任，从国家主义的立场来看，国家并不一定是一个民族所组织的。所以，一个国家尽管可以征服其他的民族或国家，而增大其版图，尽管可以统治其他的民族或国家，而增加其力量。在理论上，国家的富强虽不一定是依赖于土地的广大与人民的众多，然而，在事实上，富强的国家往往是有了征服广大的土地，与统治众多的人民的趋势。近代的大英帝国，固用不着说，就以拥护世界和平与扶助弱小民族自居的美国，又何尝不是趋向在这条路上呢？

不但这样，我们已经说过，国家主义是以国家至上为前提。理论上，国家至上虽是对内而言，然而事实上，这种理论往往又变为对外的政策。而况，在国际关系日趋密切的时代，所谓内政与外交，既往往是有了密切的关系，或成为不可分开的事实，那么，所谓对内的最高的权力，又往往应用到对外方面，结果是强盛的国家的意志，成为弱小的国家的命令。而所谓一个国家的对内的最高的权力，变为这个国家的对外的最高的权力，近代国际上的好多纠纷，都是因此而产生出来。而所谓强权就是公道的理论，也是从此而推衍出来。国家主义本来是以国家为单位，然而，这个单位在事实上，既不能单独的生存，所谓这个单位的最高的权力，免不了了有了向外发展的趋向，而这种趋向，就是帝国主义的表征。这种表征，不一定是要直接的去管理他人的土地，也不一定是要直接的去管理人家的人民。像所谓"列强专政"、所谓"势力范围"的种种国际上所惯用的名词与常见的举动，都可以说是帝国主义的表征。至于强占人家的土地，奴隶人家的人民，掠取人家的资源，干涉人家的政治，那更是用不着说的。我们差不多可以说，凡是国家主义的色彩最浓厚的人民，是最易引起所谓帝国主义的举动，一百年来的德国，就是一个很好的例子。希特拉上台以后，是德国的国家主义的色彩最为浓厚的时候，也是德国的帝国主义的举动的开始。我所以说极端的国家主义，往往变为帝国主义，就是这个原故。

极端的民族主义与国家主义，既往往变为帝国主义，而近代世界航道的沟通，使帝国主义的发达愈为显明。帝国主义是随商业的发展而发展，近代的商业既因工业的革命而更加发达，帝国主义又因工业的发达而增加其力量。马克斯以及其徒众，之所以把帝国主义当为经济现象的表征，而特别是当为资本主义的结果，就是这个原故。其实，在一些人看起来，帝国主义与资本主义，是没有区别的。所以，一般主张打倒资本主义的人，也就是一般主张打倒帝国主义的人。而且，我们也可以说，近代反对帝国主义最厉害的人，恐怕也是反对资本主义最厉的人。

我们以为，近代的帝国主义之于资本主义，或经济方面的发展，是有了密切的关系，是无可怀疑的。不过，帝国主义并不只是资本主义的表征，或是经济方面的结果，而是文化的好多方面的表征与结果。而且，帝国主义之所以产生与发展的原因，虽是很多，但是帝国主义的本质，主要的是政治的，而非经济的。其实，帝国这个名词，本来就是政治上的名词，正与资本这个名词，是经济上的名词一样。所以，正像我们谈起资本主义的时候，我们主要的是把这种主义当为经济的一种现象，我们谈起帝国主义的时候，我们主要的是把这种主义当为政治的一种现象。所以，所谓经济方面，如商业与工业，或是所谓资本主义的发展，虽与帝国主义的发展有了密切的关系，但是，帝国主义是与资本主义有其根本的不同之处。

近代帝国主义的发达，除了是与民族主义、国家主义，以至所谓资本主义的发展，有了密切的关系之外，又与近代的耶教主义的传播，有了密切的关系。十六世纪以后的天主教的传播，而尤其是耶稣会的教徒的宗教的宣传，十七世纪以后的新教的传播，而尤其是清教徒的宗教的宣传，在近代帝国主义的发展上，有了很大的帮忙。军队或商人所尚未到的地方，往往已有了教士的足迹，往往已有了教会的设立。教士的宣传宗教，在其初意固未必是为侵略人家的地方，或是压迫人家的人民，但是，他们的游记，他们的报告，常常作了帝国主义者的导线，往往成为帝国主义者的先锋。而且，在民族主义与国家主义的浓厚的空气之下，每个国家固常常利用其本国的教士，以为扩张国权的先驱。而好多的教士，也常常利用其政府的力量，去宣传宗教。所谓用兵舰刀剑去宣传《圣经》，就是这个意思。

这不过只是随便的举出促成近代帝国主义的产生与发展的几种原因。帝国主义既是政治的形态，而其基础是筑在国家上，它是国家的权力向外扩张的一种表示，而特别与了所谓军国主义，有了密切的关系。它的主要方法，是用权力去占据、压迫或威胁其他的民族与国家。

帝国主义的目的，是帝国的建立。帝国的建立的历史，大致的说，本来很久。古代的亚力山大的帝国、罗马的帝国，以至中世纪的帝国，都可以说是帝国主义的表现。不过，古代或中世纪的帝国之于近代的帝国，却有很多不同之处。我们知道，亚力山大的帝国，不只是像昙花一现，而且是一种偶然而易变的结果。罗马帝国的存在，虽然很久，然而，这个帝国主要的可以说是以一个城市，这就是以罗马城市去征服与统治其他各处的城市。而中世纪的帝国，有些人说，不外是一个鬼而没有真实的存在。近代帝国不只是比较的长久，而且是以国家为基础。又古代与中世纪的帝国，往往在一个时期只有一个，而在近代的帝国，却往往有了几个同时并立。此外，古代或中世纪的帝国里面，往往以一种共同的系统、制度或法律，去管理整个帝国。罗马的万民法（ius gentium）与行政系统，中世纪的基督教义与教会制度，以至封建制度，都是很普遍化，很一致化。至于近代的帝国，就不是这样。法律的创制、行政的系统，以及其他的制度，往往是因地方的不同而不同的。每个统治单位，可以各有其立法机关或行政系统，而与帝国的立法机关或行政系统有了很大的差异。比方，在英国的帝国里，不但在殖民地像马来半岛各处，有了其特殊的立法机关与行政系统，而与英国本身的立法机关与行政系统有了不同之处，就是所谓领土的区域（dominion），如澳大利亚或加拿大各处的各种政府机构，也与英国本身的各种政府机构，也有了很大的差异。

其实，所谓近代的帝国，是一个很为复杂的东西。在帝国里，你可以找出殖民地政府，你可以找出租借区域，你可以找出半主权国家，你可以找出联邦的政府，你可以找出专制的王国，你可以找出保护的国家，你可以找出委任的统治（mandactory system），你还可以找出与帝国本身处于平等地位的领土区域（dominion）。此外，你可以找出以商业公司的名义，去征服与统治某种民族或某个国家，在英国帝国之下的东印度公司，就是一个很好的例子。你可以找出以宗教团体的名义，去感化与管理某种民族或某个国家，在西班牙帝国之下的①，就是一个很好的例子。

不但这样，近代的帝国是一个分工的集团。大致的说，帝国本部是一个消费的区域，而其他各处是所谓生产的区域。帝国本部是一个工业出品的区域，而其他各处是一个原料供给的区域。同时，有些地方是专出矿产，如煤油，如锡矿，有些地方是专为种植，如棉花，如树胶。帝国里各部分，不但在政治上各成单位，各有特性，在经济上也好像各成单位，各有特产，而成为分工合作、互相帮助、互相依赖的局面。

近代的帝国，虽是异于古代或中世纪的帝国，然而，帝国之所以成为帝国，主要的是用武力去征服，与用政治去统治其他的民族与其他的国家。

世界海道的开辟之较早而成绩较大的，是葡萄牙人。葡萄牙在一三四一年已占据大西洋的卡内利群岛（Canary Islands），到了一四二〇年，又发现马德拉群岛（Madeira Islands），并且移民在这个地方居住，又征服了非洲的修塔（Ceuta）。葡萄牙的王子亨利（Prince Henry the Navigator，1394—1490），是号称为航海家王子。他在征服修塔的时候，曾亲到这个地方考察，并且极力鼓励航海

---

① 校按：自抄稿此处空六格。

家开辟新地。在他的领导之下，葡萄牙人于一四四〇年到达布兰科角（Cap Blanco），三年后又到达菩查多尔角（Cap Bojador）。王子亨利死后，葡萄牙人还是不断的向海外发展，一四八四年又越过刚果（Congo）河口。而在非洲作黑奴生意的著名船长提阿斯（Bartholomew Diaz），于一四八六年复奉命绕过好望角（Cap of Good Hope），而达加马（Vasco da Gama），于一四九七年又绕好望角，而于次年到那塔尔（Natal），他更渡了印度洋，而到印度的卡利卡特（Calicut）。自十五世纪的末年，葡萄牙人不断的到了东方，占据马来半岛的马剌甲。在一五一六年①，又抵中国的上川岛，不久又到日本。到了一五三五年，更占据了澳门。在南太平洋的好多地方，如摩鹿加（Moluccas）或丁香群岛（Spice Islands），均为葡萄牙人所到。而现在的帝汶（Timor），还是葡萄牙人的属地，美洲的巴西也为葡人所有。

葡萄牙人既是开辟航道的先锋，又占了好多的地方，所以在十四世纪到十六世纪的时候，葡萄牙遂成为海上的霸权、近代帝国的先驱。然而，这个帝国的建立，主要是得力于葡萄牙人的武力与残忍的手段。达加马氏到东方的时候，据说，曾遇一船，载回教徒去马卡（Maca）参加回教圣礼，有了男女好几百。达加马抢了他们的财货之后，乃置火药于船里，把船与人们一块焚毁。一五〇五年，葡人阿尔美达（Almeida）氏，受命率海军去攻埃及的马米路克苏尔丹。到了一五〇九年，两方交战于印度西岸的代猷（Diu），大败回教的军队，使葡萄牙人在印度上握了霸权。

又如，阿尔部开尔克（Albuquerque）在一五〇八年至一五一五年间，曾占据奥马斯（Orumuz）而握波斯湾的咽喉。他还谋窃穆罕默德的尸骸，与想改尼罗河的出口而入红海。此外，他又攻入哥阿（Goa），在哥阿的回教教徒，无论男女老少，通通被杀。后来，他又占据马来半岛的马剌甲，把了被困的回教徒，割其耳鼻，斩其手指，而且将其头发连根拔去。后来，他又到了丁香群岛，抢夺好多著名的土产。

其实，在这个时期的一般航海家或殖民地开拓者的行为，与所谓海盗的行为并没有多大差异，而其本国还且往往鼓励这种行为，以扬国威，以富国库。

在十五世纪的时候，西班牙人的航海事业已很发达，而且在斐迪南（Ferdinand）的时候（1474—1516），在地中海与意大利都是他的势力范围。到了哥伦布（Columbus）发现美洲新大陆之后，西班牙的势力开始伸张到美洲。十五世纪的末年至十六世纪的初叶，西班牙逐渐的从美洲的海岸而深入美洲的内部。比方，一五二八年，那发挨斯（Narvaez）率领三百人从佛罗利达（Florida）

---

① 编注：正德八年（1513），第一艘抵达中国的葡萄牙船在上川岛抛锚泊岸。由于海禁，岛民大部分内迁，葡萄牙人竖了个"发现碑"作为纪念。正德十一年（1516），葡萄牙商船再次登陆上川岛，并要求与中国通商。

半岛出发，深入内地，到了一五三六年，始达加利福尼亚湾（Gulf of California）。科泰斯（Cortes）在一五一八年至一五二一年，征服阿斯泰克人（Aztecs），而占据墨西哥。

此外，麦哲伦（Ferdinando Magellan）于一五一九年，又率西班牙舰队，经大西洋而绕南美洲，而到菲律宾群岛。麦哲伦虽在菲律宾被杀，可是，其所余之一船，竟绕全世界而于一五二二年抵西班牙。此后，经过数次的征伐，而占据菲律宾。

西班牙在十六世纪的上半叶，是查利第五（Charles V，1516—1556）在位的时候，查利第五既提倡海外发展，西班牙的舰队又环航世界，占据好多地方。所以，当时人们都说查利第五的帝国，是没有日落的。到了一五五六年以后，腓烈第二（Philip Ⅱ，1556—1598）就位以后四十二年中，除了极力发扬海上权力，开拓海外殖民地外，在欧洲，一五七九年统治了荷兰，在一五八〇年又灭了葡萄牙，使西班牙成为海上的霸权与庞大的帝国，使美洲而特别是南美洲，直到现在还是保留着西班牙的文化系统。而东方的菲律宾，也直至一八九八年，始为美国所占据。

荷兰自一五七九年至一五八四年，曾为西班牙所统治，一五八四年反抗西班牙，成立荷兰共和国。当时有一位叫做林斯哥登（J. H Von Linschoten）者，曾游历了葡萄牙、西班牙与印度各处，并著了《葡萄牙东方航海旅行记》，引起国人对于航海的热情。到了一五九五年，荷兰商人请了熟识东方事情的豪德曼（C. Hottman），带领商船从泰斯尔（Tessel）起程，于次年六月到达爪哇的万丹（Batan）。这次的航海，虽没有得了什么，可是，一五九八年又由政府帮忙，而任内克（J. Van Neck）氏率领八艘船，再到东方各处，并满载了东方的特产而归本国。

这一次的航海成功之后，荷兰商人固踊跃于海外经商，而著名的政治家俄特巴尼夫特（Oldenbarnevelt）更极力联合商人，于一六〇一年组织东印度公司①，目的虽是经营商业，然其实却有了任命官员、训练海陆军、建设要塞与开辟殖民的权力。故荷兰人的足迹，遂遍于印度、中国、南洋各处，而且占据了爪哇、苏门答腊、澳大利亚洲、新几内亚及婆罗洲等地方，至今这些地方还为荷兰人所统治。此外，荷兰人于一六二一年又设立西印度公司，在美洲各处扩充荷兰人的商业与权力。所以，在十七世纪的时候，荷兰除了在海上有了很大的力量之外，还在海外占领了很多的殖民地，使荷兰也成为一个帝国。

英国人对于航海的智识，本来是学自葡萄牙人。在一五七九年，英人德累克（Drake）曾周游世界，在这个时候，海上的霸权是在西班牙人的手里。然而，同

---

① 编注：指荷兰东印度公司，亦称为联合东印度公司，成立于1602年。

时，英国在海上的力量已相当的大，而英国海盗又往往扰害西班牙的商业。西班牙的腓烈第二，不得已乃于一五八八年，以其著名的"无敌船队"（Armada），向英国伊利萨伯的海军进攻，结果是西班牙的海军大败。无敌船队失败之后，西班牙的海军遂受了重大的打击。在这个时候，荷兰既已脱离西班牙而独立，荷兰人也在海上活动起来，这也使西班牙的海上势力受了重大的打击。所以，到了十七世纪的时代，在海上争霸的，主要的是荷兰与英国。

英国既打败了西班牙的海军，于是，英国之向海外发展的日来日多。一五九一年，兰卡斯忒（J. Lancaster）曾率船到印度、南洋各处经商，到了一六〇〇年，英国商人且在印度创立东印度公司。最初不过是一个规模较小的纯粹商业团体，后来才慢慢的发展起来。一方面与荷兰的东印度公司竞争，一方面逐渐增加其权力，得英国政府之允准，而有政治与军事的权力。最初在印度沿岸扩充其势力，后来遂深入内地而蚕食整个印度。

英国既以印度为根据地，再进而扩张其势力于西面的阿富汗、波斯，与东南面的缅甸、马来半岛、新嘉坡、婆罗洲与南太平洋的海岛，以至于澳大利洲。后来，再北上而要求中国与其通商，而后来香港的割让及各口岸的租借，均是英人在东方扩张势力的表示。

十七世纪的荷兰人在东方的力量既很大，荷兰遂成为英国的海上的劲敌。英、荷的争端，是殖民地的抢夺与商业的发展，到了一六七二至一六七四年间，英、荷两国海军作最后的决战。荷兰人一方面因其港口较浅、战舰较小，而同时又须抵路易十四的海军的进逼，结果是荷兰的海军又为英国所败。

英国在十六世纪既败了西班牙人，在十七世纪又败了荷兰人，于是，海上的霸权遂在英国人的手里。英国既握了海军的霸权，荷兰人在东方以及各处的殖民地，逐渐又为英国人所占据。比方，澳大利洲有所谓新荷兰的地方，本为荷兰人的属地，后来却为英人所争夺，就是一个例子。

英国人不只是亚洲到处有属地，不只是在澳洲作了主人翁，而且在美洲与非洲也到处有属地，执了大权柄。英国人最初之赴美洲者，多为清教徒，因为不愿受国内的宗教压迫，而迁去美国。十六世纪的末年，英国既大败西班牙的海军，在西班牙所统治的美洲里，英国人的势力逐渐伸张，而十七世纪的新英伦（New England）几全为英国人所占据。到了十八世纪，则所谓美国十三洲，全为英国的殖民地。十八世纪的下半叶，英国在美洲的势力虽因美国的独立而受影响，然而，王权党人因为不容于美国，纷纷逃去北美加拿大及西印度群岛，使英国后来所占的地方之大，并不少于美国，同时，且可控制大西洋与太平洋。在南美洲的各处，虽深染了西班牙的文化，而同时又得美国的保护，使英国人不能据为己有。可是，在中美的牙买加（Jamaica）与巴哈马（Bahama）群岛，与在南美最南的交通要点的福克兰（Falkland）群岛，与南美东北的佐治敦（Georgetown），都在英国人的手里。

至于非洲，英国在一八一五年已据有好望角殖民地，此后，逐渐深入内地，占了南非洲的广大地方。同时，英国在北非洲，又控制了埃及，开凿苏彝士运河。而著名的殖民地家罗兹（Cecil Rhodes），还想从南非洲建一铁路直通埃及。到了前次大战，德国失败之后，德国在非洲的好多殖民地，又归英国的南非联邦管理，使英国在非洲占了最肥美与最广大的土地。

英国不只是在欧洲以外的各洲占了很多的地方，就是在欧洲，而特别是地中海与近东，也占了很重要的地位。西班牙半岛的直布罗陀（Gibraltar），是从大西洋入地中海的咽喉，可是这个地方又是在英国的掌握里。马他岛（Malta）是地中海的要塞，也是在英国的掌握里。埃及在地中海的重要港口固不用说，而欧亚交通的要道苏彝士运河，也是由英国人管理。红海海口的亚丁（Aden），是英国人的属地，阿拉伯的广阔地方，久为英人的势力范围。自前次欧战以后，土耳其帝国所分裂出的好多地方，如伊拉克（Irak）、巴雷斯泰恩（Palestine）等等地方，都在英国人管理之下。同时，在欧洲大陆上的战争上与政治上的大变动，英国常常处了领袖的地位。拿破仑的失败，威廉第二的失败，以至这一次的战争，英国都是主角。假使查利第五可以说他的帝国没有日落，英国人可以说他们的帝国是如日中天。

法国在路易十四的时代（1643—1715），不但在欧洲大陆的政治舞台上，占了很重要的地位，在海外的发展上，也极力鼓励。英国的海军与荷兰的海军决战的时候，法国的海军也曾抵抗荷兰，而使后者失败。到了十八世纪以至十九世纪的初年，海上的战争主要变为英法的战争，虽则法国的海军终为英国所制服。

法国自十七世纪至十九世纪，既注重于海外的发展，在这个时期里，占据了非洲的西北部以至赤道，约有大陆的三分之一的地方。苏彝士运河，最初本为法国人所开掘，后来才落在英人的手里。非洲东北角的红海海口的虞佛悌（Djibouti），却为法国所占。而在非洲东边的大岛马达加斯加（Madagascar），又是法国的属地。在美洲，法国在十七至十八世纪的时候，也占有好多地方，而尤其是纽芬兰与加拿大的南部的魁培克（Quebec）。到了十八世纪的末叶，这些地方虽为英国所占，但是法国在这个时候，又开始占据安南的南圻，从此以后，逐渐并吞了整个安南以至柬埔寨的土地。后来，还要向暹罗扩张其势力，因为英国占了马来半岛与缅甸之后，暹罗遂变为缓冲的地带。此外，法国还强我国，租借雷州半岛的广州湾。

十八世纪的末叶至十九世纪的初年，拿破仑差不多征服了整个欧洲大陆，而且攻入俄国的莫斯科。他的帝国，虽没有存在多久，然而，这是历史上所少有的企图。他要征服英国，而他所忧虑的是英国的海军，然而，正是英国的海军给他最大的打击，而致于失败。

德国自俾士麦打败奥国，而特别是打败法国之后，也极力向外发展。它除已在非洲争得很多的殖民地外，又在太平洋占了好多重要的据点。从外，它又在一八九八年，强迫中国，租借了胶州湾，开辟青岛，建筑胶济铁路，而对于商业尤其是工业，极力发展。在十九世纪的末年与二十世纪的德意志帝国，真是如日初升，在其向外发展上，正与英国相抗衡，威廉第二还且要与英国争海上的霸权。直至前次欧战失败后，海上的霸权既仍属英国，而德国所有在非洲与太平洋的属地，也为同盟国所瓜分。德国虽失败不久，然这次希特拉又发动战争，在很短的时间里，征服了差不多整个欧洲大陆。希特勒的帝国，无疑的要与拿破伦与威廉第二所梦想的帝国，正像昙花一现。然而德国的帝国主义所表现的力量，是不可轻视的。

俄国自从大彼得帝以外，极力扩充版图。广大的西比利亚开辟之后，又向中国的边疆发展。其从前在满洲、朝鲜的势力，虽经了日俄战争而被阻，然近年来，在外蒙古与新疆，却又极力培植势力。此外，又向印度与土耳其各处进展，给与英国不少忧虑。欧战以后，波罗的海左近的好多民族，虽脱离俄国而独立，然俄国所统治的地方，不只是跨了欧亚洲两洲的大地方，而且是世界疆域最大的国家。其实，一个国家统治一个完整而没有为他国或海洋所间隔的地方之最大的，只有俄国。

美国在十九世纪的上半叶，已积极的从大西洋的东部，而向太平洋的海岸进展。在一八二一的一年，有了十一个新州加入合众国。在十九世纪的中叶，又有了好多地方，是从西班牙或墨西哥夺取或购买而来。在南北战争未起时（一八六一），美国还不过只是有三十五个州，到了后来，才增加到四十八个州，这就是现在的美国的本部。

美国不只从大西洋的海岸，跨过洛矶山脉，而开拓到太平洋的海岸，而且超过所谓美国的本部，而向外发展。在一八六七年，美国曾与俄国买了北美洲的阿拉斯加（Alaska）的广大地方。在中美的波托利科（Puerto Rico）群岛，既为美国所占领，而巴拿运河及其两岸的不少土地，又为美国所据有。而在中南美诸小国，事实上，是受了美国的保护。此外，美国人又收买了丹麦所属的西印度群岛，美国又扩张其势力，太平〈洋〉的夏威夷群岛以至中途岛。一八九八从西班牙的手里，夺了菲律宾群岛、关岛之后，美国在远东、在南洋，又有了殖民地。南太平洋的萨摩阿群岛（Samoa Islands）的图图伊拉（Tutuila），也是美国的属地。

在前次欧战的时候，美国曾参加欧战，那次战后，美国变为欧洲好多国家的债主。到了这一次的世界大战，不但是美国的金钱，都为世界同盟国所借用，而美国的飞机、战船与军用物品、军士人员，又布满了整个世界。这次的战争与战后，美国无疑的已成为世界上最有力量的一个帝国，说不定数世纪来的英国的超越的地位，要为美国所代替。

美国从来是以和平主义自称，美国人的门罗主义（Monroe Doctrine），本来是一种政策，用以挡住美洲以外的国家，去占据美洲的土地的企图。凡是有人想在美洲去争夺地方的，美国都对着他们说放手（hands off）。可是，美国对于中美，对于南美，以至于对美洲以外的地方，却总免不了要想染指。美国的帝国主义，自从十九世纪的初年直至现在，就在所谓放手与染指的两种方法而发展起来。

而且，在美国并非没有人去直率的主张这种帝国主义，在美国占据波托利科与菲律宾的时候，马金利（Mckinly）在其与国会的咨文里，就说这种占据是一个大国家的责任与职务。这种所谓大国家（great nation）的行为，岂不就是帝国的行为吗？而美国的学者像著名的歧丁斯（F. H. Giddings）教授在一九〇〇年所著的《民治与帝国》（*Democracy and Empire*）一书里，告诉我们，美国的向外发展是运命的结果，正像春天与夏天是自然排定的，而且这种发展不只有益于美国的人民，而且有益于被统治的人民。假使美国人民而反背这种政治统治的发展，那是反抗宇宙律的无用的争论。美国的当道与学者对于其国家的帝国主义尚且如此辩护，别的国家的帝国主义的澎涨是可想而知的。[①]

[①] 校按：此段自抄稿复印件缺，此据南开馆藏之代抄稿。

第八章　政治与文化

大致上，从西洋文化的演变方面来看，自中世纪的末叶以至最近的文化的重心，是偏于政治方面。而政治方面之所以成为西洋近代的文化的重心，大致上是由于君权主义、民权主义、民族主义、国家主义以及帝国主义的发达。我们在上面三章里，所以特别把这五种主义加以叙述，就是因为这五种主义是形成所谓政治的力量的要素，同时也可以说是所谓政治的力量的特征。

近代的政治之所以成为近代的文化的重心，也好像古代与中世纪的宗教之所以成为古代或中世纪的文化的重心一样。而近代所谓国家之在所谓政治的文化上的地位的重要，也好像以往所谓教会之在所谓宗教的文化上的地位的重要一样。我们应当指出，国家不能包括整个政治的现象，也好像教会之不能包括整个宗教的现象一样。可是，国家无疑的是政治力量的单位，也好像教会无疑的是宗教力量的单位一样。因此之故，有些人以为，西洋的历史的演变，是教会与国家的演变。还有些人以为，近代所谓教会，是包括在国家的范围之内。而以往所谓国家，又包括在教会的范围之内。这种看法也许未必尽然，然而，教会与国家，在西洋历史上所占的地位的重要，可以概见。

整个宗教的现象，是否可以教会去包括？整个政治的现象，是否可以国家去包括？这是宗教上与政治上一个本身与根本的问题，我们在这里不必加以讨论。我们现在所要指出的是，近代的文化的重心既是偏于政治方面，那么，政治对于近代的文化的影响是怎么呢？

我们以为，要想解释这个问题，我们最好先从政治本身的演变来说。我们以为，大致上从近代的西洋的历史来看，君权主义的发达，是比较民权主义的发达为早，而民族主义的发达，又比较国家主义的发达为早，至为帝国主义的发达，却又比较为晚。所谓发达的较早或较晚，并不一定是等于说，某种主义的起源的较早或较晚。因为，比方君权主义的起源，既并不见得比民权主义的起源为早，而民族主义的起源，也并不见得比君权主义的来源为晚。同样，国家主义的起源，既并不见得比民族主义的起源为晚，而帝国主义的来源，也并不见得比国家主义的来源为晚。所以，我们在这里所要特别加以注意的是，某种主义在某个时代里比较的发达，从这个观念来看，我们可以说，君权主义的发达，是比民权主义的发达为早，而民族主义与国家主义的发达，又比帝国主义的发达为早。

其实，这数种主义的发达，是有了密切的关系的。君权主义的发达，固足以引起民族主义、国家主义，以至帝国主义的发达，而君权主义的发达，却也引起民权主义的反抗。所以，相生固可以相成，相反也有了关系。民权主义发达以后，君权主义虽逐渐的衰微，可是，民族主义、国家主义，以至帝国主义，不但不因之而衰微，却且趋于发达。十九世纪的一般自由主义者——民权主义者，往往也是一般民族主义者与国家主义者。帝国主义既像我们上面所说，是往往由于极端的民族主义与国家主义而来，那么，帝国主义之与民权主义是双双并立，而并非完全没有关系，也是一件很显明的事情。

我们应当指出，民权主义之于帝国主义，固有其相反之处，民族主义与国家主义之于帝国主义，也有其相背之点。在所谓帝国主义的管理之下的好多民众，或大部分的民众，如英国管理之下的非洲、印度、南洋各处的土人，法国管理之下的非洲、安南各处，不但少有机会去参加政治，就是谈论政治也往往是不许的。所以，从这些土人方面来看，民权主义却为帝国主义所压迫。英国是民主政治的策源地，法国是民权主义的先锋队。在其本国则极力鼓吹民权主义，极力提倡民主政治，而对于其殖民地的民权主义的宣传，与民主政治的运动，却又极力压迫，极力制止，这岂不是一种很矛盾的现象吗？

帝国主义的结果与趋向，是征服别人的民族，统治别人的国家，而民族主义与国家主义，往往又是反抗帝国主义的征服与统治的。所以，比方，英国的帝国主义的结果与趋向，是征服印度、统治印度，法国的帝国主义的结果与趋向，是征服安南与统治安南。然而，反过来看，印度的民族主义与国家主义，是反抗英国的帝国主义的征服与统治，而安南的民族主义与国家主义，又是反抗法国的帝国主义的征服与统治。英国人与法国人，从前因为不愿受了教皇、教廷与别国的征服与统治，而有了民族主义与国家主义，可是，现在的英国人与法国人的帝国主义，又往往压迫了印度人与安南人的民族主义与国家主义，这又岂不是一种矛盾的现象吗？

所以，比方从印度人与安南人看起来，民权主义、民族主义与国家主义的三种主义，都是反抗帝国主义的主义，而这三种主义的互相关系，又是一件很显明的事情。假使印度人与安南人的民权主义、民族主义与国家主义实现之后，而又趋于极端的民族主义，而特别是趋于极端的国家主义，那么，印度与安南也会变为帝国主义了。所谓帝国主义之于民族主义与国家主义，是有了关系，就是这个原故。

不但这样，民族主义与国家主义二者，固有其相生之处、相关之点，然而，这二者也有其相反之处、相背之点。假使英国人而坚持了民族主义，以为美国人是英国的民族，而必使美国归并于英国里面，而恢复了美国《独立宣言》以前的状态，那么，英国的民族主义是与了美国的国家主义发生冲突。其实，美国之所以要脱离英国而独立，美国之所以苦战八年，也可以说是由于美国的国家主义的澎涨，而与英国的民族主义是处于对立的地位。

反过来看，瑞士之所以能成为一个国家，而且是一个政治修明的国家，是依赖于瑞士的国家主义的坚强。假使瑞士的日耳曼民族、法兰西民族与意大利民族的民族主义而澎涨起来，那么，瑞士若分为三个小国，恐怕就要因民族的各异，而归并于德国、法国与意国。其实，就民族主义的立场来看，瑞士的日耳曼人应该在德国统治之下，瑞士的法兰西族应该在法国统治之下，瑞士的意大利族应该在意国统治之下。可是，瑞士的国家主义既把了这三种民族而成为一个国家，这种的国家主义，无疑的是与德、法、意的民族主义，处于相反的地位。

不但这样，直到现在，瑞士的三种民族还保存着三种民族的固有的文字、言语以及各种风俗习惯。然而，从政治的立场来看，瑞士不只是一个政治修明的国家，而且是一个民权最发达的国家。可见，数种不同的民族所组织的国家，对于民权主义的发展，未必是一种阻碍。

我们虽然把了上面所说的数种主义的互相关系与互相冲突加以解释，然而，我们不要忘记，互相关系固是增加了近代的政治的权力，互相冲突不但没有减少了政治的权力，而且往往也是增长了政治的力量。君权主义发达的时候，政治的权力固是提高，民权主义发达的时候，政治的权力也是提高。霍布斯的君主国家，固是一个极权的国家，卢梭的民主国家，又何尝不是一个极权的国家？民族主义、国家主义，固以民族至上、国家至上去增强其政治的力量，帝国主义的发达，又何尝不是增强了政治的力量？

其实，从西洋的近代的历史来看，从君权主义的发展，而至后来的民权主义的发展，以及从民族主义与国家主义的发展，而至后来的帝国主义的发展，政治的权力不只在实质上愈来愈坚强，而且在范围上愈来愈广大。所以，比方哲姆士第一（James Ⅰ）的政治权力，远不如后来的英国的国会的政治权力那么大。英国人以为，英国国会除了不能变男人为女人之外，无论什么事都可以作。这虽言之太过，然英国国会的政治权力之大，可以概见。英国国会是民意的代表机关，是民权表现的地方。可见，民权主义的发展，可以增强国家的权力。至于帝国主义者，所用去征服与统治其他民族与国家的政治的权力，之大于以往的君主与民族国家的政治权力，更为显明。

近代政治的权力的增长，是近代政治之所以成为近代的文化的重心的主因。在政治重心的文化之下的文化的各方面，大致上都可以说是受了政治的影响，或受政治的支配。比方，在政治的权力集中于君主的时代，君主在文化上的地位的重要，是一件极显明的事情。欧洲的历史家，往往把十七世纪的中叶以至十八世纪的初叶，而名为路易十四的时代。不只是因为当时的法国是欧洲的第一强国，这就是说政治的权力最高的国家，而且是法国文化领导欧洲的文化的时代。路易十四对于巴黎的推勒利斯（Tuileries）皇宫与卢夫尔（Louvre）皇宫，尚嫌不够华丽与广大，而在凡尔赛建筑新宫，以尽华丽广大的宫廷，使不只当时的法国人,把这些宫廷当为法国文化的精萃,就是其他的欧洲国家,也无不备加羡慕。英国的王帝查理第二及其皇后,就尝在路易十四的宫廷学习宫廷的礼仪。德国的夫累得利克第一(Frederick Ⅰ),就模仿路易十四的宫廷,而建筑了一个宫廷。普鲁士的皇帝,还以讲说法话为习惯。俄国的贵族子女,也皆以讲说法话为光荣。

凡尔赛的宫廷,固是欧洲的宫廷的模范,巴黎城市的繁华与巴黎市政的改善,又为欧洲的都市的模范,广宽的街道以及运输、街灯、警政各种的设备,不只是当时欧洲各国的市政的先驱,而且是近代世界各国的市政的榜样。

路易十四是最讲礼貌、最喜交际的人物,英国的查理第二固要到法国宫廷学习礼节,而法国一般的贵族以至人民,以及欧洲各国的人物,也多受其影响。此外,路易十四又极力讲求科学,提倡美术,奖励文学。英国的御医道尔伯(Robert Tolber)的治疟的金鸡〈纳〉霜秘方,是路易十四用了巨金去购买,而传布于世。法国当时的美术,虽往往偏于贵族化,而与自然与平民的生活不相适合,然这正是代表君权时代的气味。至于文学之影响于英、德、意诸国,尤为显明。直至十八世纪以后,欧洲的外交界与上等社会的人物,犹以法国文字、言语为通用的文字、言语。

又如,俄国在十七世纪以前,文化的水平线是很低的。据说,在一六五六年,俄国曾派两个大使到意国的雷格洪(Leghorn),其粗野污秽,使意大利人无不惊异。他们和衣而睡于地上,汗巾就藏在帽里,用时才拿出来。意国人给酒他们喝,喝完了还把空瓶带回国。他们既不懂别国的语言,更不懂得别国的地理,其所经过的好多地方,连了地名也不知道。直到十七世纪的半叶,俄国与法国订立商约,俄国代表波腾京(Potemkin),被派到法国去见路易十四的时候,波腾京还因其举动粗野、语言不慎,而弄出好多笑话。可见,俄国到了这个时候,还未受过西欧文化的影响。

然而,自大彼得帝就位之后(1682—1725),利用俄国沙皇的专制权力,澈底去革扫俄国的固有的习俗,积极去采纳西欧的文化,使俄国的西化基础得以奠定。在宫廷里,他尽力去模仿西欧习俗,如交际礼节、男女跳舞、男女共餐、采用西欧的服制,甚至提倡俄国教会所视为魔草(diabolical weed)的烟叶而吸烟。据说,他曾亲自修剪俄国廷臣的长须,而雅其观瞻。

不但这样,为要避免守旧、顽固的环境的影响起见,他又建立新都于圣彼得堡,以表示改革的决心,以改变俄国的风习,使这个新都成为西化的根据地,成为维新的策源地。为要达到这种目的,他甚至强迫人民迁移新都,强迫贵族在新都建筑新式房屋。

然而,大彼得帝并不只是注意于西欧文化的外表。他设立元老院与下议院,以襄理国政;他编订法律,改良司法,实施警政;训练新式陆军,讲求新式海军；他不只任用外人，而且仿用外国名称，他甚且封一个外妇为皇后。有些俄人，在当时且以为他并非真正的沙皇，而是某德妇的儿子。还有些俄人，以为他是假冒彼得的外国人。此外，他又鼓励造船、开渠、采矿，翻译外国书册，改订俄国字母。同时，他自己又尝到德、奥、英诸国游历，还且亲到西欧的船坞作工，以学习造船的方法。现在的俄国，而尤其是欧洲的俄国，之所以完全西化，主要可以说是大彼得帝的功劳。

路易十四怎么样能够提高法国的文化，而影响到欧洲各处呢？大彼得帝怎么样能够改革俄国的旧俗，而介绍西欧的文化呢？简单的说，他们是用了政治的力量去推动罢。

到了法国革命之后，君主专制的政治既被推翻，所谓贵族文化的色彩，也逐渐的淡薄。卢夫尔皇宫变为艺术陈列所，凡尔赛宫廷成为巴黎与各处人民的游息的地方。《人权宣言》之后，有人主张要有《女权宣言》。《女权宣言》的建议，虽未得议会的采用，可是，法国人所谓女权主义（feminism），却逐渐的成为社会的一种运动，各种社会主义也因之而发展，目的也无非是解除社会上的各种痛苦与腐败。而欧洲各国，而特别是英国童工的限制，贫穷的救济，以至奴隶的禁止，教育的普遍，以及各种的社会改革与文化的改造，也跟着政治的革命而变化。所谓自由、平等、亲睦（fraternity），不只是一种口号，而且逐渐的实现起来，逐渐的普遍起来。

［略］

美国是近代民主政治的榜样。在美国，不但在物质文化的享受上，比较的近于民主的精神，就是在社会文化与精神文化的实施上，比较的也近于民主的精神。一个普通的工人的每月的入息，就可以使他在物质文化方面，得到相当的享受。他不只往往可以有了三餐适宜的营养，一个相当舒服的住处，说不定还可以有了自备的汽车。他不只有了政治上的选举与被选的权利，他在社会的各方面的活动上，都可以说是有了机会。社会人物（society man）在美国虽然是指着一些特殊而尤其是有资产与有地位的人物，然而，这种社会并非一个固定或世袭的阶级。至于所谓精神文化的智识方面，更为大众化。受过中等教育的人数之多，可以不必说，受了高等教育的人数之多，尤为世界各国所不及。总而言之，美国不只是在政治方面，是一个比较民主化的国家，就是在文化的其他方面，也是一个比较民主化的国家。

总而言之，近代的政治，大体上固是趋于民主化的途径，近代的整个的文化，也是趋于民主化的途径。

民族主义对于文化有没有影响呢？事实上，照普通的看法，民族虽是偏于种族的意义，然照严格的看法，民族是一种文化的表征。我们上面已经说过，近代民族主义，而尤其是西洋的民族主义的发展，是由于语言、宗教、商业、思想，以至风俗习惯所促成。然而，这些东西都是文化的要素。在西洋经过罗马帝国与中世纪的一千多年的历史，所谓体质纯粹的种族既不易找，民族主义的真谛，主要的是并非根据民族体质上的不同，而是民族文化上的各异。所谓民族文化，就是同一文化的民族。因为文化上有了根本共同的地方，所以产生出所谓民族意识。一个同一文化的民族住在一块，不愿受了其他的民族的征服或统治，而要求一个独立的政治的组织，这就是民族主义的表现。所以，所谓民族主义，就普通来看，固是偏于种族的意义，就严格来看，固是一种文化的表征。然而，就其实质与目的来看，却是政治意识的表现。从某方面来看，有了这种政治意识的表现，能够坚强民族文化的基础，能够保持民族文化的特性。有了这种政治意识的表现，才不愿意放弃自己的民族文化，才不愿意去采纳其他的民族文化。所以，同一的文化的民族，固可以产生了民族政治的意识，而民族政治意识的发展，又往往影响到民族文化的各方面。

国家主义对于文化有没有影响呢？大致上，我们可以说，在同一的国家里的文化，是往往趋于同一的文化。国家不只利用法律去迫使文化趋于一致，而且利用教育淘铸文化趋于一致。法律是怎么样来？我们在这里不必加以讨论这个问题。我们所要指出的，国家既有了主权，有了最高的权力，国家的法律不只有了最高的权力为后盾，而且其本身就是一种权力，至少在理论上，法律是必须遵守的。所以，国家可以用法律去禁止或提倡某种语言的流行，国家可以用法律去禁止或提倡某种经济的政策，国家可以用法律去禁止或提倡某种宗教的崇拜，国家可以用法律去禁止或提倡某种道德的标准，某种风俗的趋向，以至某种时款的存在或某种服装的样式。近代西洋的国家，除了所谓专为创制法律的立法机关之外，还有行政长官的命令、司法机关的判决，其目的都可以说是禁止或提倡文化的各方面的。

教育是淘铸文化趋于一致的一种最好的工具，然而，这种工具往往是在国家的手里，国家的教育部就是专管这种工具的。国家不只可以强迫人民受教育，国家还可以强迫人民受何种教育。所谓国民教育、中等教育、高等教育，以至军事教育、党化教育种种，都可以由国家去提倡，使受了某种教育的人，于有意或无意之中，偏重或仇视了某种文化。教育是文化的天秤，国家管理了教育，也可以说是管理了文化。

帝国主义对于文化有没有影响呢？假使我们到了澳门，我们立刻感觉澳门是染了葡萄牙的文化的色彩；假使我们到了南美洲，我们立刻看出南美洲是深染了西班牙的文化的色彩；假使我们到了南非洲、澳大利亚、加拿大、印度、缅甸、马来半岛，以至香港，我们立刻知道，这些地方是深染了英国的文化；假使我们到了摩洛哥、马达加斯达、安南，以至广州湾，我们立刻明白，这些地方是深染了法国的文化的影响；假使我们到了爪哇、苏门答腊，我们立刻领会，这些地方是深染了荷兰的文化。这岂不是帝国主义对于文化的影响？

不但这样，十七世纪至十八世纪的加拿大的好多地方，还是受了法国的文化的影响。可是，二百年来呢，却又逐渐的受了英国的文化所支配。四十余年前的菲律宾，还是受了西班牙的文化的影响，可是四十余年来呢，却又逐渐的受了美国的文化所支配。所谓新英伦（New England）、新法国（New France）、新荷兰（New Holland），这些名词不只是指明某个地方，而且是表明这个地方的文化是怎么样。同样的，比方，有些人把安南的西贡当为小巴黎，也是表明，在文化上，西贡是与巴黎有了相似之点。所以，每个殖民地的文化，往往是深受了其所被征服或统治的国家的影响。从语言，到物质生活、社会关系，以至风俗习惯与宗教信仰，都受了这个征服者或统治的影响。因而，比方，在安南，不只是法国的文字与言语，成为政府正式语言与普遍的语言，就是安南人的固有的文字与言语，也受了法文、法语的影响；不只是衣食住行、娱乐及各种日常生活，受了法国的影响，就是社会各种制度，以至教育、思想、宗教，也受了法国的影响。总而言之，法国是有意的去使安南法国化，而且只要法国化。法国不只不希望别国的文化输入安南，而且消极的或积极的去反对他种文化的输入。英、德的语言，不会在安南流行，而且法国人也不许其在安南流行。英、德教士少有在安南传教，而且法国人也不喜欢其在安南传教。法国是一个天主教的国家，所以安南的教士是要天主教的教士，而且是要法国的天主教教士。语言与宗教固是这样，文化的其他方面也是这样。法国在安南以及其他的属地固是这样，别的国家在其属地，大致上也可以说是这样。

其实，西洋人所谓"白种人的负担"，意思就是白种人对于其他的民族，而尤其是所谓文化较低的民族，是负有发展或提高其文化的责任的。所以，西洋人征服或统治其他种民族之后，往往是有意的去把自己的文化，去传播于其所征服与统治的民族，而逐渐的使其固有的文化趋于消灭。所以，帝国主义的目的，不只是政治上的发展与侵略，而是整个文化的发展与侵略，他们是用政治的力量去传播文化，希望因文化的传播而能加强其政治的力量。

上面是把君权主义、民权主义、民族主义、国家主义与帝国主义，对于文化的影响略为解释。我们知道，这些主义的发达，都是政治权力的增加的表示。自中世纪的末叶直至现在，上面所说的各种主义，既先后或同时的在这个时期里发展，而使政治的权力成为最高的权力，那么，政治在文化上的地位的重要，是很显明的。我所以说在这个时期，政治成为文化的重心，就是这个原故。

假使我们再从这个时期里的，西洋文化的，比较重要的几方面来看，我们更能容易看出，政治是整个文化的重心。

从语言方面来看，我们可以说，大致上凡是在同一的政治单位里面的语言，往往是趋于一致的。德国强迫波兰人亚尔萨斯洛林（Alsace-Lorraine）讲德文，法国人之要安南人读法文，就是一些例子。所以，不但在其国家本身里，有了统一语言的趋向，就是在其属地里，也有了这种趋向。所以，大致上，近代的国家多用了一种的语言，而在其属地，也是以其本国的语言为正式语言。瑞士是一个例子，德文、法文、意大利文三者并用，而且政府的公文，也以这三种语言并用。无疑的，这种办法是有了好多不方便的地方，同时，像瑞士这种例子，是现代国家所少见的。虽则在瑞士的好多人们，往往能说或能写二种以上的语言。

从物质的文化方面来看，近代国家对于资源的发展、矿产的采掘、森林的保护、水利的工程、农品的奖励、种子的改良，以至工业的发展、商业的振兴与交通的设施，以及国民的日常衣食住各种问题，无一不是直接的或间接的受了国家的管理。西洋在十八世纪的时候，所谓重农派与重商派，在国家的经济生活与物质文化上，有了密切的关系。然而，所谓重商或重农，都是国家所采纳的一种政策，希望用了这种政策去充裕民生、增富国库。自工业革命以后，好多国家又极力提倡工业。英、德、美诸国之所富强，主要是依赖于工业的发展，而工业尤其是所谓重工业的发展，对于战争方面至为重要。

近代国家在物质上的建设有了一种趋势，这就是公用事业的国家化。换句话来说，就是公用的事业，由国家去经营，或由国家去管理。比方，铁道、公路、邮政、电政，以至各城市里的自来水，都由政府去办理。所谓公用的事业的范围愈广，则国家在经济生活与物质文化的管理的范围也愈广。而从前人们所觉为应由私人或私立机关去举办的好多事业，现在却往往由国家或政府去举办，或由国家或政府去管理。

近代国家不只是举办或管理公用的事业，而且往往设法去解决人民的居住，以至食的问题。国家大量的去建筑住宅，而特别是平民的住宅，以极便宜的价钱租给一般贫苦与经济困难的人民，而对于各种食品是否合于卫生，比方，各种肉食须经过检查之后始准出卖，这都是国家管理国民日常的物质生活的例子。

假使国家是在战争时期，那么，国家对于人民的衣的问题，以至日常所用的各种物品，也要管理起来。因为不是这样，则物价必至高涨，不但使国家的金融起了恐慌，而且使国内的治安与秩序发生了问题。

我们不过随便的举出一些例子，来说明近代国家在对于经济生活与物质文化的设备上与管理上的范围之大，使我们明白政治之于经济不只有了密切的关系，而且后者是受了前者的支配。

从社会文化方面来看，国家的地位的重要也很显明。其实，国家之所以异于其他的社会的要点，就是国家有了主权，这就是说，有了管理其他的社会的最高的权力。所以，凡是某个国家以内的各种社会组织，都可以说是要受国家的管理。

家庭是社会的基础，然而，人们要组织家庭，要结婚，就要照国家法律所规定的办法，而始能成立新的家庭。同样，人们若要离婚，也得经过一定的法律手续，始能有效。从前，管理婚姻的权是操在教会的手里，现在，西洋人结婚虽然仍请牧师作证婚，然而，事实上，近代的婚姻的实权是在国家的手里，而非在教会的手里。

结婚、离婚固受国家的管理，生育、死葬也往往受国家的管理。近年来，奖励生育成为好多国家的一种政策，而小孩的出生要向政府登记，又为西洋各国的惯例。同样，病死固要报告政府，出葬往往也要照着政府所规定的地方。子女不受教育，父母也许要被处罚。父母死后的遗产，要给国家遗产税。

假使人们要组织公司，组织商会、工会、农会，以至学校，人们要向政府注册或立案，不然这些会社是没有法律的根据。没有法律的根据，政府不只不会去保护，政府恐怕还要下令去解散。不但这样，就是已在政府注册或立案的会社，在必要的时候，政府也可以下令去解散。

在文化的精神方面，在宗教改革以后的好多国家，对于人民的宗教信仰，都很严厉的限制。以天主教为国教的国家，对于新教徒加以迫害，而以新教为国教的国家，对于天主教徒又加以迫害。国家为了宗教上的纠纷，不只有了好多内战，而且发生了好多国际的战争。在中世纪的时候，宗教是教会所管理的事情，到了这个时候，宗教变为国家所管理的事情。在中世纪的时候，政治是受了宗教的支配，到了这个时候，宗教却受了政治的支配。现在宗教信仰自由虽成为各国宪法所承认，然而，教会还是受了国家的管理。尽管人民去崇拜各种不同的宗教，然而，从国家的立场来看，各种不同宗教的教徒，都是国家的国民。国家不只有权力去调停或解决宗教上的冲突或纠纷，国家而尤其是在战时的国家，可以强迫，比方一个天主教徒，去对抗或击杀其敌国的天主教徒。

此外，国家可以提倡某种学说，国家也可以禁止某种学说。国家可以提倡某种文学，国家也可以禁止某种文学。国家可以提倡某种艺术或某种戏剧，国家也可以取缔某种艺术或某种戏剧。

有些人说，近代的国家不只是权力最高的机关，而且是万有万能的机关。这种看法未必尽然，可是在政治重心的文化时期，国家的地位的重要是无可怀疑的。

第三编　经济的文化

第九章　商业的发展

近代经济的发展，主要的来自商业的发达，而商业的发达，又可以说是由于交通的发展。交通的发展的原因虽很多，但是十字军的东征、蒙古的西征，以至文艺复兴与宗教改革，都是引起近代的交通的发展的主要原因。然而，严格的说，交通之所以发达而开近代商业的新纪元的，是世界海道的沟通。在"帝国主义的发达"① 一章里，我们对于海道的沟通已经就各民族国家的立场略为解释，我们现在又再从整个西洋的经济的立场再加说明。

我们知道，自十字军东征以后，西洋人对于向外发展的兴趣已经浓厚，而蒙古的西征更能引起西洋人这种兴趣。一二四五年，教皇英诺孙特第四（Innocent Ⅳ）曾派遣芳济各会的会士卡彼尼（Carpini）到卡拉科拉姆（Karakorum）去见蒙古的君主，据教会方面的解释，是希望感化蒙古人为基督教徒，同时希望蒙古人能与基督教徒联合起来，以抵抗回教徒。然据别的方面的传说，是因为教皇怕了蒙古人侵占西欧，故特地派人去求情讲和，与探视蒙古人的内部的虚实。究竟动机是怎么样，我们不必在这里加以讨论。然而，卡彼尼的出使的结果却发生了不少的影响，因为这位会士回到欧洲之后，曾把他的游记公诸于世，而起了欧洲的旅行和探险的兴趣。此外，又如法国的路易第九，在一二五三年也派了芳济各会的会士卢布卢克（Rubruck），组织了布道团到东方传教。后来，而其游记与经历也很能引起西洋人这种兴趣。

可是，这种游记中之影响于西洋人最大的，要算马可·波罗（Marco Polo）的游记。马可·波罗的父亲尼科罗·波罗（Nicolo Polo），及其叔父马泰俄·波罗（Maffeo Polo），是意大利威尼斯的商人，约在一二五〇② 曾经过克利密阿（Crimea）而到过中国，在中国住了相当的时间，并得元朝的优待。后来，他们回去威尼斯，到了一二七一年，他们又带了马可·波罗同到中国。马可波罗在中国的时候，曾作过元朝的官，而且在中国及东方所游历的地方很多。后来，因为思念故乡的心绪很切，他们乃辞别了中国而回去威尼斯。他们回到家乡时，是一

---

① 校按：第七章标题实为"帝国的发展"。
② 编按：尼科罗和马费奥·波罗兄弟于1260年到克里米亚。

二九五年。马可·波罗回乡之后，曾用法文口授他所经历的地方与事情，用法文口授而成为《马可·波罗游记》一本书。这一本书后来又翻译为好多种文字。十五世纪的欧洲人读了这本书之后，都感觉得这是一本奇书，有些人简直没有法子去相信书里所说的事情是真的事情。不过，欧洲人既因此而羡慕中国的文化与财富，欧洲人之要来东方的热情却因之而特别增长。其实，从这本书刊行以后的几世纪，欧洲人之所有关于东方的知识，还是不出了这本书所说的事情。

欧洲人既因读马可·波罗的游记而增长其游历东方的热情，欧洲人当然要设法去实现他们的渴望。可是，在十五世纪的时，元朝的帝国正在崩溃，陆道的交通也因此以及他种原因而断绝。他们本来可以经过地中海、红海与波斯湾的路线，可是这条路线，一来因为海陆间隔不能直接航行；二来经过的国家太多，税捐太多；三来回教对于基督教徒本不好感，若再加以商业上的竞争，则争端更多。因而，想由海道而直接到东方的企图，更为积极。

上面已经说过，提倡海外发展最早的与最力的是葡萄牙人，而从海道而到东方最先的是葡萄牙人。可是，在十五世纪的末叶之要想由海道而来东方的欧洲人，却不只是葡萄牙人，意大利人、西班牙人及其他各国的人们都有这种渴望，哥伦布就是其中的一位。哥伦布曾读过马可·波罗的游记，他本来是意大利人，在一个时期里，他曾在意大利的执那亚（Genoa）的百人商业公司（Centurion）里作过职员，为这个公司而到过葡萄牙人所属的非洲海岸各岛收买货物，而常常和葡萄牙与西班牙的商人与航海家过从很密。所以，他不只有到东方的浓厚的兴趣，而且有了海上航行的很多知识与丰富的经验。

在哥伦布所认识的商人与航海家中，有了一位西班牙人，叫作平松（Martin Alonzo Pinzon）。在哥伦布认识他的时候，他是西班牙的船长。这位船长同哥伦布一样的，有到东方的浓厚的兴趣，而在海上航行的知识与经验，却比哥伦布多得多。在这个时候，葡萄牙人除了沿着南非洲的海岸而航行过好望角之外，传说又在爱尔兰的西方发现了一个大岛，这就是现在的纽芬兰。葡萄牙人对于这种发现新地的消息保守秘密，可是，平松相信，这个消息，教皇必定知道。因此，他于一四九一年特地到了罗马探听这个消息。他在罗马曾找到一本书和地图，这是十五世纪初叶的达黎（Pierre d'Ailly）所著的《世界模型》（*Imago Mundi*），平松所找得的版本是一四八三年在罗文（Louvain）所刊行的。这本书所给予人们的印象，是载了好多材料去证明，向西方航行就可以达到东方的学说。此外，平松又在罗马抄了一个简略的地图，图中画有几个海岛。这本书与地图，平松都交给哥伦布。哥伦布把这本书详详细细的读，并且亲手加了不少注释。直到现在，这本书还存在西班牙的塞维尔（Seville）的哥伦布图书馆内。

哥伦布既得了这本书的暗示与平松的帮忙，于是，他与平松乃各处奔走，希望有了航海队，使能实现其向西航行而到东方的学说。他们经过好多困难之后，终于得到西班牙政府的帮忙，而于一四九二年八月三日与平松离开西班牙的巴罗斯（Palos）港口而出发。

这个航海队有了三艘帆船，哥伦布是领队，而平松是这三艘帆船中的平塔（Pinta）船长。这个航海队的帆船，每艘大不过一百吨，而同往的人员也不过百余。哥伦布与其徒众历了很多的困难，结果在一四九二年十月十二日抵了美洲巴哈马群岛（Bahama Islands）的圣萨尔发多（San Salvador）岛。

我们已经说过，哥伦布的目的是要到东方，而尤其是中国（Cathay）。所以，他离开西班牙的时候，他还带了西班牙王斐迪南（Ferdinand）及其皇后伊萨伯拉（Isabella）的写给中国皇帝的函件。他到了美洲之后，他最初还以为他已到了东方，后来他所发现的群岛还叫作西印度群岛。可是，后来他找不到欧洲游历家及一般人所传说的富有的东方，而特别是中国或契丹。他在一四九三年与一四九八年还曾到过美洲，而且到了卡利俾安海（Caribbean Sea），及委内端辣（Venezuela）的沿岸与其他各处，但是始终没有找到契丹。而他所见的只是空虚迷离像凄凉的墓坟的地方，他自己至死还以为他是失败，而却不知他曾成了历史上惊天动地的伟业。

最奇怪的是，哥伦布所发见的新大陆，并不以哥伦布的名字去名这个地方，而却是别一位意大利人的名字，这个人名叫作亚美利哥·未斯浦契（Amerigo Vespucci）。他在一四九九年至一五〇〇曾航行到巴西，他回后曾把他的见闻叙述起来，后来人们遂叫作亚美利加（America）。

哥伦布发现美洲之后，除他自己数次到了美洲之外，接踵而到美洲的很多，亚美利哥·未斯浦契就是其中之一。欧洲人以至哥伦布自己，还以为东方与中国就是在他们所发见的美洲的左近。十六世纪的初年，欧洲人之到巴拿马沿岸的，还以为东方与中国就只在巴拿马几百里以外。直到麦哲伦（Magellan）绕南美洲，经太平洋而到南洋群岛，与葡萄牙人到了印度、南洋、中国之后，欧洲人始恍然大悟，东方与中国之于美洲的距离是那么远的。

哥伦布与其好多后起者，要向西航行而达到东方与中国的梦想虽未实现，然他却发现了新大陆。这个新大陆后来在西洋的商业的发展，以至西洋的整个文化的发展上的重要，下面当再加解释。我们这里所要指出的是，自他开辟这条新航道之后，人们要由这条新航道而到东方与中国的梦想，并不因之而消灭，而把这种梦想实现起来的人物，就是麦哲伦。麦哲伦一方面要实现这种梦想，一方面是要避免绕道非洲而与葡萄牙人发生冲突。因为，自十五世纪的下半叶以至十六世纪的初年，葡萄牙人已经到了东方与中国，而且有了强大的海军垄断了这条航线，所以，麦哲伦不得不别找新航路。

麦哲伦本是葡萄牙人，生于一四八〇年，他最初曾当葡国的印度士兵，因而游历过马剌甲、爪哇及南洋各处。他屡奋身抗敌，建立战功，可是，葡国政府对他并没有特别看重，他不得已乃游说西班牙王查理第五，以向西航行以找新的路线的计划。后来，得了西班牙王的帮忙，于一五一九年九月廿日，自西班牙的塞维尔（Seville）海港率领了五艘航船。船行只有五天，就有一船为风浪所坏。他还是继续前进，沿南美洲大陆南航，而经过南美的海峡，这就是后来的麦哲伦海峡。不久，又有一船逃走，他还是不改初志，驶过海峡而到了渺无涯际的大洋。这个大洋的风浪很平静，他因又叫作太平洋（Pacific Ocean）。他又沿南美洲北航，不久又西航。航行了几个月，水手既多病，粮食又要完，直到次年三月初，始抵太平洋的马利安那斯（Marianas）群岛的拉德隆岛（Ladrone）。到了三月十六日，又发见非律宾群岛的萨马（Samar）岛，由土人带领而到塞布（Cebu）岛。塞布岛有了土王，对于麦哲伦及其徒众很为厚待。可是，在这个时候，塞布岛左近有一个马克坦（Mactan）岛的土酋，与塞布王有仇恨而打仗。塞布王请求麦哲伦帮忙他征服马克坦岛，麦哲伦乃率徒众及塞布人去征伐。麦哲伦不幸为中了土人的枪而死，而其所率领的三艘船，也有一艘为土人所攻而毁坏。

麦哲伦死了之后，所剩两艘船的徒众仍继续向西南航行，经北婆罗洲及各洋各处，到了一五二一年，抵了香料群岛①。他们到了香料群岛之后，满载货物，同时两艘帆船又分途而航行，一向东，一向西。向东航行的船，取道美洲回国，中途被了葡萄牙人所截劫。而向西航行的船，取道好望角回国，到了一五二二年九月六日，回抵西班牙。离出发的时候差了不够半个月就要三年。麦哲伦出发的时候，曾率了五艘航船，船员有二百多人，而回国时只剩了一艘船，除麦哲伦自己被杀之外，这一艘船也只剩了十八个人。

这是历史上第一次周航地球的成功。以前人以为地球是四方的学说既被打破，而地球究竟多大的谜也被看破，人们此后明白，无论从欧洲向西或向东航行，都可以回到原来的地方，而整个世界的交通线得以沟通。现在，航行的人用不着怕愈走愈远有回不来的危险，更用不着怕走到四方的地球的边际，有落入地狱的悲剧。所以，从世界的交通方面来看，麦哲伦的成就比之哥伦布的成就还多得多，虽则哥伦布是麦哲伦的先驱。

不但这样，经过这一次的航行之后，人们也开始知道，美洲与东方的距离的路程多远。哥伦布及后来之到美洲者，多以为东方之于美洲相距甚近，现在才知道从美洲绕到东方，比从非洲绕到东方是远得多。因而，此后从欧洲到东方的，还是跟着葡萄牙人所开辟的航线。

葡萄牙人在航海上的贡献之大，我们在"帝国的发展"一章已经略为说过，我们不愿在这里多加叙述。我们所要指出的是，在哥伦布还未发现美洲新大陆之前，葡萄牙的提阿斯（Bartholomew Diaz）已于一四八六年，已绕过好望角而沿非

---

① 编注：即"丁香群岛"。

洲东岸而北上，而在麦哲伦未到东方之前，葡萄牙人在一五一六年①已敲了欧洲人几百年来所渴望的契丹——中国之门。而在这条航路的开辟的先驱中，达·加马（Vasco da Gama）是最著名的。此外，阿尔部开尔克（Albuquerque）之横行印度洋，伯勒斯特来罗（Raffael Perestrello）之到中国（一五一六），均是在世界交通史上开了个新纪元。而且，欧洲人本来是要到他们久已渴望的东方与中国的，所以，由海道而抵达东方与中国，可以说是达了他们真正的目的地。哥伦布的向西航行，目的既非证明地球是圆的学说，麦哲伦的向西航行，目的还是另找航道而到东方。美洲的发现与地球的周航，与其说是为着好奇心所驱使，或为学理上的证明，不如说是一种意外的收获。因为，这些航海家都是实际的人物，而且都是商人，动机多是谋利，目的都是要到东方与契丹。

我之所以把世界交通的航线的开辟，特别的加以注意，不只因为交通的发展是商业的发达的先决条件，而且就是因为这些开辟航道的先锋，目的是要到东方与中国通商。

为什么他们都要来东方与中国通商呢？原来，在中世纪的下半叶，东方与中国的商品之输入欧洲已很不少，欧洲人之所以有了一点的东方与中国的知识，也是间接的从这些商品与商人而来。中国之所以名为"丝国"，也就是因为欧洲人用了中国的丝而得名。在蒙古西征的时候，中国的火药、印刷、指南针又输入欧洲，而对于欧洲的文化引起很大的影响。到了马可·波罗的游记刊行之后，中国在欧洲人的心目中，不只是一个最大的国家，不只是一个最强的国家，而且是一个最富的国家。马可·波罗叙述中国的城市而特别是杭州城的雄壮富丽，不只为世界其他城市所不及，而且他简直把这个城市当为天堂。而他所描写的东方与中国的物产的丰富与商品的种类的繁多，尤为欧洲人所垂涎。所以，一般的欧洲人，而尤其是一般的欧洲的商人，看得从来所输入欧洲的东方物品既多是贵重的物品，而从马可·波罗的游记来看，东方而尤其是中国，又那么富有，怪不得要使他们的心往神驰，也怪不得西班牙王、王后也要使哥伦布带了他们的函件去朝见中国的皇帝。而一般基督教徒在羡慕中国的文化之余，感觉到欧洲与中国的文化在比较之下，实在相形见拙，没有法子去自慰，遂倡出中国文化为物质文化，而欧洲文化为精神文化的妙论。恰恰与最近的中国人之以为西洋文化为物质文化，而中国文化为精神文化的妙论，处于相反的地位。

因为东方，而尤其是中国，很为富有，很多商品，长于物质的文化，所以商人才趋之若鹜。而近代交通之所以发达，商业之所以发展，就是这个原因。

欧洲商人之到东方及中国采办的商品很多，然其主要的为香料、丝绸、宝石、磁器、玻璃、樟脑、麝香、蔗糖、蓝靛、檀香、沈香、毡毯、绣帷与用金属

---

① 编注：1513年，葡萄牙人欧维士第一次到达珠江口。

所作成的各种物品。

香料在欧洲是一件很宝贵的物品。欧洲人在没有香料输入之前，其所吃的各种东西是没有味道的，所以，香料如胡椒之类，是调味的用品。在中世纪的末叶，在东西海道没有沟通的时候，只有富人才能购买香料，一般的人们，而尤其是穷苦的人们，是买不起香料的。然而，在那个时候，据说单以威尼斯的商人，每年所卖香料的价值，约有四十余万磅，可见得香料的生意之好。香料是产于锡兰及南洋的香料群岛、苏门答腊等处，所以，东西海道沟通以后，各国好多商人皆以寻找香料为目的。而查理第五之愿意帮忙麦哲伦的航海的壮举，目的就是寻找香料。所以，麦哲伦的徒众到了香料群岛，载满香料之后，就分途回国。

丝绸之由中国传入欧洲，历史很久。在中世纪的时代，这是欧洲所少有的东西，皇帝、君主、贵族才有机会去用来做衣裳。欧洲人后来虽曾学了养蚕的方法，可是直到近代，欧洲人所用的丝绸还多是来自中国。直到现在，西洋人还是羡慕中国的丝绸，以穿来自中国的丝绸为贵。马可·波罗对于这种商品尤为赞美，故这种商品也是输入欧洲的大宗商品之一。

宝石，主要是出自波斯、印度、锡兰。宝石在中世纪的时候以至近代，在欧洲不只是一件很宝贵的商品，而且是一件很神秘的东西。帝国君主、教皇、主教用以装饰皇冠或衣裳，教堂的祭台上也常常用为装饰。欧洲人很相信这件东西有神秘的作用，他们以为带了这些东西的人，可以有了刚毅的性格、勇敢的志向，可以增加才智，可以强壮身体，而且可以治病，可以辟邪。在喜欣装饰与迷信尚深的欧洲的社会里，宝石又成为一种很重要的商品。

磁器，而特别是中国的磁器，也是世界很驰名的。欧洲的君主、贵族与富有的人们，不只要购买磁器以为家具，而且常常把磁器去装饰墙案。此外，上面所举出的其他各种商品，或为欧洲人的日常必需品，或为装饰品。他们自在海道未通以前，固视这些东西为稀有的东西，而在海道沟通以后，自然要一船一船的运回欧洲。而这些货物因为长途的跋涉与海道的危险，运到欧洲以后无不利市十倍，使发展商业为欧洲各国的致富的门径。而商业不只在经济上占了重要的地位，就是在整个文化也占了重要的地位。

不但这样，自美洲发现以后，欧洲人之到美洲的既越来越多，美洲的好多土产也逐渐的输入欧洲。马铃薯、玉蜀黍、烟草、可哥、蔗糖、甜酒、木料、皮货、米鱼、染料，大都变为商人所运输的商品，而欧洲与美洲的商业，也逐渐的发展起来。

东方与美洲运了好多商品到欧洲，欧洲有什么东西运去东方与美洲呢？

据我们所知道，在这个时候，从欧洲运到东方的，有如下列的商品：毛织物、砒、锑、锡、铜、铅、水银、珊瑚等物。至于从欧洲运到美洲的商品，多为制造品及奢侈品，而特别是从非洲运去的奴隶。奴隶固是人类，然而在那个时候，欧洲人确实当作商〈品〉以为卖买的物件。而且在新大陆正在开辟的时候，需要工人很多，故从欧洲到美洲的船，每每一船一船的奴隶运去美洲。这种生意直到好多年后，才被欧洲人与美国人禁止。可是，待到欧洲人禁止卖买奴隶的时候，美洲新大陆已经从哥伦布所谓空虚迷离像凄凉的墓坟的地方，已变为人烟稠密好像第二的欧洲一样了。

从欧洲与美洲，而特别是与东方的贸易来看，东方与美洲的商品之运到欧洲的，比欧洲的商品之运到美洲而特别是东方，多得多。欧洲人在最初到美洲或东方，也许用了少数的东西去换很多的东西，或用武力去强夺美洲或南洋各处的土人的土产，或甚至用武力去截劫欧洲人的货船。然所谓正常的贸易，若非以物去换物，必定以金银或钱币去换物。欧洲的商品之输出的，比较其自他处而特别是东方所输入的商品，既少得多，结果是使贸易不得平衡，而欧洲的金银却往往外溢。欧洲各国在这种情形之下，不得不设法去补救。因为在这个时候，大家都以为，所谓国家的财富主要就是金银，金银只往外流而没有内进，必使国家陷于贫穷的地位。在这个时候，幸得欧洲各国之占据美洲新大陆各处，而掘了不少金矿、银矿以资弥补。然而在欧洲，各国的情形也各有不同，比方，西班牙因占据了美洲的广大的地方而得了不少的金银，但是别的国家却未必是有了这种金银的来源。

为使贸易的能够得到顺利的平衡，而使金银的内进以增加国家的财富起见，欧洲好多国家除了争夺海外殖民地以掠取物资，与禁止金银外溢外，一方面乃极力禁止外国货物的输入，或加重税于外来货物，一方面又积极奖励商品的生产，而运到外国。

关于争夺海外殖民地的经过，我们在"帝国的发展"一章已经说过，这里不必再述。至于禁止金银的外溢的政策，西班牙与法国都曾实行过，虽则这种办法往往不见得有什么效力。因为政府固防备不周，而商人的偷运的方法又很多。

至于禁止外国货品的趋入，或加重税于外来的货物，与奖励国内商品的生产的政策，而欧洲各国曾极力的施行。在法国，在科尔培尔（Jean Baptiste Colbert）得了路易十四任用之后，对于这种政策的施行，犹不遗余力。科尔培尔本来是法国一位商人的儿子，他在得用之后，极力去改良法国的财政，使其收入增加。凡国外输入的货品，以至船舶之制造在外国而由法国买到法国的，他都加以禁止或加以重税。反之，他提倡发明，所以，凡是能够发明新的商品或物件的，他都加以特别的奖励。他又从国库里借款给予一般的制造家，与鼓励其增加生产力量，同时也由国家去借款给予商人，去设立公司推销本国的货物。他规定，商品的质的方面，使其商品不只好看，而且耐用。因为他以为，要这样的作，才能保持商品的令誉而招徕顾客。他欣迎外国工人，而特别是精巧的工人，移入法国，去帮忙法国工业的发展，同时又禁止这种法国的工人，离开本国而他去。他还且希望，所有法国的教士与贵族都要努力于工作，而不要怠惰，不劳而吃。此外，他又免除了国内各省各州间的货物通行税，而减轻制造家与商人的负担。他又努力于开掘运河，建筑道路，使国内的交通利便，而增加商品的运输的效力。他又建设港湾，以利便法国的船舶的往来，而发展海外的商业。这些设施不只使路易十四的时代的法国增加了不少的财富，而且使所谓科尔培尔主义（Colbertism），成为经济学上一种著名的主义。

同样，在英国，在十六到十七世纪的时候，也很努力去施行这种政策。据说，在这个时候，英国之禁止或加税于外国货品之输入英国的，共有一千多种。刀子、刺剑、匕首、手套、马具、马鞍、马鞍镫、小银盒之类，都有法律去禁止其入口。而英国的原料，如羊毛，以至没有经过染色的羊毛、衣料，都不准运去荷兰。而《谷律》（Corn Law）及《航海条例》（Navigation Acts），都是这种政策实施的表征。

英国的培提（William Petty），在一六五五年所出版的《政治算学论文》（*Essays in Political Arithmetick*）①，及一六六二年所刊行的《租税与捐加论文》（*Treatise on Taxes and Contribution*），而特别是东印度公司的董事长麦恩（Thomas Mun）的《英国从国外贸易与财富》（*England's Treasure by Foreign Trade*），都主张国外贸易的顺利平衡。培提注意于金银宝石的获得，而主张用统计的方法去调查，以改良租税的方法，与用科学的方法去发展资源。麦恩指出，国外贸易的重要与国外贸易的顺利的平衡，他以为，一个国家如能使货物输出超过输入，则其差异就是财货的集积。但他同时又指出，金银钱币不一定是唯一的财富。他这本书本来是在一六三〇年写的，直至一六六四年才刊行。十七世纪以至十八世纪，曾常常翻版，而为这个时代的经济学的理论的威权。直至亚当·斯密（Adam Smith）的《国家的财富论》（*The Wealth of Nations*, 1776）出版以后，麦恩的著作的影响才没有那么大。

这种政策与这种学说，就是在十七与十八世纪的时候很为流行的重商主义。重商主义不只在经济史上占了很重要的地位，就是在政治上以至在文化的各方面，也很重要。我们在上面所举出的英法两国的政府的政策与学者的主张，就是这种重商主义的最显明的实行者或提倡者。自然的，英法两国的政府既非重商主义之最早实行者，英法两国的学者也非重商主义之最早提倡者。在十七世纪的初年，意大利的著作家塞拉（Serra），在其《没有矿产而成为金银富有的国家的原因的论文》（*Brief Treatise on the Causes Which Make Gold and Silver Abound in Kingdoms Where There Are No Mines*, 1613）里，已很有系统的去解释这种重商主义。而在西班牙，从查理第五在一五一六年就位以后，就已实行这种重商主义。他因为要

---

① 编注：应是 1672 年，原文全名为 *Essays in Political Arithmetick and Political Survey or Anatomy of Ireland*。

反抗威尼斯的垄断商业，而取了一种报复的政策，而这种政策就是重商主义的实施。此外，在普鲁士，在夫累得利克·威廉第一（Frederick William Ⅰ，1688—1740）与夫累得利克（Frederick the Great）的时候，也用了好多办法去提倡这种政策。而德国的所谓财务主义（Kameralism），也可以说是这种重商主义的表征。培赫（Bechers）在一六六七年所出版的《政治讲话》（*Political Discourse*），荷尔尼格（Von Hornig）的《奥国高于一切》（*Oesterreich Üher Allles*，1684），朱斯提（Justi）的《国家经济》（*Sfaatswirfhschaft*，1755）与达利斯（Daries）的《财务学的第一原则》（*First Principles of Kameral Science*，1756），都是这种主义的代表著作。

大致的说，在重商主义的发展的早期中，一般人都看重于金银的获得，而其发展后期中，一般人又注重于国外贸易的顺利平衡。而银行制度的发展与各种公司的设立，又成为重商主义的特征。

在十三世纪的时候，意大利的好多城市已有银行业的发展，目的是用资本去获取利息。十五世纪的法国的有名的刻尔（Jacques Coeur）是一位银匠，也可以说是银行家。十六世纪的日耳曼的孚刻（Fugger），因经营银业而富冠一国。在英国，在十七世纪的上半叶，一般的金银首饰商店，已代商人保管金银于保管库（the strong room）。这些为人保存金银的金银首饰商店，人们已称为银行家（the bankers）。金店的商人慢慢的对于金钱有了运用的机会，他们把金钱去经营兑换事业，他吸收低利或无利的存款，而转借与别人，从中取得高额的利息，或作支票的准备金，而得到很大的利益。此外，又发行一种存款证书（goldsmiths notes），而成为后来银行发行钞票的先驱。

后来，一般商人因为妒忌了这些金店商人的这种作法与这种利益，于是，他们多去要求国王用敕令去许可他们设立吸收存款与出借金钱的银行，于是银行遂逐渐脱离金店而成为一种专业。到了一六九四年七月二十七日，设立英格兰银行（The Governor and Company of the Bank of England）。这个银行是根据苏格兰人培忒松（William Patterson，1658—1719）的计划而组织的，最初的准备资金为一百二十万镑。到了一六九七年，又增加资本金额到二百二十万一千一百七十一磅。资金的准备既更加雄厚，而营业的项目的盈利又逐渐扩充，使逐渐不只在英国的金融上占了最重要的地位，就是在世界的金融上也占了很重要的地位。

国外贸易公司之最著名的，为英国东印度公司。这个公司设立于一六〇〇年，在最初的资本不过三万余磅，后来才逐渐的增加起来。最初，本来是一个国王特许的公司，后来又变为股份公司。而其经营事业的范围，最初是为着开辟从英国经过好望角而达到印度的航线而成立，后来却经营了其他的事业，并且有了军事、政治各种权力，而成为蚕食印度的机关。英国除了最著名的东印度公司之外，在一六七〇年所成立的哈德松公司（Hudson's Bay Company）与一七一一年所成立的南海公司（The South Sea Company），在十七、十八世纪的金融与商业的发展上，占了很重要的地位。

此外，一六〇二年荷兰所设立的东印度公司，一六六四年法国所设立的东印度公司，以及其他各国所设立的好多公司，目的都是要在国外贸易上尽力加以发展，而使国家的财富得以增加。

第十章　工业的发展

照我们上面所说，重商主义不只是注重于商业的发达，而对工业的提倡也不遗余力。因为所谓商业品，主要的也是工业品，故近代工业的发达，是与近代的商业的发达有了密切的关系。因为商业的发达固足以引起工业的发展，而工业的发展又足以加速商业的发达。

不过，就经济的本身来看，近代经济的早期发展的重心，虽是偏于商业方面，然而近代经济的剧烈变化的特征，却可以说是工业的革命。自然的，我们可以说，重商主义也是商业的革命，但是，我们不能否认，中古式的经济制度的澈底的推翻，与近代式的经济制度的积极的推动，主要的是由于工业的革命。这种革命在表面上好像没有美国革命、法国革命，以至十九世纪、二十世纪的好多的政治革命那么霹雳一声、惊天动地，那么草菅人命、血流江河。然而事实上，这种革命的影响是无孔不入、无微不至，在经济的发展上固是成为一个新纪元，在文化的各方面又无处不受其影响，在某种意义，比之政治的尤为重要。

重商主义的发达固是引起工业的革命的一个因素，然而，工业的革命的主要原因，却可以说是由于科学的发达与机器的发明。

科学的发达是近代文化的特点，而且是近代文化的原动力。有些人还以为近代的文化就是科学的文化。然而，科学之直接影响于文化的各方面，而特别是在经济的工业方面，却是一件较晚的事情。

大致的说，近代科学的发展以天文学为较早，而在天文学上的创见较早而贡献又大的，是哥白尼（Nikolaus Copernicus）的学说。哥白尼生于一四七三年，而卒于一五四三年，这正是文艺复兴与宗教改革的时代。他究竟为波兰人，抑为俄国人，至今没有定论。他的学说，是打破中世纪所传下的"地球在宇宙的中央"的学说，他以为地球是绕中轴旋转，自西向东，同时又与其他行星绕太阳而行。这种学说在现在看起来至为平常，然在当时却是一种激烈的言论。所以，不但天主教徒对于这种学说指为荒谬，就是新教徒也以为他的见解是反了《圣经》，反了教义。然而最有趣的是，哥白尼自己也曾任过教士，而且曾代表过主教在某个教区巡查、视察。同时，他的名著《天体旋转论》一书写完之后，还且题"献给教皇保罗第三（Paul Ⅲ）"，他想不到这种学说、这种书册，是基督教的信仰的当头棒。

继哥白尼而起的著名的天文学者，是开普勒（Johannes Kepler, 1571—1630）与加利里（Galileo, 1564—1642）。开普勒是德国人，他本了哥白尼的学说，于一六〇九与一六一八年宣布行星运动的定律。他以为行星的轨道是椭圆形，太阳居其一心，行星循轨道运动时，自行星至太阳的有向半径，在同一的时间扫过同一的面积，而任何行星的周期的平方，与其与太阳平均的立方成了正比例。他又制望远镜，以观察天体的运动。

加利里则是意大利人，曾在比萨（Basel）及巴士亚（Padua）两大学当教授。他既深受哥白尼的影响，又与开普勒有书信来往，讨论天文学。他与开普勒一样的自造望远镜，以观察宇宙的奥妙。在他的著作就要出版的时候，印书的店主曾有下面一段广告"他曾发现木星的四卫星，说明银河的真象，示人以太阳的黑点，月面有凹凸的模糊的地方，土星有三部分，金星有盈亏，及彗星的性质，这皆是从前天文学家及哲学家所不知道的"。

加利里因提倡新说而受过罗马教会的惩罚与监视，直到他死的时候，尚有二位教会裁判员立于他的病榻的旁边。他不只是著名的天文学家，而且是有名的物理学家。他对于动学的原理发明很多，他研究固体反抗破坏之力与凝集性的本原，而对于摆的振动与弹丸的剧烈运动等等，都有很大的成就。

加利里逝世那一年（一六四二），就是牛顿（Isaac Newton）生的一年。牛顿是一位著名的算学家与物理学家，他在一七八七年所出版的《原理》（Principia），解释力学的原理，而其引力律尤为著名。他以为宇宙间每一质点吸引别一质点，其力与两点距离之平方成反比，而与其质量之乘积成正比。这种定律无论是应用于从树枝坠下来的苹果，以至于天下的星球，都能适合。这种定律的发明以及其他的发明，使物理学成为一种纯粹的科学。

算术、天文学的发达是与物理学的发达有了密切的关系，而物理学的发达，又可以说是近代机械学与电机学的发达原动力，也是工业的革命的主要原因。

此外，在化学方面，自霸耳（Robert Boyle）于一六六〇年发明气体之体质与压力成反比之定律，及其所著的《怀疑的化学家》（Skeptical Chemist，一六六一）一书出版以后，化学已脱离了炼丹术，而逐渐成为专门的科学。到了十八世纪的下半叶以至十九世纪的时候，化学更为发达。而工业化学（industrial chemistry）或商业化学（commercial chemistry），在德国人努力研究之后，在工业发展上贡献尤多。生物学自拉马克（Lamarck）的《动物哲学》（1809）以后，已奠科学的基础。从达尔文的《物种来源》（1859）及一般优生学者的努力，与有机化学的成就，对于利用副产物的方法，如从棉子中取油，从煤膏中取染料，均是对于工业的发展上占了很重要的地位。

机器的发明虽非始于瓦特，然而利用蒸汽去发动机器，而使其能在各种工业上发生很大的效力的，要算瓦特所发明或所改良的汽机。瓦特（James Watt）本来是在苏格兰的爱丁堡大学（Edinburgh University）里制造与修理各种科学的仪器，所以，他对于机器上的智识与经验，都可以说是很为丰富。他在一七六九年完成了第一个汽机，这个汽机是叫作恶魔之王（Beelzebub）。这个汽机经过十余年的改良之后，在一七八四开始有用汽机去行驶火车。到了次年，棉花纺织工厂中又开始用汽力去发动机器，以为纺织之用。一七八七年，又有了用汽机去行驶轮船。一八一四年，伦敦泰晤士报馆又开始利用汽力去发动印刷机器。据说，在英国，在一八一八年就有了万余座汽机，总计其功率有二十二万五千马力。

机器发明以后，从前用人手去制造的各种工业品，现在可以用机器去代替。人手所能作的东西，不但因为力量有限，而不能大量的出产，而且因为没有固定的标准，而不易有了一致的格式。以前五个人或十个以至好多人所能作的东西，现在只用一个人或两个人，与一个机器或两个机器就够了。不但这样，一个人用手所作出来的东西，不但往往与别个人用手所作出来的东西未必尽同，就是一个今日用手所作出来的东西，也未必与这个人明日用手所作出来的东西完全相同。机器所制造出来的东西，不只时时可以相同，而且处处也可以相同。所谓大量的同样的工业产品，是要在机器发明之后才能发展，就是这个原故。

机器主要是用铁制造的，而铁的熔炼又以煤为最宜。故要机器的工业发达，非有煤与铁是不成的。有人以为，近代的时代是煤与铁的时代，就是这个意思。

本来，远在一六一九年，达德利（Dudley）曾发见焦煤（coke）去代替木炭以为熔铁之用，可是后来这种方法却已失传。到了一七八四年，科特（Henry Cort）见得用焦煤去熔铁则易于破碎，于是他便发明所谓反射炉（reverberatory furnace）。这个反射炉的原理，是使盛铁的锅与火之间隔以砖桥，使火力越过砖桥而下向以熔解铁矿。此外，并拨挖已熔化的金属而去杂质。到了一八三三年，人们又发见煤炭（coal），从此以后，人们又用煤炭去代替焦煤以为熔铁之用。

在英国，很巧凑的是，凡是煤矿所在的地方，往往与铁矿所在的地方很为接近。同时，其他为冶铁所必需的东西，也很容易的找到。所以，在英国，凡是铁矿而特别是煤矿所在的地方，也就是一切的大工业所集中的地方。

英国是汽机发明的策源地，又是煤铁产量丰富的地方，近代工业革命所以发源于英国，就是这个原故。

在英国，机器发明后，工业之发达较早的，要算纺织工业，而尤其是棉织工业。自一七六四年哈尔格利夫斯（J. Hargreaves）发明纺织机（spinning jenny）以后，人们可以用数个纺锤，同时旋转织布者已很便利。而阿克顿（R. Arkwright）又加以改良，并且设立纺织工厂，而成为工厂制度的创始人。此外，克罗姆普吞（Crompton）一七七九年创造走锤精纺机（mule），使纺成之纱更为精细。

到了一七八五年，棉纺纺织厂开始用汽力去发动纺织机器，纺织工业遂开了新纪元。同时，阿克顿又发明机力织机。到了后来，而特别是十八世纪的末年至十九世纪的初年，经过卡特赖特（E. Cartwright）创造汽力机器去发展纺织工业之后，不但棉纺纺织工业很为发达，就是羊毛纺织工业也逐渐发达。到了一八二六年，约克郡（York Shire）的羊毛工业，也开始采用动力织机。

英国在十八世纪的时候，因为棉是来自印度，故英国人觉得棉织的东西特别可贵。汽机发明以后，利用汽力去发展纺织事业，因而棉纱纺织工厂逐渐林立。素以羊毛工业发达的英国，在某个时候很为衰落，从事羊毛工业的人们，还且反对棉纱纺织工厂的建立。可是，这种工业不但不因之而受打击，而且发达很快，使从事羊毛工业的人们，也不得不讲求新法，而使这种工业后来也成为重要工业之一种，而使纺织工业成为英国繁荣的主要原因之一，使英国的纺织出品垄断了世界的这种出品的市场。

纺织工业，而尤其是棉纱纺织工业，可以说是新式工业发展的初期的最重的工业。在十九世纪的时候，各种工业都如潮如涌，纷纷发达，不胜枚举。可是，利用较广与影响较大的，要算橡皮、石油与钢业等等。

橡皮成为近代工业制造品的发达，是在一八三九年。古德宜（Charles Goodyear）发明加硫法（vulcanization），改良了树胶的力量、硬性与弹性以后，其用途始广。橡皮最初是用以制造双轮脚踏车的轮箍，后来又用于汽车的轮胎，此后，更用作各种物件，以至日常用品。数十年来，南洋群岛的主要出产为橡皮，而美洲近来也广植橡皮树。在一九二二的一年中，美国一国所用橡皮的重量为二十九万大吨，其用量之多可以概见。

从前，人们只知用植物油与动物油。到了十九世纪的下半叶，美国德累克（Drake）在一八五九年在宾夕法尼亚（Pennsylvania）开掘石油井以后，石油遂逐渐代替动植物油与煤炭，而成为重要的燃料。在这一次的世界战争中，因为石油的用途既很广而又很重要，石油田的争夺遂成为各国战争中所必争的主要资源。至于钢业，自英国柏塞麦（Henry Bessemer）在一八五六年发明制钢新法以后，钢工业逐渐代替了铁工业。假使人们可以说十九世纪是煤与铁的时代，那么，我们可以说二十世纪是石油与钢业的时代了。

近代机器的用途之广，真是无微不至。大工厂固要机器，小工厂也无不用机器；织布固用机器，预备罐头，以至日常食料也是多用机器；建造房舍的砖瓦、木料、水泥以及其他的材料固多是用机器，旅行上的各种交通工具也多为机器的产物。假使我们到了一个美国人的家庭里看看，我们就可以看出来，洗衣裳是用机器，熨衣裳也是用机器，有时把衣裳吹干也是用机器；煮东西吃的炉子是机器，切面包的是机器，烤面包的也是机器；弄地毡干净的是机器，割花园里的草地的也是机器。结果是，假使没有了机器，一个家庭就好像不容易过活。

不只这样，每一个人的日常所用的东西，也差不多是完全用机器所制的。头上戴的帽，身上穿的衣服，脚上穿的皮鞋，都是机器所制造的东西；钟表、自来墨水笔、铅笔，以至领带、扣纽，也是机器所制造的东西；至于随身应用的手提包、皮箱、皮喼、雨伞、雨衣，也是机器所制造的；打字机、留声机、影相机等等，本身就是机器，而日常所阅的报纸、杂志以及书册，又是用机器去印刷的。假使你的目力不好，那么你就要买一副眼镜，或是一个放大镜，这也是用机器作的；假使你的听觉不清楚，你就要买一个放大声音的机器，这又是一个机器；假使你在大会场里演说，或是在广播电台里演说，你也要用机器去放大与传递你的声音。听说有人还要制造机器人。怪不得有些人说，我们的时代是机器的时代。

工业用品既因了机器的发明而大量增加，可是，假使交通工具没有发达，则工业的大量产品必至无法推销，而阻止工业的发展。所以，机器发明之后，交通的工具也不得不改良。其实，自汽机发明以后，汽机的用途虽然很多，然而用得较早而又较多的，恐怕还是交通方面。

上面已经说过，在一七八四年，汽机已用为行车。在十九世纪的最初十年里，特累维特克（Trevithick）曾试制机车。到了一八二五年，从斯托克吞（Stockton）至达尔林吞（Darlington）的铁路建筑完成，这是世界上的最早的汽机铁道。据说，从这条铁道完成之后，达尔林吞的煤价因运输的方便，曾从每吨十八个先令，而跌至每吨八个先令。可见得交通的工具发达之后，不只是工业上所出产的货品可以廉货推销，就是工业上所需要的原料也可以廉价购买。

达尔林顿的铁道的建筑，目的本为装运货物，但是，为了旅客的便利起见，又加挂了客车一辆，名为试验（Experiment），于是新式的交通工具不只是为装运货物，而且成为了往来旅客的便利工具。到了一八二九年，斯提文松（Stephenson）的罗开特（Rocket）机车，从利物浦（Liverpool）至曼彻斯特（Manchester）的铁路上，每小时行驶四十英里以后，铁道火车成为便利交通所不可少的工具。而十九世纪，世界各国之竞造铁路火车之狂热，可以说是达于极点。

一七八七年，菲赤（John Fitch）曾建造汽船，行驶于美国的得拉韦尔（Delaware）河，桨轮置于船的两侧，以为激水推行之用。据说，当时曾有一位叫作拉姆西（James Rumsey）者，曾与菲赤互争发明汽船的功劳，菲赤既因此而不能用汽船去载运货物与人客，因而忿而自杀。

孚尔吞（Robert Fulton）是美国一个青年艺术家，在十九世纪的初年，因闻拿破伦在法国对于新发明的东西很为奖励，乃赴法国巴黎，在一八〇三年建造了一艘汽船。可是，当时在巴黎并没有什么人注意这个汽船，所以，他很不得志的跑回去美国。但是，他并不因此而灰心，他在一八〇七年又建造了一艘汽船，名为克勒蒙（Clermont），行驶于纽约与阿尔巴尼（Albany）间的哈德松河（Hudson River）。到了一八一二年，英国的培尔（Henry Bell）又建造了一艘汽船，名为彗星（Comet），行驶于克来德河（Clyde River）。于是，用汽机去行船遂为世人所重视。到了一八一九年，萨凡那（Savannah）船自萨凡那渡大西洋而到利物浦，历三十二日。这艘船虽是汽机与帆兼用，然汽船可行驶大海洋已见端倪。两年后，又有铁甲汽船的发现。到了一八二四年，普通汽力航海公司（General Steam Navigation Company）成立，商业运输更见利便。而一八三〇年，在大西洋上已有定期的航行。虽则全凭汽力以渡过大西洋的轮船是始于一八三九年，到了一八六〇年以后，驱动铁制暗轮的复式船机（compound marine engine）制造成功之后，载运货物的汽船在经济始收很大的效果。而且自此以后，汽船的运输比之火车的运输，经济得多。

在一八〇〇年以前，轻于空气的气球已有人发明，然除使其升降外，不能随便驾驶。到了一八五二年，始有用发动机作原动力去驾驶的气球。到了一九〇〇年，徐柏林（Zeppelin）建造成功之后，空中飞行始得实用。一八九六年，兰格利（Langley）制造飞机，而一九〇三年，赖特（Wright）兄弟的飞机始告成功。现在，飞机每点钟可行四百英里，比之一百余年前的火车，每点钟能行四十英里，真是有了天渊之别。

交通工具不只限于火车、火船与飞机，电报、电话及无线电报、无线电话的发明，对于工业，对于整个经济，以至整个文化，都有很大的作用。一七七四年，法人勒萨日（Le Sage）曾试为电报，而德国的斯泰因海尔（Steinheil）、高斯（Gauss）及未柏（Weber），同时也有电报的发明。一八三八年，美人摩斯（Morse）始以电报请政府注册专利。一八五一年，又安设海底电报，经过英国海峡。十年后，又有海底电线越过大西洋。现在，则全世界都有电线的密网。美国爱迪生（Thomas Edison），对于电报上的发明尤多。

电话的发明者，是在一八六一年的赖斯（Reis）、培尔（Bell），于一八七六年请政府注册专利。到了一八九九年，意大利的马可尼氏（Marconi）发明了无线电报。从此以后，无线电报、无线电话逐渐发达。至于近代的广播电台与无线电收音机的普遍，使人类虽相距万里，然声音犹在咫尺。最近又有人发明远见机（television），将来不只远在万里的声音可以听见，就是远在万里的人物也可以看见了。

电的发明，功用不只是在电报与电话方面，而且可以发光与生力。电灯、电车、电船、电炉、电扇以及各种的电器，真是不胜枚举，而近代医学上且有用电治疗者。故电工业的发达的前途，是无限量的。

工业化学的发达，使近代工业的范围更为扩大。在上次欧战以前，这种工业在德国最为发达。自前次欧战以后，欧美各国竞相发展，从各种矿物、植物、动物中取出各种物质，如煤膏中取染料、取炸药，棉子中取油、取肥料、取动物的食料，以及其他植物中取酒精，而动物的皮毛骨，都可以利用以为好多新物品。其原料之多与其所制造的物品之多，实在是不胜枚举。

至于制造所谓代用品（Ersatz），更是繁多。人造香料、人造牛油、人造油脂、人造丝，最近美国人所发明以代替丝袜的材料，现在树皮、木料可以作衣裳，化学的化合品可以作假象牙，这种工业正在发展，而其将必更为发达。

机器的发明以及各种工业的发达，使大规模的工厂逐渐的增加起来，而所谓手工业或家庭工业受了很大的影响。自然的，有了好多的新发明不但没有阻碍家庭工业的发展，而且对于家庭工业却有不少的帮助。不过，大致上，大规模的工厂的发达，是新式工业的一种自然而然的趋势，一种不能抑制的趋势，而且往往使所谓新式的家庭工业也是朝向着这条路上发展。因为大规模的工厂的生产力既很大，而其出品的价格必比较便宜，所以近代凡是富强的国家，无不工厂遍地，烟囱林立。从前，在西洋的人们，是以教会的多少与教堂的数目，去观察城市的大小与人口的密度，现在却以工厂的多少与烟囱的数目，去观察地方的繁衰与国家的贫富。

不但这样，工业革命使各种工业的相对的重要性大为改变。从前并不十分重要的工业或是并没有产生的工业，现在却成为最重的工业。棉织工业在从前并不十分重要，而现在却变为最重要的工业之一。橡皮、石油、钢业是从前所没有的，现在却变为最重的工业的数种。反之，有些工业在以前居了很重要的地位，而现在却变为比较不重要的工业，丝业就是一个例子。其实，自工业革命以后，工业的种类的增加是没有限量的，使现在人类的需要的物件也随之而增加。而人类的需要的东西愈多，则人类所发明的东西也必随之而增加。

工业的种类愈多，工厂的建设也必愈多，因而资本也愈易于集中。所谓煤油大王、钢铁大王、汽车大王、橡皮大王、蔗糖大王，以至鞋业大王、牙刷大王，以及不胜枚举的各样各式的大王，不只是表示各种工业上的专门化、大量化，而且是表示资本集中于这些人的手里。所谓资本主义之所以发达，是工业革命以后的一种特征。

从别方面来看，在大规模的工厂的制度之下，必须有了大量的工资工人。从前好多在田里与在家里作工作的人，现在都跑到工厂里。工厂里的工人所得的工资也许多过在田里或在家里的工作的入息，然而，把工人所得的工资与资本家所得的利益，那是无可比较的。所谓贫者愈贫，固不一定是一种事实，可是所谓富者愈富，却是一种显明的现象。贫者既不易富，而富者却又愈富，于是比较上与相对上的贫富的阶级，也愈为显明。不但这样，工厂里是否要雇童工，是否要用妇女，是否对于空气流通、卫生设备都曾注意，这些贫富不均、年龄太小、女性离家，以及工厂本身在物质与其他方面的设备，都成为社会上的重要问题。自一八〇二年起，在英国已有《工厂法》（Factory Acts）的颁布，此后，关于这方面的立法也愈来愈多。而一般所谓社会主义者，除了极力主张去用法律来改善因工业革命而产生出的好多流弊之外，又提倡了好多改革社会的计划或方案。国家社会主义、基尔特社会主义、乌托邦主义、无政府主义、共产主义、工团主义等等，无不应时而起。我们不能在这里详细的去解释各种不同的社会主义，我们所要指出的是，假使资本主义是工业革命以后的一种特征，那么社会主义也是工业革命以后的一种特征。

从社会主义而尤其是共产主义的立场来看，生产方法的变更，这就是说机器发明以后，资本主义的文化代替了封建主义的文化，资本主义的文化的特征，是无产阶级与有产阶级的斗争。有产阶级不只榨取无产阶级的劳力，而且把无产阶级用劳力所得的利益的剩余据为己有，结果是为富者愈富与贫者愈贫的畸形现象。所以，照共产主义看起来，有产阶级与无产阶级不只处于斗争的地位，而且只有打倒了有产阶级，贫富的差异始能打破。等到有产阶级被推翻之后，社会主义——共产主义的社会才能实现。

我们不能在这里把这种理论加以详细的评估，我们只要指出，正像我们上面已经说过，富者固多是愈富，可是贫者并不一定愈贫，至少比起他们从前在田里或在家庭所得的入息，不一定是较少。虽则我们承认贫富的阶级是有的，不过，这两种阶级并不像共产主义者所分得那么清楚与那么简单，而特别是在工业化程度较高的社会里。因为从一方面看起来，所谓有产阶级与无产阶级之外，还有各种阶级是不能包括于有产阶级或无产阶级的，而这些阶级在社会上的势力，并不见得较小于有产阶级或无产阶级。所以，单以有产阶级与无产阶级去概括现代的复杂的社会，是不对的。从别方面看起来，自工业革命以后，好多国家已开始去用法律去限制资本的集中与改良劳工的情况。英国因为新式工业发达较早，故这种法律的实施也较早，上面所说的《工厂法》就是一个例子。其他的国家在工业发展上虽较英国迟了数十年，以至百年以上，然而，现在无论那一个国家，都有了好多法律，去限制资本的集中与改良劳工的情况。事实上，现在无论那一个国家，也可以说是趋于资产社会化的路上。而且现在有了好多国家，对于好多所谓重工业，多由国家直接去办理，至少也由国家间接的管理。而所谓所得税、遗产税种种，也可以说是间接的去限制资本的集中。而近代所谓范围很广的社会立法，主要可以说是以工业社会为对象。

我们不能否认，工业革命所产生出好多的流弊，而这些好多流弊，直到现在尚没有法子去改除。然而，近代经济的发展的趋势，并不像共产主义者所解释的一样，而且就是所谓与无产阶级处于相反地位的资本家，并不一定只以掠夺无产阶级为目的。十九世纪的初年的欧文（Robert Owen，1771—1858），以至现代的福特（Henry Ford），与好多的资本家，都曾努力去调整劳资两方的差异。我们也许觉得欧文的办法过于理想，我们也许觉得福特的办法少有补益。然而，所谓资本主义者，在现代的国家里，既未必能为所欲为，也未必只以剥夺为能事。

而况，工业革命以后，大致上人类所得的幸福与便利，是否抵不住人类所得的痛苦与流弊，这是值得我们问问的。我们愿意乘火车与乘飞机，还是愿意坐马车与坐骡车,我们愿乘汽船、乘电船,还是愿意坐帆船、坐"双板",这不过是随便的举出一些例子,然而,我们一提起这些问题,我们就很容易去给一个回答。

工业革命以后,不只给予了人类好多便利,而且增加了人类好多人口。在英国,据说自一八一一年至一八二一年的十年间,人口的增加不下于百分之二十。利兹(Leeds)从一七六四年至一七九〇年的二十六年间,人口增加了一倍。至于利物浦、曼彻斯特以及伯明罕各处的人口的增加,特别的多。在一八〇〇年,英伦与威尔斯两个地方的人口总数是九百万,到了一九〇〇年,这两个地方共有人口三千万,在一百年内,英伦与威尔斯两个地方的人口增加了二倍以上。十八世纪的末年,马尔萨斯(Malthus)就已有人口增加、食物不够的忧虑。然而大致上,这种忧虑在百余年来并不见得是一种危险。

城市的发达,又是工业革命的一种结果。已有的好多城市,固因工业革命而更加发达,而以前好多小城市、村落或荒芜之地,现在却变为大城市。在一八〇〇年,伦敦不过只有十四万左右的人口,现在却有了六百多至七百万。约克郡(York Shire)、兰克郡(Lanca Shire)都因有了煤田而成为大城市,其他如安尼克(Alnwick)、达拉姆(Durham)、约克(York)、兰卡斯忒(Lancaster)、阿普尔俾(Appleby)、卡来尔(Carlisle)等等城市,无一不是因工业革命而发达的。英国固是这样,别的国家又何尝不是这样。反过来看,有些城市在以前本为较大、较为繁荣的城市,因为在工业上并不重要,结果是百余年来并没有重大的变化。剑桥、牛津就是一些例子,伟大的教堂,最高的学府,直到现在还是流露着多少从前的繁盛的景象。然而,比之工厂林立、烟囱满空的新兴的城市,却可以说是小巫见了大巫了。

城市的发达也引起了好多人的忧虑。他们以为,城市的发达是乡村的零落的表征,因为他们以为,乡村人都跑去城,耕田人都进了工厂。而且他们又以为,城市的文化是病态的文化,不但烟囱的烟灰、人满的工厂、狭小的街道是不合于卫生,而且轻浮的风气、坠落的道德是不宜于人生。究竟这种忧虑是否可怕,我们愿意在下面一章里加以解释。

第十一章　农业的发展

　　商业的发达之于工业的革命固有了密切的关系，而这两者的变化之于农业的发展，又有了密切的关系。好多的商业的货品固是农产品，而好多的工业的原料也是农产品。棉花是农产品，但同时又是商业的货品与工业的原料。所以，要使商业与工业发达，则不能不发展农业，而且，商业发达固可以推销大量的农品，而工业发达又可以增加农业的生产力。所以，这三者是互相影响，互为因果。所以，假使农业与工业若发达了，而没有商业去推销其农产品与工业品，那么，农业与工业的发展必受了影响而有其限度。假使只有农业与商业，而没有工业革命，那么，农业的产品之能为商业品的既有限，而使商业的发展有其限度，同时农业的产品也不能大量的变为工业品，使农业的发展也有其限度。同样，农业的产品既是有了很多是商业的货品与工业的原料，假使只有商业与工业，而农业不发达，那么，商业的货品与工业的原料的来源就必很为缺乏。其实，在我们的日常生活中，农产品是基本的必需品。近代的工业革命虽很得力于矿产品，如煤，如铁，如石油与钢业等，而近代商业的发展虽很得力于矿产品，如金，如银，如宝石与瓷器等，然而，人类日常的衣食住的需要既是主要依赖于植物与动物，那么，农业的发达在某种意义上却可以说是商业与工业的发达的基础。

　　从某种意义来看，农业的发达固是商业与工业的发达的基础，可是，从近代西洋的经济的发展来看，大致上，农业的发达是比工业的革命为稍晚，而工业的革命又比商业的发达为晚。我们上面已经指出，自近代世界航道沟通以后，商业就很速的发达起来。自十七世纪到十八世纪的时候，商业已很发达，大公司的建立与银行的发展，使近代商业的基础已经奠定。至于工业革命，却可以说是在十八世纪的晚年才见端倪。到了十九世纪的时候，新式工业才很发达。英国在十九世纪的上半叶，新式工业虽已发达，然而，德国与美国的新式工业的发展，却是十九世纪下半叶的事情。

　　至于西洋近代农业的发展，虽可以说是开始于十八世纪。然而，农业大量的生产与农业品质的改良，却不只在商业的发达之后，而且也可以说是稍晚于工业的革命。原来，在十七世纪与十八世纪的西洋的商业之所以发达，是主要由于海外商业的发展。好多金银，好多商品，都是从东方与美洲运来。欧洲帝国主义的发展与海外殖民地的占据，都是使欧洲的商业臻于繁荣的地位的主因。至于工业革命的初期，大量的工业品是纺织方面，而纺织工业又以棉织工业最发达。英国是工业革命的策源地，然而，英国的棉织业之所以发达，也是依赖于印度运来的棉花。换句来说，在这个时候的主要工业的原料，若不是来自地下的煤和铁，还是取之于海外的殖民地或其他各处。羊毛织业虽是英国的特产，可是这种织业在某时期中很为衰落，不如棉织业之繁盛。欧洲在十七与十八世纪的商人所转运的大量商品，既非欧洲的农产，而工业革命的初期的大量的工业的主要原料，也非英国的主要农产。欧洲的农业之在工业革命的初期，并不十分发展，虽则在这个〈时候〉已经开始发展。

不但这样，农业的发达是要依赖于机器的发明与科学的发达。科学的发达与机器的发明虽是促成工业革命的主因，然而，科学与机器的发展的初期，主要却是应用于工业方面。待到铁业与科学发达到相当程度的时候，然后始应用到农业方面。因为，大致上近代新式农业的发展，是依赖于机器的耕种与化学与生物学、优生学的发达。近代大量的农业生产力，是要机器去耕种，而农作物的肥料的改善与种子的改良，都要靠着化学与生物学而尤其是优生学的智识。我们知道，物理学的发达使人类对于机器上有了好多发明，工业可以因机器的发明而发达。至于农业，则除了利用机器之外，还要应用化学、生物学与优生学上的智识。而这些科学的发达，在科学的发展史上又较物理学的发达为晚。我所以说，在西洋的近代经济的发展上，农业的发达不只比商业的发达较晚，而且也比工业的发达较晚，就是这个原故。

自然的，我们也可以说农业的发展是农业史上的革命，这种革命对于近代文化的各方面都有很大的影响。所以，农业革命与工业革命以至商业革命，是形成近来所谓经济文化的原动力。而这种经济文化，不只与所谓政治文化与宗教文化有了根本不同的地方，就是与过去的经济状态也有了根本不同的地方。经济学者之所以把现代的经济生活与所谓中古的经济生活，当为两种不同而又相反的生活的方式与阶段，就是这个原故。

所谓商业革命与工业革命，我们既已在上面解释，我们现在且把所谓农业革命加以叙述。

近代新式农业的发达虽较晚于商业与工业的发达，然其发展的历史，也可以说是相当的早。而且，这种新式农业的运动的主要策源地，也可以说是英国。

英国在十四世纪的时候，在国外既与苏格兰、法兰西打仗，在国内又因为黑死病（the black death）的原故，使英国的人口的一半死于病疫，使全国的劳工大感缺乏，而中世纪的庄园制度已因之而动摇。到了十四世纪的末年，又有农民的叛乱（一三八一），再加以宗教的改革运动以及他种原因，而使庄园制度趋于崩溃的路上。

到了十六世纪的初期，就有所谓"圈田的运动"（Enclosure Movement）的发展。圈田运动的动机，是由富有的领主（freeholders）与商人为求增加其利益而去圈并土地。在十六世纪以至十七世纪的时候，这些领主与商人看到羊毛的销路很好，因而圈并广大的土地改为牧羊的农场，而大批去养羊。到了十八世纪以至十九世纪，又因为谷类的价值很高，种小麦更是有利的事业，因而又引起圈并土地的运动。这两种圈并土地的运动，不只是因为畜牧与耕种的不同，而且在施行的方法上也有差别。在十六与十七世纪中，这种运动可以说领主或商人与贫农两方的一种私人间的同意行为，或是前者对于后者的一种强制的行为。到了十八与十九世纪中，这种运动是经过国会的批准而用法律去推行。

为什么英国国会在十八世纪的下期，要通过这种《圈田法》（Enclosure Acts）呢？

据金格（Gregory King，1648—1712）与达夫南特（Charles Davenant，1656—1714）的计算，在十七世纪的末叶，英格兰与威尔斯两个地方的农耕地还不到全部的农耕地的一半，大约有五分之三的土地还是保存着从前的开放耕地的制度（The open filed system）或是公有耕地的制度（the common filed system）。而耕种公有的耕地是好多农民或农家所共有的地方，这些地方也许是森林，也许是荒地，也许是牧场，也许是耕地，公地是大家所共享用的。比方，一个普通的农民，他可以到森林去采伐些树木以为燃料，他可以利用荒地与牧场去养一二头牛或一二只羊。然而，这些共有的地方往往不会充分的利用以增加生产力量，因为既非属于任何一个农民，任何一个农民都不会好好的去经营这些地方。至于一些公有的耕种的土地，在耕作的方法上与播种的日期上，以及栽培作物的种类上，与收割的日期的开始与终了，都要集合了全村或共有这些地方的农民来决定。因为假使不是这样，那么，在这种制度之下，则比方收割日期较迟的天地，必遭受别人或畜牧在田地上行走，而受到很大的损失。不过，正是因为事事必须经过大家去决定，而受了各种的限制，而固守了旧有的习惯，农业遂无法进步。因为假使有人要试用了新式的耕种的方法，那么，这种久所实行的协助的习惯之下的公田制度的真正意义，就会完全消失。

占了英格兰与威尔斯的大部分的公有耕地，既使农业难于改良，而各农民所各自保有的田地又很零碎与分散。在这种的零碎与分散的田地里，生产的力量既本来就有限，要想利用新法去增加生产的力量也不容易。为了奖励应用新的方法去耕种而增加农业的生产力量，英国国会才通过了圈田的法律，以补救公有耕地。

我们知道，英国在十八世纪的下半期，人口的数量正在增加，同时又因为在一七九三年法国的战争的爆发，使农产的需要的数量也很增加。英国在这个时候不但没有谷物输出，反而却要输入不少农产品。人口的增加，而特别是战争的影响，使小麦每廿八磅的平均价格，从四十六先令涨至八十先令。于是，农业生产力的增加更变为国家的重要的问题。自圈田的制度施行之后，全国的食粮大为增加，因为这种制度是引起农业上的新方法的应用。

圈田的制度对于小农的影响最大。杨格（Arthur Young，1741—1820）是英国一个很有名的著作家，而且于一七九三年曾任过农业局的秘书（secretary of the Board of Agriculture），曾告诉我们，在当时有个村有田一千二百零六英亩，专只要求法案通过就化了三二四一.五五磅，而用于监视员及丈量员尚不在内。总计这个村所要用于公家的款项，就达了八千磅之多，再加以分得之后而加以四周的范围的费用，其数目之大更为可怕。因此之故，小农之破产不知多少，而土地遂逐渐的落于少数的富有的人的手里。杨格以及好多人们对于圈田的制度本来是提倡与拥护得很力的，然而，看了一般小农受了这种影响之后，又免不了要觉到这种制度的流弊而表示无限的遗恨。

可是，英国在这个时候工业革命已经开始，故有很多的农民跑到工厂里工作。英国在一五八九年，曾有过每农家得屋一所、田四英亩的法令。到了一七七五年，这种法令也已废弃。所以，一般农民之在乡村无田可耕或因为破产者，也不得不跑到工厂里与城市中寻找工作。而此后，城市人口之骤增，也可以说是圈田制度的影响。而英国的救济贫穷的法律，也因之而产生。

圈田制度虽免不了有了流弊，然大体上，英国的粮食既因圈田制度而增加很多。圈田制度不只在英国流行，在丹麦，在瑞典，在十八世纪的将终的时候，也有了这种圈田制度的运动。虽则丹麦的政府曾用了好多方法，使圈并的田地仍不离了农民的掌握，而避免了英国的圈田制度所产生出的不少的流弊。普鲁士在十九世纪的初期，也研究了新的方法，使拿破伦战役完了之后，在易北河东边的贵族党，仍在其田地里努力于生产的事业。俄罗斯在革命之后所行的集体农场的制度，虽与十八世纪的下期至十九世纪的初期的圈田的制度有了很多不同之处，然而，目的是用国家的力量去圈并小幅的土地，而使农业的生产力能够增加，却可以说是相同的。

我们应当指出，在圈田运动的时候，农业的生产力量之所以能够增加，并非完全靠着圈田制度的本身。圈田制度只是农业的生产力量的增加的一个主要因素，因为除了圈田制度之外，还有其他的因素是促进农业的生产力量。事实上，圈田制度虽可以说是促进近代农业的发达的一个主因，然而，圈田制度也可以说是科学发展与工业革命所引起的一种结果。

我们知道，在十八世纪的英国的《圈田法》尚未通过之前，这就是说，在一七六〇年以前，在农业科学化与农业技术上已正在发展。在十八世纪的初年，剑桥大学里曾有一位教授，名叫作布拉德利（Richard Bradley），曾主张与指导废除休耕耕作法。原来，在那个时候，一幅田地耕种过一个年数之后，必须使其休息一年，使土壤恢复原状，然后再事耕种，否则其生产力量必因之而降低，而至于不能利用。布拉德利是用科学的轮作方法，去代替其他的方法。这个方法，就是第一年种大麦，第二年种萝葡，第三年种豌豆，第四年种小麦。依这个方法而轮流耕种，则无须休耕，使农田的生产力量可以增加。布拉德利不只是极力提倡这种办法，而且亲到各处考察，并指导一般农民去采纳他的方法。

此外，又有一位著名的政治家与外交家道孙德（Charles Townshend，1674—1738），在一七三〇年曾脱离了政治的生活去从事耕种事业，他更采用了那个时候的著名的诺福克的方法（Norfolk system）。这种方法也是一种轮作方法，而且是得到布拉德利的不少指导与帮忙。照这种方法，第一年种萝葡，第二年种大麦与燕麦，第三年种苜蓿和裸麦，第四年种小麦，这是所谓四轮耕作方法。萝葡可以清净土壤，而苜蓿能向空中吸取氮气，对于土壤也有好处。不但这萝葡与苜蓿都可以利用去作家畜冬季的养料，而同时吃了这些萝葡与苜蓿的家畜所排泄出来的粪，又可以利用去作肥料，而使耕地的土壤格外肥美。因此，不只使三年休耕，一年的耕地也可以耕种，增加生产力量，而且土壤因之而肥美，也可以增加生产的力量，对于国家的粮食有了很大的补助。

布拉德利与道孙德的轮作方法，本来是传自大陆的法兰德斯人（Flanders），这就是现在的比利时佛林尼斯人（Flemish）。不过，他们把这种方法再加以科学的改良，而使在农耕上收到很大的效果。道孙德因尽力去应用这种方法而得到很大的利益，同时人们给他一个绰号，叫作萝葡·道孙德（Turnip Townshend）。道孙德既见得这种方法对于农业的发展有了很大的利益，他又极力提倡圈田运动。圈田运动在后来之所以能够有效，可以说是由于科学方法的发展。

道孙德的努力鼓吹，影响很大。比方，在诺福克郡（Norfolk Shire）的荷尔克哈姆（Holkham）的大地主科克氏（Thomas William Coke，1752—1842），曾照道孙德的方法去耕种。他既是大地主，而有了广大的耕地，又用了好多资本去从事发展农业，使他成为一个因农更富的人物。

除了利用轮作方法去增加农业的生产力量外，又有一位名叫作丢尔（Jethro Tull，1674—1741），对于农业改进上也有很大的贡献。丢尔本来是一位法律家，后来他到牛津郡（Oxford Shire）经营他父亲的有名农场（Howbeny Farm）。在经营的时期，他小心的去研究，他后来发明，在深耕以后，若将土壤弄成松碎而覆在地面之上，再种各种作物，则这种作法比起加放肥料在地面上的效力，还要大得多。

丢尔又发明了一种条播机（wrill），并且努力选择精良种子。他后来又迁去巴克郡（Berk Shine）的隆盛农场（Prosperas Farm），从事耕种。他主张，在耕种禾行之间，应留有充分的空隙，以便澈底去锄除杂草，使同一的土地上每年能连续的收获多次，同时又注意到灌溉与排水的方法。在一七二六年，他又写了一本《马耕法》（Horse Houghing Husbandry），于一七三一年印行。

丢尔与布拉德利与道孙德一样的，尽力去提倡他的新法。不过，他在宣传上没有得到什么效果，而且，他自己在农业的经营上，不但没有得到什么利益，而且后来还因破产而死。但是，他所提倡的方法经过相当的时期之后，却有人注意起来，并且加以采用。最初采用他的方法的是苏格兰的农人，后来这种方法又传到英格兰各处。

又如，在畜牧方面，培克韦尔（Robert Bakewell, 1725—1795）的研究的结果，贡献很大。他对于牛、马、羊的喂养方法加以研究而大为改良，较平常人所喂养重至两三倍。他最初对于他的喂养方法密而不宣，据说，当时有好多人以为，他的家畜若想购买〈觉〉得太贵，同时若要杀而食之又觉太肥。此外，他又养出一种新羊种（new leisters），后来全国都用了这种羊种。又，科林（Charles Colling, 1751—1836）又应用培克韦尔的改良方法去改良牛种，而其结果也是很好。这些新法传播之后，使英国能在肉食方面的生产力量，也因而增加很多。

新式工业发展之后，机器的制造的数量既日益增加，利用机器去耕种土地的也逐渐增加。而且，圈田的运动的结果既使好多小幅田地变为大幅田地，对于机器的利用更为适宜。以前要好几个人去耕种的田地，现在只用一个人就已经够。因而，乡村的农民之失业者也因而更多，于是，城市人口的增加愈为显明。至于留在农村而没有法子去维持生活的，政府遂不得不想出办法以资救济。《贫民法》（Poor Law）及其同类的法令，都是为着解决这种贫穷的现象。又，除了政府设法救济之外，当时英国一些上流社会的人物，又极力提倡食物的改良（diet reform），目的是奖励贫民去实行简单的生活。他们提倡用大麦、裸麦以及小麦混合起来，而制造价值较廉的面包，这就是所谓黑面包，而代替用纯粹小麦去制造的白面包。此外，他们又提倡用麦片以为食料。

总之，在十八世纪的下期与十九世纪的初期，因为工业革命以及他种原因，而使人口增加与大量农品的需要，英国人之注意于农业的问题，并不减于注意于工业的问题。地主、农民、商人、牧师、工业界以至一般的名流，都很关心到这个问题。杨格（Arthur Young）不但到了英国各处旅行以作实地的考察，而且到了大陆各国作过实地的调查。他每将调查所得著为专书，在数年之内写了好几十种书册，以给一般关心于农业问题的人作为参考。而且，他的书册不只引起一般英国人的注意，而且引起欧洲大陆以及美国的人们注意。他的好多书册并且翻译为好几种文字，而其影响之大，实为出版界所少见的现象。杨格自己曾努力于农产的实验工作，然而，经过几次失败之后，他才到了各处研究而从事于著作。在一七九三年的农业局成立时，他曾被任为该局的秘书，使他在农业改革上给予不少的贡献。此外，又如著名的柏克（Edward Burke），对于农业的改良也很注意。据说，他对于讨论蔬菜与猪羊的热情，并不减于他在国会里讨论美洲英国殖民地的热情。

我们知道，在欧洲大陆，而尤其是在法国，在十八世纪的下半叶，曾有了所谓重农主义者，其主要人物是开内（François Quesnay）、古尔内（Jean de Gournay）、利维挨尔的美西挨（Mercier de la Rivière）、丢哥（Jacques Turgot）以及纳谟尔的杜蓬。这些著名的著作家以及好多的法国的经济学者，大致上曾受过英国在十八世纪的农业的改良的影响。他们本来是反对重商主义者，现在看到英国在农业的改良上得到不少的利益，因而提倡农业的信心益加坚固。他们反对科尔培尔（Colbert）的政策，因为这种政策使法国每年开支的经费太大，而使赋税太高，使农民的负担太重。

重农主义者以为土地是财富的来源，而劳力用以生产农品与原料，是唯一能够产生剩余的劳力。所谓商业与工业，从他们看起来都是不生产的（non-productive），所以他们主张资本应该用以开发地利。

重农主义者相信自然的法律，他们受了当时的自然科学与笛卡尔（Descartes）、洛克（Locke）与卢梭的影响，以为财货的生产与分配，应该照着自然的法律，而不应该由政府去干涉。他们拥护个人的权利与自由，而相信每个人都要有机会去发展其个性，所以，他们的流行口号是自由与放任（Laissez-faire, laissez-paser）。

有了十八世纪的重农主义的提倡、农业实验者的改良、政府的鼓励，以及工业革命的影响与新式机器的应用，近代的新式农业的基础已经奠立。至于十九世纪因为化学，而尤其是所谓农业化学的发展，使农业的发达更为显明。

我们知道，在十九世纪的初年，化学家对于农业的改良已发生兴趣。英国曾有一位青年教授，叫作得维（Humphrey Davy），在一八〇二年曾在伦敦教授了一门功课，专门解释化学与植物、蔬菜的生理的关系。他的演讲在那个时候已很受一些地主及农人的注意，而发生不少的影响。

到了一八四〇年，德国有了一位化学家，叫作利俾喜（Justus von Liebig），从化学实验上去解释植物所需要的养料，以及土壤中的化学的混合成分，使所谓农业化学上开了一个新门径，因而引起英国一个青年的地主劳斯（Lawes）以及歧尔柏特（Gilbert）的注意。因此，他们遂建立了一个工厂，专为制造超燐酸盐（super-phosphate）。这个工厂是设立于很有名的罗特哈姆斯特（Rothamsted）的实验农场，这个有名的工厂继续的去制造与研究，对于近代农业的发展有了不少的贡献。

其实，在十九世纪的中叶以后，化学在农业上的贡献，并不下于机器在农业上的贡献。而此后的生物学的发展，以及遗传学者、优生学者的努力，而特别是在种子改良方面，更有很大的贡献，使近来的农业更有长足的进步。

近代国家之能大量的利用机器与各种科学去发展农业，而出产大量与比较良美的农品的，要算美国。美国是一个新兴的国家，又是一个新开辟的国家，土地既大，人口较少，不但适宜于农业的试验，而且适宜于农业的大量的出产。

美国自一八三〇年以后与一八五〇年以前，棉花在南方已成为农产的最大出品。而这种出品，不只是用于国内，而且成为出口货的大宗。在一八五〇年的下半年，各种农业器具已经发明，可是在这个时候还没有普及。到了南北战争的时候（一八六一——一八六五）①，因为战争的原故，一方面对于农产物食料、军马饲养料以至被服、马匹等等需要，一方面农村里的好多壮丁被征从军，而使劳动力大感缺乏，为增加农业产量与节省劳力，机器的使用因而增加。据说，在一八六五年，单以两马的刈机的数目，已达二十五万架之多。因而有些人以为，北军之所以能够胜利，大部分是由于战争中能利用机器去代替劳力与开发西北，而使粮食与军需农产品没有缺乏。南北战争以后，农业机械化的程度愈为增高，而尤其是谷物的生产方面，机器的使用益形发达。因为战争以后，美国西北的开发更为积极，而西北又最适宜于谷物的生长。又南北战争以后，好多兵士解甲归农，同时铁道的运输又正在发展，使农业的发展愈趋于机械化方面。

又在南北战争的时候，美国国会已通过了《摩利尔法》（Morrill Act）。这条法律规定，政府可以发给每州以三万英亩的地方，以为发展农业教育之用。据说，到了一九一六年，有了六十八个农业学院，是利用政府赐地而发展的。其实，美国近代农业教育之发达，实为世界各国之冠。此外，在一八七五年，又有农业试验所的设立，这就是在韦斯林大学（Wesleyan University）的阿特窝忒教授（Prof. W. O. Atwater）主导之下，而在科内提卡特（Connecticut）的中镇（Middletown）所设立的农业试验所。又在一八八七年，国会又通过了《哈特赤法》（Hatch Act），规定每州可以设立一个农业试验所，使农业的试验与研究方面逐渐发达。

大致的说，美国在上次欧战以前，农业机械化的程度已是很高。不过，从南北战争以至上次欧战的时期，机械的原动力，大都还是靠着马或驴等家畜去拖引。自然的，因为要用马、驴等家畜去拖引机械，这些家畜的饲养也因之而增加。而家畜的种子的改良，也因之而发展，据调查所得，在一九〇〇年，农场所使用的马、驴已达了二百四十万头。自前次欧战爆发以后，又因战时的需要与劳力的缺乏，又加以工业技术、科学方法日益进步，而汽油的生产数量更为增加，于是，用汽油以为引牵机器去耕种农种又逐渐发达。所以，从一九一八年至一九三二年间，马、驴的头数逐渐减少至一半，而引牵机器却从八万架而增至八十五万架。在现在，则耕种以至运输上所需要的各种工具，都是新式的机器。刈机、打机、汽车种种机器，不只用了煤油为发动力，而且用电为发动力。美国的土地既广大，农业机械化最为适宜。故近代国家农业生产力之最大的，要算美国。

至于利用科学的智识，如化学、生物学、遗传优生学，去改良植物与家畜的

---

① 编按：原稿为"一八六〇——一八六五"。现一般认为1861—1865年，四年内战，后文此类情况径改，不另说明。

种子，尤为进步。各种水果的质量，家畜的肥美，实为近代农产品的榜样。

美国农业之所以发达，一方面固由于地大物博，然而，主要是由于工业的发达与科学的昌明。最近二十年来，俄罗斯也正是努力去利用机器与科学去发展农业。俄国既以地大物博称于世，那么，将来在世界农业上所占的位置必很重要。

除了英、美、俄的农业的发达之外，欧洲其他的国家，而特别是丹麦，在农业上，而特别是在农业的发展与农村的组织、农业合作各方面，有了很多的贡献，这是很值得我们注意的。

自工业革命以后，不但好多农村人口跑到城市，而且好多农村本身变为城市。城市的发达，变为十九世纪与二十世纪文化的特征。因而，有好多人以为，城市的繁荣是农村衰落的表现。我们承认，百余年来，城市人口的骤增是一种显明的现象，而且在工业革命的过程中，农村里有了不少的人们跑到城市。不过，大致上，自从十九世纪的初年以至十九世纪的末年，城市的人口固是增加，乡村的人口也是增加。英国的人口的变更，是一个例子去说明这一点。在一八〇〇年的英伦与威尔斯，两个地方的人口总数为九百万。在那个时候，住在城市有三百万左右，住在乡村约有六百万。到了一九〇〇年，这两个地方共有人口三千万，住在城市的约二千万，而住在乡村的约一千万。这个统计虽然指明，城市的人口的增加较速于乡村的人口的增加，然而我们所要特别注意的是，乡村人口不只不因城市人口的增加而减少，而却也随城市人口的增加而增加。

不但这样，因为交通工具的便利，乡村与城市的隔离不只是有了火车、汽车、电车、汽船等等去连接起来，而且有了电报、电话以至收音机等等去连接起来。隔离一百英里的地方，两个钟头的汽车、火车就可抵达。而城市里的一切事情，立刻可以用电话、播音去传达。所以，实际上的乡村与城市的距离，也因交通工具的发达而接近。

而况，近代在城市里作工作的人们，往往也因交通的便利而住在乡村里。城市本身的改造，如公园的建设、空地的保留，已趋于乡村化。而近代城市的四周的郊外（suburb）的发展，更具了乡村的色彩。所谓田园住宅区，不只有了乡村里的新鲜空气与乡村景致，而且在从城市工作之余回来家里的人们，还可以在自己的花园里种花自娱，种菜自用。假使一个人因职业的关系而必需住在城市里，那么，因为交通的便利，在星期与假日，也可以随便作郊外的旅行，领略农村的风味。这种农村与城市的调和的趋势，也是近代文化的一种特征。

第十二章　经济与文化

我们在上面已经把西洋近代的经济的各方面——商业、工业与农业的发展，略为叙述，我们现在且来看看西洋近代的经济的发展，对于西洋近代的文化的发展的影响，是怎么样。

从西洋近代的商业方面来看，西洋近代的文化不只因商业的发展，而向外发展，而且因商业的发展，而发生内部剧烈的变化。商业本来是传播文化的一种动力，而这种动力在近代文化的传播上，尤为重要。从近代西洋文化的向外发展方面来看，我们可以说西洋商业所到的地方，也是西洋文化所到的地方。英国东印度公司之在印度，不只是在经济方面占了很重要的地位，而对于印度的整个文化，也有了很重大的影响。印度固有的文化的崩溃，与西洋文化的输入，主要的恐怕是由于商业的影响。其实，所谓帝国主义的发展与海外殖民地的抢夺，其最初与主要的动机，还是商业方面。美洲、澳洲、非洲，以至亚洲之为西洋人所征服的属地，其所以全受或深受西洋文化的影响，是与西洋的商业的发展是有了密切的关系。而所谓"白人的负担"，又何尝不是由于商业所引起的结果。这一点，我们在上面"帝国的发展"，及其对于文化的影响，已经说及。

至于不为西洋所征服的好多地方，如中国，如日本，如暹罗，在近代之深受西洋文化的影响，也以商业为媒介。在明末清初的时候，天主教士而特别是耶稣会教士，如利玛窦，如罗明坚及其徒众，对于中国文化的影响，是尽人皆知的。然而，他们之所以能在中国继续不断的在中国传教与输入西洋文化，不只是依赖商人的帮忙，而且以中西通商的根据地的澳门，以为他们的根据地。其实，有些人说，早年的天主教徒也是很好的商人，他们有了不少以经营商业所得的利益，去作他们宣传宗教的资本。直到现在的好多天主教会之依赖卖买地产，或出租房舍，或其他方式以维持其费用者，还免不了商人的气味。可见得，商业与文化的传播的密切关系。

从近代西洋的文化的内部的剧烈变化方面来看，我们可以说，西洋文化之所以从中世纪的所谓黑暗的时期，而变为近代的剧烈变化的时代，商业的发展也是主动力之一。马可·波罗以及其父亲、叔父，也岂不是商人吗？假使我们承认，马可·波罗的游记是引起西洋近代文化的剧烈变化的一种主动力，那么，商人在近代西洋的文化的地位的重要，可以概见。西洋在那个时候所需要或羡慕的东方商业，如香料，如丝绸，如宝石，是由商人；西洋人之到东方运输这些东西回西洋的，也是商人。而这些商人，不只是运输好多商品到西洋，而引起西洋人的物质生活的欲望，因而模仿与制造出各种物质生活的必需品。而且，在有意的或无意的，直接的或间接的，输入东方的社会政治制度，以至风俗习惯、道德思想，而影响于西洋文化。十七世纪与十八世纪的欧洲各国，而尤其是法国的人们，岂不是曾热烈的提倡过中国化吗？究竟欧洲人在那个时候的中国化的程度是怎么样，我们在这里不必加以讨论。我们所要指出的，是自东西海道沟通以后，西洋文化的内部才发生了剧烈的变化。而这种剧烈的变化的主动力之一，是由于商业的发展，而尤其是东西商业的发达。

不但这样，重商主义在十七世纪，在西洋文化的发展上所占的地位，是不可忽视的。假使我们以为物质文化的发展，是近代西洋文化的特征，那么，重商主义者所提倡的交通改良，如运河的开掘、道路的建筑，以至于所鼓励的商品的制造、发明的物品，与后来的工业革命、农业革命，以及其在文化上所发生的影响，都有密切的关系。科尔培尔（Colbert）是重商主义的典型人物，而路易十四所统治的法国，是那个时候欧洲文化的精华所在。假使我们承认，路易十四所统治的法国之所以在欧洲文化占了最重要的地位，是得力于科尔培尔的话，那么，科尔培尔的重商主义，是有了很大的作用的。

至于工业革命对于西洋近代的文化的影响，更是一种极显明的事情。其实，西洋近代的整个文化的剧烈变化，主要的是由于工业革命。十六世纪的宗教改革，与十七至十八世纪的政治革命，对于西洋人的思想的解放，与社会制度的改造，固有很大的作用。可是，西洋以至整个世界的文化，以至日常生活的剧烈而且澈底的变化，却可以说是在工业革命之后。

我们试想想，在十六世纪的时候，麦哲伦及其徒众，从西班牙的港口，经大西洋与太平洋，而周航整个地球，其所需的时日差了半个月就要三年。在这三年的时期，虽有多少时日是停留在各地方，然而长期的跋涉可以概见。就是在十九世纪的中叶，我们近代的第一个留美学生容闳氏，在一八五四年从纽约附近的桑堤胡克（Sandy Hook）乘船回香港，航行一万三千英里的水程，还要一百五十四日。自汽船发明之后，从纽约至香港不过二十余日。而飞机发明之后，从纽约至香港不过一个星期。飞机的速度是日日增加，将来从纽约至香港，说不定是朝发而夕至。此外，电报、电话、播音、收音、远望各种器具发明与改进之后，使从前所谓广大无垠的地球，变为咫尺。那么，世界文化的传播与互相影响，更为容易。而文化的趋于和谐以至大同，又将成为一种事实。

交通工具的发达，固对于整个世界的文化，有了深刻的影响，而人类日常生活之受工业革命的影响，也很为显明。在英国，在十八世纪的时候，棉织布料是一种很贵重的物件，然而，工业革命以后，一块几毛钱，就可以买到一件棉织的衣料。十八世纪的末年的马尔萨斯及好多人，正在忧虑人口的增加，结果必使食物很感缺乏。然而，自一八〇〇以至一九〇〇的一百年内，英伦与威尔斯两个地方人口增加三倍余，可是食物并不见得很为缺乏。而且，在十九世纪下期与二十世纪的西洋人，在食物的种类方面，既比十八世纪末年的多得多，而在食物的养料方面，又比那个时候的好得多。在住的方面呢，在十八世纪末年的人们，还是住在那些窗户不开、空气恶劣、家具简陋的房子里，工业革命以后的情形，却逐渐的改良起来。至于现在的西洋人的住房的标准，不只是在卫生的设备方面都要讲究，就是房子的内部以及其外围，也要讲究。路易十四的宫廷，是十六与十七世纪的人间天堂，是世界的安乐窝。然而，现在的好多西洋的一般普通的住宅，舒适豪华比之路易十四的宫廷，恐怕还有过之而无不及。至于各种机器与日用品的发明与改良，使人们在日常生活上得到各种的便利，各种的享受，更非百余年前的人所梦想得到的。这都可以说是主要的由于工业革命所产生的结果。

我们上面已经说过，工业革命曾引起城市的勃兴，而城市的勃兴，是近代文化的一种特征。在十八世纪以前的人们，大部分是住在乡村里，在十八世纪的晚年，在英伦，住在一万人以上的城市的人口，不过占了整个英伦的人口的百分之二十一。至于法国，不过百分之十，俄国不过百分之七，美国不过百分之四。到了二十世纪的初年，在英国住在城市里的人口，固远超过住在乡村里的人口，就是在美国，住在城市里的人口，也比住在乡村里的人口为多，法国、俄国、德国以及其他的国家的都市人口，也正在剧烈的增加。

城市人口的增加，一方面使近代城市的文化的力量的影响愈大，一方面却使近代城市的本身，有了剧烈的变化。我说近代的城市文化的力量的影响愈大，因为这种力量不只是存在于城市本身，而且影响到穷乡陋邑的地方。现在住在乡村的人，不只常常听了城市里的音乐、演讲与各种新闻报告，而且往往穿城市里人所制成的衣裳，以至吃城市里人所烤好的面包，与其制造的牛油、牛奶、冰淇淋，以至受了城市里人的风俗习惯、思想信仰的影响。我说近代城市本身有了剧烈的变化，因为人口的增加，使城市的设计上，如广大的街道的改造，高入云际的房屋的建筑，与各种公用事业的发展，都使现代的整个城市之于从前的城市，有了根本不同之处，而成为城市文化的时代。

此外，所谓资本主义的文化，以至社会主义的文化，种种名词也可以说是工业革命的结果罢。

至于农业革命对于近代西洋文化的影响，也是很显明的事情。工业革命固是形成近代的城市文化，而同时影响到乡村方面，农业革命又是打破了所谓乡村文化，而同时影响到城市方面。农村的固有文化，因为农业革命而崩溃。因为利用机器与科学去改良种植或畜牧，不只在农业本身上起了剧烈的变化，而且在家庭制度、社会制度，以至思想信仰上，都有重大的变化。而且，事实上，与其说是因为工业革命而引起城市的勃兴，不如说是因为农业革命而引起城市的发达，用机器与科学去耕种或畜牧，而节省农村里的劳工，也就是增加了城市里的人口的一种重要的来源。

不但这样，我们上面已经说过，好多商品与工业品，本来就是农产品，或是来自农业品。故农业的发达，又可以促进商业与工业的发达，而影响于文化的各方面。而且，农业革命不只使商业与工业的发达，而形成现代所谓城市文化，同时对于农村本身也有很大的影响。固有的农村文化既因此而崩溃，而新式的乡村文化又正在发展。工业的发达，而特别是各种交通工具的发明，使过去的乡村的孤立与状态已正逐渐消除，而以前的单调的乡村生活，不只能够改变而充分的去享受城市的生活，而且有了清净自然的环境去引诱城市的居民，使所谓城市文化与乡村文化的鸿沟，逐渐调和而成为未来的文化的一种特色。

在现代的世界里，一个国家若专靠农业而没有工业，固不易生存，然若专靠工业而没有农业，也很为危险。只有农业而没有工业的国家，则其文化的进步既必不甚易，则其农业的本身的进步，也必受了限制，因为发展农业的好多器具与方法，是依赖于工业的发达，这一点我们上面已经说过。至于只有工业而没有农业，或少有农业的国家，在现代的世界里，除非有了殖民地或利用外用农产外，这个国家也不易存在。所以，国家要求自足自给，要在农业与工业两方面必须并行而发展。其实，假使人类若没有了农业，则人类简直就创造不出文化来。

总而言之，西洋近代的文化的发展，是很得力于商业、工业与农业的发展。三者在其对于文化的影响上，虽有其不同之处，然三者都互有密切的关系，而形成所谓经济的力量。而这种经济的力量，自十九世纪以来，就逐渐的影响到文化的各方面，而在最近的将来，这种力量无疑的还在继续的增加，而使今后的文化逐渐的趋于经济重心的文化。

我们上面是从商业、工业与农业的立场，去解释其对于文化的影响的大概。假使我们再从文化本身的各方面来看，那么，经济的力量在文化上的影响而逐渐的趋于经济重心的文化的途径，尤为显明。

从政治方面来看，近代的政治是近代文化的重心，上面已经说过。然而，我们也得指出，近代的政治对于近代的经济固有很大的影响，可是，近代的经济在政治上所占的地位，也不可忽视。我们承认，德国的有名的历史经济学者斯摩尔勒（Schmoller）的意见——重商主义，是从政治社会中创造出一种经济社会的合于近代意义的国家。然而，我们也得承认，重商主义的发达，也足以引起民族主义与国家主义。其实，我们上面已经说过，近代商业的发展，是形成近代的民族主义与国家主义的一个因素。自工业革命以后，政治所受经济的影响愈为明显。交通工具的发达，使国家内部易于统一。英国的工业革命较早，故其国家内部的统一也较早。美国在一八六一年至一八六五年间，尤有南北战争，自此以后，工业发达，交通便利，直至现在，从没有发生过内战。德国到了一八七〇年，才能统一，不能不说是与工业的发达有了关系，而且自一八七〇年以后，所谓内战也可以说是没有发生。希特拉要上台的时候，虽使德国的政治呈了不安的现象，然社会民主党与国家社会主义党并没有打起仗来，这也不能说是与工业的发达与交通的便利，是没有关系的。

此外，工业的发展不只引起民主主义的发展，而且加速民主主义的发展。斯宾塞尔（Spencer）在好多年前已指出，新工业的发达，使个人得到互相分化与发展的机会，而同时也使专制政治变为民主政体。因为，工业发达之后，城市的劳工阶级的人数既多，力量亦逐渐增加，他们不只是联合起来以对抗资本家，而且是联合起来以要求政治的权力。[略]故自十九世纪的中叶以后，欧洲各国之社会民主党、共产党、劳工党以及其他的社会主义者的影响，既越来越大，连了一些专制政治的国家，对于这种力量也不得不加以承认，而自动的或被迫的去逐渐调整政治的机构，使劳工阶级在政治得有多少参加的机会。近代劳工阶级既因工业的发达而集中于城市，城市又为近代民主政治的策源地，城市的市民既有了地方自治的权利，或选举或被选为立法机关的代表的资格，乡村的人民的参政权利，也因之而逐渐增加。

我们承认，近代的民主主义的发展，是早于工业革命。然而，我们也得承认，工业革命以至农业革命，却加速了民主主义的运动。民主主义是十九世纪的文化的特征，因为在十九世纪，而尤其是十九世纪的中叶的工业发达、农业发达以后，这种主义不只是一种影响很大的理论，而且这种理论已很普遍的推行。我所以说工业革命以至农业革命，是加速了民主主义的运动，是并非没有原因的。

国内的政治的变化，固受了经济革命的不少的影响，国外的政治的发展，也受了经济革命的很大影响。帝国主义的发展之得力于商业的发达，上面已经说过。工业革命以至农业革命之后，商业品或工业的产量骤然大增，于是，强度的工业化的国家，不得不争夺畅销货物的市场。因而，除了广辟海外殖民地之外，还有所谓势力范围的圈定，以至各处市场的发展，而加强了帝国主义的论调，加速了帝国主义的侵略。帝国主义本来是政治上的名词，然却含了不少的经济的意义。而一些社会主义者，而特别是共产主义者，之所以把帝国主义当为经济上的政策，就是这个原故。

就是在十九世纪的初年的拿破仑的欧洲帝国的梦想，之所以不能实现，是与工业革命是有了关系的。我们知道，拿破仑最忌的是英国，而尤其是英国的海军，所以他常说，他所有的各种计划，常常都为英国所阻碍。然而，英国之所以能够维持与发展强大的海军，而同时能够帮助大陆各国去抵抗拿破仑，是得力不少于英国当时的财富，而英国财富的增加，主要却是由于工业革命。

从法律方面来看，近代的好多经济学者，而尤其是马克思主义者，往往以为法律不过是经济环境里的一种产物。他们以为，封建制度的社会，有封建制度的社会的法律；资本主义的社会，有资本主义的社会的法律；同样，社会主义的社会，有了社会主义的社会的法律。这各种社会，既是因生产的方法的变化而变化，那么，法律也因生产的方法的变化而变化。

我们对于这种的看法，是不敢苟同的。这种看法的缺点，是很多，我们也不必在这里加以指摘。不过，我们也得承认，近代的立法是受了经济的环境的影响，是无可疑的。我们固然不承认，法律就是金钱所创制的极端看法，然而，近代的法律之关于经济的，或是为了解释经济问题而通过的，是愈来愈多，只要我们把近代国家的立法机关里所提倡的案件以及其所通过的法令来看，就很容易明白。

为什么近代国家的立法之关于经济方面的很多呢？这也可以说是由于经济生活的剧烈的变化与复杂的现象，而这种剧烈的变化与复杂的现象，又是由于商业的发达，而尤其是工业革命，以至农业革命所引起的结果。比方，关于国家商业的政策，劳工的失业或福利的问题，以至农产的发展，农民的救济种种问题，不只是经济本身的问题，而是与整个国家，或国家的治安秩序，有了密切的关系，而都要国家去立法以调整或解决。

从宗教方面来看，自宗教改革以后，天主教在某个时期好像有了江河日下，而趋于崩溃的现象。然而，一方面固因新教没有确定的计划与严密的组织去反抗天主教，一方面又因一些热心拥护天主教的人们，而尤其是耶稣会的会士们，重张旗鼓去宣传天主教，使趋于崩溃的现象得以复活，而积极向欧洲以外各处宣传，使天主教徒的足迹，遍于地球。然而，天主教之所以能在欧洲以外的各处，培养了很大的势力，主要可以说是得力于海道的沟通与商业的发展。我们上面也已说过，有的天主教教徒还利用商业去作宣传宗教的资本，可见得，经济的发展对于宗教的影响。天主教固是利用商业的发展而宣传宗教，新教之传播于美洲，而特别是非洲、亚洲，也是得力于西洋商业的发展。比方，马礼逊（Morrison）是最先输入新教于中国的教徒，他不只借商人的力量而来中国，他在中国时，还一方面在西洋人的公司里作事，一方面向中国人传教。十九世纪的旧教与新教，都因交通便利与商业发达，而增加其势力于欧洲以外的各处。

在欧洲本身，自从工业革命与农业革命之后，农村人口的变动与城市人口的增加，宗教信仰大受影响。不但乡村的礼拜受了打击，城市的宗教信仰心理更为薄弱，而且，从前人口最多的城市，是教堂最多与最大的地方，现在则人口最多的城市，多变为烟囱最多与最高的地方。同时，无论在乡村或在城市，到礼拜堂多为年纪较老的人们，电影院、娱乐场以及郊游运动，成为一般人的礼拜游息的地方。结果是，有了不少教堂为了迎合这一般人的心理起见，也往往利用音乐及各种社交，以增加其听众或观众。可见得，工业革命与农业革命之对于宗教的影响之大。

从教育方面来看，近代经济的剧烈变化，对于教育、学术的影响也很为显明。普通国民教育的发达，是在工业革命与农业革命之后。十八世纪以前，在田里耕种或在家里作手工业的人，是大多数不识字，其实，也不一定要受教育。十九世纪与二十世纪之在工厂里作工的人，固要受教育，就是在农场用新式方法去耕种的人，也要受教育，至于经商的之要受教育，更不待说。教育成为寻找职业的主要工具，职业教育与中等教育的发达，固是可以说是为着这种需要，大学教育而尤其是大学里的理科、工科、商科，以至农科、矿科，也可以说一方面为着发展农、工、商、矿各业，一方面也是为适应各种专门职业的需要。我们知道，在十八世纪以前，中等的职业教育，既并未发展，大学的理、工、商、农、矿各种专门学院，也尚未发达。有名的大学的主要学院，是神学、法学与医学，理学院的设立虽较早，然也是在十九世纪以后才逐渐的发达。现在，则专门的技术愈来愈精，而且愈专，不只大学里有了各种专门智识的研究，在好多工厂，公司还且延聘专门人才去设立研究部，以为发展其事业的张本。

不但这样，近代教育与学术机关之得力于所谓企业家的帮忙而发展的，更是不少。各种教育学术的基金会的设立，如洛氏基金会（Rockefeller Foundation），如卡内歧基金会（Carnegie Foundation），数目之多不胜枚举。这些基金会，以及各种对于教育学术的机关的补助的方法，对于近代学术的发展与各种发明，实有不少的帮忙。

所以，现代的农、工、商业，不只像从前之于教育与学术那样的分开，而却有了密切的关系。

近代思想之受近代的农、工、商业的发展的影响，也很显明。社会主义的发达，可以说是近代经济革命的一种反应，就是所谓资本主义的发展，也可以说近代经济革命的结果。这些主义，在政治思想上固占了很重要的地位，在宗教以及其他方面的思想上，也占了很重要的地方。西思蒙第·的·哲内（Jean de Sismondi, 1773—1842），在十九世纪的初年已预料基督教社会主义。而金斯利（C. Kingsley）与毛利斯（F. D. Marice）在一八五〇年还出版了一个刊物，叫作《基督教社会主义者》（*Christian Socialist*）。在英国与美国，直至最近，所谓基督教社会主义的运动，还是一种很重要的运动。

从家庭方面来看，自近代经济革命以后，而尤其是工业革命与农业革命之后，以前的家庭手工工业固受很大的打击，而所谓自耕而食的家庭，自给自足的情形也大为改变。一般在乡村没有工作的人们，受了工业革命与农业革命而离开家庭，多数跑到城市，有的迁移到外国，如美国，或其他的地方，使乡村里的家庭的制度受到严重的破坏。至于城市里的人们，而尤其是占了大多数的劳动阶级，在工业革命与农业革命的初期，因为工资的收入有限，与工作的未必固定，再加以城市的住宅的困难以及其他的困难，因而独身或迟婚的人数，也逐渐增加。至于已经结婚的人们，也因了上面所说的种种困难，使妇女、小孩也要跑到工厂里寻找工作，以维持生活。我们知道，在工业革命与农业革命之后，就以英国而论，人口是很快的增加。然而，家庭的生活至少在这两种革命的初期，却是一种畸形的生活。劳工阶级的生活，而尤其是他们的家庭的生活的改进，是在这些革命发展好久之后，始慢慢的才能顾及。

但是，反过来看，经济革命之后，从前好多工作，要由家人而尤其是主妇自己去作的，现在却不一定，或用不着由自己去作。面包、牛奶、柴炭、衣服以及衣食住上的大部分的必需品，现在差不多都不用由家人自作，使主妇得到不少的空暇去作别的事情，或寻找职业，而使家人在物质上的享受上，增加得多。

上面是说明近代的经济的力量——经济革命以后的经济的力量，对于文化其他方面的影响。这种经济的力量，无疑的还在发展，而对文化其他方面的影响，也无疑的是愈来愈大。然而，同时我们也得指出，直到现在，西洋以至世界的文化的重心，还是在政治方面，而且这种政治重心的文化，究竟还要经过多少时间，而始像中世纪的末年的宗教重心的文化，失其重心的地位，在目下，我们还没有法子去预料。不过，我们可以指出，现代的文化的经济方面的力量既还在发展，而对于文化其他方面的影响也愈来愈大，那么，将来的文化的重心是向着经济方面，是一种不能否认的趋势。可是在目下，而且在最近的将来，政治还是西洋以至世界的文化的重心，却是一种不能否认的事实。因为国家至上与民族至上的观念，还是深存在西洋以至世界的人心，而尤其是在现在的战争剧烈的环境之下，政治的力量是高于一切的力量，而主权这个东西还是政治团体所独有的东西。富有的国家，像英美的所有的经济力量，固由国家去支配；就是较穷的国家，像德意，也用政治的力量去发展经济的力量；连了贫乏像我们自己的国家，也能维持到五六年之久的战争。假使德意相信经济的贫乏是一定要败的话，那么，德意绝不会发动这次的大战，而且德国也不会打败法国。因为在德法没有宣战之前，法国的经济力量比起德国的经济力量，是超越得多，而况法国在那个时候，还有英国去帮忙呢。同样，假使我们相信，经济的贫乏是一定要败的话，那么，我〈们〉就没法子去抵抗日本，因为日本的经济的力量比起我们的经济力量，雄厚何止百十倍。然而，我们抗战到五年之后，不但日本不能征服我们，而且我们的经济的力量并也不因之而消灭。民族意识的坚强，为国牺牲的精神，是我们持久抗战的力量。我们相信，英美必胜，德意必败。我们也可以说，英美是靠着他们的财富，而表示经济的力量的重要。然而，财富只是抗战的一个要素，政治组织的力量的发挥与民族意识的坚强的表示，在目下的战争中尤为重要。因为假使不是这样，那么法国是不会败的，而中国是不会胜的。而况英美的经济力量不只是全由国家去支配，而且要由国家去指导、组织与发动，始能发挥其力量。反过来说，假使没有一个强有力的政治机构与政府组织，不只充足的军器不能发挥其力量，就是丰富的资源也不会怎么样的利用。政治是目下的经济的主脑，正像在中世纪的时候，宗教是政治的主脑。现在的国家利用其资源去抵抗敌人、征伐敌人，犹如中世纪的教会利用王侯去征伐异教，收复圣地一样。现在的人们的抗战，以至平常的生活，都以国家为前提，正像中世纪的战争，以至平常的生活，是以宗教为重心一样的。

不但这样，中世纪的教会与近代的国家，都可以说是最高权力所集中的地方。现代的经济力量，虽然正在发展，而对于文化的其他方面的影响愈来愈大，然而在经济上，直到现在，还没有像中世纪的教会或近代的国家一样的，具体组织与集中威权，去发挥其力量。自然的，究竟经济上的力量是否能发展，而像宗教上的教会或政治上的国家的力量一样，也是一个问题，也是值得我们考虑的。不过，我们对于这个问题，不欲在这里加以讨论。

在现代的国家里，而尤其是在前次欧战以后，好多国家对于经济力量的发展，都很注意，而且有了几个国家的宪法中，并且规定在原有的立法机关之外，筹备设立一个经济议会。比方，德国的一九二〇年的维玛（Weimar）宪法，就有这种规定。经济议会是以职业代议（vocational as occupational representation）为基础。职业代议的制度，以农、工、商以及其他种职业的团体的代表为主体。这就是说，以经济的团体为主体，而选举代表去组织立法机关。不过，就以德国而论，德国的原有国会既并不废，而所谓经济议会始终没有实现。而况，这种所谓经济议会，照宪法的规定，只是一个立法的咨询的机关，而非一个立法的决定的机关，所以，就使其能够实现，也没有什么权力。

又如苏俄的共产党统治之下的国家，照其原则方面来说，是以无产阶级去统治国家。在原则上，苏俄的全俄议会虽也由职业的团体的代表所组成，可是这只是限于共产党的党员，而共产党的党员，在全国的人口中既只占了一部，而所谓代表职业团体的代表，也不一定是从事于那种职业的人。其实，苏俄还是一个国家，而且是用政治的力量去推动经济的组织，与用政治的力量去发展经济的建设。而况近年以来，俄国的国家主义以至帝国主义的发展，并不下于其他的国家。俄国之占据波兰，与威胁波尔的海与巴尔干半岛的国家，以至在中国的新疆、蒙古各处的活动，与其说是为了实现共产主义，不如说还是跟着一些极端的国家主义与帝国主义所跑的路线罢。

此外，又如所谓基尔特社会主义者（guild socialist），主张在现有的立法机关之外，设立一个经济议会，而与现有的立法机关处于平行的地位，以专管关于经济方面的立法。这种经济议会，虽比之德国宪法所规定的经济议会，权力较大，然这个议会也只限于经济方面的事情，而并不是国家里的最高议会。而况，这种主张也并没实现。

至于工团主义（syndicalism）所主张把人类都分为职业的团体，每个团体自管其团体的事情，而成为一种自治的单位，同时，又把现代的国家组织加以破坏。大致上，假使这种理想能够实现的话，那么，所谓经济重心的文化的阶段，就可开始。不过，照现在的情形来，要想实现这种主张，恐怕不是最近的将来所能作得到的。

其实，要使经济成为文化的重心，是不一定要打破国家的。国家至尊的时代，中世纪所传下来的教会，并不因之而消灭，只是国家统治了教会罢。所以，将来国家不一定要打破，不过经济成为文化的重心，而像中世纪的宗教或近代的政治，那么，必定有了一种经济的组织或机构，在权力上是超在国家之上，而统治现代的国家以及其他的团体与事情。也好像现代的国家一样的，统治现代的教会，以及其他的团体与事情。只有这样的经济的组织，才使经济成为文化的重心。

这种的经济的组织或机构，是怎么的能够产生出来，自然是一个问题。不过，比方现在各国的商会或工会，若能够联合起来而有了最高的权力，去支配国家及其他的团体的政策，强迫国家或其他的团体去执行其政策，那么，我们就可以说，这就是经济的重心的文化的时代了。

总而言之，在目下以至最近的将来，所谓经济重心的文化的阶段，恐怕尚不易实现。然而，经济的力量既正在发展，而对于文化的其他方面的影响又愈来愈大，而同时现代的国际关系又愈来愈密切，我们却可以说，这是文化趋于经济重心的一种趋向。

第四编　其他的文化

第十三章　教育的发展

在上面三编里，我们是从文化的重心方面，去解释西洋文化的发展。我们指出，从文化的重心方面来看，西洋文化的发展，是从宗教的重心，而趋于政治的重心，再从政治的重心，而趋于经济的重心。同时，我们又指出，自古代希腊以至中世纪的末年，是宗教的重心的时期，自宗教改革以后，以至最近或是最近的将来，是政治的重心的时期。但是，自从工业革命以后，西洋的文化又正朝向着经济的重心的阶段。

我们还可以指出，宗教上的改革，目的是要求宗教上的自由与平等；政治上的革命，目的是要求政治上的自由与平等；而近来的经济上的改良的目的，是要求经济上的自由与平等。大体上，从西洋的文化，而尤其是文化的重心方面来看，西洋文化的发展，是自由与平等的发展。我们相信，待到宗教上、政治上以及经济上，有了真正的自由与完全的平等之后，人类就要进入伦理的重心的阶段。然而，这并不是说，在过去的西洋的文化里，并没有伦理或道德的生活或文化。其实，无论在那一个时代或是那一个社会，都有其道德的生活或伦理的文化。但是，或因宗教上的压迫，或因政治上的压迫，或因经济上的压迫，或因这三种的压迫中的二种以至三种的压迫，因为少有或没有自由平等之可言，使其文化不能成为伦理的重心的文化罢。

不但这样，我们也得指出，我们在这里虽是解释西洋的文化，但是在世界的交通若是方便、世界各社会若是密切的时代，就使西洋的本身，在宗教上、在政治上以及在经济上，都有了真正的自由与完全的平等，但是，在世界上的其他各处，尚未得到这种自由与这种平等之前，西洋的文化也不易成为伦理重心的文化。因为，在世界交通若是便利、世界各社会若是密切，若只有一个地方有了自由与平等，而别的地方却没有，这也不能算做真正的自由，不能算做完全的平等，而所谓伦理的重心的文化，是不会实现的。

然而，我们也不能不承认，从文化的重心的发展方面来看，西洋文化比之世界其他各处的任何文化，较为进步。近代的西洋文化，之所以逐渐成为世界的文化，而世界其他各处的文化的发展，之所以跟着西洋的文化的重心的发展的途径而走，就是这个原故。

西洋文化之所以成为西洋文化，其文化的重心所占的地位固是很为重要，然而，西洋文化的其他方面，却也不能忽视。因为文化的重心，对于文化的其他方面，固是有了很多的影响；文化的其他方面，对于文化的重心，也有很多的影响。我们在上面三编里，对于西洋文化的重心，既加以解释，我们愿意在这一编里，对于西洋文化的其他方面，择要加以叙述。

我们先从教育方面说起。

我们知道，教育是文化的的度量，一个文化的程度与性质如何，往往可以从其教育的程度与性质如何，而看出来。在古代希腊的时代，斯巴达的教育是尚武，所以，斯巴达也以尚武闻于世。雅典的教育，是偏于文艺、哲学、科学，遂成为欧洲的文化的渊源。柏拉图、亚里士多德所设立的学园，成为传播希腊文化的媒介。

罗马征服希腊之后，用了很多的希腊学者去传播智识，故其所受希腊的教育的影响，自不待言。在罗马的初级学校，对于文辞、算术与音乐，都能并重；至于高级学校里，除了修辞、演说、文学之外，还注意到哲学与法律。罗马人之所以在法律上有了不少的贡献，是有其原因的。

自五世纪以后，罗马帝国崩溃，教育权被了教会所垄断，在最初的时候，像我们在上面已经指出，基督教的学者卡培拉（Martianus Capella），还把学校的学科分为算术、几何、天文、音乐、逻辑、文辞、修辞等科，七科。所以，在那个时候，教会的教育还是深染了希腊的教育的色彩。菩伊喜阿斯（Boethius）又把卡培拉所列举的前四科为科学四科（scientific quadrivium），后三科为人文三科（humanistic trivium）。这种的分类，被了寺院的学校采纳，同时，他所翻译的亚里士多德的《工具》（*Organon*），也成为寺院的学校的课本。

自教会势力澎涨以后，不只教育权都为教会所垄断，就是学校里所教授的科目，也深受了神学的影响，而为神学所排斥。格累哥利（Gregory the Great）一方面看不起修辞的学科，而特别注重神学与《圣经》，以及颂神的音乐，结果是教育变为宣传基督教的工具。

在这个环境之下要受教育，非在教会里是不容易。我们差不多可以说，除了教会之外，是没有教育可言的，而不是教会里的人们，能够读书的是很少的。至于不是教会里的人们而能够写字的，那是更少了。著名的查德曼（Charlemagne）虽然读拉丁文和一点希腊文，然而他却不会写字。

其实，不只是非教会里的人们多不识字，就是好多教士也不识字。正是为了这个原因，查德曼才令主教与教士去改革学校，改善教本，抄录《圣经》，使古典的拉丁文的手抄本能够保存，而传于后世。然而，我们也得指出，查德曼之所以这样的做，目的也不外是要使《圣经》以及教会的其他书籍得有清楚的本子，而养成一些有智识的教士。

我们知道，在那个时候，除了神学与《圣经》之外，教会学校里也授多少的音乐与天文。可是前者的目的大致是歌颂上帝、圣主的诗歌，而后者的目的也不外是想使人们能够计算教会的各种节期。历者〔史〕学者所以叫中世纪为黑暗的时代，主要也可以说是因为中世纪的教育太宗教化了，太落后了。

到了十二世纪以至十三世纪的时候，大学逐渐的发展起来。菩隆雅（Bologna）大学成立于一一五八年，不久，巴黎大学也成立起来，牛津大学也在十二世纪成立。到了一二〇九年，因为牛津大学的学生与市民吵架，一部分的学生迁到剑桥居住，遂成为剑桥大学。此外，又如萨勒诺（Salerno）也是成立很早的大学，而普累格（Prague）大学，是成立于一三四七年，海德堡（Heidelberg）大学是成立于一三八六年。

大学最初也是由教会所设立或管理的，教授与学生也多为教会的人员。教会既不受政权的统治，这些教授、学生若与市民或是自己有了冲突，以至打架，政府当局对于他们是不许加以拘捕的。所以，从政府或政治的立场来看，他们是享有特殊的权利，好像能够自由的讨论；然而，他们是受了教会的裁制，所以，大学教育也是深染宗教的色彩。巴黎大学在最初的时候，虽由大学里的各馆（nation）去选派校长（rector），可是，后来的校长却由巴黎的大主教去兼任。

又，大学最初成立的时候，既没有讲堂，也没有宿舍，讲堂往往就是教会的空房。据说，除了教授有了一张桌子之外，学生多坐在地板之上。教授方法是口讲，学生因为纸笔不易购买，多凭记忆力去记着讲师所讲的东西。一些讲稿传到后代的，多为学生在酒馆里将记忆所及的抄录下来的东西。

后来，学馆的成立是由教师去组织，而后来的学生的宿舍，又多由教会或贵族所捐助，后来又分为各科、各院。在十三世纪的时候，巴黎大学就有了八个学院，十四世纪的时候，增加到二十七个学院，牛津、剑桥也设立了好多学院。自法国革命以后，欧洲大陆的学院制度虽已废止，但是英国的大学，像牛津与剑桥，到今还保留这种制度。

欧洲的大学，因为最初是由教会去设立或管理，所以，神学成为大学中的很重要的科目。直到现在，在欧洲的好多大学，像好多的德国大学，神学科不只还存在，而且在大学一览里，是排在其他各学科之先。此外，法学与医学也为大学中的历史较久的学科。在大学发展的早期，各大学有其特长之点，比方，巴黎大学是以神学著名，菩隆雅是以法学而尤其是罗马法著名，至于萨勒诺，又以医学而著名。其他的学科，如文科、理科、工科以至社会学科，都是较近才有的。大学的科目的逐渐增加，是与近代科学的逐渐发展有了密切的关系。

欧洲的大学，除了上面所说的以外，数百年来又增加了很多。专以德国一国而论，大学就有了二十多个，此外一些专门学校尚不在内。每个大学固有其特殊之处与专长的地方，然而，大致上，无论那一个大学，对于所谓基本的智识，而尤其是所谓文、理、法、数方面的科目，多能注重。

至于美国，虽是一个新兴的国家，然而有些大学也有了数百年的历史。哈佛已成立了三百多年，耶路也有了二百多年的历史，哥林比亚有了一百多年的历史。此外，私立、州立以至市的大学，总计起来有了一百多个。在大学里读书的学生人数，有了一百多万。美国的人口大致是一万万左右，而大学学生有了一百多万，平均每一百人中，至少有了一个人进入大学。所以，美国大学教育的发达可以想见。

此外，又如加拿大与南美洲各国的大学教育也正在发展。所以，西洋文化的进步的原因固是很多，然而，大学教育的发达实是主要原因之一。

西洋的好多著名的大学，固有其悠久的历史，然而，新兴的好多大学在学术上，在文化上，也已占了很重要的地位。比方，德国的柏林大学，英国的伦敦大学，美国的芝加哥大学，都是成立较晚的大学，但是这些大学不只在其本国是很好的大学，就是在世界上也是最有声望的大学。

近代西洋的大学的目的，可以说是求知。智识的范围既是很广，大学里所包括的科目也可以说是很多。在西洋的大学里，除了历史较久的神学、法学、医学之外，现在往往有了文科、理科、工科、农科、商科等等，因此，有了好多智识在以前是被摈在大学的门之外，现在却在大学里开设。所以，从大学的立场来看，凡是一种专门的学问，都可以在大学里讲授与研究，文学、哲学、科学固是大学所常有的科目，体育、音乐、戏剧也可以在大学里开设。

所以，近代西洋的大学的目的，不只是求知，而且是自由的去求知。我们知道，柏林大学的建立，是在一八○九年。普鲁士的教育部长洪德保（W. von Humboldt），除了招致好多有名的学者，如黑格儿（Hegel）、罗最（Lotze）、封特（Wundt）、利俾喜（Liebig）、黑尔姆荷尔兹（Helmholtz）等之外，又提倡教学自由（Lehrfreiheit）的原则，使一般学者能够自由的研究，大胆的批评，而为近代教育上的自由主义奠立了基础。后来，又得了阿尔特荷夫（Althoff）的极力提倡各种研究所（institute），使学问的研究不只愈超于专问的途径，而且愈有自由发展的机会。所以，我们可以说，中古的大学之于近代的大学的最大区别，就是前者是受了宗教威权的支配，而后者是有了自由发展的机会。巴黎大学教授拉维斯（Lavisse）曾说过："现代大学与中古大学的各异，是由于他们所根据的原则的不同，中古的大学放知识于宗教的范畴里，现代的大学放智识在科学的系统里。中古的生活的原则是威权，而现代的生活的原则是自由。"（参看 *The University in a Changing World : A Symposium*, Oxford University Press）

求知固是大学的主要目的，教学（teaching）也是大学的主要任务。英国的学院制度，与其说是偏重于研究，不如说是偏重于教学。至于美国的好多的小的大学（small colleges）之注重于教学，更不待说。大致的说，自各种研究所或研究院发达之后，大学的大学本部可以说是偏于教学，而在研究所或研究院里却偏①最近来，在美国还有一种研究院是专为罗致一些已☐②部分的著作目录，已有八页之多。然而，他自曾说过："这些著作不外是我的学术发展上所抛弃的渣滓，在德国教授之中，教学还是首要的任务，研究是其次的，我是始终把教学当作我的天职的。"

我们还要指出，西洋的大学除了研究与教学之外，对于学生的性格的淘养，也并不忽略，这本来是教会学校的主要目的。英国的牛津大学、剑桥大学，以及美国的好多的小大学，对于这点都很注意。在学院制度之下，师生同住一块，除了讲求学问之外，饮食起居也在一块，目的无非是要使教师于学生的行为上，也加以指导。至于美国的小的大学，要学生住在学校宿舍，同时又鼓励学生参加学校的各种有益于身心的团体活动，目的也是想使学生的性格上得到合理的淘养。

不但这样，在中世纪的时代，大学固为宗教研究的中心，在近代民族主义或国家主义盛行的时候，大学又成为政治人才的产地。英国的历代首相，固是多来自牛津大学，就是其他各国的政治上的重要人物，也来自大学。威尔逊固是大学教授，罗斯福也是大学毕业生。

英国的哈尔丹（Haldane）在其《大学与国家的生命》（*Universities and National Life*）里说："民族的灵魂，是在我们的大学里反映出来。"关于这一点，我们又可以想起德国的斐希特（Fichte）。斐希特是德国的有名哲学家，在拿破仑蹂躏德国的时候，他正在耶拿（Jena）大学当教授。一八〇七年，耶拿已经沦陷，他赶赴柏林作了十四次的关于德国民族的公开演讲，这是历史上有名的演讲。他大声疾呼，恢复民族的光荣，先从教育上奋斗，这是二年后创立柏林大学的一个主要的动机。

其实，一个国家的文化的程度如何，往往可以从其教育的程度如何而看出来，而大学教育，又可以说是一国的教育的精华所寄托的地方。所以，看了一个国家的大学教育，也可以明白一个国家的文化如何。近代西洋各国的文化的进步，也是由于大学教育的发达。

在文化的重心趋于经济方面的时代，大学所占地位的重要，更不待说。好多的新发明，都是在大学的试验中所产生的，或是受过大学教育的人所造成的；而所谓农、工、商界的多少人才，也是由大学所教育出来的。大学的农、工、商等科目的，是为养育这些人才，以为农、工、商界的领袖。

---

① 校按：手稿"偏"字后空文字。

② 校按：手稿"已"后当缺内容，与后文无法衔接。但从页码来看，"已"为一页稿纸中正面的最后一字，后为反面内容，且每面十行字均不缺，也就是说，并不存在缺页与缺行的问题。显然，这里还存在有待补充的内容，但陈后来并未去处理。

至于文化的其他方面之由于大学的推进，也是很为显明的事情。文学家、哲学家、科学家、音乐家、艺术家、戏剧家，以至律师、医生，大半是由大学出身。所以，比方在德国，博士之多，不只是在大学里可以看出来，就是在工业界，在商业以至其他各界，也可以看出来。

总而言之，大学既为研究高深的学问的地方，大学乃是文化的精华所在的地方。文化的进步，是以智识的进步为衡。大学教育发达了，文化也必发达；大学教育衰败，文化也随之而衰败。我们所以说西洋各国的文化的进步，也是由于大学教育的进步。

反之，我国的近代的大学教育落后，所以我国的近代的文化也是落后。一百年来，我们之所以不断的派送学生到西洋各国的大学里留学，不只是想要提高我们的智识水平线，而且是想提高我们的文化水平线，这是一件很为显明的事情，用不着去详加解释的。

我们上面已经指出，西洋大学的最初发展，是注重于神学、法学以及医学方面，后来，理科与文科，而尤其是后者的方面的科目，日来日增，而变为大学的基本科目，这就是西洋人所说的普通教育（general education）的科目，或是自由文艺（liberal arts）的科目。英国的牛津、剑桥，及美国的好多大学，对于这种科目都很注意。

可是，近代的智识的范围愈来愈大，而专门的学问也愈来愈多，结果是学生之入了大学之后，决定入了某科，往往就完全注重于其专门的科目，如工程或农业中的某一特殊门类，对于一些所谓普通的智识，或一些所谓自由的文艺，很为忽略。

近年以来，在西洋，而尤其是在美国的教育当局，逐渐感觉到大学学生所学习的科目往往太专，结果使一个学生毕业之后，除了对于自己所专门的科目认识之外，对于其他的普通或基本的智识，少有或完全无认识。他们觉得这种极端的"专家教育"的错误，因而在大学里已设法去补救。因而，有的大学在第一及第二年中，完全教授一些普通的科目。有的大学需要学生在大学的时期，除了选读其专门的科目之外，必需选修多少关于这种普通的科目。这不只是一般普通的大学已这样的去作，就是有的专门大学，像著名的麻省工科大学（M. I. T.），也正要推动这种教育，使学生于专门智识之外，能有充分的普通智识。

上面是把西洋的大学教育，略加叙述，至于西洋的中等教育、职业教育、小学教育、幼稚园教育，以及其他各种社会教育，也很值得我们的注意。西洋各国的这些教育，各有不同之处，不过，为了篇幅的关系，我们只能略为说明其大致相同之点罢。

大致上我们可以说，西洋的中等的教育的主要目的，可以说是要使学生得到一种普通的智识，同时以之以为进入大学的准备。西洋的职业的教育的主要目的，可以说是要使学生得到一种特殊的智识，同时以之从事专门职业的工具。这两种教育，都可以说是以小学教育为基础，这就是说，要进普通中学或职业教育的，必先受过小学教育。受了小学教育之后，凡是希望将来要进大学的，往往进入普通中学，而明白不易进入大学，而欲在短期中得到一种特别的教育，以为寻找专门职业的，往往进入职业学校。中学有的分为初级中学或高级中学，职业学校也有分为初级职业学校与高级职业学校，这两种办法，在我国，都采用。但是，同时在西洋，也有所谓普通中学与职业学校合而为一的，这就是说，在初级中学里，是教授一般普通中学所教授的科目，到了高级中学，则专门学习某种职业，以为出校之后不再进入大学，而从事于专门职业。

然而，同时我们也得指出，在西洋，有的职业学校毕业的学生，也能入大学的。比方，一个已在工业职业学校毕业的学生，要想进入大学的工学院，是比较容易的。

职业学校与普通中学在等级上虽为同等的学校，然在西洋各国，在数目上，前者比之后者少得多。主要的原因，是为前者的弹性较小，而后者的弹性较大。一个人入了职业学校之后，他的一生的事业，大致是决定于此。所以，在工业职业学校毕业的人，大致是从事于工业方面的职业，就使他能再入大学，他所能入的也是往往限于工科方面。反过来看，一个人进了普通中学，毕业之后，他除了能够自由选择其职业之外，假使他能入大学，他也可以自由的去选读其所喜欣的科目。大概也是为了这个原故，在西洋以至在其他的各处，进入普通中学的人数特别的多，而进入职业学校的人数较少得多。

西洋各国的大学教育，固如上面所说很为发达，西洋各国的中等教育，而尤其是普通中学，尤为发达。而且，近代的中等教育已多为国家所设立，这就是所谓公立的中学。在美国，有的很小的地方也设立了中学，因为人民有了纳税的义务，而政府有了办理教育的责任。虽则，照我们看起来，在交通那么方便的环境之下，在一个很小的地方设立一个中学，是很不经济的。然而，从中等教育的普及方面来看，这种做法却又有其很大的功用。因为，无论交通如何利便，学校若设立太远了，总免不了有些人因为种种的原因，而不能上学。

这些公立的中等学校，普通是没有寄宿。在美国，这些学校多有校车去迎送学生之居住较远的，使其上课或回家。学费固然是不要缴纳，书册往往也由学校去供给。至于学校的设备，在大城市固多很好，在小乡镇的往往也很不错。

私立的中等学校，无论是教会或其他团体，以至私人办理的，在美国尤为不少。这些学校所费相当的多，而且往往有了学生寄宿的地方，故在管理上面也较为严密。好多富有的人们，往往喜欣送其子女进入这种的中学。

小学教育，在西洋是一种基本的教育，德文叫这种学校为 Grundschulet，直译起来就是基本学校。在西洋的好多国家，都有了法律去强迫儿童在某一年龄之内，必须进入这种学校。假使父母不使小孩进校的话，做父母的必受处分，其目的是要使全国人民都能够识字。

小学的年限，各国有了不同之处。比方，德国一九二〇年四月二十八日，联邦政府的基本学校条例曾规定："国民学校之前四年为共通基本学校，中等学校皆建立于其上。"但同时也规定："在特别情形之下，各邦最高的政府当局，也得将国民学校之较高数级，作为基本学校班。"

德国的基本学校的课程，大致上是德语、算术、图画、唱歌、体操以及宗教，与有关于其本乡土的科目。女子之在这种学校的，到了第三及第四年级，加授针工一科。

小学在西洋的别的国家，其制度固未必与德国相同，然其主要目的，无非是使大家能够识字、写字，而尤其是能读与能写其本国的文字。至于其他的科目的，如算术、图画、唱歌、体操，以至宗教，或是乡土地理、历史，也无非是发展儿童的智识的兴趣，淘养小孩的性情与体格，同时以为进入中学的预备。因此之故，一般公立的小学或所谓基本学校的制度或课程之于中学的，是有联络的关系的。

至于近代的幼稚园，一方面固是进入小学的一种预备的教育机关，一方面是为着使儿童的个性能够充分的发展起来。吾国从前的"勤有功戏无益"的信条，从现代的幼稚园的教育看起来，可以说是处于相反的地位。因为，幼稚园的目的，是要使小孩在游戏中去发展其个性，而明白团体活动的原理。这种教育的发展，不只减少家庭对于小孩的负担，而且使教育趋于更合理，更自由化。

又若西洋的社会教育的发达，是更不待说。游乐场、图书馆各种公共场所，以至报纸、广播等等，都使近代的社会教育，愈为普遍，愈有效用。

总而言之，近代的西洋教育，在质的方面，有了大学以及其研究院的研究的工作，使教育成为近代文化的主要动力，这一点，我们上面已经说过。在量的方面，不只大学的数目愈来愈多，不只是大学的学生愈来愈多，就是中学而特别是小学的学生，也愈来愈多。所以，西洋各国，而尤其是德、法、英、美这几个国家的国民教育，或是小学教育，尤为发达。所以，在西洋的国家里，人民受教育的人数，有占了百分之九十五以上的，比之我国的人口，受教者不过百分之二十左右，可以说是有了天渊之别。假使我们同意于斐希特所说，"恢复民族的光荣，先从教育上奋斗"，那么，吾们今后对于教育上所应努力者，至为重大。而况在我国，从来读书的人是占了很少的人数，同时所谓西化的教育历史，既较短而成绩尚未著呢。

不但这样，在西洋的现代教育制度之下，有钱的人固往往可以受了高等的教育，就是穷苦的人，只要有志去追求高等教育，往往也有这种机会。小学、中学固无须什么费用，好多大学设备了奖学金，以鼓励一般有志于追求高深学问的青年。我们应当承认，在欧洲，大学教育还是一种偏于特殊的教育，可是在美国，就变为一种很为普遍的教育。不只青年男子可以随便进大学，青年女子也可以随便进入大学。所以，大学也正逐渐趋于一种平民化的教育。

最后，我们还要指出，西洋的教育，大体上不只大学是深染了自由主义，就是中等、小学而尤其是幼稚园，都染了这种主义。上面已经说过，幼稚园的设立的目的，是要儿童去自由发展其个性，这是自由主义的教育的真谛。小学及中学，因为受了一些国家的严格的管理，虽然有了不少地方是不合于自由的原则，然而，假使我们把西洋而尤其是英、美的小学与中学，来比之我们的，则前者比之后者自由得多。他们不只对于课程方面的授受，弹性较大，就是在授课的钟点上，也较少得多。小学的学生，以至中学的学生，除了每天往往只上五个钟头课外，星期六也往往没有上课。这不只使青年、儿童有了很多的时间去预备功课，而且使他们有了充分的时间去游玩与休息。换句话来说，使他们在上课之外，有了自由机会去发展其个性，比之吾国的中学以至小学，从早到晚不停的上课，又有了很大的不同了，这又是研究西洋教育的人，所要特别加以注意的。

我们承认，十余年来，在所谓法西斯主义盛行的国家，所谓自由主义的教育，曾受了很大的打击。然而，轴心国家必败，而其对于教育上的摧残，必不能继续下去。英美的传统的自由主义的教育，今后固是更要发达，德国的自由讲学的风气，也必因法西斯主义的衰败而抬头起来。

第十四章　精神的文化

文字是促进文化的利器，也可以说是精神文化的要素。要想明白西洋文化的发展，我们对于西洋的文字不能不加以注意。

我们知道，希腊文字虽受过巴比伦与埃及的文字的影响，但是，希腊文是自成一个系统的。古代希腊文化之所以发了不少的异彩，是很得力于其文字。直到后代，人们之所能根据而研究古代希腊的文化，主要的可以说是依赖于希腊的文字所记载而传下来的典籍。虽则文字所记载的事情，往往只能反射当时的事情的很少部分，而同时也未免有了不少讹传的地方，但是，无论如何，在后代而尤其是在现代看起来，我们所能凭借以研究古代希腊的文化的，除了一些的毁坏不堪的古迹之外，主要的是希腊的文字的记载。

其实，从以往西洋历史家看起来，历史可以叫为史前。所谓史前，无非就是没有文字记载的历史。换句来说，以往的历史家所研究的历史，主要有了文字记载的历史。近来考古学日形发达，历史的事实的发现或了解，虽可以从古人所遗下来的古物、古迹而推想，然而，我们也得指出，最为可靠与最易了解的史实，还是有了文字的记载的。

因为，古代希腊的文字已发展到相当的高的程度，所以，希腊不只有黑罗多斯塔（Herodotus）的历史学者，而且有了很多的文学家、哲学家、政治学者、几何学者，以及其他的好多学者。希西俄德（Hesiod）、荷马（Homer）、柏拉图、亚里士多德、欧几里（Euclid），这不过只是随便的举了几个常常听见的名字。其实，在现代，好多人一想到古代希腊，就不能不想到这些名字，而往往却以为，希腊的整个文化就可以从这些人物的文字的记载中找出来。这种看法的错误，我们在上面已经指出，然而，我们也已指出，在没有别的较好的凭借去了解古代的文化的情况，文字的记载还是最为可靠与最易了解的根据罢。

在罗马的时代，其文化虽深受希腊文化的影响，同时，罗马的学子虽多是要读希腊文的，但是，罗马人却有其固有的文字，这就是拉丁文。我们知道，在帝国初期的时候，已有拉丁文学，而且后来有些希腊文的著作，也译为拉丁文。荷马的 *Odyssey*，是第一本译为拉丁文的。又如菩希喜阿斯（Boethius）之翻译亚里士多德的《工具》（*Organon*）为拉丁文，皆可以说是使拉丁文更趋于普遍，而代替希腊文的明征。

在第六、七世纪的时候，教皇格累哥利（Gregory the Great）盛夸其拉丁文朴素，极力提倡，拉丁文逐渐成为中世纪的普通文字。

同时，我们也得指出，拉丁文在中古时代的前期，已混合了很多的平民俗语（sermo vulgaries），或是粗语（lingue rutica），或是俗语（lingue vulgaries），结果是使本来的拉丁文变了本质，而后来又变为各种不同的罗马系语言，如意大利语、西班牙语、法兰西语，以及罗马尼亚语等。

除了所谓罗马系的语言之外，西洋的别的语言在中世纪的时候也正在发展。在一五五三年，一位德国的人文学者以及科学家，名字叫做该斯诺（Konrad von Gesner），曾用拉丁文去发展一篇论文，举出一百多种的方言，同时又举出二十多种不同方言的祷告。

我们知道，在中世纪的时候，拉丁文是欧洲的流行文字，一般学者不只莫不以拉丁文去写作，而且往往看不起其他各种的方言。就是到了十四世纪的时候，像著名的古典文学家彼得拉克（Petrarch, 1304—1375）①，还拼命去模仿西塞罗（Cicero）的声调与词句。其实，直到十六世纪的好多学者，像发表著名的《共和国》②的布丹（Bodin），以至十七世纪的好多学者，像刊行著名的《巨鲸》的霍布士（Hobbes），除了用其本国的文字去写作之外，还且刊行其拉丁文的本子。就是到了现在，在天主教堂里的教士，念《圣经》与作祷告的时候，还常常用拉丁文。

然而，在中古的下半叶，各种不同的方言已用来写作。在十一世纪的末年，在法国，不只是已经有人用方言去写作，而且已经有了很好的法兰话的作品。纪功诗（chanson de geste）就是一个例子，这是关于勇敢的武士的故事的诗。然而，最著名的要算《罗兰之歌》（*Chanson de Roland*），里头的中心人物虽是关于基督教的人物，然而已染了爱美人的情调。但是，我们在这里所要特别加以注意的是，在这个时候，在欧洲的其他各国的语言，正在形成的历程之中，法国的文字已进到相当成熟的地位了。

在意大利，我们知道，在十二世纪的时候，其文字也逐渐的具备，十四行诗（sonnet）的著作，就是一个例子。然而，意大利文字的应用，在这个时候还未成熟。直到十三世纪到十四世纪的但丁（Dante Alighieri, 1265—1321），始奠定了这个文字的基础。他在其所著的《新生命》（*Vita Nuova*）里，还只承认意大利方言可以作爱情诗，但是，在其《坚信》（*Can Vito*）里，却相信意大利方言除了可以作爱情诗之外，还可以表达更高的理想化的爱情的观念。其实，在中古的时代，在文学上成就最大的，恐怕还是但丁。而且，因为他用了本国方言去写作，遂引起别国的不少学者去发展其本国的文字。

又在十四世纪的时候，意大利的散文也正在发展，而菩卡绰（Boccaccio, 1313—1375）的《十日谈》（*Decameron*）却奠定了这种散文的基础。关于这本书

---

① 编注：彼得拉克于1374年去世。
② 编注：即《国家六书》。

之对于当时的教士的尊严的损伤，我们在上面已经说过，但是，我们所要注意的是，他用朴朴实实的文字与着重现世的态度而讥讽当时的教士，不只引起人们对于教士的尊严生了怀疑的态度，而且使人相信用意大利文去写作，并不下于用拉丁文去写作。

在英国，在十四世纪的时候，英文也正在形成的阶段。威克利夫（John Wycliffe，1342—1384）① 除了用英国的方言去说教之外，还用英国的文字去翻译《圣经》，使贫富的人们一样的能念《圣经》，而与上帝直接去交通。其实，在他的时候，他的著作是英国人读得最多的著作。《圣经》差不多是人人要念的书本，他的翻译使了大众能读，结果是逐渐成为英国的标准语言，而统一各地的方言。

同时，超瑟（Chaucer，1340—1400）在英国的文字及文学上的地位，正像但丁在这方面之在意大利的地位一样。他最初是像英国的皇室的人物，受了法国文字与文学的影响，所以，早年还用法文去写作。但是，后来他到意大利去，而受了但丁与菩卡绰的影响，而转变其作风。回到英国之后，他写了《康忒培利故事》（Canterbury Tales），这是他的著名的英文著作。在这里，他并不给与我们以一个理想化或神秘化的英雄，而乃描写一些故事，为着一般的人民去欣赏，正像他是对着一般在街头巷末的人们而说的言语。

此外，又如在德国，德文的成熟也是相当的晚。十七世纪的好〈多〉德国学者，还用拉丁文去写作。十八世纪的德国的皇帝与好多宫廷人物，还说法国话。然而，我们知道，在十六世纪的时候，德文也正在流行，马丁·路得曾用德文去翻译《圣经》。到了十八世纪而尤其是二十世纪的时候，德国的文字固是公认的很严密的文字，而用德文去写作诗歌，也可以成为不朽之作。歌德以及好多的德国文学家，在文学上的成就，就是很好的例子。

除了法、意、英、德的文字之外，西洋其他各国的文字，在这个时代都逐渐的形成起来。而其文字的流行的远近，往往又与其国家的兴盛与否，或其文化的传播的远近，有了密切的关系。在中世纪的末叶以至十八世纪的时候，法文在欧洲的势力很大。自十九世纪以后，英文在世界上的影响至为广大。此外，西班牙、荷兰文、德文，在某一区域中虽也占了优势。然而，在百余年来而尤其是从最近的趋势来看，英文成为世界上最为普遍的文字。这不只是因为英国在百多年来的属地的广大，与商业的兴盛所致，而且是由于美国在二十世纪的势力的澎涨，而尤其在武力与经济方面的势力的澎涨而来。

从表面上看起来，西洋的文字是很为复杂的。已往的希腊文与拉丁文的不同，固不用说，就照现在的情形来看，除了法、意、英、德的文字，以及荷兰、

---

① 编注：据多种文献记载，威克利夫生于 1330 年。

西班牙的文字之外，还有北欧的文字，如丹麦文，或是东欧的文字，如波兰文、俄国文等等。然而事实上，西洋文字的渊源却可以说是来自希腊，而尤其是拉丁文。英、德、法、意大利、西班牙、罗马尼亚，以至北欧的丹麦、挪威、瑞典等国的文字，固有了很多相同之处，而这些文字之有很多是来自希腊文或拉丁文。因此之故，有了好多文字，直到现在，还是大家所公用。比方，社会（society）是来自拉丁，论理（logic）是来自希腊，然而社会学（sociology）却是拉丁文与希腊文的混合而成的。

不但这样，在近代交通利便、接触日繁的世界里，而尤其是在欧洲与美洲的环境里，好多新的学问或事物的发明或产生，其名词往往成为各国所通用的文字。就使有些国家原来有了某字去指明某种学问或某种事物，但是，为求使大家易于明瞭起见，放弃自己所固有的名词，而采用他人所常用的名字，也是常有的事。就是社会学其书来说，德国人本来喜用 Gesellschafts lehre 或是 Gesellschafts wissenschat，去代替 Sociologie，然而，后者在一百年来，已为大多数的人们所采用，所以，德国学者在最近二三十年，也已多用这个字了。

然而，最重要的是，西洋的文字不只都是拼音的文字，而且有了相同的字母。我们知道，古代埃及的文字也是象形的，可是后来变为拼音。希腊与罗马的文字都是拼音的，至于近代欧洲的文字，是以二十六个字母为基本，由此而产生出千万不同的字，同时因为这种文字是拼音的，无论是那一种方言，都可以这些字母去拼出来。方言日来日多，文字也日来日多，近代欧洲各国方言之所以变为近代欧洲的各国文字，就是这个原故。

方言的各异，固使欧洲的各国文字，也随之而异。但是，欧洲的文字，既皆渊源于希腊文与拉丁文，而这两种文字而尤其是后者，既在欧洲流行了一千多年之久，欧洲的文字也有其根本相同之处。因此之故，凡是学习了欧洲的一种文字之后，假使再去学习欧洲的其他各国的文字，也比较容易。英、法文在现在固有很多相同，英、德文在过去更为相同，至如法文之于意大利文或西班牙之相近，以及德文之于荷兰文、丹麦文以至挪威、瑞典文之相近，是更不待说的了。

同时，也是为了这个原故，近来遂有所谓世界语的运动。世界语（Esperanto）之所以造成，就是基于西洋文字的同处。在十余二十年前，这种运动发展相当的快，近年以来，虽然有了衰微的现象，但是，在交通这么方便、接触这么繁多的时代，需要一种世界共同的语言、文字，是一件很为显明的事情。

因为欧洲文字是拼音的，所以懂得西洋方言的人们，很易认识其文字。文字差不多可以说就是方言，而方言也差不多可以说就是文字。我们并不否认，在西洋各国里，文字之于方言，也有多少没有一致的。比方在德国，在北部的（Platt Deutech），是与普通的德语是不同的。然而，这是较少的例外。至于如在美国南部的佐基阿（Georgia）的地方的人们所说的方言，是与美国其他的地方所说的英语，有了不少差异。然而，大体上，佐基阿人所说的话，懂得英语的人也可以懂。这可以说是方言上的大同小异，至于文字上却是完全相同，而没有什么的区别。

言文合一在学习文字上，真是省时不费力，比之我国的言文不同，而要用好多岁月，好多精力，去学习文字，大不相同。在西洋，一个小孩或一个不识字的成人，因为会说其方言，只用了三二年的功夫去学习其文字，就能运用自如。这样的容易去认识文字，不只西洋是这样，就是比方采用了罗马字母的安南人，入校读书二年或一年，就会读书作文。反之我国，而尤其是在白话文尚未流行之前，读了五六年书，而尚不能执笔写信作文的，比比皆是。结果是，识字的人固是少得很，就是称为读书的人，也有用了一生的工夫，去咬嚼文字，而却往往不能通达的。

这种拼音文字的功用，在现代的世界里，尤为显明。现在的学问的范围，愈来愈广，一个人在其应付日常的生活上，所要知道的事情既很多，而在其学习专精的智识上，所要费了的时间又很长，若再要化了很多的时间去学习文字，结果在日常的生活上，在专精的学问上，都必有了、受了很大的影响。

不但这样，西洋文字因为是用二十六个字母去拼音，还有一个大方便，这就是打字机的应用。利用打字机去打字，不只可以打得很快，就是一打数张副稿，也较为方便。我国近来虽也有中文打字机的制造，然而复杂太多，这是因为根本上，我国的文字的复杂所致。

至于在印刷上，西文字母既可以很有秩序的排比起来，字粒的取用上也很为方便，使印刷上省了不少的时间与精神。

因为西洋文字易读、易写、易于打字、易于印刷，西洋的教育也易于普及。教育既像我们在上面所说，是文化的度量，文字又是促进文化的利器，西洋近代文化之所以能够剧烈的进步，不能不说是由于西洋文化的力量。我国文字的难读、难写，在教育上固是一个大窒碍，在文化上也是一个大缺点。近年以来，白话文的流行，使言文合一，虽是使读书者比较的易于认字，然而，文字本身的缺点若不解决，则在教育的发展上，在文化的发展上的根本的毛病，是不易废除，而况白话文的运动还是一个西化的运动呢。

上面是解释西洋的文字，在解释西洋的文字时，我们也略为提及西洋的文学。我们知道，在古代而尤其是在希腊的时代，文学的成就已相当的高。荷马的诗歌，以及亚里斯多芬的戏剧，都是古代文学的佳作。其实，从希腊人看起来，愈学习诗歌，以至音乐、艺术，是教育上的要事，而且是儿童教育的必修科目，柏拉图曾这样的说过：

> 当儿童学习字母并开始了解所写的东西——如在他知道什是说的东西以前——他们即将他在学校中所读之大诗人的作品，放在他们的手中了。在这

里，含有许多教训，许多故事，许多歌颂，许多古代有名人的赞辞，他必须要用心去学习这些东西。因为他可借此模仿他们，或与他们竞争，而想变成像他们一样。并且，教七弦琴的教师，也要同样的留心，因为要使他们青年学生有适度的动作，而没有骚扰。当他们教他七弦琴的用法的时候，他们还要介绍他以别种伟大诗人的诗。这些伟大的诗人，即是七弦琴的诗家（或抒情诗家），并且他们要使诗成为音乐，并要使他们的和谐与节奏，与儿童的灵魂要十分相熟。因为他们可以学习变为更文雅，更和谐，与更有节奏的人，并能更适合于说话与行为；因为人的生命，每一部分都需要和谐与节奏。[看彭基相译、提金松（G. L. Dickinson）的《希腊的生活观》（*The Greek View of Life*），页二三五—二三六]

然而，我们在上面已经指出，古代的文学是深染了宗教的色彩，至于中世纪的文学、音乐、艺术之为基督教的影响，是更不用说的。在中世纪的末年以至十六、十七世纪的时候，各国文字代替拉丁文而发达，同时，民族主义或国家主义正在盛行，所谓民族文学，也随之而兴。到了近代的经济革命之后，因为经济上的种种问题，而尤其贫富的不均的情形之下，又有所谓普罗文学或是无产阶级的文学。

这不过是略就文化的重心的发展的立场，而看西洋文学的趋势。西洋自文艺复兴以后，文学的派别至为繁多。所谓古典派的文学，以至图画艺术，在十七与十八世纪，力量是很大的。在这个时候，拉丁文的文学固已衰微，可是用了各种方言的文学，无论在形式上或内容上，还是染了古典的拉丁与希腊的文学的色彩。比方在德国，俄彼兹（Martin Opitz, 1597—1639）的《德国诗书》（*Book of German Poetry*），尽量去模仿古代拉丁的作品，而呈了呆板的文学。十八世纪的哥特舍德（Gottsched），还以为德国假如有了文学的话，那么，这种文学必定是模仿法国的古典主义的文学。怪不得在那个时候，一般的德国的主要学者，都要学习以至讲说法文，就是后来的雷星（Lessing），也是偏于这方面。

法国的古典文学，在这个时期的发达，更为显明。所谓路易十四的大君主（Grand Monarch）的时代，也可以说就是古典的时代。好多法国的著名学者，都在这个时代里产生。科乃伊（Corneille）、摩利挨（Moliere）、拉星（Racine）、塞文耶夫人（Madame de Sevigne）等等，只是几个代表的人物罢。

在英国，沙士比亚（Shakespeare）的戏剧，是染了古典的色彩，是用不着说。至于米尔顿（John Milton）在其时代，是与沙士比亚同名，他是一位著名的古典文学者。至于在波普（Alexander Pope）的著作里，我们可以找出英国的古典主义的文学中的最高峰了。

总而言之，在十七与十八世纪的时候，西洋不只是在文学方面的古典主义的色彩很浓，就是在艺术方面，也是这样。然而，自十八世纪的晚年而尤其是十九世纪的时候，在文学上的浪漫主义（romanticism）却发达起来。浪漫主义的发展，是得力不少于法国的革命。这种主义的产生，是对于古典主义的反抗。这种主义所注重的是情绪而不是理性，所看重的是人类山水，而不是人为的建筑。质言之，是自然的人物，而不是古代的希腊或罗马的著作。

在英国的诗里，我们可以找出浪漫主义的表示。科尔利治（Coleridge）的 *Ancient Mariner*、*Kubla Khan* 与 *Christabel*，拜伦（Byron）、舍利（Shelly）、基兹（Keats）都是浪漫主义的诗人。此外，又如基普林（Kipling），除了写作了关于冒险的小说之外，他的赞美帝国主义的诗词，所谓"白人的负担"，也是充分表示了浪漫主义。

至于小说方面，斯科特（Sir Walter Scott）之关于苏格兰的历史上的浪漫故事，在十九世纪里，曾引起好多的读者与有了很大的影响。此外，又如斯蒂芬孙（Stevenson）的 *Treasure Island*，也属于这一派。在美国，库柏（James F. Cooper）也写了很多的浪漫小说，他的 *Pilot* 与 *Pioneers* 是一八二三年出版的。此外，又有关于美国西部及印第安人的生活的描写。这些小说不只是美国人很为欢迎，就是欧洲也有好多国文字的译本。

在法国，沙托布利翁（Chateaubriand）的原始社会的自然环境，以及北美洲的印第安人的生活的描写，是这个学派的代表人物。至于德国喜勒（Schiller），虽写过古典主义的文学，然而，他在一八〇四年所刊行的 *William Tell*，是一本浪漫的历史的戏剧。歌德（Goethe）是一位古典主义的文学家，也是一位浪漫主义的文学家。他的《浮士德》（*Faust*），是在他未死之前不久写完的，这是德国的最著名的戏剧，也是浪漫主义的文学的最好的代表著作。而利赫忒（Richter）的好多离奇与幽默的作品，充分表示情感的作用，而为当时一般人所喜欣。

在浪漫主义的文学正在流行的时候，写实主义的文学也兴盛起来。到了十九世纪的末年，而尤其一八八〇以后，写实主义的文学影响更大。比方，著名的写实主义的文学家福罗贝尔（Flaubert），在一八五七年所出版的 *Madame Bovary*，描写一位乡村医生的太太的不忠实的婚姻。在这本小说刚出版的时候，一般人总目为淫乱与可丑的作品，而作者也被目为不道德。然而，在一八八〇年，这就是这位作者既死之后，人们又当这本小说为很好的小说，因为，他所描写的是人间所能有的事实。又如莫泊桑（Maupassant）的短篇小说，对于人生的描写至为深刻，故其影响也很为广大。

法国的这个学派中的特出人物中，提菩（Jacques Thibault）是很值得我们注意的，他的笔名是安那托·法兰西（Anatole France），从一八八一到一九二四的四十余年中，他不只是法国文学的杰出人物，而且是欧洲的文学的特出人才。他的第一本小说 *The Crime of Sylvestre Bonnard*，是一八八一年出版之后，就给他很好的声誉。一般人都承认，他是十九世纪的末年到二十世纪的初期的佛尔泰

（Voltaire）。

此外，在欧洲大陆方面，比方挪威的易卜生（Henrik Ibsen），俄国的托尔斯泰（Tolstoi），德国的苏德曼（Hermann Sundermann），都是这派的代表人物。苏德曼是善于描写关于社会方面的小说与戏剧。托尔斯泰在一八六〇年已发表其和平主义的小说，这就是他的《战争与和平》（War and Peace），他后来愈变愈激烈，而趋于基督教的共产主义与无政府主义。然而，到了后来，他的小说，如他的《复活》（Resurrection），是写实主义与神秘主义的混合作品罢。

在英国，美雷提斯（George Meredith）、哈定（Thomas Handy）、萧伯诺（B. Shaw）、韦尔斯（H. G. Wells），都是这派的代表人物。美雷提斯的 The Egoist 与 Diana of the Crossways，哈定的 The Mayor of Caster Bridge 与 Tess of the d'Urbervilles，都是这一派的代表著作。萧伯诺与韦尔斯都是社会主义者，前者用戏剧去提出各种社会问题，如娼妓、军国主义与救世军等等，后者的小说是被目为科学的浪漫（scientific romance）或是乌托邦的写实主义（utopian rearlism）。他推想，在将来的世界里，机器完全代替人工，使人类完全用功夫去游玩。他的 A Modern Utopian 与 The Research Magnificent，可以说这种乌托邦的写实主义的代表作品。

大致上，在浪漫主义盛行的时候，文学固是偏于浪漫，艺术、油绘往往亦偏于浪漫。在写实主义盛行的时候，文学固是偏于写实，艺术、油绘也偏于写实。在时间，前者固是较早于后者，然而，两者在十九世纪也可以说是相并而立。

最后，我们愿意去略谈西洋的哲学。

西洋的哲学的派别是不胜枚举的，我们在这里，只能把其主要的思潮，以作最简单的叙述。

哲学在希腊的时代已很发达，而其代表的人物，可以说是柏拉图（Plato）。柏拉图以为，观念（ideas）是生命文化中的主动力，观念是超出乎所谓变换无常的世界的意义，观念是一个永久不变的东西，而且是一个完整的东西，是一个绝对的东西。比方，所谓个人（individual），只是观念的人（man）的暂时的现象，同时，又不过是观念的人的部分的现象，不过是观念的人的相对的现象。质言之，柏拉图所相信的最后的实在，是在精神的，或心灵的，或绝对的观念。

这种理论，在哲学上是叫做唯心论。自从柏拉图以后，而尤其是在中世纪的时候，基督教的盛行之下，西洋哲学虽呈了衰微的现象，然而，基督教的注重精神（spiritual）的生活，是偏于唯心论的。事实上，中世纪的基督教，正像我们在上面已经说过，是深染了希腊的精神。所以，中世纪的哲学，可以说是希伯来与希腊的哲学的混合品。

唯心论到了后来，而尤其是在德国，经过学者如康德（Kant Fichte），而特别是黑格儿（Hegel）的研究之后，更形发达而达其最峰。又如，在英国，如勃拉特莱（Bradley），如普臧该特（Bosanquet），都是这一派的代表人物。

唯心论的本身，虽然有了好多派别，然而，他们大致上都是以精神或心灵或观念，为宇宙、生命或文化的主动力。反乎这种的理论，而以为宇宙、生命或文化的主动力是物质，是叫做唯物论。唯物论相信，一切现象都是物质的运动，支配物质的又不外是机械的因果律。

唯物论的来源，虽也可以逐原到古代希腊的哲学家，然其发达却是近代的事，而尤其是各种自然科学发达之后。广义的说，所谓科学上的自然主义，文化论上地理学派、生物学派，以至经济学上的经济史观，都可以说是属于这一派。而近代学者，如彪赫纳（Buchner）的物质一元论，黑克尔（Haeckel）的本质一元论，以及俄斯瓦尔德（Ostwald）的能力论，都是唯物论者的主要论调。

此外，唯心论者的实在是靠了心灵而存在的主张，又为哲学上的实在论者所否认。他们以为，知识之所对是独立的，质言言元外物是独立存在的，所谓智识，并非神秘的东西。又如最近来的实验主义，以为实验主义在根本上是一种方法，一种看了实际效用的方法，是一种态度，一种注重经验的态度。因此之故，他们以为，在这种方法之下，我们所要求不是永久不变的结果，同时，在这种态度之下，我们所要求的是具体的事实。这种方法与这种态度，也可以说是反乎唯心的论调。

然而，在哲学上，近来也有所谓文化主义的看法。从这种看法来说，文化是一种实在（reality），是一种独立存在的东西，是一种事实（fact），是一种经验演变的东西。而且，文化固是心的表现，同时又是物的表现。整个人类的文化，固是心与物的表现，每一种文化，也是心与物的表现。一张桌，要用木去做的固是物的表现，但是作成一张桌子，是要用心去计画的。所谓用心去计画，不只是使这张桌子能够实用，而且要使这张桌子有了美感。一本哲学书，固是说明思想的东西，固是心的表现，然而，这本书是用纸、用笔、用墨等等去做成，而所谓纸、笔、墨等等，又是物的表现。所以，心与物，从文化的立场来看，是双双必需的，是相辅而成的，两者无所谓轻重，两者很难定先后。这是哲学上的文化主义，也可以说哲学上的一种综合的看法，一种调和的态度。

第十五章　社会的文化

上面可以说，是从西洋的文化的精神方面来说，现在我们且来略谈西洋的文化的社会方面。

家庭是社会的单位，所以我们先说家庭。

西洋最古的家庭是怎么样，不易考究。据一些学者的研究，像白浩芬（Bachofeno）的《母权论》（*Das Mutterrecht*），西洋的古代也有过母系的家庭。他在这本书里就举出一些例子，去证明西洋古代的家庭，是经过母系的阶段。然而，我们也得指〈出〉，自从古代希腊以至近代，大致上，西洋的家庭是父系的家庭。白浩芬虽然在西洋的历史上，找出一些关于母系家庭的制度，然而，这种制度恐怕至多也只可以说，是西洋母系家庭的留痕。其实，在古代希腊以前的西洋的家庭，是否经过母系的阶段，就是一个疑问。我们在这里，既不愿去考究这个问题，那么，我们只能解释古代希腊以后的西洋的家庭。

希腊人的家庭，大致上是父系的家庭，是无可疑的。亚里士多德在其《政治学》（*Politics*）里很清楚的指出，男子是一家之长，所以，做丈夫的不只有权去管小孩，而且有权去管妻子。他在一个地方指出，作丈夫的有权去管他的小孩、妻子、奴仆与牛，把小孩、妻与奴仆以至牛放在一块，好像是把他们当作财产去看待一样。这种做法，本来是原始社会里所常有的做法，并不稀奇。至于罗马的家庭，也可以说是父系的家庭。丈夫之于小孩与妻子，也当作财产看待。不但这样，亚里士多德还以为国家的来源是家庭，所以国家里的君主的权力，也正像家庭中的父亲的权力。而且，照希腊以至罗马人的看法，君主的权力是从父亲的权力发展与扩大而来的。

中世纪既受了基督教会的统治，基督教的家庭也是父系的家庭。耶稣的父亲是怎么样，虽有不少的争论，然而《旧约》中所说的家庭，无疑的是父系的家庭。据说，上帝最初是创造男子，这是父系的说法。在理论上，基督教固然承认男女在上帝面前是平等的，然而，在事实上，中世纪的妇女是受了层层的压迫。直到近代，据说，在英国，在夫妇的睡床的床头，还有一条鞭子，假使妻子不听话，丈夫可以用这条鞭子去打她。在德国，以及好多西洋的国家里，妇女同样的处于次要的地位。美国的妇女在家庭中的地位虽是很高，同时，妇女在社会上虽然被人尊重，而有妇女居 lady first 的习惯，然而事实上，男女真正的平等还未完全实现，这就是说，妇女还尚未与男子处于完全平等的地位。

然而，假使我们回看西洋一百五十年的历史，而尤其是近五十年来，我们很可以看出来，在这个时期里，西洋的妇女的地位，是一步一步的增高起来。我们知道，在法国革命的时候，曾有过《人权宣言》，这里所说的人权，可以说男子的权。为了这个原故，佛尔斯顿格拉特（Vollstoncraft），这就是著名的政治思想家哥德文（W. Godwin）的太太，曾发表了一篇《女权宣言》，这可以说是近代妇女运动的先声。

到了十九世纪的中叶，有些著名的学者像约翰·米尔（John. S. Mill），曾著了妇女压〈迫〉论去提倡女权，米尔还在国会里，设法去用法律的方法，而使女子的地位提高。此外，他又劝其朋友去赞助他办法，斯宾塞尔是被劝的一位。但是，十九世纪的中叶以至下半叶的初期，所谓男女平等的论调，还是被人目为不经之谈。所以，就像思想很为解放的斯宾塞尔，对于米尔的提倡女权，就不赞成。说也奇怪，斯宾塞尔以至社会〈学〉的鼻祖孔德，都以为男女根本是不平等的——不只生理上不平等，就是智慧上也不平等。然而，我们也得指出，米尔、孔德、斯宾塞尔三位的妇女的观念，好像都是偏于主观的。米尔一生的成就，正像后来的华德（Lester Ward）一样，得了太太的帮忙不少，所以，对于妇女都特别尊崇，而同样的去极力提倡女权。孔德的第一次结婚的太太，给他不少的烦闷与痛苦，所以，他起首是看不起女的，到了后来，他爱上别一位女的，他的态度却又改变，而对于妇女有了好感。斯宾塞尔终身不娶，也许是与他的男女不能平等的观念，有了不少的关系。

但自十九世纪的下半叶以后，好多学者从历史上、从原始社会里找出好多材料，证明女子在古代或在原始社会，是占了重要的地位。于是，女权的运动很快的发展起来。白浩芬的《母权论》（一八六一），是偏于历史的研究，而麦兰诺（Mclenan）在一八七六年所发表的《古代历史研究》（Studies in Ancient History），以及摩尔根（Morgan）在一八七七年所发表的《古代社会》（Ancient Society），又在原始社会找出好多关于母系家庭的材料，证明在原始社会里，母权不只是很重要，而且有时比之男的还要重要。他们以及好多学者，都以为人类的初期家庭，是母系的家庭，父系的家庭是后来才发生的。

至于华特（Lester Ward），不只是赞同了白浩芬、麦兰诺与摩尔根的理论，他并且从生物学上去证明：女先于男。照他的意见，植物的世界里与在最低等的动物的世界里，只有女性而没有男性。一枝竹出笋而变为别一枝竹，一棵树从旁生出别一棵树，都是表示只有母性，没有男性。一个单细胞动物分为二个单细胞动物，至于动物只能知其母而不知父，这也是只有母性，而没有男性。因此之故，他遂以为，从生物以至人类的社会的早期，都是母系的家庭。

怎么母系的家庭变为父系的家庭，解释虽多，然而华德看起来，是与Covade的制度有了很大的关系。华德这种母权论，在一八八五年左右已经提倡，到了后来，他著《纯粹社会学》（Pure Sociology）时，里面有了一编是专讲母权的，他叫作女性中心论（gynaecocentric theory）。

我们所以把这些母权的学说，或是女性中心论，来略为叙述，因为近代的妇女运动，是很得力于这种理论的宣传，因为他们既以为女权本来是高于男权，那么所谓女子生而低于男子的理论，要被打破，同时，女子争平等、争自由，也不外是希望取回其在历史上所被男子侵夺的权利。这么一来，不只是男女平等的理论有了根据，就是女尊男卑的理论也有了根据。这种理论不只养成近代的一个重要社会运动，这就是妇女运动，而且使妇女在家庭中的地位有了很大的影响。

从社会运动方面来看，妇女运动是十九世纪到二十世纪的最重要的社会运动之一。所谓妇女运动，目的不外是要求在法律上、在政治上、在经济上以至在教育上，与男子平等。所谓法律上的平等，是要求在法律面前，男女不应有所区别，而尤其是对于妇女继承产业上，应有同等的待遇。所谓政治上的平等，是男子既有了选举与被选权，女子也应有这种权利。所谓经济上的平等，是主张凡是男子能作的职业，女子也应给与机会去参加。所谓教育上的平等，是要求女子能与男子，受了同等的教育。

我们应当指出，在西洋，这种妇女运动的历史，虽可以溯源于十八世纪的末年，然而，妇女所要求的各种平等待遇的实现，却是近数十年，而尤其是二十世纪以后的事。在法律上，西洋妇女得到平等的机会虽比较的早，在政治上，却可以说是在上次欧战开始之后。美国在一九一七年才修改宪法，给予妇女以选举与被选权。英国在欧战之后，最初还只给与一部份的妇女以这种权利，是过了好几年后，才放大其范围，而包括一般普通的女子。至于德国，在维玛宪法之下，妇女虽得到政治上的平等权利，可是自希特拉上台之后，提倡妇女回到厨房去的口号，这种权利又受了很大的打击。在法国，直到现在，妇女还没有这种权利。我们知道，法国是近代主张平等自由的一个先进的国家，然而，很奇怪的，有些革命人物以为，他们之所以不给妇女以这种权利，就是因为他们恐怕妇女有了这种权利之后，也许会选出一个皇帝，而使法国复回君主专制的政治。因为，他们以为法国的妇女是保守的，是天主教徒，是容易受了罗马教皇的影响，是容易为人利用而趋于专制，所以，为着保护共和的政治，不能随便去给予妇女以这种权利。

在经济上，从前西洋的妇女，也是差不多完全致力于家务。自工业革命以后，有的工厂慢慢的雇用女工，妇女在其他种职业上服务的，也逐渐的增加起来。比方，商店中的店员，逐渐的多用女子。于是，银行以及大的企业公司之用女职员的，也多起来。在西洋，在现在，有些大商店或工厂以至银行，且为女子所创办。

此外，在政府里以至其他各种机关之用女子为书记、秘书的，所在皆是。打字人员在西洋，而尤其是在美国，差不多可以说是变为女子所专利的职业。

又如，中学里而尤其是小学里的教师，多是由女子去担任。这种情形在美国尤为普遍。这是由于女子的性情易于接近小孩，但是，也是因为女子教育发达起来，而才能有这种现象。至于幼稚园里的教师，可以说完全是女的。又如图书馆中的职员，也几乎成为女子所专有的职业，虽则高级的人员，还有不少的女的。

看护妇是女子的专门职业，女医生在近代，也日来日多。此外，其他的职业，女子也逐渐的参加。总而言之，女子既可以离家而参加各种职业的工作，他们在经济也可以独立，经济可以独立而用不着靠男的，男女平等愈易实现。

至于在教育方面，西洋女子教育，在近数十年来，也很发达。我们知道，比方，在德国，在上次欧战之前，大学差不多是没有女生的，上次欧战以后，虽是有了很多大学有了女生，但是，还是寥寥无几；在英国，牛津、剑桥一向反对收录女生，直到近来，才能部分的；关于美国女子之入大学的人数很多，但是，哈佛、耶路的大学部至今不收女生。然而，无论如何，二十余年来，在西洋，不只女子之入大学的人数，日来日多，而且女子之入中等学校，而特别是基本学校的，至为普遍。

因为在教育上，在经济上，在政治上，在法律上，女子之于男子有了平等的机会，女子在家庭里的地位，也可以说是因之而增高起来。一个女子受了与丈夫同等的教育，假使她有能力去求经济上的独立，再加以政治与法律上的平等，她不只是在社会上，可以与其他的男男女女，处于平等的地位，就是在家里，也与丈夫处于同等的地位。

我们应当指出，所谓平等，并非要作同样的事情，而是有了同等的能力与同等的机会。所以，在西洋的家庭里，以至社会上，男女所作的工作还是有了很多的不同。上面举出，有些职业是女子居多，有的是男子居多，也就是有了分工的意义。至于在家庭里，家中的一切家务，主要还是由妇女去管，尤其是有了小孩的家庭里，女子不得不在家里。至于没有小孩而家务较少的家庭，有时女的与男的虽同样的到外间找工作，然而，家里的事务还是由女的主管。

男女既处于平等的地位，婚姻可以说是两性的自由的结合。西洋的男女结婚，并不像我们那样的是父母之命媒妁之言，而是由于两性的感情融洽之后，才能结婚。在从前，只要牧师作证人，就可结婚。现在的国家主义盛行，婚姻除了往往还请牧师去作证之外，还要在政府里取过允准书。大致上，直到现在，好多西洋人结婚，还在礼拜堂里举行婚式，虽是很为庄严，但是也比较的简单，并不像我们那样的敷张。

因为婚姻是两性自由的结合，所以只要男女两方愿意的话，就可结婚。在习惯上，西洋也有所谓门户相对才相结婚，这特别是在皇帝方面，不能随便。作皇帝的，在习惯上，不能与平民女子结婚。英国的爱德华第八，因为要与萨姆普松夫人（Mrs. Sampson）〈结婚〉而放弃王位，罗马尼亚卡娄（Carol）因恋着一位平民女子而让位其子，这可以说结婚上的一种限制。然而，我们也得指出，只要他们愿意去放弃皇位，他们要与何人结婚，是没有别人能阻止的，也没有法律去禁止的。至于其他的贵族、平民要与何人结婚，都很自由。

在以往，还有所谓宗教上的限制。一个基督教徒，想与一个信仰别种宗教的人结婚，是不容易的。然而，这种限制在现在可以说是已经解放，虽则在习惯上，比方，一个天主教的教徒，还是喜欢与一个天主教的教徒结婚，一个犹太教的教徒，还是喜欢与一个犹太教的教徒结婚，不同宗派而结婚的还是少数。

家庭由两性的自由结合而成，家庭的组织，是源于一夫与一妻。在西洋的历史，虽是不乏一夫多妻的例子，然而，这只能算作例外。所以，西洋的家庭的制度，可以说是一夫一妻的制度。基督教的信条，固是这样的主张，现代的西洋各国的法律，也是这样的规定。一夫多妻或是一妻多夫，在西洋都为法律所不许。

离婚虽为法律所允准，然而，离婚的多少，是因人因地而不同。大致的说，一般天主教徒之离婚的，比较的少。欧洲的离婚的案件，虽不若美国的那么多，然而，在美国各州的离婚的人数，也很不相同。有的州因为离婚在法律上的手续简单，离婚的人数较多，但是，这并不一定是说，这是由于这个州里的人们离婚的多，因为他州的人们，往往利用了这种法律上的手续的简单，而特别到了这个州而离婚。然而，我们也得知道，就是在西洋离婚，并非社会所鼓励的事情，反之，这种作法却为一般人士所非议。

西洋的家庭的制度，又可以叫做小家庭制度。普通上，西洋所谓家庭，只是包括夫妻以及其未婚的子女。子女长大而结婚，就自组织家，而往往与父母分居。而且，西洋人的家庭里，子女比较的少，这与他们的生活与教育的程度之高，以及其结婚的年龄之晚，固有了关系，然而，也由于他们之多用节制生育的方法。

西洋人固然是不喜欢子女过多，但是，这并不是说，他们不喜欢小孩。凡是结婚的夫妇，大致上都是希望有小孩的，他们的理想小孩的数目，大致上可以说是从二、三位，四位以上就觉得过多，一位又往往以为过少。没有小孩的家庭，据好多西洋人的看法，是一个不完满的家庭。

他们所以不要小孩过多，也可以说是由于爱护小孩的心切，与希望小孩的情深。他们以为，不有小孩就算罢，有了小孩就要好好的养，好好的教，使其身体强强，使其智识高超。然而，要达到这种目的，不只是要很小心去教养，而且要化很大的本钱才行。

自科学发达之后，物质的生活日益进步，机器代替人工，家庭的工作因之而减少得多，西洋的家庭，也受了不少的影响。从前，一个主妇整天要忙的事情，现在只要三二个钟头就可以做完；从前，一个男子在外要做十余个钟头的事情，现在最多做了八个钟头。因此之故，夫妇可以多找时间去作其随便作的事情，或是多给时间去与子女玩玩。又因各种交通工具的方便，家人出外参加各种的活动的机会，也比较的多，一辆汽车往往载了全家，而随便到各处。所以，现代的西洋的而尤其是美国的，家庭的流动性也较大。所以，从一方面看起来，家庭与社会有了打成一片的趋向。

上面是谈西洋的家庭与妇女的运动，我们现在且来谈都市与都市运动。

我们知道，在西洋，在近百多年来，所谓社会运动之最足令我们注意的是：一为妇女运动，一为都市运动，一为劳工运动。妇女运动与家庭是有了密切的关系，这一点上面已经说过，我们之所以在谈家庭时，谈及这个问题，也是这个原故。至于都市运动，在近代的西洋文化史上，尤为重要。

有些人说，西洋的文化是都市的文化。这种说法是否很对，我们不必在这里讨论。然而，都市在西洋历史上的重要性，是不能否认的，我们一看西洋的历史，就能明白。不只在近代的西洋社会中，都市占了很重要的地位，就是在古代以至中世纪的西洋的社会中，也占了很重的地位。希腊、罗马的文化，都可以说是都市的文化。雅典、斯巴达，都是城市，罗马也是城市。雅典、斯巴达衰微了，希腊的文化也因之而衰微。罗马本身固是一个城市，罗马帝国所征服与所统治的欧洲各处的地方，主要也是城市。在中世纪的时代，罗马、巴黎等处，是欧洲文化的中心，到了中世纪的末期，以至近代的初期，因为海上交通的发达，握世界经济的牛耳，而同时又为文化其他方面的中心的，也是一些沿着大西洋的海岸的一些城市。

自工业革命以后，而尤其是一百年来，城市的发达益形显著。我们知道，在一八〇〇年，法国人口过十万的都市，不过有三个，在那个时候，纽约只有六万人。就是到了十九世纪的中叶的时候，巴黎是欧洲的最大城市，人口也不过一百万；纽约是美国最大的城市，人口不过五十万；芝加哥在那个时候，大概只有五万人。

现在呢，巴黎有了五百万的人口，纽约有了七百多万的人口，芝加哥也有了四、五百万，伦敦有了六百多万，柏林有了四百多万。这不过只是举出几个较大的城市的人口，至于其他的好多城市的人口之增加之快，是用不着说的。

城市的人口的增加，是现代西洋各国的一种普遍的趋势。在十八世纪的末年，在英国，住城市的人口计占全国人口，只有百分之二左右，然而，照一九三一的人口调查，只有百分之二十是住在乡村，而百分之八十住在城市。在法国，在十八世纪的末年，只有百分之十的人口住在城市，现在则城市与乡村的人口差不多相等。在德国，在那个时候，普鲁士只有百分之七的人口住在城市，到了一九二一年，增到百分之六十五。在美国，在那个时候，只有百分之四的人口住在城市，到了一九三〇，增到百分之五十六左右。

近代的城市的人口的增加，是由于工商业的发达。所以，城市实为社会上的经济的中心。一个国家以至整个世界的经济，往往为了一些城市所操纵。伦敦不只是英国的经济的中心，也是世界的经济的中心。纽约不只是美国的经济的中心，也是世界的经济的中心。伦敦而尤其是现代的纽约的行情的变动，往往影响到整个世界的市场。华尔街（Wall Street）的一些银行与交易所，往往成为世界工商业界的注目的地方。

不但这样，城市往往又是政治的中心。华盛顿、伦敦、巴黎、柏林、莫斯科，在近年来，不只是在其本国的政治上，有了密切的关系，就是与整个世界的政治，也有了密切的关系。我们知道，法国的革命常常起自巴黎，英国的民主政治，人们虽说是起源于英国的森林里，然而，英国近代的民主政治的发展，却以城市为中心。至于现在，不只国际政治是与华盛顿、莫斯科或伦敦有了密切的关系，连了像我国的国内的政治如何，以至南洋各处的政治的变化，都与这些城市有了密切的关系。中国的国共问题，以至其他的政治问题，往往要看华盛顿或莫斯科的政策与态度如何，而这些问题的解决，有时也是决定于这些城市。

城市又可以说是教育的中心。巴黎大学、伦敦大学、芝加哥大学、纽约的哥林比亚、剑桥的哈佛、纽海芬的耶路，都是最高学府的所在地。此外，其他的大学或各种学校，以至大图书馆、博物馆、与教育有关的机关，多在城市里设立。

在美国，在近年来，虽有不少的省立或私立大学，往往离开大城市而设立于小地方，然而，这些小地方或是美国人所谓为大学镇（University Town），还是城市。比方，意利诺大学（University of Illinois）之在欧班那（Urbana）与三滨（Champaign）这个双城（Twin City），就有了三万多的人口。因为这个大学，就有一万多大学生，连教职员以及家眷，就有二万人之上。他们的衣食住，以及其他的日常需要，就要有了一个相当大的城市去供给。

城市既为文化的中心城市，也是文化的推进的区域，因为各种的新文化，是产生于城市。人们所以说，城市是进步的，而乡村是保守的，就是这个原故。

不但这样，西洋的城市，在百余年来固是很为发达，西洋的乡村，在这个时期里，并不因城市的兴盛而致于衰微，相反的，乡村也正在发展。比方，在一八〇〇年的英伦与威尔斯两个地方的人口，总共是九百万。在那个时候，住在城市的有三百万左右，住在乡村的约有六百万。到了一百年后，这两个地方共有人口三千万，住在城市的约为二千万，住在乡村的约为一千万。可见得，城市与乡村的人口，都增加起来，虽则前者增加得很快，而后者增加得较慢。

而且，因为交通的工具的发达，从前所谓为乡村与城市的区别，日来日少。凡是城市里的各种便利，乡村里也可以享受。而况，因为交通的方便，住在乡村里的人们，进城是很为容易。同样的，住在城里的人们，也易于下乡。其实，在现代的交通的便利的环境里，很多人是在城里作事而在乡村居住。此外，各大城市的城郊，往往变为半乡半城的社会。故总而言之，现代西洋的城市与乡村，并非处于对立的地位，而乃趋于调和的途径。人们既不住在乡村，必住在城市，这两种社会的区别既日来日少，所谓乡下人与城里人的区别，也逐渐趋于减少。

自工业革命以后，工人在工厂工作的日来日多，因而，劳工问题，以至所谓劳资问题，也日来日多。工厂里的工人既多，对于工人的福利、安全、卫生、住宿，以至童工、女工种种问题，都因之而产生。此外，所谓劳动者与资本家的关系与冲突的问题更多。工人因为工资过低，不能安于工作，而要求加薪或改善待遇，因而罢工的事件难免发生。工厂既多，在人烟稠密的城市罢工，不只对于工人本身或工厂方面，有了重大的关系，而且对于整个社会的治安与秩序，都有重大的影响。比方，电灯公司的工人罢工，那么，城市将成为"黑暗世界"，电车公司或其他的交通工人罢工，则交通将至断绝。凡此种种，都是很为严重的问题，而与社会国家的经济、政治，以至人民的日常生活，都有了密切的关系。同时，假使厂家方面或所谓为资本家的方面，若因剥夺工人的血汗而增加其财富，那么，富者必愈富，而贫者愈贫，则社会国家的问题必因之而更为严重。近代各种社会主义的运动的产生与发达，可以说由于这些问题所引起。社会主义的派别是很多，所谓国家社会主义、基督教社会主义、基尔特社会主义、无政府主义、合作主义、工团主义（syndicalism），以至共产主义，都对于这些问题都各有其解决的方法。比较和平的，像合作主义；比较剧烈的，像工团主义，而尤其是共产主义。

这些各种社会主义，自十九世纪以后，都逐渐的发达起来，其所采取的方法固是不同，但是对于这个劳工问题的关心，却是一致。比方，共产主义者可以说是完全站在工人的立场，而极力去打倒资本主义。马克斯与恩格斯在一八四八年所发表的《共产党宣言》，就大声疾呼，叫世界的工人联合起来，以求达其目的。比方，比较和平的合作主义，是用合作的方法，去调整劳动者与资本家的冲突。

因为了有了劳工的运动，劳工团体之组织的也日来日多。各种不同的职业的工人，除了各有其会社之外，又有联合的会社，除了各国家里的各地方或全国的各种工人团体之外，又有了各种国际的工人会社与国际联盟，有关的国际劳工组织（International Labor Organization）就是一个例子。

其实，百余年来，各种社会组织之多，真可以说是举不胜举。除了宗教、政治、经济的各种组织之外，凡是教育、文学、艺术、哲学、科学、娱乐、卫生种种会社，都发展起来。人生的兴趣是很多的，而且是无穷的。有了共同的兴趣，往往就有了社会的组织。喜欣打绒球的人们，可以组织一个绒球会；喜欣玩足球的人，可以组织一个足球队；女子之讲究烹饪的，可以组织一个烹饪会；女子注意于缝纫的，可以组织一个缝纫会。

而且，集会自由，是西洋人百余年所力争的权利。因而，会社愈为发达。

然而，从文化的重心方面来看，西洋的社会的发展，可以说是由于长期的教会的组织而趋于近代的国家的组织，再由国家的组织而趋于经济的组织。中世纪教会的垄断力量，固已成为过去，然而，从某一方面看起，中世纪的教会，实为近代西洋的好多社会组织的基础。其实，我们可以说，假使没有中世纪的长期的教会的组织，近代的西洋的各种社会组织，包括了政治与经济方面的各种组织，是否能够像现在那样的完密与巩固，还是一个疑问。国人之研究近代西洋历史的，往往注重于西洋的政治组织与经济的发展，而却忽略了这个宗教组织的基础，这是值得我们去提醒他们的。

我们承认，近代各种社会的组织的发达，是近代而尤其是百余年来的事情，然而，这些组织的基础，是与了教会有了密切的关系。所以，直到现在，西洋不只大部分的人们，从生到死都常常与教会有了关系，就是政治、经济，以至其他的各种社会组织，也直接的或间接的，与了宗教的组织有了关系。

我们应当指出，我们在这里并非夸张西洋宗教组织的重要性。我们已经说过，文化的宗教的重心已成过去，文化的政治的重心虽尚未衰微，然而，文化的经济的重心正在发展。然而，因为一般国人之研究西洋历史的，往往蔑视了宗教的组织在历史上，而尤其是在近代的西洋的社会组织上的关系，因而加以提醒罢。

第十六章　物质的文化

从文化的物质方面来看，西洋的物质文化，而特别是近百余年来的物质文化的进步之速，是无可疑的。其主要的原因，是由于科学的发达与机器的发明。这一点，我们在上面已经说过，我们在这里所要略加叙述的是，西洋的一般的人们的普通的物质生活，这就是衣食住行，以至娱乐、卫生与葬死的各方面。

从衣的方面来说，我们知道，丝布是中国发明的。据说，黄帝的妃叫做嫘祖，教民养蚕抽丝。我国丝之传入西洋，据说是在古代希腊的时代。到了四五世纪的时候，罗马人已学得我们的养蚕的方法。自那个时候至近代，我们的丝布虽然是销流于西洋，但是，自近百年来，西洋对于养蚕抽丝的方法精益求精，到了现在，我们还要派学生到西洋去学习这种方法。而在国内一些的农学院的蚕丝学系与科目，无非也是效法西洋。至于新式丝厂的设立之仿效西洋，是用不着说的。

不但这样，西洋近来不只对于自然丝极力去改良，而且发明了人造丝。人造丝的质的方面，虽未必较胜于自然丝，但是，其应用之广大是无可疑的，而其价值之便宜尤为大众所欣迎。故今日而尤其是战争的时期，人造丝的用途尤为普遍。一双人造丝的袜子，一条人造丝的短裤，只要二三毛美金，若用自然丝去制造，则非五六元美金是不行的。因此之故，在现代的西洋，而特别是在美国，无论富有或是穷苦的人们，而尤其是妇女，穿丝的服装，成为一种很为普遍的现象。

其实，这种人造丝不只是价值便宜，而且也很好看，西洋妇女都竞相采用。在西洋，而尤其是在美国，无论是在城市里或乡村里，妇女之中固有贫富的悬殊，可是从外表上看起来，服装差不多是一样。除了一个人详细的去考究其布质，而始能找出有些很少数的妇女，是用了贵重的自然丝料，普通上，大家所穿的是没有什么的分别。

毛织布料之最好的，在西洋要算英国。英国在工业革命以前，主要的衣料是毛织布料，自工业革命以后，棉纱纺织在某个时期里的出品，虽比之毛织工业为繁盛，然而，自机器发明之后，棉纱纺织事业固是日进千里，毛织工业也有足长的进步。所以，英国不只纱布遍于世界的市场，就是呢绒也畅销于各国内地。在我国，八十年前已有人指出，英国的呢绒遍及我国的穷乡僻壤，而况现在的呢绒之从西洋输入我国的，不只是英国呢。

然而，呢绒直到现在，在我国还可以说上等的衣料，只为一些富有或经济较裕的人们所购买，一般人民之能穿这些东西的，还是寥寥无几。但是，在西洋，用呢绒去做衣服的，而可以说是至为普遍。富裕的人们固用这种衣料，贫苦的人也用这种东西，虽则前者所用的也许质的方面较好，而后者所用的也许质的方面不很好。然而，这种差别只能小心的看出来，在表面上是不容易去区别的。所以，在西洋，我们在街道上，而尤其是在星期日，从妇女的服式上固不易看到贫富的悬殊，从男子的服式上也不易看到这种差别。

普通来说，西洋妇女之用呢绒布料的，没有男的那么多。女子除了冬天外衣或大衣之外，夏天是不穿呢绒的，男子则春夏秋天都往往穿了这种布料。反之，女的用丝料却较多于男子，袜子、短裤、内衣、外衣都多用丝料——自然的或人造的去作。

至于棉纱布料，则男女用之以为内衣、短裤、袜子也为不少，然而我们知道，像英国的棉纱布料，除了他们自己用了之外，有了很多是运到世界其他的国家去畅销。比方，从印度到南洋各处，从南洋到我国各处，英国与西洋各国的棉纱布料之畅销于市场的，触目皆是。近年以来，吾国的棉纱纺织工业虽逐渐发展，然而，不只量的方面不能自给，就是质的方面也不如人，结果是还要依赖西洋各国去供给我们这些衣料。我国固是这样，印度、南洋各处更不待说了。

此外，西洋人除了采用兽皮以为衣服与靴鞋之外，树胶之用为雨衣的已很为普遍。至于树皮、木料之经过化学的作用，而变为衣料的，在战时的德国也已采用。

总而言之，我们相信，科学的进步可以使原有的衣料之外，还可以发明新的东西以资代替。所以，西洋人对于衣的问题，可以说是有了解决的方法了。

从食的方面来说，西洋人对于食品不只是尽力去增加种类，而且极力去讲求卫生。

普通的说，西洋人每天吃三餐：早餐、午餐与晚餐。早餐吃的通常是面包、咖啡或牛奶或茶，有的人又加用水果及麦片或鸡蛋等。午餐、晚餐不一定是一样，有的人午餐吃得较多的，有的人晚餐吃得较多，其所吃之物，大概是肉或鱼，面包总是有的，而番薯、蔬菜也为常有之物，有的人且加吃一汤，至于牛油、牛奶或咖啡或茶，也为常有之品。

我们知道，在西洋人的食品里，大部分是来自欧洲以外的地方，虽则这许多的东西传入欧洲的历史有了长短的不同。比方，德国人所喜喝的皮酒，据说是埃及人发明的。埃及人在纪元前一八〇〇年，埃及人已很普遍的喝这种酒，虽则这种酒在纪元前好几百年已经传入欧洲。同样，葡萄酒输入欧洲而特别是法国，是在纪元前六百年左右，然而，不只葡萄酒是来自近东，就是葡萄也是从近东移种的。此外，又如肉类之中，西洋人最喜欣吃的是牛肉，可是，养牛也是始于近东。同样，西洋人每餐所常有的牛奶，最先为人所取用的，也是在近东。不过，养牛与取奶之为欧洲人所采用，是在纪元前好多年。

咖啡是西洋人所常喝的饮料，然而，这种饮料是来自菲洲的阿比尼西亚（Abyssinia），亚拉伯人在十五世纪的时候，才用来作饮料，到了十七世纪，才传到法国的南部马赛。欧洲人最初当为药品，而在十八世纪的初年，还有人以为饮了咖啡会促短寿命，同时又使男子阳萎、女子不育。在德国，在一七八○年，希尔德斯海姆（Hildesheim）的地方的政府，还通令禁止人民买卖咖啡。然而，现在的好多西洋人，除了一日三餐要喝咖啡之外，下午或其他的时间也要喝咖啡。

据说，欧洲人听到蔗糖，是在亚历山大东征印度之后，到了第七世纪，蔗糖才传入欧洲。同样，白米也是来自印度，而传入欧洲的是亚拉伯人，在中世纪的时候，西洋人才用以为食品。

最初养鸡的，据说是缅甸人。茶则起源于中国。在十六世纪的时候，欧洲人才听到茶的名字，直到现在，欧洲人叫茶（tea），还是沿用中国人的叫法。欧洲人最初喝茶的是英国人，然而，这是十七世纪的中叶的事。还有，传说英国人最初用茶，是泡了之后不喝茶而吃其叶。而且，到了十八世纪的时候，欧洲人还以茶当为药品。可是，到了现在，西洋人而尤其是英国人，喝茶之风比之我国人还要热闹。不过，我们也得指出，西洋人所常喝的茶是红茶，他们除了加糖之外，往往且加以奶油。所谓牛奶红茶，就是普通的西洋人的吃法。黄果也好像是来自中国，所以德国人叫黄果为 apfelchine。

此外，又如胡椒、香料，也是来自东方，而特别是在南洋各处。我们知道，香料之传入欧洲，虽有好多百年的历史，然而，东西海道沟通之后，欧洲的商人之到东方的，采运香料还是一个主要的目的。同时，为争夺香料的生意，欧洲各国的商人不知吵了多少架。

至于其他好多的食品，如可可、番茄、玉米、白薯、火鸡、四季豆、波罗密，最初是从美洲传入欧洲的。可可，是由西班牙人从墨西哥带到欧洲，到了十七世纪，欧洲各国才逐渐的用为饮料。番茄，是欧洲人所觉得养料很好的食品，然其广传于欧洲，也不过是二三百年的历史。玉米，现在是匈牙利人所不可缺的食品，而白薯，又成为爱尔兰人的每餐常备的食物。火鸡，是西洋人而尤其是美国人的上等食品，圣诞佳节没有火鸡，好像是没过圣诞佳节。然而，最初用为食品，并非住在美洲的美国人，而是住在美洲的印第安人。至为四季豆与波罗密之当为食品，也是美国人——西洋人，从印第安人学习而来的。

这样看起来，在西洋人的繁多的食品中，大部分不是西洋人所固有的东西，然而现在却都成为他们日常所必需的食品，而且有了很多是他们所当为最有滋养的食品。牛奶成为家家必有、餐餐常有的东西，咖啡也是最为普遍的饮料，我们从前所不食的好多东西，如牛肉、牛奶、番茄，是他们所觉得最有补于身体的食物。

不但这样，在各种食物的分配上，西洋人每餐所吃的东西，很为得法。他们在各种不同的养料中很能好好的分配，肉类固是每天所常有的食品，牛奶、蔬菜或白薯，也是每餐所常有的。而且，他们愈觉得滋养最多的东西，价值愈为便宜。牛奶是一个很好的例子，比方在美国，一个普通玻璃杯的一杯牛奶，通常只须二分美金左右，就是在餐馆里喝了一杯，也不过是要五分钱。富有的人固可以餐餐喝牛奶，贫苦的人也可以餐餐喝牛奶。

其实，就以美国而说，平常最贵的餐，也不过二块美金左右，五块美金一个餐，在美国是少有的。就是有的地方要这么贵，那是因为地方高贵或别的原因，而非食物的本身。在纽约，五毛美金的餐是随处可找的。假使在家里自己预备的话，那更是便宜。因此之故，在他们的社会里，富有与贫苦的人们所吃的东西，实在没有什么的分别。

近年以来，在西洋，而尤其是在美国，人造冰的方法至为简单，使食物的保存上更为方便。一个电冰柜所费并不很多，但是用途至大。在这里，你可以做冰块，你可以做雪糕，你可以作冰水、冰茶、冰咖啡，夏天虽很炎热，一切肉食、蔬菜可以久于里面而不坏。

最近来，在美国的菜市场里，到处出卖一包一包的冰蔬菜。这些蔬菜，是往往从出产最好蔬菜的地方选出来的，未入冰包之前已洗得干干净净，切得整整齐齐，然而装入小包里，每包一磅或数磅，各种各色的蔬菜都有，任你选择。购买之后，家里有冰箱，放了数月也没关系，要吃时才把包打开。你既用不着再洗，也用不着再切，要煮时就放入锅里，不只省了不少的工夫，而且味道——据了好多人说——比之新鲜的蔬菜还要好。

至于罐头食物的制造，近年以来更为发达。罐头鱼、罐头牛肉，这是我们所惯见的罐头，波罗及各罐头水果，这也是我们所吃过的。现在，则各种汤类，如牛肉汤、鸡汤之入罐头的也很多，一切都预备好，只要放在锅里弄热就可以喝，假使你愿意去喝冷汤的话，那么一开起来就可以饮。

此外，各种谷类所制成的各种片碎，如 cornflake 等，只要加以牛奶就可以吃；制造各种点心的面粉，只要加以水分放入锅里或是烤炉里就可以成，这对于人工上不知减少了多少。

我们知道，在各种食料中，水是最为紧要，一切食物差不多都要用水去煮或洗。所以，水的清洁与否，是与卫生有了密切的关系。在西洋，而尤其是在美国，对于饮水很为讲究。我记得，我有一位朋友曾对我说过，我们中国人很为聪明，因为我国戒人饮冷水，水必煮沸而后饮，以免有碍卫生。然而，照我看起来，还是西洋人较为聪明，因为他们用了科学的方法，去使冷水也可以饮。比方在美国，在城市，在你的住房里的冷水管所流出的水，就可以饮。这是因为自来水公司已经设法使其水里没有有害于身体的微菌，所以人们可以随便去饮。因为渴而饮冷水，却成为一种普遍的习惯。

自来水在美国，不只在大城市里有，就是在小城市以至小乡镇里，往往也有。没有自来水的地方，人们很容易的去用一个小机器，去从井里抽水，同时设法蒸馏而饮。

现在，在美国的大旅馆里，除了可以饮的冷水之外，还往往有一冰水水管，这是专为住客之喜欢喝冰水的而设，至于热水水管，却差不多是家家户户所常有的。

其实，在西洋人所常用的煤气炉或电炉，煮开水是一件至为容易的事。然而，开水除了用以冲茶、冲咖啡等等之外，西洋人平常是喝冷水的。质言之，他们的文化，不只已从喝不合卫生的冷水而至喝开水，而且已从喝开水而至喝合卫生的冷水。

不只西洋的食料多合卫生，就是西洋人的吃法也较合卫生。西洋人是分食的，这就是说，每人所吃的餐都装于自己的盘碟里，各吃各的。这种方法，可以使有病的人不致因像我们的共食方法，而易传其病于别人。所以，在他们吃时，就使食物都用公共盘子装在桌上，然而，大家还是用公共的叉子或羹匙，去分开给与各人，然后始吃。我国人近来所谓中菜西吃的方法，就是这个方法。

这种吃法还有一个好处，这就是各人不一定在同一的时间中同吃。在我们的共食的方法中，大家要同时而吃，除了从各盘中把一点菜留下来以为某人先吃或后吃，若非大家同时而吃，则后来者恐怕就没有东西可吃。反之，西洋的吃法本来就预备每人吃每人的，所以先吃后吃却是没有问题。所以，比方在西洋的一个大饭堂里，一个人随到随吃，不一定要待到六人或八人或十二人成为一桌，而始能吃，这在个人的时间上至为方便。

这当然是一般普通的吃法，在宴会时以至在家里朋友聚餐，家人吃饭往往有了规定时间，除了特别事故而先吃或后吃之外，往往是在同一的时间而吃的。然而，这种作法，而尤其是在家庭里，除了表示家人亲热之外，也是为着减省时间，以免主妇太多麻烦。

从居的方面来说，我们先要指出，西洋的建筑物是比之我们的坚固得多。这不只是现代的建筑物是这样，就是历史上的好多建筑物之传至于今的，还很不少。希腊、罗马的建筑物之传到今日而不毁坏的，固是不易找得，中世纪的一些皇宫、教堂之传至现在的，并不为少。这是因为，这些东西多用石或砖去建筑的原故。

至于现代水泥、钢铁用以建筑，更为坚固。用这一种材料去建筑，虽历千数百年而不会毁坏，而大厦之高到数十层楼而没有倾倒的危险的，也是因为用了水泥与钢铁的原故。纽约的 Empire State Building 与洛氏 Rockefeller Building，假使不用水泥与钢铁，是建造不成的。

在西洋，而尤其是在美国，因为木料的丰富，好多住房是用木盖的。木盖的房子虽不若用砖石或水泥、钢铁所盖的耐久，然而，木屋之时加油漆修理的，也可以留存数百年之久。在美国的新英伦（New England），各处木屋之有三两百年而仍然屹然存在者，到处可见。

近年以来，因为化学工业的发达，树胶及其他的物质之经过化学的作用，而用以为建筑材料的，所在皆是。这次战争以后，没有问题的，又必有好多的新的建筑材料的发明，使在住的方面，不虞材料的缺乏。

西洋人重住楼房，这在卫生方面很有关系，盖地下潮湿，而楼上的空气较好。同时，西洋人建造房舍多在高处，与我国之盖房的多找低处，不只相反，而且在高处的空气也较清净。此外，洋楼又多窗户，这也是与卫生方面有了密切的关系。

从式样方面来看，西洋的房屋的式样是较为繁，其视我国的房舍，虽有南方、北方或乡村与城市的不同，然而，大致是很为单调。反之，在西洋的住宅或其他的房屋，式样多不相同，而且往往油漆以各种不同的颜色，因而增加很多的美感。

至于西洋的房舍的内部的布置，大致的说，不只较有美感，而且舒适得多。在西洋，而尤其是在西欧各国与美国，一般平民的住宅，比之我国一些富有的人的住宅还要好。电灯、电话、煤气、自来水，在很小的地方的住宅往往也有，沙发椅、弹弓床也是常有的家具，热气管是早有的设备，冷气管也逐渐的增加起来。此外，钢琴、收音机也成为家中所常见的用具，洗衣服可以用机器，割园草也可以用机器，烤面包可以用机器，去尘垢也可以用机器。人工固是减少很多，房子弄得格外干净。又如洗澡房，在新盖的好多住房里，往往有了好多个，有的每个睡房有了一个。厨房因为用了煤气或电炉，所以弄得很清洁。厕所是抽水马桶，臭味是不会逼人的。我常说，我们五千年的文化，一个厕所就没有弄得好，而况文化的其他方面。

据一些美国人的统计，在美国，平均每二个人住了一座房子，而这个房子平均除了厨房、厕所、洗身房、客厅、食厅之外，还有二三个睡房。又有人统计，在美国，平均每二个半人有一个洗澡房。美国人在住的方面的舒适，可以概见。

总而言之，在西洋，而特别是在英美各国，住的问题可以说是大致解决。然而，他们在战时就计画在战后要大量的去建造住宅，而特别要建造一般平民的住宅，以为大众谋幸福。其实，这种工作在战前，比方在英国，固已作了不少，就是在战时，在美国，有些地方政府也盖了不少这些的房子，以为一些入息较薄而不能给予昂贵的租钱的市民居住。

所以，像美国这个国家，贫富的阶级虽有不少的差别，可是从住的方面来看，普通富人所住的房子，不一定比之一般平民所住的房子，相差太远。前者所住的,也许较为广大,也许较为美丽,然而,在设备上,一般平民所住的也够舒适。一切现代的设备,如电灯、电话、自来水——冷热水管、冰箱,以至钢琴、收音机以及其他的家具,富的固总必有,贫的也不缺乏。而况在战争的时期,住了太大的房子的人们,还因人工的缺乏而不易管理,而住的大小合用的一般普通的房子的人,却因之而省了不少的麻烦。因而,有了不少住在大房子里的人,也不得不迁到较小的住宅。

从行的方面来看,西洋各国的交通的方便,是人们所公认的。自机器发明之后,火车、轮船日益发达,从前所目为汪洋大海,已为轮船所征服,从前所目的深林大岭,也能火车所为到。至于在城市里,以及其附近的乡村,也多有电车的设备,纽约、柏林、巴黎等大城市,且有地下及天顶(elevetor)的设备。

自汽车与公共汽车流行之后,陆道交通更为方便。在美国,据说平均每三个人有一辆汽车。汽车不只是在城市里行走,在穷乡陋邑也能通行,因为美国的公路很为发达。除了联邦政府的公路之外,各州所建筑的公路尤多,连了好多的小单位的地方政府,如 county,也有其自筑的公路。汽车多,汽油便宜,故到处都有汽车行走。

至于公共汽车,近年来愈为发达。这也是由于这种交通工具易于行驶,而价值又便宜,结果是从前有了电车所行驶的路线,现在却往往把了电车轨道折毁,而代以公共汽车。在欧洲各国,汽车没有那么普遍。比方在德国,除了到处密布的铁路线之外,公共汽车或邮政汽车也很为方便,凡是邮件所能到的地方,差不多都可以搭邮车。至于从前的马车,在美国已很少见,但在欧洲人们之利用以为交通工具的,在许多地方还可以见。

陆上之有高山峻岭而不容易为火车所到的,汽车却容易到达。然而,越过这些地方,而速度又很速的,要算飞机了。现在的飞机,不只可以随便飞过二万尺以上的高度,而且最快的飞机,每一小时可以飞四百英里以上的速度,距离因飞机的速度而缩,世界在现代逐渐成为一家。

飞机不只能高飞于世界最高的高峰之上,而且可以越茫茫无垠的大海。大西洋、太平洋,都成为飞机的日常往来的地方。现代飞机之大者,能容得好几十人,其中还有睡房、客厅、饭厅等等设备。自此次战争之后,飞机的用途之大,更为显明,而飞行的危险性,也因了种种的优良设备,而大为减少。

又,在海上,轮船日来日大,愈来愈好。回想数百年前,远渡重洋的帆船不过数百吨,而现在往来于大西洋、太平洋的轮船,有了数万吨,相差不止百倍。一只大轮船,像"伊利萨伯皇后"①(Queen Elizabeth),像"玛丽王后"(Queen Mary),可以载一万数千人,那真像了一个城市。

---

① 编注:应是"伊利萨伯女王"(号),即以伊丽莎白一世命名,伊丽莎白终身未婚,被称为"童贞女王"。

而况，在设备上无不具备，华丽、广大与很多的睡房、饭厅、客厅用不着说，运动场、游泳场、图书馆、电影院，可以说是样样都有。住在这种的轮船上，比起住在大城市里的大旅馆，还要舒服。所以，一般经济充裕的人，不一定为了某种事务而乘船，而却专为享受船上的舒适生活与海上的特殊风景，而这样的做。

　　大体上，西洋人的各种娱乐，比之我们中国的，较为合理，较为有益于身心。西洋人喜欣各种户外的运动，如玩球，如赛跑，如抓山，如游泳，这都是对于身心有益的。就是户内的运动，如跳舞，也可以说是对于身心有益的。我常说，跳舞比抽鸦片为好，就是这个原故。至如玩纸牌，虽也是西洋人的一种嗜好，然而这种消遣比之打麻雀，又好得多，因为后者所耗的精神，是特别的多。我们知道，在十多二十年前，麻雀在美国也曾风靡一时，然而，美国人玩了不久，觉得这些东西化的时间太多，所以近年以来，此风已差不多要绝断。这可以证明，西洋人所喜欣的娱乐与我们所喜欣的，有了很大的差异。

　　又如，听玩音乐也可以说是西洋人的一种娱乐。西洋音乐之不像中国音乐的单调，这是大家所知道的。这虽是由于两种音乐有了根本不同之处，然而，一般普通西洋人之喜欣音乐，而同时他们对于音乐的极力研究，也是他们的音乐的内容丰富、变化无穷的一个原因。在西洋，而尤其是像德国，在星期日，在休假日，野外、湖边，声音悠扬的音乐，是易于听闻的。至于家人朋友三五成群，或共同唱歌，或共玩乐器，也是常有的现象。钢琴是很多家所有的乐器，而收音机之在美国，不只是家家所有，差不多可以说是人人所有的。虽则收音机的功用，不只限于听取音乐，而也可以听听演讲或其他的故事或消息。

　　然而，近来的西洋人，而尤其是美国人之最普遍的娱乐，恐怕又算电影了。一般的男女老少，有的一个星期里要看三两次电影。因为电影院里除了正式的影片之外，往往有了很好的乐队或名星现身说法，或是各种有趣的游戏，而国内国外的各种新闻，也在电影院里放演。电影院在某种意义上，也可以说是民众教育馆。现代的无线电、传真发明之后，在世界各处一有某种新闻，则用这个方法去传播。比方在中国，今日重庆有了某种游行，明天的美国的电影院里就能放演，使一般的美国民众看了之后，好像是身在中国。这种的教育方法，比之读了一篇描写这种游行的很长的文章，印象较深得多。

　　说起西洋的卫生，当然不是短篇幅里所能叙述得清楚。所以，这里只能很简单的指出一些比较重要的事实。

　　其实，西洋人因为衣食住行以至娱乐，都很合理，都很有益于身心，这就是他们的卫生之道。西洋人的身体之强壮，是我国人所比不上的。西洋人之目我们为"东方病夫"，这不只是由于我们的个人卫生不讲求，就是对于公共卫生也不注意。而况，这两者是有了密切的关系。在西洋，而尤其是像德国与英美这些国家,一般民众对于自身的卫生,以及政府对于公共的卫生,都很努力去改善。厕所、澡房的设备,阳光、空气的充足,以至各种食物以及街道的污秽的清除,水渠的疏通,疫症的防备,无一不与个人或公共卫生有了关系。

至于西洋的医药的进步,在卫生方面的重要,更为显明。一个西洋人要做医生,必需有了医学毕业的证明书;他们要在医学界有了很好的地位,那是要经过很多年的研究,比之我国医生之看了一二本古代医书,而遂摸脉开方的,相差何止天壤。人病了要请医生,但是良医可以救人,而庸医却反而使病人的病加重。而况,西洋不只有了长年研究经验丰富的医生,而且到处有了设备完备、环境良好的医院。

至于近年来的各种新的药物的发明,对于病人的治理上更有把握。各种Sulfa药发明之后,又有彭尼斯林(Penicillin)的发明。此外,又加以各种杀灭害虫或细菌的药物,如 D. D. T. 之类,也是很有益于卫生的。

西洋人死了,不只棺材不会停在房子里很久,葬死也有公共的墓场。墓场里的墓,排比成行,既不浪费土地而管理有人,也不至于墓坟失修。至于墓场的建筑与布置,往往又像一个花园,而没有所谓阴气沉沉的景象。他们生的时候就很活泼,死了之后的墓坟,好像是陪着墓场里的花木而欣欣向荣。至于死人入殓出殡,无论是富有或贫苦,同样的简单而严肃,既不像我国之富人死了,拉了一般像叫化子的人们去凑热闹,也不像我们的穷人死在路旁,而没有人去埋。

总而言之,从文化的物质方面来说,西洋各国,而尤其是西欧各国与美国的一般人民,在物质生活的享受上,可以说是比较平均得多,这可以从他们的衣食住行、娱乐、卫生、葬死各方面来看。我们上面所举出一些事实,主要也是说明这一点。然而,我们也要指出,这种物质生活的平均享受,并不一定是说,他们在经济没有贫富之分。其实,西洋富人固是不少,而贫苦的人更为众多。然而,我们也得明白,他们所谓为贫苦,并不与我们所说的贫苦一样。把他们的穷人来比之我们的穷人,大致的说,恐怕也有点像把我们的富人比之我国的穷人一样。而且,在经济上,他们的贫富之间相差也许很多,然而,在所谓物质的享受上,因为他们一切的现代便利(modern conveniences)已趋于平民化、大众化,所以大体上,凡是富人所能享受的东西,平民或所谓贫者,也差不多都能够享受,这就是我们之所以说他们在物质享受上是比较平均的原因。而况,在现近的国家的经济政策之下,无论是苏联也好,英美也好,他们所采取的经济平均的方法,固有激烈与温和的不同,然在趋势上,却可以说是一样。而况,若照实际的物质生活方面来看,英美的物质生活不只比之苏联程度较高得多,而且比之后者恐怕也平均得多罢。

美国文化观

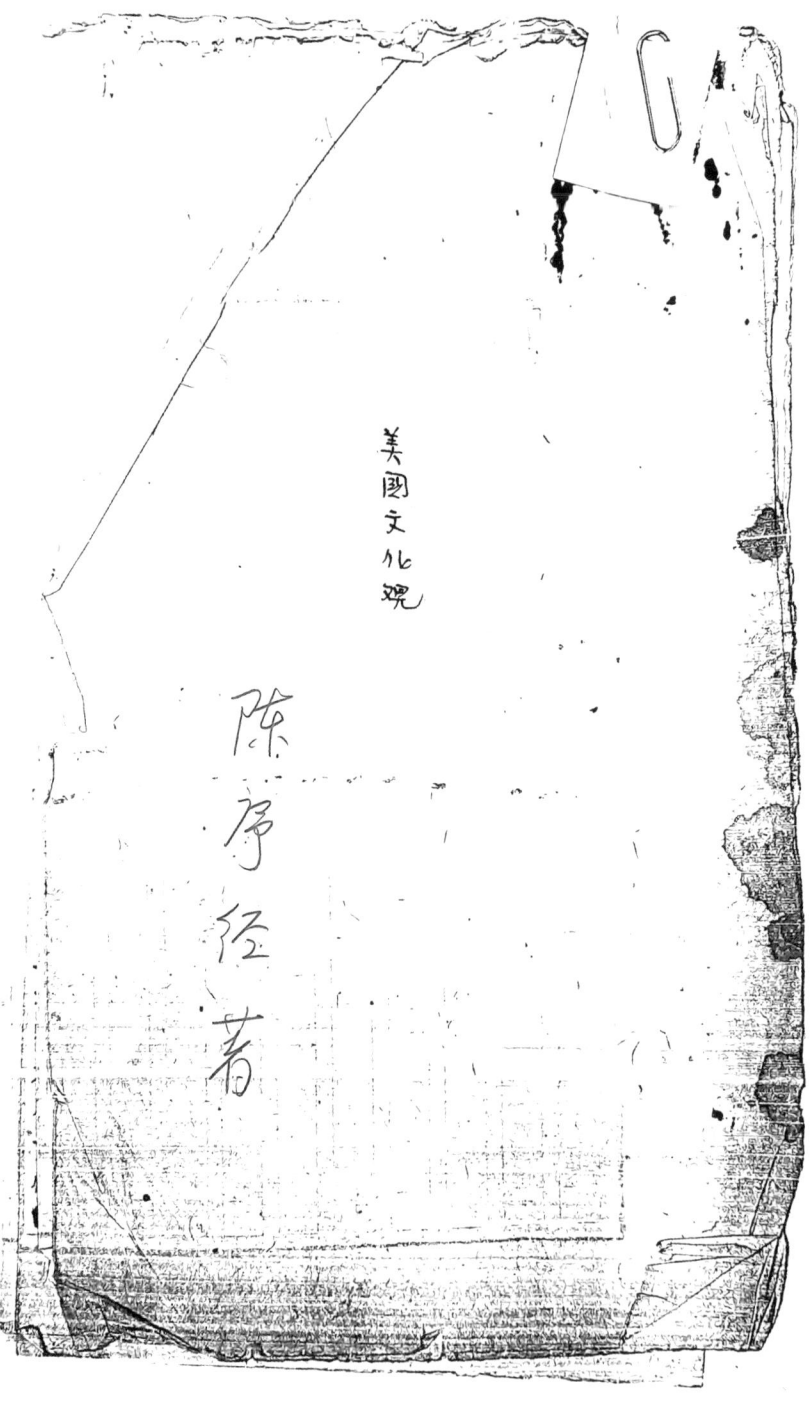

美國文化觀

陳序經著

目　　录

自　序	347
第一编	349
第一章　道德观	349
第二章　宗教观	356
第三章　教育观	362
第四章　教育观	369
第二编	375
第五章　家庭观	375
第六章　城乡观	382
第七章　政治观	389
第八章　经济观	396
第三编	403
第九章　平景庄	403
第十章　格拉蒙	410
第十一章　纽海芬	417
第十二章　纽约市	424
结　论	430
旅程杂忆记——游美杂记之一	430
附　录	437
借镜与反省——十月十七日在旧金山对国内广播	437

自　序

　　民国三十三年的夏天，我承美国国务院的约请，到美国演讲与考察，在美有了十二个多月。在这个时期中，所见所闻，印象很多，因略就所得，分类记起来，而成为这本书。

　　谁也知道，美国是物资最丰富的国家，故其物质文化也最为发达。然而，照我个人看起来，这也不过是美国文化的外表罢。在物质文化的背后，它却有其精神的文化。而这种精神的文化，不只可以说是与其物质文化有了密切的关系，而且往往是后者的原动力。这是凡是留心去考究美国文化的发展的历史，及其目前的状态的人们，所能容易了解的。

　　我在下面各章里所叙述与解释一些所见所闻的事情，是一些琐碎拉杂的事情。可是，读者若能细心去想想，在琐碎与拉杂的事情中，也可以看出美国的精神文化的真谛。

　　因为本书的目的是写给与大众的人们去阅读，所以，多记事实而少谈理论。然而，在这些事实中，也可以找出一套的理论。

　　不但这样，美国虽然是世界上的最富而且强的国家，这个国家的人民对于其文化的发展，尤不遗余力的去求进步。他们还时时刻刻在前进的途程中，他们无论作什么事情，都有了提早先登的精神。这种精神，也可以从战时与平时的美国看出来。在战场上，他们打败德国，而尤其是打败日本，是在他们的预定的时期之前。在国内，他们制造兵船、飞机、枪炮是超出他们预计的数目。连了平时的好多事情，像各种的出版物，不只按时出版，而往往是提早出版。这是他们做事情的精神，也是他们推进文化的精神。有了这种精神，以及其他种精神，他们的文化才能日新月异，而常常进步。反观我们的事事落后，恰成了一个反比例。

　　然而，落后只有急起而直追，而美国的文化，而尤其是其作事的精神，以及其精神的文化，实在可以作我们的借镜与反省。假使国人读了下面各章，而能愿意去这样的作，那么，不只著者写这本书的目的可达，就是将来的中国也可以像美国一样的富而且强呵！

　　本书分为三编。第一编叙述美国的道德、宗教与教育，第二编叙述美国的家庭、乡村、城市、政治与经济，第三编是叙述美国的四个地方——平景庄、格拉蒙、纽海芬与纽约市的观感。结论里是把旅程中的一些杂忆写出来。附录一篇题目叫做《借镜与反省》,是我去年在美时的一篇广播稿子。这篇稿子曾登在民国卅二年十一月廿二日的重庆《大公报》。①

---

① 校按:这里为作者手误,《借镜与反省》一文刊于 1944 年 11 月 22 日重庆《大公报》,系陈序经于 1944 年 10 月 17 日在旧金山对国内的广播讲话。

第一编

第一章 道德观

美国的道德观
——游美杂记之一①

直到现在,国人之对于美国文化之最不了解,而误会最大的,是以为美国的文化,是物质的文化,而非精神的文化,而非道德的文化。因为他们所看见的美国文化,不外是飞机与原子弹,不外是汽车与火轮船,不外是美国人吃的好,穿的好,与住的好,不外是纽约的摩天楼,地底车,与大铁桥。总而言之,不外是物质的东西。

但是人们假使能够细心的去观察美国的文化,他们必定能够在这些物质的东西之外,还可以找出很多的非物质的文化,而这些非物质的文化之中,所谓道德的文化,也是他们的文化中的一种要素。

其实,这种道德的文化,是美国人的日常生活中的要素。也许是因为这些东西,是太普遍了,而且太抽象了,反而不能引起我们的注意。可是我们若能平心静气去研究,那么我们不难明白美国之所成为美国——成为世界最富强的国,不只是靠着他们的物质文化,而且是靠着他们的精神文化,而尤其是他们的道德的文化。

虽然道德是抽象的东西,不易捉摸,不易看得到,可是我们若把它来当作日常生活的方式来看,那么就在他们的日常生活里,我们就可以找出他们的道德文化。因此之故,我在这里所要谈的,并不是他们的道德的哲理,而是他们的道德的行为。

为要这样的去说明美国的道德文化,我以为最好的是多举出一些关于这方面的例子。

在美国的各处,以至在很大的城市里,在清早铺店尚未开门的时候,你想买

---

① 校按:本章在"道德观"这一标题外,又另起一行加了这一标题。

一张早报来看，你跑到在你的住处左近的药店（drug store）的门前，你可以看见药房的门还没开，可是报纸也许已经放在门外的一个专为放报纸的木架上。《纽约时报》或其他的报纸，就在你的眼前。你可以拿报纸来看，同时照各种不同价钱的报纸而给钱。当然，在报纸摊的旁边，并没有人去收钱。你可以看看在摊上的一个小木箱或铁箱，放钱在里头。也许有人拿了报纸而没有给钱，然而这是很少有的事。因为假使有人这样做的话，那么没有人敢这样的把报纸放在外面了。不但这样，有的时候，不但没有收钱的人，而且没有放钱的箱子。钱就放在摊上，有好多购报纸的人，因为没有零钱，还随便去用纸币去换零钱。这么一来，钱与报都没有人管。然而不但很少有人去偷报，而且很少有人去偷钱。这岂不是说明美国人的诚实吗？

在很大的食物店里，物件大的小的排满了全店。有好多的这种店子，除了在出门的地方，有了一位收账员，以及一位为顾客包物件的店员之外，里头一个人都没有。在里头购物的人们，自己要的什么，就拿什么。假使有了顾客顺手拿了一二样小的东西，放在口袋或提包里，在里头既没有店员去看，在外头的店员也不会去检查，然而我相信顾客之有了这种心理的，恐怕根本就没有。

有一次，我在纽约州的哈米顿（Hamilton）那个地方的一个药房里，看见一位女的选了一件东西之后，因为和别一位女的谈话，忘记给钱而走出去。那位站在对面的收账员，知道这位女的还没有给钱，他且用他的眼睛去看我，而微微的一笑，示意于我这位女的还没有给钱。我立刻问他为什么不去追问。他的回答是这是千中无一的事情。同时，他告诉我道，也许等一下，她会记起来而再回来。他的话还没有说完，那位女的已从马路对面的行人道，转身回来说，她很对不住而忘记给钱。

这个例子，又岂不是说明美国人的诚实吗？

事实上，在美国的一般店铺里，货物的价钱，样样都标出来，可以说是童叟无欺。除了一些从别的国家迁到美国的人们的铺子里，有时要讲价钱之外，在美国人的铺子里，这是少有的事情罢。

在美国，假使你要打电报，你可以到西方联合电报公司（Western Union）在各处所设的支店里，你写完了电稿之后，电报员计算要多少钱，你就交钱与她。她并没有收条给你，可是电报几乎没有不代你发的。只有因为你的朋友不在那个地方，那么电报才退回与你。

在晚间有了好多小的电报支店不办公，你用不着跑到总公司去打电报。你只要在你的住处，用电话去叫公司代你打电报。假使电话是你自己的，你可以叫公司记你的帐；假使电话是公共的，你可以照你所应缴的电报费，放进在电话的收钱箱里。

假使你住在美京华盛顿，你想打电话给与在波士顿的朋友，你通知长途电话部，他就代你接线。这两个地方距离上百多英里，火车要走七八个钟头，然而一二分钟内，你就可以同你的朋友说话。价钱固有一个底价，然而过了底价的时间，又要加钱。在公共的电话房里，你要先放入底价的钱在箱里，然后说话。假使你谈话过了规定的时间，那么谈完之后，电话司机员会告诉你加费的数目，这时当然你可以不再给钱而走了，然而这是少有的事。假使你打电话时，指明要与某人通话，那么就是电线已经接好，你所指定的人不在家而是别人接电话，你可以不必给钱。至于你已经放在箱里的钱，立刻就退还与你。

你要洗衣服，在一般的洗衣店里，你把你所要洗的衣服，包在一块，交给与店员。你用不着去一件一件的去点交与她。她给你一条单，上面写了你的名字与一个号码，单上并没有说多少种或多少件衣服，可是到你去取衣服时，很少失了你的衣服。我在纽海芬（New Haven）住了四个多月，只有一次失了一件内衣。在我取衣服的时候，我既没有打开来看，我回家后，也没有打开来看。直到了两星期后，我要穿这件内衣时，始发觉是失了。过了二天，我再把衣服去洗时，我告诉那位店员这件事。她拿出一张印好的格式纸出来，问我这件内衣买的多少钱。我告诉她三元美金，她问我可否当七折算，我说可以这样办，她叫我签一个名。签完之后，她说她当尽量设法代我找这件内衣。万一找不到了，月底她会送一张二元一角的支票给我，当为赔偿。这位店员，既没有说出半句话表示怀疑我失内衣，她还客客气气的说："真对不起你呵！从前我们很少有这些事情发生，可是现在是战时，人工少而又不好，所以不幸而有遗失，请你原谅罢。"到了月底，我接了这个店一封信，夹了一张支票，信里说：他们很抱歉，找不到那件内衣，故不得不送这张支票给我。里面又说：也许这种内衣现在不易购买，然而在这种情形之下，也没有别的办法，所以请你原谅。

这些例子，岂不是说明美国人是有信用吗？

美国前任外交部长斯铁田尼亚斯（Stetinius）在其《租借案》（Lend Lease）一书里，劈头就提及罗斯福把租借与救火的故事相比。后者说，租借物资与各国去抵抗轴心的国家，正像借给水管与邻家救火一样。邻人家中失火，到你家里借水管，你就借给与他，你当然可以说："我给水管与你，你要担保用完之后，不会弄坏，或是弄坏之后，要赔偿多少钱。"然而以常情言，很少有人这样做。邻人一来告诉你，他家里失火，要借水管去扑火，你就应当立刻借给与他，因为除了助帮邻人之外，也可以说是对你也有利。假使你不这样的作，也许邻家的火，没有法子去救，波及到你的家里，所以救人也就是自救。

我们可以说这是政治家对其国民不得不这样说，使他能够实行其反对轴心国家的政策，然而假使我们要说美国人这种做法，完全为着自私自利的心理所驱使，那又未免是以小人之心去度君子了。

我们知道，自从欧洲战争爆烈之后，美国不知运了多少物资供给同盟国，世界所有的各战场，没有一个不靠着美国的物资。这虽然是因为美国是物资最丰富的国家，然而富人未必愿意去慷慨帮忙别人，能够这样的作，却不能不说是他们有了爱他的德性。

美国自从珍珠港事件发生之后，好多用品，都被政府统制，比方牛油，在大的旅馆固很少见，就是住家的人们，也很少有。但是在国内，在昆明重庆的店铺里，出卖美国牛油的所在皆是。而且听说这些东西，多是偷出来卖的，假使我人而设身处在美国人的地位去看，又不知要作何感想。

而况美国除了供给军火军用品之外，还运了不少的物资去救济各国的难民。衣服、布料、食物，一船一船、一机一机的运去送给人家。连了"租借"这两个字也没有用。这种作法，并非政府慷了人民之慨，而根本上是人民自动去作的。我有了好几位美国朋友，当每次看了报纸，说是不久就在某时某地收纳一些旧衣服预备送到欧洲去救济难民，他们不只自动的去把自己的旧衣裳去供献，而且打电话给其他的朋友，问其有否看过报纸，是否知道这件事。

我们可以说，这数位朋友是受了高等教育的人，而同时又是很表同情于一般的难民的人。然而我们不要忘记，那么大量的救济的物资，不只是靠着这数个人去搜集的，而是靠了大多众的人们去给与的呵。

在格拉蒙，在陈受颐先生的住宅的旁边，是一位很普通的木匠的住宅。两家的园子是种了短小的树木以为界限。有了好几次木匠割了自己的小树枝叶之后，还代陈先生割得整整齐齐。有一天陈先生特地的为这件事而感谢他。这位木匠回答道："我代你弄得好看，使我自己的园子更好看起来，这是为你，也是为我呵。"

我又认识了一位丈夫已死的老孀妇，她丈夫有了不少遗产，使她在生活上不致发生问题。所以她常常到大学里听听我一位朋友的课。她觉得这位朋友的讲演很好，她就问他有否讲义。我的朋友告诉她，只用纲要，没有写出来。她立刻提议，她自己愿意去把这位朋友的全部演讲记起来，然后整理，而成为一本书。她又说她的已经出嫁的女孩，现在正在得空，可以帮忙她将这些演讲用打字机打起来。同时她愿意每天化一个钟头的时间，到这位朋友的办公室，代他答复一些普通的书信，减轻他在学校工作，使他能多留一些时间，去整理这本书。

愿意去帮忙他人，也可以说是美国人的德性之一了。我这次从美国飞回中国，在途中的兵营里，遇了好多位在中国服务的军官。有了数位在中国的时候，是被派在办公室作工作的。我问他们对于工作的兴趣如何，他们异口同声的说，他们来中国是要帮忙中国，所可惜的是在中国时，老是被派在办公室作事，没有机会去与日本人拼命。他们又说，这样的帮忙人不够澈底，不够痛快。所以他们说，假如他们再有机会来中国，除了他们是被派在前线作战，那么他们是不愿意再到中国的。

[略]

总而言之，美国人之所以富强，不只是有了丰富的物资，而且有了高尚的道德。而其道德，不只是表示在柔的方面，而且表示于刚的方面。[略] 假使日本不向美国挑战，恐怕美国是不轻易去对日本宣战的。美国人帮忙欧洲各国，帮忙中国，主要的也可以说是为着维持世界的和平。假使我们与了一般的美国兵士谈话，我们很容易知道大部分是不愿意打仗的，至于美国国人之一般民众之希望和平尤为殷切。

然而既然是打起仗来，美国人又很澈底的去打。希特拉及日本的军阀，都看错了，以为美国人太懦弱，只会享受舒服的生活，不会打仗，那知美国人一打起来，打得比谁也起劲，使德日吃了大亏。我们平心而论，这一次的战争，假使不是美国参加，德日恐怕不只会败得那么快，也许是不会败的。这不只是靠了美国的物资丰富，而且是靠了他的兵士的勇敢，欧洲的战场的美国人的可歌可颂的勇敢故事，用不着说，就是在亚洲的战场，而尤其是在太平洋的各岛屿的反攻，以及海战空战的勇敢的行为，就不能不使我们佩服。

我们知道在美国，凡是年龄在被征的，是逃不了当兵的义务。平民的子弟也好，大官员以至大总统的子弟也好，通通都要当兵。比之吾国的一些有权有势的人儿子，不当兵也算罢了，还要送到外国去，以免在国内受苦，真是令人不胜感慨。

不但这样，在战时，美国青年年龄之在被征去当兵的，都被征了。剩下来的若不是年龄太幼，就是身体太弱，而不及格去当兵的。他们叫后一种的为4F。耶路大学的约纳苏爱德华学院（Jonathan Edward College）的院监 Morter 先生告诉我，在他那个院里，有了七十多位学生，都是身体不及格去当兵而留在学校的。这些学生因为自己没有机会去打仗，自觉得很惭愧，平时不只不愿意出现于公共场所，而且连了放假时期，也不大愿回家。原来在美国各处，凡青年之年龄在被征为兵的，若非到前线去，也必是在国内受训，或在军事机关任事，故这种青年皆穿军服。体弱而不能当兵的学生，既不穿军服，而到公共场所，有时免不了有人要问他们为什么不当兵去，他们觉得这是一种耻辱的事，所以避免到这些地方。同样若回家去，则亲戚朋友既多，那么问这个问题的必然更多，结果是愈增烦恼。因而在假期要到的时候，好多做父母的而尤其是做母亲的，因为爱子心切，要其回家团聚，往往写信到学校的主管人，请其设法劝其儿子回家。然而尽管父母怎样思子心切，尽管师长如何劝慰，有了很多的学生，还是愿意留在学校，不愿意回家，因为他们说：回去了不只亲戚朋友或外人给他们以不易回答的疑问，就是自己的女朋友也看不起他们。

这是美国青年的看法。反观我国有了一些青年之在美国的，若听说要被美国政府征调，则四方奔走，设法逃避，这又不能〈不说〉是我国人的一种缺点了。

[略]

此外又如忠勤也是美国人的普遍的德性。在美国的各种公私机关里的人员，在那里作了二三十年事的，是很平常的事情。中上等阶级的职员固多如此，所谓下级的人员，也多是这样。我在耶路大学的教职员宿舍住四个多月，打扫我住房的有了一男一女，男的是打扫厕所、洗身房，而女的管理卧房。他们在那里做工作都有十余年之久，除了例假及特别假期之外，没有一天不打扫，而且到了房间打扫是有一定的时间的，从来不马虎。

我们知道，美国在战时的工人的收入，比起平时有多到三四倍的。假使这两位男女工人，跑到一个战时的工厂或机关里作事情，他的入息，增加了二三倍，是没有问题的。我曾问过他们，为什么他们不别找事情。他们的理由是：第一，战时的工作入息虽是多，然而这是暂时的。战完之后，再去找事，不见得容易。所以与其多得了一些薪俸于暂时，不如有一久长之事。然而这还不是最重要的理由，最重要的理由是：他们对他现在所作的事，不但作得很顺熟，而且作得有兴趣。换了别的事情，既生疏，又未必有兴趣。他们又说，他们已在学校里这么多年，他们对于大学，很为喜欢，有了不少的情感的作用，大学在战时，找人帮忙很不容易，根本人工就不够用，他们不忍在学校的困难的时期而离开。其实另有一位男的工人，且说他的年纪已过了退休的时期，就使他离开了学校，也可得到养老金，然而他现在的收入，既尚可够用，何必为了一些薪水而离开原来的工作呢？

我这里只是随便的举出一两个的例子。其实，只要我们看看好多美国人之来中国在教会学校、青年会、以及其他各处之作事的，往往终身只作一件事，就能明白他们的忠于所事的精神了。

美国人之勤于所事，也是一种最值得人敬佩的德性。壮年的男女，个个人都不愿游手好闲，而要找事作，是用不着说。老年人也是终日孜孜于其工作。尤其在战时工厂里，不知用了多少老人——男的女的。电车汽车的司机，有了不少是年纪在六十以上的。就是十余岁的孩子们，在没有上学或放假的时候，也要去找工作。卖报纸以至在旅店里当工友，他们都乐意去作。家境清寒的人们的小孩固是这样，有钱人家的小孩，也是这样。

我认识了一位朋友，他每月的入息可以养一家四五口而有余。他的太太死了。儿子有一件很好的差事，而且对父亲很好，但是离家很远，不能常回家。女孩因为父亲年老，不愿意离开家里。她的父亲本来不要她在外间作事。然而她觉家里的事，既用不了她一个人的力量，她除了管家之外，又找了一个事情。她本来是喜欢晏起的，可巧所〈找〉那件事，是要她天天五时半起床。她不管一切，就作了这件事，她虽然觉得不太方便，然而她以为在家里间坐三五钟的烦闷，比起这样的忙碌与不方便是多得多，所以她始终不愿放弃这件事。

我们到了美国人的办公室里，看其工作的紧张，就能明白他们真是办公。最近来在重庆一位太太告诉我：她以前在国人自办的机关里打字，闲得不得了，现在在美国人所管理的机关里作了同样的事，在起初的数天里，真是有了作不下去的感想，因为太忙了。后来虽然习惯起来，然而在办公室八个小时里，可以说是完全没有空闲。我们可以说，勤于工作，是美国人的一种习惯，也是他们的一种德性。反观吾人之办公室，一群一群的坐着没有事做，看报的有之，看小说的有之，闲谈的有之，至于只到办公室签到，而就走的，也是司空见惯的事呵。

美国人是很豪爽的，他们少摆架子，而且又很随便。然而同时又很克己。克己是清教徒、天主教徒的精神。简单的说是基督教的教义的要点。其实，基督教的本身，含了不少的道德的成分。上面所说的好多德性，都直接或间接与基督教义有了关系。假使我们承认基督教是有了道德的文化，假使我们承认基督教是精神文化，那么我们不能不承认在美国的文化里，是有了道德的文化，有了精神的文化。

我们知道美国人之最初从英国移到新大陆，主要的一个目的是想求宗教上的自由，在那个时候的美国，不外是一片荒莽的地方，现在的美国之所以成为世界物质文化最进步的国家，与其说是筑在物质的基础上，不如说是筑在他们的精神的文化的基础之上。

这种精神的文化的基础，是与美国人的道德的行为，有了密切的关系的。

第二章 宗教观

我们知道宗教——基督教在西洋的历史上，是占了很重要的地位，而对于西洋文化的各方面的影响也很大。这不只在长期的中世纪是这样，就是直到现在，基督教对于西洋文化的影响，还可以处处看出来。世人而尤其是好多西洋人，把西洋的文化叫作基督教的文化，就是这个原故。

美国文化是西洋文化的一个区域。要想明白美国的文化，我们对于美国的宗教——基督教，不能不加以注意。

事实上，英国人初期之到新大陆的，好多是为求宗教上的自由而去的。自然的，我们应当指出从英国到美国的一般清教徒（Puritans）本来不见得是很民主化的，因为他们所带到美国的是加尔文（Calvin）的宗教与政治的学说。这种学说，在好多地方，是非民主的，是不自由的。但是这般英国人之所以远离祖国而到荒莽的新大陆是不愿受了英国的宗教以至政治上的压迫，一群一群的对于英国的宗教与政治不满意的人们，跑到美洲，其所求的主要是宗教上得到自由发展的机会。因为这样，在初期的美国的好多政治团体，根本是受了宗〈教〉的支配。比方在好多地方，不是属于教会的会员，是没有选举的权利。新英伦（New England）的好多的地方自治团体，就是这样。人们以为新英伦的早期的不少政府是神权式，就是这个原故。因为在这些的政府里，不只权力操诸教会之手，就是法律也以不背《圣经》为原则。在这种政府统治之下的人们的行为，以至日常起居，往往也受教会所支配。质言之，政治之于宗教是分不开的。

我们可以说，直到现在，美国的宗教对于政治还有很大的影响。在美国的殖民地的时期，各州的州长固是新教的人们（Protestants），自美国宣布独立以后没有一个总统是天主教的教徒的。这是因为在传统上，在大致上，美国是一个新教的国家。十多年前，史密斯（Al Smith）在美国的声誉那么隆，而终不得被选为总统的主要原因之一，据一般的美国人的观察，是因为他是一个天主教的教徒。好多美国人总以为天主教的教徒是忠于罗马的教皇的，从国家的立场来看，国家有最高的权力，不受任何外间的力量所支配。假使一个国家的元首，是忠于教皇，就会有了忠于罗马教皇比忠于自己国家为甚的可能。其结果也许会放国家的利益在天主教会的利益之下，使国家吃了亏。

这种看法，不一定是对的。比方法国是一个天主教的国家，法国的元首不只不会是一个新教的教徒，而往往是一个天主教的教徒。然而法国的元首，以至其政府的人物，并不因此而听从罗马教皇，放国家的利益在天主教会的之下。

可是因为一般的美国人，而尤其是美国的新教徒之所以不愿意去选一个天主教的教徒，来作他们的元首，完全可以说是站在宗教的支派的立场上。因为美国本来是一个新教的国家，在新教的国家里，是不易容忍一个天主教徒去作元首的。至于其他的宗教，如犹太教的教徒，要想一居总统的地位，那是更不容易的。

上面是说宗教对于政治方面的影响。在经济方面，美国的宗教有没有影响呢？德国的维柏（Max Weber）对于基督教的新教之于近代的资本主义的关系，曾作过很深刻的研究。他的结论是：近代的资本主义的发展，是很得力于新教的教徒。我们知道美国是被称为资本主义最发达的一个国家，而美国在初期的发展，又很得力于新教的教徒。若照维柏的看法，美国是一个很好的例子去说明新教之于资本主义的关系。事实上，这般英国的新教徒，而尤其是清教徒，不辞跋涉重洋的困难，不怕荒莽野域的危险，主要的目的虽是求宗教上的自由以至避免政治上的压迫，然而这种冒〈险〉的精神、坚强的意志，也是开辟新大陆的先锋。他们除了建立教会、组织政府之外，对于土地的耕种、资源的利用，也不遗余力。其实，三四百年前的人烟稀少、土地广大的美国，成为现代世界上物质最发达的国家，这不能不说是与宗教有了密切的关系。至少我们可以说这个新世界，最初与主要的是由于这般新教徒所创造出来的。

至于宗教对于教育方面的影响，更为显明。我们知道美国的学校，在早期的发展，多是私立的。而这些私立学校，又多为教会教士所设立。大学像哈佛与耶路，直到现在还深染宗教的色彩。哈佛大学图书馆对面那个教堂，耶路大学那个大学教堂，以至像德怀特堂（Dwight Hall）里的教堂，都充分的表现出他们的宗教的气味。至于好〈些〉所谓小的大学，有了不少是完全受了教会的支配。近年以来，天主教教徒所设立的学校，也逐渐的发达起来。

其实，美国的教育正像欧洲的教育，在其初期的发展的时候，是与教会与教士分不开的。学校往往是由教会去设立，而教士又往往是教师。除了给予学生以基督教的教义之外，对于宗教上的集会与仪式，往往也要遵守。这不只是在美国是这样，就是一般美国教士之到中国开办教会学校的，在其初期发展的时候，也是这样。

从家庭与日常生活方面来看，我们更可以看出美国的宗教之于美国的文化的关系的密切。大致上，我们可以说，在新教徒的家庭，不只夫妇是新教徒，就是子女往往也是新教徒。在天主教徒的家庭中，不只夫妇是天主教教徒，就是子女也是天主教教徒。同样的犹太人很少与其他的教徒结婚，而其子女也很少信仰别的宗教。

犹太教与天主教对于教徒的管理上比较的严。这不只是在教义上他们要好好遵守，就是对于好多仪式上，他们也要小心的去实行。新教本身就有好多派别，故其教徒也比较自由得多。有了一种教 Fundamentalist 还实行了多妻的制度，而引起法律上的问题。数月前有了不少这种教徒因多妻而被捕。此外，又有好多小团体的宗教组织，对于教徒的家庭，以至日常生活都受严格的管制。在比方新泽西省（New Jersey）还有一个宗教建立一个小城市，凡市政以至在这个城市的人们的行为，都由教会去管理。

这当然不是最近来才有的现象。其实，在殖民地的初期，从欧洲来的好多教徒到了美国之后，往往找了一块地方，居住下来。政治、经济、教育以至个人的家庭与日常生活，都由宗教团体去监视。比方饮酒、抽烟有时也在被禁之例。而星期日休息，也是家家人人所必遵守的。

我们不能否认欧洲自宗教改革以后，基督教在中世纪的垄断的势力是一天一天的减少。政治与工业革命以后，宗教的信仰更趋于薄弱。然而欧洲的文化，受了一千多年的基督教的深刻影响，到了现在还处处可以看出他的势力。从这方面看起来，美国不能算作一个例外。一个普通的美国人，从生到死，是与基督教有了关系的。生了不久就抱到礼拜堂里行洗礼。星期日小孩与大人一样的到教堂作礼拜。他死了，要请牧师去祝福，安葬又往往是在其教会所设立的坟地。一些忠实的教徒，吃饭时还求祈祷，有的病了还希望教士来给予安慰。牧师不只是说教，而是教友的顾问。

星期休息是全国遵守的。无论是教友或不是教徒，对于星期休息是没有疑议的。美国每年的最大的节期是圣诞，而不是新年。圣诞也并不只是教徒才庆祝，不是教徒的人们或家庭也同样的庆祝。所以购买恭贺圣诞卡片的人们，并不限于教徒。这种东西已成为社会化，而一般人把来当作问候友朋亲戚的一种用品。一年中从没写信给朋友或亲戚，到了圣诞才给他一个圣诞卡片。一方面是恭贺佳节，一方面是问候起居。而且在圣诞的卡片上，往往随便写了几行字，说及自己的近况，或询问亲友的消息。基督教在美国的历史，虽与欧洲人之到美国的历史一样久，可是也有些宗教上的仪式或习惯是新近才传入美国。圣诞时所用的松树，就是一个例子。用松树来庆祝圣诞，在美国也不过有了一百年左右的历史。这种风俗，传入美国的时候，一般的教士教徒还极力的反对，以为这是叛徒所用的东西。然而数十年来，在圣诞的时候，差不多家家户户都竖起一枝松树装灯结彩，使其房子有了一种新景象。

除了圣诞之外，复活节、感恩日，都是基督教的节期。可是假期较长而最为热闹的，还是圣诞。

不但这样，在美国像在欧洲一样，到处都有教堂。不过教堂在美国不只是专为崇拜上帝而设立，而且逐渐的成为社交的中心。有些教会与好多宗教团体，还特别去设立社交的房子，而在各大学区域，对于这种设备尤为注意。男女青年会以及好多种的会所或房舍，如欧班那（Urbana）的威士利堂（Wesley Foundation），纽海芬的德怀特堂（Dwight Hall），与其说的为着举行宗教的仪式而设立，不如说是为着社交而创办。里面有很大的客厅或演讲堂，有钢琴，与其他种游戏用具，有厨房及用具，以为大小团体聚餐之用。这种社交的中心，有时就在教堂的房边，或地下的一层，以便一般的人民去利用。所以除了星期日的礼拜之外，在一周中主持教会的人们，往往计画各种有益于身心的各种动作，各种演讲会，比赛会，音乐会，以至缝纫会等等，使一般的教友，随其兴趣而参加，使其得到各种娱乐或智识。这都是他们的日常生活中的一部分的生活。

在美国的文化里，以至家庭或日常生活中，固处处表现其宗教的意味，在战争的时候，这种宗教的意味，不只不因之而减少，反而因之而增长。本来照基督的立场来看，其所期望的世界是和平，然而读过西洋历史的人，总能明白多少战争是因宗教上的纷争而起。我们不能说这一次的战争是因宗教而起，可是战争发生之后，却使宗教的空气较为浓厚。在战场上，也有牧师，也作礼拜。一些的救伤救济的团体，如红十字会，也与宗教有了因缘。

至于在美国的国内，父母妻子，因儿子或丈夫出国打仗，因离别而思念的情感，愈为殷切。宗教本来是一种情感的作用，在悲苦的情感里，宗教的信仰往往易于增长。儿子或丈夫去打仗，是否能够回来，变为一种不可回答的疑问。在难过的情感中，只好当作是神的意旨，而寄托一切的希望以至绝望于神。打伤了，固是神的意旨，打死了，也是神的意旨。不伤不死而回来，也是神所赐与的。因此之故，作礼拜的人，也增加起来；要祈祷的人，也增加起来。在好多的教堂里，还特别的去设了一个为着打仗的人们而祈祷的坛位或座位。除了正常的祈祷之外，牧师还跑到这个地方，为他们而作特别的祷告。

在加利福尼州的罗省那个地方，在荷里活的左近，有了一个露天的戏院。去年曾演过香客剧（pilgrim play）。这本剧演了好几个月，据里面一位主持的人告诉我，没有一天不满座。又据他说，这次看戏的人数，打破了已往的纪录。我问他为什么那么多人来看，他不假思索的回答，这是战争的结果。一般的人们之到这个戏院的，有了不少是为上面所说那种情感所驱使。

我参观了好几个大礼堂，不是星期日，也有了很多的妇女到里头跪而祈祷。有一次有了一位中年的妇女，祈祷之后，眼里要流泪的起来，见我站在左近，她直趋到我的面前问道："先生是不是基督教徒呵？"我告诉她我不是，可是我对于教堂以及宗教都有多少兴趣，而且我曾在过教会学校念过书。她一直的与我谈了半个钟关于基督教的教义，同时希望我也能受洗礼而作基督教徒。她说一个人在艰难困苦的时候，愈要神的安慰。我从她的话里总以为她自己必定因为丈夫或是儿子被征当兵而出此，后来才明白她既没有儿子，而丈夫又已过征调的年龄。她有女孩，丈夫有很好的入息，家庭生活是最为快乐，但是她呢？看了战争那么残忍，看了那么多的同胞亲朋，在战场上受伤或被杀死，她内心太难过了！然而这种内心的难过，却又不愿在家里的丈夫或女孩的面前表现出来，所以天天在丈夫去办公，女孩正上学的时候，到了教堂祈祷，希望神能够使用其爱力去免除残酷的战争与人间的痛苦。我们也许以为这个女的是太迷信了，然而她这一片好意，与对于宗教的信仰的增强的心理，是完全由于战争而来的。

总而言之，自宗教改革以后，宗教的信仰心虽日趋薄弱，而对于人类的整个文化的影响，虽没有在中世纪那么深刻，然而基督教在欧洲，在美国，既有那么多年的历史，其势力是不可轻视。美国虽是一个新兴的国家，但美国人之初期到美的，既多为宗教的自由而来，而在今日的美国，不只是伟大的教堂到处林立，就是在其文化里，以至家庭或日常生活，处处都表现其宗教的色彩。

我们也得指出，美国虽然是一个新教的国家，然而近来年天主教的势力在美国已逐渐的发展起来。在美国的好多地方以至好多大城市，天主教的势力是很大的。波士顿（Boston），就是一个例子。这是由近年来的欧洲迁入美国的移民，多是从天主教的国家来的，因而在这些地方或城市中，不只街道上的警察是天主教的教徒，就是市长及市政府以及其所附属或统治之下的好多机关，也是受了天主教的教徒所支配。

这些势力的澎涨，已引起美国的人士而尤其是新教的教徒所注意。在去年一年内就有好多关于这个问题的文章，在报章与杂志上发表，两方——天主教的教徒与新教的教徒——互相批评，互相指摘，使这个问题不只在政治上有了很大的影响，就是在文化的其他方面，也有了密切的关系。

然而，美国的不同支派的宗教的好多领袖人物，也看到这种冲突的病弊，而尽力设法去补救。好多的新教、天主教、犹太教的教士们，联合起来，一同到各处演讲，劝告三种不同支派的基督教的教徒，应该努力合作，为国家为社会求幸福。这种合作运动，在近年来也很能引起一般美国人的注意。而且据我所看见的，有了好多地方的士女对于这种演讲，很热烈的参加，对于这种运动很努力去推动。至于实际方面的合作工作，也逐渐的发展，在意利诺州的三滨（Champaign）那个地方，我曾被请到一个三种教会——新教、天主教与犹太教——所设立的学校里，去参观各种不同支派的教徒的子弟，同在一个学校读书。小孩们天真灿烂，大家玩，大家谈，据说很少为了宗教上的问题而争论。学校的目的是要使这些少年在少年的年候，就去打破这种宗教异派的偏见。其实在美国的一般公立以至私立的大学里，并不因一个人的宗教的信仰而不取录的。所以美国有了好多宗教的派别，固是不能不认的事实，然而理论上的信教自由，却是天经地义。其实，正是有了信教自由的国家，才有宗教派别的发展。

我们在上面虽曾指出新教徒往往与新教徒结婚，而天主教徒往往与天主教徒结婚，然而在美国不同宗派的男女结婚的，也有了不少。比方我从芝加哥到欧班那的火车中，遇了一位太太年纪在五十左右，她自己是一位新教徒，而她的丈夫却是一位天主教徒。"不同宗派而结婚，有什么不方便的地方吗？"我这样的问她。"这完全是一种看法，假使你觉得不方便，就不方便；假使你并不这样的看，那也没有什么不方便。我们把爱情当为首要，而宗教是次要，所以结婚了二十多年，我并不觉在这方面有了什么不方便的地方。"她又告诉我，不只她自己是一位热心的教徒，她的丈夫也是一位热心的教徒。在星期日，丈夫到丈夫的礼拜堂，她到她的礼拜堂。而且因为天主教要求其教徒的子女要作天主教徒，所以小孩们都跟父亲去作礼拜。她却独自一人到自己的礼拜堂。"这样岂不是有了多少不方便吗？"我又问道。"这也不见得罢。"她这样的回答。她接着说："一来信仰是个人的事，是人与神的关系，而非人与人的关系，我丈夫所信的神也就是我所信的神，只为宗派的不同，与形式上的差异，而不能在一块去崇拜，这于我是没有多大关系的。小孩们接近我的时间多，星期由父亲代带领，使父亲与子女之间，多点接触，也是好事。而且因为了不同宗派而相处，更显得我们能够大家体谅。其实男女根本就有不同的性格，宗教只是一种信仰，性格不同而尚能相处在一块，信仰不同又有什么关系呢？"

又如这次在太平洋的战争中，有了一只美国战舰，中了敌人的弹子，舰上有了三位牧师，一位是新教的，一位是天主教的，又有一位是犹太教的，他们三位在舰尚未沉之前，极力去救出好多的舰上的士兵，到了舰就要沉的时候，他们三位站在一块，携着手而同死。美国的新闻，大书特书，而好多人以为他们既能同在一处而工作，又能同在一处而登天国，一般的不同宗派的教徒，也要持这个态度去合作，以增进人类的幸福，不应去注重于宗教形式上的不同而增加了宗教上的纷争。

平心而论，有了宗教的派别，就不能不有各种不同的仪式与态度，同时也免不了要有了互相批评与指摘的言论。然而社会的进步，照我们看起来，不只是靠了人类的共同之点，而也靠了人类的各异之处。美国固然因为宗派的各异而有了不少的冲突，然而一个信仰自由的国家，应当容忍这些事情。所谓宗教自由也是民主政治的一种要素。假使一个国家而强迫人民去信仰某种宗教，这就不是一个民主的国家。至于因为宗派不同而引起的批评或指摘，也正像因政治上的不同而引起党派的批评或指摘。这是民主政治里所不可避免的事件，但同时也是民主政治的基本的原则。

我们不能否认宗教垄断的时代已成过去，我们也不能不承认基督教会而尤其是中世纪的教会，有了很多的缺点，然而我们也不能否认基督教与基督教会是西洋文化的要素，在近代的西洋文化里，这个要素的重要性已逐渐减少，然而若说它对西洋的文化，没有影响，那是错误罢。而况我们已经指出，就像美国这个新兴的国家，不只在其初期的发展史上，宗教占了很重要的地位，就是直到现在，基督教还是这个国家的文化里的一种要素呵。

第三章 教育观

美国的教育的发达，这是国人所知道的。在那里，不只小学、中等的教育，是很为普及，就是高等教育，也很为发达。在我国没有识字的人是占了大多数，而在美国没有识字的人是占了很少数。这些很少的数目中，恐怕大部分是一般从别国移居到美国的人们。

我这次在美国，也参观了一些小学与中学。他们的建筑的宏伟，设备的完备，不必多说，但是使我印象最深的，是在小学以至在中学的授课的时间之少，而收效之大。在我国学校里，以小学生而言，差不多从早上到下午，都是上课的时间。科目之多，钟点之多，是美国小学里所少见的现象。然而我们知道，在美国小学里读完的学生，比之在我国小学里毕业的学生，在程度上，并不见得低。反之，恐怕前者还比之后者高得多。

至于我国中学的科目之多，钟点之多，更不待说。就以我所熟知的南开中学而说，一个学生，自早间六点到晚间九点，可以说是没有停的上课。在美国好多中学，早间九时才上课，而下午二时或三时就放学。我又参观了一二间一日两班的中学。因为人数太多，学校的地方设备，在战时没有办法扩充与增加，所以学生分为两班上课。早班从八时到十二时，下午班从一时到五时。事实上，每个学生每日只上四个钟头课。然而在这里毕业的学生的程度，也并不低于其他的中学。

不但这样，在我们的中学里，初中与高中的科目，就有了不少的重复。所以今后怎么样的去调整，是我国教育上一个大问题。我个人以为普通的中学，应当注重于工具的训练，科目之特别要加以注意的，是国文、英文、算术。工具弄好了，将来若入大学，则无论专门何科，都比较容易。所以一切的不大重要的课程，最好是取销。

我因为是在大学里执教，所以对于美国大学的教育，特别参观得多，而加以特别的注意。

我们知道，在美国，联邦政府对于美国的教育是没有什么关系的。既没有所谓教育部，也没有所谓国立大学。大学虽然可以分为私立与公立，可是后者是州立的或市立的。属于州立的，如加利福尼大学、意利诺（Illinois）大学，美国有四十八的州，大多数的州是有州立的大学。至于市立的，如纽约市学院（College of the City of New York）与辛辛纳蒂大学（University of Cincinnati）。

至于私立的大学是很多的有名的，如哈佛、耶路、哥林比亚、芝加哥等。

从大学的发展史看起来，美国的大学之成立较早而历史较长的是私立大学。哈佛已有三百余年的历史，耶路也有二百多年的历史。州立的大学的发达是较近的事。

照现在的情形来看，在美国的最好的大学，还是私立的大学。但是三四十年来，美国的好多州立的大学，也逐渐的发达起来，而且有了几个进步得很快。

有些人说，有些州立大学之所以进步得很快，是由于经费的充裕。比方意利诺及加利福尼等州所设立的大学，二三十年来建筑物固是年年增加，就是图书仪器的设备，以至著名教授的延聘，也很为注意。同时，又因为是州立的大学，学费比较便宜得多，所以学生的数目也很快的增加。学生出校之后，在社会上作事的人数既日多，学校在社会上的影响也日大。

不但这样，像加利福尼州的州立大学，除了在旧金山附近的柏克利（Berkeley）的本校之外，还在该州南部设了不只一个分校。

而且，据我的观察，在抗战的时期，因为政府对于物资加以统制，因此好多州立大学，不能充分去发展。自德国被打败之后，有些州立大学已得到州政府允准，给以巨款，以便在战后大加扩充。

至于私立的大学，除了一些声誉较隆而基金雄厚的大学之外，有了不少因为经费的困难而不易发展。照美国的一部分的主持教育的人的看法，不只是因为在战争的时期，私立的大学筹款不容易，就是在战争以后私立的大学筹款，也不见得很容易。其最大的原因，是近年以来，美国政府——联邦或州政府对于所得税、遗产税以及其他的税收，相当繁重，私人财富的巨量集中，受了很大的限制。私立的大学的经费，主要的既由于私人的捐助，私人既不易成为大富，则这些学校的筹款，也必受了很大的影响。比方，在从前好多大学，得了一些大富翁的遗产，以为基金，现在却不容易了。

照上面的看法，今后的州立的大学的发展的力量，好像愈来愈大，而私立的大学的前途，是未可乐观。因而自去年的年底以后，在美国也有了不少的教育家，提议联邦政府，设法去补助经费困难的私立大学。

然而同时，有了不少的私立的大学的当局，对于这种提议，却加以反对。他们的理由是，政府对于私立大学，在经费上的补助，是政府管理私立的大学的初步。他们以为私立的大学的特性，就是站在政治的漩涡以外，而能够独立自由去发展其学术的工作。若受了政府的津贴，必受了政府的限制，结果是这些学术机关，必逐渐的成为政客官僚的工具。

照我个人的观察，从经费方面来看，州立大学而尤其是较为富庶的州立大学，近年来的经费的增加的数目，实在很大。因为在这些州里，稍为增加了某种税收以为大学教育经费，则这些大学的经费是绝无问题的。州立大学在近二三十年来之所以能够进步得很快，这是主要的原因。不过受了政府的经费上的补助，是否就受了政府的管制，这是值得我们研究的一个问题。

为了这个问题，我曾访问了好多大学的主持人物。我所得的回答可以说是有同有异的。有的州立大学的当局以为州的立法机关的人们，对于教育是不懂的，故对于大学所需要的经费，往往不能照数通过，使大学的发展上，受了不少的阻碍。然而也有些州立的大学的当局，以为政府对于大学所请求的经费，大体总算客气。

但是有了一点是大家的意见大致相同的，是政府决定了经费之后，对于大学的内部的行政上与研究上，加以干涉的，是少有的事。所以在各州立的大学里，不只教授是少受了政治上的变换而影响，就是校长与主要的行政人员，也并没有随便去更调。我们看看好多州立的大学，校长在职的时期都是很久，无论州里的省长或是立法机关的人员的更换，对于大学都很少影响，就能明白这种看法是不错的。

从这里我们也可以看出美国的一般的教育家的思想的趋向。在已上了轨道的美国的大学的教育制度之下，大学教育所受政治的漩涡的影响，本来已是微乎其微，然而在这种情形之下，好多大学的当局还怕政府的干涉。而一些私立大学的主持人物却且反对政府在经费上的补助，这可见得美国的自由主义的教育的色彩的浓厚。

而且就现在的实际的情形来说，美国的高等教育的重心，还是在私立方面。这不只是从在大学的数量方面来看，就是从大的质的方面来看，也是如此。换句来说，在美国，直到现在，私立的大学不只在数目上比较的多，就是在成绩上，最好的还是私立的大学。所以，若说在最近的将来，政府所设立的大学要在量的方面或质的方面，要驾乎私立大学，是无稽之谈。

而况一些最好的私立大学，在经费上固是自给而有余，就是其他的私立大学要向私人劝捐，也并非没有出路。因为富人在美国，还是很多。好多的私立大学基础既多已稳固，今后所需的经费是维持与发展的经费，而非开办的经费，而且私人之捐助教育事业的经费，政府有了优待的方法，所以还有很多的有钱人也以为与其缴纳一大笔税于政府，不如加出了一些而帮教育，使自己在大学里，留了一个芳名。

因为美国的大学的早期发展是私立的，这就是说是由私人的团体或个人所创办的，所以每个大学不只有其特殊之点，而且能够充分的去自由发展。事实上，他们无论在学校的行政上，学院的设立，学系的多少，课程的分配，教材的采纳，以及其他好多的问题，不〔无〕一不由学〈校〉自己去决定。后来好多州立或市立的大学的设立，也可以说是受了这种自由主义的教育的传统所影响，而有了自由发展的机会。举一个例罢。在俄累工（Oregon）州中除了俄累工大学（University of Oregon），还有俄累工州学院（Oregon State College）。两者都为州立的。大致上，前者是偏重于文法各科，而后者是偏重于农工各科。然而在俄累工州立学院里，也有社会以及政治等等学系。这就是说，关于文法方面的学系，假使在我们的学制之下，在农工学院里，是绝不能有了这些学系的。不但这样，俄累工大学在名称上虽好听得多，然而俄累工州立学院所得的经费却最多。故其设备及种种，也完备得多。假使在我们国内，后者早必改为大学（university），而同时前者也必去力争而设立其他各科。因为在我国，不只往往偏重于名义上的争持，而且教育部规定了所谓大学必定至少有了三个学院以上，而每个学院必定至少有了多少学系。此外每种学系只能在每种学院里设立，其结果是样样都硬板化，而缺乏了自由发展的机会。

我曾参观了美国的好多的所谓大的大学，但同时也特别注意到好多的所谓小的大学（small college）。究竟是前者好？还是后者好？这是值得我们注意的事情。我们应该指出所谓大的大学（great university）既非本来是大的，而所谓小的大学也并非没有成为大的大学的机会。哈佛、哥伦比亚也是由小小的发展起来。今日有了好多的小的大学经费，往往自给而有余，假使他们愿意去发展为大的大学，其可能性是很大的。可是事实上，在美国有了很多的大学对于学的人数往往限制在一千以下，其目的是要维持其小范围与小规模。

为什么他们要这样的作呢？

原来这些大学的创办人的目的，是不只想学校对于其学生的学问上，就是对于其学生的行为上，都能够好好的指导。换句来说，就是希望大学里的教师，对于每个学生都能常有见面或接触的机会，而使学生的智识与德性两方面同时发展。我们知道，在美国的好多大学是宗教——基督教的团体所创办，他们把学校当为一个大家庭来看。欲在一个较小的社区（small community）里头去训练一班青年的心性，不只使其有高深的技能，而且有良好的人格。因而好多大学在创办的时候，就规定其学生的人数，不得超过某个数目。

因为有了这种规定，后来主持大学的人，也不得不照着这种规定而办。就使学校的经费是充裕，就使设备是堂皇，就使教授是众多，可以多收一倍或数倍的学生，然而他们少有违背了创办人的初意。

从我们中国人看起来，这种作法不只硬板，而且浪费。然而也是美国遵守法治的一种表现。现在有好多主持大学教育的人也明知这种作法是有其短处，然而他们也没有办法去修改，所以有了好多所谓小的大学，始终是保持其小的范围，与小的规模。

平心而论，这种作法，固有其好处，也有其缺点。好处就是人数少，不但师生之间如一家人，就是学生与学生之间，也易于熟识，每个学生在学问上，在行为上，其短处与长处教师都易于知道而能改正其所短，鼓励其所长。

可是，学校太小了，尽管经费充裕，设备完美，可是学院学系既不能太多，教授的延聘，也不会太多，结果所谓学问上的友谊（intellectual affiliation）的范围不会太大，有好多作学问的人，愿意到一个地方，除了有了好多同行之外，还有好多与其所研究的有了关系的人物。一个学医的人，不只希望与好多名医在一块，而且希望能与好多有名的生物学家、化学家在一块，使能互相观摩，而对其专门的科目，有所裨益。

同时有好多专心去作学问的人，往往不愿意去化了不少的时间去参加学校行政或管理学生的行为。在小的大学里头，却不只希望教师们去作这些事情，就是对于每个教师的自己的动作，也有时过问。我们知道有些学问很好的人，性格有时固是怪僻，行为有时也不检，这种人物，在小的大学里，是不易立足的。

不但这样，就普通来说，著名的大学不只是待遇与设备较好，而且在社会上的地位也较高。因此之故，所谓小大学里的教授，稍露头角，往往却为大的大学所争聘，结果是小的大学，每每成为大学教授的预备所。

可是在美国，大学教育既很为发达，而学生之入大学的人数也很多，同时著名的大的大学往往偏重于研究院，与研究工作，对于大学部分的教学，反而有时不大注意，所以在很有名的大学的大学部，授基本课的人有些就是正在研究院研究的学生。至于小的大学所注重是大学部，因而往往却有了多年教授一些基本课程的人们，再加以他们对于学生的特别关心，使学生能够好好的作学问的基础的工作。所以好多小的大学，却击〔出〕了很多的好的大学毕业生。这些毕业生到了大的大学的研究院，又往往成为大的大学里的特出的人才。因此之故，小的大学在美国的高等教育上，也有莫大的贡献。

其实，在美国也有一些大的大学，看到小的大学的好处，而设法去取了一种折衷的办法，我愿意把耶路大学当为一个例子以为解释。

耶路是美国的一个私立大学，而同时又是一个大的大学。哈佛、耶路，往往并称，就是这个原故。

十多年前，耶路大学的当局，就感觉到学校日日发展，学生人数也愈来愈多，不只学生与教授之间，少有来往的机会，就学生与学生之间，以至教授与教授之间，也缺乏了正常与健全的接触的机会。同时，他们又觉得一般的学生所组织的兄弟会害多益少，因想起补救的方法，遂派了学校里数位教授到英国剑桥、牛津大学，考察其学院与导师的制度，以资参考。现在耶路大学所施行的制度，虽然是受了英国剑桥、牛津的影响，然而也有其不同之处。

我们知道，牛津、剑桥的学院，是本来各自独立的，而且创立的时间各不相同。各学院里头有自己的资产与教师，或是导师，以及各种设备。到了后来，才由各学院联合起来成为大学，而有各学院的共同的教授讲师，共同的研究所、实验室、图书馆、博物馆，以至毕业考试与学位授予等等。现在这些共同的东西，虽是日来日多，可是各学院还保留其不少的独立性。因为这不只是由于历史上的传统观念，而且由于英国的自由教育的结果。

耶路大学，在大体上，是先有了一切的共同的东西，后来才分为各院。而且各院并没有开班授课，而主要目的乃对于学生的生活加以辅导，虽则各院里的导师，对于学生的学问，也加以注意。

我们知道，耶路大学除了文、理、法、医、工各科以及其各系之外，还有好多个学院，在大学的学生，可以选择某一系，如政治，或经济之类，关于课程、课堂、图书馆、实验室等等，是有了共同的，正如一般的大学一样。

至于学院主要是学生食宿之所。每个学院有一个学监（master）。学监及其家眷是住在学院里。除了学监之外，又有导师。导师是从大学各科各系选择而来的。被选为这种导师，可以说是一种荣誉。所以大学中的教授讲师，未必个个是学院中的导师。导师在院中有办公地方，有些也住在院内。导师除平时可以在院中的食堂同学生在一块吃饭之外，每星期有一天晚上是导师集会的时期。在这种集会里，大家往往先喝一点酒，然后在食堂吃饭，吃饭之后，又在一块谈话。除有时报告院务或其他事务之外，大家很随便谈话，有事的也可以先告辞，没有事的可以久谈。导师所专门的是各异的，有的学医，有的学工，有的学化学，有的学文学，有的学哲学，有的学宗教。差不多学校里所有各科或各系都有代表人物。在这里因为大家所学的不同，所以谈话的资料，也并不单调，而各种不同的意见，都能在这里充分表达出来。又在这种集会里，除每次由学监请了外间一二位客人外，导师也可以请其友朋来参加。学监所请的客多为当地的政府、工商业界以至教会的领袖人物，或大学里的教职员，所以谈话的资料更为丰富。除了这种集会之外，学监及其太太在其家里，于每星期日下午，往往开茶会，导师及住院学生均可参加。

在院里住的学生，也是从各科各系选择而来。住院的学生，全为大学第二年级以上的学生。耶路大学第一年级的学生，是住在一个地方的。第一年级学生读完第一年级，就由大学各院学监及其有关的当局开会分配各生到各院，每院最多不超过二百五十人。有些住了一百多人，有了一个学院，事实上能住到三百人，可是捐款去建筑学院的人，规定该院不得住过二百五十人，结果只住了二百五十人，而使了很多的房子空起来。住在院的学生，除了住宿均在院里之外，各院有各院的各种动作，比较普通的如球队、演戏、音乐会等等。所以每院自成一个团体，自成一个单位。学生吃饭是用饭票的。一院的学生，有时也用其饭票到其他各院吃饭。此外学生也可以请其朋友到其院里的食堂吃饭。

学生除了在学问上有了系主任及其教授指导之外，可以随时找其院里的学监及导师商谈。而院中的导师而特别是学监对于学生的行为上，也很为注意。耶路的学院的目的，是想使一般的学生在一个很大的大学里，还能得到较小的团体的生活。同时使师生之间，有了密切的关系。

耶路的学院的制度的设立，不过十余年来的事。然而十余年来的经验，很能使其当局以及学生们觉得这种制度的好处。每个学院有了独立的房子，这些房都很宏伟华丽。房子里除了学生及导师学监房外，有很大的食堂，有很大的客厅。食堂客厅都弄得很舒适与雅观。客厅中有钢琴，学生在饭后可以弹琴唱歌。此外，院里也有其图书室，以及其他种设备。目的都是在求学生在学问上，在行为上，以至在身体上得到美满的发展。

我觉得耶路大学这种办法，很能减少大的大学与小的大学的缺点，而同时却能得到这两者的好处，希望国人对于这种作法，能加以特别的注意。

第四章　教育观[1]

　　大体的说，美国的大的大学里的学生多，而小的大学里的学生少。学生太多固使师生之间易于隔膜，而学生太少，对于学校的发展上，也有所阻碍。而且有些教师，觉得讲堂上的学生太少，对于教学的兴趣减少。

　　在美国，近来大学学生之超过万人以上的，已很不少。比方哥林比亚、加利福尼、意利诺各大学在战前都过了这个数目。其实美国大学学生的人数的逐渐增加，是近年来一件很显明的事情。在战前，有人统计在大学的学生有了一百多万，比之我国只有五六万大学生，相差二三十倍之多。大学学生的人数的增加，也是教育普及与发达的一种现象。因为小学、中学的学生既多，入大学的，也随之而多。而且一般普通美国人的经济，比较充裕，除了大学中设法帮忙学生寻找工作，或给予奖金之外，在社会上所需要的散时工作的地方很多，所以有了好多大学学生以至中学学生，都能够自给去完成其学业而无需家庭的负担。

　　又社会进步，专门人才的需要也日多。大学为专门人才的供应所，故大学的学生人数，也处处增加起来。

　　因而有些大学不只感觉到学生的增加，而使学校的设备不敷应用，就是管理方面，也有问题。好多小的大学在创办的时候，就规定了不能超出某个数目以上，就是有些大的大学，现在也感觉到有了限制学生的总数的必要。比方耶路大学就维持其五千余到六千学生的数目，因而每科或每系也有一种谅解，所收的学生人数，不能超出多少数目。可是这种作法，完全是自动的，并不像我国的教育当局，规定了各院的学生的比例数。

　　至于男女同校这个问题，大体上在美国是没有问题。小学、中学、大学多为男女同校。但是也有了不少大学，是专收女生或专收男生的。专为女子而设的大学，直到现在，尚有很多。威尔士利（Wellesley）、蒙科若（Mount Halyoke）都是专收女生的。哈佛与耶路的大学部，也只收男生，而不收女生。

　　女子大学不收男生，一般人并不见怪。但是男子大学而不收女生，而特别是有名的大学，像哈佛与耶路，却为好多人所非议。

　　为什么像哈佛与耶路这些大学的大学部都不愿意收女生呢？

　　有些大学当局与教授，这样的回答："我们一向不收女生，所以现在不欲更改，而且就使更改，也有好多不便之处。"

---

[1] 校按：本章标题在目录上为"教育观"，但在手稿里却写成"美国的教育"，为与各章标题统一，这里仍用目录所示的"教育观"。

我们知道这些大学都是历史久长的大学，传统的观念与惰性的作用势力很大。从前的人们，没有这样的作，现在的人们，也不好这样的作。有了一位教授还说道："我找不出不收女生的理由，可是我是不会赞成取录女生的。"

至于说到有了不便之处，却有多少道理，比方女生宿舍，女生管理，种种都是取录女生所要顾及的问题。可是这究竟也是一些并非十分了不得的困难。

为了这个问题，有一天我在耶路的一个学院的导师集会的时候，曾提出来。照一部分人的意见，除了上面所说的理由之外，最重要的理由是：没有女生，一般学生在男女社交上，所费的时间，比较的少，而对于功课方面，能够专心。所以他们说，耶路的学生之所以肯用功，是因为男女不同校。其实，在美国男女社交那么公开，找女朋友不一定是大学中的女同学。而且耶路的学校范围，又正在城市的中心，并非独处一隅，而与外间隔离很远。至于哈佛大学虽不收女生，然而在傍边就有了一个女子大学。而且事实上这两个大学可以说兄妹式的关系。所以男学生要找女朋友的法门是很多的，虽则我们也得承认，有了女生同在一个大学，各种社交集会，也许免不了会多起来。可是若说为了这样，遂使学生的学业上有了很大的影响，那也是未免顾虑太多罢。

其实，哈佛、耶路的大学部，固不收女生，在其研究院里已没有这种限制。已经在其他的大学里毕业的女生，可以进入哈佛、耶路的研究院。在战时，因为男生多应征去当兵，所以在研究院里，愈显得女生的数目多。

研究院既已收纳了女生，大学部更觉得没有理由去拒绝。其实，在这些大学的教职员中，主张兼收女生的并不乏人，所以对着女生而取闭关政策的大学部，究竟能维持多久，也是一个问题罢。

在战时，在其他的男女同校的大学里，在课堂里，在校园里，所见的多数是女的。有了好多次大学的教授要我到他们的班里说话，我发现坐在讲堂里的学生，百分之九十九是女生。没有了女学生，恐怕有些大学，是开学不成的。

女子教育，而尤其是女子的高等教育之发达，世界上没有一个国家，能比上美国。我们知道，在前次欧战以前，在英德各国的大学，是不易找出女生的。然而在美国女生之入大学的，已是司空见惯的事。廿多年来，欧洲有些大学，虽已收容女生，可是还是寥寥无几，在美国则在这个时期里，女子之在大学的人数，愈为增加，所以就是在战前，在大学的课堂里，有的男女学生的数目是相等的。至于在战时的女生的数目之比男生为多，是用不着说的。美国是一个男女最为平等的国家，而这种平等的现象，在教育方面尤为显明。

美国的技术的发达，这是世人所公认的。技术之所以发达，主要的可以说是由技术教育的发达。这种教育的发达，不只是在大学里可以看得出来，就是在中学里以至在家庭中或是在社会里，都可以看得出来。我参观了好几个中学，看见里面的铁工与木工的实验室，不只比起我们一般的工业学校的实验室好得多，就是比了我们的一些大学里的工科实验室，也并没有愧色。而况我所参观这几个中学，并不是美国的设备很好的中学，而乃一般的普通中学。

其实，美国的一般的家里就是一个很好的技术实验室。缝衣用电缝，洗衣用电机车，熨衣用电熨斗，剃胡子用电机，煮饭用电炉或煤气炉，扫地割草都用机器。天时热了，可以用冷气去弄凉。天时冷了，可以用暖气去使热。差不多家家都有汽车，驾驶汽车成为青年男女所必有的一种技能。差不多家家都有收音机，使用这个东西，使了青年男女，有了不少的物理智识。此外电灯、电话、电铃、电梯以及好多的家常用具，无一不增加人们的技术上的智识。

离开了家庭而坐公共汽车，乘火车，乘飞机，以至到办公室里作事情，与到游戏场里随便玩，一个人所见的，所用的，以至所玩的东西，也不〔无〕一不使其有了技术上的智识。

所以一般的美国人，不一定要进大学或中学去求技术的智识。就是在家里，在办公室，在旅行中，在游戏场，也可以得到不少的技术的教育。我认识了一位美国朋友，年纪是很老了。他从〈来〉只受过小学的教育，他好几十年来所作的是会计的工作，然而他对于各种的机器用具，他不只懂得用，而且懂得修理。上面所说的各种家庭用具，以至汽车，有了一般普通的毛病，他自己就下手来修理，而且很快就弄好。他告诉我，在他入小学的时候，这是六十多年前的事了，他所懂得的机器，就是脚踏车。他住在芝加哥附近一个城市，假使脚踏车坏了，他要设法送到芝加哥的脚踏车店修理。六十多年来，他也并没有入过什么工业职业学校，也没有请过私家教师来教授，可是每一样新的用具出来，他要用的，他就到店子里购买，购买时，除了取说明用法的小册之外，他往往看了店子里的人们的用法表演，这样的就会起来。万一有时他弄得不清楚，他有时也用不着到店子再看人家表演，或是请店子的人们到他家里指导，他只要打电话给店子的人们一问，就可以弄得清楚。机器的发明愈多，他对于机器的智识也随之而增加。他又说，在从前，他抱起一本关于机器或物理学的书册，看来看去，也看不懂，可是现在却愈看愈有兴趣，假使他是青年的话，他还想能够发明一些东西。

我们可以说，美国的家庭，美国的社会，都是美国人的技术的实验室罢。

有了这种学习技术的好环境，再加以中学而特别是大学里的完备的技术实验室，美国的技术的发达，是一件自然而然的事。在这一次的战争中，假使没有了美国的武器与物资，同盟国是不易得胜的，就是胜了，也不会那么快。像日本人那样横蛮，那样赴死的精神，一见了原子弹也不得不赶快投降。这都可说是由于美国的应用科学的发达。美国之所以成为同盟国与民主政治的武库，也是得力于此。然而这种技术或应用科学的发达，其得力于大学的技术的教育，又是很为显明一件事。比方在美东的麻省工科大学（M. I. T.），在西方的加省工科大学（C. I. T.），及其他的好多大学的工学院，对于美国技术或应用科学的贡献是很大的。因为在大学里，不只有了很好的实验室，而且有了很好的专门人才。因而在战时，这些实验室与这些人才，差不多都直接的或间接的与政府有了关系。

美国的主持大学教育的人士，对于技术的教育，固是注意，他们对于纯粹的科学的学理的研究也并不忽略。我们只要看看各大学的生物、化学与物理实验室之宏伟，及其设备之完美，就能明白他们并不轻视了这方面的教育。在一个约有一千学生的女校里，我参观了他们的生物、化学与物理的实验室之后，使我怀疑国内是否有过这样完备的实验室。

美国人虽是很努力于科学学理方面的研究，然而还有了很多的著名的科学家，觉得他们在这方面的研究，还比不上德国。一位有名的物理学家，曾这样说：美国在应用科学方面固很发达，在理论科学方面，恐怕五十年后，还赶不上德国。我是不懂自然科学的人，对于这一点，不敢有所论列，然而就使这位教授是自谦自让而说这话，也可以见得他们觉得他们的纯粹科学的不够，而特别加以注意。

其实应用科学是以纯粹科学为基础的。只顾应用科学的发展而不顾及纯粹科学的研究，这正是像无根之树，无源之水，不懂得物理的原理，而求机械的智识，不懂得化学的原理，而求医药的智识，这都是只揣其末，而不揣其本的办法。美国人在纯粹科学上已很努力，而近年来各大学以及各基金会之鼓励各种纯粹科学的研究，又不遗余力。反观我国近年以来，主持教育的人们，拼命去提应用科学，而忽视了纯理科学，结果还是走向七八十年前曾国藩与李鸿章所走的路，这可以说是新复古的政策罢。

其实，我们留学生之外国最多的是在美国，而且我国留学生之在外国的历史最久的也是美国。一般留学生之学科学的，只顾应用方面，而不顾及理论方面，也算罢了，可是很使我们奇怪的，这些学了应用科学的人们，返国之后，自己不好好的去作实际的技术工作，而偏偏去作官，去作生意，结果是纯理科学在数十年来，固是落后得很，就是技术教育，也是没有什么进步。

不但这样，美国的大学教育对于应用的工科以及纯粹的理科，固是很为注重，就是对于所谓文法各科，以及其他的社会学科，也是很为注意。其实，一些历史久长的大学，像耶路或哈佛，在早期的发展，固是偏于文法的科目的方面，就是到了现在他们在这方面的科目，还是声誉很好。至于其他的好多大学，不只是在其早期的发展上，是偏重于文法或文理，就是直到现在还只开设这些科目。这特别是一般所谓小的大学的一种很为普遍的现象。

我们应该指出，美国的大学里的院系，是与我们的现有的大学的院系的制度有了多少不同之处，而尤其是在所谓文法的院系的制度方面，虽则我国的大学教育的制度，受了美国的大学教育的制度的很多影响。

我们现有的文学院，是等于美国的自由艺科（College of Liberal Arts），可是在他们的所谓文学院里，除了各种语言、文学、教育、历史、哲学等等科系之外，政治、经济、社会各科系也往往在这里开设。而这些后者，在我们的大学里是属于法学院的。美国的法学是一个专学法律的学院，在我们的大学里，却成为一般的社会学科的学院。反之，在美国这些主要的社会学科，如政治，如经济，如社会，都属于所谓自由艺科或文学院里，因而他们所说的自由教育（liberal education）或是普通教育，往往是指着自由艺科或文学院而言的。

这种普通教育，或是自由教育，不只是在美国的早期的大学教育发展史上，占了很重要的地位，就是在现在的一般的大学里，还占了很重要的地位。其实，我们也可以说，这是美国的大学教育中的基本教育。

不但这样，有了好多在美国所谓文学院里的科目，而特别是关于社会的学科，如社会学，如政治学，以至经济学等等，不但在美国的大学里占了很重要的地位，就是在世界的学术也很露了头角。以社会学来说罢。社会学的创始人虽是法国的孔德，而其基础的隐〔稳〕固，虽是得力于英国的斯宾塞尔，但是社会学的最发达的地方，却是在美国。说也奇怪，斯宾塞尔那本流传最广而影响很大的《社会学研究》（*The Study of Sociology*），是最先陆续在美国的杂志上发表。我们知道，这本书里的各章刊行是在一八七二到一八七三年间，在那个时候，社会学正是萌芽，斯宾塞尔为想使一般普通人明白社会学的需要与重要，乃在其《社会学原理》未发刊之前，写这本书。结果，不只使一般人明白社会学是什么，而且有些美国大学还采纳为大学的社会学的重要参考书。

七十年来，社会学成为美国各大学中的必修科目。大多数的大学里也有社会学系的设立。至如芝加哥及好多大学的社会学系的科目之多，那更见得大学当局对于这种学科的注重。也许是为了这个原故，所以欧洲人往往叫社会学为美国的学科（American Science）。

可是美国人不光是在社会学的教学上尽力去推广，就是在社会学的学理的研究上，也有了很多的贡献。华德（L. Ward）是美国的社会学的鼻祖，在他出版他的二大册的《动的社会学》（*Organic Sociology*）（1883）的时候，斯宾塞尔的名著三本《社会学原理》（*Principles of Sociology*）尚未写完。华德不只是美国的著名的社会学者，在欧洲，他的声誉也很好。其实他是被人目为社会学的三位建立者之一位，这就是与孔德、斯宾塞尔并称。此外又如鸡丁斯（Giddings）的《社会学原理》（*Principles of Sociology*），曾译为几种欧洲文字，其他如斯摩尔（Small），如孙末楠（Sumner），以及近二三十年来的心理学派与文化学派的社会学，都可以说是在世界学术有了很大的贡献。

自这次欧洲战争爆发之后，好多的欧洲的社会学者都到了美国的各大学里教书，或作研究工作，无疑的，有了不少战后还要回去欧洲的自己国里，可是就我所访问的好多这种所谓避难教授中，不只有了不少并不打算在战后回去欧洲，而且有了一些已入了美国国籍。

在社会学方面固是如此，在其他的社会学科以至文学、哲学方面，大致上也可以说是如此。政治学、经济学、法律学、文学、哲学，在美国的一般的大学里，都有学系，有研究院，有很多科目，有很多教授。政治学上如利柏（F. Lieber），如柏哲斯（Burgess），如威罗俾（W. W. Willoughby），如马其维（Maciver），都各有其特殊的贡献。经济学上如弗培林（Nerblen），如道时格（Taussig），如深彼得（Shumpeter），法律学上如保恩得（Pound），如荷姆斯（Holmes），哲学上如杜威（Dewey），如詹姆士（W. James）。

不但这样，在美国因为好多大学经费充裕，不只在战时能够收容好多著名的欧洲学者，就是在战前，而且我们相信同样的在战后，也出了很大的代价，去延聘欧洲的著名学者。芝加哥、哈佛、耶路以及好多大学，都能罗致好多这种人物，尤其是芝加哥这个大学，历史既没有哈佛、耶路那么长，基础也没有这两个大学那么固，但是在短短的四五十年中，能够一跃而为美国以至世界上的有名的大学，这主要是靠了大学的当局能够罗致其国内以及欧洲的好多著名学者，而尤其关于所谓自由教育方面的著名学者。至于其现在的大学当局之特别注意于这种学科，那是更为显明的。

这样看起来，美国的教育人士之注重于所谓自由教育或普通教育，或是我们所谓为文法科目，是一件显而易见的事情。虽然是这样，美国人并不觉得他们是太偏重于这方面的教育，相反的，好多的主持大学教育的人物，以为他们的自由教育，还要推进，还要格外注重。比方哈佛大学的现任校长康纳（Conner）先生正在那里努力提倡普通教育，这虽然是美国的技术教育在近年来的猛进的一种反响，也是他们注重于普通教育的一种传统的政策。

而且我们知道，这位哈佛大学校长是一位著名的自然科学者。他自己学了自然科学，没有蔑视文法方面的科目，已了不得，还要极力去提倡文法，这是更不易得的。其实，我遇了好几位校长，都是学理或工的，但是差不多个个都以为理工固然是重要，文法更不可忽略。他们的理由是理工是偏重于研究物与物的关系的科学，而文法是偏重于研究人与人的关系的科学，偏重于研究物与物的关系的科学较易，偏重于研究人与人的关系较难，所以我们应该注重于难的东西。自然的，他们不一定是说学自然科学易，而学社会科学难，他的意见是要想为人类造幸福，我们不只是要注重于物质上的进步，而且要注重于社会上的安宁。自然科学的目的是促进前者，而社会学科是促进后者。

我们不必在这里讨论这种看法是否对，我们所要提醒国人的，是以一个学理科或工科的人，而能看重了文法方面的科目，这是真正学者的风度，这是大学校长所应有的风度，这是主持大学教育当局所应有的风度。其视我国之一般主持教育者，因为自己学了理或工而却拼命去袒护理工，偏重理工，有意去蔑视文法，摧残文法，这真是自私，这真是短见，这是无识。

第二编

第五章　家庭观

家庭是社会的基础，而且是社会的最小的单位，所以我们谈谈美国的社会，我们且先从家庭说起。

"美国人的家庭的观念是很薄弱的"，这是一些国人的美国的家庭观。我以为假使我们所说的家庭，是指着我们的固有的大家庭制度，那么这种看法，也许是对的。因为在美国，大体上是少有像我们那种的大家庭。美国人所说的家庭，主要的是指着一夫一妻以及未婚的子女而说。所以若说家庭是指着我们的固有家庭，而包括了夫妇子女以及父母或祖父母以至孙儿，同时又包括了兄弟及其父母以至其孙儿等等，而没有一定的范围，或是像古人所说的"五世同堂"，才算其为家庭，那么美国人的那种狭义的家庭的观念，也许可以说是薄弱。

然而这种看法，只是一种主观的看法。这就是说，是以我们的固有的家庭的标准，而看美国人的家庭。而且我们知道，尽管我们的古书上怎么提倡或赞美"五世同堂"，事实上的"五世同堂"的家庭，是很少有的。

反过来看，美国的家庭，也非完全或严格的只限于夫妇及其未婚的子女。在实际上，也有不少的家庭，除了夫妇及未婚的子女之外，有了父母或是其他的亲戚，如姊妹之类，虽则就普通的情形来说，这种家庭所住的父母或姊妹多为妻的方面的父母，或姊妹。从这方面来看，美国的家庭好像是偏于母系的家庭。严格的说，不只子女所用的姓是父方的姓，就是女的嫁了之后，就变为某某夫人，而同时在法律上，男子就是一家之长。故这种家庭，仍是父系的家庭。但是我们也得指出，美国的主妇在家中的地位是很重要的。从一方面来说，关于家中的一切事情，主妇的意见是往往重视的。所以我们可以说，主妇是真正的管家者。比方一个美国的丈夫很少没有预先得到太太的同意，而请了一个客到家里吃饭，或住宿。所以一个美国人请你到其家里吃饭或小住时，写信给你或当面告诉你，总是这样说：我的太太与我自己很欣喜你到我们家里吃饭或小住。自然的，假使太太写信给你或当面告诉你，她也必说是她的丈夫与她自己愿意你这样作。不过家里一切，既都要太太去招呼，关于家中的事情，太太的意见比之先生的还要重要。

然而太太在家中的地位的比较重要，也可以说是由于太太在家中所负的责任，比较重大。我们中国人，往往只看见美国妇女在社交上的地位之高，而却忘记了他们在家中的工作之苦。原来在美国，雇用工人是很不容易的事情，所以作主妇的，举凡养育小孩，打扫地方，煮饭，洗衣的一切劳作，都要她去作。有的作太太的，早晚还要驱车送接在办公室工作的丈夫。有了好多作太太的，因为丈夫的入息较少，或是没有小孩，而比较清闲，还到外边作工作。所以一般的美国的妇女，是整天的忙。我认识了一位朋友，他住在离纽海芬七八英里的地方，他所住的地方是一个广大的农庄。他白天到城里办公，早出晚归，他的那位年青的太太，除了作完了家中的一切工作之外，还要作好多户外的工作。夏天到了，她特别的忙，忙于割草，忙于种菜，忙于采果，忙于养鸡，以至忙于修理在她的田庄里的一个游泳池。冬天到了，她也不见得清闲，因为烧煤炉，除冰雪，用的工夫很多。又因为他们住的地方离开大路约有一英里多，有时雪下得太多，她还帮忙丈夫去除雪开路，以便自己的汽车通过。她告诉我，有一次雪下得好几尺，她们化了几天的工夫，才把雪打开。

"为什么你们不就在城里住呢？"我曾问过她。她说："我们爱乡间，而我也爱工作。我丈夫的入息是够用而有余，用不着我去工作。假使我在城住家中，没有这么多的工作，我自己总想去找一件工作，然而与其为钱而工作，不如为我们自己作工作。而且这样的作，使我们而尤其是我的丈夫，能够充分去享受乡间的景色。"

总而言之，美国的妇女在社交上，虽处处好像都占了优先的地位，而有了妇女居先（lady first）的习俗，然而在家里所作的工作，照我们中国人看起来，简直就等于女仆所作的工作。

我们应当指出，美国的物质文化的进步，使家庭里的主妇减少了无〔不〕少的工作。这一点我们当在下面再谈，但是这并不是说美国的妇女就因此而闲坐家中，没有事作。相反的，好多妇女因为家里的工作减少，而到外间寻找工作。所以无论在政府机关、商店、学校之雇用妇女的，最为普遍。有了几种职业，如打字，或书记，小学以至中学里的教师，几乎成为妇女所独占的职业。

我们也得指出，世界上的妇女之在社会上的地位最高的，虽是美国妇女，但是自这次战争爆发之后，美国一般男子对于女子，好像没有从前那么样客气。这也可以说是由于男子出国作战，在国内的女子较多于男子。比方，在公共汽车中或在公共场所里，男子让坐位给女子之风，比较的减少。有些男子，且以为既然是男女平等，那么女子既不让坐位给男子，男子又何必让坐位给女子。然而这是一种比较极端的看法，因为在习惯上，女子在外间是占了居先的地位。要想一下打破这种习惯，是不容易的。一般受过教育较高的人，对于女子的居先的地位，总是照样的尊重的。

美国的妇女在社会上以至在家庭的地位的重要，一方面是有了历史的因素，一方面是由于女子教育的发达。所谓历史的因素，是因为在殖民地的时候，英国人以至其他的欧洲各国的人民之移植于美国的，男子占大多数，而女子占很少数。结果是形成一个男过多而女过少的社会。在这种的社会里，女子的身价自然而然的提高起来。其实，直到我们这个世纪，外国人之移居美国的，还是继续不断，而移民之中，往往总是男多于女。所以女子始终维持其特殊的地位，而成为世界上女权最发达的国家。

其次，女子既受了教育，而且同男子一样的受了高等的教育，那么不只女子在智识上，是与男子处于平等的地位，就是在其他方面，如在法律上，在政治上，以至在经济上，也要与男子处于平等的地位。这种平等的地位，除了表现于社会的各方面之外，也表现于家庭之中。因为一个女子，在智识上，在法律上，在政治上，而尤其是在经济，既有了平等的机会，那么作丈夫的，就不能把妻子当为附属品看待。婚姻不是父母之命，不是媒妁之言，也不是卖买方式，不是妾奴习惯，而是两性的自由结合，双方的爱慕结果。正是因为了这样，所以他们在夫妇之间，能够相敬如宾，而共同感觉到他们在家庭上所负的责任，与所享受的幸福。

不但这样，国人又有了不少以为美国人的家庭的观念的薄弱，是由于他们在夫妻或父母子女之间的情感，没有我们那么浓厚。他们以为美国人的离婚的人数多，这就是夫妇感情的不洽的表示。

我在上面，已经指出美国的夫妇，是根据了平等的原则，而自由结合。在这种的婚姻制度之下，他们男女之结婚的，是由于双方的互相爱慕的结果。单从这方面来看，他们的家庭的基础，是筑在爱情上面，而非像我们的旧式婚姻，那么机械。换句来说，他们之所以结婚，是由于他们自己的内心的爱慕而来，而非像我们的旧式婚姻，是由于父母的命令，或外间的压力而结婚。而且在他们的家庭制度之下，结婚是成立新家庭的方式，而在我们的旧家庭的制度之下，结婚是放大了原有的家庭的一种方式。所以从前者看起来，除了两性互相爱慕或是情感融洽，家庭是不会成立的。从后者来说，两性只是为家庭而结婚，而且不一定有了——其实往往就没有情感。家庭要你结婚，你就得结婚。结婚并不是你与你的对方互相爱慕，而是为生子生孙，去继续或增大你的家庭。因而在结婚之前，你未必与你的未婚妻有了感情，也许你从来就没有见过你的对方。两个没有互相爱慕以至从未谋面的男女，可以结婚而成立家庭，这岂不是机械式么？

有些人说，西洋人是先讲爱情而后结婚，中国人是先结婚而后讲爱情。就只从这一点来看，就能明白美国人的家庭是筑在情感上面。至于中国那种办法，虽然说是先结婚而后讲爱情，可是结婚了后，爱情是否能够产生，却是一个大问题。结了婚后，才发现妻子是与自己不合的，那是太迟了。中国人虽然可以纳妾而补救这种缺点，然而有了妾之后，又增加了妻妾之间的麻烦，这样的家庭，怎能说是筑在感情上面呢？

我们不能否认美国的离婚的数目之多，然而若说离婚是表示家庭的情感的薄弱，我们也可以说离婚而再结婚是为着保存家庭的情感。大致上，在美国很多夫妇之离婚的，是没有小孩的家庭，这一种的家庭，一经夫妇离婚，就等于解散家庭。至于有了小孩的夫妇，离婚之后，无论是所有小孩归某一方去照顾，或是平分而管理，然而他们之所以不得不离婚者，主要是夫妇感情的破裂，感情既是破裂，那么这个家庭根本就不筑在感情上面。这个家庭既然不筑在感情上面，与其勉强去合，而增加痛苦，不如分开。分开之后，妻与子女或夫与子女还是住在一块。

但是无论这种家庭，是因为没有小孩而完全解放，或是因为有小孩而分开解放，而各自再结婚，或是分开而再结婚也好，没有结婚而各自养育小孩也好，目的还是这样。没有家庭就算罢了，要有家庭，应该筑在情感之上。简单的说要有情感，才成家庭。

不但这样，在美国——在西洋的小家庭的制度之下，因为人数较少，比较易于迁移，故男子的职业所在的地方，也往往就是家庭所在的地方。美国人除了特别的情形之外，如战争的时期，夫妇子女往往是住在一块的。就是为夫的离其乡土于万里之外，妻子也是随之而去。我们只要看一般的美国的传教士之到我国内地，或到其他各处的偏僻的地方的，凡结过婚的，少有不带妻子的。反观我国的大家庭制度之下，迁移既不易，而传统的思想，又以为娶妻生子，是为着继传祖宗的血统，供养父母的晚年，结果是为子的若要在外间作事，则不但父母与子儿不能在一块，就是夫妇也难在一块。

情感的浓薄，虽不一定限于地域，但是离家太久与太远，总不能不说完全没有影响。从这方面看起来，我们又不能不说美国的家庭，在情感上比较浓厚得多，因为他们少有久期分离的，而且他们也不愿这样分开的。

进一步来看，在我们的大家庭的制度之下，兄弟伯叔互相依赖，很容易养成一种惰性。结果是食者多而劳者少，因此而产生了不少的纠纷。而且姑娌相处，因小小的口角之争，而引起严重的冲突，乃是中国家庭中的一种最普通的现象。

美国之作父母的，是不是对于子女没有什么情感呢？从我们中国的旧观念来看，一个儿子结婚之后，不只是应该与父母同居，而且父母养育子媳以至孙儿，或是子儿成人之后，要完全负担父母以至伯叔的生活费用，是应当的。这种互相依赖的关系，就是我人所谓感情的表示。然而我们在上面已经说过，这样的互相依赖，不但不能增加其情感，往往反而产生了恶感。中国家〈庭〉之好多纠纷，是由此而来。没有出息的儿女，固是不得不依赖父母，就是能有造就的儿女，若是父母是富有的话，反而因为姑息而养奸。他们以为父母所有的财产，一定是要给与他们，他们可坐而享受。在广东，人们说有了不少的富有的家，父母怕其子弟作坏事，而使其儿子抽鸦片的。他们的理由是：天天抽鸦片，尽其量不能荡尽所有的家产，所以如能沉醉于鸦片，则可以免了其他的坏习惯，如赌博或嫖之类。然而他们忘记了他们自己所有的家产，未必是能够永久不败。在自己尚存的时候，是否能够保存其家产，已成问题，要想留给儿子，更不容易。就是能够留给这样没有中用的儿子，与其说是有益于儿子，不如说是害了他们。因为他们依赖成性，怠惰成风，而成为社会的寄生虫。我们只要看看所谓广州西关"二世祖"，有了几个是享受父母的遗福以终其身的，就能明白这个道理。

反而观之，在美国，一个儿子成人之后，要自己去找自己的职业以养给自己。作父母的既不希望其子女去养其晚年，他们也没有养成人之儿子以至其媳妇孙儿的负担。他们除了养育小孩成人之外，就从事于蓄积晚年的生活费。他们不只不希其子女去为他们养老，他们也用不着他们去这样作。富有的父母，所有的家产，不一定是要给与儿子的。他们可以把来作公益或作别用途。给与子女是一种人情，而非应该之事，虽则事实上好多作父母的还是给与遗产与儿女。其实他们要是给予子女的话，往往是多给予其勤于工作的子女，而少给予于不自振作，专门靠人的。勤者赏，惰者罚，这是鼓励人们勤于作事的方法。

为了这样，在美国无论男的、女的、壮年的，以至幼的、老的人，都努力以求自立。结了婚的，固不使父母负担其家庭生活费，未结婚而成人或完成学业的，也必自找生活。每一个人都有每一个人的工作，每一个人都不欲依赖他人。社会上既少有惰人，国家的入息必然增加。我以为美国之所以富强，未尝不是由此而来。因为国家不外是个人的集体，家庭的总和，国民有了办法，家庭能够健全，国家必能富强。所以我们要想改良国家，我们对于我们的家庭的缺点，不能不加以注意。

在表面上看起来，美国人没有钱的不要说，有钱的不一定给予儿女而给与别人。不随便给儿女用而使其自寻工作，好似有些不近人情。然而事实上，这正是爱护子女的方法。因为依赖父母的，若是父母早死了，自己就难于为生。依赖父母的遗产的，若是这些遗产因为特别事故，或是不会利用而化光了，那么自己也必受了痛苦。教养子女，使其能够自寻工作，就是子女终身用而无穷的本钱。这样才是真正爱护子女，这样才是真正会作父母。我国一般人之所谓爱子女者，是姑息，是表面之爱，姑息养奸，而表面之爱，既没有益，反而有害——害子女，害社会，害国家。

还有不少的人们，以为美国人是不喜欣小孩的。他们见得一些美国的夫妇，没有小孩或少有小孩，遂以为他们是自私自利，而不喜欣小孩，这也是一种误会。

我们承认有的美国的青年夫妇，因为经济的困难，而实行节制生育。然而这只是说他们自己没有力量去养育小孩，而不敢养育小孩。这并不一定是说他们不喜欣小孩。他们的理论是：生了小孩而不能好好的养育，那不只自己对着良心不过，而且对不住其小孩。要生就要好好的养大，好好的教育。假使生而不能养，不能教，最好是不要生。这种观念，与其说不喜欣小孩，不如说太为小孩而打算。表面看起来，好像是自私，内心却是爱他。

其实，有好多夫妇，经济虽然不算大充裕，小孩还是要的。我们可以说，一般普通的美国人，是不喜欣小孩太多，但是若说一般的美国人，是不喜欣小孩，那是误会。完全不要小孩的夫妇，究竟是很少数，而这些少数的人们，也必有其特殊的原因。大体上，他们之对于养育小孩的欲望，并不减于我国人。不过他们的理想小孩的数目可以说是两个到四个之间。他们是没有重男轻女的习惯，虽则有了一位或二位女的，却很喜欣有一男的。反过来看，说有了一位或二位男的，却也喜欣有了一女的。

美国人爱小孩的程度，决不下于我们中国人。然而若说到爱的方法，我们的固有方法，可以说是溺爱，而他们是爱得比较合理。美国人给东西给小孩吃，有定时，有定量，决不像我们那样随便去给小孩吃东西。不是吃东西的时候，就使小孩哭起来，也不随便去这样作。至于食物方面，他们不只讲究好吃，而尤注意于养料。一切的食物都以合于卫生为原则，同时对于小孩的身体的检查，衣服的适宜与否，睡觉的充分与否，没有一件不细细的研究，好好的照料。总之，我们中国人，可以说是只知爱小孩，而不懂得爱小孩的方法。美国人不只是爱小孩，而且去求其所以爱的方法。不得法的溺爱，不但没有益，而且往往有害。

其实，我们可以说，盲目的爱，不能叫为真爱。爱小孩而害了小孩，岂能谓为真爱。美国人在〈有〉些地方，对于小孩的作法，从我们中国人看起来，也许是有些不忍，然而这是为小孩的好处。他们的内心爱惜小孩，绝不比我国人为少。这不只是对于小的小孩是这样，就是对于已经成人的子女，也是这样。我们在战时的美国中，对于这一点，尤能容易看出来。

我们知道美国在战时，在其国内一般的物质生活上，比起任何国家都很舒服。然而在美国人的心里，而尤其是在一般之有子弟在战场中的人们的心里，天天在那里挂念，时时在那里忧虑。子弟的书信来得稍迟，就到处询问消息。假使是完全没有消息，那是更为焦急。只要我们在美国各处的火车站里看看，无数的父母之送别子弟出征的时候的情景，就能明白他们对于子弟的内心的爱惜。我在这些的车站里，看了不少的母亲，以至父亲，在其儿子要上火车而出征的时候，往往泪下。我还见过一对年纪较老的父母，在这种情形之下，晕倒下来。难道这种爱子的情绪，还比不上我们之爱子之殷切吗？

相反的，在同样的车站里，也有不少的军人休假或期满而回家。父母之在车站迎接的，其快乐之情绪，又非笔墨所能形容。有的喜欣到眼泪下来，这种一喜一悲的景象，都是表示了父母与儿子之间的爱情罢。

　　总而言之，我们可以说，美国的家庭是与我们的固有的家庭有了不同之处，然而若说美国人的家庭的观念是比了我们的为薄弱，那是很大的误会。相反的，他们夫妇子女的感情的融洽，实为他们的家庭的基础。其实美国人在夫妇之间，既相敬如宾，在父母与子女之间，并不像我们的固有的习惯中那么隔膜，而像好朋友一样的相对待。在家里，在沙滩上，在游戏场中，父母与子女随便谈，随便玩。家庭是休息之所，也是消遣之所，相爱的情感，活泼的气象，都尽量的在他们的家庭中表露出来。其视我国的旧家庭里，因为有了男女授受不亲的遗教，有了尊卑长幼的分别，结果是家庭等于衙门，家人且相回避。再加以姑娌兄弟，明争暗斗，为了礼教习俗所限制，大家虽未必分离，而处在一块，然而貌合神离，形聚心散，这种家庭，只能说为机械的聚合，而非情感的团体。

第六章　城乡观[①]

乡村与城市在我们中国人的眼光看起来，是两个对峙的社团。前者是以农业为主体，而后者是以工商为重心。前者是人口分散的地方，而后者是人口集中的地方。十余年前还有好多国人，以为前者是生产的区域，而后者是消费的区域。因为农民是终日劳苦去从事生产，而市民却只是坐而分食，因而提倡乡村建设的运动，因而提倡返乡生产运动。他们以为我国的文化，一向是乡村的文化，而立国的基础，一向以农业为本位，所以我们应该去建设农村，以免城市的势力澎涨，而使农村愈趋于凋疲。

同时，他们又以为西洋的工业，已发达得很，我们在这方面发展一步，人家发展十步，结果是我们永远赶不上人家。与其永远赶不上人家，不如发扬其固有的所长。所以重农轻工的声浪，在十余年前，也唱得很高。至于商呢？在他们看起来，更是不劳而得的，也不值得提倡。总而言之，城市是工商业的中心，而乡村是农业的中心，既然是轻工商而重农业，那么就是轻城市而重乡村了。

照历史的发展来看，假使中国的文化是可以叫作乡村的文化，那么以往的西洋的文化，也可以称为乡村的文化。因为一来西洋人以前也是以农为主业，而在西洋的城市里住的人们的数目，也远不及住在乡村的人们的数目。假使中国因为现在尚有百分之七十以上的人口住在乡村，遂谓中国的文化，是乡村的文化，那么，在数百年前，西洋的人口之住在城市的还不够百分之三十，这么一来，那个时候的西洋文化，也岂不是乡村的文化？

至于美国呢？直到一九二〇年，住在城市的人口，始超过住在乡村的人口。在这一年中约百分之四十九的人口住在乡村，约百分之五十一的人口，住在城市。十年之后，这就是一九三〇年，乡村的人口，减为约百分之四十四，城市的人口增加到约百分之五十六。自从一九三〇年以来，若照以往的城市的人口的增加的速度来计算，则十五年来以至于今日，大约住在乡村的人口不会超过百分之四十，而住在城市的人口，必已超过百分之六十。

文化能否分为乡村文化与城市文化？这两者是否有了不同之处，或是处于对峙的地位？以至文化是否能以人口的多少而名为乡村文化与都市文化？我们在这里不必加以讨论。假使因为人口住在乡村的多，遂称为乡村文化，住在城市的多，遂称为城市文化，那么现在的美国文化，无疑的是偏于城市的文化。

[①] 校按：本章标题在目录上为"城乡观"，但在手稿正文中却用毛笔写成"现代美国乡村与城市文化的关系"，为与各章标题句式统一，这里仍用目录所示的"城乡观"。

然而同时我们也得承认，一九二〇年以前的美国文化，是偏于乡村的文化。因为在那个时候，乡村的人口是多于城市的人口。历史愈久远，乡村的人口比之城市的愈多。这样看起来，所谓乡村的文化与城市的文化的区别，不一定谓为东西文化的区别，而也是西洋文化的本身的过去与现在的差异。

　　其实，在西洋各国里，美国的城市的人口之多于乡村的人口，是较近的事。在英国，在德国，城市人口之多于乡村的人口，比之美国，是早得多。然而就使我们承认美国的文化是城市的文化，所谓城市的文化之异于乡村的文化，除了前者是重工业，而后者是偏于农业之外，我们是否能找出其他的根本的差异呢？

　　我们的回答是否定的。因为在现在的美国，而尤其是在将来的美国，所谓城市与乡村在文化的差别，除了一是重工商，一是重农业之外，根本就没有很大的差别。为什么呢？主要的原因是因为交通的工具，日趋方便，使以前当乡村为穷乡僻壤，当都市为交通枢纽的观念，逐渐打破。而且在以前的城市里的人们，所能享受的便利，在乡村里所不易得到的，现今则前者所能享受的，后者也都差不多能够享受。同时在城市里工作的人们，也因交通的方便而能住在乡村，使乡村与城市的界限，逐渐的消失。

　　交通的工具，在海在河是用船，在陆是用车，而在空间是用飞机。然而所谓交通的工具尚不止此，电报、电话、收音机、邮政之类的东西，都是交通的工具。

　　沿海与有河流或湖的地方是用火轮船，然而这种的交通工具，在美国国内除了好多人是以搭船当作消遣娱乐外，为办理事情而搭船的不算多。而且有了好多地方，是没有海岸河流的，根本就没有船，所以在美国国内的交通工具之最普遍的是火车与公路。至于飞机，直到现在，还是从一个城市飞到别的城市，在乡村的交通上，还没有多大用处。将来若是立体小型飞机（helicopter）发达起来，则对于乡村的交通必开一个新纪元。可是现在还是一种理想罢。

　　美国的铁道，布满各处。但是除了慢车之外，快车在乡村停的很少。火车对于乡村的影响虽是很大，然究竟不若电车与汽车。在美国的东部的好多地方，到处有电车。就纽海芬（New Haven）这个地方来说，从纽海芬到了周围里数十英里的好多乡村，都有电车到达。电车价钱便宜得很，一毛钱可以乘十数英里。一般住在乡村而在城市里工作的人们之利用电车的，不知多少。不过在这次大战以前，好多地方不只不增加电车路线，而且拆毁电车的轨道。代替这种电车的交通工具是公共汽车。

　　因为公共汽车轻便与舒服得多，所以公共汽车至为普遍。此外，电车对于上坡下坡，都不方便，故在公路上电车不能行驶的地方，都可以用公共汽车。因为美国的公路发达，而且路又修得很平坦，故公共汽车无所不往。现在在美国，无论东南西北，从极东至极西，从极南至极北，都可以乘公共汽车。而且车票还比火车为便宜。公共汽车的行驶时间也很为准确，司机对于人客也很为客气，所以公共汽车的事业，在近年以来很为发达。至于战后，这种交通事业之必更为发达，是无可疑的。

然而最方便的还是私家汽车。据说在战前，在美国，每三个人就有一辆汽车。在美国差不多没有一个乡村，没有交通路线。差不多所有的乡村，汽车都可以到达。自己有了一辆汽车，任你到那里都没有什么问题。一部小福特汽车，可以容四五人，以前美金约六七百元，还可以分期交钱。一加仑的汽油，在美国在战时也不过一毛多钱，每一加仑的汽油可以走约十六英里至二十英里。比方从纽海芬到纽约路程约为六十英里，火车价钱差不多要二元美金，还是普通座位的票价。特别座位又要多了一倍。若自己驾车到纽约，汽油钱不过七毛左右，车的损失就算为五毛钱，总计起来也不出一块五毛钱。乘了自己汽车，要慢可以慢，要停可以随便停，要比火车快也可以快，就以一个人驾一部汽车而说，比之一个人乘火车的普通座位，还是便宜，假使有了四五人乘一部汽车，则其便宜更为显明。

因为汽车多，在公路上到处都有汽油站。所以任你驾车到何处，汽油不虞缺乏。这种方便，在战时可以说是稍为不同，因为汽油受了政府的统制，不只一般人们不易作长途的旅行，就是汽油站也受了影响而要关闭。现在战争已完，汽油已不再受限制，今后不只战前的情况可以恢复，说不定还要大大的发展。就以汽车来说，据汽车公司方面的估计，在战后一年内可以制造七百万部的汽车。据说这个产量，不只不能运到外国，就是在国内也只能供给一小部分的人们的需要。经过这次战争之后，好多旧的汽车不能再用，而一般没有汽车的人，都要购买。所以差不多人人都想购新汽车。故今后汽车的增加是没有问题的。

汽车多了，路也多了。而且路也愈弄愈好，现在有了好多所谓超级公路（super high way）直行百数十里，可以没有别的汽车横过，而有了等候或回避，同时有好多公路来往各有四条，八部汽车，可以同时平行来往于路上，至于路的平坦及坚固，是用不着说的。在大路上，近来又用白线去分别驶车的路线，故驾车也比较安全得多。

二十年前，人们在美国的公路上驾车，还没有那么多的招待汽车与客人的旅舍，现在则到处都有了汽车院（motor court），以及好多同类的旅舍。在公路旁边的旅舍，除了有房子给旅客住外，还有地方停车，价钱也并不贵，而招待却很周到。

又因沿途都有油站或修理车厂，驾驶汽车的人，往往用不着懂得修理汽车。假如你入了汽车公会（automobile club），车在路上发生毛病，你可用电话去请在最近的与公会有关系的修理厂派人前来修理。其实，汽车站的人们在你购油时，往往为你看看车有否毛病。又因为路好，车出毛病的是少有的事。

汽车已成为美国人的每家必备，或每人必有的必需品。有了汽车，行动便自由得多了。

至于电报电话，也至为便宜。所谓夜信或日信（night letter or day letter）可以打二十五个字，所费往往不过三四毛钱。然而最方便的是电话。无论是短途长途，一叫则很快的可以通话。电报是单程的，而用电话则可以立刻与对方谈话。要决定什么事情，数分钟内可以决定。长途电话的价钱与打电报的有时并没有什么分别，然而比之电报则方便万分。只要对方有电话，在美国国内，任你打到那里，都没有什么问题。将来如果无线电传真普遍应用，还可以看到对方的人物。至于收音机，也差不多家家或人人必有，世界上各种的消息，以至演讲音乐，都可以在你自己的房子里听得到。

除上面所说的各种交通工具之外，美国的邮政也很好。快信及各种邮件，便宜极了。航空邮票在国内无论到何处只要八分钱，航空特快也不过两毛三分，特别快信只一毛六分，平信是少有遗失的，而所须的邮票只要三分。

住在乡间的人们，在门口外，装了一个小邮箱，每天邮局派人来送信与收信，用不着你到左近的城市里去送信。

至于邮包，尤为方便。一个学生在学校里念书，他每星期所穿的衣服，可以放在一皮箱里，由邮局送到他家里，给自己母亲去洗。母亲洗了之后，也可以同样的寄回。来往时间既并不多——其实往往少过洗衣店所需的时间。往来邮寄一小皮箱所费的也不过三二毛钱，比起洗衣店的价值，俭省得多。

大部分的用品都可以邮包寄。书籍衣服，以及各种用品，只要你写信去城里的店子，夹入一张支票，他们就寄给你。而且有了好多东西，你可以不必先寄支票，你可以叫他们先寄东西与你当作样本（sample）来看。看了满意了，然后寄钱去。假使你不满意的话，你可以把东西寄还他们。

邮件所需的邮票，本来是很便宜的，可是有好多店子卖东西给人们，是包寄去你的。只要你化了三分钱的邮票，你可以叫好多的城里的店子寄你各种的用品。

我们谈乡村与城市，而特别注意到上面所说的各种交通的工具，是因为这些工具，是打破乡村与城市的界线的最好的工具。以前人所谓穷乡僻壤，孤陋寡闻，是不合于美国的现在的环境。因为交通工具方便了，城里人所知的各种消息，乡里人也能立即知道。罗斯福死的时候，我正在一个乡下的一个朋友的家里，因为我们打开了收音机，故最早的消息一出，我们就知道。当晚我回到城里，有些城里的朋友，还不知道。

不只在消息方面，乡村较为灵通，就是关于日常生活上的一切设备与需要，在城市里能有的，在乡村里差不多都可以有。乡村的道路不一定是比城里的坏，乡村的房子不一定是比城里的简陋。房子里的各种设备，如电话，电灯，以至自来水，城里的房子里能有的，乡间的房子里也可以有。电话线在美国是到处密布的，电灯与自来水有些地方虽没有，但是购买一副小电机，就可以供给家里的用电。电灯的问题若解决了，自来水以及其他的好多关于电的问题，也可以解决。你可以用电去使房子光，用电去供给自来水，用电去煮饭，用电去熨衣，用电去使冰柜冷，以至用电去使房暖，以及其他的好多用途。

又因为交通方便，城市里的房子中有了一切的家具用品，在乡村里的房子中，也可以有。你到城里的店中买家具用品，好多店子愿意送到你的乡间的房子。有些公司如蒙特哥美利（Montgomery），只要你写信去告诉他们，他们就用邮包寄给与你，像钢琴、收音机这些东西，以至较大件的家具，都可以包送。

不但这样，因为交通方便，住在乡间的人们的主要日常用品或食品，往往也有人送到。每天所用的牛奶面包，以至食物店里的好多东西，都可以从城里送到你的家里。同时，临时必需的物件，有时也可以打电话去叫他们送来。

而且，你自己既有了汽车，汽油又那么便宜，驾车到附近购买东西，也很方便。在很好的公路上，一点钟可以走五六十英里，离乡间二三十英里的城市，来往所需时间，不过一个钟头左右，你要到城里看电影、吃大餐，或是作其他的事情，也很方便。星期日，或工作之后，白天也好，晚上也好，驾车到三二十英里以外的城里，所费的时间，比之我从昆明市的玉龙堆到金碧路，或在重庆由两路口到陕西路，较为方便，而且较省时间。

"乡下佬进城"，在中国当为讥笑乡下人的话，在美国而尤其是在现在的美国，实在不大容易去分别乡下人与城市人。外表看起来，大家而尤其是妇女们，所穿的衣服很少有分别，而在智识上或教育上，城里人也未必高于乡下人。一个农人，也许是一个大学毕业生，至少他往往是受过普通的中等教育的。因为交通工具的方便，社会教育的普及，在学校时，他虽然不读很多书，然而出来作事之后，他不断的可以得到好多智识。

上面说明因为交通工具的方便，乡村的人们很容易去享受城里的一切便利，而使乡村的衣食住行以及在生活的其他方面，都不大异于城市的。假使我们反过来看，现在美国的城市，与其说是愈趋于城市化，不如说是趋于乡村化。

我们知道，在美国的城市里，除了市区的工商业繁盛或其附近的地方之外，还有所谓住宅区。美国人之在工厂作工的，或在商店作生意的，很少住在厂内或店里。普通来说，每人每天工作八小时，早上大约九时始到厂或到店，下午约五时就可以离开。好多人虽然在城里作事，但他们却在乡间——市郊外的乡间居住。比方离城三四十英里的乡间居住，因为交通方便，往来每天在车上所费的时间，大约也不过两个钟头。早上八时离家，下午六时抵家。每星期至少有一天是空暇的。好多在城里的教育机关作事的人，每星期只需办公五天，更不觉得有了来往的困难。我有一次从纽约到新泽西（New Jersey）的马提松（Madison），在火车上遇了一位纽约商人，从纽约到马提松，普通要一个钟头，他住在比马提松还远了十多英里的一个乡下，所以每天来往，总要化了三个钟头在火车上。除星期外，他每天七时半离家，下午六时半到家。我问他为什么要住离纽约那么远，而化了那么多的时间在车上。他说：这一点他并不觉得麻烦。一来，他喜欣静定的乡间，每天虽费了十一个钟头在外间，可是一回到家里，他不只能够得到安静，而且有了清净的空气去呼吸，有广大的田园去散步，有新鲜的疏菜去适口，有广大的房子去休息。计算每天有十三个钟头在家里。在乡间好好的睡觉六小时就够了。还有七小时除了吃饭，帮忙太太理家，陪陪小孩去玩玩之外，还有二三小时去看书。至于在车上化了三个钟头，也并非浪费。每天去纽约时，他可以在车上看报纸杂志以及他所欣喜的书册。下午回家时，他往往在车上除了看书之外，可以闭眼而休息或睡觉半小时。他又告诉我：他有时还写文章在报章杂志发表，这都是在车上所看书而得到的智识。

这是住得离城较远的例子，这也是一个比较极端的例子。其实，就在离纽约半小时或一小时的好多地方，已是乡间的景色。纽约是一个大城市，是人口最密而最多的城市，好多在城里作事的人，尚能在乡间居住，在较小的城市里，不只到郊外的乡村很为方便，就是市郊本身，就像乡间一样。住宅的前后，往往有了不少空地，前面种花草，后面种疏菜。白天在市区工作，下午回家种花种菜，而享受田园的风味。好多在城里作事情的人们，都住在这种市郊的房舍，也有很多是住在离城较远的乡村，他们是城里人，也是乡下人。

就是一般住在城里的大洋楼的房间（apartment house）的人们，因为交通的方便，在工作之余，晚餐之前，也往往到城郊的田园里，或沙滩上，呼吸新鲜空气，享受自然景色。尤其是在星期六与星期日，他们喜到野外乡间，游览与野餐，富有的人们，周末往往到其乡间的房舍里居住，而普通的人家，周末也可以到郊外的旅舍中住宿。像我在上面所说的路旁的汽车院（motor court），膳宿一天，也不过三二块钱，好多人在星期日在大食店中吃了一个餐，看一次电影，也要三二块钱，与其在城里这样的作，不如到外间玩玩。所以在星期六的下午，汽车是络续不断的由城里开出来，到了星期日下午或星期一早晨，汽车又络续不断的从外间进城。其实，一群一群的汽车，早间进城，晚间出城，是一种最普遍的现象。

至于暑天，城里人之到乡间避暑的更多。因为他们是实行小家庭制度，而一般人又不喜欣小孩太多，一部汽车可以载全家的男女大小，在工作后，在假期日，出城到乡间，等于饭后散步一样的方便。

我们可以说，城里是他们的工作站，乡间是他们的休养所。而况有好多新式城市，辟了宽大的马路，种了各种的树木，公园草地，小河沼池，已有了乡间的景色。这是现代的城市，也可以说是乡村化的城市。

其实，在美国，在好多地方，乡村与城市，根本就不容易分开。商业的中心，可以叫作市区，然而住宅区却等于乡村。有好多大工厂也往往离开城市而设立。工厂的工人住宅区，也具有乡村的意味。在新英伦的好多地方，乡村城市，互相衔接，在公路上，行走了好几十里，不易分出城市的范围与乡村的范围。在市区内，可以有农家田园，在乡村里，也可以有小市场。从麻省的剑桥，这就是哈佛大学所在的地方，到其附近好多地方，如空科德（Concord）等处，忽而经过市场，忽而经过农村，住在乡村的人们，既不一定是农民，住在城市里的人们，也许乡间有田园。人们喜欢城市的繁华，同时也喜欢乡间的清静，在交通方便的世界中，两者都可以兼而有之。乡村文化的城市，与有城市的方便的乡村，是现代文化的一种特色。假使文化而可以叫为乡村文化，或城市文化，那么现代的文化，是两种文化混合的文化，而这种混合的文化，也是美国文化的趋势。

第七章　政治观

我们谈美国的政治，因为篇幅的关系，不能多谈，只能将其政治上的一种特点，加以解释。这种特点之最值得我们注意的，是它的民主政治。

我们知道，英国是民主政治的先进的国家，而美国的民主政治的思想与制度，主要的又是渊源于英国。然而事实上，在现在的世界里，美国的政治，不只是比英国民主化得多，而且是世界上最民主化的国家罢！

这是与美国的民主政治的发展的历史，是有了密切的关系。英国虽然是民主政治的先进的国家，可是在英国民主政治的思想与制度，是逐渐的经过七八百年的演变而来的。换句来说，英国的民主政治，是从君王政治、贵族政治，以至专制政治脱胎而来的。君王的权力，是逐渐的经过十三世纪的《大宪章》（*Magna Carta*），以及好多的法律与革命而受了限制，以至于差不多完全变为一个有名无实的君主。到了现在，英国的首相或政府人物，虽然是叫英国的政府为陛下的政府（His Majestic Government），然而这只一种习惯上沿下来的说法，真实的意义已经消失。英国人还是说皇帝是不会作错的事情的（The King can not do wrong），本来的意思，是因为他有最大的权力，不会作错事，然而现在却等于说皇帝是不会作对的事情（The King can not do right），因为皇帝对于政府的政策的决定与施行，已无权去过问。简单的说，从这方面看起来，他是无事可作，无事可作，是不会作错，也不会作好。

自一九一一年英国的贵族院的权力被了下议院限制之后，英国的民主政治，才可以说是很为完备。然而英国究竟是一个历史悠久的君主与贵族的国家，君主贵族，既还是存在，而社会上因政治上的不民主化而引起的好多的等级，还可以随处看出来。皇帝在一般人的心理中，还是一个特殊的人物，而贵族的名称，在社会里还是一种的特殊的荣誉，贵族名称既有了遗传的习惯，皇帝更非人人所能作的。

美国却不是这样。在英国人未到美国之前，美洲虽已有人类的足迹，然而人烟是很少的。一些印第安人，虽然也有其政治的组织，然而也是简单的很。这个环境，是有些像了一张白纸，加以一般英国人之到美洲的，对于英国的宗教与政治上的压迫，已有了反抗的心理。所以他们渡海而来之后，就想能在宗教上与政治上得到较多的自由与平等。

总而言之，在荒莽的新大陆上，既没有皇丽的宫殿、贵族的威风，而一般移殖美洲的人们，却又是不满意于母国的宗教与政治的现状的人们，在一个新环境里，为防避自然与土人的威胁，每一个人都有每一个人的用处，每一个人都有每一个人的个性。皇帝的力量，贵族的威风，都不能在这里发生什么很大的作用。一个人或一个团体，假使不愿意去受某个人或某个团体，他或他们可以离开这个人或这个团体，而别辟疆土，组织新社会、新政府。好的港口被人占据，他们可以别找港口；沿海被人移殖，他们可以沿河而上，跑到内地中部；没有自由的领域，他们可以跑去野西（Wild West）。远渡重洋而来美洲的动机，既是求宗教政治以至经济上的自由发展，而在这个新环境之内，又有了很多的新刺激与新机会，旧的政治制度，以至风俗习惯，在这些地方，既没有多大力量，去范围一个人或一个团体的行为。新的环境，又鼓励人们的个性的自由发展。特出的天才，既不为旧势力所抹杀；草莽的英雄，却因此而产生。男的到了这个地方，要有坚忍不拔的意志；女的到了这里，也要有了独立不依的精神；连了小孩们，也要有了这种意志，这种精神，才能征服环境，适应环境。个性的自由发展，是个人主义的表露。然而在这个环境，有了好多事情，并非个人所能作的，而必依赖或利用团体去经营或推动，以坚强的个性，去组织为公共利益的团体。再加以英国的传统的民主政治的思想与制度，就成为美国的民主政治的基础。

美国人有了这种传统民主政治的思想与制度，加上新环境的刺激与个性的发展，所以在他们这个国家里，不但没有像英国好多年来传下来的君主与贵族的政治的遗痕或惰性，去阻碍其民主政治的发展，而且有了新刺激与新个性，去助长其民主的思想，推进其民主的制度。我所以说美国是较英国民主化得多，是有其原因的。

我们读美国史，在殖民地的时代，各州以至各州内的好多城市或地方区域的人民，已各能自由去管理其政府。到了十八世纪，英国国会要在殖民地征税的时候，他们就起而反对。而其主要理由是殖民地的英国人，除了他们在英国的国会有了代表，英国国会没有权力去征税，因为被征税而没有代表，这是不民主的，而且是违背了英国的民主政治的理论。殖民地的人民，既没有代表在国会里，英国国会，就不应去向殖民地征税。殖民地有殖民地的议会，而殖民地的议会是殖民地的人民的代表机关，只有殖民地的议会，才有权去征收殖民地的人民的税。

为了这个事情的争论，结果是殖民地的人民反抗英国国会，而至英国的政府。后来事情愈弄愈大，纠纷愈来愈多，而美国的《独立宣言》，遂因之而产生。

美国的《独立宣言》，是近代民主政治史上的一种最重要的文件。这个文件，比起法国的《人权宣言》，还早了十余年。所以在法国革命的时候，美国还有了重要的人物，如法兰克林，把美国的《独立宣言》，各州的宪法，以及其他有关于美国的民主政治的论文，译为法文，流传于法国。

《独立宣言》是极力主张人类的自然的权利的自由，平等是天赋的权利，而美国在一七八九年所制定的宪法，又是近代民主立宪的很好的样本。它不只是发扬民主政治的精神，而且很巧的去计画政治的机构，使没有一部分能够去专政。孟德司鸠的三权鼎立，以保障人民的自由的理论，是实现在这个宪法里。

假使我们以为美国的《独立宣言》，以至其联邦宪法的制定，是美国的白种人在政治上的寻求自由与平等的运动，那么，美国在一八六〇年至一八六五年的南北战争，是美国的黑人的政治上的解放的运动。

黑人在美国本来叫作黑奴。他们本来是从菲洲运过来而卖给美国，而尤其是美国的南方的一般从事于种植的白人，以开垦地方与为苦力的工作的。他们不只是自己成为奴隶，就是子子孙孙都是奴隶。好多的美国的田主业主，是靠着他们的工作而维持生活与发展事业。

林肯是主张解放黑奴的，而好多美国的北部的人士，也这样的主张。我们应当指出美国的北部的黑奴的数目，是很少的。黑奴的解放，对于美国的北部的人们，没有什么的影响。反之，解放了他们，一般靠着他们为生或发财的人们，就要受了很大的打击。一方面主张解放他们，一方面反对解放他们，结果是愈争愈烈，而诉诸武力的解决，而南北战争，遂因此而起。有些人说：南北战争的主要原因，并非黑奴的解放与否，而乃一些政治家的别有作用。可是我们对于这个问题，不能在这里加以考究。我们所要指出的是，至少美国的联邦政府之借以号召人们去讨伐南方的反抗，是以解放黑奴为目标，而南北战争的结果，也是解放黑奴，使黑奴此后成为美国的国民，而享受政治上的选举权，这就是说得到政治上的自由与平等。

南北战争的英雄是林肯。他在第二任总统未完之先，就被人暗杀而死。然而他死之后，时间过得愈久，而美国人对他的崇拜与景仰的情绪，愈为增加。华盛顿、林肯、威尔逊与罗斯福，可以说是美国最著名的四位总统。然而照好多美国人看起来，在伟大方面，林肯最为伟大。因为他们以为在其伟大的事业之外，林肯的内心，是真正为了人道主义所淘薰与驱使。他的这种人道主义，是自动的，是自小至大已具有的，而非乘了某种机会，或因了某种环境所造成的。

把了一般智识低下的黑奴来解放，而给予政治上的自由平等的机会，在十九世纪的中叶，是一件惊天劈地的事情。我们不能否认，直到现在，美国的黑白人种之分，仍然存在。然而在理论上，在法律上，黑人与白人是平等的。

南北战争之后，美国的男人固享有政治上的自由与平等的权利，可是女人，还没有选举的权利。经过了数十年的妇女运动，到了一九一七年，这就是美国参加上次欧战那一年，美国又修改其宪法，而给予妇女以选举的权利。从这方面看起来，美国是一个先进的国家。因为我们知道，英国到了上次欧战方完之后，还只有一少部分的妇女享受这种权利。直到那次欧战完了好几年后，才普遍的给予妇女以这种权利。至于法国，直到最近，妇女才有这种权利。

美国的妇女在社会上的地位，本来很高。其实我们已经说过：世界上妇女的地位之最高的，要算美国。可是在妇女没有政治的权利之前，妇女地位，不能算为稳固。现在在美国，妇女除了在政治上享有自由与平等的机会之外，在法律上，在教育上，以至在经济上，都与男子享有同等的机会。所以要说现在国家之最有民主的精神，而人民最有自由平等的机会的，要算美国。他们脱离英国而独立之后，不只打破了主人与奴隶的界限，而且打破了男女不平等的障碍。

美国妇女得了政治的权利，对于这种权利是否能够充分的去利用或行使呢？

有好多人说：妇女是跟着男子而走的，妻子是随着丈夫而行的，所以纵使妇女有了政治上的选举权，然而她所选举的人物，往往就是丈夫所选举的人物。我们不能否认这也是一种事实。所以比方丈夫是共和党的党员，妻子也往往是共和党的党员。然而我们也得明白，这也正像男女结婚，是要双方的同意。夫妇是否属于一党或是否都去选举某一个人为议员或总统，也可以说是两方同意的事情，而非一方面去压迫别一方面去作的事情。

反过来说，假使妻子不同意于丈夫的政治的见解或党派，她绝没有去服从丈夫的义务。我在芝加哥遇了一位太太，她的丈夫是拥护共和党的，而她却表同情于民主党。在家里，他们有时为了这个事情而争论。然而她说这也像丈夫喜抽烟，而她不喜抽烟一样，他抽他的，我不能制止他这样作，我也绝不跟着他去这样作。我问她在去年选举总统的时候，他们两位怎么样的选举。她说：自然的，她选了罗斯福，她的丈夫选了杜威。她且告诉，他们两位一齐到了投票选举场，因为每人投票是密秘的，他人不得干涉，就是干涉，也没有用处，而况丈夫早知我要选何人，而我也早知他要选何人，何必互相劝勉。她又说：因为我们拥护了不同的人物，反而增加不少兴趣。在没有选举之前，他们两人打赌谁赢谁败，结果是丈夫败了，而给她一件很好的礼物。

妇女不只不一定去跟着丈夫去选举丈夫所喜欣的人们，她们往往不会去放弃这种权利。我以前在美国读书所住的房子的房东太太，年纪已六十多，在去年选举总统那一天，我正去看她。她的身体，自十年前丈夫死后，就很不好，而在这一天中，睡躺在床上，几乎不能起来。我看她时，她就对我说，下午她要到投票场去选举。我说："你病还未好，何必跑到外面？"她说，她已请一位朋〈友〉来扶她出去。她又说，这是她的权利，而况她是不愿杜威去作总统的。假使反对杜威的人，都不选举罗斯福，那么反对杜威有何用处，而且说不定就是因为缺少了她这张票，罗斯福可能落选。这是一个多大的责任呵！

我听了这话之后，不只赞美她的这种精神，而且扪心自问实在是惭愧万分。因为自己不只是受了一个教训，而且，事实上，直到现在还没有享受过这选举的权利。

其实，在战时在美国，因为好多男的已离家出国，在好多地方到投票场去选举的多是女子，所以女子在政治上所处的地位是不可轻视。若以男女各半来说，妇女就有了一半的政治力量。反观我们到了现在，不只女的没有这种权利，男的又何尝有了这种权利。

女的男的既都不愿去放弃这种政治上的权利，而在政治上居了重要的地位的男男女女，也不敢随便的去利用其地位而享受了特殊的权利。

罗斯福总统的夫人的地位不能说是不高，然而有一次中国学生请她到纽约讲演，她以总统夫人的地位来到纽约要乘私家汽车是没有问题，就使她自己在纽约没有汽车，她也可以随便打个电话去请一位朋友，把其汽车给她乘。然而她呢，到了纽约就坐了普通的的士（taxi）赴会演讲，这是民主国家的元首的夫人的作风，这是平民化，这是民主化，这是值得我们的借镜。

又有一次，她有了一位朋友请她到离华盛顿约二小时的菲列得尔菲亚（Philadelphia）去看一出新的戏剧。她去了第二天，就有报馆的记者去问她为什么在战时总统夫人还从这个地方去看戏，她的回答是这是朋友送来的票，而她所购的车票又是普通的，而且是自己出钱去买的，并没有什么对不住国民的地方。其实在战时美国一般人，而尤其是工人，因为薪水的增加，戏院是到处满的，在纽约，在戏院的门前的人行道上排队而等买戏票的人不知多少。平民去看戏，报纸并不见得去非难，而总统夫人偶一为之，却为记者所挖苦，结果是在政治上居了重要地位的人的行为，反而处处受了人民的监督而减少其自由的范围。

就以罗斯福自己来说，他被选为第三任总统已打破了美国总统的连任的纪录，到了竞选第四任的时候，共和党的报纸之批评他的政策与个人行为的，差不多天天都有，可是他并不利用他的政治的地位去压迫这些的言论，反而他用了很幽默的口气去加以答覆。又在竞选的时候，他很明白选他与否权在人民。共和党的言论机关讥他为老朽。他不辞劳苦在未选之前到各处演讲，有一次在纽约大雨淋漓，他坐在汽车中还打开篷盖而巡行，这不外是要使人民明白他并非老朽。

总而言之，在民主政治之下，人民是国家的主人翁。一切可以说是直接或间接的取决于人民，总统也不过是人民的一份子。人人都有机会去做总统，人人都有机会去作议员。罗斯福自小到大是在一个富有的家庭养育与一个著名的大学毕业，固可以作总统。杜鲁门是到了三十多岁还在乡下饲养家畜，没有受过什么教育，也可以作总统。威尔逊是作过大学教授，固可以作总统。林肯是出自很穷的家庭，自耕自读，也可以作总统。总统不是家传的，也不是天生的，而是要得人民的爱戴与拥护而始能作，要由人民去投票而始能当选。

然而作了总统，不只不因这个地位而享受了特殊的权利，反而有时却因此而对于自己的行为却要格外检点，罗斯福及其夫人都明白到这一点，而副总统像华莱士（Wallace）也明白这一点。他在华盛顿就在窝德门巴克（Wardman Park）旅店里找了数个房间以为住处，他并不因作了副总统而盖了或住了高楼大厦，他到了中国，在百忙中还无时的去和美国的士兵打球，他是副总统，是美国的代表人，然而他是平民化，是像平民一样。

在民主政治之下，言论自由在政治上占了重要的地位。人们一言一行、一举一动，人民都可随时加以评论，作好了固有人去赞美你，坏了也有人去指摘。巴顿将军（General Patton）在欧洲的盟军里地位不能说不高，而且是一个军人，因为打了一个小兵一巴掌引起舆论的非议，引起国会的注意，结果他自己要向着这位小兵去赔罪。然而罗斯福也好，巴顿也好，既并不因人家的批评而损失其伟大，也不因了向小兵赔罪而失了威严。罗斯福还是这次大战中的大救星，巴顿呢，欧战完后回国到处受了热烈的欢迎。热烈的欢迎既并不引起他在政治上的野心屈身去赔罪，也并不使他的地位降低。他是一个军人，在战场上大显其威风，大享了声名，到了国内热烈的欢迎反使他流泪，因为他觉为国家的利益而出征是军人份内的事，而受了欢迎是份外的荣幸。所以他说他很希望人们不要这样的欢迎，而要给他以多少时间回家去休息。有人问过艾森豪威尔（Eisenhower）是否愿意去竞选下次的总统，他的回答是他是军人，不愿问政治，也不懂政治。他愿意战完之后回家去作一个平民，大概也是因为作平民是自由得多，而且省了不少的麻烦。质言之，在民主政治之下，人民是主人翁而官吏是公仆。杜鲁门在国会里首次演讲很明白的说，他的职务是服事人民的代表就是这个意思。

国人有了不少往往见得美国的两党之争，以为这是美国政治上的缺点，这是一个错误。美国的党争既没有用武力去压迫异己，而两党之争乃一种公开的事情，其实两党之争也可以说是美国的民主政治的好点，在朝的党作了一些事情不对，就有在野的党去指摘，而使前者有所警惕。而况党的本身是否占了优胜的地位也是取决于人民。人民喜欣某一党就赞助这个党，人们不喜欣这个党，可以退出这个党而参加别的党，以至组织新的党。党对于人民既不强迫其入党，在选举的时候，党的工作人员也不会去强迫人民去选举某人。就是党的中坚人物不喜欣党中所选出的候补人，他也可以去选其敌党的候选人。格拉姆（Bartley Crum）是美国一位有名的律师，又是美国律师公会的副会长，是威尔基（W. Willkie）在一九四〇年当选为补习〔候补〕总统时的顾问。他在共和党中的地位不能说是不高，然而去年竞选总统的时候，他因为不赞成杜威为总统，乃在报章上宣言他的这种意见。他宣布，他要选罗斯福为总统。可是同时他又声明，他并不因此而去退出共和党。一个重要的党员不选其党的候补人而选其敌党的候补人，同时又不退出其党，这岂不是民主国家中的人民的自由选举的权利的最好的表示吗？

就以威尔基个人而论，他落选之后，不但不仇恨罗斯福，反而对于罗斯福的主要政策加以赞助。同样的，罗斯福也不因此而厌恶威尔基，反而派他到各国联络邦交。威尔基之所以被认为美国的大政治家，罗斯福之被称为美国四大总统之一，并非没有原因。而况罗斯福不只用了威尔基，他的内阁有了共和党的党员，他派去旧金山联合国的会议的代表中，有了好几位是共和党的首领，而且是过去曾经与他作对的人物。他并不因此而厌恶他们，而他们也并不因此而采取不合作的主义。又如杜威在选举结果尚未分明之前，还在那里批评罗斯福，然而一知自己没有希望作总统的时候，立刻广播恭祝罗斯福竞选成功，并且声明，以后当尽其能力帮忙罗斯福去求人民与国际间的幸福。

总统是人民选出的，副总统也可以说是人民选出的。罗斯福死了之后，杜鲁门就任总统，结果是没有副总统，然而在杜鲁门未赴德国参加三巨头会议之前，他就想到继续他的人物，以防万一他个人有了不幸之事发生。他向国会提议以下议院的主席承继总统，这种提议虽经好多人士指出不少的困难，然而他的本意是根据于民主的原则，因为下议院的主席是人民代表的主席，最能代表民意，可见得他的动作与思想是以民意为依归了。

总统是这样一般的官吏，也可以说是这样衙门，除了军事机关之外人人是可入的，而去见官吏与会见朋友并没有多大的分别。其视我们的衙门，卫兵密布如临大敌，而会见官吏的手续之麻烦令人生畏，人家是真正的民主，而我们却可以说是官主罢！人家是真正的民治，而我们却可以说是官治罢！人家是真正的民国，而我们却可以说是官国罢！

第八章 经济观

美国的政治制度□□像我们在上面所说，已经很民主化的，美国的经济生活，也可以说是已经很民主化或均平化。

我们应该指出，美国的富人是很多，资本家也并不少，所有贫富的界限，并没有打破。然而近年以来，美国所施行的遗产税与所得税，已使一般富有者或资本家受了不少的影响。除了这种税收对于这些人的财产的限制愈来愈厉害之外，他们还用了其他的方法，去限制富者愈富或阻止穷者日穷的现象。

然而我们在这里所要注意的并非这个问题，而是一般的人民的日常的经济生活的情况。从这方面来看，我们可以说大致上美国人是比任何国家的人民，不只舒服得多，而且均平得多。

我们都知道美国的物质的进步之快，与物质的享受之多，然而我们不要忘记，他们的对于物质文化的推进，不只是〈以〉少数的人民为对象，而是以大多数的人民或是全民为对象的。因为他们在经济的生活，是以大多数的人民或是全民的〔为〕对象，凡是一些有钱人所能享受的东西，大体上一般的人民，也能够享受。

我们只要细心去考察美国的一般的巨大的生产的事业，目的都是要使其生产的物品，销流于全国以至于国外的大众，而不只是希望卖给于数位或少数的富有的人们。比方一个生记（Saukit）的黄果公司，其所出产的黄果，不只是畅销于加利福尼州的南部一带，或是为了一些富有的人们的滋养而出产，而畅销于全国以至于国外的大众的人们。在抗战以前，这种黄果在香港每一打也不过一元或八九毛钱香港币，而从美国到香港的一切装运费都在内。一元香港币在那个时候只等于美金三毛多钱。在美国国内，在加利福尼州的南部的生记策源地，每元美金，可以购得差不多二百个，至于美国的其他各处零卖很好而很大者，普通约五分美金。可是成打而购买一些较小的，每打也不过两毛多或三毛多美金。每人每天吃了一个，不算什么，就是吃两个三个，也不算什么。然而最紧要的，是这种黄果在美国差不多处处都可买得到。而况除了这个生记黄果公司之外，还有其他的黄果公司呢。

又以牛奶来说，普通在食店里喝一玻璃杯是五分钱，若是由牛奶公司每天送到家里一大瓶，每瓶可以分为四杯，每杯的价钱至少可以减了一半。牛奶是美国人家中所必备的食品，而且也是他们的主要吃品，小孩吃新鲜牛奶，大人也吃牛奶，然而每家所费于牛奶的钱，是很有限的。

早晨起来吃早餐，牛奶一杯、黄果一个、玉蜀黍片一碗、面包二三块，再加上鸡蛋一个，在自己家里大约化不了你一毛五分钱，然而这是很富丰的早餐了。普通人一杯牛奶或咖啡，二块面包，或加以黄果或其他的东西，大概不出一毛钱。午饭回家肉食一块、蔬菜、豆类、番薯，别有面包、牛油、牛奶及甜品。晚间再吃一些比较午饭为少的晚餐。晚饭较多或午饭较多，这是随各人各家的习惯而定，但是一日三餐，下午还可以有点茶点，大致的说，一家三口的家庭每月五十元左右就可够用。电费每月三两元，收音机、熨衣服、扫地机、电风扇，通通可以用电。煮饭煤气或电力每月也不过三两元。

在日常的食品里，各种的养料都具有，所以他们少有用维他命丸的。国人好多赴美的在刚到美国的时候，吃了这种一日三餐的东西，往往是觉得肚子饿得很，有的还要双份餐。然而不久之后，他的体重往往增加起来，过了数月之后，肚子也不觉得饿了，而吃的也不过这种普通的三餐。

这种普通的三餐，不只是普通的中等人家这样吃，就是很有钱或较穷的人也差不多是这样。在美国最大的旅馆或食店里的餐，也不过一块多至二块钱。而至便宜的三毛钱的餐也差不多有了同样的东西。可是我们要知道，食店、旅馆除了房租、工人与各种费用之外，老板还要盈利呵。

穿衣服呢？在很大的服装店或是大公司里的服装部，各种寸尺不同的衣服，千万排列。样子都差不多一样好，布料与颜色是有分别，普通一套衣服从二十元至五十元已穿得过。五十元的布料较好，二十元布料较坏，可是穿在身上，因为样子颜色都很不错，看起来并没有因为布料的不同，而有很大的分别。一个人每年购了两套衣服，就已够用而有余。妇女的服装时款虽常变而耗费较多，但是一般普通的女子衣服，十元八元以至三元五元也能买得一件。用人造丝所制造的妇女的袜，三毛钱也可以买得一双。而用化学制成的雨衣，五毛钱也可以买得一件，样式颜色，都是很好看。

假使你自己已有了缝衣车，三两毛钱一码花布，妇女自己作一件衣裳，只化了一块多钱。而且一年四季衣服减价的广告是随处可见的，只要你能稍为留心于报纸，有时可以购得很好而很便宜的衣服。假使你是住在纽约，那里有了几家衣服店，每层楼只用装包与收账两位职员，你可以自己到挂衣服的架上选择你最合你意的一二件，因为店里用人少，开销少，其所出卖的衣服价钱也比较便宜得多，呢帽一顶可以用多少年，皮鞋一双可以用一年。因为路平，而且房子里多有地毯，加以交通工具的方便，穿鞋也可以耐久。就是底坏而补了之后，不但耐穿，还很好看。因为补工也很精美，往往看不出来是补的。普通一顶帽、一双鞋，六元七元美金就很不错。

至于居住，房价房租是因地而不同的。比方在加利福尼州的较小城市，在战前一座房子各种设备都具有，而房间除了厕所、厨房之外，客厅、饭厅各一，卧房两间，价钱大约四千元美金。假使你有一千元美金，你就可以向地产公司购这个房子，你先交一千元，其余三千元你按月交二十元左右，大约十五年后，房子就归你自有。你每月所交的二十元左右，当为租钱，也当为还账，一举两得。万一你住了三五年你要搬家到别处，这个房子又可以出顶地产公司，可以设法使不吃亏，你不只可以取那千元，而且每月所交的钱差不多说不定可全部得回。

我们可以说，这是房租房价比较便宜的地方。假使你到了人烟最密的纽约市，你在哥林比亚大学左近的地方，找了一层楼，一厅三房，厕所、厨房在外，那里是江边，空气好，风景好，房子并非纽约最好的房子，然也非坏的房子，而是中等人们所住的房子，每月租金也不过五六十元美金。平均每间房也不过十余元，若你幸运很好的话，有些同样的房，三十元左右也租得到。使你一家三四口不只住得宽敞，你还可以空了一个房间租给在大学里的学生，或比较适当的人，使你每月减省了十余二十元的房租。假使你只有夫妇二人，没有子女，三个房子可以出租两间，那么也许全部房租，你可以不必出。

至于行的方面呢？我们在他处已经说各种交通工具的方便，汽车尤为便宜。没有汽车的人，在纽约搭地下车五分钱可以走数十英里的路，火车、公共汽车也便宜，假使你买月票的话，那么尤为俭省。

公共的交通工具固是这样的便宜，然而汽车公司像福特汽车公司制造汽车并非只为三五个富人而制造，而是为了大众而制造。以前的林肯车、布威克（Buick），虽然价值较高，然而比方在战前福特所出的普通轿车有了五人的位置，美金不出一千元一部，买车不必一次交钱，可以像房子一样的分期去给，一部汽车可以用十年八年而没有坏，虽然有好多人过了三二年，又要换了一部新车。

假使你没有钱去买新车，你可以买一部七成新的车，而价钱也许不止比了原价低了百分之五十以上。五六十元美金一部汽车也有，机器旧了，样子也旧了，然而在平坦的公路上你可以漫游全个美国，回来之后这部车说不定还可以卖出三二十元或是还可以使用数年。富有的人坐了好一点的汽车，然而汽车的功用是一样的。富有人有了汽车，普通人以至较穷的工人也多有汽车，汽车已变为大多数的美国人的必需品，没有汽车的家庭反是一个例外。只有住在纽约城里的好多人，因为马路上车太挤了，而且车房停车处不易找，坐汽车反不如乘公共汽电车的，而尤其是地下车那么方便，才不购买汽车。试想想，据说每三个美国人有一辆汽车，汽车之普及可以概见。

总而言之，衣食住行的生活在美国已经趋于平均化，富有的、普通人、较穷的都很相近在一个生活的水平线，这是由于他们物质的丰富、大量的出产。出产得愈多，成本愈少，而价钱也愈便宜。到了美国的人，总能看见，无论到何城市，都有好多间的五分店或十分店。店里的东西价钱多数是五分或十分，国人之到美的多以为这都是便宜货不耐用。我从前也有了这种观念，这次重游美国，曾问了好多美国朋友这种观念是否正确，他们的回答是否定的。他们说，五分店或十分店的东西，价钱虽便宜，却不一定不耐用，反之有些东西，还比标价昂贵的公司的为好。原来五分店或十分店是到处都有的，而且到这种店购物的人，往往是人山人海，在下午四五点钟后，有时真是挤得不堪。货物销流得多，工厂里可以大量的去制造，这已经减了不少的成本，同时因为这种店子到处都有，厂里所出的货物，直接就运到店里，而用不着经过中间商人的取利，结果又加了一种便宜，成本少而又减了中间商人的取利，在双层便宜之下，五分店与十分店的货品可以卖得格外便宜。但是，同时货品的质的方面，并不因之而变坏，反而往往还可以因销路愈广而愈加改善。

五分与十分店所出卖的东西，真应有尽有。日常生活的必需用品，差不多都可以在这里买，用起来固也很耐用，而且制造得很精美，价钱比之其他地方，有时便宜了二三倍。五分店与十分店与药店（drug store）真可说是美国文化的特点，然而这也不外是美国物资丰富与大量生产的一种表示。

然而物资无论如何丰富，价钱无论如何便宜，假使一般人民是太穷，穷到五分店与十分店都不能进去，那么人民的生活还是没有办法。我们谈到这里，我们可以看看美国人的普通的入息，然后明瞭他们的生活的水平线。

大致的说，在美国，一个人只要他自己愿意去找工作，一月要找到一百数十元的工作，是没有什么问题的。就以每星期的二十五元到三十元的入息来说，一月就有一百二十元左右。这是较低的入息。在战时一月入息三四百元的工人，也是普遍的现象。俄国外交部长莫洛托夫前数月到旧金山参加联盟国会议，造船出名的恺撒（Henry Kaiser）有一天带他去参观他的造船厂，莫洛托夫问了厂里一位工人每月入息多少钱，这位工人说他每月有四百元的进款，家里有自己房子，有汽车，有一切的现代设备。这位外长只好说，这是我们俄国人现在所做不到的。我有一位朋友，家里请了一位女佣，这位女佣是从爱尔兰来的，字不识得很多，可是每月除食除住之外，还给她一百元的薪金。

美国的战时的薪水的增加，可以说是变态的情形，就以平时一个工人每月入息一百二十元左右来说，他就可以舒服的去养一家四口。他自己可以照分期付款的方法去购一座房子，也可以照这个方法去买一部汽车。房里的电灯、电话、自来水、电冰箱，以至钢琴、收音机也可以有。他的太太在家管家，他的孩子都可以上学，上小学，上中学，以至上大学。他每月除了一切必需用费之外，还可以有些钱陪家人去看电影，或其他的娱乐。同时，还可以有些钱去作意外用费，以至人寿保险费。过了三二年之后，汽车是他自己的，过了十余年后，房子是他自己的。他吃的、穿的，差不多像我们上面所说那些东西，而与一般普通人的生活没有什么分别。假使他的太太还在外边兼点事情，或是孩子在假期在外边找了一些工作，那么他们的经济更为充裕了。

大体的说，在一般的美国人的生活中，食与住是大宗的用费。一家数口去租一座小房或一层洋楼是比较的舒服而轻省，一家数口自己作饭是比较吃得好而轻省。我有一位朋友，他对我说，他一个人离家时，所用的膳费还多过他家里三口所用的膳费。这并不是在外面菜馆里所吃的东西比家里的为好，或较多，而是因为菜馆除房租与昂贵的工值之外，还要盈利，所以在馆子里吃一顿饭，比起家里的同样的饭，要贵了三四倍，以至五六倍，是自然而然的。

美国人的经济的生活，而尤其日常的生活的水平线，恐怕是世界上的这种生活之最高的，但是因为在美国样样很便利，在美国用了一百二十元一个月，在他处用了同样的钱不一定享到同样的便利。好多东西在我们看起来，如汽车，如收音机，如钢琴，以至电扇、冰箱，以至抽水马桶，是奢侈的东西，在他们却已变成为日常必需的用品。事实上，在他们的国内，以前好多东西，是当作奢侈品，现在也变为必需的用品。以收音机来说，二十多年前，有人当作奢侈品来看，现在不只是家家都有，而且差不多人人都有了。收音机不只使你有机会去听音乐，而且使人们听各种消息，听各种演讲，这是娱乐的用具，也是增加智识、传播教育的利器。所以在家里，在公共场所中，在汽车上，都装备了这种东西。他比起报纸的用途还要大，消息来得速，而在长期来打算，价值又便宜。

不但这样，有好多东西在初发明或刚上市场的时候，也许价值较昂，而只为一些经济充裕的人所能购买。然而不够一二年，大量的生产、大量的推销之后，价值往往便宜了好几倍。电冰柜就是一个例子，在初出的时候的价值比之现在贵了好几倍，战后若大量的制造，大量的推销，再加以改善，则不只比之现在还要便宜，而且比之现在必较为精美，较为完备。所以他们的东西不只愈来愈廉，而且是精益求精。

其实美国人在生活方面所需要的东西不只是日来日多，不只是限于物质方面，而对于身心上的休息也特别的注意。星期日以至星期六的下午，往往要休息用不着说，每年之中，找出三五个星期去旅行或到他处避暑，也成为好多人的生活上的需要。每年的预算中，必有一笔款以为这种休息之用，至于有些人盖有别墅的，每周周末必到别墅休养，那不是人人所能做到的了。

因此之故，假使我们而用我们自己的生活水准去衡量他们的生活的需要，那么他们日常所用的好多东西都变为奢侈品了，收音机、电风扇用不着说，就是每天常喝的咖啡，而特别妇女所常用的口红、面粉与好多不胜枚举的用品，都变为奢侈品了。

虽然是这样，美国人还不满意于他们的目前的生活，他们还在那里去设法去再求进步。汽车已很便利了，然而他们还要制造很舒服的飞机。这次战后，飞机的用途必更多更大是无可疑，在战争未完之前，他们已计画飞机上的种种便利，飞行的航线，航空的发达是拭目可期的。飞机还不满足他们的需要，他们正又试验立体飞机，希望将来每人能有一部，要在那里下降就在那里下降。又如电话已很方便了，然而他们又觉只闻其声而不见其面为恨，所以又要无线电传真。电扇已很方便了，然而他们又觉得这种东西还不够舒服，而必装置冷气管。

总而言之，他们在经济的生活方面或是物质的生活方面，日日从事改善，处处讲究舒服，同时又使其工作在效率上能够增加而在时间上能够节省，结果是使在这个环境里的最大多数的人们的生活程度，日趋日高，而其物质享受日趋日善，所以在这个国家里，除了白种人之外，华侨以至黑人也受了不少的好处。

我们知道，一般国人之到美国找工作的，在国内时不只是没有受过什么教育，而且往往是穷苦至无立锥之地，而才离乡井，远涉重洋。这些华侨之在美国的，多数是开餐馆与洗衣店，以在美国的华侨的经济力量来比之美国人的经济力量，真是沧海一粟，比无可比。然而这般华侨在美国的经济生活方面，比之国内的一些所谓上等的人们的生活，舒适得多。同时在广东不知有了多少的人们是依赖他们的汇款而过活的。其实，像广东的四邑各处之所以称为富裕之区，是由他们所建筑的高楼大厦，是物质方面的表现，学校林立，是精神文化的推动，这都是由这般华侨在美国所寄的金钱而造成的。至于广州东山的新住宅区，大部份也是由这些华侨所建设的。以华侨这一点的力量，而已使国内一些地方成为富裕之区，中美生活程度之不同，可以概见。

至于美国的黑人呢，在美国本来是居于奴隶的地位，解放以后，也不过是八十年。八十年来，名义上虽得到自由与平等的机会，事实上，而尤其是在美国的南部，因为历史风俗的关系，处处犹受白种人的排斥。然而八十年来，他们的经济生活虽然比不上白种人，可是比之我国的一般人民的经济生活，又不知舒服得多少倍。比方在加利福尼州的南部的大城罗省，黑人区是这个城市里的一个大区，工商各业应有尽有，比之数十年前他们只能在田园里为白人作苦工已大不相同。他们在八十年来，不只人口天天增加，而且财富也天天增加，在日常的生活方面的衣食住行等等，凡是美国人所能享受的一切便利，他们都可以享受。就是精神生活方面，如教育，如音乐，他们也能够逐渐的发展。假使美国的白人是因为种族颜色的不同而厌恶黑人，他们也因为黑人的智识的发展而忧虑。因为他们的智识愈提高，则他们在为经济生活而与白人的争竞的情势必愈为强烈。在战时，因为人工的缺乏，黑人的入息愈为增加，使其经济生活又愈为舒适，而其经济基础也较为稳固。我们看了各处的黑人，住大房子，驾新汽车，开大商店，以至设立银行，建筑工厂，与开辟农场，不能不承认他们的日常生活已经很为舒适，不能不承认他们的经济基础逐渐趋于稳固。

我们解释美国的经济的生活，而指出其这种生活程度之高，是远在我们的经济生活的水平之上。我们也得指出，这种解释并非否认美国在经济生活上是没有问题的。其实比方他们的欲望愈大，需要愈多，那么问题是很多的。然而我们也得指出，他们的问题是与我们所要解决的问题是大不相同的。所以，比方说，他们因为没有电冰柜或没有冷气管而感觉到痛苦，而与我们因没有饭吃或吃不饱而感觉到痛苦，那是两件大不相同的事情。我们听了美国人叫穷，我们遂以为他们也并不富，而与我们一样的有了穷的问题，然而我们不要忘记，他们所说的穷，是与我们所见的穷是有了天壤之别。同时我们也不要忘记，在美国贫富之分虽没有打破，然而正像我们上面所说，在经济的生活上，富人所能享受的便利，贫者也差不多都能享受。所以专从经济生活或日常生活方面来看，美国是一个较为均平的国家呵。

第三编

第九章　平景庄

平景庄（Fair View Farm）——这是美国东北部的弗蒙特（Vermont）州的南部的一个农庄。我在这里住了六天——一九四五年七月二日到七月八日，饱受了山国的风光，引起不少的感想，因而略志其概要于后。

弗蒙特是有了美国的瑞士的称呼。这是一个山国，也是一个避暑的地方。又有些像瑞士，因为好多地方，是靠了游客而繁荣，所以到了弗蒙特，很容易引起人们想到瑞士。

我承了巴刻（Barker）先生的特别好意，得游这个地方，实在是荣幸之至。

夏天的太阳虽然是射向到科内提卡特（Connecticut）州的纽海芬（New Haven），然而纽海芬的真正的酷热的时期，还没有降临。巴刻先生及其家人，因为我不久就要回国，在事情很忙的时候，他用电话去告诉他的公司里的一位助手道："我与子女明天预备陪一位中国朋友到弗蒙特去避暑，大约一周才能回来，请你招呼公司里的好多事情。""夏天才开始，何必么早去避暑？"他的助手这样问。巴刻先生回答道："否否，这位朋友不久就要回中国，假使这个星期不去的话，他不知到了何时才有机会去玩弗蒙特呵！"

巴刻先生在那几个星期内，正是预备出让他的公司。在手续尚未办完之前，实在忙得不开交，而且汽油是由政府管制，不能随便去用。从纽海芬到弗蒙特，来往是好几百英里，在这种情形之下，我实在是不好意思去接受这个隆情。但是巴刻先生说，他节省了好几月的汽油，目的是为了这次的旅行。而巴刻女士也说："父亲听说你要回国，老早想买点礼物给你带回太太与小孩，可是乘飞机回中国，行李重量是限制得很利害，所以不敢给东西你带，我们这次请你到弗蒙特，只是一点小意思，略为弥补这点遗恨。"

推辞既不好，只好答应同他们去。结果不只费了巴刻先生及其家人的一周的宝贵时间，耗了他们好几十加仑难于领取的汽油，而且化了这位老先生一笔旅店的膳宿费。在旅程中，我是不会驾汽车的，巴刻先生的儿子从家里驶到半途，因事而另乘公共汽车回家。此后有了一二个短程虽由巴刻先生开车，然而全程的十分之九，是巴刻女士驾驶。我对着他们父女说："这是巴刻先生的一种最亏本的合作生意，他自己出车、出油、出钱，他的男女孩出力去驶车，而我却只能出眼去看风景。"然而巴刻女士还这样说："我是托你的福呵，假使不是为你，我这次那里有机会去弗蒙特？而且不只我自己没有这个机会，就是爹爹也恐怕没有这个机会。"巴刻先生不待她说完，已微微的笑而对他的女孩道："你这话是千真万确的。"

我们七月一日的清早，从纽海芬起程，除了途中化了一些时去吃饭与看风景外，汽车一路的走，到了晚间八时半，始达我们的目的地——平景庄。抵步的时候，不只驾车的巴刻女士需要休息，就是坐在车上去享受风光的人们，也觉得有点疲倦，因而大家不久都睡觉去。

在平景庄的六天，有了一半的时间是外间游览，有了一半的时间是在庄中谈话、看书、晒太阳，以及参观庄中的牛奶场、养鸡场与农田里的各种产物。至于出外游览的时候，有时徒步，有时乘车。在平景庄的周围约五十英里的名胜、乡村、城市，我们都有机会去看看。

平景庄是位在弗蒙特州的极南的地方，大致上又是在从弗蒙特州的东边州境至西部州境的中间。弗蒙特州从南到北极长，从东到西而尤其是在极南的东西边境很短，东西距离约有五十余英里。从南部的东边到西边，有了一条很好的公路。平景庄就在这条公路的旁边。从这里到这个州的西境或东境，均约二十余英里。西边有一个城市叫作本宁吞（Bennington），约有六七千居民。东边有一个城市叫作布拉特尔巴罗（Brattleboro），约有一万的居民。这两个城都各离平景庄二十多英里。本宁吞是过去的战场，有好多古迹与一个很高的纪念塔。布拉特尔巴罗是一个很美丽的城市，英国著名的诗人基普林（Kipling），曾在这里住了好久。

但是在距离平景庄西边约四英里，也有一个小城市，叫作威尔明吞（Wilmington），约有居民六七百。平景庄的主人就在这个地方购买一切家常用品。至于比较大批或特殊的物件，就到东边的布拉特尔巴罗去购买。主人自己有了汽车，政府对于农家所用汽油，又特别加以优待，所以他们出入是很方便的。

平景庄是位在一个山坡上。前面对着一个高山，在其山上的好几个地方，在天晴时，可以遥望好几十里以外的风光。在一个山腰间，有了两个很清净的旅店与一个古董店。旅店是为夏天的避暑的旅客而设的，古董店是出卖本地的土产，印第安人的各种用品尤多。这个地方约离平景庄两英里。

在平景庄的后边，约二英里有了一个湖。湖的周围，林木参差。湖边有一条汽车路，热天在这条路上驾车，几乎看不出太阳来。路的两旁有了好多的木屋，也有几座很美丽的大洋房。这都是避暑的房子。湖水很清，小船很多，也有三两小汽船。沿湖有好多小码头，这都是为游泳而设的。这是一个很清静的避暑所，这是一个世外的桃源。

威尔明吞这个城市，虽是很小，可以〔是〕一切的日用品，在这里都应有尽有。一家很大的食品店，一家很大的杂货店，又有一家很大的药房。这三者都能供给一个人或一个家庭的日常用品。美国的药房是美国文化的特色之一，除了配药、卖药与好多种日常用品之外，还有咖啡、雪糕及各种小吃部。

此外，在这个小城里，除了各种城市的共用设备，如电灯、电话、电报、自来水，又有小学、中学。有一个很好的旅店，以及其他的好多店铺。街道上看不见警察，但是汽车停在路旁是用不着关门。有一次我们陪了平景庄的主人的太太去购物，她停车在一个比较偏僻的地方，车门既不关，在车里的好多物件，也用不着人去看。

平景庄是一个农庄，主人的主要职业是耕种、养牛、养鸡、制造槭树糖（maple sugar）。但是弗蒙特是一个避暑区，有的时候，旅客到了这里的左近地方，要找旅店，而房子已满，没有办法，只好去敲农家的门，借宿一晚。因为这些事情，常常发生，有些农家，乃特别设备三两间房，专为招待旅客。平景庄也是这样的一个农庄。我们可以说农是他们的正业，而招待客人是他们的副业。可是来这里住的人们，多是由亲朋介绍而来，而且往往是熟客，巴刻先生及其女孩，几年前因人介绍而到这里，住了好多天，这次重来，主客之间，格外觉得亲热。

平景庄约占了五百亩的地方。这个庄是位在一个山坡上，前向山，后背湖，在山与庄之间，有一公路，又有一条小河。河沿着公路而流。水色很清，水声也很好听。流中有了一个地方，比较的宽，庄的主人，用士敏土筑成一堤，作成一个很好的游泳池。可惜两年前，被大水所冲，而失了本来的美丽的面目。

公路虽在庄的旁边，可是庄的房舍，是筑在山坡的顶上，距离很远。公路既很好，而没有沙尘，车的声音也不会惊扰到庄里的人们。又从公路到庄上的房舍，必过一小桥，一条小小的支路，从公路上汽车可以直趋到庄上的房舍的门口，下雨下雪时，也并没有什么困难。

这个农庄，是自成一个范围的。前面的高山，固要仰望，可是庄的本身，也是一个山坡，三面居高临下，房舍筑在坡顶，从远远的地方看起来，好像是一座小皇宫。在青青的草地与枫树间，一座白色的房子，格外显得好看。至于在庄里的东边一个小林中，河流从较高处流下，声音相当的宏伟，好似是一个大瀑布。小河中石头参差不齐，在河的较大的地方，中间有了几个大石，石面很平，广大约一丈，人们可以从接近两岸的小石头上跨步而过，三五友朋，在很热的时候，到了这个大石头上，围坐而谈心或乘凉，是别有风味的。水因常流而很清洁，若穿了一件游泳衣，坐在流的低处，使高处的水，由背后冲下来，那是舒适得很。

在庄里，以及其左近，野花是到处怒发的。庄的主人又辟了一个小小的花园，使这个农庄增加了不少景色。

在这个山国里，气候比之纽海芬相差有了十多度，而夜间尤为凉快。我们离纽海芬的时候，天气正热，到了这里以后，有了一二天云雨密布，冷得像冬天一样。巴刻先生年过古稀，尤觉寒冷。有一天下午，庄的主人请我们在园里吃西瓜，冷得大家不只穿起大衣，还要烧火起来。在这里住的人，好像只有春天、秋天与冬天，没有夏天。

农庄的房舍分为两部分，一为养牛养鸡的房舍，一为主人与其家人以至客人所住的地方。前者在面积上比后者还大，里面养鸡的房子较小，而养牛的很大。除了牛乳房与牛休息处之外，又有贮藏牛的养料与耕牛所用的器具的地方，汽车房也在这里。又有小楼以安放各种物件，这个房子，离开住房约七八丈。住房是一楼一底，也可以分为两部分，这就是正房与廊房。两者是相通的。房比较简单，可是也很清洁，而一切设备也具全，如厕所、洗身房之类。大致上，廊房与正房也可以分为两个家庭住，而互不相涉。夏天要到了，庄的主人及其家人，移过廊房里居住，让给正房与亲友客人。其余的时间，他们都住在正房。在正房里，除了楼上一个小客厅，楼下一个大客厅与饭厅之外，有了五个睡房。楼上两个，楼下三个。所以在夏天借宿的人就以每房两人而论，至多也不过容得十个人。但是除了夫妇或至友之外，一般人喜欣一人一房，所以在这住的客人通常只有数位。房间并不华丽，但是很清洁与舒适，夜间安静，白天也一样的安静。

农庄的房子里有电灯，有电话，有电冰柜，有自来的冷热两种水管，家具是简单，可是客厅、饭厅也布置得很雅致。庄里庄外的野花以及园中所栽的花，每早都可以采折，插入花瓶里。在客厅中，在饭桌上，在窗户的旁边，天天都有鲜花去点缀，不只增加了美感，还且有时香味扑鼻。

客厅里有一个大钢琴，有一个收音机，有各种杂志，还有几部名家著作。虽然是一个山国或是僻壤里的一个农庄，有了城市的一切便利，而对于外间的各种消息，也能随时知道。就在这个农庄里，你可以听到国内外的名人演讲，很好的音乐，各种的报告。你也可以用电话去与美国国内的任何地方通话，从这个地方打长途电话到最远的加利福尼州的南部，也不过三块钱左右。在平常的长途电话，几毛钱就够了。你可以用电话去打电报，以至购买物件。

在平时，工人易找，庄里的好多土地都可以耕种，但是在战时，除了男主人之外，只有一位助手。农田的耕种，几乎全部停顿。其所种的农品如蔬菜之类，除了自用之外，出卖是很少的。所谓主要的农产，还是牛奶与鸡蛋。

奶牛有了十余只，也有公牛去配合。每天取牛奶两次，早晨一次，下午一次。取奶是用最新的方法，每一副的取牛奶的器具要好几百元，这个农庄的主人有了三副。置器于牛的奶上，奶流下来，而不假人手。然而不只牛奶还经过检验，然后出卖，政府的卫生人员，往往派人来庄里验牛有否疾病。据农庄的主人说，每月牛奶的收入约为三百余元，牛奶用不着自己拿到市场出卖，每天有牛奶公司派车来收取，故很为方便。

鸡蛋也是这个农庄里的出品之一。鸡约有百多只，鸡蛋每日可得数打，约四毛钱一打。鸡蛋之大不下于我们的鸭蛋，他们善于保存，故很少坏的。鸡与小鸡有时也出卖，不过这种入息，是很有限的。我想起后来从弗蒙特回纽海芬时，途中经过阿弗利（Avery）养鸡公司，规模之大，使人惊讶。我们在汽车看见公路的两旁养鸡的小屋子不知多少，而鸡场在路旁所占的地方约有二英里多，其鸡种鸡蛋据说不只畅销于美国国内各处，而且畅销于国外。

除了种田、养牛、养鸡之外，庄的主人还在其庄中种了很多的槭树（maple trees）。同时又在其庄里设了一个小小的煮糖厂。槭树中的液体有糖质，割树液质就可流出，其法系一陶器在其割处，使其液质流入器内，然后把器中的液体，倒在一个大铁锅中，用火煮后就可以吃。

这种树在这个地方生长很多，而且栽植之后，并不需特别的人工去培养。树长之后而成林。有好多地方在房舍的旁边也生长不少。树大不只可以出糖，而且可以使园中有阴影。平景庄的主人每年所煮的糖的入息，也颇可观。据说在战前这种糖每磅约二毛多钱，战后价涨起来，因为白糖受了政府的管制，好多人用这种糖以代替。我在庄的左近的古董店中，买了两磅，每磅化了七毛半，这当然是太贵，可是到这种店子买东西的人们，都把来当作到弗蒙特的一种纪念品。纪念品的价钱往往特别的高。而且这里所出卖之糖，并非一块一磅，而乃造成各种人物，如人像，或物像，否则在其外面制成很多的花纹，又目的是卖给人家为纪念品，或是送给朋友，所以包装很为精美。价钱虽是比一般市面上所卖的贵得多，可是购买的人还是很多。至于农家像平景庄的主人，所出卖的糖价钱不只比之古董店便宜一半，就是比之市面上的价钱，也较廉，因为这些东西到了市场，除了运费之外，商人还要取利呢。

平景庄的主人名字是贺尔（Hall）。除了夫妇之外，还有两个女孩。大女已出嫁，其丈夫正出征。次女还在威尔明吞的中学里读书。今年已十五岁，早上上学，晚上回来。往来皆由学校派车来待接，这是美国一般公立小学中学的惯例。我到该庄的时候，这个中学已放暑假。因为夏天在家里，往往总有三五客人，她就在家帮忙母亲，招呼客人。这个夏天，她还找了一位女同学在她家里帮忙。据说我是第一个中国人到这个庄，贺尔太太对我说，她的女孩及其朋友很为高兴，因为她们很愿意得个机会去知道多一点关于中国的事情。有了一天晚上，贺尔太太特地的找了我去讲中国事情给他们听。那天晚上除这两位小姐、贺尔先生夫妇与其男助手，以及我们三位之外，还有别一家人来这里住宿。这家人共有四位：一对夫妇，丈夫的祖母，以及其十二岁一位女孩。我们一共十二人，就在客厅了坐谈。除了大人问了一些问题之外，女孩们也问了很多问题。他们除了问到中国的女孩家庭各种状况之外，还问起桂林失守之后的一般平民的逃难的惨状。最使我惊讶的，贺尔先生的女孩居然谈起国共的问题。她们在电影院里，在收音机中，在报纸上，杂志上，对于这种惨状与这些问题，不只看了一次，而是看了好多次。所以这些事情以及其他关于中国的好多问题，都有了很深的印象，因而从其问了好多问题中，就能表示其对于中国的情形的熟识。

贺尔太太本荷兰种，是一位很能干的太太。除了管家之外，还招待客人。她一天要煮三顿饭，家人与客人吃一样的东西。早间有牛奶、咖啡、热饼、鸡蛋、牛油烤面包。牛奶不只新鲜，而且浓得比在城市的乳酪（cream）还要厉害。午饭不很平常，晚饭吃的较多，有时还杀自养的鸡。鸡肥而又新鲜，很是合口。

除了三餐之外，她差不多天天都要到威尔明吞去购买食物，与其他用品。熟客之乘火车到布拉特尔巴罗的，若打电话给贺尔太太的话，她还驾车到这个离庄二十多英里的城市里去迎接客人。此外，她每星期还陪女孩或是陪熟客去看电影或看风景。

她从巴刻先生处知道我是第一次到弗蒙特的。她告诉我道，在弗蒙特的南部，有了很多的好风景，劝我要充分去利用时间去看看。我告诉她汽油太不易得，不能随便去游览，她不假思索的说："我们可以供给你一些呵。"她又说："一位从么么远来到这里的客人，我们不能不好好招待。而况巴刻先生既然能节省数月的汽油奉陪你到这里，难道我不能稍为节省，而供给你吗？"我能在弗蒙特的南部各处游览，也是得力于贺尔太太。

贺尔太太年纪已在五十上，帮忙丈夫锄草种田的时候，是一位农妇。在家里打扮起来，是一位交际会场上的妇女。年纪固然是老，可是从身体与面容看起来，还是一位很活动的中年妇女。

她的工作是很忙的。人们说男治外，女治内，可是贺尔太太是兼治内外的。在工作稍有空暇的时间，她跑到客厅里，或草地上，和我们谈了片刻，使我们了解她是时时刻刻关心于我们的。住在这个庄里，就像家人一样。你可以随便从楼上到楼下，从客厅到厨房，到正房，到牛房，从房舍到庄园，便衣也可以穿，虽则上饭厅时，大家总穿得整齐些。在这种地方，很能使我们了解美国人的一般平民的生活的真谛。一切饮食起居谈话，都是很自然的。一点不拘泥，一点不装饰，没有上下尊卑之分别，没有黄白种族的隔膜。在家里，在野餐时，在游泳场上，散步也好，游山也好，在礼拜堂也好，样样使你舒适。外国人所说的 at home，是最能表达这种自然而然的心境。

贺尔先生是一个农人，他不忙于割草，就忙于栽种；不忙于养鸡，就忙于取奶；不忙于煮糖，就忙于修理各种农具。家里一切虽由太太管，但是要他帮忙的事情，他也帮忙。他虽是一个农人，举止行动却很斯文。谈起话来，不只是一位善谈的人，而且是一位常识很丰富的人物。在工作的时候，穿起工人衣服，虽像一位普通工人，可是星期穿了衣服而到教堂作礼拜的时候，却是一位绅士的样子。一般的弗蒙特人是很严肃而不易去交谈，可是贺尔先生，却易于与他人作朋友，而且是一位很爽直的人物。

贺尔先生那位助手，在中国人看起来只是一位雇佣，一位工人。但是他在这个家庭里，也同家人一样。他的年纪也五十多，也是一位很静定而和气的人。我们大家谈话时，他常常静坐而听，可是你若问他某样事情，他却也能说得清清楚楚。他的兴趣不只是关于农的方面，而是很多方面的。可惜他整天的忙了他的工作，使我没有很多的机会去和他详谈。

平景庄这个农家，虽不能说是纯粹的农家，因为他们除了农业之外，还招待一些外来的客人。然而这一家也很能代表一般普通的农民的生活，而且他们直到现在，不只以农为他们的正业，而且招待外来的客人，只是一年中一个短短的时间。他们的生活是农村的生活，可是这种农村的人民，都能享受都市的一切便利。我在这里的左近，以至美国的其他各处，如中部的意利诺，西南部的加利福尼州，所见的一般农民生活，都差不多是这样。我有一位朋友是作教授的，他常常到一个普通的农家去买鸡，每次回来都说，他很羡慕农家的生活，以为自己有好多东西，以至物质与自然方面，在享受上，不如他们。我在平景庄住了数天，实是有了同感。

平景庄的地位说起来也很雄伟，而左近风景又很秀丽。可是这个名称正像这个庄的主人一样，平平好好的过着他们的农家生活。贺尔先生及其夫人就是这样的人物。所以在从公路转到小路而进入他们的农庄的旁边，他们竖了一个木牌，上面书了平景庄（Fair View Farm）几个字。不喜欣敷张其农庄的伟大，不喜欣用动人的名字去引人们的特别注意。这是他们的处世态度，这是他们的人生观，这是他们的实际生活。

可是我不知道我们中国人之能有这种农庄，究竟多少，能够享受这种生活，更有几人。其实他们所说的平民的生活，以至平淡的景色，在我们一般的民众看起来，不能不说是一种特殊的生活，与不可多得的景色呵！

第十章　格拉蒙

　　格拉蒙（Claremont）——这是一个小城市，也可以说是一个大乡村。在好多方面，这是美国的一个缩影，也可以说是美国文化的缩影。位在美国加利福尼州的南部，距离该州的南部的大城镇罗省（Los Angeles）约三十余英哩。气候是很温和的，夏天既不很热，冬天又不算冷。因为这个原故，不只是在中国中部与南部的好多美国传教士，到了晚年，喜欣到了这个地方养老，就是美国东北各处的好多人士，到了晚年，也有不少跑到这里小居。因而有些人说：格拉蒙是一个养老院。

　　格拉蒙是一片平原，市郊及其左近都是黄果园。朋友们告诉我，这是生记（Sankit）黄果的策源地。我没有时间去考证这话是否属实，可是生记黄果在这里实在不少。在格拉蒙的生记采果公司的门前，有了一条轻便的铁道，专为运输黄果而敷设，可见得这种水果的出产之多。这里的土壤含不少沙，表现赤白色。黄果树叶布满各处，表现的是绿色。到了黄果生长的时候，而特别是成熟的时候，黄绿并茂，若远若近的看起来，真是一幅很好的图画。黄果的市场，不只限于本地，不止限于美国的西部，而且畅销于美国的东部，而且畅销于中国以及世界的其他各处。黄果在美国其他各处，每个约值美金五分，而在这里一块钱可以购买一百多个。同时公司还往往允许顾客去选择最大与最好的。

　　因为黄果在这里及其左近的经济上所占的地位很为重要，黄果的出产既多，在这里左近的公路上，黄果摊也特别的多。一毛美金，任人们随便喝黄果汁的广告，到处都有。在美国城市里，一杯黄果汁要一毛美金。这里一毛钱，可以使你喝到不能喝。我有一次喝了六杯，老板带着笑容而很客气的说："先生何不坐下来，稍为休息，再喝三五杯！"他又说："我很感谢你这样的赏识我的果汁，希望以后常常来光顾。"

　　黄果园固是为着得利而开辟，然而果树是种得有秩序的。再加上了赤白的土，绿绿的叶，与黄黄的果，使一般游览这些地方的人，除了感觉到它的经济的力量之大之外，还有美感的兴趣。连了一位头脑较为冷静的英国的历史学者，到了这个地方的时候，也禁不止了他的情感，而歌颂这幅美景。

　　黄果对于人们有了很大的用处，而种植黄果的人们，对于黄果的爱护，也无微不至。应用药料去杀灭害虫还不够，冬天到了，在每棵果树的旁边，装了一个火炉，使果树保存温度而免冷冻。我后来在波士顿（Boston）的北部，见了好的种烟田，都完全以蚊帐布笼罩起来。"果树烤火炉，烟草卧蚊帐"，这是美国的文化。反而想及七八年来，我在昆明、重庆所住的地方，在天气至冷的时候，也没有生火，免不了要觉得自己比不上一棵黄果树。至于国人之在蚊子最多的地方，又不知有了多少，睡觉是没有蚊帐的。那么我们简直又比不上一枝烟草了！

格拉蒙虽是一个小城市，然而交通至为方便，火车、公共汽车，都直通到这个地方。同时，每家都有一辆汽车，虽则打仗时期，汽油受了限制，然而每辆汽车，每月所得的汽油，也可以使人们作短程的旅行。至于农夫、工人及与战争有直接关系的人们，由政府按照其每月所需用的汽油而给与，所以他们对于汽油的限制，并不感觉得困难。格拉蒙也有一二辆的士（taxi）。至于公共汽车，是随时都有的。火车有了一条线直经过这里。在一个小小的火车站的办公室，你可以定到美国各处的各种不同公司的火车票。一位站长，一位助手，可以给你旅行全美国的火车的大概情形，与行走时间。只要你告诉他，你要何时到何处，他一切代你办好。要走前就到他那里取票。没有茶钱，也没有手续费。连了代你打电报到各处定票，也不要钱。站长与其助手对着客人十分客气。其实，这是美国一般的公务人员的一种普通的态度。每部公共汽车只有一位职员，开车是他，卖票、收钱、换钱，也是他。假使有了太太带着小孩或行李，他往往还代她拖行李或抱小孩下车或上车。他照着时间表而开车与停车，很少使客人对于这一点失望。因为他很明白，他不依照时间表而开车或停车，结果必使客人之办公或有约者，不能依时上班或赴约。

格拉蒙的人口，约有三千余。此外在平时还有千余大学生。关于大学学生，我们下面再说，至于一般的居民，很多是退休的男女。可是到了这里的幼稚园、小学、中学里，也见了不少的少年男女。至于在大学区域里的青年男女之多，那是用不着说的。

城市虽是很小，然而街道房舍，处处都很清洁。在宽大的街道与人走道（side walk）的两旁，树木参天。在夏天，阳光正热的时候，在树影下走，使人们忘记了热天。房舍多为木料所造的，与美国他州的房舍有了多少不同的样式，因为在这里，所受西班牙的文化的影响，相当的深。所以有些房子，还保留了西班牙的样式。前波懋那（Pomona）大学校长 Endmund 先生所盖的那座房子，还有了中国房子的气味。因为这位先生，曾当过广州岭南大学监督，对于中国事物，多感兴趣。

格拉蒙除了一般普通人的住宅及大学区域之外，还有一个教士住寓区，英文名叫做 Pilgrim Place。这是一些由各处回美国的退休教士的新村。里头房舍很好，地方也不算小。此外，我国人之在这里住家的也有数家。

这个城市虽是小城市，同时距离较大的城市波懋那（Pomona）虽也不过五六英哩，可是一切的日常用品与设备，可以说是应有尽有。市区虽然只有两条短短的街道，各种店铺都具有。市场有了三个，书店有了两家，旅店有了一家。

好多家里都有电冰柜，然而这里还有一个冰厂，隔天送冰到没有电冰箱的家里。汽油站有了八个。此外，煤气、电灯、自来水，无一不备。又有一个很时髦新式的电影院。所以城市虽小，大城市中的基本便利，这里的居民，都可以享受。此外还有一家报纸。

因此之故，在一般的物质的享受上，不只是小城市的人们之于大都市的人们，没有多大的差异，就是所谓一般贫苦的人们之于一些富有的人们，也没有很大的分别。举一个例罢，在波懋那大学的参那堂（Sumner Hall），那位看门者，他自己有了一座房子，房里的设备一切都与一般教授的房子里的设备没有什么分别。他有自己的收音机，有电话，有汽车。他的儿子也刚在大学里毕业。有一天晚上，波懋那教授陈受颐先生在参那堂的办公房中，找不着他的历史讲义。打电话去问这位守门者，能否于晚间陪他到该堂的地底层看看废纸篮里有否他的讲义。因为他怕也许他的讲义落在地上，扫地的工人没有认清，把来当作废纸看。这位看门的不只满口答应，立刻就陪他去找，而且问了陈受颐先生，是否有汽车。他说，假使没有的话，他可以驱他自己的汽车，经过陈先生的住处，以便同去。

在这里，而尤其是在星期日，在礼拜堂里，在街道上，看不出来那个人是穷，那个人是富。大家穿的差不多一样，他们的住宅既没有很大的分别，他们的日常食品也差不多一样。比较穷贫的人们的家里，固是没有用人，比较富有的人们，而特别是在战争的时期，在家里的一切工作，也要自己动手。弄饭、洗衣、扫地、割园草、驶汽车，以至管小孩，都是自己作。我们应当承认，他们有了各种的方便，使其家庭中的工作，减轻得多，然而这些方便不只富有的人们能够享受，就是较穷的人也能享受。工人、农夫的住家，比起我们一般穷教授的住房，固是好得多，就是比之我们好多的很富有的家里，也往往比较舒服与洁净。

总而言之，在财富的分配上，固有不少的差异，可是在物质生活的享受上，大家并没有什么的分别。所谓衣食住行娱乐等等的基本需要的东西，大家都能享受。所以美国人不只在政治上作到民主的地步，就是在物质生活上也比较的平等。这种情况，在格拉蒙这个小地方里，尤容易看出来。

格拉蒙有一个市长，或是乡长。他是由人民选出来的。我到格拉蒙的时候，做市长的是波懋那大学里教希腊文学的教授。据说他作市长，每月薪只二十元美金。他自己也实在不愿意干这个事情，可是大家要他做，他只好做去。他的正式入款，既是教授的薪俸，市长只是他的副业。我在这个地方住了差不多两个月，几乎看不见街道上有警察，可是治安是很好的。陈受颐先生告诉我，他们全家出门时，锁不锁是没有多大关系。我有时陪他和他的太太去买东西，东西买了之后，尽管放在汽车里，车门也不必关，有的时候，车停得相当的远，而且相当的久，然而后来还没有失过东西。

格拉蒙只有一个教堂，虽则居民之中有了不少是属于不同的教会。教堂是作礼拜的地方，也是这个地方的社交的中心。讲演会，茶会，以及其他的好多交际活动，都在教堂里举行。教堂在星期日，除了为成人说教之外，还有为小孩们说教。我有一次参加礼拜，一位教士为着小孩们说了这样的一个故事：有一次，一个富人请了一位木匠，为他盖一座房子。他叫这位木匠好好的为他盖这个房子，同时他告诉这位木匠，他因为有要事要到别的地方，不能在那里去指导工作，所以委托这位木匠自己作主去为他计画一切。凡是木匠自己觉得怎样作好，他一定必赞同，至于要用多少钱，他都不在乎。富人去了之后，木匠自己想想，房主既不监视工作，他尽管可以用便宜的材料去盖房子，到了房子盖好之后，富人也回来了。他回来之后，木匠领他参观房子，富人很满意的说："我很欢喜你为我盖这个房子，可是我所以要你盖这个房子，目的是要把这个房送给与你，使你与你的太太儿女得到一个较好的地方来居住，从此以后，这个房子就给与你罢。"木匠听了这话，虽是十分感谢这位富人，然而同时自己却十分懊悔。懊悔不用很好的材料去作这个房子，结果是等于自己欺骗了自己。

这是西洋人寄道德于宗教的作法。在美国好多教堂，除了为着成人说教之外，往往用了十分八分钟为小孩们说教，而其所说的，与其说是偏于宗教上的迷信，不如说是偏于道德上的劝善。就是为着成人而说教，近来亦非拘于《圣经》上的词句或是教义上的解释，而往往对于时事、对于学理亦有所讨论。所谓中世纪的教堂里的沉闷的气象，已大为改变。他们除了说教之外，对于教友的各种消息，也在教堂里宣布。有的时候，且有了很好的音乐、诗歌，以助兴。礼拜成为一种身体上的休息与一种精神上的放松。我们东方的圣人，每每以为西洋人是好动不好静，可是到了西洋教堂去参观人家作礼拜的，就会明白西洋人在静的时候，比起我们还静得多。其实，在西洋人的办公室，以至家庭里，一种静定的情况，是在我国所很少见的。

其实，整个格拉蒙是一个很安静的地方。好多朋友说，这是一个理想的住寓区。我们有时从罗省回到格拉蒙，只觉得一入了这个城郊，就有了如入幽境的情感。连了在这个城市的市场里，也是一样的静定。在星期六的下午，到市场买食物的人们，特别的多，有时很为拥挤，可是尽管怎么样的拥挤，一切照常的静定。吵闹是少见的，大声说话的也可以说少有的。人多起来，大家就排队，先来先买，后来站在后，绝少有争先恐后的现象。虽是有时要等候相当的久，然而很少有怨声，也少有不耐烦的面孔。这种静定与遵守秩序的习惯，并不是格拉蒙的特点，而是美国的普遍现象。

格拉蒙虽有了不少的老人——退休养老的老人，而有了"老人城"的称呼，然而到了格拉蒙的人，总能感觉人老城不老。马路弄得干干净净，树木种得有条有理，多数的房子漆得五光十色。门前门后的草地，弄得整整齐齐。每家每户的园里，花欣欣的向荣，住在房子的人们，也许是老了，然而男男女女工作起来，并不见老得可怜。老的男人，还是天天把胡子刮得干干净净，头发梳得整整齐齐（没有头发的不在此例），衣服穿得讲讲究究，领带有时用了最时髦的色样。至于老的妇女，口唇面颊还是弄得红红，衣裳并不因颜色太过美丽而就不穿。简单的说，他们年纪也许很老，可是心并不老。这是青春的心理，这是朝气。

我已说过，在平时格拉蒙有了一千多的大学生，在战时男生的影子虽然不多见，女生却照样的上学。假使住宅区有了不少的老人，在学校的范围里，却差不多都是青年——一群活活泼泼的男女青年。从这方面看起来，格拉蒙也可以叫作一个青年城，一个大学区。

格拉蒙虽是一个小城，然而大学却不只一个，严格的说，有了三个大学。一个是波懋那大学，一个是格拉蒙研究院，还有一个史格立（Scripe）女子大学。波懋那大学是加利福尼州的一个历史较长的大学，而史格立是这个地方的有名的女子大学。格拉蒙研究院，也正在发展。

格拉蒙与史格立，对于学生的取录都有一定的数目。前者至多不收过一千男女学生，后者最多只收二百五十位女生。格拉蒙研究院平时只有数十位研究生。

这三个学术机关，在行政上，在经费上，虽然独立，然而在教学上，有了密切的合作。有些教授同时兼任数处课程，而购买图书方面的合作，尤为密切。除了为教学的需要而要重复的购买的书籍外，某大学已购了的书册，别的大学就不再购，用其经费去购各大学所没有的书册。此外，这里有了一个很不错的东方图书馆，里面关于日本的书籍最多，次为关于中国方面的。

因为这里有了三个高等学府，这个地方也可以说是南加利福尼州的教育的一个中心。这些大学，无疑的是美国人所说的小的大学（small college）。小的大学有其优点，也有其缺点。其优点又可以从两方面来看，一是在学问上，因为学生的人数较少，教授对于学生所学的科目，能够给与较多的时间去指导。二是这些所谓小的大学，对于学生的个人的行为及团体的生活上，很为注意，所以在这里读书的学生，很能充分的去享受学校的团体的生活，同时在个人的行为上，亦随时有人去指导。至于这种小的大学的缺点，是因为学校既小，设备往往不完全，而好的教授为了设备不好，与缺乏了学术上的伴侣，不易久留，或不易聘请。

不过波懋那与史格立两个大学的目的，是要维持其传统的政策。因为他们不只注重于学生的学问上的成就，而且注意到他们的性格的淘养。好多做父母的人们，也往往希望其子女能够在学校里得到这两方面的生活。所以这两个大学，不只能够常常有了人满的现象，而且学生的来源不限于南加利福尼州一带。有了不少学生来自其他以至东部各州。

至于格拉蒙研究院，照我个人看起来，发展比较困难。因为研究院所取录的是研究生，这就是在大学已经毕业的大学生。研究院的目的既是研究高深的学问，不能不有好的设备与好的教授。这个学院的本身的设备，既不完备，教授既感缺乏，而波懋那及史格立两大学的目的，又非为着作较为高深的学问而设立，在这种情况之下，要想其发展，是不容易的。然而格拉蒙研究院，也有其学生的来源。因为在南加利福尼州的好多已在大学毕业而在小学而尤其是在中学做教师的男男女女，有的由学校保送，有的用其例假年，到这个研究院作一二年的研究工作，以求上进。此外，也有多少刚从大学毕业的学生，愿意来这里的，所以每年这个学院都有多少研究生。

我上面曾说过，这里有了一个东方图书馆，现在就设立在格拉蒙研究院的图书馆内。里面藏书虽是比不上哈佛的东方图书馆那么丰富，然而在美国西部一带，是一个不易多见的东方图书馆。这个图书馆的发展，得不少力于前波懋那校长晏文士先生。晏文士先生虽在好多年前离开岭南大学，回去美国，可是他对于东方智识的提倡上，却不遗余力。现在他已退休，可是他还在那么提倡。记得去年九月间波懋那大学暑期班行毕业礼时，他还劝勉该大学的毕业生，要注意东方的智识。去年美国洛氏基金会给与巨款于西部数个大学以为研究东方学问之用，波懋那是其中之一。一方面这是由晏文士先生的历年来的提倡，一方面又由于这数年来，陈受颐先生在该大学及该研究院主教关于东方课程所得的好结果。

格拉蒙虽是小城市，可是因为这里有了三个高等教育机关，遂成为加利福尼州的一个学术的中心。美国有名的学者之到这里讲演的也不少。又除了学术之外，大学及研究院对于艺术与音乐的提倡，也不遗余力。波懋那大学每年秋季开学之后，时时有音乐会，每星期在小礼堂里奏演一次音乐。此外，在大礼堂，也常请国内外之著名的音乐家演奏。这不只是格拉蒙的盛会，而且是南加利福尼州的盛会。听众往往来自一百数十英哩以外的城市。在战争的时候，汽油那么不容易得，可是这种音乐会却使整个城市布满了汽车。

史格立大学有了一个艺术研究部。而且有了很大的工作室、展览室。其实，史格立这个大学的校园与建筑，就很有了美术的意味。在外面看起来，围以围墙，好像是一个修道院。然而一入进去，则别有天地。校园里的青青的草，美丽的花，从一个院到另一个院，都使人感觉如入妙境。因为这个大学至多只收二百五十位女生，在管理上很为周到。学生除了一日三餐之外，下午还有茶会。在一个广大与舒服的客厅里，喝茶谈心，不只是一种很好的休息，而且使教职员与学生们，有了接触的机会。

事实上，不只史格立是容易引起人们美感，就是整个格拉蒙，以及其左近的地方，也是一幅很好的图画。

然而史格立的校景也好，格拉蒙的风光也好，在没有多久以前，又何尝不是美国西方的野域的一部分呢？西方的野域，或是野西（Wild West），在不久以前，好多是不毛之地，蛮荒之区。在那个时候的一些美国人的心目中，这个地方不只是说不上什么文化，根本就不是人所能住的地方。可是正像英国人之不避苦辛从英国而到新大陆的东部一样，东部的美国人也不怕困难，而从东部迁到西部。格拉蒙之在美国的西方，正像新英伦（New England）之在美国的东部。这些地方，表现不少的清教徒的精神，他们不只会推进人类的物质生活的幸福，他们尤能明白人类的精神——道德生活的重要。其实，最初从英国跑到美国的清教徒们，与其说是为着享受物质生活的幸福，不如说是为了争取精神生活上的自由。人们而尤其是我们国人，现在往往只看到美国的文化的物质方面，而却忘记了他们的文化的精神方面，只能看见今日的格拉蒙的风景美，环境好，忘记了一百年前的格拉蒙，四百年前的整个新大陆，也是一个没有开辟的田园。

为什么一百年来，或四百年来，他们能够把了一个没有开辟的田园，弄成一个新世界，作成一幅美图画，这是值得我们去注意的。

第十一章　纽海芬

纽海芬（New Haven）——这是美国东北部的康诺底刹特州（Connecticut）的一个最大的城市。自然的，在康诺底刹特州的最大的城，不一定是美国的最大的城市。其实，在这个州里的最大的城市的人口，也不过二十多万，比起纽约的七百多万的人口，固是大巫与小巫之比，就是比起加利福尼州的罗省的一百多万的人口，也是差别很大。

欧洲与我国的好多人士，也许常听到美国的耶路大学（Yale），而很少或简直是没有听过纽海芬这个地方。但是纽海芬在美国，不只是一个历史最长的城市，而且是一个最能代表东北部和新英伦（New England）各州中的城市的特点的。

我们知道，美国的文化的策源地，是在新英伦。纽海芬又是新英伦的历史最长的一个城市。所以我们谈谈纽海芬，也可以略知新英伦的文化的概略。

纽海芬是康诺底刹特的一个海港，在十七世纪的初年，英国人就已到了这个地方。最初到这里的人们多是清教徒，他们可以说是为求宗教上的自由，而远渡重洋到了这里的。但是宗教色彩很浓的人们所成立的团体，很容易成为一种神权的团体。初期的纽海芬，就是这样的一个社区，而且是神权的社区的最显著的。在现在的纽海芬的草园（green），或是像其他的新英伦各州中所叫的公地（common）里，还有以前传下来的三个礼拜堂。从前只有中间的礼拜堂的会员，才能有权选举，没有属于这个教堂的人，是没有选举权的。其实，住在这个地方的人们，据说以前不准喝酒，不准吸烟，无论男女老小，与其说受了政府的统治，不如说是受了教会的统治。

然而这些为着求了宗教上的自由而到这里的人们，也可以说是为了不满意于母国当时的政治的情况的人们。所以宗教的自由之于政治的自由，是有了连带的关系。近来有些美国历史学者，还说美国现代的民主政治，是胚胎于纽海芬附近的数个小城市。

正像他们的祖宗要求宗教的自由，而离开英国，十八世纪的美国人，是为了政治上的自由而宣布独立。所以要想明白美国现代的民主政治，我们不能不回想到他们在当初所争取的宗教的自由。然而也正是因为他们有了这种宗教的背景，新英伦的人们，直到现在还保留了不少的旧习惯，以至旧思想，而在某方面来看，成为守旧主义的中心。纽海芬也可以说是这种守旧主义的一个代表地区。

我们游历新英伦，无论在那里都见得教堂林立，而一些历史久长的教堂，尤为人们所宝贵。当地的人们，也往往以此而自夸。他们常常在教堂的外面，挂起一个牌，说明这个教堂是那一年建筑的。同样有了好〈些〉历史较长的住宅，也这样的标明出来。而一些古迹，如独立战争的最初爆发的地方，也都标明出来，使游客一看而了然。

古物之中，教堂及其与宗教上的有关的事物，最为普遍。我在纽海芬左近的米尔佛（Milford）的地方，看过一座教堂，在公路的旁边。在以前公路没有开辟的时候，这条路很小，建筑教堂的时候，想不到将来要成为大路。不过现在路固然是扩大，可以〔是〕因为教堂在旁，而教堂的对面，又是一条小河，结果这条路比起一般的公路小得多。这是因为教堂的人们，以为教堂有悠久的历史，不能拆毁。从美观来看，这一座教堂那么靠近路旁，而路又那么小，实在有点不雅，然而保存古物，是他们的主要目的，美观却是次要的事情。

这是新英伦的保守主义的表现。然而我们不要忘记，他们虽然尽力去保守古物，新英伦也可以说是美国现代文化的中心。工业化在这些地方的程度是很高的，教育而尤其高等教育，比了任何地方都发达。他们虽然喜欢保存古物，然而他们并不妄从复古。

关于这一点，纽海芬是一个很好的例子。在这里，我们可以看到十七世纪传下来的教堂，在纽海芬的草园（green）里，三个教堂平行而立。中间的教堂，历史最长，所以人们也特别的看重它。自然的，几百年来，他们不知修理了多少次。事实上，我们可以说这个教堂已经现代化了。然而人们还当它作古董看。教堂的钟，天天在那里弹起赞美的诗歌，一方面是提醒人们工作的时间，一方面是引起人们回想其已往。青青的草地，虽然是割得齐整，而增加这个城市的美观，而完全放弃最初设立草园的本意，然而看了这片可爱的草园的人们，不要忘记草园还是一个保守主义的遗痕。这个草园正在纽海芬的市区的中心，而又是市区交通的最重要的地点，所有各处的各种车辆，大都经过这个地方。草园的四周，也就是人们候车的地方。从早晨至晚上，一群一群的人们，拥挤在这里候车。有的是工人，有的是商人，有的是学生，有的是游客，男的、女的、大的、小的，天热有人在那里等，天冷也有人在那里等；天晴有人在这里等，天雨也有人在这里等。好多年来，有了不少热心于作公益的人们，想起酷热、酷寒、大雨、风雪的时候，人们在露天的地方去等车，是一件很苦的事，因而提议盖了一些候车室，以利搭车的人们。可是提议尽管提议，出钱尽管有人出钱，纽海芬的当局，始终不愿意去采纳这种献议与金钱，因为他们以为从前的祖宗，并没有这样的作，现在又何必多事呢？

同样，在这里以及其附近的地方，是手工工业发达得最早的区域。到现在，他们还自夸他们的过去的成就。至于耶路大学的保守主义，也随处可以看出来。我在谈美国教育的一章里，也曾提及。

然而保守尽管保守，草园固是现代化了，教堂也已现代化了。新式工业在这里，固是很发达，新的思潮也在这里正发展。所以新英伦，不只是在十六七世纪是新的，到了现在还是新的呵。新英伦这块土地的开辟，在美国虽比较的久，然而其所产出的物料，是用了最新的方法去培养的。新英伦的好多房子的样式，也许是比较的旧，然而房里却有了一切的现代的便利。新英伦的大学像哈佛、像耶路，也许留下好多旧习惯，然而他们在美国的学术界上，还是先锋。

事实上，新英伦的人们，自从英国跑到美国的时候，是为着宗教上的自由，而同时离开政治上的压迫，就有一种开辟新领土，建设新事业的精神。他们弄了这个地方，使其成为美国的文化的策源地，就是到了现在的美国的其他各处，而尤其西部的发展，也未尝不是由这种精神而来的。只要他们这种精神能够保存，只要他们这种精神能够发展，他们的文化，是不会退后的，不会停滞的，而还要继长增高、日新月异。

纽海芬固是一个旧城市，也是一个新城市。其实，所谓旧的方面所表现的，是偏于形式上的东西，而新的方面所表现的，是精神上的东西。形式是机械的，精神是活动的。形式是表面的，精神是内在的。假使一件东西的旧形式纵然存在，而新的精神却已消失，那么这件东西的真义，就已没有。假使这件东西的新的精神还是存在，而形式却已变换，那是没有多大关系的。

从这个观点来看起来，精神比之形式是重要得多了。

纽海芬虽是保存了不少的旧形式，然而它的新精神却始终没有消失。所以尽管城市里的马路、房子以至很多的东西，仍是反映了过去的时代的色彩，然而这个城市像其他的好多城市，正在发展，正是站在现代化的前线上。

所以看了纽海芬的旧市区的人们，也许免不了有了怀古的思念，但是不只旧市区正在那里除旧布新，而新市区也正在逐渐发展。凡是在纽海芬的林边路（Edgewood Road），与其左近公园一带行走的人们，就不能不感觉他们是置身在一个很新式的市区。大大的马路，除了两旁人行道外，马路的中间还有花园，车辆分开在两边走，一上一下，不会有了车碰车的危险。至于市郊一带，无论是在海边或是在山地，像灯塔左近的沙滩，西岩东岩的景致，人们可以说这是纽海芬的古迹，但事实呢，都是纽海芬的新设施。

又如布满在东西郊外的自来水贮蓄池，这本来是公用事业的一种，目的是在乎实用，然而经过工程师们用美观的眼光去建设，这些蓄水池却成为纽海芬的名胜。青蓝的水色，青绿的树叶，在春天，在池旁的深红色的花草怒发的时候，真是一幅很好的景色，使人流连忘返。与其说这是旧的纽海芬，不如说这是新的纽海芬。

有一天下午，一位朋友陪我到离纽海芬市区约十英里的双滩（Double Beach）。这是一个小沙滩，潮大时沙滩被湮淹，使与沙滩连接那个小石山，成为海中一个孤岛。潮退时,沙滩露出来,使人们可以从对岸走过这个小石山。在这个地方,你可看见纽海芬的海港的很远的地方,而在其左近又有好多屿岛沙滩。自然风景是很好,但是土壤不见得很好。我们可以想象在不久以前,这些地方除了一些渔人捕鱼之外,大概是没有多大用处。近来海水浴成为人们夏天的一种主要娱乐,各处沙滩以至这个小小的双滩,都有了好多关于游泳或游艇的新设备。此外,新式避暑屋,新式吃店,也到处林立,使市民在工作之暇,能够作有益于身心的运动。与其说这是旧的纽海芬,不如说这是新的纽海芬。

就以旧市区来说罢。不少的旧式房舍,依然存在,狭小的街道,也很不少。但是在教堂路(Church Street)的商店,已经暗示我们,旧的建筑正在减少,而新的铺户日趋日多。市政府的房舍,还是旧式的,但是管理市政的一般人物头脑,都是新的。狭小的街道已逐渐的放大,旧式的电车也已逐渐的代以新式的公共汽车。新英伦的电话公司以及好多公司盖了不少的新式高楼,在这里,与耶鲁大学的歌特式大建筑,遥遥相对。虽然有好多人说,在纽海芬的市(town)与袍(gown,指大学)是处于对敌的地位,然而纽海芬之所以成为纽海芬,是两者所造成的。我国留学生在耶路大学念书的历史,虽然有了百年的历史,然而江南造船厂最初从美国购来的机器,也是得力于在耶路出身的容闳。差不多一百年来,不只在耶路大学不断的有了中国留学生,而且最近来我国政府还派了不少的技术人才,到纽海芬的电话公司里实习。那位公司的经理,有一天对我说:以前你们贵国只有人来进大学,现在却也到我们公司来了。所以我们不只看重纽海芬的袍(gown),我们也看重了纽海芬的市(town)。"电话不灵,电灯不明,马路不平,自来水不清",这是广州市民的歌谣。其实,这个歌谣,不只在广州可以唱,在我们自己的任何城市里,都可以唱。一个市政府对于这些公用事业,不能好好的办,那不只使电话不灵,电灯不明,马路不平,自来水不清,简直就是市政不兴了。

我们现在不只要派人到纽海芬的电话公司实习,我们也要派人去参观纽海芬的电灯、马路与自来水。纽海芬不只是以"袍"而出名,而且也以"市"而著名呵。

纽海芬,不只对于公用事业很为注意,对于市民的娱乐,以至市民的住房,也很注意。在战时,在西岩的旁边,就盖了好多比较租钱便宜的房子,去租给市民。在战争尚未停止之前,他们也已想到战后的住宅问题,以及其他的好多问题,所以我们相信在战后的纽海芬,一定比之战时与战前的纽海芬,必然较为进步。

纽海芬不过是美国的一个中等的城市,这个城市,并不是美国的最好的城市。然而我所以把它来介绍,目的不外是在他们的一个中等或普通的城市里,已有不少的东西,是值得我们借鉴的。电话无论是市内或长途,一叫就可以灵,小小的声音就可以使对方听得很清楚，用不着你去大嚷。电灯是很少失明的。马路有不平的地方，市政府就挂起一个牌子告诉你：在路上驾车是危险，而且声明假如你自己要走过，而有意外的损失，市政府在法律上是不负责任的。自来水呢？你开了水管就可以饮，用不着去煮到沸点而才饮。纽海芬固是这样，一般的美国的城市也是这样。

我已说过新英伦，而尤其是纽海芬，虽有了不少的旧的东西的痕迹，但是纽海芬以至整个新英伦，也是美国现代工业化的程度最高的一个地方。

简单的说，现在的纽海芬，是一个工业化城市，也是一个大学的城市。纽海芬的居民，常常把这里的人们，分为两种，这就是市人与学人，而简单的称为"市"与"袍"（town and gown）。所谓"市"，主要的是工业的市；而所谓"袍"（学士们所穿的长袍），主要的是指着耶路大学的人们。在纽海芬，这两种人不只是有了相对峙的意义，而且有了后者看不起前者的说法。然而这两者都是纽海芬的要素，所以我们愿意对于两者略加以叙述。

纽海芬在海道陆道的交通上，虽很为方便，但是在这里以及其左近的土壤，却是很瘦，不甚适宜于农业。最初到这里的人们的主要职业是偏重于农与商，可是手工工业之在这个地方的发展，也是很早。到了现在，大部分的农场，若不是变为森林，就是变为住宅区。除了城市的中心的商店之外，主要的还是工业。

康诺底刹特州是新英伦的工业最发达的一个州。很奇怪的，这里的工业不只不集中于一个地方，而且并不偏重于某一种的工业。在纽海芬及其附近，我们可以找〈出〉好多各异而同时却为国人所很熟识的工厂。著名的缝衣车的胜家公司的工厂，就在纽海芬附近的勿烈诸波（Budgeport）。又如著名的来雅（Royal）打字机公司的工厂，也在纽海芬的附近的哈佛（Hartford）。销流很广的一元镖（Dollar Watch）是制造在这里左近的窝打波利（Waterbury）。此外，如耶路锁（Yale Lock），以及先施公司、永安公司里所出卖的好多家具，而尤其厨房用具，不少是出自纽海芬的左近的地方。至于华灵佛（Wallingford）的银器，以及其他各种的工业，真是不胜枚举。在国内的先施、永安等大公司的货物，有了好多是从纽海芬的左近工厂来的。

我已说过，这些地方的工业，在一百年前，也多是手工的工业，制造工业用品的人，往往也是出卖这些用品的商人。他们起初自己创造东西，不只在本地出卖，而且自己挑去或运到各处零售。后来工厂逐渐的发达，而成为高度的工业化的区域。但是各种工厂既并不集中于一二两城市，而变为大城市，各种工业的种类，又多得不胜枚举。就以纽海芬的工业来说，很大的工厂像福特汽车工厂，是没有的，但是汽车零件、飞机零件、轻的武器、电器、收音机，以至人造树胶厂，在这里都可以找出来。纽海芬在近来的人口，固然增加不多，然而工业的种类的发展却日来日多。为了这个原故，在某一种工业受了不景气的影响的时候，这个城市的繁荣，并不因之而大受影响，因为虽然某种工业不景气，尚有其他的好多种工业能够继续的存在，因而失业的问题，在这个城市里，始终没有什么严重。

所以从工业方面看起来，纽海芬以及其附近地方是一个从旧式手工业而趋于近代的新式机器工业的一个中心。纽海芬的人们，从不忘记他们祖宗的旧工业，但是他们并不沿旧蹈常去用祖宗的旧式方法，而乃用了最新的方法。

纽海芬的工业固是很新式，纽海芬的商业，也并不落后。五光十色的广告，规模宏大的百货店，价钱便宜的五分或一毛店，以至其他的商店，在纽海芬都可以找得到。

纽海芬的商会，对于纽海芬的本身的商业上，固很注意，就是对于纽海芬以外以至国外的商业，也很注意。商会里且设立了一个国外贸易委员会，讨论纽海芬的工业品或商品的对外推广的事宜。这个会每一个月还开演讲会一次，延请国内外的名人去演讲各种与工商业有关的问题。他们对于中国在战后的工商业的发展，也很注意。现任国外贸易委员会的主席，是一位在中国经营过商业的人。纽海芬是一个美国东部的一个中等城市，对于中国工商业不只注意，而且找了一位与中国商业有过关系的人去作其商会的国外贸易委员会主席。我不知国人有了多少能够注意到纽海芬的工商业。其实，恐怕国人之听过纽海芬这个名字的也没有多少。知己知彼，是兵家取胜的重要条件，也可以说是工商业界操胜的重要条件，人家注意到我们，我们也要注意到人家。

关于耶路大学，我在美国的教育观里已说了不少，这里只能再略说一些。

耶路在纽海芬所占的市区的地方是很大的。因为这个大学本来发祥于市区的中心，经过二百多年的发展，不只成为美国最著名的大学之一，就是在世界上也成为著名大学之一。因为校趾在市区内，而同时一般人又不愿把学校迁到郊外，结果是学校的建筑物分散于市区各处，这是保守主义的作祟。

大体上，耶路在市区里分散为四个地方，主要建筑物都在原来的校趾及其左近。这里有了堂皇的图书馆、研究院、健身室、法学院，以及其他的好多学院。在图书馆的前面的一片草地，弄得整整齐齐，可是专为培养与修理草地，每年就费了一笔很可观的经费。神学院以及理科等，又成为一区域，医学院又另在一处，而耶路大体育场，却又离校趾中心很远。

在原来校趾这部分，建筑物最为宏伟，而且费钱实在太多。为了模仿歌特的式样，有好多房子里的光线，反而不够。玻璃窗上画了很多图画，有的玻璃还故意去破裂，而再补起来，使人们以为这是历史久长的东西，裂而再补。同时因为每个房子太大，而距离太近，反而不易看出其伟大。这都是装作古样的毛病罢。

有些人说耶路大学，因为化钱太多在建筑方面，反而对于好的学者没有尽力去罗致，使耶路在学术上的地位有了停滞的现象。这种看法是否正确，姑且不论，但是十余二十年来，耶路的房子，实在是建得很多，而金钱之用于房舍多过用于教授，也是没有可疑。不过他们对于牛津、剑桥的学院制度的介绍，在较近或较远的将来来看，是否一种失策，现在很难论定。此外，图书馆的建筑，固是化了一笔大款，图书馆的藏书，在美国，在世界上，还是不可多得的。至于其他各种的为研究工作的设备，如试验室等，也是很好。

有了这些物质上的基础，有了好的图书馆与实验室，再加以长久的历史，耶路要想去罗致多些人才，亦非十分困难的事情，而况在现在的情况之下，耶路也有不少的特出的学者呢！

耶路大学固是纽海芬的灵魂，可是纽海芬在工商业上却有其特殊的地位，只懂得耶路，而没有明白纽海芬的人，对于这一点，是值得注意的。

第十二章 纽约市

纽约市（New York City）——这是美国最大的城市，也是世界上最大的城市。有人说，到了美国，不到纽约市，等于没到美国。假使这个说法是不错，那么，我们在这里谈美国的文化，对于纽约不能不加以注意了。

从一方面看起来，纽约不能算作纯粹的美国的城市。换句来说，这是一个国际的城市。在这里，不只世界各国的种族都可以找出来，而且有了所谓中国城（China Town），或是意人区（Italian Quarter），以至黑人街（Negro Street）。

然而从别方面看起来，纽约之所以成为纽约，也是因为纽约不只是美国或世界的最大的城市，而且是一个五光十色的城市。这就是说，在这里，人们除了能够找出很多的种族，或城中的好多城之外，还可以找出很多各种不同的东西。

所以，我以为要想描写纽约，最好是以"伟大"与"繁多"这两个名词去描写这个城市。

我说用"伟大"这两个字去形容纽约，这是因为在这里有了很多的伟大的东西，而却为世界各城市所没有的。比方，纽约有了最大的洋楼，如 Rockefeller Building，如 Empire State Building，这都是世界上最高而大的洋楼；又如纽约的地底车道的工程，度海底车路的工程，都是世界上之关于这类的工程的最大的；再如，最近来纽约市政府所计画的飞机场，假使完成之后，又成为世界上最大的飞机场。

我说用"繁多"这两个字去形容纽约，这是因为在这里不只是种族繁多，不〈只〉是城中有很多城，而且人口繁多。纽约有了七百多万的人口，这是世界城市的人口的最多的。此外，又如纽约有了四十多种不同文字的日报，以至纽约有了很多的中国饭馆，都是一些的例子罢。

纽约在美国虽然不是开辟最早的港口，但是纽约却成为近代美国的最大门户。每天世界各处的船舶之到纽约的固不胜其数，而世界上最大的船舶，最美的轮船也多以纽约为目的地。在纽约的港口里，成千成百的大小轮船往来或停泊，这是世界上的大港口，纽约之所以成为世界的最大城市，也未尝不是由于这个大港口。

在这个港口里的一个很小的岛，是屹然立了世界闻名的自由神像。在晚上，神光射照不只表示自由之神光被纽约，而且表示自由之神光被全美。自由神像是法国送给与美国的。我们知道，法国的革命在近代的影响虽是很大，但是美国的独立运动却比之法国的革命早了十多年，在法国尚没有革命之前，美国已经脱离英国而独立了。美国的独立运动无疑的也是革命的运动，这个革命运动成功之后，美国就成为共和或民主的国家。美国的独立运动之所争的是自由，而美国的《独立宣言》又可以说争取这种自由的重要文件。这个宣言是一七七六年发表的，比之法国的《人权宣言》早了十三个年头。这两种文献是近代的民主国家的争取自由的先声，法国的争取这种自由既在美国之后，法国之送给自由神像于美国是最有意义的。

而况法国的革命运动不只受了美国的独立运动的影响，而且在法国革命的时代，美国的重要人物且到了法国去宣传其自由平等的观念。法兰克林（B. Franklin）曾把美国的《独立宣言》、各州的宪法以及其他的文件翻译为法文而流行于法国，引起好多法国的著名的政治思想家以及一般的民众的注意。

这样看起来，法国之送给自由神于美国，是更有了重大的意义了。

纽约是美国的最大门户，在最大的门户里立了这个自由神像，也可以说是纽约的最大光荣。

而且在纽约的市府的门前，还有了华盛顿的像。华盛顿的第一次就任总统的仪式是在这里举行的，这又是一件最有意的事情，同时又可以说是纽约的最大的光荣。

纽约的中心是曼哈坦（Manhattan）这个岛，假使一个乘船到纽约或是在纽约与新泽西（New Jersey）的渡轮上，远远的看了曼哈坦这个岛，真是像了海市蜃楼，空中楼阁。渡轮离开这个岛愈远，纽约市的中心地方——曼哈坦这个岛，好像愈在水平〈线〉之下，使人们有了海里城市的观感。我们知道，在荷兰有了好多地方是在水平〈线〉之下，远看曼哈坦，使人免不了要联想的海国的荷兰。

至于在月夜里，在渡轮上远远的去看这个岛高出云际的楼台的灯光射在水里的反光，在海水波动的时候，尤显出纽约的美丽。假使有人相信城市是污秽的城市，是难看的，我们愿他们去一看这个纽约。

不但这样，从一方面看起来，纽约——曼哈坦是一个最为齐整的城市。这个岛是长形的，从南到北街道，从第一条数起到一百多条，从东到西有了 Broadway 为界线，分为东西两区的好多条街道，所以初到了纽约的人，只要知道其朋友所住的是那东边或西边那条街道，或是自南到北的街道的多少号码，纽约不会使你迷路。比方，你的朋友住在东边的第五十三街的一百号，而你是住在东边的第二十街的一百号左右，你只要向北走了三十三条街道就可以找到你的朋友的住处。

平面的曼哈坦固是很为齐整，立体的纽约市却可以说是正相反。高的洋楼高到六七十层楼，而矮的房屋矮到一二层楼，房屋高矮参差不齐。然而假使人们用艺术的眼光去看，也可以说是正像山峰起伏，或高出云际，或像丘陵，正是表示纽约是一个很为复杂，很为差异的集体。

纽约除了平地与高楼的世界之外，还有一个地下的世界。曼哈坦是一个岛也是一个大石块。高楼不只是因石基而能够高高的耸立，而且往往深入地下。此外，火车道、火车站，地底车道、地底车站等等都深入地下而有好多层楼，地下世界有了好〈几〉层，且因有了密布的交通线而可以互相交通。

曼哈坦的地皮虽然是很为昂贵，但是在这个岛上却有了一个很大的公园，这就是纽约的中央公园。公园是长形的，园里有假山，有很大的水池。此外，还有好多的公共小公园或空地以为市民游息之所。

纽约的左近固无高山大岭，然而人们若登了纽约最高的楼顶，不只可以看见纽约的全市，而且可以遥看很远的地方。比方一个人若登了洛氏大厦的顶楼，看了地面上的行人、汽车固是因高而变小，遥望纽约的港口或其他的地方，也是因高而见远，若再用其望远镜，则其眼界必更因之而放大。登了洛氏大厦楼顶的游客，是要买票的，假使因为市区为了云雾所遮掩而不能远看，游客可以另换一票以便他日再来。票面上声明，在九十九年内这张票是有效的。纽约是最大的城市，而市民之作生意的又有了永远的计画，这里所说的票子就是一个例子。

纽约可以从高而下看，也可以从下而高看，所以街道上的的士（taxi）汽车在其顶蓬上往往开了一个可以开关的天窗，使客人坐在其中的可以仰望，这就是他们所谓为天景（sky view）。

我们在上面曾指出，在纽约这个城市里，还有了好多的城市，除了像上面所说的中国城等，以及曼哈坦这个岛以外的好多区域之外，就像洛氏大厦，或是英文所说的 Rockefeller Center（直译为洛开胐勒中心），也可以说是一个城市。这是洛氏所盖的房子，房子不只一座而为好多座所构成，惟皆在一个地方而有了连带的关系，房子有的高，有的矮，整部房子由画测师计画而自成为一个系统。在这个系统里，有了巨大的办公室，有了纽约著名的戏院，有了邮政局、电报局，有了各种各式的商店。据说在这个大厦里作工作或办事的人员，有了三万多人，而每天往来在这个大厦里的人们，有了十五万到二十万之多。我们知道，三万余人一个城市并不太小，而十六万人一个城市，可以说是一个大城市了。

据说洛氏大厦的地皮是属于哥林比亚大学的。洛氏大厦虽为洛氏所建筑，然而地皮仍属这个大学，每月所纳地皮的租钱就不止百万，这是哥林比亚大学的一笔很大的入息。

纽约而尤其曼哈坦因为地方狭小，人口集中，市区里的交通很成问题，然而因为市政当局计画有方，使其在这一方面有了很大的成绩。从空间方面来说，纽约有了三种道路：一为超地面的，一为地面，一为地底的。地底交通在纽约的交通上很为重要，这是世界城市中的最大的工程，地底车除了从其他各处或各城市到纽约的火车之外，还有市区的地底车。前者集中于大中央车站（Grand Central Station）与宾夕法尼亚站（Pennsylvania Station），每个车站的本身而尤其是前者也可以说是一个城市，里面不只是吃店，有各种店铺，有旅馆，有戏院、电报局等等。因为来往的车辆很多，乘客或接及接送乘客的人们是人山人海，同时这两个火车站也是市区的地底车的大站，因而更形拥挤。车站中的火车出入门口就有了好几十个，在车站里接客送客除了事先指定一个地方，有时是不易会面的，而况因为地方太多了，新到车站的人是很容易失了方向而不易找出路。

市区的地底车是纽约最便宜的交通工具，既很快而价值又很低。这种车分为本地（local）与特别快车（express）。前者是短程的而后者是长程的，前者较慢而后者较快，前者多停小站而后者多只停大站，两者是平行的，所以来往的地底车是往往有了四个平行轨道。在纽约比方住在上城（uptown）而要到下城（downtown）的人，距离虽然有了二三十中里，然而若乘了地底特别快车，则十余分钟就可到达，因而很多在下城作事的人往往住在上城或其他较〈远〉的地方。

市区地底车恐怕是世界上的价值最便宜的交通工具，五分美金任你乘到那里而且可以随便的去换车，自纽约有了这种车之后，车票就是五分美金，到今还是五分。照近年来而尤其是战时的物价来说，五分的票子实在是太过便宜。过去不知有过多少次人们提议加价，而最近来纽约州的议会甚且通过加价的案件，然而做市长的始终没有签可，结果是五分票价，有些人叫做五分神牛（Five Cents Sacred Cow）不可侵犯。

其实，因为不能加价，地底车公司是亏本的，然而，这是公用的事业，同时为了大多数的市民的便利，所以政府宁愿去别方筹画经费以资弥补，这也不能不说是政府怕了人民的反对而不能不这样的作呵！

纽约的地面车与其他各大城市的交通工具没有什么分别，公共汽车、电车、汽车与的士（taxi）而尤其是后者满街可见。住在纽约的人们，比较上自备汽车不若住在别的城市的人们那么多。一来是因为汽车房不易找，二来是因为乘自己车不若乘地底车或其他种车那么方便。特别是在早间到办公室的时候，或是下午返家的时候，在街道上的拥挤的情形，真是有了水泄不通的景象，不只自备的汽车不易走动，就是公共汽车、电车与的士也不容易走动，只有地底车最为方便，然其拥挤情形也非笔墨所能形容的。所以好多人就是有了汽车，也多用以为在星期或其他的假期，到郊外或作长途的消遣或旅行之用，而在市区之内平常办公或日常出入，却多利用市区地底车或其他的交通工具。

至于所谓超地面车（elevator），以往很多，近年以来市政府以其防碍市容，故多已拆毁，现在所存无几，大约在不久的将来，这种车大概都要废除。

此外，在大的建筑物中，升降机成为升降高楼的必需的交通工具。而较高的洋楼像洛氏大厦除慢机之外，且有了特别快机不停的上了第五十层楼，然后在五十层以上之楼始每层一停。至于各大公司或大车站中，除了升降机之外，又有自动电梯以省人们走动之劳。

上面不过随便的把了一些关于纽约的杂感拉杂的写出来,至于纽约在教育上,在政治上,而尤其是在经济上的地位的重要,尤为显明。

我们知道,自英国的商业在海外发达之后,世界经济的中心若以国家来说,可以说是在英国,若以城市来说,可以说是在伦敦。自近数十年来而特别是上次欧战以后,美国在世界经济的地位重要起来。上次欧战既完,欧洲的好多国家都欠了美国债,美国的富力日增,而英国的富力却有了日趋日下的情况。十多年来而尤其是这次世界战争之后,美国没有问题的执了世界经济的牛耳,不只是其他的好多国家要靠着美国的经济方面的帮助,〈就〉是英国也要靠着美国的经济方面的帮忙,以维持抗战的力量或是使战后的经济复兴计画得以实现。

纽约是美国的最大城市,也是世界最大的城市,在经济方面不只是美国经济的中心,也可以说是世界经济的中心,因此之故,世界的好多的金融变动往往是以纽约为依归。有好多人说,美京华盛顿的国会里的好多关于经济方面的立法,是受了纽约的工商业界的操纵。这也许未免言之太过,然而纽约的工商界在美国的国会的经济政策的立法上有了很大的影响,是无可疑的。美国的经济政策是与世界经济的动向是有了很大的关系,纽约的工商界在美国的经济的政策上既有了很大影响,那么纽约在世界经济上所占的地位的重要是可想而知的。

在政治上,纽约虽不过只是一个城市,但是因为这是美国的最大城市,又是世界的最大城市,因而不只在市政上占了很重要的地位,就是在美国的政治上也占了很重要的地位。纽约市政在近年以来很为进步,所以研究市政的人对于纽约不能不加以注意。

纽约的以前的托马尼党(Tammy Hall)是美国政党上的著名团体,这个团体的动作虽为好多人所不取,然而他在美国政治上所占的地位的重要是无可疑的。

纽约虽不是纽约州的首府,然而纽约在纽约州的政治上所占的地位比之该州的首府阿尔巴尼(Albany)却重要得多。在美国的政治上,纽约州所占的地位又至为重要,总统与候补总统之出于这个州的很多,至于总统与候补总统之出于纽约的也并不乏人。

又如在教育方面,纽约的哥林比亚大学在美国以至在世界的教育上所占的地位的重要也是很为显明。哥林比亚的学生而尤其是师范学院的学生不只布满于美国,就是在中国以至其他的国家也不知多少。中国近二三十年来的新教育的发展与哥林比亚大学最有关系,虽则哥林比亚的教育的方法是否可取固是一个问题。

近代美国的好多科学的发展,像在经济、政治、社会与哲学方面,哥林比亚都占了特别的地位。经济学上像塞利格曼(Seligman),政治学上的柏哲斯(Burgess)与但宁(Dunning),社会学上的吉丁斯(Giddings),而尤其是哲学上的杜威都是美国近代学术的威权。

其实所谓实验主义也可以叫做美国主义。这种主义在美国虽首创于哲姆斯（William James），然而集其大成的要算杜威。杜威的实验主义在哲学上所占地位的重要，用不着我们在这里去说明，然而这种主义之于美国□□□□至纽约的环境是有了关系的。

至于哥林比亚在其他各种学术上的贡献也用不着我们在这里解释。

纽约不只有了哥林比亚大学，还有了纽约大学以及好多的教育学术团体。纽约大学的好多功课排在晚上，以便一般在公司或机关里作事的人们能够入大学追求高深的智识，也有很大的贡献。

因此之故，纽约不只是经济的中心，也是教育的一个中心。至于纽约的图书馆与博物院，也为美国著名的图书馆与博物院。又如出版事业之发达，世界上恐怕没有一个城市能比得上纽约。新闻纸之在美国以至在世界之最有名的也是在纽约，《纽约时报》（*New York Time*）不只畅销在美国各处，而且畅销于世界各处。故总而言之，纽约可以说是美国文化的一个重要的中心，也可以说是世界文化的一个重要的中心。

结　论

旅程杂忆记

——游美杂记之一①

我是民国三十三年六月廿四日离重庆出国赴美，七月四日抵美国的纽约，在美十二个多月，于卅四年七月十八日离美京华盛顿回国。因为途中各处停留的时间较多，八月九日到昆明。这天的早晨，在印度的加尔加答已听到日本投降的消息，到了昆明的次日，这就是八月十日，始证实了日本投降的消息。在八月十日那一天晚上，昆明的炮竹与欣呼之声整夜不绝于耳，日本是真投降了，同盟国是真胜利了！中国的八年余的抗战也告终了！到了八月十三日，我又飞去重庆，计算离重庆至回重庆的时间是十三个半月有余。

这是我第三次出国赴西洋。第一次是民国十三年的夏天，这一次在美国住了三年；第二次是民国十八年的夏天，这一次除了前后在欧洲游了各处之外，在德国住了两年多。然而无论从国家的立场或世界的立场，这是一个很重要的年头，至于我个人在这一年多的旅程中所见所闻也有了不少的印象，这本书之所草成，也不外是把这些印象中的各方面略为叙述以志不忘罢。

我说这是一个很重要的年头，因为从中国方面来看，这是我们抗战的第八的年头。我七月四日到纽约，正是美国的独立纪念的日子，三天后到了美京华盛顿，正是"七七"的纪念日。在途中，处处听了衡阳吃紧的消息，后来衡阳失守，桂林放弃，柳州被占，宜山、独山相继沦陷，到了都匀也保不住的时候，广西的西部也被敌人威胁，这是去年的年底的事情。这个时候，不只贵阳有了风声鹤泪的情况，就是重庆以至昆明的人们，也感觉到敌人的威胁了。然而，谁能想到数个月后，敌人就要投降，使我们不只收复八年多来敌人所占据的地方，就是十多年前的东北四省以至五十年前失了的台湾的人民也能重见天日呢。

从欧洲方面来看，在我离开重庆的时候，北菲战争已告终止，而盟国军队正在法国的西边刚登了岸，从这个时候，大致上盟军是一路顺利的，虽则意大利北

---

① 校按：在哈佛燕京图书馆馆藏的《美国文化观》中，并没有这一副标题。编者采用的手稿乃家属所藏陈序经本人手稿，哈佛燕京图书馆所藏为请人抄稿。陈序经本人手稿"结论"部分因纸张破损，不少地方难以辨识，故与哈佛燕京图书馆所藏抄稿对勘，补充完整。

部的战争以至法德边境的战争好似进行不很快。到了十二月的时候，德国作了一次大规模的反攻，盟军吃了很大的亏，使一般人又悲观起来，因而有了好多人，以为打倒希特拉不是一件容易的事。在美国方面，还有人谣传，因艾森豪的战略失败而要更换盟军统帅，然而谁又能想到，几个月后，希特拉的第三帝国的梦想成为泡影，不只他自己要自杀，就是德国的本身也被瓜分起来呢。

在美国方面，从我到了美国之后，已见报章杂志谈起选举总统的言论。罗斯福是不是还要竞选第四任总统呢？这是一个最能引起人们注意的问题。有些人以为一连作三任总统已是破了美国一百多年来的例子，再去连任那可了得，那岂不是有了独裁的危险吗？又有些人以为，在战争正烈的时候更换国家的元首是一件危险的事情，为了打败敌人起见，罗斯福应该继任。

在报章杂志对于这个问题愈讨论得愈热闹的时候，罗斯福自己始终默默不说话，直到两党不久要推总统候补人的时候，他才决定去竞选。竞选总统是美国这一个年头中的大问题，罗斯福被选为第四任总统。据了一些人说不只打破了历史的纪录，而且恐怕以后这种事情也不会再发生。他是这次世界战争中的领袖，有人说他是同盟国的盟主，有人说他是美国的伟大总统（good president）。

没有罗斯福，战争的前途是不可乐观的，这是罗斯福未死以前的好多人的看法，然而罗斯福竟在德国未屈服之前，日本未投降之前而死了，这真是出乎人们意料之外，这真是使人们大为惊愕。

不但这样，在民主党选举副总统的候补人的时候，呼声最高的一为前任副总统华莱士，一为现任外交部长的柏恩斯。前者是民主党的左派代表的人物，而后者是民主党的右派的代表的人物，因为这两派争得太烈，结果是同归于败，而使一位从来不大知名的杜鲁门被选为副总统。这不只是外国人惊讶，美国一般人也奇怪，有些美国人还说选举罗斯福为第四任总统本不成问题，可是因为把杜鲁门〈列〉为副总统候补人，他们连了罗斯福也不愿意去选了。为什么他们对于杜鲁门这样的反对呢？他们说，杜鲁门不只是不著名而且是一位不正当的政客，多少人还指出他在他的州作小官时有了某种的嫌疑。

罗斯福死了，杜鲁门是美国的总统了，好多人为战争前途忧，好多人为美国的前途忧，一个小人物作了一个最富强的国家的总统，怎么样办呢？

然而，事实上杜鲁门作了总统之后，不只德国不久就屈服，而且日本不久也投降了。

这是什么原故呢？这是不是因为杜鲁门一作总统而使战争提早结束呢？我们的回答是否定的。因为胜利的局面早已布定，罗斯福不死战争也要完，然而罗斯福死了之后，战争也不因此而延长，这都是证明一个民主的国家是以民为主的。罗斯福也好，杜鲁门也好，没有人民去拥护他们，没有人民去作他们的后盾，他们必定失败。有了人民去拥护他们，有了人民去作他们的后盾，他们才有成功的希望。

民主政治的假设是人人都可以作总统，所以罗斯福可以作总统，杜鲁门也可以作总统。罗斯福固然是作得很好，杜鲁门也不一定要作坏。在民主政治之下，政治制度化了，有多大才干的人，不得民心是作不了；没有才干的人，有了人民去拥护也可以作下去。邱吉尔不能说没有才干，不能说不劳苦、不功高，然而《纽约时报》在他的内阁没有倒台之前，好几个月已经预料战完之后，恐怕他要下野，事实上日本尚未投降之前，他已倒台。这是因为他的个性太强了，个性太强的人，作事的时候往往忘记了舆情，结果是国家患难尚未完全终了之前，人民就请他下野。然而邱吉尔既并不因此而湮没了他在这次战争中的功劳，也不能说他以后就没有机会而再主国政。其实，邱吉尔本身已经民主化，这不只是可以从他个人的生活方面可以看出来，就是从他在政治上的言论与行为也可以看出来。在好久以前，他自己曾指，在战时政治容易趋于非民主化，所以他劝告英国人要注意到这一点。在今年选举的时候，他出席波士坦三巨头会议，他就请反对党的领袖阿利氏同行，以免在他下野的时候，新的政府人物对于国际会议不感隔膜。而况阿利氏除了出席这次会，之前已参加了旧金山的联合国会议，这是民主国家的政治家的作风，这是民主政治上的优点。

德国屈服，日本投降，罗斯福被选为第四任总统；罗斯福在就任第四届总统未久而去世，邱吉尔下野，英国工党上台，这都是这一个年头里的重要事件。我是在这个年头里从中国到美国，而从中国到美国的途程，不只是绕了地球的多半，而且是经过了世界上的最险要的地方与战争中的很剧烈的战场，因此之故，我觉得不只是同盟国的作战的武库的美国是值得我们的注意，就是途程中的所见所闻也值得回忆。而况往回途程不只乘的飞机是美国的飞机，就是在途中所寄宿的招待所也多是美国政府所设立或管理的地方，所以这里所谈的旅程还是与美国有了密切的关系。

民国三十三年六月廿四的早八时，乘中航机离了重庆的珊瑚坝机场。到场送行的有友人何淬廉、周枚荪等。十时半到昆明联大及中国银行，以〈及〉其他机关的友人到巫家坝机场会面，而且预备了很好的咖啡、点心、水果给我与同行的友人。机在昆明停了约半小时乃再起飞。这个时候滇缅与印缅的战争虽已不吃紧，但是敌机往往在滇西与印度的东北，截止我们的空运数年以来，不知有了多少航空旅客而尤其航空人员被了敌人摧残，所以一般行旅经过这个地方的时候，咸具戒心，同时又加了飞机越过喜马拉雅山时飞得太高，自然的危险也有所不免，所以坐在飞机上的人们更易有了紧张的情绪。然而我们很侥幸，从昆明到汀江的四个小时的飞程中，虽然飞过敌人有时光顾的领域，以及飞在约二万尺的高度，既没有敌人的踪迹，也没有恶劣的天气，饱尝了世界最高山的风光，安全到达了汀江的机场。

在汀江的酷热的天气与简陋的草房中，用午膳之后，继续飞去印度的加尔加答。印度的东部，在这个时候正是闹了大饥荒，原因虽然很多，可是在飞机上看了下边的好多地方都被大水所淹，房舍田园不知有了多少承蒙受其害，至于因为战而致外间粮食不成进来，也可以说是这个原因之一。所谓天灾人祸互相交迫就是他们的处境罢。

　　这是我第一次到加尔加答，所以我预备在那里住了一个星期。到加尔加答的时候，是当天下午六点钟。因为事先由外交部通知驻该处的总领事馆派人招呼，所以一切的检查及种种的手续都很简单。

　　在加尔加答的一周中，所见所闻实在不少，我不愿在这里多说。惟有一事给我印象最深的是，印度人作事之慢比之国人尤慢得可怕。我们到警察厅办理入口出口手续，在警察厅里的职员把了一张护照翻来覆去化了半个钟头还盖不了一个印，同时，这张护照不只一个人看候，待了一个多钟头，才把一张护照签好，真是使人莫名其妙。

　　从重庆到加尔加答是搭中国航空公司的飞机，从加尔加答到美国不只乘的是美国军部航运司令部的飞机，就是一切膳宿也由他们招待。我应当指出，就是由重庆到加尔加答的机票及一切手续也是由美国驻华大使馆代办。在加尔加答得到乘机的优先权的通知书之后，就到该的美国军部的航运司令部，找其主管人物询明离加的日期，我们化不了五分钟就办好了一切。想起在加城警察〈厅〉里所费那么多的时间，又不能不想起东西两方的人民的作事，有了好多不同之处。

　　离开加城的时间是六月卅号的早晨。领事馆派车来送到二十余英里以外的飞机场，行李过磅之后不久就从该处起飞。除了在新德里（New Delhi）的左近的地方停了一次以便加油及用午餐之外，飞机直飞去印度西北边境的喀喇蚩。飞行的时间约为九小时，可是因为飞机向〔像〕跟着太阳而走到了喀喇蚩（Karachi）的时候，太阳还没落下。

　　喀喇蚩，是英国的蒙特加美利将军为北菲打仗而训练军队的最大的军营。军营所占的地方约有五六十英里的地方，军营分了好多个单位，每个单位又有了好多分散的房子，自飞机上看下来好像是好多新起的村落。飞机场不只一个，可是美国航运司令部所管理的机场是一个很大的机场。我们到喀喇蚩上空的时候，因为跑道上有了一架飞机坏了，空中的飞机不能降下，在空中环绕了差不多一个钟头，乘客都很焦急，可是从空中慢慢的去看下边，也看得格外清楚，这也是一个不可多得的机会。

　　除了喀喇蚩的军营与机场之外，喀喇蚩的城市也可以看得见。这个城市离机场二十多英里，是印度西北角的最大的港口。战争发生以后，好多的货物都先运到这里。这个城市本来是筑在沙漠的左近，可是这里的天气在夏天也很温和，城市在战时尤呈繁荣之状。可是街道上到处有了叫化子，郊外有了印度富有的人们的住宅区，高楼大厦不知多少，比起街上一般的叫化子，而尤其是一般的小孩的叫化子，穿了破烂的衣裳，用很悲哀的声音去说："无父无母（No papa, no mama），请先生你给点钱去买饭吃，以免饿死呵！"使人一方面不能不怀疑英国三百多年来的治印的成绩，一方面又不能不奇怪，为什么一般富有的印度人对于这种现象也能容忍。

乘美国军部航运司令部的飞机的人们都住在他们所指定的地方。吃饭之后就有人开车来送我们到帐幕中住。帐幕相当的大，除了两张帆布床外，还有很舒服的椅子与小桌。我们洗澡之后，本想好好的休息一晚，可是上床不够一个小时，小汽车又来了，催我们到机场去上机西去。

离喀喇蚩而西去是横过印度洋的最北部而到波斯湾，飞行的时间约为八个小时。我们停在阿柏丁（Aberden）加油与用餐，这是一个很热的地方，热得一切的东西如椅凳之类好像熨斗一样。好在飞机停在这个地方并不很久，然而好多的英美军事人员整天整年的在这个炎热的环境之下努力工作，其精神实在使我们佩服。有了一位美国青年已在这里三年，我问他怎能住了这么久，他的回答是：若不是他在这里，总要别人来代替，反正已作了那么久，再作下去一二年，总不会比现在再坏罢。

七月一日的午间，我们又离了阿柏丁，飞机是向着底格里斯斯（Tigris）与幼发拉的 Euphrates 河的上游而飞的。这一段途程所经过的多是沙漠的地方，从亚柏丁到开罗飞行时间约为五小时。飞到耶路撒郎的时候，机师特地的飞得很低，使乘客一看基督教的圣地，我们不只有了机会去一看圣地的陵墓，连了城市的街道以至街道上的行人，都隐约可见。同时，飞机又横渡了死海（Dead Sea）的一端，看了青绿的水色与高起的两岸，约但（Jordan）河就连接飞机所经过这一端。

过了耶路撒郎之后，飞机是朝着地中海的东南岸而飞的。这里的水草既稀，村落很少，看下去，有时见了骆驼成群载运货物。飞机一小时飞了一百多至二百英里，骆驼要走了多少天才能走完这个途程。在一片无涯的沙漠上，人烟稀少，水草缺乏，不知多少行旅葬身在这里。假使人们不设法去发明现代的交通工具，去征服自然，有时就免不了要为自然所征服呵！

在广大的沙漠中，不久就见了绿水一带，这是苏彝士运河。我们还可以看见苏彝士的城市。我从前赴欧洲往返途程，都经过这个著名的运河，那个时候是在船上，在船上可以看到河的两旁及左近，清楚得多，然而始终没看见河的全景。这一次在飞机上居高临下，却又别有景致以补前此的遗恨。

下午约五时，抵达埃及的开罗。这是古代文化的策源地。有些人说，这是世界文化的策源地，有名的金字塔就是开罗的左近。飞机场离开罗城也有了约十英里，城在河的旁边而机场是建在郊外的沙地中，树木几乎没有。我这一次没有时间去看开罗城,直到我回国时始有机会去游。开罗的建筑相当宏伟,街道有了不少也极宽大,虽则到了旧市区多是狭小。在这里你可以买在美国好多很少见的物件,如好的照相机与钟表之类,但在这里买东西是要特别的小心,值得一元的一件东西,他们可以索价十元八元。我记起十多年前与我妻赴欧洲,曾在波特萨伊德(Port Said)有了不少这种经验。

经过两天的忙促飞行,在往程中很想在开罗住了一二天,可是美国军部航运司令部的主持人说,我们的飞行优先权很高,所以不得不早走,结果只在开罗停了不到八个钟头又向西飞。这一段航程所经过的地方多是北菲的战场,而且往往是在地中海的南岸。在无垠的沙漠中,我们还可以看出坦克车与汽车行走的好多痕迹,而被毁的飞机与车辆也到处可见,因为在我们经过这个地方不久之前,北菲的德国军队与盟国军队还打得很厉害,有一个时候,德国人差不多要打到开罗来。

这一天的航行目的地是北菲西北角的卡乍布兰卡(Casablanca),然而在中间也停了两次。一在特利波利乍(Tripolis),一在突尼斯(Tunis),以便加油与用膳。在特利波利乍的机场,一切房舍毁坏不堪,飞机车辆之被毁堆积如山,我们在一间已被毁了的洋楼下面用膳。从飞机上看下来,突尼斯是一个很美的城市,可是停留的时间太短,没有机会去看。除了两次停留的时间之外,飞行时间约为七小时,下午约六时抵卡乍布兰卡。

国人以往之听闻这个地方的并不很多,可是经过罗斯福与邱吉尔在这里开了会议之后,成为一个举世皆知的地方。这是在法国管理之下,城有旧城和新城,旧城小而街道狭,新城大而街道大。在广大的马路上,两旁有树有行人道而小个圆形小花园位在十字路口,又很不少,使这个城市增加了不少的美观。

我们在机场用了晚膳之后,被送到城里一个很舒服的旅店里。这个旅店也是由美国军部航运司令部租过来专为招待军官之用。我们一走路虽不是军人,可是待遇是与军官一样,所以膳宿都与军官在一块。从加尔加答到这里,在喀喇蚩是住帐幕,在开罗是在兵营,在这里才在旅舍,所以比较觉得舒服。旅舍在市区中心,主管旅舍的人对我们说,今晚可以好好的睡一夜,明天或者下午始启程。我睡到次晨起来吃早餐之后,本想九时后到街上看看,可是九时多司令部的催客汽车已在旅舍的门前。"快预备罢,飞机不久就要起飞了",那位司机这样说。到了机场,登记过磅行李之后,时间已不早。上了飞机向西北走,从机上看下,只见茫茫大海,这是大西洋。

我第一次赴美往回都经太平洋,后来赴欧往回是经南海、印度洋与地中海,这是第一次渡大西洋,使有机会去环游世界一周。若算往来途程,也可以说是环游过世界两次了。从卡乍布兰卡到纽约航行时间是十多个小时,中间停了两次。一是在大西洋的葡属的阿左斯(Azores)群岛的一个岛上,一个小小的岛,在一个汪洋大海中，从空中看下去，实在是一种奇观，岛上尽为农田房屋，少有一片空地。机场在岛之西北角，是一个很小的机场，海岸是石头，飞机降下时，好像要碰在石头上。在我的回程中，飞机停在别一岛上，机场较大而设备也较好。

从阿左斯，我们飞新芬兰（New Foundland）的一个机场，到达时是下半夜了。在这里喝咖啡吃点心之后，遂向纽约而飞，抵达纽约的时间是七月四日的清晨。我们先要打电话去订旅舍，可是听说旅舍是到处住满人的，航运司令处一位女职员说她可以代我们订房。她打电话到一个最大的旅馆，回音是房子太满了，这位女职员告诉旅店的主管人说，这是国务院请来的客人呵，旅舍的主管人说，那么先请其来店，然后再说罢。

这是往程的概略。计算自加尔加答到纽约，包括途中停留的时间，共三天半。至于飞行的时间，从重庆到纽约大约为六十五小时。我的回程是差不多同样，不过起程是自美京华盛顿，而包括飞行与在路上所停的时间，差不多一个月。时间虽是很久，然而能在途中各处尽量去考察地方，实在也是一件不易多得的机会。

在往来途程中，已能看出美国的物质的丰富，势力的澎涨；到了美国之后，见其国内的人民生活并没有受了战争的多大影响，更觉得这个国家的资源的丰富。然而这个国家之所以这样的富而且强，也不过是近数十年来的事情。为什么这个国家富而且强呢？这不只是靠了物质的丰富，而必有其所以致此的好多原因，我在这本书的上面各章随便的举出一些游美的印象，目的也是解释这些原因的。

附　　录

借镜与反省[①]

——十月十七日在旧金山对国内广播

[①] 本文载于 1944 年 11 月 22 日重庆《大公报》，全文见本《全集》第一卷。